BLV Handbuch

VÖGEL

Dr. Einhard Bezzel

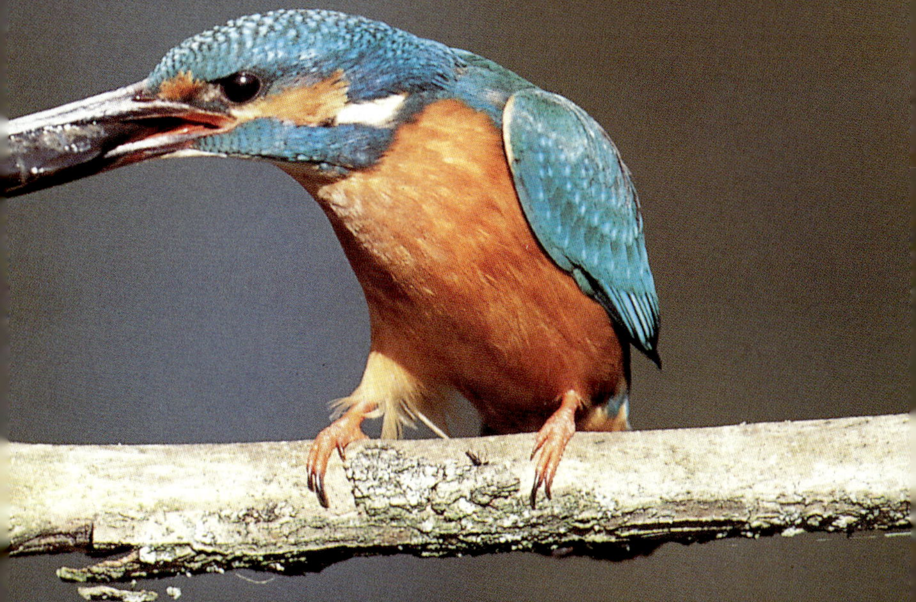

BLV

Foto Seite 2/3:
Eisvogel

Foto Seite 4/5:
Drosselrohrsänger

Inhalt

Einführung

Gute Bilder und genaue Beschreibungen, wie sie heute eine Reihe handlicher Vogeltaschenbücher bieten, helfen die Artzugehörigkeit eines beobachteten Vogels zu ermitteln. Die einwandfreie Betimmung von Vogelarten bedeutet aber noch lange nicht, daß man sie auch wirklich kennt. Sie ist lediglich ein erster Anfang. So mancher Vogelbeobachter sammelt die Registrierungen möglichst vieler Vogelarten wie bunte Briefmarken und freut sich, auf seiner Liste möglichst viele Arten als gesehen abhaken zu können. Wahrscheinlich fängt jeder so an, den die faszinierende Vogelwelt einmal gepackt hat. Der Reiz der Neuentdeckung ist aber keineswegs auf das bloße Registrieren von Vogelarten beschränkt. Die Lebensäußerungen der Vögel sind so vielseitig und teilweise auch so einfach zu beobachten, daß sie nicht nur einen sehr wichtigen Bestandteil in unserem eigenen Naturerlebnis und -verständnis ausmachen, sondern viele Menschen ein Leben lang in ihren Bann schlagen. So gibt es Vogelforscher und Freizeitornithologen, die sich fast ausschließlich mit einer einzigen Art oder einer kleinen Artengruppe befassen. Manche entscheidende Entdeckung in der Biologie und die Bearbeitung zahlreicher grundsätzlicher Fragen nach den Gesetzmäßigkeiten des Zusammenlebens in Lebensgemeinschaften und der Anpassung einzelner Arten sind an solchen besonders intensiv studierten und beobachteten Vögeln gelungen.

Vögel haben demnach nicht nur ihre eigene, hochinteressante Lebensgeschichte, sondern spielen oft auch eine wichtige Rolle in der Geschichte der biologischen Wissenschaft. Kleine Einblicke vermittelt dieses Handbuch, das nicht nur anleiten will, Vogelbeobachtungen richtig einzuordnen, sondern auch einiges von den Lebensgewohnheiten und den erstaunlichen Leistungen der Vögel berichtet sowie einige Ergebnisse moderner ornithologischer Forschung kurz darstellt. Die Ornithologie bietet auch viele Möglichkeiten für Amateurforscher, denen die Vogelkunde zu allen Zeiten bedeutsame Beiträge verdankt. Heute hat die ernsthafte Beschäftigung mit der Vogelwelt als Bestandteil der Bemühungen um die Erhaltung einer auch für uns Menschen lebenswerten Umwelt eine neue Dimension erhalten. Vogelschutz ist ein wichtiger Beitrag zum Umweltschutz geworden, der nur auf wissenschaftlich fundiertem Naturverständnis erfolgreich aufbauen kann.

Der Zugang zu den Geheimnissen und Spielregeln der Natur ist aber auch bei den so auffälligen Vögeln nicht immer ganz einfach. Ein kurzer Blick mit dem Feldstecher genügt da nicht. Dieses komprimierte Handbuch möchte daher zu einem etwas genaueren Beobachten anregen und auch dazu, eigene Erfahrungen und Erlebnisse durch Überlegungen und Vergleiche mit den Ergebnissen anderer zu vertiefen. In einem Buch, wie umfangreich es auch immer sein mag, lassen sich hierzu natürlich nur einige Hinweise und Anregungen vermitteln. Sie sind so ausgewählt, daß ein möglichst vielseitiges Bild des Vogellebens, aber auch der vogelkundlichen Forschung entsteht. Wer tiefer in die einzelnen Fachgebiete eindringen möchte, findet am Ende des Buches eine kleine Literaturauswahl, die verschiedene Themen der Vogelkunde behandelt und weitere Fachliteratur vorstellt. Bei den angegebenen Adressen kann man sich Rat holen. Das Handbuch bietet zunächst einige Hinweise zur Vogelbeobachtung und der oft nicht ganz einfachen Bestimmung heimischer Vögel in freier Natur. Ein kurzer systematischer Überblick über die in Mitteleuropa vertretenen Vogelfamilien schließt sich an. Man muß nicht alle Vogelnamen und ihre systematische Ordnung im Kopf haben; die Übersicht dient dem raschen Nachschlagen und der kurzen Information über die allgemeinen Merkmale einer Vogelgruppe. Einzelheiten finden sich dann bei den Beschreibungen der Arten.

Die Skala der Möglichkeiten des Lebens ist selbst in unserer Kulturlandschaft erstaunlich weit. Kaum eine andere Tiergruppe verschafft uns so rasche Einblicke in Zustand und Qualität der Landschaft und damit auch unserer eigenen Umwelt wie die Vögel. Sie besiedeln so gut wie alle Lebensräume von den Innenbezirken der Großstadt bis in den naturnahen Mischwald, vom Watt der Küste bis in die Felsstufe der Alpen. Freilich sind extreme Lebensräume, wie das Häusermeer der City oder die kargen Felsen des Hochgebirges und heute leider auch riesige Flächen der Industriegebiete und der landwirtschaftlichen Bodennutzung jeweils nur von wenigen Arten, die mit den extremen Lebensbedingungen fertig werden können, dauerhaft besiedelt. Hinzu kommt, daß die Verteilung der Vögel sich ständig verändert. Die hohe Dynamik ist ein Kennzeichen der Vogelwelt größerer Gebiete Mitteleuropas. Sie hält den Vogelbeobachter ständig in Atem, bringt aber auch viele Probleme des Naturschutzes mit sich. Ein Überblick über wichtige Lebensräume der Vögel in Mitteleuropa bietet eine Grundlage für den Vogelschutz, der als wichtiger Bestandteil des ökologischen Naturschutzes nicht nur das Anliegen mitgliederstarker Verbände, sondern auch gesetzlicher Verpflichtung darstellt.

Im Hauptteil werden die bei uns regelmäßig vorkommenden Vogelarten zuzüglich einer Reihe seltener Gäste abgebildet und beschrieben. Namensgebung und Reihenfolge der Arten richtet sich im wesentlichen nach der von der Deutschen Ornithologen-Gesellschaft vor kurzem veröffentlichten Liste der Vögel Deutschlands (P. H. Barthel, Journal für Ornithologie 134, 1993, S. 113–134). In einem kurzen Anhang finden sich Hinweise auf sehr seltene Gäste oder Ausnahmeerscheinungen, die dem Vogelfreund hierzulande oft nur durch einen glücklichen Zufall begegnen.

Doch nur bei der Feststellung der Art, zu der ein Vogel gehört, soll es nicht bleiben. Jede Tier- und Pflanzenart spielt im Lebensraum, den sie bewohnt, eine Rolle und erfüllt bestimmte Aufgaben. Sie ist mit anderen Gliedern der Lebensgemeinschaft in vielfacher Weise verbunden. Einem kurzen Bericht aus dem Leben und über die besonderen Anpassungen einzelner Arten an ihre Umwelt ist daher ein großer Teil des Textes gewidmet. Damit soll auch da und dort ein Einblick in übergeordnete biologische Zusammenhänge möglich sein. Vogelforscher aus Leidenschaft haben nach wie vor eine wichtige Bedeutung in der Vertiefung biologischer Erkenntnisse. In vielen Ländern Europas arbeiten sie z. T. bei wissenschaftlichen Programmen mit.

Aber auch die Verbreitung biologischer Kenntnisse in unserer Gesellschaft ist eine wichtige Aufgabe, die Vogelkundler übernommen haben. Wie wichtig diese Arbeit ist, zeigt sich täglich aus den Äußerungen vieler Entscheidungsträger. Ökologie, die Lehre vom Haushalt der Natur, ist für viele Menschen immer noch entweder ein unzuverlässiges politisches Programm oder ganz einfach ein grünes Gefühl. Den Wert einer Vogelart in politische Zielvorstellungen umzumünzen, ist sehr schwer, wenn das Unverständnis der Allgemeinheit für Werte, die es zu erhalten gilt, nicht bald abgebaut wird.

Bestimmen der Vögel

Obwohl dieses Handbuch kein eigentliches Vogelbestimmungsbuch darstellt, sind doch bei jeder Vogelart die wichtigsten Erkennungsmerkmale zusammengestellt und auch im Bild deutlich gezeigt, so daß in den meisten Fällen die Zuordnung eines beobachteten Vogels zu einer Vogelart möglich ist. In schwierigen Fällen muß man ein gutes Bestimmungsbuch mit ausführlichen Details in Wort und Bild zu Rate ziehen, am besten sogar mehrere im Vergleich. Aber auch das beste Bestimmungsbuch kann nicht alle Fälle lösen. Fragezeichen bleiben oft auch für erfahrene Vogelbeobachter. Die Gründe liegen nicht nur in eventueller Unvollkommenheit der Bestimmungsbücher und der möglichen Nachlässigkeit ihrer Autoren, sondern buchstäblich auch in der »Natur der Sache«.

Phänomene, die das Bestimmen erschweren

Sehr oft ist nämlich der Vogel draußen nicht so zu sehen, wie ihn Bestimmungsbücher abbilden oder beschreiben. Allein die Beleuchtungsverhältnisse oder die Art des Hintergrundes verändern z. B. den Farbeindruck entscheidend. Manche leuchtenden Farben werden im Gegenlicht z. B. fast schwarz. Häufig sind auch nicht alle Merkmale so zu sehen wie auf der Abbildung. Manche werden subjektiv ganz verschieden interpretiert, so daß selbst der genaueste Text eines Bestimmungsbuches nicht alle Nuancen berücksichtigen kann. Gerade bei flüchtigen Eindrücken sehr komplizierter Kombinationen von Farbe und Form sieht jeder etwas anderes.

Schließlich sehen aber auch bei Vogelarten nicht alle Individuen gleich aus. Je genauer man einzelne Details

registriert, desto häufiger wird man auf individuelle Unterschiede stoßen. Dies vergessen manche Kritiker von Bestimmungsbüchern völlig. Selbst exakt gemessene Merkmale zeigen oft starke Überschneidungen, so daß Trennungen meist nur zu einem bestimmten Prozentsatz möglich sind.

Dies gilt auch für den Zeitpunkt und den Umfang der Mauser, wenn es z. B. darum geht, Jung- von Altvögeln einer Art zu unterscheiden. Ähnliches ist manchmal bei der Bein- und Schnabelfarbe festzustellen. Alte Amselmännchen haben z. B. einen gelben Schnabel, die Weibchen einen braunen. Männchen im zweiten Kalenderjahr ihres Lebens können noch bis zum April einen teilweise schwarzen Schnabel aufweisen; bis Dezember ist er bei den meisten jungen Männchen ohnehin ganz dunkel. Mitunter narren uns auch aberrant gefärbte Federpartien. Bei der Amsel treten nicht selten z. B. weiß-scheckige Vögel auf.

In vielen Fällen aber brauchen wir gar nicht Abweichungen von der Norm zu bemühen, um mangelnde Übereinstimmung unserer Beobachtung mit dem Bestimmungsbuch zu erklären. Alle in diesem Buch behandelten Singvögel mausern einmal im Jahr ihr gesamtes Federkleid und oft noch ein zweites Mal zumindest die Körperfedern. Dabei werden, besonders häufig unter den Männchen, sehr unterschiedlich gefärbte Kleider angelegt. Mitunter verändern sich Farben aber auch durch das Abstoßen länger getragener Federpartien (S. 509), so daß ein und dasselbe Individuum im frischen und getragenen Federkleid anders aussieht. Der Wechsel verschiedener Kleider findet also grundsätzlich nicht schlagartig statt. Das bedeutet, daß wir oft Zwischenstadien zu sehen bekommen.

Gliederung der Artenbeschreibungen und Erklärung der Abkürzungen

K = Kennzeichen: Größe, Gestalt und Färbungsmerkmale ■ Rufe und Gesang ■ Typisches Verhalten. ♂ = Männchen; ♀ = Weibchen; juv. = erwachsener Jungvogel; immat. = nicht geschlechtsreif; ad. = Adultus, Altvogel (ab Geschlechtsreife); ± = mehr oder weniger.

V = Verbreitung und Vorkommen: Gesamtes Brutgebiet ■ Verbreitung und Vorkommen in Mitteleuropa (= Beneluxländer, Schweiz, Österreich, Deutschland, Tschechien,

westl. Gebiete von Polen; der Kürze wegen oft einfach mit dem Ausdruck »bei uns« umschrieben); Zugverhalten in Mitteleuropa (Zugzeiten bzw. Dauer der Anwesenheit in Mitteleuropa) ■ Lebensraum. Br. = Brutvogel; r. = regelmäßig; ur. = unregelmäßig.

F = Fortpflanzung: Nest ■ Brutzeit und Zahl der Bruten ■ Gelegegröße und Aussehen der Eier ■ Dauer des Brütens und der Jungenaufzucht bzw. des Flüggewerdens.

N = Nahrung.

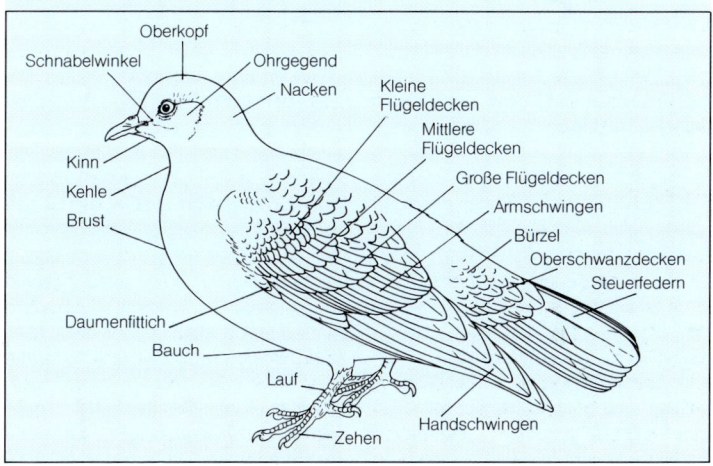

Körperregionen bzw. Gefiederteile einer Taube.

Doch damit noch nicht genug. Vögel, die gerade ein Bad genommen oder sich geputzt haben, sehen plötzlich anders aus als gewohnt. Manchmal fehlen auch einzelne Federn, oder wichtige Farbmuster des Gefieders werden von anderen Federn überdeckt, oder sind durch Verschmutzung schwer zu erkennen usw. Unsicherheiten entstehen für den Be-

obachter ferner oft, wenn er die Größe oder Form eines Vogels bestimmen soll. Auf Maßangaben wurde in diesem Führer verzichtet. Als Bezugsgrundlage der Größenschätzung kann man allbekannte Vogelgestalten verwenden, z. B. Rabenkrähe, Amsel, Haussperling oder Taube, Ente und Haushuhn. Doch auch bei dieser groben Einschätzung der Größe wird

9

man manchmal unsicher sein, denn bei verschiedenen Entfernungen und/oder unterschiedlichen Sichtbedingungen bzw. Hintergrundfärbungen sind Größenschätzungen doch recht schwer. Und auch ein langer Schwanz, ein stärker aufgeplustertes Gefieder bei Kälte oder eine geduckte Haltung können dem Vogel in unserem subjektiven Eindruck eine ganz andere Größe vermitteln.

Ratschläge für das sichere Ansprechen

Angesichts dieser alltäglichen Probleme ist es gar nicht leicht, ein paar Ratschläge für das sichere Ansprechen von Vögeln zu geben. Einerseits soll man so genau wie möglich beobachten und alles registrieren, andererseits sich aber nicht zu exakt auf ein einziges Merkmal festlegen. Dies führt nämlich dazu, daß man sehr häufig keinen richtigen Gesamteindruck vom Vogel erhält. Er ist ja schließlich ein Individuum (= das Unteilbare), das man nicht nach Gutdünken zerlegen kann. Vieles, was uns hilft, Individuen einer Art sicher von denen einer anderen zu trennen, lernt man erst nach längerer Erfahrung. Hierzu gehört neben anderem das rasche Kombinieren vieler einzelner Merkmale zu einem Gesamteindruck, oder aufgrund weniger, sicher erkannter Einzelheiten das Ergänzen zu einem Gesamtbild. Derartige Leistungen vollbringen gute Vogelbeobachter meist in Sekundenschnelle, von langjähriger Erfahrung geleitet. Wichtig ist darüber hinaus der Vergleich mit ähnlichen Arten. Daher sind bei der Beschreibung der Kennzeichen oft auch Hinweise auf andere Arten angegeben, um Ähnlichkeiten oder Verschiedenheiten zu betonen.

Nicht nur Größe, Farbe und Form bilden entscheidende Anhaltspunkte für die genaue Vogelbestimmung. Bewegung und Verhalten, Aufenthaltsort in bestimmten Lebensräumen oder an bestimmten Teilen eines kleinen Landschaftsausschnittes sind in vielen Fällen mindestens ebenso wichtig wie Beobachtungen zum typischen Aussehen. Hinweise darüber finden sich bei den einzelnen Arten an verschiedenen Stellen.

Vogelstimmen als Bestimmungshilfe

Eine besonders wichtige Rolle spielen auch die Lautäußerungen der Vögel. Man unterscheidet dabei Stimmlaute von Instrumentaläußerungen, einfach gebaute Rufe von komplizierten Gesängen. Sie verraten oft nicht nur ganz eindeutig die Vogelart oder geben zumindest wertvolle Bestimmungshilfen; sie sagen einem manchmal auch viel über den Zustand des rufenden oder singenden Vogels. Die Zeit der lauten Reviergesänge, an denen sich die meisten Singvögel besonders gut erkennen lassen, ist Frühjahr und Frühsommer. In den frühen Morgenstunden ist das Vogelkonzert besonders lebhaft und reichhaltig. Das Kennenlernen der Vogelstimmen ist nicht ganz einfach, doch muß man nicht unbedingt musikalisch sein, um sich etwas einzuhören. Man braucht allerdings Zeit und muß alte Eindrücke jedes Jahr von neuem auffrischen, um allmählich mit dem Gehör ganz sicher zu sein.

Größere Probleme bei den Vogelstimmen gibt es vor allem deshalb, weil einerseits besonders die Rufe vieler Arten recht ähnlich klingen, andererseits aber bei den Gesängen innerhalb einer Art große Unterschiede (z. B. Dialekte) auftreten. Auch kommt es vor, daß Gesangsteile einer Art von einer anderen imitiert werden.

Lautäußerungen der Vögel lassen sich in einem Buch nur sehr schwer wiedergeben. Hier wurde der einfachste Weg gewählt, nämlich mit Silben und einigen beschreibenden Begrif-

Unterschiedliche Gefiederfärbung bei Männchen und Weibchen, aber auch Licht und Schatten machen Vogelbestimmung oft zu einem kleinen Detektivspiel. Nicht alle Fälle sind mit Hilfe des Bestimmungsbuches so leicht zu lösen wie Gimpelmännchen (rechts) und -weibchen (links)

fen, die vor allem auch Vergleiche zu häufigen und allbekannten Vögeln herstellen, die Lautäußerungen der Vögel zu umschreiben. An einigen Stellen wird der Leser in die »Geheimschrift« der Sonagramme eingeführt. Vogelstimmen auf Tonträgern, die in immer neuer technischer Version auf den Markt kommen, können sicher weiterhelfen. Auch sie ersetzen jedoch nicht das Lauschen und Beobachten in der Natur.

Eine allgemeine Einführung in die Technik des Vogelbeobachtens mit vielen Ratschlägen gibt das BLV-Buch »Vögel beobachten«.

Ausrüstung des Vogelbeobachters

Fernglas, ein Vogelbestimmungsbuch mit guten Abbildungen und ein Notizbuch bilden die Grundausrüstung, die sich allerdings bei wachsendem Interesse rasch erweitert.

Ohne Fernglas kommt man nicht aus, denn nur aus gewisser Entfernung lassen sich Vögel ungestört beobachten. Den Vogel nicht zu stören, ist eine Grundverpflichtung des verantwortungsbewußten Vogelbeobachters, die auch gesetzlich verankert ist. § 20 d des Bundesnaturschutzgesetzes lautet: »Es ist verboten, wildlebende Tiere mutwillig zu beunruhigen ...«. Und § 20 f verschärft für besonders geschützte Tierarten: »Es ist verboten, wildlebende Tiere der vom Aussterben bedrohten Arten an ihren Nist-, Brut-, Wohn- und Zufluchtsstätten durch Aufsuchen, Fotografieren, Filmen oder ähnliche Handlungen zu stören.«

Das Angebot an Ferngläsern ist sehr vielfältig, insbesondere was die Preisunterschiede betrifft. Grundsätzlich kommen nur binokulare Modelle in Betracht (monokulare Fernrohre vgl.

unten). Leider sind gute Ferngläser sehr teuer. Billigprodukte zahlen sich auf Dauer nicht aus, denn für einen richtigen Vogelbeobachter sind nicht nur gute optische Leistung wichtig, sondern auch solide Verarbeitung, denn bei Wind und Wetter oder auf anstrengenden Touren muß die Optik auch einiges aushalten. Da es oft nur um Sekunden geht, ist auch rascher Einsatz der Optik wichtig; langes Herumstellen kann oft wertvolle Zeit kosten. Auch sollte das Gerät handlich sein, nicht zu schwer, aber auch nicht zu leicht. Wichtig ist dabei oft die Gewichtsverteilung und die Handlichkeit; hier kommt es auf individuelle Bedürfnisse an, denn bei langer Beobachtung sollten Hand und Arm nicht zu rasch ermüden. Auf Einsatzmöglichkeit für Brillenträger ist besonders zu achten, denn eine teuere Anschaffung fürs Leben muß auch mit dem Älterwerden rechnen; schließlich ist es bei starkem Lichteinfall auch von Vorteil, die Sonnenbrille nicht dauernd absetzen zu müssen.

Die Vergrößerung ist nicht allein entscheidend. Brillianz des Bildes, Auflösungsvermögen von Details, Helligkeit (Lichtstärke), Randschärfe und Größe des Bildes (Blickfeld) sind mitunter wichtiger als reine Vergrößerung. 7- bis 10fache Vergrößerung bei einem Durchmesser des Objektes (= die vom Auge am weitesten entfernte Linse) von 40 bis etwa 55 mm sind die am häufigsten verwendeten Kombinationen. Wegen des großen Blickfeldes und der Detailgenauigkeit ziehen z.B. viele erfahrene Ornithologen bei Beobachtungen von Vögeln in Parks und Wäldern häufig 7fache Vergrößerungen größeren Werten vor. Mehr als 10fache Vergrößerung ist für ein Fernglas, das man frei in der Hand hält, in der Regel nicht zu empfehlen. Mit dem 7- bis 10fachen Fernglas wird man nicht mehr auskommen, wenn man über größere Entfernungen im offenen Gelände, wie z.B. auf einem großen Binnensee, auf einer baumlosen Wiese oder im Watt der Nordsee, Vögel bestimmen oder gar auszählen will. Viele Vogelbeobachter ergänzen deshalb ihre optischen Hilfsmittel durch ein stärker vergrößerndes Fernrohr, mit dem man z.B. auch langsam segelnde Großvögel erfassen kann. Besonders günstig haben sich Vergrößerungen von 20- bis 40fach erwiesen. Noch stärkere Vergrößerungen in wirklich leistungsfähigen Geräten sind außergewöhnlich teuer, führen oft zu kleinen Bildausschnitten oder sind lichtschwach. Die Erwärmung bodennaher Luftschichten macht sich bei zunehmender Vergrößerung in störender Schlierenbildung bemerkbar; das Bild wird dann unscharf. Die Stärke der Vergrößerung ist also wiederum nicht unbedingt ein Gradmesser für die Brauchbarkeit eines Instruments. Unterschiedliche Typen von Fernrohren sind bei Vogelbeobachtern in Gebrauch. Ausziehbare Linsenfernrohre (Spektive) sieht man nicht mehr häufig. Beliebt sind feste Prismenfernrohre, die man allerdings nicht auf handliches Format im Gepäck zusammenschieben kann. Manche Modelle lassen sich auf mehrere Vergrößerungen einstellen. Dies kann oft sehr nützlich sein. Viele Ornithologen schwören auf schrägen Einblick, andere ziehen horizontalen Einblick vor. Das Spiegelteleskop als dritter Typ hat sich, z.T. wegen des Preises, trotz hervorragender Optik, noch nicht allgemein durchsetzen können. Einige hochqualifizierte und sehr teuere Geräte dieses Typs sind außerdem recht empfindlich. Aus Kosten- und Gewichtsgründen verwendet man am häufigsten einäugige (monokulare) Geräte. Vor allem an feststehenden Beobachtungstürmen haben sich aber auch fest montierte binokulare Fernrohre sehr gut bewährt.

Fernrohre lassen sich aber in der Regel nicht ruhig genug halten; auch das

Abstützen auf einer festen Unterlage ist meist nur ein Notbehelf. Man braucht also zu dem Fernrohr ein festes Stativ, das man möglichst bis zur Höhe des bequem stehenden Beobachters ausziehen kann. Fernrohr und Stativ sollten durch einen geeigneten Kinoneiger oder Kugelkopf miteinander verbunden sein, so daß man das Rohr in alle Richtungen drehen kann. Relativ hohe Anschaffungskosten sollen nicht abschrecken, auch wenn für viele Gelegenheiten der normale Feldstecher völlig ausreicht.

Ein kleines Notizbuch hält die wichtigsten Beobachtungen fest oder dient auch zur Aufnahme von Merkmalen und Skizzen, wenn man sich seiner Sache vor Ort nicht so ganz sicher ist, um dann zu Hause in Fachbüchern die eigenen Eindrücke zu überprüfen. Viele Beobachter ziehen heute ein kleines, handliches Diktiergerät vor, weil es erlaubt, Informationen festzuhalten, ohne dabei das Auge vom Fernrohr zu nehmen.

Für die Aufnahme von unbekannten Vogelstimmen kann ein kleines Tonband nützlich sein (auch leistungsfähige kleine Diktiergeräte tun oft gute Dienste). Manche Vögel, wie z. B. Eulen oder Singvögel in ihren Brutrevieren, kann man durch Abspielen von arteigenen Gesängen veranlassen, sich akustisch zu melden. Doch kann sich leider diese Praxis zur ausgesprochenen Unsitte entwickeln, denn allzu heftige Reizung eines Revierinhabers mit der Stimme eines »Eindringlings« führt schließlich zu empfindlichen Störungen. Die Bestimmungen des Naturschutzgesetzes und seiner Verordnungen müssen auch dabei beachtet werden!

Das gilt auch für das Fotografieren von Vögeln. Gute Vogelaufnahmen sind nur mit entsprechender Ausrüstung (vor allem Objektive mit langer Brennweite) zu erreichen. Von fast allen einheimischen Vögeln gibt es bereits technisch sehr gute Aufnahmen in großer Zahl, so daß neuer Ruhm für fotografische Künste schwer zu erwerben ist. Für die Zwecke der Dokumentation einer bestimmten Vogelart, um sie später an Hand von Beschreibungen und Bildern zu bestimmen oder Bilder einem Experten zur Prüfung vorzulegen, genügen häufig auch einfachere Kameras, z. B. mit einer Zoomlinse. Auf keinen Fall darf dabei der Vogel gejagt und belästigt werden. Es gibt leider immer wieder Fälle, in denen der Jagdtrieb mit dem Vogelbeobachter durchgeht und vor allem seltene Ausnahmegäste sich höchst zweifelhafter Aufmerksamkeit neugieriger Menschen »erfreuen«.

Systematischer Überblick

Zahl und Einteilung der Vögel

Die neuesten Übersichten über die Vögel der Welt listen etwa 9700 Arten auf. Das sind deutlich mehr, als man noch vor einigen Jahren zählte. Dieser »Zuwachs« ist allerdings kaum darauf zurückzuführen, daß sehr viele neue Vogelarten entdeckt worden wären, obwohl fast jedes Jahr noch irgendwo einzelne bisher der Wissenschaft unbekannte Arten aufgespürt werden. Nur in den Tropen Südamerikas, einzeln auch in Afrika oder in Asien kann man noch neue Arten erwarten. Die Zunahme der Artenzahlen ist vielmehr hauptsächlich darauf zurückzuführen, daß neue eingehende Untersuchungen Verschiedenheiten bei Vogelgruppen entdecken, die man bisher zu einer Art rechnete. Manche Arten sind einander so ähnlich, daß man auf den ersten Blick kaum nennenswerte Unterschiede erkennt. Auch kann man bei einigen Vogelformen durchaus darüber streiten, ob es sich bereits um gut zu trennende Arten handelt oder noch nicht. Die Evolution geht ja weiter, und manche Populationen sind offenbar gerade erst auf dem Weg, sich zu unterschiedlichen Arten zu entwickeln. Man darf also nicht erwarten, immer saubere Grenzlinien ziehen zu können, um einzelne Arten geordnet in bestimmte Schubladen zu stecken. So kommen recht unterschiedliche Artenzahlen gegenwärtig auf der Welt lebender Vögel zusammen. Mit mindestens 9000 Vogelarten kann man auf alle Fälle rechnen.

Jede Art trägt einen lateinischen oder ins Lateinische übertragenen Namen, unter dem sie international bekannt ist. Da man aber sehr ähnliche Arten zu einer größeren Einheit, der Gattung, zusammenfaßt, besteht die exakte Artbezeichnung aus mindestens zwei lateinischen Wörtern: Das erste – immer mit großem Anfangsbuchstaben – bezeichnet die Gattung und damit die verwandtschaftliche Zugehörigkeit, das zweite – immer kleingeschrieben – ist der eigentliche Artname. Ein dritter lateinischer Name kennzeichnet oft noch die Unterart. Davon machen wir in diesem Buch aber nur in Ausnahmefällen Gebrauch.

Zudem hat jede Vogelart noch einen Namen in den modernen Sprachen. Allgemeingültige deutsche Vogelnamen gibt es natürlich für alle in Europa vorkommenden Vogelarten. Manchmal ändern sich die Bezeichnungen auch oder man verwendet in verschiedenen Gebieten des deutschen Sprachraumes auch unterschiedliche Bezeichnungen. Für viele exotische Vogelarten sind allgemein gültige deutsche Namen noch nicht eingeführt. Kommissionen arbeiten daran, für alle Vögel der Welt unverwechselbare englische, deutsche oder französische Namen vorzuschlagen.

Wie werden Vogelarten benannt? Beispiel: Kohlmeise *Parus major*

Parus: Bezeichnung der Gattung, zu der auch noch andere Meisen gehören, wie Blaumeise *(Parus caeruleus)* oder die Sumpfmeise *(Parus palustris)*. Nur ähnliche und daher miteinander verwandte Vögel haben denselben Gattungsnamen.

major: Artname, der nur einmal innerhalb einer Gattung vorkommen kann, aber in verschiedenen Gattungen zulässig ist. Auch der Buntspecht hat z. B. den Artnamen *major,* doch zählt er zur Gattung *Dendrocopos*.

Jede Kombination von Gattungs- und Artnamen ist also einmalig und bezeichnet jede Vogelart unmißverständlich.

Artnamen geben oft bezeichnende Eigenschaften eines Vogels wieder, müssen es aber nicht. Entscheidend ist nur, daß jede Artbezeichnung unmißverständlich ist und auch möglichst nicht geändert wird. Gattungsnamen ändern sich gelegentlich, wenn neue Erkenntnisse über Verwandtschaftsverhältnisse vorliegen. Ähnliche Gattungen werden zu Familien zusammengefaßt und mehrere Familien oft zu Ordnungen. Alle Singvögel oder alle Spechte zählen z. B. zu je einer Ordnung. Die große Ordnung der Singvögel setzt sich aus vielen Familien zusammen (s. unten).

461 Vogelarten wurden bis jetzt in Deutschland beobachtet; dazu kommen noch 6 Arten, die eingeführt oder ausgesetzt wurden und heute in Freiheit bei uns brüten (z. B. Kanadagans, Fasan). Nur 238 Arten aber zählen heute zu den regelmäßigen Brutvögeln. Viele Arten sind nur als seltene Gäste oder gar nur ausnahmsweise in Deutschland anzutreffen.

Ordnung Gaviiformes – Seetaucher

Nur 5 im Norden der Nordhalbkugel (Nordamerika, nördliches Eurasien) brütende, etwa gänsegroße, aber schlanke Tauchvögel, deren Körper beim Schwimmen tief im Wasser liegt, gehören zu dieser Ordnung (S. 68). 3 Arten sind regelmäßige Wintergäste bei uns, davon 2 auch im Binnenland. Alle Seetaucher zählen zu einer Familie (Gaviidae). Als hervorragende Taucher erbeuten sie ihre Nahrung (meist Fische) fast ausschließlich unter Wasser; die Vorderzehen sind durch Schwimmhäute miteinander verbunden. Zum geradlinigen, kraftvollen Flug starten die Vögel in einem oft relativ langem Anlauf von der Wasseroberfläche; von Land können sie meistens nicht auffliegen. Da die Beine weit hinten am Körper eingelenkt sind, vermögen sich Seetaucher an Land nur wenige Schritte aufrecht zu halten; sie bewegen sich oft auf der Brust rutschend vorwärts. Die einfachen Nester stehen daher immer nahe am Wasser, im Unterschied zu den Lappentauchern aber an Land. Bei uns sieht man die Vögel meist nur im Schlichtkleid; zur Brutzeit wird ein auffällig gemustertes Prachtkleid angelegt. Während der Schwingenmauser im Herbst und Winter fallen alle Schwungfedern gleichzeitig aus, so daß die Vögel vorübergehend flugunfähig werden. Die Geschlechter sind gleich gefärbt.

Ordnung Podicipediformes – Lappentaucher

20 Arten, davon eine erst vor kurzem in Südamerika entdeckt, leben auf Süßwasser in allen Kontinenten. In Mitteleuropa brüten 4 Arten; der Ohrentaucher ist bei uns nur Wintergast (S. 77). Ihre Größe reicht von etwa Drossel bis Ente. Der Name bezieht sich auf die Form der Schwimmapparate: Lappentaucher besitzen keine Schwimmhäute, die zwischen den Zehen ausgespannt sind, sondern jede Zehe ist vielmehr mit einem eigenen Schwimmlappen ausgestattet. Als Antriebsorgan und Steuerruder sitzen die Beine wie bei den Seetauchern weit hinten am Körper. Das Kleingefieder ist an Brust und Bauch besonders dicht und fühlt sich wie ein Pelz an.

Im Sommer tragen alle Arten ein recht buntes Prachtkleid, vielfach auch einen auffallenden Kopfschmuck (z. B. Hauben- und Schwarzhalstaucher); im Herbst wird das meist schwarzbraun-weiß gefärbte Schlichtkleid angelegt. Während der Schwingenmauser werden die Vögel vorübergehend flugunfähig. Die Geschlechter sind völlig gleich gefärbt und lassen sich nicht unterscheiden.

Lappentaucher sieht man so gut wie nur auf dem Wasser. Die Nahrung (vor allem kleine Fische und Wasserinsekten) wird im Tauchen erbeutet. Auf dem Land bewegen sich alle Arten sehr unbeholfen fort. Die Nester schwimmen im Wasser oder sind an Wasserpflanzen verankert bzw. auf einer Unterlage im Wasser errichtet. Die weißlichen Eier werden beim Verlassen des Nestes meist zugedeckt. Sie erhalten im Laufe der Bebrütung durch das verrottende Pflanzenmaterial, aus dem das Nest gebaut ist, meist eine bräunliche Färbung.

Die Jungen, deren Dunenkleid mit einer auffälligen Streifenzeichnung versehen ist, verlassen zwar schon am ersten Tag das Nest und schwimmen geschickt, sind aber keine eigentlichen Nestflüchter. Sie halten sich in den ersten Tagen häufig im Gefieder oder in den Flügeltaschen der Eltern auf, um sich zu wärmen. Oft sehen bei einem schwimmenden Taucher nur die Köpfe der winzigen Jungen aus dem Rückengefieder heraus. Sie werden dann noch lange von den Eltern geführt und gefüttert.

Alle Lappentaucher der Welt werden in einer Familie (Podicipedidae) zusammengefaßt.

Ordnung Procellariiformes – Röhrennasen

Von diesen 98 reinen Hochseevogelarten, die nur zum Brüten an Land kommen und nur ganz gelegentlich einmal ins Binnenland verschlagen werden (S. 78/79), brüten die meisten auf der Südhalbkugel. 4 Familien werden unterschieden, nämlich Albatrosse (Diomedeidae), Sturmtaucher (Procellariidae), Sturmschwalben (Hydrobatidae) und Lummensturmvögel (Pelecanoididae). Die kleinsten sind kaum größer als ein Mauersegler; Albatrosse dagegen mit maximal über 3 m Flügelspannweite zählen zu den größten flugfähigen Vögeln unserer Tage. Alle Arten legen nur 1 Ei in Höhlen oder Felsspalten; große Arten auch ungeschützt auf den Boden. Die Jungen sind Nesthocker. Die individuelle Lebensdauer ist sehr lang; erst nach mehreren Jahren wird die Geschlechtsreife erreicht. Die meisten Arten sind hervorragende Segelflieger und benützen den Aufwind über den Meereswellen, um dicht über den Wellenzügen entlangzusegeln.
In Deutschland brütet der Eissturmvogel; meist seltene Gäste an der Küste sind 6 weitere Sturmtaucherarten und 3 Arten der Sturmschwalben. Auch der Schwarzbrauenalbatros *(Diomedea melanophris)* wurde als Ausnahmegast beobachtet.

Ordnung Pelecaniformes – Ruderfüßer

Unter diesen fischjagenden Wasservögeln ist nur der Kormoran (S. 80) regelmäßig im mitteleuropäischen Binnenland zu beobachten. Unter den 6 Familien kommen von 3 auch Arten in Europa vor. Allen gemeinsam ist, daß im Unterschied zu allen anderen Vögeln nicht nur zwischen den drei Vorderzehen Schwimmhäute aufgespannt sind, sondern auch die 1. Zehe durch eine Schwimmhaut mit den anderen verbunden ist. Die Nester werden auf dem Boden, auf steilen Klippen oder auch auf Bäumen angelegt. Die Jungen sind Nesthocker.

Kormorane (Phalacrocoracidae) sind Schwimmtaucher, die von der Wasseroberfläche abtauchen und im Schwimmen unter Wasser Fische ergreifen. Sie liegen tief im Wasser; ihr hakig gebogener Schnabel bildet ein wichtiges Werkzeug für das Ergreifen der Fische. Einen ähnlichen Schnabelhaken besitzen die Säger (S. 142), die aber mit den Enten nahe verwandt sind. Über 30 Kormoranarten kommen an Meeresküsten und auf Binnengewässern der ganzen Erde vor. Manche Meereskormorane bilden auf der Südhalbkugel riesige Brutkolonien, unter denen die an der Westküste Südamerikas als Guanoproduzenten auch eine wirtschaftliche Rolle spielen. Als Guano bezeichnet man getrocknete Kotablagerungen, die als Dünger verwendet werden. In Europa brüten 3 Arten, Kormoran, Krähenscharbe und Zwergscharbe. Die beiden letztgenannten Arten sind in Mitteleuropa sehr seltene Gäste.

Tölpel (Sulidae) sind große Seevögel mit kräftigem, spitzem Schnabel, die aus größerer Höhe im Sturzflug ins Wasser tauchen, um nach Ergreifen der Beute gleich wieder aufzusteigen. An den Küsten Europas brütet der Baßtölpel (S. 79). Weltweit gibt es 9 Arten.
Abweichend von Tölpeln und Kormoranen können Pelikane (Pelecanidae) nicht tauchen (nur 1 Art fischt im Stoßtauchen). Sie schwimmen hoch auf dem Wasser sitzend und schöpfen mit ihrem gewaltigen Schnabel Fische aus dem Wasser. Ein stark dehnbarer Hautsack zwischen den Ästen des Unterschnabels dient da-

bei als Kescher. Oft beteiligen sich mehrere Vögel gemeinsam am Fischfang und kreisen Fischschwärme regelrecht ein. In Südosteuropa brütet noch der Rosapelikan *(Pelecanus onocrotalus)* in wenigen Kolonien. Der sehr ähnliche Krauskopfpelikan *(P. crispus)* ist nur noch auf wenige Brutplätze um das Schwarze Meer beschränkt und hat noch letzte Rückzugsgebiete auf der Balkanhalbinsel. Weltweit gibt es 9 Pelikanarten.

Zu den Ruderfüßern zählen noch die merkwürdigen Schlangenhalsvögel (Anhingidae), die Fregattvögel (Fregatidae) und die einer Seeschwalbe ähnelnden Tropikvögel (Phaetontidae). Alle brüten in warmen Zonen.

Ordnung Ciconiiformes – Schreitvögel

Große, langbeinige Stelzvögel, die meist gemächlich schreiten und in der Regel nicht schwimmen, werden 5 Familien zugeordnet, von denen allerdings 2 tropische (Schuhschnäbel und Schattenvögel) nur je 1 Art umfassen.

Familie Ardeidae – Reiher

S-förmig gekrümmter Hals und gerader, spitzer Dolchschnabel sind die gemeinsamen Merkmale dieser Familie, von der etwa 65 Arten über alle Erdteile verbreitet sind. In Mitteleuropa sind 5 Arten regelmäßige Brutvögel; 3 weitere kommen als Gäste vor (S. 87). Viele Arten tragen zur Brutzeit an Kopf, Hals und Rücken Schmuckfedern. Die Nahrung besteht aus Fischen und anderen kleinen Wirbeltieren (auch Landbewohnern). Häufig lauern Reiher auf ihre Beute oder schleichen sich behutsam an, um dann blitzschnell mit dem Schnabel zuzustoßen.

Die Nester stehen entweder auf Bäumen oder Büschen, oder auch im Schilf. Ausgesprochene Schilfbewohner, die man selten in völlig offenem Gelände stehen sieht, sind die Rohrdommeln (S. 82). Die Jungen sind Nesthocker, verlassen aber das Nest meist schon längere Zeit bevor sie flügge werden und klettern in der Umgebung herum. Das Futter bringen die Altvögel im Magen oder im Schlund zum Nest; es wird dann ausgewürgt. Sind die Jungen noch klein, wird das Futter direkt in den Rachen übergeben; später würgen es die Reiher einfach auf den Nestrand.

Im Flug tragen Reiher im Unterschied zu Störchen oder Kranichen den Kopf immer zwischen den Schultern; der Hals wird S-förmig gekrümmt, also nicht gerade vorgestreckt. Reiher sind auch keine ausgesprochenen Segelflieger. Der kleinste einheimische Reiher ist die Zwergdommel (S. 84), der häufigste der Graureiher (S. 88). Sehr selten brüten bei uns Nacht- und Purpurreiher (S. 92).

Familie Ciconiidae – Störche

Im Unterschied zu den Reihern ist der lange Hals der Störche nicht abzuknicken; er wird im Flug gerade getragen. Störche sind ausgesprochene Segelflieger; ihr spitzer Schnabel ist kräftig und lang. Die meisten Arten leben von Gliederfüßern (Insekten, Tausendfüßern usw.) und kleinen Wirbeltieren, die sie im Schreiten auf dem Land oder im Seichtwasser erbeuten. Die Marabus der Tropen sind Aasfresser. Storchennester sind meist große Reisigburgen auf Bäumen oder in Felswänden.

Die Familie umfaßt 19 Arten, von denen die meisten in Afrika leben. In Europa brüten 2 Arten (S. 94). Bei den meisten Arten herrschen die Farben Schwarz und Weiß vor; viele sind stimmlos, klappern aber mit den Schnäbeln.

Familie Threskiornithidae – Ibisse

2 Vogeltypen zählen hierzu, nämlich einmal Stelzvögel mit sehr langem, sichelförmig abwärts gebogenem

Schnabel (eigentliche Ibisse) und solche mit geradem, abgeplattet löffelförmigem Schnabel (Löffler). Von beiden brütet je 1 Art in Europa, der Sichler und der Löffler. Weltweit kennt man 29 Arten, von denen die meisten in den Tropen leben. Die bekannteste Art ist der Heilige Ibis *(Threskiornis aethiopica)*, der von den alten Ägyptern als Gott verehrt wurde.

Sichler *(Plegadis falcinellus)* sind gedrungen wirkende, dunkle Vögel, die heute in Mitteleuropa nur als ganz seltene Gäste auftreten. Sie erinnern etwas an übergroße Brachvögel. Ihr Brutbestand in Süd- bzw. Südosteuropa hat sehr stark abgenommen (S. 528). Einzelne Paare brüten auch noch in Ungarn.

Die weißen Löffler *(Platalea leucorodia)* brüten noch in den Niederlanden und am Neusiedler See im Burgenland; sonst sind sie bei uns nur ausnahmsweise zu sehen (Abb. S. 99).

Ordnung Phoenicopteriformes – Flamingos

5 Flamingo-Arten gibt es auf der Welt; nur eine brütet in Südeuropa. Bei uns in Freiheit zu beobachtende Flamingos sind in der Regel Gefangenschaftsflüchtlinge.

Ordnung Anseriformes – Entenvögel

Die Ordnung enthält nur 1 Familie (Anatidae – Entenvögel), obwohl die darin zusammengefaßten Arten auf den ersten Blick recht unterschiedlich aussehen. Gans, Schwan, Ente, Säger sind einige der wichtigsten Typen der Entenvögel, die in 156 Arten fast auf der ganzen Welt verbreitet sind. 4 Arten wurden zu Haustieren: Hausgans (Stammart Graugans), Höckergans (Stammart Schwanengans), Hausente (Stammart Stockente) und Türkenente (Stammart Moschus- oder Warzenente).

Gemeinsame Merkmale dieser bunten Vogelordnung sind Schwimmhäute zwischen den Vorderzehen sowie relativ kurze aber kräftige Beine. Die meisten Arten besitzen einen recht langen Hals. Der im einzelnen sehr unterschiedlich geformte Schnabel trägt an der Spitze eine harte Hornplatte, den sog. Nagel; sowohl am Ober- als auch am Unterschnabel sitzen an den Rändern Reihen von Hornlamellen. Sie wirken bei den Enten in Verbindung mit der fleischigen Zunge als Seihapparat, mit dessen Hilfe Nahrungspartikel aus dem Wasser herausgefiltert werden. Beim »Schnattern« öffnet und schließt sich der Schnabel fortwährend. Beim Öffnen zieht die Zunge wie ein Stempel das Wasser durch die Schnabelspitze ein. Wenn sich der Schnabel dann schließt, wird das Wasser zwischen den Rändern des Ober- und Unterschnabels ausgepreßt. Die zahlreichen feinen Hornlamellen halten die Nahrungsteilchen fest. Diese Art des Nahrungserwerbs hat einen großen Vorteil: Da das Auge nicht benötigt wird, können Enten auf diese Weise auch nachts Nahrung suchen. Schnabel und Zunge sind reich mit Sinneszellen besetzt. Gänse sind überwiegend Grasfresser. Bei ihnen ist der Schnabel hochkantiger und nicht so breit und löffelförmig wie bei den Enten. Die äußere Reihe der Hornlamellen an den Schnabelrändern ist besonders kräftig. Sie hat keine Bedeutung mehr als Sieb, sondern die einzelnen Lamellen wirken wie Zähne beim Abbeißen von Grashalmen und -blättern. Dabei halten die Gänse ihren Schnabel seitlich und rupfen mit käftiger Bewegung des Halses das Gras ab. Bei den fischjagenden Sägern sind die Hornlamellen zu scharfen kleinen Hornzähnchen umgebildet; mit ihnen werden die Fische festgehalten (Abb. S. 143). Alle Entenvögel verlieren während der vollständigen Mauser im Sommer oder Herbst die Schwungfedern gleichzeitig, so daß sie vorübergehend flugunfähig werden. Viele Arten verlassen vor der Mauser ihr Brutgebiet, um geschützte und nahrungsreiche Mauserquartiere aufzusuchen. Da solche Gebiete mitunter weit vom Brutplatz entfernt liegen, oft auch schon in Richtung auf das spätere Winterquartier, müssen die Enten und Gänse einen regelrechten Mauserzug durchführen.

Zum Bau der Nester werden nur Materialien aus der unmittelbaren Umgebung verwendet. Bei allen europäischen Arten setzt kurz vor der Vollendung des Geleges, das meist aus relativ großen Eiern besteht, eine Mauser auf der Bauchseite des Weibchens ein. Damit stehen Nestdunen zur Auskleidung der Nestmulde oder für die Bedeckung der Eier während der Brutpausen zur Verfügung. Die Eier werden in der Regel nur vom Weibchen bebrütet. Die Jungen sind Nestflüchter, die meist gleich nach dem Schlüpfen aufs Wasser gehen und selbständig Nahrung suchen. Sie besitzen ein besonders dichtes Dunenkleid.

Durch eine besondere Feinstruktur und durch Einfetten mit Sekreten der Bürzeldrüse ist das Gefieder der Altvögel wasserabweisend und wird nicht naß. Umfassende Gefiederpflege ist aber eine wichtige Voraussetzung und nimmt einen beachtlichen Teil der täglichen Tätigkeit ein.

Schwäne (S. 100) sind die größten Entenvögel mit besonders langem Hals. Von den 6 Arten der Welt sind 4 im Alter weiß. Die Geschlechter tragen gleiches Gefiederkleid und sind nur an der Größe und beim Höckerschwan an der Ausbildung des Schnabelhöckers zu unterscheiden. Die Paare halten meist ein Leben lang zusammen. Das Männchen brütet zwar nicht, bleibt aber bei den Jungen. Die Jungvögel halten oft bis in den Winter hinein zur Familie.

Gänse (S. 106) sind auch zur Brutzeit ausgesprochen gesellig und verteidigen meist nur ganz kleine Nestreviere. Die Geschlechter sind ebenfalls gleich gefärbt, die Partner halten meist ein Leben lang zusammen. Wenn das Weibchen brütet, steht das Männchen meist in Nestnähe auf der Wache. Es beteiligt sich dann auch an der Führung der Jungen. Alle Gänse sind Vegetarier und nehmen ihre Nahrung überwiegend an Land auf.

Unter den Enten unterscheidet man grob zwei ökologische Typen, nämlich die Gründelenten (S. 114) und die Tauchenten (S. 128). Gründelenten tauchen als erwachsene Vögel in der Regel nicht und nehmen Nahrung vom Land auf (z. B. Gras), von der Wasseroberfläche oder vom Schlamm des Seichtwassers. Ihre Reichweite unter Wasser ist gering, da sie nur Kopf und Hals bzw. den nach vorne gekippten Vorderkörper ins Wasser eintauchen. Tauchenten sind vorzugsweise Kleintierfresser. Sie liegen beim Schwimmen meist tiefer im Wasser als Gründelenten. Tauchfähigkeit und -tiefe sind bei den einzelnen Arten sehr unterschiedlich ausgebildet. Die Säger (S. 140) sind als einzige Tauchenten ausgesprochene Fischjäger.

Bei den meisten der typischen Enten tragen die Männchen ein buntes Prachtkleid, das nach der Mauser im Herbst oder im Frühjahr angelegt wird. Vor dem Abwurf der Schwungfedern im Sommer wird es gegen ein Schlichtkleid eingetauscht, das meist dem Jahreskleid der Weibchen sehr ähnlich ist. Entenpaare bilden sich häufig schon im Herbst, bei einigen Arten (z. B. Tafelente) erst im Frühjahr. Nur die Weibchen brüten und kümmern sich auch in der Regel allein um die Jungen. Die Männchen suchen während der Zeit des Jungeführens meist schon die Mauserplätze auf. Daher dürften Dauerehen bei Enten im Unterschied zu Schwänen und Gänsen recht selten sein.

Entenvögel werden auch in großer Zahl und Artenvielfalt in Gefangenschaft oder halbwild gehalten. So kann man manche europäische und exotische Arten auch in Deutschland beobachten, die aus solchen Haltungen entflogen sind oder dann sogar auch in Freiheit brüten. Dies gilt z. B. für Schwarzschwan *(Cygnus atratus),* Nilgans *(Alopochen aegyptiacus),* Streifengans *(Anser indicus),* Rostgans *(Tadorna ferruginea),* Mandarinente *(Aix galericulata)* und Brautente *(Aix sponsa).* Zu den bei uns eingeführten Arten zählt auch die Kanadagans *(Branta canadensis).* Darüber hinaus kann man mit zunehmender Häufigkeit auch einzelne exotische Entenarten unter den Wasservogelscharen auf Seen und Teichen entdecken.

Manches Kopfzerbrechen bereiten dem Vogelbeobachter auch Bastarde, vor allem bei Tauchenten. Sie kommen sowohl unter freilebenden Arten (z. B. Reiher- und Tafelente) vor, als auch als Züchtungsprodukte von Wasservogelhaltern. Zur Frage abnorm gefärbter Stockenten s. S. 123. Bevor man also extrem seltene Entenarten zu sehen glaubt, muß man also Gefangenschaftsflüchtlinge und Bastarde in Erwägung ziehen.

Ordnung Falconiformes – Greifvögel

In fast 230 Arten sind Greifvögel über die ganze Erde verbreitet. Unterschiede im Körperbau und in der Lebensweise führten allerdings dazu, daß man sie verschiedenen Familien zurechnet. Allerdings sind die Wissenschaftler über die Art der Einteilung verschiedener Auffassung. So werden z. B. nicht selten heute die Greifvögel in 2 Ordnungen gegliedert, wobei die Falken als eigene Ordnung (Falconiformes) den übrigen Greifvögeln (Accipitriformes) gegenübergestellt werden. Hier ist eine möglichst

einfache Gliederung gewählt, die den Überblick vor allem über die in Europa vorkommenden Arten erleichtert.

Die meisten Greifvögel sind tagaktive Wirbeltierjäger; einige Arten leben auch – zumindest in bestimmten Jahreszeiten – vorwiegend von Insekten (z. B. Wespenbussard, einige Falken). Aas und Abfälle bilden die Nahrung der Geier. Einige weitere Arten, wie z. B. Milane, leben großenteils von Aas, das auch von typischen Wirbeltierjägern zumal in Notzeiten nicht verschmäht wird. Die Beute wird mit den Füßen gegriffen, die daher in der Jägersprache auch gern als Fänge bezeichnet werden. Typische Beutegreifer (z. B. Adler, Habicht) besitzen lange, spitze und nach unten gebogene Krallen. Der Schnabel ist kräftig und mit scharfen Schneidekanten versehen, der Oberschnabel dabei meist zu einer auffälligen Reißhakenspitze nach unten gebogen. Damit wird der Schnabel zu einem hervorragenden Werkzeug für das Zerkleinern und Zerschneiden der Beute. Getötet werden Beutetiere meist durch den kräftigen Druck der Zehen und Krallen. Die Basis des Schnabels wird von einer weichen, oft sehr auffällig gefärbten Wachshaut überzogen, die auch noch die Nasenlöcher umschließt.

Viele Merkmale haben Greifvögel mit den überwiegend nachts jagenden Eulen gemeinsam. Ob aber die Eulen tatsächlich den Greifvögeln im natürlichen System so ferne stehen, wie man bisher immer annahm, ist bis jetzt noch nicht eindeutig bewiesen. Durch gleiche oder ähnliche Lebensweise bedingte Übereinstimmungen im Körperbau sind außergewöhnlich schwierig stammesgeschichtlich zu beurteilen.

Die kleinsten europäischen Greifvögel sind Merlin und Sperbermännchen, die größten Adler und Geier. Bei vielen Arten sind die Weibchen deutlich größer als die Männchen, besonders auffallend bei Sperber und Habicht. Dies hängt möglicherweise mit der Rolle zusammen, die die Partner eines Paares beim Brutgeschäft spielen. Die Bebrütung des Geleges besorgt ganz oder hauptsächlich das Weibchen, während das Männchen Beute heranschafft. Die Jungen sind typische Nesthocker und tragen im Laufe ihrer Nestlingszeit 2 verschiedene Dunenkleider. In den ersten Lebenstagen und Wochen bleibt das Weibchen meist am Nest, hudert und bewacht die Jungen und zerteilt die vom Männchen herbeigeschaffte Beute. Die Jungen müssen nicht nur bis zum Ausfliegen gefüttert werden, sondern bleiben meist auch noch ziemlich lange nach dem Ausfliegen von den Eltern abhängig (Bettelflugperiode). Wahrscheinlich dauert es eben sehr lange, bis die Jungen die schwierige Jagd auf lebende Beute so perfekt erlernen, daß sie sich dann selbst durchschlagen können.

Viele Greifvögel sind von Natur aus nicht häufig, da sie große Reviere benötigen, um sich und ihre Brut ausreichend ernähren zu können. Das gilt vor allem für Adler. Aber auch Mäusebussard, Habicht und Sperber verteidigen große Brutreviere bzw. Nahrungsgebiete. Die meisten Arten haben und benötigen auch keine sogenannten »natürlichen Feinde« für die Regulierung ihres Bestandes. Relativ geringe Nachwuchszahl und vor allem großer Platzbedarf regulieren den Bestand. Große Greifvögel, wie z. B. Adler, haben oft nur 1 Junges. Dazu kommt, daß bei hochspezialisierten Jägern die Konkurrenz zwischen Artgenossen, aber auch zwischen Angehörigen verschiedener Arten, die auf die gleichen Beutetiere jagen, recht groß ist. So ist dafür gesorgt, daß sich die Bestände entsprechend dem Nahrungsangebot einpendeln.

Vögel mit spezialisierter Ernährung, geringer Nachwuchszahl, großem Platzbedarf und daher geringem Bestand sind besonders empfindlich gegenüber Veränderungen des Lebensraumes und Verfolgung durch den Menschen. Jahrhundertelang wurden Greifvögel z. T. rücksichtslos verfolgt als vermeintliche »Schädlinge« für Wild- und Haustiere. In den letzten Jahrzehnten sind dazu noch Zerstörungen und ungünstige Veränderungen von Lebensräumen hinzukommen und schließlich hat vor allem die weitverbreitete und unbekümmerte Anwendung von langlebigen Umweltgiften in den Jahrzehnten nach dem Zweiten Weltkrieg in manchen Ländern katastrophale Bestandseinbrüche bei den Greifvögeln zur Folge gehabt. Als Endglieder von Nahrungsketten waren viele Arten (z. B. Seeadler, Steinadler, Wanderfalke, Habicht) in manchen Gegenden gewissermaßen die Sammeldepots von Pestiziden. Gesetzliche Schutzmaßnahmen, wie Verbote des Abschießens und des Aushorstens, aber auch verschärfte Bestimmungen zur Anwendung von Umweltgiften haben in letzter Minute manche Arten noch retten können. Erste kleine Erfolge der verbesserten Schutzbestimmungen in ganz Europa machen sich bemerkbar. Gleichwohl sind z. B. in der Bundesrepublik Deutschland in diesem Jahrhundert 2 Arten als Brutvögel ausgestorben und von den verbleibenden 14 Greifvogelarten nur 2, nämlich Turmfalke und Mäusebussard, derzeit nicht bedroht.

Auch wenn bei einigen weiteren Arten die Gesamtbestände in Mitteleuropa noch recht ansehnlich (z. B. Wespenbussard, Schwarz- und Rotmilan) und selbst Adler nicht unmittelbar gefährdet sind, muß das Augenmerk des Vogelschutzes ganz besonders auf sie gerichtet sein.

Familie Accipitridae – Habichtartige

Ganz verschiedene Formen werden in dieser Familie zusammengefaßt, wie auch die deutschen Namen für einzelne Gruppen beweisen.

Zu den größten Arten zählen die Geier (S. 153), die allerdings in Mitteleuropa heute nur seltene Gäste sind. Lange, meist brettartige Flügel, kurzer Schwanz und kleiner, nackter Kopf sind typische Kennzeichen. Die Geier sind Segelflieger, die oft stundenlang in großer Höhe ohne einen Flügelschlag segeln und hervorragend Aufwindströmungen für energiesparenden Flug nützen können. In Europa leben 4 Arten, von denen Gänsegeier, Mönchsgeier und Schmutzgeier ins allgemeine Schema passen, der relativ schlanke Bartgeier aber eine gewisse Sonderstellung einnimmt. Alle Arten leben von Aas und z. T. vom Abfall; der Bartgeier findet sogar auch an Knochen Genießbares.

Geier leben in wärmeren Ländern, vorzugsweise in gebirgigen Gegenden. Sie sind daher vor allem in Afrika und Südasien weit verbreitet. Die Geier Mittel- und Südamerikas, die sog. Neuweltgeier, unter denen der Kondor der bekannteste ist, sind mit den altweltlichen Geiern nicht näher verwandt, ja man hat sogar Hinweise, daß sie überhaupt nicht zu den Greifvögeln zählen, sondern den Störchen näherstehen.

Den Geiern an Größe nahe kommen die Adler. Allerdings sind nicht alle großen Greifvögel, die wir mit der deutschen Bezeichnung »Adler« belegen, hierher zu zählen. »Echte« Adler sind eigentlich nur die Angehörigen der Gattung *Aquila,* z. B. Stein-, Schell- oder Schreiadler (S. 153), große dunkle Greifvögel mit mächtigem Hakenschnabel, hervorragende Segelflieger und Flugjäger. Die einzelnen Arten gleichen sich aber sehr, so daß sie trotz ihrer Größe außerordentlich schwer zu bestimmen sind.

Ihnen sehr ähnlich ist der mächtige Seeadler (S. 150), der bundesdeutsche Wappenvogel, der größte unserer adlerartigen Greifvögel. Der nur in warmen Gebieten lebende Schlangenadler (S. 152) gleicht oberflächlich eher einem Bussard. Der Fischadler (S. 174) wird wegen einiger von allen anderen Greifvögeln abweichenden Merkmale und anderer Lebensweise oft in eine eigene Familie gestellt.

Verkleinerte Ausgaben der Adler sind die Bussarde (S. 166), die ebenfalls breite Flügel besitzen und sehr oft im Segelflug zu beobachten sind. Schnabel und Greiffüße sind aber im Verhältnis deutlich kleiner und schwächer, so daß meist nur kleine Säugetiere zu ihrer Beute zählen. Der Wespenbussard (S. 144) nimmt eine Sonderstellung ein, obwohl er im Flug dem Mäusebussard manchmal zum Verwechseln ähnlich sein kann.

Milane (S. 146) sind etwa bussardgroße Greifvögel, besitzen jedoch längere Flügel und vor allem einen langen, meist mehr oder minder deutlich gegabelten Schwanz. Sie leben großenteils von Aas und Abfällen und am Wasser von kranken oder toten Fischen.

Noch schlanker sind die Weihen (S. 154), die gewöhnlich niedrig über dem Boden im gaukelnden Flug jagen und als einzige europäische Greifvögel regelmäßig am Boden oder im Schilf ihr Nest anlegen. Ihre Brutplätze sind in Mitteleuropa heute fast überall bedroht.

Habicht und Sperber (S. 160) stellen einen besonderen Jagdtyp dar, der vor allem die Überraschungsjagd zur Perfektion entwickelt hat. Mit kurzen, relativ runden Schwingen und einem langen Schwanz als Steuer können sie auch zwischen Bäumen geschickt jagen und auf kurzer Strecke mit kräftigen Flügelschlägen sehr stark beschleunigen. Die Männchen sind deutlich kleiner als die Weibchen.

Familie Falconidae – Falken

Falken (S. 176) sind kleine bis mittelgroße Greifvögel mit sehr spitzen Flügeln, rundem Kopf und großen dunklen Augen. Einige von ihnen, wie z. B. Baum- und Wanderfalke, können mit Spitzengeschwindigkeiten von weit über 100 km/h auf fliegende Objekte herunterstoßen. Die rasante Flugjagd war auch der Grund, weshalb in Europa im Mittelalter und heute noch im Orient Falken zur Jagd abgerichtet wurden (Falkenbeize).

Gemeinsam ist allen Falken ein zahnartiger Vorsprung an der Kante des Oberschnabels (»Falkenzahn«), der eine wichtige Rolle beim Töten der Beute durch einen Biß in den Nacken spielt. Im Unterschied zu anderen Greifvögeln bauen Falken niemals Nester. Sie legen ihre Eier auf Felsbänder, in kleine Höhlungen, Mauerlöcher, aber auch in verlassene Nester anderer Vögel.

Ordnung Galliformes – Hühnervögel

Hühner sind vor allem an das Bodenleben angepaßt und können hervorragend laufen. Sie besitzen kräftige Schnäbel, die etwas gebogen sind, und starke Beine mit meist relativ langen Zehen. Die Hinterzehe sitzt etwas höher als die 3 Vorderzehen. Die kurzen, runden Flügel tragen mehr oder minder stark gebogene Schwungfedern. Sie liegen daher dem Körper eng an. Fast alle Arten fliegen mit schnellen, kräftigen Flügelschlägen bevorzugt niedrig über dem Boden. Oft ziehen sie bei Gefahr zunächst die Flucht zu Fuß vor. Bei manchen Hühnern tragen beide Geschlechter (z. B. Rebhuhn, Wachtel, Schneehuhn), bei anderen zumindest die Hennen (z. B. Auer- und Birkhuhn) tarnfarbenes Gefieder, so daß sie sich sehr gut am Boden in der Vegetation verstecken können. Die Wachtel ist ein echter Zugvogel; alle anderen Arten sind Stand- oder höchstens Strichvögel.

Die Nahrung besteht hauptsächlich aus Pflanzenteilen und Sämereien; nur die Jungen sind in den ersten Lebenstagen und -wochen größtenteils auf Insektennahrung angewiesen. Die Nahrung wird großenteils vom Boden aufgenommen; sie wird mit den Füßen angescharrt oder mit dem Schnabel ausgegraben. Allerdings spielt sich nicht das ganze Leben der Hühner auf dem Boden ab; manche Arten baumen zum Übernachten gerne auf. Im Winter spielt auch von Bäumen abgezupfte Nahrung (z. B. Knospen, Nadeln) bei manchen Arten eine wichtige Rolle. In Anpassung an die schwerverdauliche Pflanzennahrung haben Hühner einen großen Kropf, in dem Nahrungsbestandteile gesammelt und aufgeweicht werden. Ein kräftiger Muskelmagen, in den fast immer auch harte Steinchen aufgenommen werden, besorgt die mechanische Zerkleinerung. In den besonders groß entwickelten Blinddärmen findet die Endverdauung mit Hilfe von Bakterien statt.

Bei manchen Hühnern halten die Paare ein Leben lang zusammen (z. B. Rebhuhn) oder zumindest eine Brutsaison (z. B. Schneehuhn). Der prächtige Fasanengockel hält sich dagegen einen Harem, und die auf einer Arena balzenden Auer- und Birkhähne kennen überhaupt keine eheliche Bindung. Bei ihnen treffen sich die Geschlechter nur auf dem Balzplatz, und die Hennen sorgen allein für Bebrütung des Geleges und die Aufzucht der Jungen. Die Nester der Hühner liegen immer auf dem Boden, meist hervorragend versteckt. Die Tarnfarbe des brütenden Weibchens ist ein zusätzlicher Sichtschutz.

Die Jungen sind reine Nestflüchter. Sie können schon kurz nach dem Schlüpfen herumlaufen und suchen nur zum Aufwärmen das Bauchgefieder der Henne auf. Sie sind mit einem dichten, tarnfarbenen Dunenkleid ausgestattet und können sich hervorragend verstecken. Ihre Nahrung suchen sie meist nach »Anleitung« der Henne selbst. Einen zusätzlichen

Schutz bildet eine bemerkenswerte Entwicklung: Die Schwungfedern eilen dem Wachstum des übrigen Gefieders stark voraus, so daß halbwüchsige Küken schon recht gut fliegen und sich bei Gefahr in Sicherheit bringen können. Trotz vieler sinnvoller Anpassungen sind aber ganz offensichtlich die Verluste an Gelegen und Jungvögeln der bodenbewohnenden Hühner hoch, so daß auch bei den großen Arten das Gelege meist mehr als 5 Eier, bei den kleinen sogar oft über 10 Eier umfaßt.

In etwa 260 Arten sind Hühnervögel auf der ganzen Welt verbreitet. Von den als Haustiere gehaltenen Arten stammen der Pfau aus Südasien und ebenso die Stamm-Mutter der Haushühner, das Bankivahuhn. Das Perlhuhn stammt aus Afrika und das Truthuhn aus Nordamerika. Wildtruthühner sind aus jagdlichen Gründen in manchen Gebieten Mitteleuropas eingebürgert worden. Auch der Fasan, heute unser häufigstes Feldhuhn, stammt aus Asien und wurde in einer langen und wechselvollen Geschichte eingebürgert (S. 206). Viele weitere Fasanenarten werden als Ziergeflügel gehalten (z. B. Goldfasan, Diamantfasan usw.).

Die in Europa wildlebenden Hühnervögel lassen sich in 2 Gruppen einteilen, die manchmal auch als eigene Familien betrachtet werden. Zu den Rauhfußhühnern zählen Haselhuhn, Alpenschneehuhn, Birkhuhn und Auerhuhn (S. 196). Der merkwürdige Name bezieht sich auf die Tatsache, daß die Beine dieser Hühnervögel alle mehr oder weniger stark befiedert sind. Zudem tragen die Zehen, zumindest im Winterhalbjahr, oft noch Hornstifte. Diese Fußbefiederung gilt als Anpassung an schneereiche und winterkalte Lebensräume (S. 192). Mit z. T. recht einseitiger Pflanzennahrung (z. B. Koniferennadeln) können sich Rauhfußhühner durch den Winter schlagen. Alle Arten sind in Mitteleu-

ropa bedroht, da ihr Lebensraum zunehmend schrumpft.

Zu den Feld- oder Glattfußhühnern zählen Steinhuhn, Rebhuhn, Wachtel und Fasan (S. 206). Sie sind meist deutlich kleiner als Rauhfußhühner und besitzen keine befiederten Läufe. Im Unterschied zu den Rauhfußhühnern leben sie in der offenen Landschaft und nie im Wald. Für Rebhuhn und Wachtel hat die Entwicklung der modernen Landwirtschaft große Überlebensprobleme geschaffen. Der Fasan hat sich heute fast in allen landwirtschaftlich genutzten Gebieten Mitteleuropas ausgebreitet, kann sich aber an manchen Orten nur durch Aussetzen von Gefangenschaftsvögeln auf Dauer halten.

Eine besonders merkwürdige Hühnerfamilie bilden die in Australien und auf einigen südasiatischen Inseln heimischen Großfußhühner (Magapodiidae). Sie brüten ihre Eier nicht selbst aus, sondern vergraben sie in »Brutöfen« aus warmem Sand oder gärendem Pflanzenmaterial. Einige Arten können sogar die Bruttemperatur in ihren Bruthügeln prüfen.

Ordnung Gruiformes – Kranichvögel

Zu dieser Ordnung zählt eine sehr unterschiedliche Gruppe von Familien, von denen einige langhalsige und langbeinige Sumpf-, Steppen- oder Waldvögel aufweisen, andere ausgesprochene Schilfbewohner oder Schwimmvögel und wieder andere mehr kleinen Hühnchen ähnelnde Vögel umfassen. Die Jungen sind Nestflüchter, aber nicht von Anfang an so selbständig wie junge Enten oder Hühner. Weltweit unterscheidet man 11 Familien, von denen einige aber nur einzelne oder wenige Arten aufweisen, deren systematische Zugehörigkeit nicht immer ganz klar ist. In Mitteleuropa sind Vertreter aus drei Familien anzutreffen.

Familie Rallidae – Rallen

Kleine bis mittelgroße Laufvögel, die oberflächlich betrachtet kleinen Hühnervögeln gleichen und daher auch seit alters her in der deutschen Sprache häufig die Silbe »-huhn« am Ende des Namens tragen. Hühnerähnlich sind vor allem die kräftigen Beine, der gedrungene Körper, die gebogenen Schwungfedern sowie der kurze Schwanz. Eine bewegliche Wirbelsäule, seitlich zusammengedrückter Körper und langzehige Füße sind u. a. hervorragende Voraussetzungen zur Fortbewegung in dichter Vegetation. Viele Rallen sind daher ausgezeichnete Dickichtschlüpfer.

Die meisten Arten leben bei uns in der Röhrichtzone, z. B. die Wasserralle (S. 208) sowie das Tüpfelsumpfhuhn und seine Verwandten (S. 211). Das Teichhuhn (S. 213) ist noch ein ausgesprochener Dickichtvogel, der aber schon recht häufig, zumindest am Ufer, schwimmt. Das Bläßhuhn (S. 216) ist zum ausgesprochenen Schwimmvogel geworden und heute einer unserer häufigsten Wasservögel. Im Gegensatz dazu ist fast ganz zum Landvogel der Wachtelkönig (S. 212) geworden, der aber wie seine Verwandten in der Röhrichtzone sich äußerst geschickt in dichter Vegetation fortzubewegen weiß.

Mit Ausnahme des Bläßhuhns und, zumindest zeitweise, des Teichhuhns leben Rallen sehr versteckt und sind nicht leicht zu entdecken. Die Küken, die zunächst im Nest bleiben, tragen schwarze Dunenkleider. Sie werden zunächst noch von den alten gefüttert, und die meisten haben auffallend bunte Farbmerkmale am Kopf bzw. am Schnabel.

Weltweit kennt man in der Gegenwart etwa 140 Rallenarten, von denen aber schon über 10 in neuester Zeit ausgestorben sind. In Europa leben 9 Arten; zu den auch in Mitteleuropa überwiegend sehr seltenen Brutvögeln kommt in Südeuropa das seltene Purpurhuhn *(Porphyrio porphyrio)* und heute als äußerst seltener Gast das Kammbläßhuhn *(Fulica cristata)* mit einem einzigen Brutplatz in Südspanien.

Rallen haben sich als sehr gut geeignete Kolonisatoren abgelegener Inseln erwiesen und dort z. T. auch ihre Flugfähigkeit verloren. Solche Inselformen sind natürlich besonders gefährdet, wenn der Mensch auftaucht. Gegenwärtig zählen in Mitteleuropa alle schilfbewohnenden Arten als Folge von Lebensraumzerstörung zu den bedrohten Arten.

Familie Gruidae – Kraniche

Die großen, langbeinigen und langhalsigen Kraniche erinnern oberflächlich an Störche oder Reiher. Der Schnabel des Kranichs ist aber nur etwas über kopflang. Im Flug werden Hals und Beine wie bei Störchen gestreckt. Eine Besonderheit der Kraniche ist die starke Verlängerung der Luftröhre, die in einer lufthaltigen Kammer des Brustbeins mehrere Schlingen bilden kann. Die kräftigen und schmetternden Stimmen der Kraniche sind auf diese anatomische Besonderheit zurückzuführen. Bei der Mauser im Sommer verliert auch der Kranich alle Schwungfedern auf einmal und wird vorübergehend flugunfähig.

Weltweit kennt man 14 Kranicharten; neben den europäischen Graukranich lebt an einigen Stellen Osteuropas und Vorderasiens der Jungfernkranich *(Anthropoides virgo)*.

Familie Otididae – Trappen

Trappen sind Bodenvögel, die sich ökologisch sehr weit von den Wasser- und Sumpfbewohnern entfernt haben und heute sehr trockene Landschaftsformen besiedeln. In Mitteleuropa brütet noch die Großtrappe (S. 222) in kleinen Restbeständen in Ostdeutschland und Österreich. Durch die Entwicklung der modernen Landwirtschaft sind die Bestände aber

äußerst gefährdet. Der Großtrappen-
hahn, der über 11 kg Gewicht erreichen kann, ist wohl der schwerste
flugfähige Vogel der Welt. Die Hennen
erreichen meist nur etwa 4–5 kg. In
West- und Südeuropa lebt, meist auf
Rückzugsgebiete beschränkt, die
Zwergtrappe *(Tetrax tetrax)*. Beide
Trappenarten gehören zu den gefähr-
detsten Brutvögeln Europas.

Ordnung Charadriiformes –
Wat-, Möwen-, Alkenvögel

In dieser großen Ordnung (etwa
330 Arten weltweit) wird eine in Aussehen und Lebensweise sehr vielseitige Gruppe von Vögeln zusammengefaßt, die überwiegend am Wasser oder
in Feuchtgebieten leben. Viele Arten
unternehmen weite Wanderungen
und sind vor allem am Meer in großer
Zahl anzutreffen. Die meisten von ihnen sind Bodenbrüter und legen relativ
große, oft sehr vielseitig gefleckte Eier.
Die Jungen besitzen bereits beim
Schlüpfen ein dichtes Dunenkleid; viele Arten sind Nestflüchter, die schon
vom ersten Tage an selbständig Nahrung aufnehmen können.
Andere Arten wiederum sind auch
mehr oder minder ausgesprochene
Platzhocker; die Jungen schlüpfen
mit einem Dunenkleid ähnlich den
Nestflüchtern, bleiben aber zunächst
noch im Nest oder zumindest in dessen unmittelbarer Nähe und werden
von den Alten gefüttert. Ausgeprägte
Platzhocker sind natürlich vor allem
die Jungen der Arten, die auf steilen
Felsklippen brüten.

Familie Haematopodidae –
Austernfischer

Austernfischer sind weltweit verbreitete Küstenvögel. Von den etwa 8
sehr ähnlichen Arten mit kräftigen,
rötlichen Schnäbeln und Beinen ist
eine auch auffälliger und nicht seltener Brutvogel an den Küsten Mitteleuropas (S. 224).

Familie Recurvirostridae –
Säbelschnäbler

2 auffällig langbeinige und dünn-
schnäblige Watvögel werden dieser
kleinen Familie (weltweit nur 6 Arten)
zugerechnet, nämlich der an den Küsten Mitteleuropas brütende Säbelschnäbler und der langbeinige Stelzenläufer Südeuropas (S. 227). Wie
bei den Schnepfenvögeln handelt es
sich auch hier um Bodenbrüter, deren
Dunenjunge Nestflüchter sind.

Familie Burhinidae – Triele

Zu dieser Familie zählen 9 Arten
großer, besonders dickköpfiger und
kurzschnäbliger Watvögel mit kräftigen Beinen. Ähnlich den Trappen sind
sie auf trockene, steppenartige Lebensräume ausgewichen und leben
heute vor allem in den wärmeren Gebieten der Erde. Der europäische Triel
ist bei uns als Brutvogel so gut wie
ausgestorben (S. 228).

Familie Glareolidae –
Brachschwalben

17, so gut wie ausschließlich in wärmeren Gebieten Afrikas, Asiens und
Europas lebende Arten zählen zu dieser Familie. Eine Gruppe bilden kurz-
beinige und langflügelige Vögel, die
im Flugbild mit ihren gegabelten
Schwänzen an Seeschwalben erinnern und wie Schwalben in der Luft
Insekten fangen. Zwei Arten sind seltene Gäste in Mitteleuropa (S. 528).
Eine andere Gruppe sind langbeinige
Laufvögel wüstenhafter und trockener Gebiete; man bezeichnet sie als
Rennvögel. Auch der merkwürdige
Krokodilwächter Afrikas zählt zu dieser Familie.

Familie Charadriidae –
Regenpfeifer

Diese Familie umfaßt kleine bis mittelgroße Watvögel (Limikolen), deren
Beine meist relativ kurz oder höchstens mittellang sind, verglichen mit
anderen Gruppen. Der Schnabel ist

meist deutlich kürzer als die Kopflänge und an der Spitze oft etwas verdickt. Regenpfeifer sind daher nicht in erster Linie Sondierer, die in den weichen Untergrund bohren. Sie picken vielmehr ihre Nahrung von der Oberfläche ab.

Die größten Arten mit runden Flügeln zählt man zur Unterfamilie der Kiebitze, die in 24 Arten mit Ausnahme von Nordamerika in allen Erdteilen leben. In Mitteleuropa brütet nur 1 Art (S. 236); 1 weitere Art, der Spornkiebitz, ist auf wenige Plätze in Südosteuropa beschränkt, jedoch in Vorderasien sehr weit verbreitet.

Die Regenpfeifer im engeren Sinn (S. 230) sind meist kleine Vögel mit ausgesprochen spitzen Flügeln. Die meisten Arten haben nur 3 Zehen; die Hinterzehe ist verkümmert. Etwa 70 Arten leben auf der ganzen Welt. In Mitteleuropa sind 3 sehr ähnliche Arten Brutvögel, davon See- und Sandregenpfeifer von Ausnahmen abgesehen nur an der Küste und der Flußregenpfeifer im Binnenland. 2 weitere Arten, Kiebitz- und Goldregenpfeifer, sind regelmäßige Durchzügler. Ein sehr seltener Brutvogel in tundrenähnlichen Hochlagen der Ostalpen ist der Mornell, dessen eigentliche Heimat Skandinavien ist. Auch auf dem Durchzug erscheint er bei uns selten.

Familie Scolopacidae – Schnepfen

Überwiegend langbeinige und langschnäblige Watvögel (Limikolen) mit spitzen Flügeln zählen zu dieser in 86 Arten weltweit verbreiteten Familie. In manchen Gebieten fehlen allerdings Schnepfen als Brutvögel, z. B. im westlichen Nordafrika, in weiten Teilen der Tropen Afrikas und Asiens und in Australien. Doch hier spielen zur Zugzeit und im Winter viele Arten an Flachküsten und Binnengewässern mit flachen Ufern eine wichtige Rolle. An geeigneten Küstenabschnitten, wie z. B. im Wattenmeer der Nordsee oder vor der Küste Westafrikas, konzentrieren sich zu bestimmten Zeiten Hunderttausende.

Die meisten Arten benützen ihren langen Schnabel dazu, um in dem weichen Boden zu stochern und Kleintiere aus den obersten Schichten des Bodens herauszuholen. Die Schnabelspitze ist mehr oder minder reichhaltig mit kleinsten Tastsinnesorganen versehen, so daß mit Hilfe von feinsten Berührungsreizen wahrgenommen werden kann. Besonders spezialisierte Sondierer sind die langschnäbeligen Sumpf- und Waldschnepfen. Fast alle Arten sind Bodenbrüter. Das Gelege besteht wie bei den Regenpfeifern in der Regel aus 4 variabel gefleckten und meist hervorragend getarnten Eiern. Wie bei den Regenpfeifern sind auch hier die Jungen ausgesprochene Nestflüchter.

Verschiedene Typen lassen sich unterscheiden. Einen langen und geraden Schnabel und relativ kurze Beine besitzen die Sumpfschnepfen (S. 246) und die Waldschnepfen, die sich in ihrer Lebensweise vom offenen Wasser weitgehend unabhängig gemacht haben (S. 248). Zu den Wasserläufern leiten über die langbeinigen Brachvögel mit gebogenem Schnabel (S. 242) sowie die Pfuhl- und die Uferschnepfe (S. 250) mit langem, geradem Schnabel. Meist deutlich kleiner sind die typischen Wasserläufer, die vor allem im Schlichtkleid einander oft recht ähnlich sind (S. 258). Die meisten Arten verfügen jedoch über sehr typische und auffällige Rufe, an denen sie gut zu bestimmen sind.

Klein bis mittelgroß und meist sehr viel gedrungener und kurzbeiniger als die Wasserläufer sind die typischen Strandläufer (S. 242). Ihre Bestimmung ist oft noch schwieriger, weil sie sich im Schlichtkleid sehr ähnlich sehen und meist auch laute und auffällige Rufe fehlen. Wie bei vielen Wasser-

läufern, aber auch bei Ufer- und Pfuhlschnepfe, muß man bei den Strandläufern zwischen Prachtkleid und Schlichtkleid unterscheiden. Zu den Strandläufern zählt auch der merkwürdige Kampfläufer (S. 244), der abgesehen von seinem relativ kurzen Schnabel bei oberflächlicher Betrachtung aber mehr einem Wasserläufer gleicht; zumindest das Männchen ist größer als alle der bei uns vorkommenden Strandläuferarten.
Abweichende Gestalten dieser Familie sind z. B. der gedrungen wirkende Steinwälzer (S. 229) und die kleinen, hauptsächlich im Schwimmen zu beobachtenden Wassertreter (S. 229).

Familie Stercorariidae – Raubmöwen

6 Arten von mittelgroßen bis großen Meeresvögeln, die gewisse Ähnlichkeit mit den Möwen haben, zählen zu dieser Familie. Im Binnenland sind Raubmöwen nur ganz außergewöhnliche Gäste (S. 264). Der deutsche Namen der Familie bezieht sich auf die Angewohnheit fast aller Arten, zumindest zeitweise anderen Seevögeln die Nahrung im Flug abzujagen. Die meisten Raubmöwen brüten in polnahen Meeresgebieten.

Familie Laridae – Möwen

Als Bewohner der Meere und Küstengebiete aber auch vieler Binnengewässer sind die typischen Möwen in 48 Arten weltweit verbreitet. Lange Flügel und elegante Flugweise sind für die meisten Arten charakteristisch. Die kleinsten von ihnen erreichen die Größe einer Taube bei weitem nicht, die größten jedoch fast die Spannweite eines Reihers. Grau und weiß herrschen bei den Altvögeln als Farben vor; manche Arten tragen im Frühjahr und Sommer schwarze Gesichtsmasken, einige dunkle Oberflügel und fast alle wechselnd schwarz gezeichnete Flügelspitzen. Bei den Jungen und noch nicht voll geschlechtsreifen Vögeln herrschen oft Brauntöne vor. In der Regel tauchen Möwen nicht, sondern schwimmen hoch auf dem Wasser. Ihre Nahrung lesen sie von der Wasseroberfläche auf; manche Arten sind auch ausgesprochene Abfallsammler. Während der Brutzeit wird zumindest von den kleineren Arten auch geschickt Insektenjagd in der Luft betrieben. Die vielseitige Ernährung hat dazu geführt, daß eine Reihe von Möwenarten sehr häufig geworden ist und offenbar auch von den Abfällen der Zivilisationsgesellschaft profitiert. Fast alle Arten brüten in mehr oder minder großen Kolonien, meist auf dem Boden. Abweichend davon ist die Dreizehenmöwe ein ausgesprochener Felsbrüter an Steilküsten. Die Jungen sind Platzhocker (s. S. 267). Im Binnenland ist bei uns nur die Lachmöwe häufig und verbreitet. Als Gäste treten auch Sturm- und Zwergmöwe auf. Die Großmöwen, die vor allem für die Küste typisch sind (S. 270), haben als Gäste im Binnenland zugenommen und brüten auch teilweise fernab vom Meer, wie z. B. Silber- und Weißkopfmöwe.

Familie Sternidae – Seeschwalben

In mancher Hinsicht sind Seeschwalben den Möwen sehr ähnlich, im allgemeinen jedoch kleiner und schlanker. Ihre Schnäbel sind spitz zulaufend, ihre Flügel schmal, spitz und lang. Mit ihren kurzen Beinen laufen Seeschwalben in der Regel nicht auf dem Boden. Ihre Nahrung gewinnen sie fast ausschließlich im Flug. Viele Arten sind ausgesprochene Stoßtaucher, die sich von größerer Höhe ins Wasser herunterstürzen und auch kurzfristig untertauchen. Die Tauchtiefe ist aber meist gering, so daß in der Regel nur Fische und Wassertiere von den Oberflächenschichten erbeutet werden. Manche Arten, vor allem die Trauerseeschwalbe und ihre Verwandten (S. 286), fangen auch Insekten im Flug oder lesen von der Wasseroberfläche Nahrungsteilchen auf. Wie die Möwen sind auch die Seeschwalben Koloniebrüter. Die meisten Arten sind weiß mit schwarzen Abzeichen am Kopf (S. 282). Allerdings sind wie bei den Möwen auch hier verschiedene Kleider zu unterscheiden. Im Unterschied zu Möwen sind Seeschwalben ausgeprägte Zugvögel, die in den Tropen, ja sogar auf der Südhalbkugel überwintern. Einige Arten, wie Küsten- und Flußseeschwalben, unternehmen die weitesten von Zugvögeln bisher bekannten Wanderungen.

Auf der Erde gibt es 43 Arten. Im mitteleuropäischen Binnenland brütet nur die Flußseeschwalbe und in Norddeutschland nicht häufig die Trauerseeschwalbe. Küsten-, Brand- und Zwergseeschwalbe haben sich dank intensiven Seevogelschutzes als Brutvögel der deutschen Küsten nicht nur halten, sondern in manchen Gebieten auch vermehren können.

Familie Alcidae – Alken

Äußerlich weichen diese Hochseevögel von den übrigen Gruppen der Ordnung ab. Doch dies ist großenteils als Anpassung an die besondere Lebensweise zu verstehen. Alken (S. 288) sind tauchende Seevögel, die ihre Flügel unter Wasser zu Hilfe nehmen. Die Beine sind, wie auch bei anderen Tauchvögeln (z. B. Lappen- und Seetaucher) sehr weit hinten eingelenkt, so daß die Alken an Land aufrecht sitzen, ähnlich Pinguinen (mit denen sie aber nicht näher verwandt sind!). Meist ist die Oberseite schwarz und die Unterseite weiß gefärbt. Die Flügel sind meist relativ klein, daher ist der Flügelschlag rasch. Während der Mauser werden bei den meisten Arten die Schwungfedern gleichzeitig abgeworfen, so daß die Vögel vorübergehend flugunfähig werden. 22 Arten leben heute auf den Meeren der Nordhalbkugel, meist in den nörd-

lichen Zonen. Der flugunfähige Riesenalk ist im vorigen Jahrhundert ausgerottet worden. Die meisten Arten brüten in mehr oder minder großen Kolonien, entweder in selbstgegrabenen Höhlen, zwischen Steinen und Blöcken oder auf Simsen steiler Felsküsten. In der Regel kommen Alken nur zum Brüten an Land und sind daher nur in unmittelbarer Meeresnähe zu beobachten. Der einzige Brutplatz in Mitteleuropa ist der berühmte Lummenfelsen auf Helgoland (S. 288).

Ordnung Columbiformes – Tauben

Nur 4 Arten (S. 290) brüten in Mitteleuropa. Als 5. Art könnte man noch die in fast allen Städten bei uns weitverbreitete Straßentaube anführen, die aber von verwilderten Haustauben abstammt, deren wildlebender Vorfahr, die Felsentaube, vor allem in Südeuropa und Asien lebt. Weltweit aber kennt man über 300 Taubenarten; die meisten von ihnen leben in den Tropen. Alle heute lebenden Tauben zählen zu dieser Familie (Columbidae).

Tauben sind eigentlich Baumvögel, die allerdings den größten Teil ihrer Nahrung am Boden aufnehmen und auch manchmal an Felsen (bzw. Häusern) ihre Nester bauen. Einige eigenartige Körpermerkmale sind nur bei dieser Vogelordnung zu finden. Da ist einmal der Schnabel, bei dem nur die Spitzenhälfte fest verhornt ist. Die Basis wird von einer geschwollenen Haut gebildet, in der die schlitzförmigen Nasenlöcher liegen. Beim Trinken schöpfen Tauben nicht wie die meisten Vögel etwas Wasser, um es dann mit erhobenem Kopf in die Speiseröhre hinunterrinnen zu lassen, sondern tauchen den Schnabel in die Flüssigkeit und saugen in langen Zügen. Das Gefieder der Tauben fühlt sich oft etwas »mehlig« an. Es ist von einem feinen, fast wachsartigen Puder überzogen, der von besonderen Federn gebildet wird.

Wie die Hühnervögel leben auch Tauben in erster Linie vegetarisch und besitzen wie die Hühner einen großen Kropf, der aber nicht nur zur Speicherung der Nahrung dient. Kurz vor dem Ende der Bebrütung des Geleges bilden sich unter dem Einfluß eines bestimmten Hormons in der Innenwand des Kropfes viele Zellen, die dann allmählich abgestoßen werden und eine weißliche, quarkähnliche Masse bilden, die sogenannte Kropfmilch. Untersuchungen haben gezeigt, daß sie im Nährstoffgehalt, aber auch in der Zusammensetzung der Stoffe der Milch der Säugetiere recht ähnlich ist, also eine hervorragende Jungennahrung darstellt. Die Jungen, hilflose Nesthocker, werden zunächst einige Tage lang ausschließlich mit dieser Kropfmilch gefüttert; sie stecken den Schnabel tief in den Rachen des Altvogels. Erst später werden dann allmählich zarte Sämereien zugefüttert.

Tauben bauen meist sehr dürftige Nester aus nur wenigen Zweigen. Ihr Gelege besteht fast immer aus 2 weißen Eiern.

Ordnung Cuculiformes – Kuckucksvögel

Rund 130 Kuckucksarten gibt es; die meisten leben in den warmen Zonen der Alten und Neuen Welt. Nur 52 von ihnen aber sind wie unser europäischer Kuckuck Brutparasiten, legen also ihre Eier in fremde Nester. Manche amerikanische Arten bilden Brutgemeinschaften, bei denen mehrere Weibchen zusammen leben. Auch sonst unterscheiden sich die zu dieser Ordnung zählenden Vogelgruppen sehr stark. Während z. B. die meisten Kuckucke von Insekten und deren Larven leben, ernähren sich einige tropische Arten fast ausschließlich von Früchten. In Europa brüten nur 2 Kuckucksarten, neben unserem

allbekannten und weitverbreiteten Kuckuck (S. 300) in Südeuropa noch der Häherkuckuck (Clamator glandarius), der seine Eier vor allem in Elsternester ablegt. In letzter Zeit hat der Häherkuckuck sein Brutgebiet in Europa etwas erweitert und ist als Irrgast auch gelegentlich schon in Mitteleuropa erschienen.

Ordnung Strigiformes – Eulen

Wie Greifvögel sind auch Eulen überwiegend Wirbeltierjäger, jedoch meist dämmerungs- und nachtaktiv. Bei einigen kleineren Arten (z. B. Steinkauz, Zwergohreule) spielen auch Insekten in der Ernährung eine große Rolle. Ein gekrümmter, an der Basis mit einer Wachshaut (s. S. 20) überzogener Schnabel und kräftige, mit langen, spitzen Krallen bewehrte Greiffüße sind gemeinsame Merkmale von Greifvögeln und Eulen. Sonst ergeben sich allerdings große Unterschiede in Lebensweise und Körperbau zwischen beiden Vogelordnungen.

Typisch für Eulen ist der dicke Kopf, in dem meist sehr große Augen, im Unterschied zu anderen Vögeln nach vorne gerichtet, sitzen. Das Gesichtsfeld dieser wenig beweglichen Augen wird durch ein erstaunliches Drehvermögen (bis 270°) des Kopfes ausgeglichen. Neben den großen Augen bestimmt der sogenannte Schleier das Gesicht einer Eule. Mit diesem Ausdruck bezeichnet man einen meist mehr oder minder trichterförmigen Federkranz um jedes Auge. Er wirkt wie ein Schalltrichter, der die auftreffenden Schallwellen bündelt. Bei vielen Eulen ist das Gehör ausgezeichnet entwickelt und spielt eine große Rolle bei der nächtlichen Jagd. Allerdings haben die bei manchen Arten (z. B. Uhu, Waldohreule) auffälligen kleinen Federohren, die bei Erregung aufgestellt werden, nichts mit dem Ohr zu tun. Die Eingänge zum Gehör liegen im dichten Federkleid verborgen an den Seiten des Kopfes. Bei manchen Arten ist das Gehörorgan asymmetrisch ausgebildet. Dies führt dazu, daß durch Unterschiede in der Schallwahrnehmung zwischen linkem und rechtem Ohr die Schallquelle, z. B. ein im Laub des Waldbodens raschelndes Beutetier, gut geortet werden kann.

Das Federkleid der Eulen fühlt sich außerordentlich weich an, weil die einzelnen Federstrahlen frei verlängerte Enden besitzen. Diese feinen Fädchen bilden einen weichen Überzug auf der Federoberfläche, der beim Flug geräuschdämmend wirkt. Zusätzlich ist die Außenfahne der äußersten Handschwingen bei den meisten Arten mit einer Sägekante versehen, so daß die durch die Luft gezogenen Flügel kaum ein Fluggeräusch erzeugen. Der lautlose Eulenflug bildet ein wichtiges Überraschungsmoment für Beutetiere. Außerdem ermöglicht er den Eulen ihr Gehör optimal einzusetzen (vgl. S. 321).

Ähnlich wie bei den Greifvögeln sind auch bei Eulen die Weibchen etwas größer als die Männchen, doch sind im Freiland die Unterschiede kaum zu erkennen. Euleneier sind relativ kurz und kugelig und von weißer Farbe. Ein Nest wird wie bei den Falken nicht gebaut. Für die Ablage der Eier sind Eulen daher auf alte Nestunterlagen anderer Vögel (z. B. Waldohreule, s. S. 316) angewiesen. Viele Arten legen auch ihre Eier in Baumhöhlen oder in Mauerlöchern ab (vgl. Steinkauz S. 310, Waldkauz S. 312, Rauhfußkauz S. 320, Sperlingskauz S. 308) oder brüten in Felsnischen oder auf Felsbändern, z. B. Uhu (s. S. 306); die Sumpfohreule (S. 318) legt ihre Eier auf den Boden.

Der Speisezettel der Eulen ist uns nicht zuletzt durch sorgfältige Untersuchungen von Rupfungen und Gewöllen bekannt. Unter Gewölle versteht man einen Speiballen, der unverdauliche Nahrungsreste enthält.

Die Gewölle am Waldboden unter einer Fichte verraten den Tageseinstand der Waldohreule, der offensichtlich längere Zeit benutzt wurde.

Die walzenförmigen Gewölle bestehen aus den zusammengepreßten Haaren der Beutetiere; 2 Unterkiefer von Mäusen sind zu erkennen.

Ein Gewölle sorgfältig zerlegt: Zahlreiche spitze Knochen waren im Haarfilz eingebettet. Die Bestimmung der Beutetiere kann beginnen.

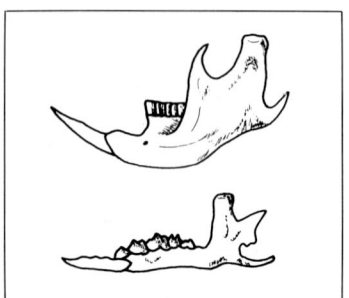

Kleinsäuger lassen sich an Hand ihrer Zähne bestimmen. Oben: Unterkiefer einer Wühlmaus mit typischem Nagergebiß; unten: Spitzmäuse erkennt man an den nadelscharfen Zähnen, die für Kleintierjäger charakteristisch sind.

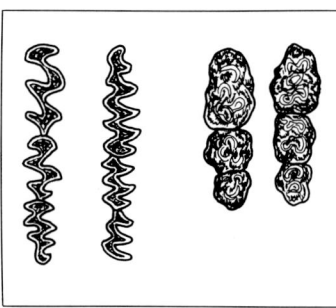

Die Schmelzkronen der Backenzähne zweier Mäuse unter der Lupe von oben gesehen. Links die Kaufläche einer Wühlmaus (z. B. Feldmaus) mit Schmelzschlingen; rechts die Zahnhöcker einer Langschwanzmaus (z. B. Haus- oder Waldmaus).

Bei den Eulen sind sie schwarz bis grau, mehr oder minder walzenförmig und je nach Größe der Eulenart etwa 2 bis maximal fast 10 cm lang. Solche Gewölle sind keineswegs nur für Eulen typisch, sondern bei vielen Vogelgruppen weit verbreitet, z. B. den Greifvögeln, aber auch Fischjägern (z. B. dem Eisvogel) und Insektenfressern (z. B. viele Singvögel). Bei den Eulen jedoch sind die Gewölle durch eine enge Verfilzung der Haare nicht nur besonders widerstandsfähig und zerfallen daher nicht so rasch; sie enthalten darüber hinaus auch, zumindest zu bestimmten Jahreszeiten, Knochen der Beutetiere erstaunlich vollständig. Dies ist besonders für die Ermittlung von Kleinsäugern (Mäusen, Spitzmäusen usw.) von Bedeutung, da sich die einzelnen Arten vor allem an den Zähnen sicher bestimmen lassen.

Insgesamt gibt es auf der Welt etwa 156 Eulenarten in allen Erdteilen verbreitet. Wegen mancherlei Besonderheiten werden die Schleiereulen als eigene Familie (Tytonidae) von den übrigen Eulen (Strigidae) abgetrennt.

Ordnung Caprimulgiformes – Nachtschwalben

Von diesen großäugigen Dämmerungs- und Nachtvögeln lebt nur eine einzige Art in Mitteleuropa; insgesamt kennt man auf der Welt, fast ausschließlich auf warme Gebiete begrenzt, rund 103 Arten mit sehr unterschiedlicher Lebensweise. Die eigentlichen Nachtschwalben sind bodenbrütende Insektenjäger mit einem eulenartig weichen Gefieder und hervorragender Tarnfarbe. Die Bezeichnung »Schwalbe« hat natürlich nichts mit näherer Verwandtschaft zu den Schwalben zu tun, sondern bezieht sich auf die langen spitzen Flügel und auch auf die Art der Jagd auf fliegende Insekten. Im breiten Kopf hat ein großer Mundspalt Platz, der sich kurz vor einem fliegenden Insekt zu einem riesigen Rachen öffnet und so gewissermaßen wie ein Insektenfangnetz wirkt.

Ordnung Apodiformes – Segler

Segler sind die am extremsten dem Luftleben angepaßten Vögel. Sie kommen nur ausnahmsweise auf den Boden und verbringen nur während des Brütens und zur Übernachtung längere Zeit auf einer festen Unterlage. Beim Mauersegler allerdings hat man herausgefunden, daß viele Vögel auch teilweise in der Luft übernachten (s. S. 324). Typische Segler sind dunkel gefärbt, manche Arten haben weiße Abzeichen. Wie bei den Nachtschwalben ist ihr Kopf ziemlich breit und flach, der Schnabel sehr kurz und breit, die Mundspalte setzt sich noch weit darüber hinaus fort. So kann ein großer Rachen als Insektenkescher aufgeklappt werden. Die Füße sind kurz und als Klammerfüße ausgebildet. Mit den Schwalben haben Segler nur ganz grobe Ähnlichkeit, bedingt durch gleiche Lebensweise, nämlich Insektenfang im Flug. Bei fast allen Arten sind die Speicheldrüsen stark entwickelt. Der Speichel wird zum Nestbau verwendet. Bei den Salanganen in Südostasien bestehen die Nester sogar ganz aus erhärtetem Speichel, die sogenannten »eßbaren Schwalbennester«. Die jungen Segler sind extreme Nesthocker, die es sich nicht leisten können, einmal zur Probe kurz das Nest zu verlassen. Sie müssen vom ersten Tag an voll flugfähig und in der Lage sein, Insekten in der Luft zu fangen. Junge Schwalben werden dagegen auch noch nach dem Ausfliegen eine Zeitlang von den Altvögeln gefüttert.

Bei uns überall verbreitet ist als einzige Art der Familie Schwalbensegler (Apodidae) der Mauersegler. In Südeuropa und in den Südalpen lebt der wesentlich größere und unterseits weiße Alpensegler, der bei Freiburg i. Br. seinen einzigen deutschen Brutplatz besitzt. Sehr ähnlich dem Mauersegler ist dagegen der Fahlsegler, der in den Mittelmeerländern lebt. Viele weitere Seglerarten brüten in den warmen Gebieten Afrikas und Asiens.

Ordnung Coraciiformes – Rackenvögel

Eine im wahrsten Sinne bunte Gruppe verschiedener Vogeltypen wird unter dieser Vogelordnung zusammengefaßt. Alle sind Kleintierjäger, die in Höhlen brüten. Gemeinsam ist ihnen ferner eine weite Verbreitung in warmen Gebieten der Erde. Bei uns sind jeweils nur einzelne Vertreter größerer Familien Brutvögel.

Familie Alcedinidae – Eisvögel

Insgesamt 90 Arten sind vor allem in den Tropen verbreitet; bei uns findet man nur 1 Art. Gemeinsame Merkmale sind ein meist sehr buntes Gefieder, ein großer Kopf und vor allem ein mächtiger Schnabel. Nicht alle sind wie unser Eisvogel Fischjäger; die meisten leben im Wald und jagen dort kleine Landtiere (z. B. Insekten). Fast alle brüten in selbstgegrabenen Erdhöhlen.

Familie Meropidae – Bienenfresser

Wie Segler sind auch Bienenfresser Luftjäger, steigen aber meist nur zu einem kurzen Jagdflug von ihrer Sitzwarte auf. Mit den Seglern haben sie auch eine gewisse Ähnlichkeit im Flugbild, nämlich die langen spitzen Flügel. Bienenfresser sind aber auffällig bunt. Wie die Eisvögel brüten sie in selbstgegrabenen Erdhöhlen. Die insgesamt 24 Arten sind fast ganz auf die Tropen und Subtropen der Alten Welt beschränkt. Der europäische Bienenfresser fliegt gelegentlich nach Mitteleuropa ein und brütet auch bei uns. In den Mittelmeerländern kann man diese Art wesentlich häufiger beobachten.

Familie Coraciidae – Racken

Alle Racken ähneln in ihrer Körperform etwas den Krähenvögeln, sind aber bunt gefärbt. Unsere Blauracke, die in Mitteleuropa als Brutvogel fast ausgestorben ist, in Südeuropa aber noch weiter verbreitet lebt, ist die einzige Art Europas. Weitere 13 Arten finden sich vor allem in den Tropen und Subtropen Asiens und Afrikas.

Sonagramme über das »Trommeln« der Spechte.

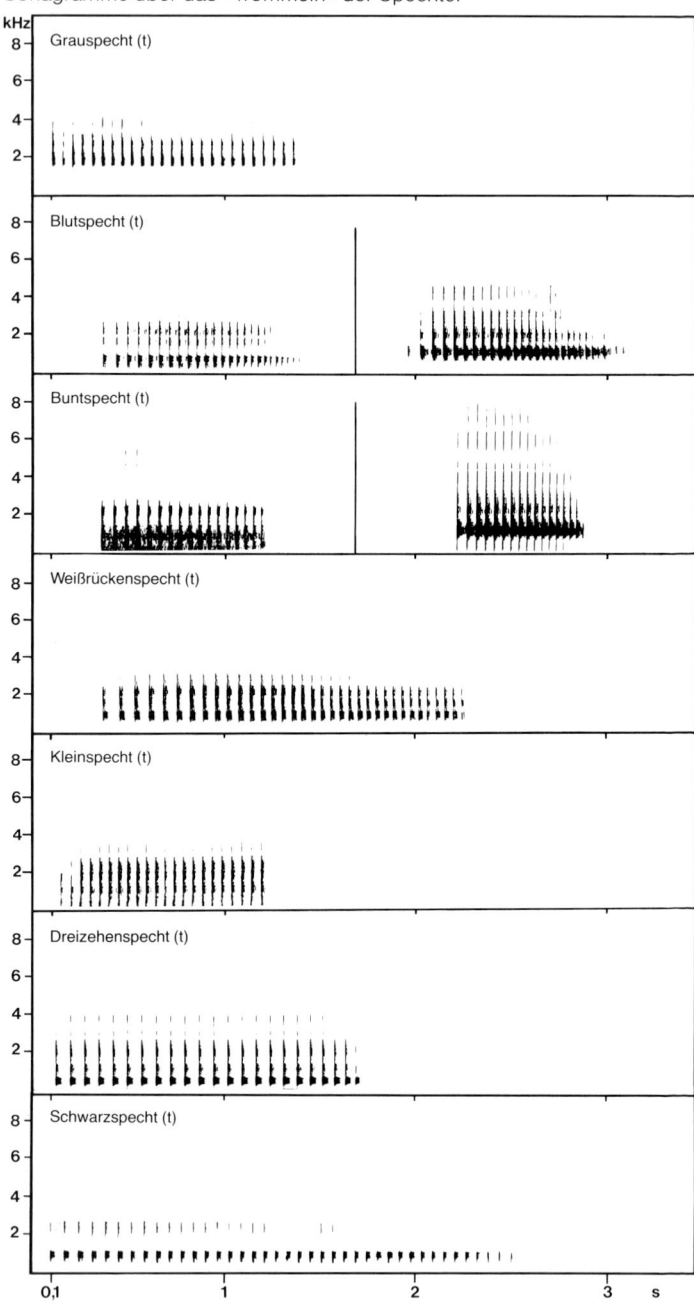

Familie Upupidae – Wiedehopfe

Der Wiedehopf weicht in vielen Einzelheiten des Körperbaues und seiner Lebensweise von den anderen Vogelgruppen der Ordnung Rackenvögel so stark ab, daß man ihn als einzige Art in einer eigenen Familie davon abtrennt. Auch seine Hauptverbreitung liegt wie die der meisten anderen Rackenvögel in wärmeren Ländern. In Südeuropa ist er stellenweise ein recht häufiger Brutvogel.

Ordnung Piciformes – Spechtvögel

Von den in diesem Buch behandelten Vogelgruppen sind die Spechtvögel die ausgeprägtesten Baumvögel und neben Baumläufern und Kleiber (S. 450) die einzigen, die ganz hervorragend an das Klettern an senkrechten Stämmen oder an der Unterseite von Ästen angepaßt sind. Alle einheimischen Arten zählen zur Familie der Spechte (Picidae), die man wiederum in verschiedene Untergruppen teilt. Die Wendehälse, mit je 1 Art in Europa und Afrika, weichen in vielen Merkmalen von den übrigen Spechten ab, von denen man fast 200 Arten in allen Gegenden der Erde kennt, in denen Bäume vorkommen. Nur einige Inseln sind von Spechten nicht besiedelt.

Typische Spechte haben einen harten, kantigen, geraden Meißelschnabel, der manchmal aber auch zu einem ausgesprochenen Pinzettenschnabel ausgeformt sein kann. Die Zunge ist in der Regel weit vorstreckbar und hat oft viele kleine Widerhäkchen. Das Kopfskelett bedarf vieler spezieller Anpassungen, denn Spechte können erhebliche Kräfte bei den Schlägen gegen das Holz entwickeln und außerdem vielfach noch rasante Trommelwirbel erzeugen. Die Knochen des vorderen Kopfteiles sind besonders stark, und außerdem ist der Schnabel mit dem Hirnschädel federnd verbunden, so daß sich die Stöße nicht ungebremst in das Gehirn fortsetzen.

Die Spechtbeine sind nur kurz, so daß der Vogel an der Rinde angeschmiegt sitzen kann. Die sehr kräftigen Füße haben stark gebogene Krallen. Vor allem die 3 vorderen Zehen sind zum Einklammern an Unebenheiten des Untergrundes sehr wichtig. Die Hinterzehe hat meist keine Funktion beim Klettern und kann bei einigen Arten (z. B. Dreizehenspecht, s. S. 354) sogar ganz fehlen. Als wichtiges Stützorgan dient auch der Schwanz, dessen Steuerfedern sehr stark versteift sind. Besonders die mittleren sind lang zugespitzt und haben borstenartige Äste, die sich gegen den Druck nach unten spreizen und damit den Körper verankern.

Die meisten Spechte legen sich ihre Nisthöhle selber an, vorzugsweise in morschen und kranken Bäumen, benutzen aber oft auch alte Höhlen immer wieder. Davon abweichend zimmert der Wendehals keine eigenen Höhlen, sondern ist auf andere Höhlenbauer angewiesen und liegt daher oft im Streit mit höhlenbrütenden Singvögeln.

Unsere einheimischen Spechte leben in erster Linie von Insekten und deren Larven und anderen Kleintieren, die sie großenteils unter der Rinde oder im kranken Holz finden. Der Wendehals (s. S. 336) lebt dagegen ganz ausschließlich von bodenbewohnenden Ameisen; auch Grün- und Grauspecht (s. S. 338) bedienen sich hauptsächlich dieser Nahrungsquelle. Man bezeichnet sie daher oft als Erdspechte. Schließlich plündert auch der Schwarzspecht (s. S. 342) gern einen Ameisenhaufen. Die meisten Spechte markieren, vor allem im Frühjahr, ihr Revier mit Trommelwirbeln, die ähnlich den Gesängen der Singvögel für die einzelnen Arten sehr charakteristisch sind, so daß man die Arten mit einiger Übung unterscheiden kann (vgl. Sonagramme).

Ordnung Passeriformes – Sperlingsvögel

Mit mindestens 5275 Arten und damit etwa 60 % aller heute lebenden Vögel bilden die Sperlingsvögel die weitaus größte Vogelordnung. Sie kommen in allen Landlebensräumen der Erde vor als sehr kleine (Minimum 4 g) bis mittelgroße Vögel (größte Art Kolkrabe mit etwa 1700 g). Sie haben alle einen Klammerfuß, bei dem eine Zehe nach hinten gerichtet ist und gegen die vorderen arbeitet. Die Jungen sind typische Nesthocker, nach dem Schlüpfen blind und höchstens mit einigen Dunen bekleidet. Auch wenn sie noch blind sind, öffnen die Nestlinge auf einfache Reize hin den Schnabel weit und schließen ihn erst nach einer Fütterung oder einer Zeit erfolglosen Wartens. Dieses typische Verhalten bezeichnet man als »Sperren«.

Die bei uns lebenden Sperlingsvögel zählen alle zur Unterordnung Passeres – Singvögel. Alle Arten haben einen hochentwickelten Stimmapparat. Nicht alle (z. B. Rabenvögel) singen aber laut und wohltönend. Die meisten bauen Nester, viele sogar sehr komplizierte. Im Unterschied zu den meisten anderen Vogelordnungen haben Singvögel in großer Vielfalt Bäume und Büsche und andere hohe Vegetationsstrukturen als Lebensraum erobert, relativ wenige von ihnen (z. B. Lerchen) auch das offene Land als Bodenvögel erfolgreich besiedelt.

In Mitteleuropa zählen so gut wie alle der häufigsten Brutvogelarten zu den Singvögeln. Viele Arten bei uns sind aber auch in ihrem Bestand bedroht.

Familie Alaudidae – Lerchen

Kleine bis höchstens mittelgroße bodenlebende Singvögel gänzlich offener Landschaften oder zwischen lockerem Baumbewuchs. Die Gefiederfärbung ist meist unauffällig, der Schnabel spitz bis konisch. Die Ernährung besteht aus kleinen Insekten, Sämereien und grünen Pflanzenteilen. Das Nest ist eine Mulde am Boden. Bei vielen Arten führen die Männchen auffällige Singflüge über den Brutrevieren aus. Etwa 80 bis 90 Arten leben vor allem in der Alten Welt vom Rand der Arktis bis auf die Südhalbkugel. In Deutschland brüten 3 Arten (S. 356); die Ohrenlerche (S. 357) ist regelmäßiger Wintergast; weitere Arten erscheinen nur als Ausnahmegäste (z. B. S. 530).

Familie Hirundinidae – Schwalben

Die kleinen und schlanken Singvögel haben meist kurze, schwache Füße, dafür lange und spitz zulaufende Flügel. Sie leben von Insekten und schwebenden Kleintieren, die sie im freien Luftraum erjagen. Der Schnabel ist meist klein und breit und öffnet sich zu einem großen Rachen. Männchen und Weibchen sind mehr oder minder gleichgefärbt. Die Nester stehen nicht selten in kleinen oder größeren Kolonien. Die Nester sind napf- oder kugelförmig, aus Lehm und feuchter Erde und werden an Felswänden oder Bauwerken angeklebt. Manche Arten (z. B. Uferschwalbe) graben Höhlen in den weichen Untergrund. Weltweit kennt man 80 bis 89 Arten; in Deutschland brüten 4 Arten, davon zwei häufig an menschlichen Bauten (S. 364).

Familie Stelzen – Motacillidae

Zierliche, vorwiegend am Boden herumlaufende Singvögel mit schlanken spitzen Schnäbeln. Die Pieper tragen meist tarnfarbenes Gefieder und sind optisch daher schwer zu unterscheiden. Die eigentlichen Stelzen sind wesentlich kontrastreicher gefärbt und tragen einen langen Schwanz, der beim Laufen auffällig wippt. Die Stelzen (S. 384) sind meistens keine großen Sänger. Pieper (S. 368) führen dagegen einen Singflug aus, entweder von erhöhter Warte oder vom Boden aus. Die Nahrung besteht vorwiegend aus Insekten und anderen Kleintieren, aber auch weichen Sämereien und Pflanzenteilen. Die Nester sind am Boden versteckt oder stehen in Höhlungen, in Felsen usw. Bachstelzen brüten bei uns regelmäßig auch an Gebäuden. Je nach Auffassung (die Taxonomen sind sich da nicht ganz einig) unterscheidet man weltweit 54 bis 65 Arten. Bei uns brüten 3 Arten der Stelzen und 4 Pieperarten regelmäßig; weitere Arten sind meist seltene Gäste.

Familie Bombycillidae – Seidenschwänze

Die mittelgroßen, vorwiegend beeren- und früchtefressenden Singvögel sind in nur 3 Arten auf der Nordhalbkugel verbreitet. Bei uns kommen Seidenschwänze (S. 387) nur als Wintergäste vor.

Familie Cinclidae – Wasseramseln

Die kompakten Singvögel, die in nur 5 Arten und einer Gattung auf der Nordhalbkugel vorkommen, zeigen besondere Anpassungen an das Leben am und im Wasser. Sie sind die einzigen Singvögel, die tauchen können (Wasseramsel S. 380).

Familie Troglodytidae – Zaunkönige

In Europa lebt nur eine Art (S. 382). 74 Arten in 16 verschiedenen Gattungen sind dagegen in der Neuen Welt beheimatet und bilden hier ganz unterschiedliche Formen, die verschiedene Lebensräume besiedeln.

Familie Prunellidae – Braunellen

Die kleinen Singvögel mit schlankem Schnabel und meist recht unscheinbarer Gefiederfärbung leben in 13 Arten in Eurasien. Das Verbreitungszentrum bilden die Hochgebirge Zentralasiens. In Mitteleuropa lebt nur die Heckenbraunelle im Tiefland und die Alpenbraunelle im Gebirge (s. S. 384).

Familie Drosseln – Turdidae

Die große Singvogelfamilie mit weltweit etwa 300 Arten, von denen man allerdings noch nicht sicher ist, ob sie wirklich alle zu einer Familie zählen, besteht aus kleinen bis mittelgroßen Singvögeln, die eine Vielzahl von Lebensräumen bewohnen. Die Nahrung setzt sich aus Insekten und anderen wirbellosen Tieren der Bäume, Büsche und des Bodens (z. B. Regenwürmer) zusammen, aber auch aus Beeren und fleischigen Früchten. Die napfförmigen Nester stehen meist in Bäumen und Büschen oder auch nahe am Boden. Viele haben einen sehr abwechslungsreichen und melodischen Gesang. Unsere berühmtesten Sänger zählen dazu (z. B. Nachtigall, Singdrossel, Amsel).

Unter den heimischen Drosselverwandten lassen sich mehrere Typen unterscheiden. Die eigentlichen Drosseln der Gattung *Turdus* sind mittelgroße Vögel, von denen 5 Arten regelmäßig und z. T. auch in großer Zahl bei uns brüten, eine Art regelmäßiger Gast ist (S. 412). Drosselähnlich sind auch die Felsbewohner Steinrötel (S. 531) und die im Mittelmeergebiet lebende Blaumerle *(Monticola solitaria)*. Kleinere Drosselverwandte sind die vor allem in Büschen lebenden Sänger Nachtigall, Sprosser, Rotkehlchen und Blaukehlchen (S. 392). Die beiden Rotschwanzarten bauen ihre Nester gern in Nischen oder Höhlungen (S. 395). Brutvögel des offenen Landes sind die Schmätzer; hierzu zählen Steinschmätzer, Schwarz- und Braunkehlchen (S. 390).

Familie Sylviidae – Zweigsänger

Die große Familie von etwa 300 vor allem in Europa, Asien und Afrika lebenden Arten faßt meist kleine und unscheinbare Singvögel zusammen. Braun, olivgrün oder grau herrschen vor; relativ wenige Arten haben auffällige Farben und Zeichnungen. Typisch für alle ist der feine Insektenfresserschnabel; neben Insekten werden aber meist in bestimmten Jahreszeiten auch Beeren und kleine fleischige Früchte angenommen. Einige Arten holen sich auch Nektar aus Blüten. Die meisten leben in dichtem Buschwerk oder in Bäumen und können sich gut verstecken. Sehr typische und oft sogar laute und melodische Gesänge sind wichtige Artkennzeichen. Die Napfnester, die auch bei manchen Arten überdacht sein können, sind meist gut in der Vegetation versteckt. So gut wie alle Arten in kühleren Gebieten sind Zugvögel.

Verschiedene Typen kleiner Insektenfresser, die unterschiedliche Lebensräume besiedeln, leben in Deutschland. In buschreichen, meist auch feuchten Gebieten oder im Schilfrohr kommen die Schwirle (S. 414) vor, so benannt nach ihrem schwirrenden Gesang. Nahe verwandt sind die überwiegend braun gefärbten Rohrsänger (S. 416), die an unterschiedliche Typen der Vegetation von Verlandungszonen und Feuchtgebieten angepaßt sind. Ihnen ähnliche Buschvögel sind die Spötter, von denen aber nur zwei Arten in Deutschland brüten (S. 422). Neben den beiden Arten der Goldhähnchen (S. 438) sind die kleinsten Arten der Familie die Laubsänger, in deren Gefieder Grüntöne vorherrschen. 4 von ihnen brüten bei uns regelmäßig; weitere können als seltene Gäste aus dem Osten gelegentlich bei uns auftauchen. Deutlich größer und massiger sind die buschbewohnenden Grasmücken, von denen einige auch etwas lebhafter gefärbt sind (S. 430). 4 Arten brüten weit verbreitet in Deutschland, eine weitere Art nur im Osten. Manchmal können aus Südeuropa einige Grasmücken als seltene Gäste auftauchen.

Familie Muscicapidae – Schnäpper

Die kleinen, baumbewohnenden Insektenjäger mit einem an der Basis verbreiterten Schnabel und mit meist relativ langen und spitzen Flügeln sind vor allem in den Tropen und Subtropen in z. T. prächtig gefärbten Arten verbreitet. Lediglich 4 der insgesamt etwa 115 Arten der Welt brüten regelmäßig auch in Deutschland (S. 440). Schnäpper leben von Insekten, die sie meist im kurzen Jagdflug von einer Sitzwarte aus in der Luft erbeuten. Das Napfnest steht in Nischen oder Höhlen. Alle mitteleuropäischen Arten sind Langstreckenzieher.

Familie Paradoxornithidae – Papageimeisen

Von den ausgesprochen gesellig lebenden Singvögeln in Feuchtgebieten, Gras und Bambusdickichten Europas und Asiens kommt bei uns nur die Bartmeise (S. 447) als Schilfbewohner vor.

Familie Aegithalidae – Schwanzmeisen

Die meist gesellig lebenden kleinen, langschwänzigen, baumbewohnenden Singvögel mit sehr kurzem Schnabel bauen geschlossene Nester und brüten nicht in Höhlen wie echte Meisen. 8 Arten leben in Eurasien; bei uns nur die Schwanzmeise (S. 448).

Familie Paridae – Meisen

Weltweit unterscheidet man etwa 50 Meisenarten, von denen 6 Arten, die alle zur Gattung *Parus* zählen, bei uns regelmäßig und z. T. sehr häufig brüten (S. 450). Die kleinen, meist etwas gedrungen wirkenden Baumvögel turnen geschickt im Gezweig herum und können auch mit dem Rücken nach unten hängen; größere Nahrungsbrocken werden auch mit den Zehen festgehalten. In Wäldern, Parks und Gärten kann man Meisen auch den Winter über sehen; ausgesprochene Zugvögel sind sie nicht, wenn auch einige gelegentlich weite Wanderungen ausführen. Ihre Nahrung ist vielseitig und besteht aus Insekten und anderen Kleintieren sowie aus Sämereien und Knospen. Die meisten Arten sind im Winter regelmäßige Besucher der Futterstellen. Die Napfnester aus Moos und Haaren stehen vor allem in Baumhöhlen. Heute sind die meisten Arten ausgesprochene Nistkastenbewohner geworden.

Familie Sittidae – Kleiber

Kleine, gedrungene auf Bäumen oder Felsen lebende Klettervögel, die auch an senkrechten Flächen auf- und abwärts laufen können. Kräftiger Schnabel und sehr kurzer Schwanz kennzeichnet alle der rund 24 Kleiberarten der Welt. In Deutschland brütet eine Art (S. 460).

Familie Tichodromadidae – Mauerläufer

Der Mauerläufer (S. 464) ist weltweit die einzige Art dieser Familie.

Familie Certhiidae – Baumläufer

Von den kleinen, schlanken Klettervögeln mit ausgesprochenem Stützschwanz kennt man weltweit 7 Arten. Bei uns brüten 2 sehr ähnliche Arten weit verbreitet (S. 462).

Familie Remizidae – Beutelmeisen

Die kleinen, baum- und schilfbewohnenden Vögel turnen wie Meisen, bauen aber ein hängendes Beutelnest aus Pflanzenhaaren und -wolle. Die Nahrung besteht aus Insekten und kleinen Sämereien. Die bei uns lebende Beutelmeise (S. 446) ist eine von 12 Arten dieser in der Alten Welt verbreiteten Familie.

Familie Oriolidae – Pirole

Die 26 Arten der mittelgroßen, baumlebenden Singvögel, die eine gewisse Ähnlichkeit mit großen Drosseln zeigen, leben meist in den Tropen und warmen Gebieten. Ihre Nahrung besteht aus wirbellosen Tieren und Früchten. In Europa nur eine Art (S. 470).

Familie Laniidae – Würger

Kräftiger, seitlich etwas zusammengedrückter Schnabel mit einer nach unten gekrümmten Oberschnabelspitze ist das gemeinsame Kennzeichen der meist mittelgroßen Würger, von denen man je nach taxonomischer Auffassung 25 bis 30 Arten weltweit unterscheidet. Die Nahrung besteht aus Wirbellosen und kleinen Wirbeltieren, die bei einigen Arten auf Dornen aufgespießt oder eingeklemmt werden. Das Napfnest steht meist in Büschen. In Deutschland sind zwei Arten regelmäßige Brutvögel, zwei weitere sehr selten geworden (S. 465).

Familie Corvidae – Krähen

Hierzu zählen die größten Singvögel mit meist kräftigem und langem Schnabel. Das Gefieder ist häufig einfarbig dunkel mit z. T. mehr oder minder deutlich aufgehellten Partien (Krähen, Dohle S. 480) oder aber sehr farbenprächtig (Elster, Häher S. 472). Die meisten Arten leben von sehr vielseitiger Nahrung und sind daher als Allesfresser zu bezeichnen. Einige sind in Europa sehr weit verbreitet. Das Sozialverhalten ist bei vielen Arten recht kompliziert. Manche Arten (z. B. Saatkrähe, Dohle) brüten auch in Kolonien. Weltweit kennt man etwa 120 Arten. In Deutschland brüten 5 Arten weit verbreitet; 3 Arten (Kolkrabe, Alpendohle, Tannenhäher) sind nur in waldreichen Gebieten oder Gebirgslandschaften regelmäßige Brutvögel.

Familie Sturnidae – Stare

Vor allem in warmen Gebieten Europas, Asiens und Afrikas leben die rund 110 Arten mittelgroßer Singvögel. In Deutschland brütet nur eine Art (S. 488). Stare sind baumlebende Vögel, die aber vielfach auf dem Boden

Nahrung suchen und mit ihrem spitzen, kräftigen Schnabel in weiches Substrat stochern. Die Nahrung besteht aus Kleintieren und Früchten. Viele Arten leben ausgesprochen gesellig, brüten in Kolonien oder bilden vor allem außerhalb der Brutzeit große Schwärme. Vielseitige Lautäußerungen mit Imitationen (z. B. Beo) sind weit verbreitet. Die Nester stehen meist in Höhlen.

Familie Passeridae – Sperlinge

Die kleinen, hauptsächlich körnerfressenden Singvögel (Nestlingsnahrung sind aber Insekten) mit kräftigem, konischem Schnabel sehen Finkenvögeln ähnlich. In den Gefiederfarben herrschen braune und graue Töne vor (Ausnahme Schneefink). Der Gesang ist meist unbedeutend. Die meisten Arten leben in offenen Landschaften und sehr gesellig. Fast in der ganzen Welt sind wenige Arten wie kaum andere Vögel in städtische Lebensräume eingewandert. Weltweit unterscheidet man 36 Arten. In Deutschland sind Haus- und Feldsperling weit verbreitet (S.492); der Schneefink (S.499) lebt nur in der alpinen Stufe; der Steinsperling *(Petronia petronia)* ist als Brutvogel bei uns ausgestorben und lebt nur noch in Südeuropa.

Familie Fringillidae – Finken

In über 135 Arten bilden Finken eine große Familie kleiner körnerfressender Singvögel mit konischem Schnabel, der aber in Anpassung an die Vorzugsnahrung unterschiedlich gestaltet sein kann. Die Napfnester stehen in Bäumen; die Weibchen brüten in

der Regel allein. Viele Arten leben außerhalb der Brutzeit gesellig; manche führen abhängig vom Nahrungsangebot in unregelmäßigen Abständen größere Wanderungen durch. Baumvögel, die aber auch am Boden nach Nahrung suchen.
Buch- und Bergfink (S.496) werden meist in einer besonderen Gruppe den anderen Finken gegenübergestellt. Die größte Gattung bilden die Zeisige und Hänflinge (S.506), mit Ausnahme des kräftigen Grünlings (S.502) meist kleine und zierliche Finken ebenso wie die Girlitze (S.500). Die Kreuzschnäbel sind eine in Schnabelbau und Verhalten weitgehend an die Nutzung von Samen der Nadelbäume angepaßte Gruppe. Gimpel sind gedrungene Finken mit kurzem konischem Schnabel (S.516); eine Gruppe rötlicher Finken, von denen bei uns nur der Karmingimpel (S.518) brütet, wird ebenfalls als Gimpel bezeichnet. Kernbeißer (S.514) sind die größten Finken.

Familie Emberizidae – Ammern

Sowohl Samen und Früchte als auch Insekten verzehrende Singvögel mit finkenartigem konischem Schnabel, der aber in der Regel eine geschwungene Schneide hat. Baum- und bodenlebend in halboffener oder offener Landschaft. Das Nest steht meist am Boden in niedriger Vegetation. Etwa 200 Arten unterscheidet man weltweit; in Deutschland brüten 6 Arten regelmäßig, einige von ihnen aber nur an wenigen Stellen (S.522). Sporn- (S.531) und Schneeammer (S.519) sind Wintergäste.

Vogelleben im Jahreslauf

Januar

Im Mittwinter ist die Artenzahl in der heimischen Vogelwelt am geringsten, denn nur Standvögel und Wintergäste sind anzutreffen. Doch bei gutem Wetter kann man durchaus ein vielseitiges und buntes Vogelleben beobachten. Für den Anfänger ist jetzt sogar eine besonders günstige Zeit, sich mit den ersten Arten vertraut zu machen. Außerdem kommen viele Vögel jetzt in die Nähe des Menschen; in Städten und Dörfern sind oft sogar mehr Vögel zu sehen als im Sommer. Da sind einmal die Singvögel am Futterhaus, vor allem verschiedene Meisenarten, aber auch Amsel, Grünling, Buchfink, Kernbeißer, Kleiber oder Baumläufer. Manche Vögel sind im Winter besonders auffällig, wie z. B. Gimpel oder Buntspecht. Von Wintergästen sind oft Bergfinken, Erlenzeisige, Saatkrähen oder Dohlen zu sehen, mitunter auch nordische Seidenschwänze. In Lebensräumen der Stadt finden sich häufiger als draußen im Wald auch einzelne Teilzieher, also Vogelarten, von denen nur ein Teil in westliche und südliche Winterquartiere ausweicht, einige aber bei uns zu überwintern versuchen, z. B. Heckenbraunelle, Rotkehlchen, Zaunkönig oder sogar einzelne Bachstelzen. In der Feldmark sind Mäusebussard, Turmfalke, Goldammer, Feldsperling, Rebhuhn oder Fasan anzutreffen.

Februar

In der ersten Monatshälfte oder bei heftigem Nachwinter und Winterrückschlägen hat sich das Bild gegenüber Januar kaum verändert. Mit zunehmender Tageslänge und milderen Tagestemperaturen kehren aber gegen Ende des Monats schon die ersten Kurzstrecken- und Teilzieher zurück. Ihr Winterquartier lag in nicht allzuweiter Entfernung in West- oder Südwesteuropa. Feldlerche, Star, Singdrossel, Misteldrossel, Wacholderdrossel, Bachstelze, Star oder Kiebitz tauchen auf oder werden häufiger. Am Wasser ist noch reges Winterleben; auch die Futterhäuschen sind meistens noch gut besucht. Die Sangestätigkeit nimmt bei gutem Vorfrühlingswetter zu. Kurz vor Sonnenaufgang beginnen zögernd bereits die Amseln in der Stadt; Meisenlieder werden häufiger, ebenso die kräftigen Pfiffe der Kleiber. Grünlinge lassen ihre klingelnden Kanarienstrophen hören, Buchfinken üben schon ihren Schlag. Extreme Frühbrüter, wie z. B. der Waldkauz können schon die ersten Eier in den Bruthöhlen haben.

März

Ein großer jahreszeitlicher Wandel im Vogelleben setzt ein, denn viele der Kurzstreckenzieher kommen zurück und bei den Standvögeln hat die Zeit der Reviersuche und -besetzung begonnen. Dies äußert sich zunächst in lebhafterer Sangestätigkeit der schon vom Februar bekannten Vögel. Neue kommen im Laufe des Monats dazu, wie Hausrotschwanz, Singdrossel, Zilpzalp, Mönchsgrasmücke, Sommergoldhähnchen und gegen Ende des Monats auch die ersten Rauchschwalben. In den Morgenstunden kann jetzt das Vogelkonzert schon recht lebhaft werden; zu den eifrigsten Sängern zählen z. B. Buchfink, Grünling, Rotkehlchen, Zaunkönig, Heckenbraunelle, Amsel und dann auch Singdrossel. Die Ankunftszeiten der jetzt eintreffenden Zugvögel können aber von Jahr zu Jahr je nach Witterung sehr stark schwanken. Über den Feldern singen die Feldlerchen, und Kiebitze schlagen über den Wiesen ihre Kapriolen. In Gebieten mit ungestörten Feuchtwiesen hört man das Trillern der Brachvögel.

April

Die Reihenfolge der Ankunft von Zugvögeln ist von Gegend zu Gegend und von Jahr zu Jahr verschieden. Doch bis Mitte des Monats ist z. B. mit Wendehals, Fitis, Waldlaubsänger, Gartenrotschwanz, Nachtigall, Baumpieper, Mehl- und Uferschwalbe, Schafstelze und vielen Watvögeln zu rechnen. Längst sind auch die Weißstörche an ihren Nestern zu sehen. Auch der Kuckuck ist meist ab Mitte des Monats zu hören. In der zweiten Monatshälfte oder spätestens gegen Ende April treffen dann Grauschnäpper, Wespenbussard und Baumfalke, Neuntöter, Klapper- und Dorngrasmücke, Gelbspötter, Feldschwirl, Trauerschnäpper und vielleicht bereits die ersten Rohrsänger ein. Meist ist der Schilfrohrsänger der früheste. Gegen Ende April ist also mit dem größten Teil der typischen Sommervögel zu rechnen.

Die Revierbesetzung und damit die Brutzeit kündigt sich in einem von Woche zu Woche zunehmenden Vogelkonzert an. Die meist Ende März stattfindende Umstellung auf Sommerzeit kommt dem Vogelbeobachter entgegen: Im April kann er die gewonnene Stunde gut nutzen und muß nicht allzufrüh aus den Federn, um den morgendlichen Höhepunkt des Gesangs zu erleben. 10 bis 20 verschiedene Singvogelarten lassen sich bereits im Stadtpark an ihren Liedern in einer einzigen Morgenstunde feststellen.

Mai

Die erste Monatshälfte ist noch vom Vogelzug bestimmt: Die letzten Langstreckenzieher treffen ein, der Durchzug nordischer Brutvögel ist noch im vollen Gang und klingt erst gegen Ende des Monats aus. Die Brutzeit hat in vollem Umfang eingesetzt; die meisten mitteleuropäischen Brutvögel beginnen mit der Eiablage oder füttern Junge im Nest; bei vielen Arten werden die Jungen der ersten Brut bereits flügge. Zumindest die erste Maihälfte ist also immer noch eine aufregende Zeit für den Vogelbeobachter, da mehrere Vorgänge nebeneinander laufen.

Die letzten, oft erst im Mai eintreffenden Langstreckenzieher sind je nach Gegend Wiesenweihe, Mauersegler, Turteltaube, Pirol, Gartengrasmücke, Sumpfrohrsänger, Neuntöter, Grauschnäpper, in den Bergwäldern auch der Zwergschnäpper; einer der allerletzten ist der in den meisten Gebieten Deutschlands erst seit einigen Jahren eingewanderte Karmingimpel. Den Durchzug nordischer Brutvögel zeigen z. B. Steinschmätzer und nordische Rassen der Schafstelze an, aber auch manche seltene Singvögel (z. B. Rotkehlpieper) und am Wasser viele nordische Watvögel, wie Kiebitzregenpfeifer, manche Strand- und Wasserläufer.

Da Nestbau und Eiablage im vollen Gange sind, versteht es sich als Selbstverständlichkeit, vor allem in empfindlichen Lebensräumen, wie Moor, Schilf oder Grünland und in ruhigen Busch- und Waldparzellen, Vögel so wenig wie möglich zu stören. Die Anwesenheit vieler Brutvogelarten läßt sich an ortstreuen singenden Männchen ermitteln. Später können Beobachtungen fütternder Altvögel als Nachweise für ein Brutvorkommen dienen.

In der zweiten Monatshälfte können bei einigen Arten schon ausgeflogene Jungvögel das Bild bestimmen. Die durchdringenden und konstanten Bettelrufe junger Drosseln und Finken geben wichtige Hinweise auf Bruterfolg. Die heiseren Rufe verraten sich bereits zu kleinen Trupps zusammenschließende junge Stare. An Gewässern führen Ende des Monats Haubentaucher, Stockenten und Bläßhühner ihre Jungen, ebenso Kiebitze, Brachvögel und Uferschnepfen auf Wiesen.

Juni

Der Vogelzug kommt endgültig zum Erliegen. Erste Wanderungen, meist sogenannte Zerstreuungswanderungen, machen sich aber spätestens ab Ende des Monats bemerkbar. Für die meisten Arten ist jetzt der Höhepunkt der Brutzeit: Die Jungen der ersten Jahresbruten werden flügge; vielfach werden Zweitbruten begonnen. Die Spätbrüter haben jetzt Eier im Nest.

Anfang Juni ist oft noch Zeit, »schwierigen« Arten nachzuspüren. Nachts singen Ziegenmelker; beim Wachtelkönig lassen sich bei Nachtexkursionen in den Stunden unmittelbar vor Mitternacht die rufenden Männchen ermitteln. Der Gesang der Singvögel konzentriert sich ganz auf die Stunden vor und unmittelbar nach Sonnenaufgang. Viele Arten sind aber bereits verstummt, z. B. die Rufe des Kuckucks oder die Strophen von Grün- und Grauspecht. Bei anderen nimmt vor Beginn der Zweitbrut die Singaktivität wieder zu (z. B. Heckenbraunelle, Rotkehlchen, Buchfink, Drosseln). Überall kann man flügge Jungvögel entdecken. Am Wasser führen jetzt auch später brütende Schwimmvögel ihre Jungen, z. B. Krick-, Knäk-, Löffel-, Tafel- oder Kolbenente und Schwarzhalstaucher.

Juli

Die letzte Phase der Brutzeit hat begonnen, die bei vielen Arten unmittelbar in die Zeit der Mauser führt. Der Höhepunkt von Wanderungen, die man meist als Zerstreuungswanderungen vom gerichteten Abzug ins Winterquartier unterscheidet, wird erreicht.

Das Ergebnis dieser Erscheinungen ist das Zusammenbrechen der über Wochen konstanten Verteilung der Brutvögel, das Auftauchen kleinerer und größerer Vogeltrupps an neuen Stellen und eine Veränderung des Aussehens vieler Vogelarten. Jugend- und Schlichtkleider haben vielfach die Prachtkleider abgelöst, so bei vielen Singvögeln, Watvögeln, Seeschwalben und Möwen sowie bei den Enten und Lappentauchern. Die Gesangsaktivität erlischt größtenteils und leitet die gesangslose Periode im Vogelleben ein; neue Laute, wie Jungvogelrufe und Herbstrufe mancher Arten sind zu hören. Viele Singvogelarten sind jetzt ungleich schwerer als im Frühjahr zu entdecken.

Spät brütende Arten füttern oder führen noch Junge, z. B. Singvögel einen eben ausgeflogenen Jungkuckuck oder Reiherenten ihre oft noch kleinen Dunenjungen. Oft sind es Ersatzbruten für frühe Brutverluste oder Zweitbruten, die jetzt noch von den Eltern versorgt werden, z. B. durchdringend bettelnde Haubentaucher auf dem See oder Rauch- und Mehlschwalben in ihren Nestern.

August

Die Brutzeit ist bis auf wenige Ausnahmen zu Ende; die Zeit der Mauser und des Herumstreifens der Singvögel des Jahres hat ihren Höhepunkt erreicht; der Wegzug ins Winterquartier setzt ein.

Als erste verlassen uns extreme Langstreckenzieher, die auch am spätesten aus den Winterquartieren zurückkamen. Sie sind also meist nur etwa drei Monate im Jahr bei uns, wie Mauersegler, Pirol oder Sumpfrohrsänger. Auch die alten Kuckucke sind ohne ihre Jungen bereits auf Wanderung. Ihnen folgen noch im August Neuntöter oder Turteltaube. Im allgemeinen bleibt für den Wegzug mehr Zeit als für den Heimzug im Frühjahr. Daher vollzieht sich der Herbstzug in Etappen, zwischen denen an geeigneten Rastplätzen auch längere Pausen eingeschaltet werden. Sie sind wichtig, um die für den weiten Flug nötige Energie aufzutanken und auch die oft noch in die Zugzeit hineinreichende Mauser zu absolvieren. Der Vogelkalender ist also recht ungenau.

Vogelgesang ist so gut wie keiner mehr zu hören. Auf den Gewässern zerstreuen sich allmählich die Konzentrationen mausernder Schwimmvögel. Sie werden ersetzt durch die ersten Wegzügler. Jetzt ist eine gute Zeit, auf nordische Watvögel, Möwen und Seeschwalben zu achten. Baumfalken sammeln sich mitunter am Seeufer, um schwärmende Insekten zu fangen oder nach Schwalben zu jagen. Das Sammeln der Schwalben auf den Leitungsdrähten kündigt oft noch nicht den raschen Wegzug an. Meist sind sie erst im Laufe des Septembers verschwunden.

September

Der Vogelzug erreicht einen ersten Höhepunkt, da so gut wie alle Langstreckenzieher abwandern. Aber auch die später wegziehenden Arten sammeln sich oft in großen Schwärmen oder wandern weit herum. Die Mauser ist bei vielen Vögeln abgeschlossen oder unterbrochen, um dann im Winterquartier fortgesetzt zu werden.

Die meisten Vögel sind irgendwie auf Wanderung. Der Durchzug vieler Populationen aus dem Norden, die in der Regel früher wegziehen als ihre Artgenossen weiter südlich, hat mit aller Macht eingesetzt. An Kontrollstationen des Vogelzuges liegen bei vielen Arten die Maxima im September.

Die letzten Mauersegler, Grauschnäpper, Neuntöter und Gartengrasmücken verschwinden. Bis Ende des Monats sind auch so gut wie alle weiter wandernden Insektenfresser ab- und durchgewandert, wie Fitis, Dorngrasmücke, Waldlaubsänger, Rohrsänger und Schwirle. Auch die Schwalben verschwinden bis auf wenige Nachzügler. Schwärme von Drosseln und Finkenvögeln vergrößern sich an günstigen Stellen. Am Wasser findet der Durchzug von Seeschwalben und Watvögeln statt; Zugvögel unter den Enten, wie Löffel-, Schnatter- oder Knäkente, erreichen oft ein Maximum. Im Wattenmeer füllen sich die Watvogelschwärme auf.

Oktober

Die zweite Phase des herbstlichen Vogelzugs umfaßt den Durchzug und Abzug der Mittelstrecken- und Kurzstreckenzieher sowie das Eintreffen der mitteleuropäischen Wintergäste.

Die letzten Nachzügler von Langstreckenziehern verlassen uns im Oktober, einzelne können noch bis Ende des Monats ausharren, etwa Rauchschwalben, Gartenrotschwanz oder Teichrohrsänger. Drosseln, Lerchen, Pieper, Stelzen oder Tauben erreichen meist den Höhepunkt ihres Durchzuges. Die Rufe der Drosseln und Feldlerchen, aber auch vieler Watvögel kann man vom nächtlichen Himmel hören. Finkenvögel und vor allem Ringeltauben ziehen ebenso wie Mäusebussarde und andere Greifvögel tagsüber. Mitte Oktober ist die Zeit des Kranichzuges durch Deutschland, nachdem sich die Scharen an der Ostseeküste gesammelt haben.

Tagsüber können Büsche und Bäume noch von Zugvögelschwärmen besetzt sein. Mönchsgrasmücken, Rotkehlchen und Drosseln ernten die letzten Beeren. Unter den Laubsängern ist jetzt nur noch der Zilpzalp in großer Menge vertreten. Herbstgesang ist an sonnigen Tagen noch von Hausrotschwanz, Zaunkönig oder Rotkehlchen zu hören; auch manche Meisen und die Baumläufer melden sich einzeln zu Wort. An Birken- und Erlensamen tummeln sich Erlenzeisige, von denen die meisten noch weiterziehen. Die eigentlichen Wintergäste kommen meist erst später. Dies gilt auch für Wacholderdrossel und Birkenzeisig. Unter den regelmäßigen Durchzüglern fallen jetzt auch die nordischen Rotdrosseln auf. Bergfinken, oft zusammen mit Buchfinken, erscheinen meist pünktlich in den ersten Oktobertagen.

November

Im Laufe des Monats verlassen die meisten Kurzstreckenzieher endgültig Mitteleuropa; die Wintergäste erhalten oft noch Zuwachs.

Da das Laub von den Bäumen fällt, werden viele der Singvögel wieder etwas auffälliger und auch Spechte sind wieder leichter zu entdecken. Die ersten Gimpel und andere Finken und natürlich die unermüdlichen Meisen tauchen am Futterplatz auf. Man kann jetzt auch gemischte Meisentrupps in den Bäumen herumturnen sehen. Schwanzmeisen treten fast immer nur in Familien auf. Gemischte Finken-, Sperlings- und Ammernschwärme treiben sich auf Öd- und Wildkrautflächen herum. Oft sind auch Bluthänflinge dabei, und ein sorgfältiger Blick nach Berghänflingen oder einzelnen Schneeammern ist angebracht. Die Stadt wird für viele Vögel wieder etwas attraktiver.

Dezember

Manche Wintergäste erscheinen erst jetzt. In der Stadt hat sich das winterliche Vogelleben eingerichtet, auch wenn Futterhäuschen oft noch nicht so lebhaft angenommen werden, wie sich das viele Vogelfreunde wünschen. Die vielen Singvögel in der Stadt oder im Dorf haben häufig auch den Sperber aus dem Wald gelockt, der seine Jagdgründe in Gärten und Parks verlegt. Auch Habichte lassen sich jetzt viel häufiger blicken als in den Sommermonaten.

Die letzten Feldlerchen, Hausrotschwänze, Zilpzalpe oder Bachstelzen kann man noch fast überall beobachten. Vor allem bei mildem Wetter oder in weniger winterharten ozeanisch beeinflußten Gebieten versuchen manche der Kurzstreckenzieher auch zu überwintern. Aus den Hochlagen erscheinen die Bergpieper an den Flüssen und Seen. Überraschende Frosteinbrüche führen oft zu Unglücksfällen: Haubentaucher, Seetaucher, Teichhühner, Bläßhühner, Waldschnepfen oder Bekassinen werden an Straßenrändern oder in Vorgärten aufgegriffen.

Auf den meisten Binnengewässern ist die Zahl der Schwimmvögel etwas zurückgegangen. Jetzt sind die eigentlichen Wintergäste übriggeblieben, zu denen meist auch einige Graureiher zählen, die am Rand der ersten ufernahen Eisflächen stehen.

Nicht jedes Jahr erscheinen die nordischen Seidenschwänze als Wintergäste im mitteleuropäischen Binnenland. Ab Oktober/November sollte man auf sie achten.

Lebensräume

Die meisten Vogelarten lassen sich bestimmten Lebensräumen (Biotopen) zuordnen. Allerdings leben viele nicht das ganze Jahr über an einem bestimmten Platz; viele wechseln auch ständig zwischen verschiedenen Biotopen. Bei nicht wenigen Vogelarten lassen sich sehr auffällige Erscheinungen in Aussehen und Verhalten erkennen, die man als Anpassung an bestimmte Lebensräume deutet, z. B. Ausbildung der Flügel und Füße als Organe der Fortbewegung, Gefiederfarben als Tarnung oder Schnabelformen zur Bewältigung eines besonderen Typs der Nahrung.

Ein Lebensraum, in dem sich selbst erhaltende Bestände (Populationen) einer Vogelart existieren können, muß alle lebensnotwendigen Voraussetzungen (Ressourcen) enthalten. Zu den wichtigsten zählen Nahrung, Schutz vor Feinden und Witterung, geeignete Nistplätze. Häufig aber sind nicht alle wichtigen Ressourcen in ausreichender Menge und Qualität an einem Platz verfügbar, besonders nicht im Wechsel der Jahreszeiten. So sind viele Vögel zu Wanderungen gezwungen.

Zugvögel verlassen ihre Lebensräume, die nur im Sommerhalbjahr ausreichende Ressourcen bieten, für lange Zeit. Sie brauchen jedoch Rast- und Nahrungsplätze auf ihren Wanderungen, die oft nur für kurze, aber entscheidende Zeit z. B. ausreichend Nahrung bieten müssen. Solche Rastplätze liegen von den eigentlichen Brutplätzen nicht nur weit entfernt, sondern haben oft ganz andere Eigenschaften. Brutvögel brüten auf Wiesen, sind auf dem Zug aber in Watt- oder Schlammflächen anzutreffen. Stare aus Gärten und Bauerndörfern treiben sich nach der Brutzeit auf Wiesen und Feldern herum und übernachten im Schilf. Misteldrosseln verschwinden oft schon im Sommer aus dem Hochwald, um in Wiesenlandschaften oder Obstgärten nach Nahrung zu suchen. Zwergtaucher verlassen ihre kleinen Bruttümpel und überwintern auf eisfreien Flußabschnitten. Jeder Lebensraum ist voll von solchen jahreszeitlich erzwungenen Änderungen in der Vogelwelt.

Viele Vögel nutzen aber auch gleichzeitig nebeneinander unterschiedliche Lebensräume, weil die für sie wichtigen Ressourcen räumlich verteilt sind. Mäusebussarde bauen ihr Nest auf den hohen Bäumen der randnahen Waldabschnitte, fliegen aber auf Felder und Wiesen zur Jagd. Graureiher sieht man meist am Wasser, im Herbst und Winter aber oft auch auf Äckern und Wiesen beim Mäusefang. Ihre Nester bauen sie auf Bäumen, die oft in einem großen Gehölz oder am Waldrand stehen. Das Futter für die Jungen holen sie aus möglichst nah gelegenen Gewässern. Viele Vögel, die sich am Rand der Städte oder Dörfer angesiedelt haben, suchen ihre Nahrung in der weiteren Umgebung auf unbebauten Flächen. Hecken und buschreiche Waldränder sind in der Regel deshalb so vogelreich, weil verschiedene Biotope – offenes Land und Büsche und Bäume – aneinandergrenzen. Viele Wasservögel können sich nur dann ansiedeln, wenn eine vielfältige Ufervegetation ihnen die nötige Deckung bietet.

Die Entscheidung, ob bestimmte Vogelarten in einem Lebensraum auftauchen oder zu unserem Leidwesen aus ihm verschwinden, wird also mitunter außerhalb getroffen. Das Storchennest inmitten der Kleinstadt verwaist, wenn die Flüge nach den Nahrungsgründen in Feuchtwiesen durch das Wachstum des Siedlungsbereiches zu lang werden. Manche Singvögel verschwinden aus den innerstädti-

Die häufigsten Brutvögel Deutschlands, für die nach einer nationalen Kartierung 1985 mehr als 1 Million Brutpaare geschätzt wurden (nach Rheinwald 1993). Zahlenangaben in Mio. Brutpaaren.

Kohlmeise	10,9	Tannenmeise	2,4
Buchfink	10,9	Goldammer	1,7
Amsel	8,5	Gartengrasmücke	1,6
Haussperling	7,5	Zaunkönig	1,52
Feldlerche	4,9	Rauchschwalbe	1,51
Star	4,0	Ringeltaube	1,5
Zilpzalp	3,7	Heckenbraunelle	1,49
Mönchsgrasmücke	3,3	Bachstelze	1,46
Rotkehlchen	3,3	Wintergoldhähnchen	1,46
Grünling	2,9	Mehlschwalbe	1,45
Feldsperling	2,9	Baumpieper	1,28
Blaumeise	2,7	Hausrotschwanz	1,15
Fitis	2,6	Kleiber	1,1
Singdrossel	2,4	Sommergoldhähnchen	1,08

schen Parkanlagen, wenn die Grünzonen zu klein werden. Zugvögel nehmen auch bei gutem Ressourcenangebot ihrer Brutplätze ab, wenn sich negative Änderungen an ihren bevorzugten Rast- und Überwinterungsplätzen in anderen Ländern auswirken.

Die Verinselung von Lebensräumen führt oft dazu, daß für bestimmte Vogelarten das Ressourcenangebot nicht ausreicht: In vielen kleinen, voneinander mehr oder minder isolierten Tümpeln oder Feldgehölzen können manche Wasser- und Waldvögel nicht mehr brüten, weil die Flächen für die Ernährung einer Brut nicht mehr ausreichen und die nächsten geeigneten Ressourcen zu weit entfernt liegen. Das ist auch der Grund, warum manche Waldvögel nur als gelegentliche Gäste in den Stadtparks auftauchen, auch wenn sie in den umliegenden Wäldern noch in großer Zahl leben können.

Herkömmlicherweise unterscheidet man Brut- und Gastvögel in einem Lebensraum, die entweder als Jahresvögel oder nur zu bestimmten Zeiten als Sommer- oder Wintervögel, als Durchzügler oder Ausnahmegäste auftauchen. Die Zahl der Vogelarten, die man auf einer bestimmten Fläche beobachten kann, hängt von der Reichhaltigkeit entscheidender oder auch von der Vielfalt verschiedener Ressourcen ab.

Ungefähr 28 Vogelarten brüten in Deutschland mit einem mittleren jährlichen Gesamtbestand von mindestens einer Million Brutpaaren (s. Übersicht). Fast bei allen dieser besonders häufigen Arten handelt es sich um Singvögel, die natürlich als meist sehr kleine Vögel auch weniger Platz brauchen und in geeigneten Lebensräumen in größerer Dichte brüten können. Aber das allein macht ihre hohe Zahl sicher nicht aus. Einige Arten haben es – bis jetzt jedenfalls – gut verstanden, sich mit den Bedingungen der Kulturlandschaft zurechtzufinden, ja ihren Bestand sogar in den letzten Jahrzehnten noch vermehrt. Zu einem sehr wichtigen Lebensraum sind Städte und Siedlungsbereiche geworden, in denen heute meist mehr Vogelarten leben als in der

Eine reich strukturierte Agrarlandschaft mit zahlreichen wilden Feldrainen und Hecken bietet noch vielen Vögeln Lebensraum.

einstmals so artenreichen Acker- und Feldflur.

Singvögel finden sich bereits in erstaunlicher Artenvielfalt in <u>nächster Umgebung des Menschen</u>. Einige, wie z. B. der Haussperling, sind so gut wie ausschließlich in menschlichen Siedlungen anzutreffen. Die Nester von Hausrotschwanz, Rauch- oder Mehlschwalbe sind in der Kulturlandschaft regelmäßig an Häusern zu finden. Weitere Arten brüten zumindest gelegentlich an Gebäuden, z. B. Dohle, Bachstelze, Grauschnäpper, Amsel oder Haubenlerche. Kleine Baumgruppen oder Rasenflächen können selbst mitten in den Großstädten Singvögel anlocken, und mindestens 20–30 Vogelarten lassen sich regelmäßig in Gärten oder Grünanlagen unserer Städte beobachten. Grünling, Kohlmeise, Blaumeise, Star, Buchfink, Kleiber oder Rotkehlchen sucht man eigentlich nirgends vergeblich. Einige weitere Arten sind zwar etwas schwerer zu entdecken, doch eben-

falls überall verbreitet, wie z. B. Heckenbraunelle, Zaunkönig oder Gartenbaumläufer. In den städtischen Anlagen sind Singvögel auch oft viel vertrauter als draußen in der freien Landschaft, so daß sie den meisten Menschen hier eher auffallen.

Daher kommt es, daß man immer wieder hört, Großstädte seien ein wahres Vogelparadies. Das stimmt aber wohl nur zum Teil. Sicher ist richtig, daß in der Großstadt vor allem in der kalten Jahreszeit das Nahrungsangebot reichhaltiger und die klimatischen Bedingungen günstiger sind. Andererseits aber hat sich herausgestellt, daß selbst bei häufigen Großstadtvögeln vielfache Störungen und Veränderungen in städtischen Lebensräumen die Aufzucht der Jungen erschweren. Wir können erst dann von Anpassung an einen Lebensraum sprechen, wenn sicher ist, daß die dort lebenden Vögel auch genügend Junge aufziehen, um ihren Bestand halten zu können.

In lichten Laubwäldern mit Jungwuchs und Unterholz ist das Vogelleben besonders artenreich.

Wichtige Lebensräume in der Stadt sind Gehölzbestände in Parks, Friedhöfen, Gärten, Alleen, Obstgärten, aber auch staudenreiche, unbegiftete Gärten. Offene, größere Wiesenstücke ziehen ebenfalls viele Vögel an. Ruhige, dunkle Dachböden und Türme, Mauerfugen und -höhlen können wichtige Brutplätze abgeben. Meist denkt man nicht daran, daß auch Flächen, die nach menschlichem Geschmack weniger »schön« sind, für Vögel wichtige Ressourcen liefern, z. B. Ruderalflächen, auf denen sich eine wildwuchernde Staudenflur ansiedelt, oder ganz einfach vegetationsfreie oder schütter bewachsene Flächen, die man gerne als »Ödländer« abtut.

Zu den Stadtvögeln gesellen sich in ländlichen Gebieten Goldammer, Feldsperling, Stieglitz, Hänfling oder Bachstelze. Ringel- und Türkentauben haben sich in vielen Städten und Dörfern angesiedelt. Rauch- und Mehlschwalben haben es schwer, wenn eine Siedlung mehr und mehr den Charakter einer dicht bebauten Stadt annimmt.

In der kahlen, maschinengerecht ausgeräumten Feldflur ist meist nur noch die Feldlerche übriggeblieben. Grauammer, Wiesenpieper oder Braunkehlchen, ebenfalls Brutvögel der offenen Landschaft, sind in vielen Gegenden heute schon zur Seltenheit geworden. Hecken- und Feldgehölze bieten einer Reihe von Vogelarten wichtige Stützpunkte in der Agrarlandschaft. Hier können sich verschiedene Grasmücken, Neuntöter, Elstern, Feldsperlinge, Goldammern, aber auch manchmal schon typische Waldbewohner ansiedeln.

Aber nicht nur, weil sich das Gesicht der Agrarlandschaft verändert hat, sind viele Wiesen- und Ackervögel, zu denen vor allem Schafstelze, Brachvogel, Kiebitz, Uferschnepfe und andere Bodenbrüter zählen, selten geworden oder aus manchen Gegenden verschwunden. Der Überschuß

49

an Nährstoffen, insbesondere Stickstoff, führt zu Verarmung der Vielfalt. Magerstandorte werden als Folge des Stoffeintrages intensiver Bewirtschaftung immer seltener. Beschleunigtes Pflanzenwachstum und davon abhängend der moderne Bewirtschaftungsrhythmus auf Grünflächen läßt manchen Arten keine Chance mehr. Üppiges Grün im Frühling ist also nicht immer gleichzusetzen mit reichhaltiger Vogelwelt.

Der Wald ist der optimale Lebensraum für viele Singvögel und für Spechte; ferner wichtiger Brutplatz für Greifvögel und Eulen. Als typische Waldbewohner haben sich Auer- und Haselhuhn gebietsweise noch halten können. Etwa 95 einheimische Arten sind mehr oder weniger eng an größere Baumbestände gebunden. Am artenreichsten sind Misch- und Auwälder, besonders dann, wenn die Bäume nicht alle gleich alt sind und nicht zu eng stehen. Dann können sich nämlich die typischen Waldstockwerke

entwickeln mit Kraut- und Gebüschschicht, jungen und alten Bäumen. Jedes dieser Waldstockwerke hat seine eigene Vogelwelt. Die Nester der Laubsänger oder des Rotkehlchens sind am Boden versteckt, in den Büschen brütet Heckenbraunelle und Mönchsgrasmücke, in jungen Bäumen haben Gimpel, Singdrossel oder Amsel ihr Nest verborgen und hoch oben im Laubdach Pirol oder Buchfink. Auflockerung der Wälder mit buschbestandenen Lichtungen oder Buschsäume entlang der Waldränder führt zu besonderem Vogelreichtum. Wesentlich artenärmer ist dagegen das Vogelleben in reinen Nadelwäldern. Sie werden bevorzugt von Tannenmeise, Haubenmeise und den beiden Goldhähnchenarten besiedelt.

Für Spechte sind Altholzbestände entscheidend. Sie schaffen hier nicht nur für sich, sondern für eine ganze Reihe von Höhlenbrütern Brutmöglichkeiten, wie Hohltaube, Rauhfuß- und Sperlingskauz, Dohle und höhlenbrü-

Urwüchsige Auwälder und Flußaltwässer sind die reichhaltigsten Lebensräume Mitteleuropas, doch nur noch in winzigen Resten erhalten.

Nur in winzigen Resten sind Hochmoore als letzte Rückzugsgebiete übriggeblieben.

tende Singvögel. Sehr alte Bäume und Totholz haben nicht nur wegen der Brutmöglichkeiten, sondern auch als Nahrungsressource für Baumvögel einen besonders hohen Stellenwert für den Artenschutz im Wald. Reichhaltige Bodenflora und abwechslungsreiche Struktur sind für Auer- und Haselhuhn lebensnotwendig.

Ein besonders artenreicher Typ von Baumbeständen sind flußbegleitende Auwälder, die als Weichholz- und vor allem Hartholzaue in Mitteleuropa aber nur noch in Resten vorhanden sind. Hier finden auch von Feuchtigkeit und Wasser abhängige Vogelarten Brut- und Nahrungsräume, wie Schwarzstorch, Zwergdommel, einige Greifvögel und viele Singvögel. Blaukehlchen, Schwirle und Spötter finden neben vielen typischen Waldvögeln Siedlungsmöglichkeiten.

Wasser bietet eine Vielzahl von Lebensmöglichkeiten, und so ist die Artenzahl der als Wasser- oder Sumpfvögel zusammenzufassenden Gruppen erstaunlich groß. Hochsee, Watten-

meer, Binnensee, Fischteich, Fluß, Altwasser, Moor, Feuchtwiese – das sind nur einige der Lebensräume mit besonders an sie angepaßten Vogelformen.

Doch viele Wasser- und Sumpfvögel sind heute in ihrem Fortbestand bedroht, denn der Mensch springt mit dem Lebensgut Wasser sehr rücksichtslos um. Moore sind nur noch in kümmerlichen Resten vorhanden und oft nichts weiter als ein Name auf der Landkarte. Viele Flüsse und Bäche sind zu toten Abflußrinnen für eine Suppe aus Abfallstoffen und Giften geworden. Empfindliche Ufersäume von Binnengewässern haben Verbauungen zerstört. Auf der Nordsee droht ständig die Ölpest. Das einmalige Wattenmeer ist so stark gefährdet, daß jetzt endlich auch die internationale Politik wenigstens Notiz davon genommen hat.

Aber auch dort, wo die Chemie des Wassers noch in Ordnung scheint, ist der Platz für Wasservögel zu eng geworden. Viele Gewässer sind heute

Oft ist das Oberflächenwasser nur noch an der Quelle klar und sauber, doch auch dieser Quellsee ist bedroht durch Trinkwasserentnahme für eine Großstadt.

dem konzentrierten Ansturm der erholungsuchenden Menschen ausgesetzt. Immer neue Entwicklungen der Freizeitindustrie haben eine immer intensivere Erholungsnutzung zur Folge, zum Schaden der Gewässer und ihrer Lebewesen. Allein die »Erfindung« des Surfsports kommt für viele Wasservögel einem Todesurteil gleich. »Ordnung am Wasser«, wie sie vor Jahrzehnten schon von vorausschauenden Naturschützern gefordert wurde, ist heute nötiger denn je, sollen die Gewässer überleben und damit uns auch weiterhin mit einem lebensnotwendigen Grundstoff versorgen oder uns zur Erholung dienen. Wasser- und Sumpfvögel bilden besonders wichtige Indikatoren für die Lebensqualität unserer Umwelt. Wasservögel waren die ersten, die durch ihren Tod auf die lebensbedrohende Gefahr langlebiger Pestizide aufmerksam machten. Pelikane in Nordamerika oder Brandseeschwalben an der

Küste der Niederlande haben möglicherweise vielen Menschen das Leben gerettet.

Gegenwärtig sind einige Sumpfbewohner, die sich in unserer Agrarlandschaft als Wiesenbrüter angesiedelt haben, zum Symbol für gefährliche moderne Entwicklungen in unserer Agrarlandschaft geworden. Brachvogel, Uferschnepfe, Bekassine oder Wachtelkönig haben ihren Namen gesetzlichen Verordnungen zum Schutz naturnaher und feuchter Wiesen geliehen. Ob solche Maßnahmen wirklich Erfolg haben, hängt nicht zuletzt vom Verständnis aller Beteiligten ab. Dieses wiederum baut darauf auf, daß nicht nur die einzelnen Arten bekannt sind, sondern auch ihre Lebensansprüche und ihr Verhalten.

Das Bemühen des internationalen Vogel- und Naturschutzes gilt in erster Linie zahlreichen Naß- und Feuchtgebieten, die für die Vogelwelt Europas und Asiens besondere Bedeutung haben. Dabei handelt es sich sowohl um Brutgebiete als auch um Rastplätze, die außerhalb der Brutzeit aufgesucht werden. Viele nordische Wasser- und Sumpfvögel verbringen nur einen kleinen Teil des Jahres an ihren Brutplätzen. Zur Mauser oder während des Zuges und vor allem im Winter sind sie auf ruhige Rastplätze angewiesen, die Tausende von Individuen aufnehmen und vor allem ernähren können. So geraten viele Arten, die in den einsamen Weiten des hohen Nordens brüten und vom Menschen dort nicht behelligt werden, mit der verschärften Umweltsituation in Mittel- und Westeuropa in Berührung. Das Schicksal mancher nordischen Gänse- und Watvogelarten wird an der Küste Schleswig-Holsteins und Niedersachsens oder auf den Weideplätzen in den Niederlanden entschieden, nicht in der Tundra.

Einer der gewaltigsten Wasservogelplätze der Welt überhaupt ist das Wattenmeer der Nordsee, das in seiner Art einmalig ist. Es erstreckt sich entlang einer Küste von rund 450 km Länge und umfaßt rund 10 000 km^2 Wattfläche, die bei Ebbe mehr oder minder trockenfällt. Dänemark (Westküste) und Schleswig-Holstein (Westküste), Niedersachsen und die Niederlande haben an diesem Lebensraum wesentlichen Anteil.

Die Ursachen des Vogelreichtums liegen im hohen Nahrungsangebot und in der Produktivität der täglich aufs neue vom Meer überspülten Wattflächen. Natürlich bilden Vögel nicht den alleinigen biologischen Reichtum dieses einmaligen Lebensraumes. Er ist z. B. auch Laich- und Aufwuchsgebiet vieler wichtiger Nordseefische und der Lebensraum einer noch ansehnlichen Seehund-Population.

International bedeutende Lebensstätten für Vögel in Deutschland, Österreich und der Schweiz

Eigentlich sollte in der Überschrift von international bedeutenden Vogelschutzgebieten die Rede sein. Aber viele der von den nationalen und von internationalen Gremien des Vogelschutzes, die in der Organisation BirdLife International zusammengeschlossen sind, als international bedeutend erkannte Gebiete (»Important Bird Areas«, IBA) sind entweder nicht geschützt oder der Schutz der Vögel steht vielfach nur auf dem Papier. Auch in den Naturschutzgebieten ist Land- und Fortwirtschaft meist erlaubt, und der Freizeitbetrieb wird nur unzureichend beschränkt. Selbst in vielen der in neuester Zeit ausgewiesenen Nationalparke wird noch um die Erhaltung der Natur und von ihrer Geschöpfe heftig gestritten. Bei manchen der sich auf dem Papier abzeichnenden Kompromisse bleiben Tiere und ihre Lebensräume auf der Strecke.

Unsere Übersicht stellt eine Auswahl der mitteleuropäischen Gebiete zusammen, die im Brennpunkt des Vogelschutzes in Europa stehen. Sie sind zusammen mit Gebieten aus allen Ländern Europas in einer 1989 erschienenen grundlegenden Publikation des damaligen Internationalen Rates für Vogelschutz (heute: BirdLife International) zusammengefaßt (s. Literaturverzeichnis). Da die Veränderungen, leider meist im negativen Sinn, aber oft schon innerhalb kurzer Zeit erheblich sind, haben allzu detaillierte Listen der jeweils vorkommenden Vögel wenig Sinn. Bei den einzelnen Gebieten wird daher nur auf vogelkundliche Schwerpunkte kurz hingewiesen.

Schweiz

Bodensee: s. Baden-Württemberg

Aarestausee Klingnau (Kanton Aargau): 170 ha, kein Naturschutzgebiet. Der künstliche Stausee ist ein wichtiges Durchzugs- und Winterquartier für Gründel- und Tauchenten und auch für manche Watvögel.

Neuenburger See: Mehrere wichtige Gebiete, von denen der Fanel als Schutzgebiet das bekannteste ist. Nur Teile der vor allem als Wasservogelrastgebiete während des Zuges und des Winters bedeutenden Seeabschnitte stehen unter Schutz. Die Schilfgebiete sind auch wichtige Brutplätze z. B. für Rohrschwirl, Bartmeise, Kleines Sumpfhuhn oder Purpurreiher.

Genfer See: Wichtig sind Gebiete am Nord- und Südwest- und Südostufer sowie am Rhone-Zufluß bei Genf, in denen zumindest die Jagd eingeschränkt oder verboten ist. Hier überwintern große Wasservogelscharen; Enten und Säger finden sich auch zur sommerlichen Mauser ein. Der See ist ein international wichtiger Rastplatz des Vogelzuges entlang des Nordalpenrandes.

Lago Maggiore: Schutzgebiet Bolle di Magadino im Kanton Tessin mit 660 ha als Rast- und Brutplatz von Vögeln ungestörter Uferzonen.

Österreich

Neusiedler See mit Seewinkel: Der größte Steppensee Europas im Burgenland mit über 25 000 ha Fläche und mit bis zu 5 km breiten Schilfgürteln stellt ein einmaliges Brutgebiet dar. Im Schilf brüten u. a. Rohrdommel, Zwergdommel, Silberreiher, Purpurreiher, Löffler, Rohrweihe, Kleines

Sumpfhuhn, Mariskensänger, Bart- und Beutelmeise z. T. in beachtlicher Zahl. Nur Teile dieses Zentrums europäischen Vogellebens sind Naturschutzgebiet. Der Seewinkel ist eine 450 km^2 große Landschaft im Osten des Sees bis zur ungarischen Grenze mit Schwarzerde und Salzböden sowie über 100 meist kleinen Flachgewässern (»Lacken«). Wichtige Teile der Landschaft sind neuerdings zu einem Nationalpark erklärt worden. Hier brüten neben mehreren Entenarten manche Vogelarten, die sonst im Binnenland Mitteleuropas selten sind oder fehlen, wie Säbelschnäbler, Seeregenpfeifer, Uferschnepfe, Wiesenweihe. Das Gebiet ist ferner ein wichtiger Rastplatz für Grau-, Saat- und Bläßgänse und manche Watvögel (z. B. Kampfläufer). Im Land bis zur ungarischen Grenze, dem Hanság, leben noch die Restbestände der Großtrappe.

Donau-March-Thaya-Auen: Das einmalige Auengebiet zwischen Wien und Hainburg ist wegen der Verhinderung der Pläne einer großangelegten Zerstörung durch Donauregulierung und Kraftwerksbau mindestens europaweit bekannt geworden. Hinzu kommen die Marchauen zwischen Hainburg und Hohenau und die Thaya-Auen zwischen Hohenau und Bernhardtstal. Von diesem über 38 000 ha großen Gebiet sind nur kleine Teile wirklich geschützt. Hier brüten viele Weißstorchpaare, mehrere Paare Schwarzstörche und mehrere Greifvogelarten; zumindest als regelmäßige Gäste erscheinen auch Seeadler und Würgfalke, der sogar wahrscheinlich brütet. In großer Arten- und Paarzahl sind die Singvögel im üppigen Auwalddschungel vertreten, u. a. Beutelmeise, Schlagschwirl, Sperbergrasmücke sowie der Halsbandschnäpper.

Hohe Tauern: 1991 wurden 1177 km^2 zum Nationalpark Hohe Tauern in den Bundesländern Kärnten und Salzburg erklärt; nur knapp 800 km^2 jedoch zählen zur voll geschützten Kernzone in den alpinen Hochlagen und den Gletschergebieten. Weitere Gebiete in Tirol sollen bald noch dazukommen. Wichtiges Schutzgebiet für Alpen- und Waldvögel, wie Steinadler, Alpenschneehuhn, Wanderfalke, Uhu, Auer-, Birk- und Haselhuhn, Weißrücken- und Dreizehenspecht; neuentdecktes Brutvorkommen des Rotsternigen Blaukehlchens. Teile des Gebiets werden auch einen der Schwerpunkte im Wiederansiedlungsprogramm des Bartgeiers bilden.

Seetaler Alpen: 2000 ha dieser in der Steiermark gelegenen Bergstöcke sind Naturschutzgebiet. Auf den Bergweiden liegt der Schwerpunkt des mitteleuropäischen Brutvorkommens des seltenen Mornellregenpfeifers; ferner Brutgebiet vieler Alpenvögel.

Karwendel: Das tirolische Naturschutzgebiet Karwendel mit etwa 69 000 ha schließt sich an den bayerischen Teil des Karwendel an. Brutgebiet zahlreicher Alpenvögel, wie Steinadler, Uhu, Wanderfalke sowie Alpenschnee-, Auer- und Birkhuhn.

Innstauseen: Zusammen mit bayerischen Anteilen sind die Stauseen von der Salzachmündung bis Schärding eines der bedeutendsten internationalen Brut- und Rastgebiete von Wasservögeln im binnenländischen Mitteleuropa. Sie erstrecken sich auf etwa 50 bis 60 Flußkilometer und umfassen rund 2000 ha, davon etwa 1200 ha Wasserfläche. Sowohl die gestauten Flußteile als auch die Auwald- und Schilfgebiete bilden wichtige Lebensräume, die allerdings nur teilweise Naturschutzgebiet sind, wie das Schutzgebiet »Unterer Inn« mit über 720 ha. Die bisher festgestellte Vogelartenzahl einschließlich vieler seltener Gäste liegt bei über 280; etwa 130 Arten brüten oder brüteten hier. Die Vielfalt ist auch z. T. ein Ausdruck der Veränderungen, die dieses Flußgebiet in den vergangenen Jahrzehnten durchlaufen hat.

Bodensee: Vorarlberger Rheindelta s. bei Deutschland.

Deutschland

Bodensee: Über 102 000 Wasservögel in 28 Arten wurden Mitte Januar 1993 am Termin der internationalen Wasservogelzählung erfaßt. Schon diese Zahl weist auf die wichtige Bedeutung des großen Binnengewässers vor den Alpen östlich des Genfer Sees als Rast- und Überwinterungsgebiet für Wasservögel hin. In mehreren kleineren Teilgebieten, von denen nur einige geschützt sind, konzentriert sich das reiche Wasser- und Sumpfvogelleben. Durch die Forschung einer ornithologischen Arbeitsgemeinschaft und der Vogelwarte Radolfzell werden die Bestände der Brutvögel erfaßt und kartiert, die rastenden Wasservogelscharen gezählt und auch der Durchzug vieler Singvögel im Zusammenhang mit ähnlichen Stationen bei Hamburg und am Neusiedler See quantitativ untersucht (Mettnau-Reit-Illmitz-Programm). Vogelschützer kümmern sich um die Erhaltung und Betreuung der wichtigen Schwerpunkte des Gebiets. Die wichtigsten Vogelrast- und Brutgebiete sind: Konstanzer Bucht und Ermatinger Becken im Schweizer Kanton Thurgau; das Vorarlberger Rheindelta (Österreich; 1400 ha Naturschutzgebiet); mehrere Teile am Untersee in Baden-Württemberg, darunter das wichtige Schutzgebiet Wollmatinger Ried von über 1000 ha. Hier brüten u. a. Schwarzhalstaucher, Zwergdommel, Kolbenente, Rohrweihe, Bekassine, Rohrschwirl, Bart- und Beutelmeise.

Ammergauer Berge (Bayern): Das größte Naturschutzgebiet in den deutschen Alpen mit 27 600 ha. In dieser leider auch schon nicht mehr ganz ungestörten Gebirgslandschaft der bayrischen Voralpen liegen jeweils mehrere Brutreviere von Steinadler, Wanderfalke und Uhu. In den Wäldern brüten Zwergschnäpper, Dreizehen- und Weißrückenspecht, Sperlings- und Rauhfußkauz sowie Hasel- und Auerhuhn. Birkhühner leben an der Baumgrenze, ebenso zahlreiche Ringdrosseln und Zitronengirlitze. An den Felswänden brüten regelmäßig Mauerläufer und Felsenschwalbe.

Karwendel und Karwendelvorgebirge (Bayern): Im Anschluß an das Schutzgebiet in Tirol ist der größte Teil der ca. 20 000 ha umfassenden Fläche Naturschutzgebiet. Hier brüten neben den in den Ammergauer Bergen vorkommenden seltenen Bergvogelarten auch ausgesprochene Hochgebirgsbewohner, wie Alpenschneehuhn, Schneefinken und Alpenbraunellen, in größeren Beständen.

Nationalpark Berchtesgaden (Bayern): Der rund 210 km^2 große Nationalpark ist ein weiteres Zufluchtsgebiet der durch den Tourismus gestörten Vogelwelt der Alpen, allerdings auch nicht störungs- und nutzungsfrei. Hier brüten so gut wie alle auf die Alpen beschränkten Arten der deutschen Brutvogelliste.

Ammersee, Starnberger See, Chiemsee (Bayern): Die drei größten Seen des bayerischen Alpenvorlandes mit einer Gesamtwasserfläche von rund 137 km^2 sind international bedeutende Rastgebiete für Wasservögel. Im Januar 1993 wurden z. B. insgesamt über 26 000 überwinternde Wasservögel dort gezählt. Im Herbst sind die Zahlen meist noch deutlich höher. Wichtige Brutgebiete für Wasser-, Schilf- und Wiesenvögel sind die Schutzgebiete Ammersee-Südufer mit rund 500 ha und Tiroler Achen am Chiemsee mit 1250 ha. Zu den Brutvögeln zählen Kormoran, Schwarzhalstaucher, Zwergdommel, Schnatterente, Kolbenente und Schellente, Gänsesäger, Bekassine, Weißkopf-

An der Baumgrenze und in der Felsstufe des Hochgebirges, im Jagdrevier des Steinadlers, leben manche Vogelarten, die im Tiefland fehlen. Aber nur noch wenige großräumig unzerschnittene Lebensräume sind in den Alpen übriggeblieben.

möwe, Flußseeschwalbe, Beutelmeise, Schwarzkehlchen, Karmingimpel. Fast jährlich werden seltene Ausnahmegäste beobachtet. Der Starnberger See ist im Sommerhalbjahr leider durch Bade- und Wassersportbetrieb sehr gestört.

Ismaninger Teichgebiet bei München (Bayern): 915 ha Fischteiche und ein künstliches Speicherbecken, das vor allem als Mauserrastplatz für Wasservögel im Hochsommer überragende Bedeutung hat. Im August werden bis zu 45 000 Schwimmvögel gezählt, wobei Tafel- und Reiherenten je bis zu 20 000 Individuen erreichen können. Das Gebiet ist nicht geschützt, aber nicht öffentlich zugänglich und vor allem zum Baden ungeeignet.

Stauseen unterer Inn: s. Österreich

Isarmündung Gottfrieding-Plattling und Donautal Regensburg-Vilshofen (Bayern): Etwa 8000 ha Flußaltwasser und Auwaldgebiet, wohl die größten Auwaldreste östlich des Rheins an der Isarmündung sowie Flußgebiet von rund 15 000 ha mit Altwasserbezirken und Feuchtwiesen entlang der Donau. Das gesamte Gebiet gerät in Gefahr durch den gegenwärtig heiß diskutierten Ausbau der Donau. Eine großartige Auwaldvogelwelt u. a. mit vielen Blaukehlchenpaaren und einer reichhaltigen Singvogelauswahl an der Isarmündung. An günstigen Stellen brüten immer noch Nacht- und Purpurreiher. Die Überschwemmungswiesen sind wichtige Binnenlandbrutplätze für Brachvogel, Uferschnepfe und Rotschenkel. Auf rund 40 km Donau wurden im Januar 1993 fast 43 000 Wasservögel in 17 Arten gezählt. Augebiete, Altwässer und Feuchtwiesen sind natürlich auch wichtige Rastgebiete für durchziehende Singvögel.

Donau-Auen Neu-Ulm bis Lauingen sowie Donau-Auen und Donauried zwischen Höchstädt und Donauwörth (Bayern): Auwaldreste, Feuchtwiesen und Niedermoorreste sowie mehrere Flußstauseen; insgesamt nur

kleine Teile sind als Naturschutzgebiete ausgewiesen wie z. B. die Höll
bei Mertingen (140 ha) oder das Gun-
delfinger Moos (224 ha). Hier brüten
Wespenbussard, beide Milanarten,
Rohrweihe und unregelmäßig auch
die Wiesenweihe sowie viele Wasser-
und Sumpfvogelarten zumindest
noch in kleinen Restbeständen. Die
Stauseen sind wichtige Rastplätze
überwinternder Wasservögel.

Altmühlsee (Bayern): Das rund 500 ha
große Speicherbecken wurde erst
1985 geflutet. Mit seinem etwa
200 ha großen Schutzgebiet in einer
Flachwasserzone hat es sich rasch zu
einem international bedeutenden Lebensraum für Vögel entwickelt. Bis
1991 konnten bereits 232 Arten
nachgewiesen werden. Als Brutvögel
traten Pfeifente, Schnatterente, Löffelente und Rotschenkel auf; Kolonien
von Graureihern und Kormoranen siedelten sich an und neuerdings in der
riesigen Lachmöwenkolonie auch einige Schwarzkopfmöwen. Viele seltene Gäste sind bereits beobachtet
worden.

Rötelsee-Weihergebiet und Regen-
aue (Bayern): Rund 500 ha Naturschutzgebiet mit Fischteichen und
Feuchtwiesen sind z. T. durch Nutzungsintensivierung bedroht. Recht
wichtige regionale Brutbestände von
Schwarzhalstaucher (maximal über
100 Paare), Knäkente, Wachtelkönig,
Bekassine, Uferschnepfe, Blaukehlchen und Schilfrohrsänger. Die Zahl
der Durchzügler und sonst im Binnenland seltener Gäste (z. B. bis 20 Silberreiher) ist sehr groß.

Nationalpark Bayerischer Wald (Bayern): Rund 13 000 ha bewaldetes Mittelgebirge mit Teilen sehr ursprünglicher, urwaldähnlicher Waldbestände
und kleinen Hochmooren gilt als das
größte Naturwaldreservat Mitteleuropas und bietet manchen seltenen Vogelarten Brutmöglichkeiten. Von einigen Arten, wie Weißrücken- und Dreizehenspecht, leben hier die einzigen

stabilen außeralpinen Populationen
innerhalb der deutschen Grenzen.
Weitere Brutvögel u. a.: Hasel- und
Auerhuhn, Sperlings- und Rauhfußkauz, Flußuferläufer, Zwergschnäpper. In Gefangenschaft gezüchtete
Habichtskäuze wurden in der Umgebung ausgesetzt und haben auch bereits in Freiheit gebrütet.

Lange Rhön (Bayern): Das Naturschutzgebiet von etwa 2657 ha mit
Hochmooren und Mittelgebirgswäl-
dern ist der wichtigste Brutplatz des
Birkhuhns im westlichen Deutschland
außerhalb der Alpen; daneben brüten
auch ansehnliche Bestände von Bekassine und Braunkehlchen.

Oberrhein (Baden-Württemberg): Von
Rastatt bis Neuenburg sind mehrere
Abschnitte vor allem wegen der Auwaldreste und Altwässer wichtige Vo-
gelrast- und -brutgebiete. Die wichtigsten Schutzgebiete sind die Rhein-
auen bei Rastatt (850 ha), Sauscholle
(630 ha) und das Taubergiessen
(1600 ha). Im Januar 1993 wurden
am Oberrhein fast 70 000 überwinternde Wasservögel gezählt. Auch
Saatgänse fallen hier in Mengen ein,
die für das Binnenland Süddeutsch-
lands ungewöhnlich sind. Unter den
Brutvögeln ist vor allem die so selten
gewordene Zwergdommel zu nen-
nen; viele Greifvögel brüten entlang
des Rheins z. T. noch in beachtlichen
Zahlen, wie Schwarzmilan, Wespenbussard, Rohr- und Wiesenweihe. Die
Altwässer beherbergen viele Eisvo-
gelpaare und die Auwälder sind vor
allem wegen ihrer großen Bestände
des Mittelspechts bekannt.

Rheinabschnitte in Rheinland-Pfalz:
Die Schutzgebiete Gimbsheim-Eicher
Altrhein (430 ha) sowie die Hördter
Rheinaue (812 ha) beherbergen u. a.
Zwergdommel, Schwarz- und Rotmi-
lan, Rohrweihe, Eisvogel und Blau-
kehlchen als Brutvögel. Hier brütet
auch in wenigen Paaren der seltene
Purpurreiher.

Rheinabschnitte in Hessen: Berühmt

Die Röhrichtzone am Flachufer von Seen und Teichen ist ein unersetzlicher Lebensraum.

sind die Schutzgebiete Lampertheimer Altrhein (430 ha) und die Kühkopf-Knoblauchsaue (2400 ha) als Brutgebiet mancher bedrohter Vogelarten, wie Zwergdommel, Knäkente, Schwarzmilan, Rohrweihe, Eisvogel, und als Durchzugs- und Rastgebiet vieler ans Wasser gebundener Vogelarten.

Uhlstädter Heide, Meurarer Heide, Assberg-Hasenleite (Thüringen): Das im Thüringer Wald gelegene Naturschutzgebiet von 2365 ha besteht aus verschiedenen Waldgebieten, in denen gelegentlich auch Schwarzstörche brüten, ferner Auerhühner, Sperlings- und Rauhfußkauz, Ziegenmelker und ein Restbestand von Birkhühnern.

Nationalpark Sächsische Schweiz (Sachsen): Der rund 93 m² große Nationalpark liegt inmitten eines großen Landschaftsschutzgebietes und umfaßt einen Teil des Elbsandsteingebirges, eine Erosionslandschaft aus der Kreidezeit mit Quadersandsteinen.

Der Wald besteht meist aus Kiefer und Tanne. Hier liegen Brutplätze von Schwarzstorch, Uhu, Sperlings- und Rauhfußkauz, Ziegenmelker und Zwergschnäpper.

Teichgebiet Königswartha (Sachsen): 27 größere und kleinere Teiche bilden eine Wasserfläche von etwa 320 ha; als Lebensräume für eine reichhaltige Vogelwelt sind auch große Schilfflächen und Feuchtwiesen wichtig. Brutvögel sind u. a. Rothalstaucher, Graugans, viele Tafel- und Reiherenten, Schellente, Seeadler, Kranich und verschiedene Rallenarten. Die abgelassenen Teiche bieten dann im Herbst Rastplätze für Watvögel.

Teichgebiet Niederspree (Sachsen): 460 ha der etwa 1000 ha umfassenden Fläche im Osten der großen Oberlausitzer Teichlandschaft sind als Naturschutzgebiet ausgewiesen. Zur reichhaltigen Brutvogelwelt zählen Schwarzhalstaucher, Schwarzstorch, Rohrdommel, Graugans, Schellente, Rot- und Schwarzmilan, Seeadler,

Kranich, Tüpfelsumpfhuhn. Die Zahl der Gastvogelarten ist außerordentlich groß und kann auch je nach Wasserstand für das Binnenland ansehnliche Zahlen von Watvögeln umfassen.

Presseler Heide und Moorgebiet (Sachsen): Das etwa 2500 ha große Gebiet ist ein Teil der Dübener Heide und enthält einige Naturschutzgebiete (z. B. Wildenhainer Bruch, Zadlitzbruch) von insgesamt etwa 1290 ha. Ausgedehnte Schilfflächen, Erlen und Birkenbestände sowie Niedermoore bilden u. a. einen der westlichsten Brutplätze des Kranichs mit mehreren Paaren. Ferner brüten u. a. Schwarzstorch, Rot- und Schwarzmilan, Wespenbussard, Rohrweihe, Tüpfelsumpfhuhn, Ziegenmelker, Eisvogel, Sperbergrasmücke sowie mehrere Rohrsängerarten.

Hakel (Sachsen-Anhalt): Die waldbestandene Hochfläche von 1300 ha ist Landschaftsschutzgebiet; die Kerngebiete Großer Hakel (290 ha) und Kleiner Hakel (157 ha) sind Naturschutzgebiete. Die naturnahen Laubmischwälder dieser Gebiete haben als Brutgebiet bedrohter Greifvögel internationalen Ruf. Nicht weniger als mindestens 9 Arten haben im Hakel und seiner Umgebung schon gebrütet, darunter einzelne Paare Schreiadler, 80–100 Paare Rotmilane, über 1000 Paare Schwarzmilane.

Steckby-Lödderitzer Forst (Sachsen-Anhalt): Als Teil eines Biosphärenreservats »Mittlere Elbe« erstreckt sich das Naturschutzgebiet von 3800 ha beiderseits der Elbe und ist Teil einer der letzten großen Auenlandschaften Mitteleuropas. Elbaltwässer und periodisch überfluteter Auwald sind wichtige Brutplätze für eine fast einmalig reiche Vogelwelt. In den offenen Teilen der Elbniederung liegt eines der letzten deutschen Vorkommen der Großtrappe. In den Auwäldern und auf den Überschwemmungszonen der Elbe brüten Schwarz- und Weißstorch, Rot- und Schwarzmilan, Rohr-,

Wiesen- und Kornweihe, mehrere Entenarten, Tüpfelsumpfhuhn, Kranich, Wachtelkönig, Ziegenmelker, Eisvogel, Schlagschwirl usw. Als Rastgebiet auf dem Durchzug für Greifvögel (z. B. Fischadler) sowie Wasser- und Sumpfvögel sehr bedeutend.

Rieselfelder bei Münster (Nordrhein-Westfalen): Von der ehemaligen Kläranlage gelang es, 233 ha für den Vogelschutz wenigstens bis auf weiteres zu pachten, um damit zu verhindern, daß die Fläche durch Industrieanlagen als international bedeutendes Rast- und Brutgebiet für Wasser- und Sumpfvögel vernichtet wird. Das Gebiet wird heute von einer Biologischen Station betreut. Die Zusammensetzung der Vogelwelt hat sich als Folge starker Änderungen der Biotope in den letzten Jahrzehnten gewandelt. Zu den Brutvögeln zählen einige Gründelenten in erstaunlichen Zahlen, wie Löffel-, Knäk- und Krickente, ferner einige Watvögel, wie Bekassine, Uferschnepfe und Rotschenkel. Schon bis zu 4000 Bekassinen und 1500 Kampfläufer sowie Hunderte von Wasserläufern rasteten dort auf dem Zug.

Niederrhein Wesel/Xanten bis Emmerich/Hüthum (Nordrhein-Westfalen): Das Gesamtgebiet von ungefähr 50 000 ha umfaßt u. a. eine Flußlandschaft, von der etwa 2300 ha unter Naturschutz stehen. Intensivierung der landwirtschaftlichen Nutzung, Anlage von Sand- und Kiesentnahmestellen, Ansiedlung von Industrieanlagen und Kraftwerken sowie ausgedehnte Freizeitaktivitäten bedrohen u. a. die international wichtigen Rast- und Überwinterungsplätze von Gänsen. Bis zu 70 000 Saatgänse und 100 000 Bläßgänse wurden in diesem Gebiet schon gezählt. In den Feuchtwiesen versuchen sich auch immer wieder Wachtelkönige anzusiedeln.

Zwillbrocker Venn und Vredener Wiesen (Nordrhein-Westfalen): Das Zwillbrocker Venn ist vor allem ein völlig abgetorftes und großflächig nicht mehr wachsendes Hochmoor, das weitgehend mit Heidekraut bewachsen ist. Mehrere Wasserflächen liegen in ehemaligen Torfstichen. Ein Teich beherbergt wohl die größte binnenländische Lachmöwenkolonie mit maximal etwa 15 000 Paaren. Auf Feuchtwiesen brüten Brachvogel, Uferschnepfe und Braunkehlchen; in den Wiesen rasten auch viele Watvögel.

<u>Dümmer</u> (Niedersachsen): Ein nährstoffreicher Flachsee mit z. T. ausgedehnter Verlandungszone und umgebenden Wiesen und Weiden stellt trotz zahlreicher Veränderungen und Zerstörungen immer noch ein wichtiges binnenländisches Brut- und Rastgebiet für zahlreiche Wasser- und Sumpfvögel dar. Hier brüten große Bestände an Haubentauchern, Uferschnepfen oder Rohrsängern und verschiedene Entenarten sowie Seltenheiten wie Rohrdommel, Trauerseeschwalbe, Eisvogel, Rohrschwirl. Stockenten können als Gastvögel maximal über 10 000, Löffelenten zu Hunderten festgestellt werden. Im Januar 1993 wurden über 13 000 Wasservögel gezählt. Eine Graugansopulation stammt aus einer Einbürgerungsaktion.

<u>Diepholzer Moorniederung</u> (Niedersachsen): Auf einer Fläche von rund 18 000 ha liegen mehrere Hoch- und Niedermoore sowie Feuchtwiesen, die allerdings nur noch zu kleinen Teilen bis in unsere Tage hinübergerettet werden konnten. Sie bildeten jedenfalls bis in die jüngste Zeit eines der letzten Refugien des Goldregenpfeifers in Mitteleuropa. Weitere seltene Arten, die zumindest noch bis in die jüngste Zeit brüteten, sind u. a. Kampfläufer, Tüpfelsumpfhuhn, Kleines Sumpfhuhn, Birkhuhn, Wiesenweihe, Sumpfohreule. Das Gebiet ist auch Kranichrastplatz.

<u>Steinhuder Meer</u> (Niedersachsen): Nur kleine Teile der Ufer des etwa 3000 ha großen Sees sind Naturschutzgebiet. Trotz starker Ausweitung von Wochenendsiedlungen und Wassersport ist der See mit umliegenden Wiesen noch ein Feuchtgebiet internationaler Bedeutung. Weitgehend ungestörte Verlandungszonen gibt es nur noch im Westen und Osten des flachgründigen Gewässers. Von den umliegenden Mooren sind ebenfalls nur noch Reste übrig geblieben. Bisher wurden mehr als 260 Vogelarten nachgewiesen, davon über 120 als mehr oder minder regelmäßige Brutvögel. Wildgänse (vor allem Saat- und Bläßgans) rasten im Frühjahr und Herbst, auch große Mengen Gänsesäger sind unter den zahlreichen Schwimmvögeln anzutreffen. Zu den seltenen Brutvögeln des Gebiets zählen Rohrdommel, Spießente, Rohr- und Wiesenweihe, Kleines Sumpfhuhn, Ziegenmelker, Sperbergrasmücke, Bartmeise und Beutelmeise.

<u>Drömling</u> (Niedersachsen): Von einer großen Feuchtgebietslandschaft sind auf niedersächsischem Boden etwa 5750 ha als Landschaftsschutzgebiet ausgewiesen; nur 313 ha sind Naturschutzgebiet. Ein großer Teil der ehemaligen Moor- und Auenwälder sind inzwischen zu Pappel-Erlen-Kulturen umgewandelt worden. Röhricht, Riede, Kleingewässer und extensiv genutzte Feuchtwiesen sind die wichtigsten Vogelbiotope. Zu den Brutvögeln zählen Rohrdommel, Schwarzstorch, Weißstorch, Löffelente, Rohr- und Wiesenweihe, Kranich. Tüpfelsumpfhuhn, Wachtelkönig, Sumpfohreule, Schlagschwirl, Sperbergrasmücke, Beutelmeise, Ortolan und Kolkrabe. Schon diese wenigen Hinweise deuten auf eine reichhaltige Vogelwelt. Das Gebiet ist auch wichtiger Rastplatz für Enten und Watvögel.

<u>Elbaue Schnackenburg-Lauenburg</u> (Niedersachsen): Auf einer Flußstrecke von rund 100 km sind als ein international wichtiges Gebiet rund

7600 ha für Wasservögel ausgewiesen; insgesamt stehen nur geringe Teile unter Naturschutz. Für die Vogelwelt sind vor allem die Bleckeder Marsch, die Danneberger Marsch und die Elbniederung bei Gartow wichtige Schwerpunkte. Die Bedeutung des Gebietes läßt sich bereits mit wenigen Angaben belegen: Mehrere Paare Kraniche brüten und größere Scharen rasten auf dem Durchzug. Auf den Überschwemmungsflächen rasteten schon über zehntausend Enten, bis zu je 800 Sing- und Zwergschwäne wurden gezählt und jeweils über tausend Saat- und Bläßgänse. Unter den Singvögeln mit jeweils z. T. beachtlichen Beständen brüten Sperbergrasmücke, Rohr- und Schlagschwirl, Braun- und Schwarzkehlchen, Sprosser und Nachtigall, Beutelmeise. Die neuesten Nachrichten aus diesem Gebiet sprechen von Bemühungen, die Elbtalaue (vgl. auch Steckby-Lödderitzer Forst) durch ein Großschutzgebiet mit Nationalpark zu sichern. Hierzu müßten mindestens die Länder Niedersachsen, Mecklenburg-Vorpommern und Sachsen-Anhalt zusammenarbeiten. Gefahren drohen in großer Zahl: Aufstau und Ausbau der Elbe für den Schiffsverkehr, Deponie für Hamburger Hafenschlick, offensive touristische Erschließung, Entwässerungsmaßnahmen im Umland und auch erheblich erhöhter Jagddruck seit Öffnung der innerdeutschen Grenze. Ob die Elbe, nun nicht mehr Grenze, sondern mitten in Deutschland, im Eiltempo das Schicksal zerstörter und zerstückelter Flußlandschaften (vgl. Donau oder Rhein) nachholt?

Wümme- und Hamme-Niederung (Niedersachsen): Die Überschwemmungsflächen der Flüsse Wümme und Hamme, die z. T. Naturschutzgebiet sind; die Hamme-Niederung liegt im Zentrum des Teufelsmoores. Wichtig sind die Feuchtigkeit des Bodens und die Überschwemmungen im Winter und Frühjahr; in der Hamme-Niederung befinden sich auch ansehnliche Flachmoorreste. Durch Delchbauten und Intensivierung der Landwirtschaft haben beide Gebiete aber als Lebensraum für seltene Pflanzen und Tiere viel verloren. Zusätzlich bedeutet Bootsverkehr eine Störung der wichtigen Rastgebiete. Trotzdem können beide Landschaften noch als international bedeutende Feuchtgebiete für die Vogelwelt gelten. Zu den Brutvögeln zählen Rohr- und Wiesenweihe, ansehnliche Bestände von Wiesenlimikolen (Uferschnepfe, Brachvogel, Bekassine, Kampfläufer, Rotschenkel), die als Folge der Eingriffe allerdings stark zurückgegangen sind. Die überschwemmten Gebietsteile spielen als Rastplätze für Sing- und Zwergschwäne, Saat- und Bläßgänse eine Rolle; auch Enten und Watvögel stellen sich mitunter in großer Zahl ein.

Ems-Außendeichflächen bei Papenburg, Emden und Leer (Niedersachsen): Feuchtwiesen, Rohrflächen, Seggenbestände und Schlammflächen bieten vor allem wichtige Rastplätze für zahlreiche Wasservögel, u. a. für Zwerg- und Singschwan, Goldregenpfeifer und andere Limikolen sowie für Gänse.

Dollart (Niedersachsen): Die Meeresbucht, durch die deutsch-niederländische Grenze politisch geteilt, umfaßt etwa 10 000 ha. Der deutsche Anteil entspricht weitgehend dem 2140 ha großen Naturschutzgebiet; auch der niederländische Teil steht größtenteils unter Naturschutz. Trotzdem sind die Gefahren vielfältig. Die größte Gefahr droht vom geplanten Ausbau des Emdener Hafens mit weitgehenden Eingriffen in die Landschaft (z. B. Verlegung der Ems nach Süden). Daher ist der Dollart auch nicht in den Nationalpark Niedersächsisches Wattenmeer einbezogen worden. Auf deutscher Seite brüten im Dollart u. a. Brandgans, Rotschenkel, Austernfischer, Uferschnepfe und auch einige heute bereits als bedroht einzustufende Singvögel wie Rohrsänger und Schafstelze. Große Vogelscharen rasten in der Bucht, vor allem bei stürmischem Wetter und Sturmflut. Auf deutscher und niederländischer Seite wurden bis 100 000 Alpenstrandläufer, 25 000 Pfuhlschnepfen oder 20 000 Säbelschnäbler gezählt, ferner Zehntausende von Enten. Gänse erreichten folgende Maximalzahlen: Saatgans 29 000, Bläßgans 45 000, Graugans 10 000, Weißwangengans 2300. Natürlich werden solche Zahlen nur ausnahmsweise und für kurze Zeit erreicht, doch die Masse und Vielfalt der rastenden Wasservögel unterschiedlicher systematischer und ökologischer Gruppen ist auch auf der kleineren deutschen Seite erstaunlich.

Nationalpark Niedersächsisches Wattenmeer (Niedersachsen): 1986 ist eine 240 000 ha große Fläche vor den Schutzdeichen der niedersächsischen Nordseeküste zum Nationalpark erklärt worden und damit eine der letzten naturnahen Landschaften Europas geschützt. Der Naturraum besteht aus Watten- und Sandplaten, die bei Ebbe trockenfallen, mit Prielen und tieferen Seegaten sowie sieben bewohnten und drei unbewohnten Inseln. Als streng geschützte Ruhezone sind 54 % vorgesehen, als weniger streng geschützte 45 % und 1 % als freie Erholungszone. Große Gefahren sind aber dennoch festzustellen, nämlich vor allem Schadstoffeinträge durch die Flüsse, über die Luft und durch den Schiffsverkehr, Belastungen und Störungen durch Tourismus und Bootsverkehr, Jagd, Fischerei, Küstenschutzmaßnahmen, Landwirtschaft und Flugbetrieb. Neben dem Hafenausbau an der Ems droht u. a. durch die Trassenführung der Europipeline, deren baldige Genehmigung man 1993 befürchtete, eine gewaltige Störung und Zerstörung wichtiger Flächen. Mehrere für die Vogelwelt in-

Fast das ganze Jahr über ernährt das Wattenmeer der Nordsee riesige Vogelscharen.

ternational bedeutende Schwerpunkte liegen in diesem wichtigen Komplex, auf den sich z. B. bedeutende Brutplätzo von Brand , Küsten-, Fluß- und Zwergseeschwalbe, Säbelschnäbler, See- und Sandregenpfeifer, Austernfischer und Rotschenkel, Brandgans und Eiderente verteilen. Die Rastbestände mancher Arten erreichen zu unterschiedlichen Jahreszeiten bei folgenden Arten jeweils über zehntausend: Alpenstrandläufer (über 100 000), Knutt (fast 100 000), Kiebitzregenpfeifer, Pfuhlschnepfe, Brachvogel, Austernfischer, Säbelschnäbler, Eiderente, Brandgans. Über tausend erreichen u. a. Kurzschnabel-, Weißwangen- und Ringelgans, Pfeifente, Spießente, Sandregenpfeifer, Sanderling, Uferschnepfe, Rotschenkel. Im Januar 1993 wurden z. B. über 75 000 Wasservögel (ohne Watvögel) gezählt. Die Bedeutung des international wichtigen Rastplatzsystems umfaßt Mauserplätze, langfristige Aufenthalte nordischer Brutvögel auf ihrem Zug von und zu den Brutplätzen sowie Winterrastplätze.

Nationalpark Hamburgisches Wattenmeer (Hamburg): Mit 11 700 ha wurde 1990 ein wichtiger Teil des Wattenmeers an der Elbmündung zum Nationalpark erklärt. Er umfaßt auch die Düneninsel Scharhörn und die teilweise eingedeichte Sandinsel Neuwerk. Störungen ergeben sich vor allem durch starken Touristendruck, der bodenbewohnende Seevögel beeinträchtigt, ferner durch Beweidung, Ausflugsschiffe und Krabbenfischerei. Immer noch droht die Gefahr von Erdgasförderung. Auf der kleinen Düneninsel Scharhörn brüten 6000 bis 8000 Paare Seeschwalben (Zwerg-, Brand-, Küsten- und Flußseeschwalbe); weitere Brutvögel des Gebiets sind u. a. Brandgans, Fluß-, See- und Sandregenpfeifer, Rotschenkel, Heringsmöwe und Säbelschnäbler. In den Watten rasten zudem Zehntausende von Brandgän-

sen, Austernfischern, Knutts und Alpenstrandläufern sowie Hunderte und Tausende von anderen Watvogelarten.

Helgoland (Schleswig-Holstein): Die Felseninsel in der Deutschen Bucht ist weltberühmt geworden durch den gewaltigen Vogelzug, der schon seit dem vorigen Jahrhundert intensiv erforscht wird. Er bringt jedes Jahr auch zahlreiche Seltenheiten auf die Insel. Ein Naturdenkmal ist der Lummenfelsen, Deutschlands einziger Brutplatz von Hochseevögeln. 1992 brüteten auf der Insel 34 Paare Eissturmvögel, 2 Paare Baßtölpel (allerdings ohne Erfolg), 4800 Paare Dreizehenmöwen, 2208 Paare Trottellummen und 11 Paare Tordalke.

Nationalpark Schleswig-Holsteinisches Wattenmeer (Schleswig-Holstein): Es ist der größte Nationalpark Deutschlands mit 285 000 ha Fläche. Er wurde 1985 durch Rechtsverordnung eingerichtet und schützt zusammen mit den beiden anderen Wattenmeer-Nationalparken eines der bedeutendsten Feuchtgebiete der Erde. Allerdings wurden bisher (Stand 1993) erst 34 % der Gesamtfläche in 16 Gebiete aufgeteilt zur absolut geschützten Kernzone erklärt. Eine teilweise geschützte Zone als Pufferzone ist immer noch nicht ausgewiesen. In einigen Gebieten wird auch Erdöl gewonnen. Andere wirtschaftliche Nutzungen, wie Beweidung der Salzwiesen in den Vorländern, Fischerei oder Tourismus bedrohen immer noch Teile des Gebiets. Wichtige Schwerpunkte sind auch neuerdings eingedeicht worden (z. B. Nordstrander Bucht) und verlieren an Bedeutung. In den Nationalparkbereich fallen wichtige Brutplätze für Brand-, Zwerg-, Fluß- und Küstenseeschwalbe; auch die seltene Lachseeschwalbe hat sich halten können. Brandgans, Mittelsäger, Eiderente, Säbelschnäbler, Austernfischer, Sand- und Seeregenpfeifer, Alpenstrandläufer, Rotschenkel, Kampfläufer, Wiesenweihe, Rohrweihe und mehrere Möwenarten zählen zur reichhaltigen Brutvogelwelt. Die bisher ermittelten Maximalzahlen von Rastbeständen sind wirklich gewaltig: 92 000 Weißwangengänse, 85 000 Ringelgänse im Winterhalbjahr oder bis zu 100 000 mausernde Brandgänse im Juli/August (das bedeutendste Zentrum der Welt) und neuerdings bis etwa 150 000 mausernde Eiderenten. Auch Pfeifenten können im Herbst über 100 000 Individuen erreichen. Für manche Watvögel werden ähnlich hohe maximale Rastbestände angegeben, wie etwa 150 000 Austernfischer, 25 000 Kiebitzregenpfeifer, je 400 000 Knutts und Alpenstrandläufer, 80 000 Pfuhlschnepfen oder 40 000 Brachvögel. Viele seltenere Watvögel und Enten erreichen immerhin noch Tausende.

Flensburger Innen- und Außenförde (Schleswig-Holstein): Auf rund 62 km Küstenlinie gibt es nur kleine Naturschutzgebiete (z. B. Geltinger Birk). Zu den Brutvögeln der Küste zählen Mittelsäger, Brandgans, einige Watvögel und viele Singvögel. Die Flachwasserzonen sind bedeutende Rastplätze vor allem für Tauchenten, die im Wattenmeer mit Ausnahme der Eiderenten weitgehend fehlen. Maximal jeweils über zehntausend oder zumindest Tausende erreichen Reiherente, Bergente, Eiderente und Trauerente. Auch Eis- und Samtente sieht man im Winterhalbjahr regelmäßig. Im Januar 1993 wurden über 24 000 Entenvögel gezählt.

Ostseeküste von Schleswig-Holstein: Mehrere Förden und Küstenabschnitte sind als international bedeutende Vogelbrut- und Rastgebiete ausgewiesen. Die wichtigsten kurz zusammengestellt: (1) Schleimündung, eine Förde mit insgesamt 135 km Küstenlänge und der Vogelfreistätte Oehe-Schleimünde von 362 ha. Hier brüten u. a. viele Paare Brandenten, Säbelschnäbler, Austernfischer, Rotschen-

kel, Sturm- und Silbermöwen, Küstenseeschwalben und einige Paare Mittelsäger, Sandregenpfeifer usw. Die Rastbestände auf der Förde können im Herbst und Winter Tausende von Eiderenten, Reiherenten, Bergenten und Mittelsäger umfassen. (2) Eckernförder Bucht, Südufer, mit etwa 26 km Küstenlänge. Zwergseeschwalbe, Brandgans, Schellente, mittel- und Gänsesäger sowie Sandregenpfeifer brüten mindestens in einzelnen Paaren. Die Rastbestände vor der Küste können im Herbst und Winter bis über 20 000 Eiderenten, 8000 Schellenten und je 78 000 Reiher- und Bergenten umfassen. (3) Küste der Probstei zwischen Laboe und Hubertsberg (mit Vogelschutzgebiet Bottand, 62 ha) ist etwa 25 km lang und umfaßt eine rund 5700 ha große Flachwasserzone. Zehntausende von Tauchenten wurden hier als Wintergäste festgestellt, u. a. bis 20 000 Bergenten, 40 000 Eiderenten und 25 000 Schellenten. Am Bottsand rasten auch viele Watvögel. (4) Die Hohwachter Bucht mit rund 18 km Küstenlänge und einigen Naturschutzgebieten (Binnensee) als Brutplatz einiger Wasservögel (Möwen, Enten, Taucher, Watvögel) und mit vielen Uferschwalbenpaaren ist vor allem Winter- und Frühjahrsrastplatz von Eisenten (bis über 6000), Eiderenten (bis 20 000), Bergenten (bis 6000).

Fehmarn (Schleswig-Holstein): Auf der etwa 185 km^2 großen Insel liegen Naturschutzgebiete an der Nordküste (Grüner Brink, 82 ha), an der Westküste (Wallnau, 297 ha) und an der Südwestecke (Sulsdorfer Wiek, 298 ha). Zu den regelmäßigen Brutvögeln zählen z. B. Rothalstaucher, Schwarzhalstaucher, Rohrdommel, Brandgans, Löffelente, Kolbenente, Mittelsäger, Säbelschnäbler, Kampfläufer, Trauerseeschwalbe usw. Wichtige Rastgebiete liegen vor der West- und Nordküste mit bis zu 30 000 Eisenten im Frühjahr und maximal etwa

65 000 Eiderenten im Winter. Rastgebiete von großen Schwimmvogelmengen (vor allem Eider-, Schell-, Tafel-, Reiher- und Bergente) sind auch die Ost- und die Westbucht des Fehmarnsundes. Im Januar 1993 wurden z. B. folgende Zahlen ermittelt: 45 000 Westbucht Fehmarnsund, 35 000 an den Küsten Fehmarns und 17 000 Ostbucht Fehmarnsund.

Holsteinische Seenplatte (Schleswig-Holstein): Zu den wichtigen Brut- und Rastgebieten für Wasser- und Ufervögel zählen trotz vielfältiger Störung Selenter See, Großer Plöner See und Warder See sowie einige Fischteiche zwischen Selent und Plön (z. B. Lebrader, Lammershagener und Rixdorfer Teiche).

Eider-Sorge-Treene-Niederung (Schleswig-Holstein): Nur kleine Teile dieser teilweise unter dem Meeresspiegel liegenden Grünlandflächen mit Flachmooren und auch einigen Hochmoorresten von insgesamt etwa 10 000 ha sind geschützt. Die Zahl der Storchenpaare in der Landschaft Stapelholm mit dem einstigen Storchendorf Bergenhusen hat sehr stark abgenommen. Zu den wichtigen Brutvögeln der Niederungen zählen Wiesenweihe, Rohrweihe (mit großem Bestand), Kampfläufer, Uferschnepfe, Wachtelkönig, Rohrdommel, Tüpfelsumpfhuhn, Sumpfohreule. Die Rastmengen von Kiebitzen, Goldregenpfeifern und Bekassinen können jeweils 10 000 und mehr erreichen.

Nationalpark Vorpommersche Boddenlandschaft (Mecklenburg-Vorpommern): Der 1990 errichtete Nationalpark umfaßt rund 408 km^2 Ostsee, 56 km^2 Wald, 279 km^2 Boddenfläche und 23 km^2 landwirtschaftliche Nutzfläche. Er schließt die Halbinsel Zingst ein und neben einigen Inseln auch die Insel Hiddensee, den Sitz der Vogelwarte gleichen Namens. Die Vogelwelt dieses Gebiets ist an Zahl der Arten und Menge der Individuen besonders eindrucksvoll. Bis zu 30 000 Kraniche rasten auf dem Herbstzug in den Gewässern von Ostzingst/Westrügen. Die Liste der brütenden Küstenvögel umfaßt u. a. Brandgans, Mittelsäger, Säbelschnäbler, Kampfläufer, Rotschenkel, Raubseeschwalbe, Brandseeschwalbe, Zwergseeschwalbe, teilweise in großen Beständen. Regionale Rastkonzentrationen erreichen u. a. je 20 000 Bläß- und Graugänse, bis zu 10 000 Krick- und 15 000 Reiherenten. Viele weitere Wasser- und Sumpfvögel rasten nach Hunderten und Tausenden.

Greifswalder Bodden (Mecklenburg-Vorpommern): Die Bucht an der Südküste der Ostsee mit vielen Untiefen ist ebenfalls wichtiges Brut- und Rastgebiet für Küsten- und Wasservögel. Die Maxima der Bläßgänse liegen bei 70 000. Als Höchstzahlen werden weiterhin genannt: 20 000 Graugänse, je 10 000 Pfeif- und Schnatterenten, ebenso viele Kiebitze, 30 000 Berg- und 50 000 Eisenten. Zu den häufigen Brutvögeln zählt auch der Kormoran.

Peenetalmoor und Anklamer Stadtbruch (Mecklenburg-Vorpommern): Das Naturschutzgebiet umfaßt ca. 2700 ha und besteht aus feuchtem Moor, Überschwemmungsflächen mit Schilf sowie Weiden. Zur reichen Brutvogelwelt zählen Rohr- und Zwergdommel, Weißstorch, mehrere Enten, Seeadler, Schreiadler, Rohr-, Korn- und Wiesenweihe, Waldwasserläufer und einige wiesenbrütende Limikolen, aber auch Mittelspecht, Ziegenmelker, Blaukehlchen, Rohr- und Schlagschwirl. Veränderte Formen der Landnutzung könnten zu einer Bedrohung des Gebietes führen.

Müritz-Nationalpark (Mecklenburg-Vorpommern): Als Teil des Landes der 1000 Seen (international bedeutende Feuchtgebiete sind in Mecklenburg-Vorpommern z. B. noch Teichgebiet Lewitz, Krakower See, Nonnenhof, Galenbecker und Putzarer See, Koblentzer See mit je einer reichhaltigen Brutvogelfauna) wurde das Ostufer der Müritz mit zahlreichen kleineren Seen, Mooren und Wald 1990 zu einem 31 346 ha großen Nationalpark ausgewiesen. Zunehmender Druck des Fremdenverkehrs (nicht zuletzt aus dem nahegelegenen Ballungsraum Berlin) mit allen schädlichen Konsequenzen vor allem für die Binnengewässer stellen zur Zeit die Hauptbedrohungen dar. Besonders das Gebiet am Ostufer der Müritz ist wichtiger Brutplatz für Kranich, Seeadler, Fischadler, Rohrdommel und viele Singvögel, darunter auch einige Paare des Zwergschnäppers. Im Osten, vom Hauptteil des Nationalparks getrennt, liegen um das Naturschutzgebiet Serrahn, das heute ebenfalls Bestandteil des Nationalparks ist, weitere Brutplätze von Kranich, See- und Fischadler sowie eines stattlichen Bestandes von Zwergschnäppern und anderen nicht häufigen Singvögeln.

Nationalpark Unteres Odertal (Brandenburg und Polen): Das eiszeitlich geformte Tiefland enthält Auenwiesen, Seggenriede, Röhrichte, Altwasser- und Auwaldreste sowie an den Hängen Laubwälder und Wiesen. Mehrere bisherige Naturschutzgebiete schließt der grenzüberschreitende Nationalpark ein, der 32 884 ha umfassen soll (davon 10 500 ha auf polnischer Seite). Seeadler, Korn- und Wiesenweihe, Fischadler, Tüpfelsumpfhuhn, Kleines Sumpfhuhn, Wachtelkönig, Trauerseeschwalbe, Seggenrohrsänger u. a. finden hier

noch Brutplätze. Die rastenden Enten- und Gänsescharen erreichen Zehntausende.

Untere Havelniederung, Gülper See und Scholler See (Brandenburg, Sachsen-Anhalt): Das international wichtige Feuchtgebiet umfaßt etwa 6720 ha. Seen und andere Flachgewässer, Flußtäler mit Wiesen und Flachmooren, leider aber auch verschmutzte und begradigte Flüsse bestimmen das Bild. Intensivierung der Landwirtschaft könnte eine große Gefahr bedeuten; die beiden namengebenden Seen sind hochgradig eutrophiert. Neben einer reichen Brutvogelfauna, z. B. Trauerseeschwalbe, Seeadler, Rohrschwirl (in großen Beständen), rasten im Herbst Zehntausende von Gänsen, aber auch viele Kraniche und im Frühjahr Sing- und Zwergschwäne.

Weitere international bedeutende Feuchtgebiete in Brandenburg sind das Kremmener Luch und der Rietzer See (beides Flachseen mit Schilfflächen und angrenzendem Grünland), der Prierowsee und der Felchowsee. Sie beherbergen vor allem Brutvögel von Verlandungszonen, die besonders im Westen und Süden Deutschlands sehr selten geworden sind, wie z. B. Rohrdommel, Zwergdommel, Tüpfelsumpfhuhn, Kleines Sumpfhuhn und Trauerseeschwalbe, aber auch Kraniche. Der Prierowsee ist teilweise Schongebiet der Großtrappe, von der auch Reste in den Belziger Landschaftswiesen leben.

Sterntaucher

Gavia stellata

K Größer als Stockente. Im Prachtkleid (bei uns nur ausnahmsweise zu sehen) Kopf, Halsseiten und Rücken grau bis graubraun; Unterhals mit rotbraunem Feld (das auf Entfernung schwarz wirkt). In Schlicht- und Jugendkleid Rücken dunkelbraun, fein weiß bzw. gelbgrau gesprenkelt (schwer zu sehen). Alle Seetaucher sind sich im Schlichtkleid sehr ähnlich! Schnabel des Sterntauchers jedoch relativ dünn, leicht aufgeworfen durch Abschrägung des Unterschnabels. Flacher Kopf im Schwimmen meist schräg aufwärts gerichtet. Oberkopf und Oberhals graubraun, Unterhals ± hellgrau. ■ Flugrufe gänseartig »gack-gack-gack . . .«. ■ Liegt beim Schwimmen tief im Wasser; wie alle Arten der Gattung hervorragende Taucher. Bei uns i. allg. nur im Schwimmen zu beobachten.

V Br. Im Norden der Nordhalbkugel von Island über den Norden Großbritanniens, Fennoskandien, Sibirien bis ins arktische Amerika. ■ Bei uns r. Durchzügler und seltener Wintergast; meist an der Küste, aber auch r. im Binnenland (September/Oktober bis April/Mai; im Sommerhalbjahr nur ausnahmsweise). ■ Hauptsächlich auf dem Meer in Küstennähe, aber auch auf langsam fließenden Flüssen, Seen, Fischteichen. Br. an stehenden Binnengewässern.

N Hauptsächlich Fische.

Sterntaucher im Schlichtkleid (= Winterkleid).

Prachttaucher
Gavia arctica

K Wenig größer als Sterntaucher. Im Prachtkleid (bei uns kaum zu sehen) Rücken schwarz und auffällig weiß gefenstert, Oberkopf und Wangen grau, Unterhals schwarz, Halsseiten und Kropfgegend schwarzweiß längsgestreift. Im Schlichtkleid (vgl. Sterntaucher) wichtigste Merkmale: Schnabel dicker als Sterntaucher, nicht aufgebogen; Kopf dicker, öfter horizontal gehalten; Oberkopf und Hals dunkelgrau, schärfer gegen hellen Unterhals und helle Wangen abgesetzt; Rücken dunkler als Oberhals; juv. mit hellem Schuppenmu-

Eistaucher
Gavia immer

K Größer als Prachttaucher. Hellgrauer Schnabel dick, wirkt keilförmig; Kopfhaltung meist horizontal. Im Brutkleid grünschwarzer Kopf, schwarzweiße Kehl- und Halsbänderung; schwarze Oberseite mit weißer Fensterung. Im Schlichtkleid Oberkopf und Hals dunkel braunschwarz, Unterhals ± kontrastreich hell; Rücken graubraun, etwas heller als Oberhals; auffälliges, helles Schuppenmuster. Der nahverwandte und bei uns äußerst seltene Gelbschnabeltaucher *(Gavia adamsii)* hat einen weißlichgelben Schnabel.

Prachttaucher auf seinem Nest in Skandinavien; er trägt das Prachtkleid.

ster ■ Stimme wie bei Sterntaucher; im Winterhalbjahr sehr selten zu hören. ■ Verhalten sehr ähnlich Sterntaucher.
V Br. in Nordeuropa und Nordasien. ■ Bei uns r. Durchzügler und Wintergast; im Binnenland nur einzeln (Oktober bis April/Mai; im Sommerhalbjahr nur ausnahmsweise); meist überwiegen an Binnengewässern Beobachtungen im Spätherbst. ■ Außerhalb der Brutzeit vor allem auf dem Meer in Küstennähe, aber auch auf Binnengewässern.
N Hauptsächlich Fische.

V Brutvogel im arktischen Nordamerika, in Grönland und Island. ■ Bei uns r. Durchzügler und Wintergast (Oktober bis Mai), doch wesentlich seltener als Stern- und Prachttaucher; im Binnenland meist nur ausnahmsweise. ■ Besonders in Küstennähe auf dem Meer; Br. auf Binnengewässern.
N Hauptsächlich Fische.

Alle Seetaucher sind also bei uns fast nur im Winterhalbjahr im Schlichtkleid zu sehen; daher ist die Artbestimmung schwierig.

Zwergtaucher

Podiceps ruficollis

Schlichtkleid

K Gut drosselgroß, rundliche Gestalt, kurzhalsig. Im Prachtkleid Oberseite schwarzbraun, Oberhals und Oberkopf schwarz; Kehle, Wangen, Halsseiten und Unterhals kastanienbraun; grünlichgelber Schnabelwinkel. Im Ruhekleid recht unauffällig gefärbt; Oberseite dunkelbraun, Gesicht weißlich, Unterhals und Brust hellbraun, Unterseite weiß. ■ Rufe im Winterhalbjahr hoch »bi-ib« oder kurz 1silbig; im Frühjahr und Sommer auffallender langer Triller, oft 2stimmig im Duett. ■ Zur Brutzeit sehr versteckt; im Winter einzeln oder in kleinen Trupps auf der offenen Wasserfläche; taucht oft mit einem Spritzer; bei Gefahr wird mitunter nur der Kopf und Hals aus dem Wasser gestreckt. Beim Auffliegen hastige Flügelschläge und Wassertreten.

V Br. in Eurasien, Afrika. ■ Bei uns verbreiteter Br. und häufiger Wintergast. ■ Br. auf kleinen, meist dicht bewachsenen, stehenden und langsam fließenden Gewässern, aber auch in der Verlandungszone von großen Seen; mitunter einzelne Brutpaare an kleinen Tümpeln oder Wasserlöchern. Im Winter auch auf vegetationsfreien Gewässern und langsam fließenden Flüssen, nicht selten mitten in der Stadt.

F Nest im Wasser, meist in dichter Vegetation gut versteckt. ■ Legezeit April bis Juni; 1–2 Jahresbruten. (4)5–6(8) weißliche Eier. ■ ♂ und ♀ brüten 20–22 Tage; beim Verlassen wird das Gelege, wie auch bei anderen Lappentauchern, meist mit Pflanzenmaterial abgedeckt; Junge werden mindestens 40 Tage von den Eltern geführt; oft teilt sich auch die Familie.

N Meist Insekten und deren Larven; ferner Mollusken, Kaulquappen u.a. kleine Wassertiere; kleine Fischchen vor allem im Winter.

Zwergtaucher sind zwar verbreitet, werden jedoch oft übersehen. Im Winter fallen die kleinen schlicht gefärbten Vögel wenig auf, auch wenn sie z.B. auf einem kleinen Stausee oder einem Teich völlig frei selbst mitten in der Stadt zu beobachten sind. Der Spaziergänger weiß mit den kleinen »Tauchhühnchen« wenig anzufangen und auch manche Vogelbeobachter rätseln zunächst herum, zumal die Gestalt des kleinen Vogels sich je nach Situation etwas ändern kann. Werden in ruhiger Schwimmhaltung die Federn, vor allem die der Hinterseite, etwas aufgestellt, wirkt der Körper rundlich, vom Hals ist nicht viel zu sehen. Bei Gefahr wird der Hals lang gestreckt und der Rücken liegt dem Wasser flach auf, ja er kann sogar ganz verschwinden. Der Taucher geht regelrecht auf »Sehrohrtiefe«; auf der Flucht taucht sogar mitunter nur die obere Kopfhälfte bis zum Schnabel aus dem Wasser. Dabei können Zwergtaucher die Seichtwasservegetation hervorragend ausnützen.

Bereits ab Anfang März sind die ersten wieder im Prachtkleid und unterscheiden sich damit deutlich von den schlichten Wintervögeln; ab Februar werden oft schon die Brutplätze aufgesucht, doch kann man an den Überwinterungsplätzen meist noch bis April einige Vögel beobachten.

Während des Sommerhalbjahres sind Zwergtaucher meist schwer zu entdecken, da sie sich in der Ufervegetation der oft dicht bewachsenen Brutteiche geschickt verbergen können. Eine besonders typische Lautäußerung ist ein rasches Trillern, das bei der Balz, aber z. B. auch bei Auseinandersetzungen im Revier zu hören ist. Nicht selten klingt dieses Trillern wie zweistimmig. Das ist nicht etwa eine akustische Täuschung: Zwergtaucher können im Duett trillern. Ein Partner beginnt und der andere setzt im gleichen Rhythmus ein. Solche Gesangsduette sind in unserer heimischen Vogelwelt sehr selten und außer vom Zwergtaucher z. B. auch beim Tüpfelsumpfhuhn bekannt (möglicherweise hier jedoch eine Echotäuschung). In den Tropen sind Duette viel weiter verbreitet und offenbar besonders häufig bei Arten, die in dichter Vegetation leben. Dies würde für den Zwergtaucher ja zutreffen.

Vor dem Wegtauchen legt der Zwergtaucher sein Gefieder fest an. Dadurch wird ein Teil der im Federkleid festgehaltenen Luft ausgepreßt; das spezifische Gewicht des Vogelkörpers steigt. Auch bei den ersten Schwimmstößen unter Wasser sieht man noch Luftblasen entweichen. Gelegentlich verschwindet der Taucher mit einem kleinen Kopfsprung unter Wasser. Wird er erschreckt, schlagen beim Wegtauchen die Füße nach hinten, so daß Wasser emporspritzt.

Dieses Spritztauchen bei plötzlicher Überraschung hat vermutlich sowohl für den bedrohten Vogel, als auch für seine Artgenossen (oder vielleicht auch andere Wasservögel) eine nicht zu unterschätzende Bedeutung: Ein möglicher Feind wird erschreckt oder zumindest kurze Zeit der deutlichen Sicht beraubt; Artgenossen werden durch diese auffällige Spritzerei gewarnt und könnnen sich

Beunruhigt drückt sich der Zwergtaucher (hier im Schlichtkleid) tief ins Wasser.

selbst in Sicherheit bringen. Die Tauchtiefe beträgt wohl meist weniger als 1,5 bis 2 m; in Fischernetzen sind Zwergtaucher bis über 6 m Wassertiefe gefunden worden. Haubentaucher wurden als Opfer in Fischernetzen sogar schon aus 30 m heraufgeholt.

Zwergtaucher im Prachtkleid.

Haubentaucher

Podiceps cristatus

Schlichtkleid

K Etwa Stockentengröße, doch viel schlanker; dünner, langer Hals. Im Prachtkleid Oberseite braun, Unterhals und Unterseite weiß. Auffälliger zweigeteilter schwarzer Schopf; Halskrause und Backenbart rost- und schwarzbraun. Roter, spitzer Schnabel. Im Ruhekleid Gesicht fast weiß; Kopfschmuck stark reduziert und meist nur angedeutet. Noch nicht erwachsene Junge mit schwarzweißer Längsstreifung. An den ausgewachsenen juv. sind noch 2 unterbrochene schwarzbraune Streifen auf den Kopfseiten zu erkennen. Im Flug mit lang vorgestrecktem Hals; weißer Flügelspiegel und z. T. weißer Flügel-vorderrand mit weißer nach hinten reichender Binde am inneren Flügelansatz. ■ Rufe laut »gröck gröck« und tief »orrr« oder »rrra«; bei der Balz auch laut »äw äw« u. ä.; Junge betteln laut und durchdringend »bili bili . . .«. ■ Normale Schwimmhaltung mit flachem Rücken und geradem, langem Hals; taucht ausdauernd; meist nur auf dem Wasser zu sehen.

V Weit verbreiteter Br. in Eurasien; auch in Nordafrika und an wenigen Stellen südlich der Sahara, ferner Australien und Neuseeland. ■ Bei uns auf größeren Gewässern verbreiteter Br.; Bruterfolg durch Stö-

Haubentaucher füttert seine Dunenjungen mit kleinen Fischen.

rung durch Freizeit und Erholung oft sehr gering. Kurzstreckenzieher und Teilzieher, in rauheren Gebieten oft Kälteflucht im Mittwinter. ■ Br. an stehenden Gewässern mit Uferbewuchs; neuerdings auch Besiedlung von kleinen Gewässern oder Stauseen ohne Ufervegetation und Anlage von ganz offenen Nestern; außerhalb der Brutzeit auf großen Flüssen und an der Meeresküste.

F Nest schwimmend oder auf Unterlage im Wasser; bevorzugt in der Ufervegetation versteckt, im Notfall auch offen. ■ Legezeit Ende April bis Ende Juni, bei fortgesetzter Störung auch später; 1–2 Jahresbruten. ■ 2–6, meist 4 weißliche, mit zunehmender Bebrütung durch das Pflanzenmaterial des Nestes bräunlich gefärbte Eier. ■ ♂ und ♀ brüten 27–29 Tage; Junge sind Nestflüchter, können schon ab dem 1. Tag schwimmen und tauchen, werden bis etwa 20 Tage z. T. in den Flügeltaschen oder auf dem Rücken der Altvögel getragen und insgesamt 10–11 Wochen lang von den Eltern gefüttert.

N Hauptsächlich kleine Fische (mittlere Länge 10–15 cm), aber auch Wasserinsekten, kleine Krebstiere, Kaulquappen, Frösche.

Bei kaum einem anderen heimischen Wasservogel ist das Balzverhalten so auffällig und daher leicht zu beobachten. Die sich äußerlich völlig gleichenden Geschlechter spielen dabei fast immer die gleiche Rolle. Mehrere auffällige Bewegungen sind zu unterscheiden, die sich zu regelrechten Zeremonien zusammenfügen. So schwimmen z. B. 2 Vögel mit horizontal vorgestreckten Hälsen und abgespreizten Halskrägen aufeinander zu. In dieser Drohstellung rufen sie meist laut bellend »räää«. Sind sie sich nahe gekommen, werden die Hälse angehoben und die Schnäbel gesenkt, schließlich dicht

voreinander bei gestrecktem Hals und aufgestelltem Schopf die Köpfe rasch geschüttelt, oft genau alternierend. Auch Einzelvögel schütteln nicht selten in der Balzzeit den Kopf mit gesträubten Schmuckfedern.

Viel seltener sind andere, ähnlich auffällige Zeremonien zu beobachten, z. B. der Pinguintanz. Dabei richten sich die Partner durch rasches Paddeln der Füße fast senkrecht voreinander aus dem Wasser auf, so daß sie sich an der Brust nahezu berühren. In der sog. Katzenpose zieht der Haubentaucher den Hals an, breitet die Flügel aus und schwimmt mit gewinkelten Flügeln auf den Part-

Haubentaucher im Schlichtkleid (Winter).

ner zu. Während solcher oder ähnlicher Bewegungen wird auch Pflanzenmaterial heraufgetaucht und dem Partner präsentiert.

Alle diese Verhaltensweisen, die man in der Regel vom Spätwinter bis Frühsommer beobachten kann, tragen dazu bei, aggressive Tendenzen zu überwinden, um so die Paare zusammenzuführen. Eine weitere Aufgabe der Balz ist die genaue zeitliche Abstimmung der Partner zur Kopulation. Ihr dienen Verhaltensweisen auf der Nestplattform, z. B. die Begattungsaufforderung des Weibchens.

Schlichtkleid

Rothalstaucher

Podiceps grisegena

K Etwas kleiner und kurzhalsiger als Haubentaucher. Im Prachtkleid leuchtend rostroter Hals, schwarzbraune Oberseite, hellgraue Kehle und Wangen; auf dem Oberkopf 2 Federhörner nach hinten angedeutet. Im Ruhekleid ähnlich Haubentaucher; Hals jedoch grau bis bräunlich, Schwarz des Oberkopfes reicht bis zum Auge herunter; Schnabel gedrungener, Kopf runder. ▪ Außerhalb der Brutzeit sehr schweigsam. In der Paarbildungszeit lautes Keckern und vor allem durchdringendes Wiehern. Junge betteln hoch »bibibi . . .«. ▪ Verhalten im Schwimmen und Tauchen ähnlich Haubentaucher.

V Br. von Mittel- und Westeuropa bis Westsibirien; ferner Ostasien und Nordamerika. ▪ Bei uns vor allem im Osten der norddeutschen Tiefebene und des Mittelgebirges, in Polen und in Tschechien r. Br.; einzelne Brutversuche auch in anderen Gebieten Mitteleuropas. Der Brutbestand in Deutschland betrug um 1985 über 5000 Paare (die meisten von Schleswig-Holstein bis Brandenburg); r. Durchzügler und Wintergast im Binnenland, in manchen Gebieten ausgesprochen selten. Teilzieher, Kurzstreckenzieher. ▪ Br. auf mittelgroßen bis kleinen und meist flachen Gewässern mit gut entwickelter Ufervegetation; außerhalb der Brutzeit, vor allem von Spätherbst bis Frühjahr, auch auf tieferen Seen ohne Vegetation und an der Meeresküste.

F Nest im Wasser in der Vegetation versteckt oder offen schwimmend. ▪ Legezeit Mai/Juni; 1 Jahresbrut, selten 2. ▪ Meist 4–5 Eier; ähnlich denen des Haubentauchers. ▪ ♂ und ♀ brüten 20–23 Tage; Junge werden mindestens 1 Woche lang auf dem Rücken der Eltern getragen; erst nach 8–10 Wochen löst sich die Familie auf.

N Fische, aber vor allem im Sommer auch viele Wasserinsekten und deren Larven, Mollusken, Krebstiere, Frösche.

Im Westen Mitteleuropas und in Westeuropa ist also der Rothalstaucher viel seltener als der Haubentaucher, auch als Durchzügler oder Wintergast. Sicher werden einzelne Rothalstaucher im Ruhekleid aber auch dort übersehen, wo sie regelmäßig rasten. Meist eröffnen Altvögel den Wegzug; sie mausern an Rastgewässern dann noch ihre Schwingen. Wie die Entenvögel verlieren auch alle Lappentaucher bei der Mauser im Spätsommer alle Schwungfedern gleichzeitig und werden vorübergehend flugunfähig, bis Arm- und

Handschwingen wieder nachgewachsen sind. Die Mauser im Frühjahr vom Schlicht- ins Prachtkleid ist dagegen eine Teilmauser, bei der im wesentlichen das Kleingefieder gewechselt wird.

Als merkwürdige Besonderheit nehmen alle Lappentaucher regelmäßig Federn auf. Jeder Tauchermagen enthält eine mehr oder weniger große Menge davon; Junge werden schon in den ersten Lebenstagen damit »gefüttert«. So darf man sicher davon ausgehen, daß dieses »Federfressen« eine biologische Bedeutung besitzt. Doch welche? Vielleicht schützen die Federn Speiseröhre und Darm vor den spitzen Fischgräten. Weniger überzeugend ist die Deutung, die Federn würden die Magenwand auspolstern. Auch für die Annahme, sie würden wie Magensteinchen der Hühnervögel (z. B. S. 198) bei der Zerkleinerung der Nahrung helfen, spricht nicht viel. Ebenso ist nicht sicher, ob mangelhaft verdaute Nahrungsbestandteile zunächst noch zurückgehalten werden und daher den Darm nicht verletzen können. Am wahrscheinlichsten scheint manchem Experten, daß die verschluckten Federn bei der Gewöllebildung (z. B. Greifvögel) eine wichtige Rolle spielen: Harte Fischgräten werden eingebettet und können daher die Speiseröhre beim Hervorwürgen nicht verletzen, oder sie werden vielleicht durch die Federn so lange im Magen zurückgehalten, bis sie von der Magensäure stark angefressen sind.

Im Schlichtkleid (Winter) sind Rothalstaucher nicht leicht zu erkennen.

Die durchschnittliche Tauchdauer von Rothals- und Haubentaucher beträgt etwa 18–25 Sekunden.

Rothalstaucher auf dem Schwimmnest mit frisch geschlüpften Jungen.

Schlichtkleid

Schwarzhalstaucher

Podiceps nigricollis

K Viel kleiner als Bläßhuhn, doch größer als Zwergtaucher und vor allem längerer Hals. Im Prachtkleid Hals schwarz, Kopf mit goldbraunem Federschopf in der Ohrgegend; hochstirniges Kopfprofil; Rücken schwarz, Körperseite rotbraun, Unterseite weiß. Im Schlichtkleid sehr ähnlich Ohrentaucher, schwarzweiß. Oberkopf schwarz, Wangen weiß (Schwarz des Oberkopfes reicht bis unter das Auge); Rücken und Oberhals dunkel, Vorderhals weiß. Schnabel ist zarter als bei Ohrentaucher und etwas aufgeworfen. ■ Rufe ansteigend »huit«.

V Br. von West-, Mittel- und Osteuropa bis Mittelasien; ferner Ostasien, Ost- und Südafrika, Nordamerika. ■ Bei uns im Tiefland lückenhaft verbreiteter Br. mit auffallenden Bestandsschwankungen und wiederholten Arealvorstößen und -rückzügen in den letzten 100 Jahren; insgesamt in Deutschland bedroht, etwa 2600 Paare; r. Durchzügler im Binnenland, im Winter selten. Hauptwinterquartier Süd- und Westeuropa, Nordafrika. ■ Br. auf nährstoffreichen Seen und Teichen mit dichtem Uferbewuchs oder/und untergetauchten Pflanzen, besonders auf flachgründigen Fischteichen und anderen stehenden kleinen Gewässern; häufig Anschluß an Lachmöwenkolonien.

Auch Schwarzhalstaucher bauen ein Schwimmnest aus altem, oft verfaulendem Pflanzenmaterial, das die Eier schützt.

Außerhalb der Brutzeit auch auf großen offenen Seen sowie auf Brack- und Salzwasser.

F Nest schwimmend oder auf Unterlage im Wasser, meist in dichten Binsen; einzeln, aber auch in Kolonien. ■ Legezeit Mai/Juni, 1 Jahresbrut. ■ 3–4 (6) weiße, später bräunliche Eier. ■ ♂ und ♀ brüten 20– 21 Tage; Junge verlassen gleich das Nest und werden in den ersten Tagen auf dem Rücken getragen; nach 4–5 Wochen selbständig.

N Wasserinsekten und deren Larven, Wasserflöhe, Mollusken; Fische spielen untergeordnete Rolle.

Schwarzhalstaucher zeigen bei uns ein sehr unstetes Verbreitungsbild. Sowohl großflächige Veränderungen als auch regionales Auftauchen und Verschwinden nach wenigen Jahren sind für diese Art recht typisch. Mitteleuropa liegt nahe dem Westrand des Verbreitungsgebietes. Bei vielen Arten dürfen wir uns eine Verbreitungsgrenze nicht als eine feste Linie vorstellen, etwa wie politische Grenzen auf der Landkarte. Arealränder fluktuieren vielmehr häufig; Zu- und Abnahme an lange besiedelten Brutplätzen, aber auch vorübergehende Ansiedlungen in neuen Gebieten sind die Regel. Oft sind Populationen am Arealrand in suboptimalen Gebieten gar nicht aus eigener Kraft lebensfähig und bedürfen »Nachschub« aus den Zentren. Wenn der ausbleibt, werden oft große Randbereiche wieder aufgegeben. Bestandsrückgänge nahe der Verbreitungsgrenze können also durchaus Anzeichen einer Verschlechterung der Situation sein.
Im Unterschied zu anderen Lappentauchern brüten Schwarzhalstaucher häufig in Kolonien, die bis über 100 Brutpaare erreichen können. Auffallend oft bilden sich solche Kolonien in nächster Nachbarschaft von oder sogar in Lachmöwenkolo-

nien. Offenbar profitieren dabei die Schwarzhalstaucher von den wachsamen Möwen, deren Warnrufe sie kennenlernen. Die Zerstörung von Lachmöwenkolonien, an Fischteichen wegen des angeblichen Überhandnehmens leider gelegentlich praktiziert, trifft natürlich auch die bedrohten Schwarzhalstaucher. Die Bindung der beiden Arten ist allerdings nicht obligatorisch; Schwarzhalstaucher brauchen bei geeigneten Nistbiotopen nicht unbedingt auf Lachmöwen zu warten.

Ohrentaucher
Podiceps auritus

K Größe etwa wie Schwarzhalstaucher. Im Prachtkleid (bei uns selten zu beobachten) schwarzer Kopf mit

Ohrentaucher im Prachtkleid.

gelbroten Ohrbüscheln, rotbrauner Hals und ebenso gefärbte Körperseiten; Rücken braunschwarz. Im Ruhekleid sehr ähnlich Schwarzhalstaucher; wichtigste Merkmale: gedrungener, gerader (nicht aufgeworfener) Schnabel; dunkler Oberkopf reicht bis zum Auge, Kopf etwas kontrastreicher gefärbt.

V Br. Nordeuropa, Nordasien und arktisches Nordamerika. ■ Bei uns r., aber spärlicher, gebietsweise seltener Durchzügler und Wintergast.

Eissturmvogel

Fulmarus glacialis

K Erinnert auf den ersten Blick an eine Möwe, doch Kopf und Hals dikker, Flügel stärker gestreckt im Flug; größer als Lachmöwe. Oberseite einfarbig weiß bis grau; Flügel dunkler als Schwanz und Kopf, jedoch verschieden helle Färbungstypen. Kräftiger Schnabel, Schwanz gerundet. ■ An den Brutkolonien schnatternde und gackernde Rufe; sonst wenig ruffreudig. ■ Hochseevogel, der häufig Schiffen folgt; fliegt im eleganten Gleitflug mit steif gehaltenen Flügeln, von ein paar langsamen Flügelschlägen von Zeit zu Zeit unterbrochen.

V Br. im Nordatlantik und Nordpazifik, z.B. im Bereich der britischen Inseln über 400 000 Brutpaare. ■ Bei uns nur auf Helgoland Br., wohl seit 1966; 1992 waren es 34 Brutpaare. Sonst an der Nordseeküste r. Gast, im Bereich der Ostsee selten und im Binnenland nur Irrgast, meist durch Stürme verschlagen. ■ Hochseevogel, der außerhalb der Brutzeit oft weitab von der Küste auf dem Meer zu beobachten ist. Brutplätze sind Felsküsten und Inseln.

F Koloniebrüter auf Felsklippen; Eier werden auf Felsbänder, in seichte Mulden am Boden oder auf alte Steinmauern gelegt. ■ Legezeit Mitte Mai bis Juni; 1 Jahresbrut. Erste Brut wird erst im Alter von 6–12 Jahren begonnen. ■ 1 rauhschaliges, weißliches Ei. ■ ♂ und ♀ brüten meist über 50 Tage; ♂ und ♀ füttern 42–51 Tage das Junge im Nest.

N Tintenfische, Fische, Plankton (Krebstiere); ferner Fischereiabfälle, Öl und Fett.

Vor allem bei Schiffsreisen kann man im Atlantik und im Mittelmeer weitere Arten der Sturmtaucher beobachten, die als hervorragende Gleiter oft dicht über den Wellen fliegen, mitunter in größeren Trupps, am häufigsten Gelbschnabel- *(Calonectris diomedea)* und Schwarzschnabel-Sturmtaucher *(Puffinus puffinus).*

Eissturmvogel brütet in einer Burgruine (Schottland).

Gelbschnabel-Sturmtaucher sind et- was größer als Sturmmöwen, oberseits graubraun; oft ist ein schmaler hufeisenförmiger Halbring am Schwanz zu erkennen. An den Kopfseiten geht die dunkle Oberseitenfärbung ohne scharfe Grenze in die weiße Unterseite über. Sie brüten vor allem an Küsten und auf Inseln des Mittelmeeres, aber auch z. B. auf den Azoren, Kanaren, Madeira usw. und folgen mitunter dicht aufgeschlossen den Schiffen.

Schwarzschnabel-Sturmtaucher sind etwas kleiner (etwa Lachmöwengröße), oberseits meist dunkler als die vorige Art. Am Kopf ist die dunkle Oberseite meist ± scharf von der weißen Unterseite abgesetzt. Schnabel, wie der Name sagt, schwarz.

Sturmtaucher (gelegentlich begegnet man auf dem Atlantik auch noch anderen Arten) sind schwer zu bestimmen (vgl. die Spezialliteratur). Schwarzschnabelsturmtaucher brüten z. T. in großen Kolonien auf Island und an der Nord- und Westküste Ir- lands und Großbritanniens. Eine etwas hellere Unterart kommt im Mittelmeer vor. Beide Arten sind seltene Gäste an der Nordseeküste.

Sturmschwalbe *(Hydrobates pelagicus)* und Wellenläufer *(Oceanodroma leucorrhoa)* sind deutlich kleiner als Sturmtaucher. Sie bewegen sich meist im flatternden Flug niedrig über der Meeresoberfläche. Auch sie sind Hochseevögel, die nur zur Brut an Felsküsten oder felsige Inseln kommen.

Ein gänsegroßer, im Alterskleid überwiegend weißer Meeresvogel ist der Baßtölpel *(Sula bassana),* der in Mitteleuropa nur vor der Nordseeküste als r. Gast vorkommt. Die nächsten Brutplätze, Kolonien auf Felsen, liegen an den Küsten Nordwestfrankreichs und Großbritanniens. Den Brutbestand der Welt schätzte man um 1985 auf rund 265 000 Brutpaare, davon 60 % im Gebiet der britischen Inseln. Der Name des eleganten Stoßtauchers, der aus 30–40 m steil ins Wasser stößt, leitet sich ab vom Bass Rock in Schottland.

Nur einmal am Tag wird der junge Eissturmvogel gefüttert.

Kormoran

Phalacrocorax carbo

K Knapp gänsegroß, überwiegend schwarz. Im Brutkleid Oberseite mit grünem Metallschimmer; Kopf und Hals häufig mit zahlreichen feinen weißen Federn besetzt; am Hinterkopf Federschopf; Kopfseiten und Kinn weiß; an der Seite etwa über den Füßen großer runder weißer Fleck. Im Ruhekleid fehlen die weißen Abzeichen an Kopf, Hals und Flanken. Juv. meist ± braun, Unterseite oft weißlich; Kehle dunkel. ■ Rufe meist nur an der Brutkolonie zu hören. ■ Schwimmt mit tief eingetauchtem Körper und oft schräg nach oben gehaltenem Kopf. Flugbild durch relativ langen Hals und Schwanz kreuzförmig; ziemlich rasche Flügelschläge. Taucht ausdauernd und sitzt oft mit ausgestreckten Flügeln auf Pfählen oder Felsen (s. unten).

V Br. in verschiedenen Unterarten in Europa, Asien, Australien, Afrika und im Osten Nordamerikas. ■ Bei uns vor allem Br. an der Küste und in weit verstreuten Kolonien im Binnenland. Hat als Brutvogel, aber vor allem auch als Durchzügler und Wintergast in Mitteleuropa stark zugenommen; um 1985 in Deutschland rund 6500 Brutpaare; r. vor allem auf größeren Gewässern. ■ Br. auf Bäumen und Klippen, an Küsten und fischreichen Binnengewässern, oft in Mischkolonien zusammen mit Graureihern.

F Nest aus Ästen, Mulde mit feinerem Material; alte Nester, aber auch solche anderer Arten (z. B. Reiher) werden wieder bezogen. ■ Legezeit April bis Juni; 1 Jahresbrut. ■ 3–4 Eier; hellblau mit kalkigem, weißen Überzug. ■ ♂ und ♀ brüten 23–30 Tage; Nestlingszeit der Jungen etwa 50 Tage, aber erst mit über 60 Tagen voll flugfähig und dann noch weitere 12–13 Wochen von den Altvögeln abhängig.

N Hauptsächlich Fische.

Im Unterschied zu den meisten Wasservögeln ist das Gefieder der Kormorane nicht wasserabweisend und wird daher beim Schwimmen und Tauchen naß. So muß es nach jedem Aufenthalt im Wasser erst getrocknet werden. Dazu lassen sich Kormorane auf exponierte Stellen, wie im Wasser stehende Pfähle, dürre Bäume, Felsklippen, nieder und breiten ihre Flügel aus. In dieser »Wappenadlerhaltung« bewegen sie auch zunächst die halb geöffneten Flügel hin und her. Oft sitzen sie stundenlang und ruhen.

Fische werden im schnellen Unterwasserschwimmen erbeutet; die großen Ruderfüße erzeugen ausreichend Vortrieb; der relativ lange Schwanz ist ein gutes Höhensteuer. Maximal 20–30 m Tauchtiefe sind nachgewiesen, doch werden solche Werte auf den Fischzügen wohl nur ausnahmsweise erreicht. Bevor sie abtauchen, stecken fischende Kormorane oft im Schwimmen den Kopf bis über die Augen ins Wasser und spähen nach Beute aus. Dieses sog. »Wasserlugen« kann man auch bei See- und Lappentauchern sowie beim Gänsesäger (S. 142) beobachten. Der Hakenschnabel ist sehr gut geeignet, die Fische festzuhalten. Meist werden sie hinter den Kiemen gepackt. Kormorane bevorzugen Fische von 10–20 cm Länge; den Tagesbedarf eines erwachsenen Vogels schätzt man auf 300 – 500 g Fisch.

Kormorane brüten in Kolonien, nicht selten auch zusammen mit Reihern. Fischjäger wie sie wurden von jeher durch den Menschen heftig verfolgt. Die auffälligen Kolonien machen es leicht, den Brutbestand zu dezimieren. Bis zur Mitte des 20. Jahrhunderts war der Kormoran, wohl fast ausschließlich als Ergebnis einer jahrhundertelangen Verfolgung, in Deutschland auf wenige Kolonien beschränkt. Seit etwa 1980 haben die Brutbestände vor allem im Nord- und Ostseeraum stark zugenommen (z. B. in Dänemark von 1975–1991 von rund 1000 auf etwa 30 000 Brutpaare); neue Koloniegründungen fanden im Binnenland bis an den Alpenrand statt. Gleichzeitig tauchten überall auf Binnengewässern Kormorane als Gäste auf.

So entstand ein »Kormoranproblem«. Trotz Schutzgesetze fordern Fischer und Angelverbände den Abschuß der gefiederten Fischjäger, weil sie sich dadurch eine Regulation der »überhandnehmenden« Konkurrenten um die Fischbestände der Gewässer versprechen. Die Höhe der Schäden, die Kormorane an wirtschaftlich nutzbaren Fischteichen verursachen, ist aber meist nicht annähernd genau bekannt. Auch ist an manchen Binnengewässern, vielleicht aber auch im Ostseebereich, die Zunahme des Kormorans mit eine Folge der Eutrophierung und damit des Zuwachses der Menge an Weißfischen.

Langer kräftiger Hals und lange Flügel kennzeichnen das Flugbild des Kormorans.

In neuester Zeit sind Kormoranabschüsse als Ausnahme gesetzlicher Schutzbestimmungen unter politischem Druck und z. T. durch gerichtliche Beschlüsse erzwungen worden. Sie werden, wenn die Verfolgung sich wirklich in kontrollierten Grenzen hält, nicht viel an der Bestandssituation ändern. Veränderungen des Lebensraums und begrenzte Möglichkeiten der Anlage von Brutkolonien sind dagegen entscheidende Faktoren der Bestandsentwicklung, die wohl ihr Maximum längst erreicht hat.

Kormoran trocknet seine Flügel.

Rohrdommel

Botaurus stellaris

K Gedrungener, über bussardgroßer Vogel, der jedoch selten frei zu sehen ist. Oberseite gelbbraun mit schwarzen Längsstreifen, Flecken und Wellenzeichnung; Oberkopf schwarz, Unterseite hellbraun mit dunklen Streifen. Junge Nachtreiher können mit Rohrdommeln verwechselt werden. ▪ Der Reviergesang der ♂ ist einer der merkwürdigsten heimischen Vogellaute, tief und gedämpft, aber weit hörbar »ü-humb« (1. höhere Silbe schwer zu hören); daher z.B. auch der Name »Mooskuh«; Flugrufe kurz nasal »kouk« o.ä. ▪ Fliegt meist nur niedrig über dem Schilf und ist sonst kaum zu sehen; Reviergesang vor allem in der Dämmerung. Bei Gefahr »Pfahlstellung«.

V Br. in Eurasien, Nordafrika und isoliert dann in Südafrika. Fast in ganz Europa starker Rückgang. ▪ Bei uns nur noch seltener Br., am häufigsten im Norden und im Osten; in West- und Süddeutschland leben nur noch kleine Reste. Teilzieher, der besonders in Westeuropa und in milden

Gebieten Mitteleuropas auch im Winter einzeln anzutreffen ist. ▪ Br. in großen Schilf- und Rohrkolbenbeständen.

F Nest im Röhricht, meist über dem Wasser. ▪ Legezeit April/Mai; 1 Jahresbrut. ▪ (3)5–6(7) olivbraune, glanzlose Eier. ▪ ♀ brütet 25–26 Tage; Junge sitzen nach 15–20 Tagen neben dem Nest, sind mit 50–55 Tagen flügge; sie werden überwiegend vom ♀ gefüttert.

N Fische, Frösche und andere Amphibien; Wasserinsekten, Würmer und andere Kleintiere.

Wie die Zwergdommel ist auch ihr größerer Verwandter ein Meister der Tarnung. Schon das Federkleid, das die Muster von Licht und Schatten imitiert, läßt den großen Vogel selbst zwischen locker stehenden wenigen Schilfhalmen verschwinden. Auch das Verhalten des merkwürdigen Vogels ist vielfach ganz auf Unauffälligkeit ausgerichtet. Mit langsamen, schleichenden Bewegungen bewegt sich die Rohrdommel fort und klettert auch geschickt im Röhricht. Auch der Beute nähert sie sich ganz be-

Nur selten kann man die Rohrdommel so frei außerhalb ihrer Verstecke sehen.

Große ungestörte Rohrwälder sind der Lebensraum der Rohrdommel.

hutsam, um dann blitzschnell zuzustoßen.

Eine besondere Spezialität der Dommeln, Zwerg- wie Rohrdommel, ist die Pfahlstellung. Bei Beunruhigung wird der Hals lang ausgestreckt und der Schnabel zeigt zum Himmel. Die streifenartige Zeichnung am Unterhals bewirkt eine fast totale Auflösung des Körpers im Schilfrohr. Man hat beobachtet, daß in dieser Pfahlstellung ein Vogel stundenlang aushalten kann. Nicht selten schleicht er sich aus der Pfahlstellung im Zeitlupentempo weg. Selbst die Jungen im Nest nehmen bereits diese Haltung ein.

Rohrdommeln benötigen im allgemeinen viel größere Schilfkomplexe als Zwergdommeln. Im Unterschied zu ihren kleineren Verwandten ist die Rohrdommel im Norden Mitteleuropas noch häufiger als im Süden. Während die Seenplatten Mecklenburg-Vorpommerns noch eine lebensfähige Population beherbergen, ist die Rohrdommel z. B. in Hessen und Baden-Württemberg als regelmäßiger Brutvogel verschwunden und in Bayern und Nordrhein-Westfa-

len auf wenige Einzelplätze reduziert. Um 1985 schätzte man für Deutschland einen Gesamtbestand von rund 1900 »Paaren«, die meisten von Schleswig-Holstein bis Brandenburg. Rohrdommeln sind noch nicht genau bekannt. Man hat sowohl monogame Männchen beobachtet als auch polygame mit offenbar bis zu 5 Weibchen. Auch ist nicht jedes rufende Männchen, das ein Revier ankündigt, mit einem Weibchen verpaart und lange nicht alle Rohrdommelreviere enthalten Nester. Nester verschiedener Weibchen, die nur mit einem Männchen verpaart waren, hat man dagegen schon relativ dicht (etwa 15–20 m) beisammen gefunden. Die Liste der nachgewiesenen Gefährdungsfaktoren umfaßt Entwässerungen und Grundwasserabsenkungen, z. T. im Rahmen der Flurbereinigung und Intensivierung der Landwirtschaft; ferner Gewässerverschmutzung, häufige Schilfmahd und Abbrennen von Schilf, Intensivierung der Teichwirtschaft durch Vernichtung von Kleinfischen. Verluste in strengen Wintern können regionale Populationen auslöschen.

Zwergdommel

Ixobrychus minutus

K Etwa so groß wie ein Eichelhäher und damit kleinster einheimischer Reiher. ♂ Oberkopf, Rücken, Schultern und Schwanz schwarz; Nacken, Brust und übrige Unterseite gelblich. Im Flug fällt im schwarzen Flügel ein ovales helles Feld auf. ♀ sind ähnlich gefärbt, aber weniger kontrastreich; Rücken und Schultern z.B. dunkelbraun, Hals bräunlich längsgestreift, ebenso Brustseiten und Flanken; Flügel dunkelbraun, daher Kontrast zu hellem Flügelfeld weniger deutlich. ■ ♂ ruft zur Brutzeit gedämpft »wru«; im Flug kurz »ker« oder »kö«. ■ Tag- und dämmerungsaktiv; fliegt oft niedrig über dem Schilf und fällt meist nach kurzer Strecke wieder in die Deckung ein; klettert in Gebüsch und Schilf; bei Gefahr wird »Pfahlstellung« eingenommen.

V Br. in Europa, Asien, Afrika. ■ Bei uns sehr starke Abnahme, in Deutschland wohl vom Aussterben bedroht. Langstreckenzieher; Winterquartier vor allem Afrika südlich der Sahara (April bis Oktober). ■ Br. in der Verlandungszone größerer und kleinerer Gewässer, wie Seen und Teiche, schilfreiche Flußufer, Auwald, Sümpfe. Rückgang durch Zerstörung und Beunruhigung der Lebensräume.

F Nest gut versteckt im Schilf oder im Gebüsch am Wasser. ■ Legezeit Mai/Juni; 1 Jahresbrut (mitunter auch 2). ■ 5–6(8) weiße, glanzlose Eier. ■ ♂ und ♀ brüten 17–19 Tage; Junge klettern ab 8–10 Tagen in der Nestumgebung herum und sind mit 25–30 Tagen flügge.

N Fische, Insekten, Frösche und Kaulquappen, Würmer, Mollusken.

Zwergdommel: Männchen hudert frisch geschlüpfte Junge.

Über die Lebensweise der Zwergdommel sind wir nur sehr unvollkommen unterrichtet, da sie sehr versteckt lebt und heute bei uns so selten geworden ist, daß schon kurze Sichtbeobachtungen eines aus dem Schilf rasch auffliegenden Vogels zu den besonderen Erlebnissen zählen.

Über den Brutbestand in Mitteleuropa gibt es nur wenige brauchbare Zahlen, die aber immerhin das Schlimmste befürchten lassen. 1977/79 wurde der gesamte Brutbestand der Schweiz nur auf etwa 45 Paare geschätzt. In den Niederlanden ging der Bestand von 170–225 Paaren, die in den Jahren 1961 bis 1967 ermittelt wurden, auf 100–135 etwa um die Mitte der 70er Jahre zurück; 1982/83 wurden noch 35–75 Paare geschätzt. In Deutschland liegen die kleinen Vorkommen oft so weit voneinander entfernt, daß ein gegenseitiger Austausch wohl kaum mehr möglich ist. Um 1985 schätzte man 460 Paare; vielleicht sind es inzwischen schon viel weniger.

Auch aus anderen Ländern Europas wird starker Rückgang gemeldet. Die Ursachen hierfür sind sicher in erster Linie im Verschwinden von Feuchtgebieten und Schilfbeständen sowie in den zahlreichen Störungen an See- und Flußufern zu suchen. Allein der für Deutschland ermittelte Katalog der Gefährdungsursachen ist lang: Zerstörung der Ufervegetation durch Wassersport, Badende, Angler; Intensivbewirtschaftung von Fischteichen mit Veränderung der Ufervegetation; Flußregulierung, Straßenbau; Verschmutzung von Gewässern; Entwässerung. Allerdings haben Zwergdommeln in Mitteleuropa von jeher auffällige, nicht ohne weiteres erklärbare Bestandsschwankungen gezeigt. Vielleicht besteht also noch Hoffnung, daß es wieder einmal aufwärts mit dieser Art geht.

Das Weibchen ist durch seine Pfahlstellung auch im Sitzen hervorragend getarnt.

Von Juli bis September führen die Jungen Zerstreuungswanderungen ähnlich anderen Jungreihern aus. Der eigentliche Abzug ins Winterquartier setzt August/September ein, wobei Altvögel den Wegzug eröffnen. Die weitesten Ringfunde mitteleuropäischer Brutvögel liegen im Kongogebiet. Da wohl viele im 2. Lebensjahr noch nicht geschlechtsreif werden, kann man auch zur Brutzeit weit umherstreifende, nichtbrütende Vögel entdecken. Einzelne Vögel sind dabei z. B. von Westeuropa bis in die Sowjetunion geraten.

Zwergdommeln jagen ihre Beute meist vom Ansitz aus. Oft sitzen sie dabei etwas über dem Wasser auf Halmen und Ästen. Außerordentlich lange Zehen befähigen sie zum Klettern im Gewirr der Halme. Auch Junge nutzen diese Fähigkeit schon recht früh. Wie bei allen Reihern würgen die Altvögel das mitgebrachte Futter aus dem Kropf herauf. In den ersten Lebenstagen der Jungen lassen die Eltern die Futterbrocken einfach auf den Nestboden gleiten, später findet direkte Übergabe an die Jungvögel statt.

Nachtreiher

Nycticorax nycticorax

K Etwa Bussardgröße; Gestalt viel gedrungener als Grau- oder Purpurreiher, ähnelt mehr einer Rohrdommel. Ad. mit schwarzem Kopf und Rücken; Flügel und Schwanz bläulichgrau; Stirn, Gesicht und Unterseite weiß; 2 lange, weiße Federn hängen vom Nacken herunter. Juv. oberseits dunkelbraun mit vielen weißen Flecken; Unterseite grau, dunkelbraun längsgestreift. Noch im 2. Kalenderjahr sind vorjährige Vögel überwiegend graubraun (doch ohne weiße Flecken) und werden daher manchmal mit der Rohrdommel verwechselt. ▪ Rufe tagsüber wenig zu hören; vor allem in der Dämmerung im Sitzen oder im Flug kurz und rauh »quack«; an den Brutkolonien weitere Ruftypen. ▪ Tagsüber sitzen Nachtreiher gern in Deckung (Bäume, Büsche). Sie sind vorwiegend dämmerungs- und nachtaktiv; klettern geschickt in der Vegetation; auch im Flug fällt ihre gedrungene Gestalt mit runden Flügeln auf.

V Br. in Süd- und Westeuropa, Afrika, Süd- und Ostasien, Süd- und Nordamerika. ▪ In Mitteleuropa r. Br. im Osten und Südosten (z. B. Slowakei, Ungarn); weiter nördlich nur an wenigen Stellen, z. B. Holland, Bayern und unregelmäßig in der Schweiz. Besonders im Süden auch r. Durchzügler, einzeln oder in kleinen Trupps. Überwiegend Langstreckenzieher (April bis Oktober); Winterquartier Afrika. ▪ Brutplätze in dichter Vegetation nahe am Wasser, z. B. Auwälder, Busch- und Baumgruppen in Sumpfgebieten, Verlandungszonen. Auf dem Zug mitunter fernab vom Wasser.

F Nest im Gebüsch oder auf mittelhohen Bäumen. ▪ Legezeit Ende April bis Ende Juni; 1 Jahresbrut. ▪ 3–5(8) bläulichgrüne Eier. ▪ ♂ und ♀ brüten ca. 22 Tage; nach 20–25 Tagen sitzen Junge auf den Zweigen neben dem Nest; sie sind etwa mit 40–50 Tagen flügge.

N Vor allem Frösche und Kaulquappen, Fische, Insekten und deren Larven; mitunter auch Mäuse.

Nachtreiher werden wegen ihrer versteckten Lebensweise und ihrer Vorliebe für die Dämmerung leicht übersehen. Sie erinnern also nicht nur in ihrer gedrungenen Gestalt an Rohrdommeln. So sind sogar auch einzelne Brutansiedlungen in dichten Auwaldbeständen in Mitteleuropa mitunter jahrelang übersehen worden, was nicht zuletzt dem Reiher zugute kam. Doch ist trotz solcher möglicherweise nicht bekannten Kolonien der Brutbestand außerordentlich gering. In der Schweiz gab es von jeher nur einzelne Brutpaare und auch in den Niederlanden ist seit der Wiederansiedlung der Bestand auf höchstens 20 Paare bis Mitte der 70er Jahre angewachsen.

In Deutschland ist mit Einzelpaaren in Süddeutschland zu rechnen; eine geschützte Ansiedlung nahe München hatte es bis auf mindestens 10 Paare im Jahre 1981 gebracht und ist mittlerweile wieder verschwunden. Eine größere Kolonie, vielleicht die größte in ganz Mitteleuropa, konnte sich in

urwüchsigen und geschützten Au-
waldteilen an der bayerisch-öster-
reichischen Grenze am Inn entwickeln, doch um 1990 gab es in ganz
Österreich nur noch zwei regelmäßig
besetzte Brutplätze mit maximal
15–20 Paaren. Die Erhaltung der
letzten Auwaldgebiete gibt dem
Nachtreiher vielleicht in Mitteleuropa
eine Chance. Mit ihm zählen viele
Wasser- und Sumpfvögel zu den zahlreichen Tierarten, für die amphibische
Wälder entlang der Flüsse mit ihren
zahlreichen Altwässern noch letzte
Überlebensrefugien bilden. Schwarzstorch, Weißstorch, Zwergdommel,

reiher ist der kräftige, gelbliche bis
rötliche Schnabel. Ad. tragen im
Brutkleid gelbrötliche Schmuckfedern an Oberkopf, Rücken und
Brust. Durch eine beispiellose Ausbreitung sind Kuhreiher heute fast in
allen wärmeren Gebieten der Welt
anzutreffen. Sie brüten heute sogar
in Nord- und Südamerika. Auf Nahrungssuche schließen sie sich gern
Großwild- und Rinderherden an. In
Mitteleuropa sind zunächst nur Gefangenschaftsflüchtlinge beobachtet worden, doch nehmen in den
letzten Jahren die Feststellungen
stark zu. Wahrscheinlich handelt es

Durch ihre gedrungene Gestalt sind Kuhreiher von den schlanken Seiden- und Silberreihern zu unterscheiden (vgl. S. 93).
Der kräftige Schnabel ist meist blaßgelb.
Brutkleid mit gelbrötlichen Schmuckfedern
an Oberkopf, Rücken und Brust.

Rallenreiher im Prachtkleid. Andere Schnabelfarbe und ockerfarben überhauchtes
Gefieder sowie lange Schmuckfedern am
Kopf unterscheiden diesen ebenfalls recht
gedrungen wirkenden Vogel vom Kuhreiher.

Eisvogel, Krickente, Blaukehlchen
oder Schlagschwirl sind nur einige
Vertreter dieser reichhaltigen Lebensgemeinschaft im dichten Dschungel
der Flußauen.
Ein überwiegend weißer, gedrungener und dickhalsiger kleiner Reiher
ist der Kuhreiher *(Bubulcus ibis)*.
Wichtigstes Unterscheidungsmerkmal gegenüber dem etwa gleichgroßen, aber viel schlankeren Seiden-

sich dabei teilweise um Wildvögel
aus Südwesteuropa (z. B. Frankreich).
Der ebenfalls in Südeuropa beheimatete Rallenreiher *(Ardeola ralloi-
des)* erscheint als sehr seltener Gast
in Mitteleuropa (etwas häufiger im
Süden). Er ist gedrungen, größer als
Zwergdommel, im Sitzen bräunlich
bis ockerfarben, im Flug wirkt er überwiegend weiß.

Graureiher

Ardea cinerea

K Etwas kleiner als Storch; langer heller Hals, lange Beine. Ad. mit weißem Kopf und Hals, Seiten des Oberkopfes und 2 lange Nackenfedern schwarz; Unterseite ebenfalls weiß, Oberseite grau. Arm- und Handschwingen schwarz. Juv. mit überwiegend grauem Hals und ohne Schmuckfedern im Nacken; wesentlich weniger kontrastreich gefärbt als ad. ■ Im Flug rauh »kräik«; in der Brutkolonie viele laute Rufreihen, z.B. bei Erregung »go go go« u.a.; Junge im Nest keckern laut. ■ Im Flug wie alle Reiher Hals eingezogen; schaufelnde Flügelschläge; steht oft ruhig mit eingezogenem Hals. Bei der Jagd im Seichtwasser oder auf einer Wiese oft langsames Schreiten; Beute wird durch rasches Zustoßen mit dem Schnabel gepackt.

V Br. in Eurasien, Ost- und Südafrika. ■ Bei uns verbreiteter Br. außerhalb des Hochgebirges; durch Verfolgung und Störung von Kolonien starke Abnahme; neuerdings durch Schutzgesetze Bestandserholung in fast allen Ländern Europas. Standvogel und Teilzieher; sowie Kurzstreckenzieher; im Winter Bestände bei uns daher oft gering. Hauptwinterquartier Süd- und Westeuropa. Junge verlassen gleich nach dem Ausfliegen das Brutgebiet. ■ Brütet in Kolonien meist auf hohen Laub- oder Nadelbäumen; Nahrungserwerb im Seichtwasser oder am Ufer von Seen, Bächen, aber auch auf Wiesen (Mäusefang).

F Nest aus kräftigen Knüppeln und Zweigen, mit feinerem Material ausgekleidet. ■ Legezeit März bis Juni; 1 Jahresbrut, bei Verlust jedoch oft Ersatzgelege. ■ (3)4–5(7) Eier, hell blaugrün, ohne Glanz. ■ ♂ und ♀ brüten 25–27 Tage und füttern die Jungen, die ab etwa 30 Tagen auf den Nachbarästen herumklettern, aber kaum vor 50 Tagen flugfähig sind und auch später noch ins Nest zurückkehren.

N Hauptsächlich Fische (vor allem Weißfische); ferner auch Amphibien, Kleinsäuger (z.B. Mäuse, Maulwürfe), Reptilien und große Insekten.

Der Graureiher ist ähnlich wie der Habicht (s. S. 160) zu einem »Feindbild« für manche Interessengruppen unserer Gesellschaft geworden. Die heftige Diskussion um Graureiherabschuß trotz bestehender, dringend notwendiger Schutzgesetze, erhält immer wieder neue Nahrung. Dabei wird die Fischereischädlichkeit des Reihers oft unkritisch übertrieben. Eingehende Untersuchungen haben dazu ergeben, daß sich in der Tat an den heute mit Fischen überbevölkerten Fischteichen der gewerblichen Teichbetriebe Graureiher konzentrieren und auch Schaden anrichten. Doch auch im Zeitalter von Rekordernten an Karpfen werden der Graureiher und andere »Fischereischädlinge« hochgespielt und z.T. wohl auch für Fischverluste durch andere Ursachen, wie Fischkrankheiten (z.B. Bauchwassersucht) oder Probleme der Wasserverschmutzung verantwortlich gemacht. Oft sind aber die Schäden nur auf eine sehr kurze Zeit im Jahr beschränkt, so z. B. im Frühherbst, wenn der Wasserspiegel der Teiche vor dem Abfischen drastisch gesenkt wird. Graureiher können nämlich nur im Seichtwasser (bis etwa 60 cm Tiefe) erfolgreich fischen. Tiefer angelegte Teiche ohne allmählich abfallende Seichtwasserzone am Ufer sind vor Reihern sicher.

Die Konzentration der Graureiher an künstlichen Fischteichen hat aber noch einen anderen Grund: Im Sommer ist ihnen die Fischjagd an natürlichen Gewässern oft verwehrt durch die gewaltigen Störungen des immer stärker ausufernden Freizeit- und Erholungsbetriebes, aber auch durch

rere Untersuchungen haben eindeutig bewiesen, daß bei solchen kostenaufwendigen Aktionen die ökologischen Verhältnisse des vom Verein gepachteten Gewässers oft nicht gebührend berücksichtigt werden und die Einbußen an Satzfischen auf ganz andere Ursachen zurückzuführen sind, wie z. B. Nahrungsengpässe, Abwanderungen, ungünstige Wasserverhältnisse. An naturnah gestalteten Bächen mit verschlungenem Lauf, überhängenden Uferböschungen, vielseitiger Ufervegetation, wechselnder Wassertiefe usw., hat der Graureiher keine Chance, den Bach leerzufischen. Mangelndes Verständnis und auch manchmal übertriebene Polemik macht dem Graureiher unnötigerweise das Leben schwer.

Zwei Graureiher, die auf Beute lauern; sie wenden verschiedene Jagdmethoden an.

zunehmende Verbauung der Ufer und Verschmutzung der Gewässer. Graureiher werden aber auch für Schäden verantwortlich gemacht, für die sie nun wirklich nichts können. Viele Sportfischervereine, die mit erheblichen Geldmitteln Bäche und Flüsse mit Fischen besetzen, wundern sich über schlechte Ernte. Meh-

Man kann Graureiher von Gewässern vertreiben oder doch zumindest die auf ihn zurückgehenden Fischverluste stark reduzieren. Steile Uferböschungen an Fischteichen halten ihn fern; kleine Teiche kann man mit Drähten überspannen; auch Schreckschüsse vertreiben ihn. Doch ein immer wieder für den Abschuß ins Feld geführtes Argument stimmt nicht: Reiher würden, wenn man einige abschießt, die Fischteiche meiden. Auch ist es natürlich sinnlos, tote Reiher als abschreckende Beispiele aufzuhängen oder auszulegen. Um einen toten Reiher kümmern sich die lebenden nicht mehr. Dort, wo Reiher beschossen werden, nimmt ihre Vorsicht zu; oft gehen sie dann nur noch nachts an die Teiche. Diese Verhaltensanpassung führt oft zu einer falschen Beurteilung der Situation. Die Anlage von künstlichen Nahrungsteichen, um Reiher von Fischteichen wegzulocken, ist allerdings nicht ganz so einfach, da man hierzu große Fischmengen braucht, um solche Teiche für Reiher wirklich »attraktiv« zu machen.

Der Graureiherbestand hatte nicht nur unter starker Verfolgung in vielen Ländern Europas zu leiden. Starke Bestandseinbrüche können auch harte Winter verursachen, besonders in Populationen mit hohem An-

Im Unterschied zu Störchen winkeln Reiher im Flug ihren Hals an, so daß der Kopf zwischen den Schultern liegt (vgl. dagegen die Abb. S. 94).

teil an Nichtziehern. In einem stabilen Bestand sind solche Einbrüche nach wenigen Jahren wieder ausgeglichen, falls die Witterungsverhältnisse normal bleiben. Für sehr stark geschrumpfte Bestände freilich kann ein harter Winter das Aus bedeuten. Man schätzte die europäische Brutpopulation (ohne Norwegen, Mittelmeerländer und Südosteuropa) auf rund 67 000 Brutpaare um 1990; pro Paar ist mit 2,3 bis 2,5 flüggen Jungvögeln zu rechnen. Die Sterblichkeit der Jungvögel beträgt im 1. Lebensjahr rund 70 %. Für Altvögel sinkt die Sterblichkeit dagegen auf rund 20 % pro Jahr.

Durch umfangreiche Beringungen wissen wir, daß Jungreiher nach dem Flüggewerden meist sehr rasch ihre engere Brutheimat verlassen und sich z. T. in alle Himmelsrichtungen zerstreuen. Ein solcher Zwischenzug bereits in den Monaten Juni bis August vor dem eigentlichen Wegzug ins Winterquartier hat sicher die wichtige Aufgabe, viele hungrige Schnäbel über ein möglichst großes Gebiet zu verteilen. So tauchen dann schon im Sommer ortsfremde Reiher an vielen Gewässern auf. Farbmarkierungen haben ergeben, daß an besonders günstigen Gebieten mit hohem Nahrungsangebot Jungreiher monatelang bis zum September, der Zeit des Wegzuges ins Winterquartier, bleiben. Solche Gebiete wirken dann wie regelrechte Fallen, wenn die Reiher dort beschossen werden. Nur ein kleiner Teil der Jungreiher kehrt im 2. Kalenderjahr, also am Ende des 1. Lebensjahres, in die Brutheimat zurück. Die meisten werden wohl erst im 2. Lebensjahr geschlechtsreif.

Während der Aufzucht der Jungen werden vor allem Fische verfüttert, gelegentlich auch Mäuse und Frösche. Im Winterhalbjahr können Mäuse, Spitzmäuse und Maulwürfe einen recht bedeutenden Anteil der

Fast flügge junge Graureiher im Nest.

Nahrung ausmachen. In Kolonien liegt der Fischanteil meist bei über 90%. In Kolonien Südbayerns fallen allerdings rund 50% auf Weißfische, die vom Standpunkt der Fischerei als minderwertig gelten oder in Fischteichen sogar als »Fischunkraut« betrachtet werden. Forellen und Weißfische, also schlanke Fischtypen, können bis zu einer Körperlänge von 30 cm vom Graureiher verschlungen werden. Die bevorzugte Beutegröße liegt allerdings bei rund 20 cm. Von den Weißfischen werden vor allem 10–15 cm lange Individuen bevorzugt, ebenso bei Karpfen. Über 25 cm lange hochrückige Karpfen dürften kaum mehr von einem Reiher bewältigt werden. Allerdings werden »Übergrößen« mitunter durch Reiher erheblich verletzt und fallen damit für den Teichwirt ebenfalls aus.

Für den Graureiher ist das Brüten in Kolonien vorteilhaft. Eine Bedeutung von Brutkolonien sieht man darin, daß sie für die Vögel als »Informationszentren« wirken. Bei den Reihern – auch fast alle anderen Arten (außer Zwerg- und Rohrdommel) sind ausgesprochene Koloniebrüter – dürfte sich der Vorteil für den einzelnen vor allem auf das Auffinden von günstigen Nahrungsgründen erstrecken. Er braucht ja nur den Artgenossen, die erfolgreich heimkommen, nachzufliegen. Ist eine Nahrungsquelle erschöpft, finden viele ausschwärmende Vögel sicher schneller eine neue als ein einzelnes Paar. Sicher ist das Nest in der Kolonie auch besser gegenüber Feinden, z. B. Eierdieben wie Krähen oder Milan, geschützt.

Einzelbrüter und sehr kleine Kolonien von weniger als 10 Paaren kommen beim Graureiher durchaus vor, haben aber meist keinen langen Bestand. In zunehmenden und gesunden Beständen wachsen auch die Koloniestärken. Erst wenn in optimalen Gebieten alle Brutplätze besetzt sind, werden auch weniger günstige Gebiete besiedelt. Die größte europäische Graureiherkolonie liegt in der Bretagne und umfaßte bis 1900 Brutpaare. Bei uns sind Kolonien über 100 Paare bereits selten. Die mittlere Koloniegröße über größeren Gebieten liegt bei etwa 20–40 Paaren. Starke jagdliche Verfolgung führt oft zur Zersplitterung.

Purpurreiher

Ardea purpurea

K Schlanker und langhalsiger als Graureiher, dünnerer Schnabel und längere Zehen. Ad. mit rotbraunem Hals und Kopf; Oberkopf und Nakken schwarz sowie schwarze Zeichnung am Hals; Oberseite ± schiefergrau, Hand- und teilweise auch Armschwingen schwärzlich; Unterseite ± rotbraun. Juv. oberseits rostbraun, ohne dunkle Halszeichnung; Unterseite ± weißlich. Bei ungünstiger Beleuchtung können vor allem noch nicht voll ausgefärbte Purpurreiher mit Graureihern verwechselt werden. ■ Rufe ähnlich Graureiher, aber höher und außerhalb der Brutkolonie seltener zu hören. ■ Wie der Graureiher z. T. auch nachtaktiv; Purpurreiher halten sich viel stärker an Deckung und werden daher oft übersehen.

V Br. in Afrika, Südeuropa und im südlichen Asien. ■ Bei uns sehr seltener Br., doch seit etwa 1940 zunehmende Tendenz zur Bildung kleiner, oft nur für kurze Zeit besetzter Brutkolonien; r. Br. z.B. im Burgenland/Österreich und in den Niederlanden. In der Bundesrepublik nur an wenigen Stellen Br.; potentiell bedroht. Hauptsächlich Langstreckenzieher (meist April bis September); Winterquartier im tropischen Afrika; als Durchzügler besonders im Süden Mitteleuropas r., aber einzeln. ■ Vorzugsweise ausgedehnte Schilf- und Rohrdickichte; auch Nester hauptsächlich im Schilf.

F Nester im Röhricht oder auf niedrigen Büschen. ■ Legezeit April bis Juni; 1 Jahresbrut, bei Verlust Nachgelege. ■ 4–5(8) Eier, grünlich ähnlich Graureiher. ■ ♂ und ♀ brüten 25–30 Tage; mit 20 Tagen klettern Junge bereits in Nestnähe herum, sind mit 45–50 Tagen flugfähig und ca. 10 Tage später selbständig.

N Hauptsächlich Fische, aber auch viele Insekten und mitunter Amphibien, Kleinsäuger, Mollusken usw.

Purpurreiher, vor allem Jungvögel, sind bei ungünstigen Lichtbedingungen gar nicht leicht von Graureihern zu unterscheiden. Diese Ähnlichkeit ist auch mit ein Grund, warum Vogelschützer selbst begrenzte Abschußzeiten für den Graureiher als sehr bedenklich ansehen. Der Bestand in Mitteleuropa ist so gering, daß selbst einzelne Verwechslungen und daher versehentliche Abschüsse zu Buche schlagen. Als ausgesprochene Schilfbrüter haben Purpurreiher in den meisten Gegenden nur an wenigen Stellen die Möglichkeit einer Ansiedlung. In den Niederlanden kann der Brutbestand maximal bis 1000 Paare betragen, in Deutschland haben wohl auch in den besten Jahren der letzten Jahrzehnte kaum mehr als 20 Paare gebrütet. In der Schweiz hatte sich die vor allem in Südeuropa häufigere Reiherart 1941 als Brutvogel angesiedelt; 1955 bis 1961 wurden zeitweise über 50 Brutpaare gezählt, 1980 konnten noch 2 Paare und 1981/82 keine Brutvögel mehr festgestellt werden.

Auf dem Durchzug lassen sich einzelne Purpurreiher auch weitab von möglichen Brutplätzen in Mitteleuropa beobachten. Manche von ihnen sind vielleicht auch ganz einfach etwas übers Ziel nach Norden hinausgeschossen, wie man dies auch von Seiden- und Silberreihern (s. unten) manchmal beobachtet. Ähnlich jungen Graureihern führen auch junge Purpurreiher nach dem Flüggewerden sog. Zerstreuungswanderungen aus, die sie von den Brutkolonien in alle Himmelsrichtungen führen, also auch in Gebiete nördlich der Brutplätze. Vielleicht sind manche Spätsommerbeobachtungen in Mitteleuropa auf solche diesjährigen Vögel zu beziehen.

2 schlanke, schneeweiße Reiherarten, Silber- und Seidenreiher, erscheinen als seltene, im Süden heute auch als fast regelmäßige Gäste in Mitteleuropa. Ihre Brutheimat liegt in warmen Ländern, z. B. Südeuropa, Afrika und Südasien.

Der seltenere Silberreiher (Egretta alba) ist etwa so groß wie der Graureiher, aber schlanker; er besitzt einen besonders langen Hals. Im Winterhalbjahr ist der kräftige Schnabel gelb, zur Brutzeit schwarz mit gelber Basis. Die langen Beine sind dunkelgrau bis schwarz; zur Brutzeit teilweise gelb.

Der Seidenreiher (Egretta garzetta) ist viel kleiner, sein schlanker Schnabel ± schwarz. Die schwarzen Beine tragen leuchtend gelbe (Brutzeit) bis grünlichgelbe Zehen. Auf Reisen im südlichen Europa kann man Seidenreiher in Feuchtgebieten häufig beobachten. Hier hat er sich teilweise in den letzten Jahrzehnten beträchtlich vermehrt und scheint sich auch etwas nach Norden auszubreiten. So schätzte man in Frankreich z. B. um 1968 etwa 1550 Brutpaare; 1981 waren es bereits 2300. In Italien brüteten 1981 über 6500 Paare, viele

Silberreiher sind viel größer als Seidenreiher (s. unten) und haben einen besonders langen Hals. Zur Brutzeit ist die Basis des Schnabels gelb, die Spitze schwarz; die Beine sind gelb.

davon in der Poebene. Auch der kleine ungarische Bestand hat sich vermehrt: Etwa 80 Paare brüteten um 1950, ca. 400 schätzte man 1981.

Die kleinen Seidenreiher sind am schwarzen Schnabel kenntlich. Ihre Beine sind im Unterschied zum Silberreiher (s. oben) schwarz; die gelben Zehen heben sich deutlich davon ab.

Weißstorch

Ciconia ciconia

K Großer, weißer Schreitvogel mit langen, roten Beinen und ebenso gefärbtem Schnabel; Arm- und Handschwingen schwarz. Bei juv. sind Schnabel und Beine bräunlich. ▪ Bei Erregung, vor allem aber am Nest, lautes Schnabelklappern; sonst nur zischende Laute. ▪ Im Unterschied zu Reihern fliegen Störche mit ausgestrecktem Hals und sind ausgeprägte Segelflieger.

V Br. in Nordafrika, Europa, Asien (in Mittel- und Ostasien jedoch 2 andere Unterarten). Der Gesamtbestand wird auf 150 000–300 000 Brutpaare geschätzt, davon in Europa 100 000–120 000. ▪ Bei uns ehemals verbreiteter Br. im Tiefland, der stark zurückgegangen ist (s. unten); im Westen Deutschlands vom Aussterben bedroht. Langstreckenzieher; einzelne Überwinterungsversuche in Mittel- und Südeuropa, eigentliches Winterquartier jedoch tropisches Afrika und Südafrika (Ankunft bei uns

Störche fliegen im Unterschied zu Reihern mit ausgestrecktem Hals.

März/April, Abzug August/September). ▪ Lebt im offenen Land, bei uns hauptsächlich auf feuchte Niederungen mit Feuchtwiesen und Teichen angewiesen und auf landwirtschaftlich extensiv genutztes Grünland; auf dem Zug und im Winterquartier vor allem in Steppen- und Savannengebieten.

F Nest ganz frei, bei uns meist auf Hausdächern und höheren Gebäuden. ▪ Legezeit April/Mai; 1 Jahresbrut. ▪ 3–5 (7) weiße Eier. ▪ ♂ und ♀ brüten 33–34 Tage; Junge bleiben 55–60 Tage im Nest und werden von ♂ und ♀ gefüttert.

N Amphibien, doch keineswegs hauptsächlich Frösche. Hauptnahrung im mitteleuropäischen Kulturland vor allem Mäuse, Insekten und deren Larven, Regenwürmer (wichtige Frühsommernahrung!).

Der Weißstorch zählt zu den Vögeln, deren Bestandsentwicklung und Populationsdynamik am besten bekannt ist. Schon vor dem 2. Weltkrieg hat man umfassende Storchzählungen organisiert, z. B. 1934. Leider sind die Zahlen alles andere als erfreulich. In der Schweiz ist der Weißstorch nach 1945 als wildlebender

Brutvogel ausgestorben. Man hat durch ein langjähriges Storchenprogramm die Wiederansiedlung versucht. In den Niederlanden ergaben die Zählungen 1934, 1958, 1965/66 und 1979 274, 56, 32 bzw. 8 Brutpaare. In Deutschland zählte man 1934 auf dem Gebiet der heutigen Bundesrepublik etwa 9000 Paare; 1991 waren es noch 3225. Dabei hatte für die alten Bundesländer der Bestand um etwa 90%, für die neuen um etwa 45–50% abgenommen. Im Westen ist bei uns der Weißstorch also vom Aussterben bedroht. Erfreulicherweise gibt es auch Ausnahmen des allgemeinen Trends, z.B. in Österreich oder in der Oberlausitz, also in Brutgebieten im Osten Mitteleuropas. Hier hat sich der Bestand halten können. Auch sinnvoller Biotopschutz (insbesondere die Erhaltung von Nahrungsgründen) hat an manchen Orten den Rückgang aufgehalten.

Die Ursachen des Rückgangs sind bekannt und die Vogelschutzverbände haben darüber erst vor kurzem auf Grund eingehender Forschungsergebnisse die Öffentlichkeit umfassend informiert. Direkte Verluste verursacht die Verdrahtung der Landschaft. Mindestens 60% der bei uns tödlich verunglückten Störche sind Stromopfer, die zum größten Teil nicht durch Verletzung an den Drähten, sondern durch Stromschlag in der Nähe der Masten umkommen. Ausgeklügelte Isolatoren und Mastenkonstruktionen, von Vogelschützern den Technikern empfohlen und vorgelegt, können solche Verluste, denen z.B. auch bereits 10% der Jungstörche zum Opfer fallen, ehe sie ins Winterquartier abziehen, wesentlich verringern. Auf zunehmende Verfolgung der Störche in Durchzugs- und Überwinterungsgebieten haben wir leider kaum einen direkten Einfluß.

Wohl aber lassen sich Zivilisationsverluste noch etwas verringern, indem man dem Storch optimale Nistplätze anbietet, die auch eine Brutzeit über wirklich aushalten. Alte Nester, die immer wieder bezogen worden sind, bedürfen vielleicht einer neuen Unterlage. Künstliche Nestunterlagen können Ersatz bie-

Feuchtwiesen sind die wichtigsten Nahrungsgründe für den Weißstorch.

Man kann Störchen durch künstliche Nestunterlagen helfen.

ten, wenn z. B. durch Bau- oder Reparaturarbeiten ein altes Storchennest abgetragen werden mußte. Wichtig ist auf alle Fälle, daß die wenigen uns noch verbliebenen Storchennester überwacht und betreut werden. Viele deutsche Storchenburgen haben jetzt ihren regelmäßigen Betreuer.

Doch die intensivsten Bemühungen nützen wenig, wenn der Lebensraum nicht erhalten werden kann. Die Aufgabe mancher lang besetzter Storchennester oder auch die in vielen Gebieten zu beobachtende Verringerung der pro Paar flügge werdenden Jungvögel ist eine Folge sich rapide verschlechternder Ernährungsbedingungen. Entwässerung von Feuchtwiesen, Beseitigung von Altwässern, Tümpeln oder Wiesengräben und Flußregulierungen schmälern die Aussichten einer Storchenbrut ebenso wie die Intensivierung der Grünlandnutzung. Der Storch ist damit auch ein Symbol für die Erhaltung extensiv bewirtschafteter und daher artenreicher Wiesen geworden ähnlich wie der Brachvogel (s. S. 252). Auch die Ausdehnungen der menschlichen Siedlungen, in denen Storchennester seit alters standen, kann von manchen Paaren im buchstäblichen Sinn nicht mehr verkraftet werden. Die Wege zu den Nahrungsgründen werden zu lang und kosten zu viel Energie. Die Jungen können nicht mehr optimal mit Nahrung versorgt werden.

Erhaltung und Sicherung des Lebensraumes ist daher der Kernpunkt der aktuellen Storchenrettungsprogramme. Im Aktionsradius eines Storchenpaares können auch kleine Tümpel, Rückvernässung ehemaliger Feuchtwiesen, Auslichten der Uferbestockung von Altwässern, Aufstauen von Wasser usw. viel helfen. Solche Maßnahmen lassen sich z. T. in Zusammenarbeit mit der Flurbereinigung oder mit Wasserbauämtern durchführen.

Als ausgesprochene Segel- und Gleitflieger meiden Störche auf dem Zug Meer und Hochgebirge. Sie umfliegen z. B. auf regelrechten »Zugstraßen« das Mittelmeer und wandern nicht wie viele Zugvögel auf breiter Front in einer Vorzugsrichtung. Das Zugverhalten der Störche kann man zumindest teilweise als Schmalfrontzug bezeichnen (im Gegensatz zum Breitfrontzug). In 2 Schmalfronten wird von Europa aus Afrika erreicht. Die Südwest-Route (Brutvögel der Iberischen Halbinsel bis Oberrheingraben und Holland) führt über die Straße von Gibraltar bis ins tropische Westafrika, die Südost-Route über den Bosporus und den Golf von Iskenderun am Nordosteck des Mittelmeeres nach Syrien und ins Jordantal. Von dort geht der Zug weiter über den Golf von Suez und das Niltal nach Ost- und Südafrika (bis ins Kapland). Eine Zugscheide, die vom Alpennordrand über Lech, Regnitz, Kyffhäuser, Harz bis ins IJsselmeer zieht, trennt die beiden Abzugsrichtungen. Allerdings muß man sich das Zugscheidengebiet als breite Mischzone vorstellen, von der aus sowohl Abzug nach Südwesten als auch nach Südosten zu beobachten ist. Östlich und westlich dieses Mischgebietes ziehen die Störche einheitlich über die Straße von Gibraltar bzw. den Bosporus. Brutvögel des Burgenlandes oder Polens wandern also alle nach Südosten, solche aus dem Elsaß nach Südwesten.

Auf beiden Routen muß jedoch die Richtung nach Süden abgeändert werden, damit Afrika erreicht wird (Südspanien bzw. Südosttürkei). An Meerengen (z.B. Straße von Gibraltar bzw. Bosporus) oder in Nord-Süd-Richtung verlaufenden Tallandschaften (z.B. Jordantal, Niltal) kommt es dabei zu ausgesprochenen Zugverdichtungen: Während der Höhepunkte des Durchzuges passieren an einem Tag Tausende von Störchen bestimmte Beobachtungspunkte. So zählt z.B. der Storchenzug am Bosporus zu den eindrucksvollsten Erlebnissen eines Vogelbeobachters. Auch viele Greifvögel, die ja ebenfalls z.T. ausgesprochene Segelflieger sind, benützen solche

von Thermiken begünstigten Korridore. Die Straße von Gibraltar, der Bosporus, bestimmte Gebirgspässe in der Südosttürkei oder der Golf von Akaba bei Eilat sind daher zu regelrechten Wallfahrtsorten der Vogelbeobachter geworden.

Erst mit mehreren Jahren kommt ein Weißstorch zum ersten Mal zur Brut. Das sog. Erstbrutalter ist aber regional recht unterschiedlich. So hat man z.B. für Südwestdeutschland einen Mittelwert von 3,7, für Norddeutschland jedoch von 5,6 Jahren errechnet. Der Anteil 2- und 3jähriger Erstbrüter ist dabei in Südwestdeutschland über 50%, in Norddeutschland

Wenn Störche klappern, legen sie den Kopf auf den Rücken.

dagegen nur 13%. Hier machen Störche, die erst im 6. und 7. Jahr zu einer Brut kommen, über 40% aus. Der älteste bis jetzt in Freiheit nachgewiesene beringte Storch wurde 34 Jahre 10 Monate alt; in Norddeutschland wurden 20–26 Jahre alte Störche als Brutvögel abgelesen. Störche werden heute mit besonders hohen Ringen markiert, deren Nummer man mit einem starken Fernglas ohne Störung des Vogels ablesen kann.

Schwarzstorch

Ciconia nigra

K Größe etwa wie Weißstorch. Ad. schwarz mit metallischem Grün- oder Purpurschimmer; Bauch und Unterschwanz weiß. Juv. bräunlich, ohne Metallglanz; Hals und Kopf etwas heller als Rücken. ■ Klappert sehr selten, dafür pfeifende und zischende Rufe. ■ Segelflieger ähnlich Weißstorch.

V Br. in Süd- und Osteuropa und im südlichen Asien; isolierter kleiner Brutbestand in Südafrika. ■ In Mitteleuropa nur im Osten verbreitet; in Deutschland ca. 300 Brutpaare, vor allem im Norden und Osten (Schutzmaßnahmen s. unten); als Durchzügler auch abseits der Brutplätze einzeln zu beobachten; Langstreckenzieher mit Winterquartier im tropischen Afrika (Mitte März/April bis Septem-

Junger Schwarzstorch im Herbst.

ber/Oktober). ■ In Mitteleuropa Br. in naturnahen, möglichst ungestörten Wäldern, in denen Feuchtwiesen, Teiche, Bäche usw. für ausreichende Nahrung sorgen; auf der Nahrungssuche stärker ans Wasser gebunden als Weißstorch; auf dem Zug auch im Grünland.

F Nest bei uns auf Bäumen, in Südeuropa und Asien häufig in Felswänden. Wie beim Weißstorch großer Bau aus Ästen und Knüppeln, der mehrere Jahre benutzt werden kann. ■ Legezeit Mitte April bis Mai; 1 Jahresbrut. ■ (2)3–5(6) weiße Eier. ■ ♂ und ♀ brüten 32–40 Tage und füttern die Jungen 60–70 Tage im Nest. Nach dem ersten Ausfliegen kommen die Jungen noch ca. 10–15 Tage zur Fütterung und Übernachtung ins Nest.

N Hauptsächlich Wasserinsekten, Fische, Amphibien. Weniger Landtiere als Weißstorch.

Ursachen für die Seltenheit des Schwarzstorches bei uns in Mitteleuropa liegen z. T. wie beim Weißstorch in rapiden Verschlechterungen des Lebensraumes. Da Schwarzstörche stark auf Feuchtgebiete angewiesen sind und sich vor allem als Brutvögel dem Menschen nicht so eng anschließen, muß man annehmen, daß die Entwicklung seit der Jahrhundertwende für sie noch ungünstiger war als für Weißstörche.

Man darf aber auch nicht übersehen, daß der Schwarzstorch eine mehr östliche Art ist. Die Westgrenze des geschlossen besiedelten Areals läuft derzeit durch Schleswig-Holstein, Niedersachsen, Nordrhein-Westfalen, Bayern und Österreich. Westlich davon hat sich nur ein isoliertes Areal auf der Iberischen Halbinsel gehalten. Populationen am Arealrand einer Tierart neigen dazu, im Lauf größerer Zeitabschnitte zu fluktuieren; auffällige Zu- und Abnahme bzw. Vorstöße und Rückzüge sind daher durchaus zu erwarten. Natürlich wirken sich Verschlechterung der Lebensbedingungen in solchen etwas unstabilen Populationen am Rand der Existenzmöglichkeiten einer Art besonders auffällig aus und der Bestand nimmt stark ab.

Für den Schwarzstorch zeichnet sich ein allgemeiner Rückgang seit etwa Mitte des 19. Jahrhunderts ab und trotz ungünstigerer Lebensbedingungen etwa seit den 40er Jahren des 20. Jahrhunderts eine merkliche Zunahme. In Schleswig-Holstein starb z. B. der Schwarzstorch etwa 1938 aus, Wiederansiedlung fand etwa 1968 statt; 1989/90 konnten etwa 7 Brutpaare ermittelt werden. In Niedersachsen ging der Bestand von ca. 15 (1910) auf 2–4 (1936/39) zurück; ab etwa 1950 setzte Zunahme ein, z. B. mindestens 8 Paare um 1970, ca. 12 1975 und 21 1990. Diese erfreuliche Entwicklung war allerdings nur möglich, weil ein konsequentes Schutzprogramm, das zum größten Teil privater Initiative zu verdanken ist, durchgeführt wurde. Ausbringen von Kunstnestern in geeigneten Waldgebieten, Anlage von Nahrungsteichen und vor allem die Erhaltung von Bruchwäldern und Mooren waren die wichtigsten Maßnahmen.

Nach Osten nehmen die Bestände des Schwarzstorches zu; in Ostdeutschland schätzte man rund 75–90 Paare um 1990 und in Polen etwa 600 um 1981/82. Die Erholung der Bestände in zentraler gelegenen Teilen des Verbreitungsareals ist natürlich auch eine wichtige Voraussetzung für Zunahme im Bereich der Randpopulationen. Damit ist wieder einmal eindrucksvoll bewie-

Der etwa storchgroße Löffler zählt zu den Ibissen (vgl. S. 17). Er ist vor allem in wärmeren Ländern Europas Brutvogel. Mit dem breiten Löffelschnabel wird das Seichtwasser und der lockere Schlamm durchschnattert. Löffler brüten meist in Kolonien, oft zusammen mit Reihern.

sen, daß die Erhaltung von Vogelarten eine internationale Aufgabe sein muß.

Für den Schwarzstorch als Langstreckenzieher kommen natürlich auch Probleme auf dem Zug und im Winterquartier dazu. Abseits der wenigen mitteleuropäischen Brutplätze tauchen vor allem während des Wegzuges einzelne Vögel oder gelegentlich auch kleine Trupps auf, die z. B. von geschützten Feuchtgebieten profitieren.

Wie der Weißstorch ist auch der Schwarzstorch ein Schmalfrontzieher (vgl. S. 59), doch nicht so streng ausgeprägt. Die Zugscheide liegt weiter östlich, etwa im Odergebiet, die Wegzugsrichtungen streuen aber stärker, so daß Herbstvögel bei uns auch von weiter östlich gelegenen Gebieten stammen können. Am Bosporus bilden sich große Konzentrationen, die im September bis über 7000 Vögel erreichen können. Ringfunde aus dem Winterquartier gibt es allerdings nur wenige. So wurden polnische Schwarzstörche z. B. in Äthiopien und Uganda gefunden.

Höckerschwan

Cygnus olor

K Ad. schneeweiß; juv. graubraun. In halbwilden Beständen auch Jungvögel mit weißem Dunen- bzw. Jugendkleid (*immutabilis*-Mutation). Im Unterschied zu Sing- und Zwergschwan im Schwimmen Halshaltung leicht S-förmig. Schnabel bei ad. orangerot, juv. bleigrau; der schwarze Schnabelhöcker ist beim ♂ zur Brutzeit am stärksten ausgebildet, bei juv. oft nur angedeutet. Füße normalerweise grauschwarz, bei den *immutabilis*-Individuen hellgrau bis fleischfarben. ■ Im allgemeinen schweigsam, doch vor allem zur Brutzeit gurgelnde und fast trompetenartige Rufe, wie »quiurrr«. Im Flug hört man singendes Fluggeräusch, das manchmal mit einem Stimmlaut verwechselt wird.

V Als Wildvogel Br. in Teilen Mittel- und Ostasiens, sowie in Nord- und Osteuropa. In vielen Gebieten Europas ausgesetzt und heute halbwild bzw. verwildert. Auch in Nordamerika, Australien, Neuseeland ausgesetzt. ■ Bei uns auf Gewässern des Tieflandes verbreiteter Br., oft in größeren Scharen im Winter in den Städten an Fütterungen. Über Fragen der Vermehrung s. unten. ■ Hauptsächlich auf nährstoffreichen stehenden oder langsam fließenden Gewässern, bei uns vielfach auch auf Parkseen und -teichen; als Gast auch auf Brack- und Salzwasser.

F Nest großer Bau aus Pflanzenmaterial am Ufer oder auf kleinen Inseln. ■ Eiablage Mitte April bis Mai, bei halbzahmen auch noch später; 1 Jahresbrut. ■ 5–8 hell graugrüne Eier mit weißlichem Kalküberzug, bei Bebrütung dann oft braungelb. ■ ♀ brütet allein 35–41 Tage; bereits nach 1 Tag führen ♂ und ♀ die Dunenjungen vom Nest weg; nach 120–150 Tagen sind die Jungen flügge, bleiben aber oft noch bis Spätherbst und Winter bei den Eltern, bis sie dann vertrieben werden.

N Wasser- und Sumpfpflanzen, auch Ufer- und Landpflanzen werden abgeweidet.

Höckerschwäne sind heute überall in Mitteleuropa anzutreffen. Das war nicht immer so. Schon lange wurden Schwäne als Parkvögel gehalten, z.T. sogar auch freifliegend. Doch erst nach dem 2. Weltkrieg kam es zu einer Bestandsexplosion und heute

Höckerschwan: Balzendes Paar.

gibt es bald kein Gewässer mehr ohne Schwäne. Allerdings herrschen über die Zunahme der Höckerschwäne z.T. falsche Vorstellungen. So hört man immer wieder, der Schwan habe keine natürlichen Feinde, daher habe er so zugenommen und müsse reguliert werden. Doch auch für Schwanenpopulationen unter völlig »natürlichen« Bedingungen dürften Feinde nie eine ausschlaggebende Rolle bei der Regulierung der Bestände gespielt haben. Ausgeprägte Territorialität – wie heftig Brutreviere verteidigt werden, hat schon mancher kühne Schwimmer zu spüren bekommen – sorgt z.B. dafür, daß Gewässer nie zu dicht besetzt waren. Kalte Winter und anstrengende Wanderungen bringen Verluste, die einen wesentlichen Faktor der Bestandsregelung darstellen.

Auch unsere »Kulturschwäne« sind z.T. recht wanderfreudig, wie Beringungen vielfach bewiesen haben. An manchen Stellen, z.B. im IJsselmeer in den Niederlanden finden sich auch Tausende ein, um dort zu mausern. Höckerschwäne unternehmen also einen regelrechten Mauserzug, wie andere wildlebende Arten ihrer Verwandtschaft auch (z.B. S.103). Und kalte Winter fordern auch unter den Schwänen in der heutigen Kulturlandschaft mitunter hohe Verluste.

Gleichwohl haben sich die Lebensbedingungen der »Kulturschwäne« in manchen Punkten entscheidend geändert. Durch intensive Fütterung in vielen menschlichen Ballungsräumen hat die Wintersterblichkeit abgenommen. Allerdings ist die dadurch zu erwartende Vermehrung der Bestände nur z.T. eingetreten. Bestandsaufnahmen an Höckerschwänen zur Brutzeit ergeben einen hohen Anteil an Nichtbrütern. Man schätzte z.B. etwa Mitte der 70er Jahre in den Niederlanden ca. 11500–12500 ausgewachsene Schwäne, aber lediglich 2400–2700 Brutpaare. Somit machten die Brutvögel weniger als die Hälfte der erwachsenen Individuen aus. Ähnlich ist es auch in anderen Ländern; mitunter überwiegt sogar die Zahl der Nichtbrüter die der Brutvögel bei weitem.

Eine weitere auffällige Erscheinung ist, daß an manchen Stellen Schwäne dicht zusammenbrüten, ja sich sogar fast Kolonien bilden. Der Nachwuchs in solchen Zusammen-

Heftige Auseinandersetzungen um Brutreviere sind bei Höckerschwänen nicht selten.

ballungen ist jedoch unterdurchschnittlich gering. Bei genaueren Untersuchungen ließ sich zeigen, daß die Nachwuchszahl mit zunehmender Dichte der Besiedlung abnimmt. Damit wird die geringere Wintersterblichkeit wieder ausgeglichen. Im Augenblick kommen also mehr Schwäne durch den Winter als »früher«, haben aber viel weniger Junge, ja offensichtlich z.T. gar nicht mehr die Chance, in einem geeigneten Revier Junge großzuziehen. Man kann also als Regel aufstellen: Je

Manche Schwanenjungen tragen weiße Dunen (vgl. Text S. 100).

weniger Schwäne, desto mehr Junge. Damit hat der Höckerschwan unserer Kulturlandschaft das Stadium einer dichteabhängigen Regulation erreicht; spektakuläre Zunahmen sind nicht mehr zu erwarten. Und tatsächlich haben in Gebieten mit hoher Schwanendichte die Bestände schon lange nicht mehr zugenommen. So zählte man in Ostdeutschland 1957/59 etwa 300 Brutpaare, die um 1970 auf 1390 und fast 2800 Nichtbrüter angewachsen waren; 1976 war jedoch mit 1330 Brutpaaren der Bestand, der für Nachkommen sorgt, nicht mehr angewachsen; die Zahl der Nichtbrüter hatte sich jedoch auf 5720 Vögel vermehrt. Ähnliche Zählungen gibt es für

Großbritannien: 1955/56 schätzte man ca. 19 000 Individuen, darunter 3500–4000 Brutpaare; 3–4 Jahre später waren es rund 21 000 bis 23 000 Vögel, 1961 aber wiederum etwa 19 000 und 17 Jahre später nur ca. 18 400 Vögel, unter ihnen etwas mehr als 3100 Brutpaare.

Genauere Angaben über die wichtigsten Daten einer Schwanenpopulation liegen z.B. aus Dänemark vor. In einem Bestand aus einzeln in Revieren brütenden Paaren wurden im Mittel vieler Jahre etwa 2,6 Junge pro Paar, das mindestens 1 Ei gelegt hatte, flügge. Bei einer koloniebrütenden Population im gleichen Gebiet war die mittlere Nachwuchsrate dagegen nur 0,9 Junge pro Paar. Die Ursachen für diesen enormen Unterschied lassen sich im Einzelnen wie folgt aufzeigen: Einzelbrüter legen mit durchschnittlich 5,6 Eier kaum größere Gelege als Koloniebrüter mit 5,2 Eiern. Die mittleren Nachwuchszahlen von 2,6 bzw. 0,9 bedeuten demnach einen Verlust von 54% bei Einzelbrütern und von nicht weniger als 83% bei Koloniebrütern bis zum Flüggewerden der Jungen. Die Eiverluste bei Einzelbrütern waren in unserem Beispiel gering, bei Koloniebrütern jedoch 40 bis 50%, so daß nur etwa 2,6 Junge pro Paar schlüpften. Die Hauptverluste bei Einzel- und Koloniebrütern während der Zeit der Jungenentwicklung fallen in den ersten Lebensmonat. Auch bei Enten und Gänsen sind die ersten Lebensabschnitte der Jungen am meisten gefährdet.

Die hohen Eiverluste bei den Koloniebrütern sind in erster Linie eine Folge dauernder Unruhe. Zwischen den dicht stehenden Nestern gehen viele Schwäne herum. Dies verursacht wieder Grenzkonflikte und Auseinandersetzungen – Schwäne sind ja eigentlich territoriale Vögel – und dabei werden viele Eier zerbrochen. Je dichter die Nester beisam-

Im Hochsommer bilden sich oft größere Trupps flugunfähiger mausernder Schwäne.

menstehen, desto höher sind die Verluste.

Dazu kommt, daß bei Koloniebrütern auch die Jungenverluste höher sind. Ein Hauptverlustfaktor in der hier als Beispiel geschilderten dänischen Schwanenpopulation ist der Wind. Weit auseinander brütende Einzelpaare konnten sich in windgeschützte Ecken ihrer Reviere zurückziehen; bei Koloniebrütern war dies nicht der Fall. So war hier vor allem in windigen Sommern der Verlust bemerkenswert hoch. Auch das spätere Schicksal scheint noch von der Herkunft mit bestimmt zu werden, denn nur wer sehr gut im Gewicht ist, hat reelle Chancen auch durch einen harten Winter zu kommen. Bei den in einer Kolonie erbrüteten Schwänen schwankte die Sterblichkeit im ersten Winter viel stärker als bei den anderen, da offenbar unter den herangewachsenen Jungen relativ starke Gewichtsunterschiede bestanden, also nicht alle gleich gut ernährt waren. Die normalen Verluste an 1jährigen Schwänen im ersten Winter ihres Lebens betrugen etwa 45%. Doch in harten Wintern stieg dieser Wert bis auf 90%. Hinzu kommt, daß nach großer Kälte der Anteil der Nichtbrüter im folgenden Sommer anstieg, nämlich von 10–20 auf rund

40%. Offenbar war ein Teil der Schwäne in schlechter Kondition und begann daher gar nicht mit dem Kampf um ein Territorium. Neben Erfrieren bzw. Verhungern im Winter waren in dieser dänischen Population Verölung und Kollision mit Überlandleitungen die häufigsten Todesursachen beringter Vögel.

Haben Schwäne erst einmal die für sie gefährlichen Jugendjahre hinter sich, sind die Überlebensaussichten viel günstiger. Altschwäne unseres Beispiels hatten eine jährliche Sterblichkeitsrate von nur 13%. Für die Population der Einzelbrüter ergab sich eine leichte Zunahme im Laufe der Jahre, für die Koloniebrüter jedoch eine Abnahme. Insgesamt war die Bilanz zwischen Nachwuchs und Verlust jedoch recht gut ausgeglichen.

Das Beispiel zeigt, wie kompliziert die Verhältnisse liegen und wie vorsichtig man mit der Beurteilung von Bestandsregulationen sein muß. Der »natürliche Feind«, an den man immer gleich denkt, ist in Wirklichkeit ein fein abgewogenes, auf vielen Ursachen beruhendes Regulationssystem. Höckerschwäne bilden also regelrechte Modelle für moderne Populationsuntersuchungen; bei ihnen gibt es noch viel zu beobachten.

Singschwan

Cygnus cygnus

Zwergschwan

K Ad. weiß; Hals gerade, länger und dünner als beim sehr ähnlichen Zwergschwan. Im Unterschied zum Höckerschwan besitzen Sing- und Zwergschwan ein flaches Stirnprofil. Schnabel bei ad. mit schwarzer Spitze, mit einem gelben Keil an den Seiten, der bis unter das Nasenloch vorreicht. Bei den bräunlichgrauen juv. ist der Schnabel fleischfarben mit dunklerer Spitze. ■ Unterhaltungslaute leise »ang« oder »gä«; daneben auch lauter »anghö«; ruft auch im Flug (der Höckerschwan dagegen nicht!) ■ Im Herbst und Winter kann man bei uns oft Familien mit Jungen beobachten.

V Br. im Norden Eurasiens von Island bis Kamtschatka und Sachalin; in Skandinavien und Finnland nach Rückgang in früheren Jahrzehnten heute z.T. Zunahme. ■ Bei uns an der Küste und im norddeutschen Tiefland r. Wintergast, z.T. in größeren Trupps; im Binnenland bis an den Alpenrand einzelne ± r. auf großen Gewässern, im allgemeinen aber selten (Oktober/November bis März/April). ■ Br. der Tundrazone und auf nordischen Waldseen. Bei uns auf größeren Binnenseen, aber auch auf Brack- oder Salzwasser an Flachküsten.

N Vor allem Wasserpflanzen, aber auch besonders Gräser und Kräuter auf dem Land werden von den Vögeln abgeweidet.

Zwergschwan

Cygnus columbianus

K Nur ganz unbedeutend kleiner als Singschwan; etwas kürzerer und dickerer Hals. Wichtigstes Unterscheidungsmerkmal zu ad. Singschwänen ist der Schnabel: Das Gelb an der Basis ist meist weniger weit ausgedehnt und endet in der Regel deutlich vor dem Nasenloch. Individuelle Unterschiede in der Schnabelzeichnung. Juv. heller braungrau als Singschwäne. ■ Im Flug laut »guhk« o.ä.; gedämpfte Laute beim Schwimmen.

V Br. in der Arktis Eurasiens und Nordamerikas, in Europa aber nur in der Tundrenzone von Rußland. Rund 10 000 Vögel überwintern in Europa. ■ Bei uns r. Gast an der Küste; im Binnenland im allgemeinen viel seltener und ur. als der Singschwan (meist November bis März). ■ Br. der Tundra; bei uns Rastplätze an flachen Binnengewässern oder Strandlagunen. Nahrungssuche oft auf nassen Wiesen, Marschen und Feldern.

N Wasserpflanzen, Gras, Klee, Saaten, Hackfrüchte.

Die beiden sehr ähnlichen nordischen Schwäne suchen z.T. traditionelle Winterquartiere Jahr für Jahr in Europa auf. Vom Singschwan überwintern in Nordwesteuropa regelmäßig etwa 25 000 Individuen, davon etwa 14000 in den dänischen Gewässern, um Südschweden und an den Küsten Schleswig-Holsteins und Mecklenburgs. Der ins mitteleuropäische Binnenland wandernde Anteil ist dabei nur unbedeutend. Mindestens 25000 Singschwäne überwintern ferner im Schwarzmeerraum bis Turkestan. In Skandinavien ging der Brutbestand im Laufe des 20. Jahrhunderts stark zurück, erholte sich aber neuerdings erfreulich. So war z. B. in Finnland die Brutpopulation zwischen 1940 und 1950 fast am Aussterben; ca. 80 Brutpaare konnten um 1969 und 10 Jahre später über 300 festgestellt werden.

Der Zwergschwan ist deutlich seltener. Man schätzt die gesamte Winterpopulation in Europa auf etwa 10000 Individuen in 5 kleinen Überwinterungsgebieten an der Westküste Dänemarks, in den Niederlanden, im Süden Englands und Irlands und schließlich seit Mitte der 60er Jahre in der Camargue in Südfrankreich. Die am Niederrhein an der deutsch-holländischen Grenze überwinternden Zwergschwäne stehen ganz offensichtlich in engem Kontakt mit dem Überwinterungsgebiet am IJsselmeer in den Niederlanden. Die nordwestdeutschen Rastgebiete sind vor allem auf dem Frühjahrszug wichtige Zwischenstationen, wenn die in Südwestengland nahe des berühmten Internationalen Büros für Wasservogelforschung in Slimbridge (International Waterfowl and Wetland Research Bureau, IWRB) am unteren Severn überwinternden Zwergschwäne allmählich zu den Brutplätzen im Nordosten aufbrechen. Im Frühjahr halten die Familien oft noch zusammen, trennen sich aber dann meist bald. Ein Paar mit seinem Nachwuchs wurde 3 Winter lang während des Zuges auf demselben Rastplatz beobachtet.

Intensive Arbeit am Zwergschwan hat das Zug- und Überwinterungsverhalten des seltenen Vogels in Mittel- und Westeuropa aufklären helfen. Dabei wurden zur Markierung einzelner Vögel Plastikringe verwendet, die man bis aus 300 m Entfernung mit dem Feldstecher lesen kann. Einige Schwäne hat man auch mit Satellitensendern versehen.

Zwergschwäne: Das Gelb an der Schnabelbasis hat nur eine geringe Ausdehnung.

Saatgans

Anser fabalis

K Kaum kleiner als Graugans; insgesamt viel dunkler und im Flug Oberflügel ± einheitlich gefärbt. Kopf und Hals dunkelbraun, sonst dunkelbraungrau; Oberseite fein hell quergebändert. Bauch und Unterschwanz weiß. Der kräftige Schnabel ist unterschiedlich lang und kräftig (mehrere Rassen kommen bei uns vor!). Ein mehr oder minder großer Teil des Schnabels an der Basis und an der Spitze ist schwarz, helle Teile dazwischen sind orange gefärbt. Sehr ähnlich ist die etwas kleinere und kurzhalsigere Kurzschnabelgans *(Anser brachyrhynchus),* deren Schultern etwas heller als der Rücken sind (nicht so hellgrau wie bei der Graugans). Der Schnabel ist kürzer als der Kopf und wirkt relativ hoch; die hellen Teile sind rosa (nicht orange!), Basis und Spitze wie bei der Saatgans schwarz. ■ Rufe 2silbig »kajak«, auch 3silbig. ■ Meist in Trupps, im Tiefland auch mit anderen Gänsearten.

V Br. im Norden Eurasiens von Skandinavien bis Sibirien in mehreren Rassen, die sich z.T. an der Schnabelfarbe und -form unterscheiden. ■ Bei uns r. Durchzügler und Wintergast, meist Oktober bis April; r. auch im Binnenland, aber hier meist nur in kleineren Trupps. ■ Auf dem Durchzug und im Winterquartier dienen flache Gewässer als Schlaf- und Ruheplätze; Nahrungssuche auf möglichst störungsfreien Wiesen, Weiden und Äckern.

N Gräser, Getreide, Klee und andere grüne Pflanzen, aber auch Körner, Kartoffeln usw.

Bläßgänse auf ihrem winterlichen Weideplatz.

Bläßgans

Anser albifrons

K Etwas kleiner als Graugans. Ad. sind an der weißen Stirnblesse und an der groben, schwarzen Fleckung der Unterseite gut zu kennen. Kopf und Hals dunkel graubraun; Oberseite ähnlich, bräunlich gebändert. Bauch und Unterschwanzdecken weiß. Den juv. fehlt die weiße Stirn (dunkler Ring um die Schnabelbasis) und auch die schwarze Zeichnung der Unterseite. Wichtiges Kennzeichen ist daher der Schnabel: relativ lang; bei juv. blaß fleischfarben mit dunkelgrauem First und schwärzlicher Spitze (Nagel); bei ad. entweder hell fleischfarben bis rosa oder orangegelb, Spitze (Nagel) weiß. Schnabel weist also keine ausgedehnten schwarzen Markierungen auf wie bei Saat- und Kurzschnabelgans. ▪ Rufe meist 2silbig hoch und schnell, wie »ajak« oder »klji«, auch 3silbig; weniger nasal als Saatgans.
V Br. der arktischen Gebiete vom Norden des europäischen Rußlands bis Ostsibirien, ferner im arktischen Nordamerika und auf Grönland. ▪ Bei uns r. Wintergast und Durchzügler im Tiefland; im südlichen Binnenland ur. und meist nur in kleinen Trupps. Ende der 70er Jahre schätzte man die in den Niederlanden, in Nord- und Nordwestdeutschland sowie im Osten Großbritanniens überwinternde Population auf etwa 180000 Individuen. ▪ Wie Saatgans Kombination von Flachwasser (Ruheplatz) und Weideland (Äsungsplatz); beide können über 30 km voneinander entfernt liegen. Entscheidend ist, daß rastende Gänse nicht dauernd gestört werden.
N Grüne Pflanzenteile.

Die Winterbestände der Saatgans in Mittel-, West- und Südosteuropa umfassen 250000 bis 350000 Vögel, die der Bläßgans allein im Ostsee-Nordsee-Raum 250000. In manchen Wintern sind die Zahlen aber auch viel niedriger. Die wichtigsten Rast- und Überwinterungsgebiete liegen z. B. an der unteren Elbe, an der unteren Ems (Dollart) sowie am Niederrhein und in Nordostdeutschland; ferner liegen große Gänserastplätze in den Niederlanden. Wichtige Rast- und vor allem Äsungsgebiete sind z. T. gefährdet

An der hellen Stirnblässe und der großen schwarzen Bauchfleckung sind alte Bläßgänse leicht zu erkennen.

oder werden durch Störungen beeinträchtigt. Eine einzige Straße kann z. B. einen Äsungsplatz schon erheblich verkleinern, denn Gänse halten z. B. zu einer wenig befahrenen Straße bis zu 250 m Abstand und mindestens 400 m zu einer Trasse mit dichtem Verkehr. Gänsescharen sind also sehr störungsempfindlich, z. B. auch gegenüber Beobachtern und Fotografen. Auch die Niederwildjagd kann Gänse beeinträchtigen, selbst wenn kein Schuß auf sie fällt, denn bereits ein einzelner lauter Knall treibt sie hoch. Größere Gebiete müssen daher für Gänse als Schutzzonen ausgewiesen werden, dies vor allem auch, weil Schäden von weidenden Gänsen an Wiesen, Wintersaat usw. bei größeren störungsfreien Flächen kaum auftreten.

Graugans

Anser anser

K Nach der Kanadagans die größte Wildgansart; Stammutter unserer Hausgans. Hell bräunlichgrau, heller als alle anderen grauen Gänsearten; im Flug auffallende helle Vorderflügel; weiße Ober- und Unterschwanzdecken (wie bei anderen Arten). Schnabel blaßorange mit rosa Anflug oder ganz rosa; keine schwarzen Abzeichen (vgl. Saatgans, S. 106). ■ Rufe ähnlich der Hausgans »ahng-ang-ang« oder »ga ga ga . . .«. ■ Wie die anderen Arten vorzugsweise in Gesellschaft.

V Br. in Nord- und Osteuropa sowie in vielen Teilen Asiens. Gesamtbestand der in Europa und Nordafrika überwinternden Graugänse wird auf ca. 120 000 Vögel geschätzt. ■ Bei uns vor allem im Osten Brutvogel (z. T. ausgesetzt, s. unten) und r. Durchzügler; im Winter nur in milden Gebieten (doch in manchen Gebieten halbzahm ausgesetzt). ■ Br. meist an Binnengewässern mit guten Deckungsmöglichkeiten (z. B. Schilf, Binsen, dichte Auwälder); Nahrungssuche oft auf Wiesen und Weiden, mitunter weit vom Wasser entfernt.

F Nest an schwer zugänglichen Stellen im Röhricht usw., meist nahe am Wasser. ■ Legezeit Ende März bis Anfang Mai; 1 Jahresbrut, Ersatzgelege bei Verlusten. ■ 4–9 (auch mehr) weißliche Eier ohne Glanz. ■ ♀ brütet 27–29 Tage; Junge werden von beiden Eltern geführt und sind mit 50–60 Tagen gerade flugfähig, bleiben aber noch bis in den Winter hinein bei den Eltern. Die Familie bricht gemeinsam zum Winterquartier auf.

N Land- und Wasserpflanzen.

Der Brutbestand der Graugans hat sich von einem Tiefstand wieder erholt. Nicht alle heute in Freiheit lebenden Graugänse sind allerdings reine Wildvögel. Absichtliche und unabsichtliche Einbürgerungen (z. T. auch Vögel verschiedener Rassen) sind z. B. in Niedersachsen, in Nordrhein-Westfalen und in Bayern erfolgt. In Schleswig-Holstein haben auch die Wildbestände erfreulich zugenommen. Um 1977 zählte man in diesem Brutbestand ca. 1000 Brutpaare (davon 700 erfolgreich) und 2750 Nichtbrüter. In Niedersachsen oder in Oberbayern haben sich ausgesetzte Graugänse z. T. beachtlich vermehrt, nicht immer zur Freude der Landwirte.

Dank den Beobachtungen des Nobelpreisträgers Konrad Lorenz ist die Graugans zu einem wichtigen Tier in der vergleichenden Verhaltensforschung geworden und hat schließlich auch viel zur allgemeinen Verbreitung biologischen Wissens beigetragen. Schon Oskar Heinroth, einer der Väter der Verhaltensforschung, hat 1911 über das Familienleben der Graugänse berichtet.

Altvögel leben in Dauerehe; ob allerdings nach dem Tode eines Partners der andere immer allein bleibt, darf bezweifelt werden. Immerhin ist Neuverpaarung durch den engen Familienzusammenhalt auch in großen Gänsetrupps erschwert und manche Vögel bleiben jahrelang allein. Die Paarbildung findet bereits im 2. Kalenderjahr statt, obwohl die Vögel erst im 3. geschlechtsreif werden und wohl meist erst im 4. zum ersten Mal erfolgreich brüten, jedenfalls in freier Natur.

Meist dauert es recht lange, bis eine Gänseehe geschlossen ist. Das Männchen winkelt den Hals an und nähert sich einem Weibchen, wenn dieses weder mit Angriff noch Flucht reagiert. Wichtiger Bestandteil der Balz ist das Imponierverhalten des Männchens: Es schwimmt mit aufgeplusterten Federn des Hinterkörpers (Koggenhaltung) und macht sich dadurch größer. Andere Gänse, die den Weg kreuzen, werden ange-

folgen daher auch einem menschlichen »Ersatzelter«. Nur die Kenntnis des arteigenen Warntons ist angeboren. Die ersten Lautkontakte zwischen Jungen und Eltern entstehen schon etwa 2 Tage vor dem Schlüpfen. Ein hohes durchdringendes »Weinen« des Kükens im Ei zeigt dem Weibchen Abkühlung an und dient auch später dazu, Unbehagen der Jungen kundzutun.

Nach dem Schlüpfen der Jungen stellt sich auch der Ganter beim Nest ein und beteiligt sich mit dem Weibchen an der Jungenaufzucht. Beim Schwimmen bildet das Weibchen meist die Spitze, der Ganter

Grauganspaar mit etwa 2 Wochen alten Jungen.

droht. Dadurch bildet sich allmählich eine Rangordnung in der Schar. Nach dem Vertreiben eines »Gegners« kehrt der Ganter mit Triumphgeschrei zum Weibchen zurück. Damit ist dann der Paarbund besiegelt.

Den neugeborenen Jungen ist das Schema der Eltern nur sehr vage angeboren. So fehlt besonders eine angeborene Reaktion auf den Lockruf der Eltern; die Jungen müssen sie erst erlernen. Junge Graugänse

schwimmt hinter den Jungen. Seine Hauptaufgabe ist Wache und Verteidigung.

Auch nach dem Flüggewerden kümmern sich die Eltern um die Jungen; die Familie zieht gemeinsam ab. Dies scheint für die Jungen entscheidend zu sein, da eine angeborene Zugbereitschaft fehlt. In den winterlichen Gänsetrupps halten die Familien bis ins Frühjahr zusammen. Erst zu Beginn der neuen Brutzeit verjagt dann der Ganter die Jungen.

Weißwangengans

Branta leucopsis

[K] In Mitteleuropa kann man 3 »schwarze« Gänsearten beobachten, davon 2 r. nur an der Küste. Weißwangengänse sind mittelgroß und besitzen einen kleinen Schnabel. Nacken, Hals und Vorderbrust schwarz, Gesicht weiß bis hell cremefarben (ein schwarzer Strich zieht von der Schnabelbasis durchs Auge). Oberseite grau, Schultern und Oberflügel schmal weiß gebändert; Schwanz schwarz; Oberschwanzdecken weiß, Unterseite hellgrau, scharf gegen schwarze Vorderbrust abgesetzt. Schnabel und Füße schwarz. ■ Im Flug kurz bellend »gock«; schrilles Geschrei. ■ Meist in größeren Trupps.

[V] Br. im hohen Norden, z. B. Grönland, Spitzbergen, Nowaja Semlja. Weltbestand wurde 1980/81 auf rund 400 000 Vögel geschätzt. ■ Bei uns r. Gast an den Küsten, fast ganz auf das Wattenmeer von Schleswig-Holstein bis in die Niederlande beschränkt; Oktober/November bis April. Im Binnenland nur ganz ausnahmsweise, mitunter auch Gefangenschaftsflüchtlinge. ■ Im Winterquartier bei uns auf Salzwiesen, aber auch auf Weiden und Wiesen, Kleeflächen und Äckern; Ruheplätze auf dem Watt oder auf Sandbänken.

[N] Im Winter besonders Gräser, Kräuter, Queller *(Salicornia)*, Algen; aber auch Klee und Wintersaat.

Ringelgans

Branta bernicla

[K] Kleinste der »schwarzen« Gänse. Kopf, Hals und Brust schwarz; ad. tragen schmale, weiße Halbmondflecke an den Halsseiten, juv. einfarbig. Oberseite dunkel braungrau, Ober- und Unterschwanzdecken und Bauch weiß. Brust entweder heller grau von der schwarzen Vorderbrust abgesetzt oder etwas dunkler

Weißwangengänse (und einige Bläßgänse) im Winterquartier.

grau und ± allmählich in die dunkle Brust übergehend (verschiedene Rassen). Schnabel, Beine und Füße schwarz. ■ Rufe 1 silbig und kurz, tief »rock« u. ä. ■ So gut wie immer in Trupps oder größeren Scharen.

V Br. im arktischen Eurasien und in der Arktis Nordamerikas, z. B. Grönland, Spitzbergen, arktisches Sibirien, Alaska und Kanada. ■ In Mitteleuropa zahlreicher Durchzügler und Wintergast im Wattenmeer; etwa Oktober bis Anfang Mai. Im Binnenland nur einzelne verflogene Tiere. ■ Bei und an Flachküsten des Wattenmeeres gebunden und Nahrungssuche auf Seegras-, Grünalgen- und Quellerflächen; Ruheplätze auf dem Meer in Küstennähe; neuerdings auch zunehmend binnendeichs auf Gras- und Wintersaatflächen.

N Hauptsächlich Seegras *(Zostera)*, Queller, Grünalgen; auch Gräser und Wintersaat.

Kanadagans
Branta canadensis

K Etwas größer als Graugans und somit größte bei uns freilebend zu beobachtende Gans. Oberseite graubraun; weiße Oberschwanzdecken und weißer Bauch; schwarzer Schwanz. Schwarzer Hals und Kopf, von der hellgrauen bis bräunlichen Brust scharf abgesetzt. Von der Kehle bis hinter die Augen breiter weißer Fleck. Schnabel und Füße schwarz. ■ Im Flug nasal trompetend »ahong« (2. Silbe höher); Triumpfgeschrei in lauten Stakkatoreihen. ■ In manchen Gebieten als Parkgeflügel nicht selten.

V Br. in Nordamerika; in Europa z. T. eingeführt bzw. von Parkvögeln verwilderte Brutbestände, so z. B. Großbritannien, Schweden, Norwegen, Dänemark. ■ In Mitteleuropa Br. in den Niederlanden r. seit 1974 und etwa seit den 70er Jahren auch in Deutschland (z. B. Niedersachsen und Bayern). In Norddeutschland

Ringelgänse im Wattenmeer. Diese Gänseart ist ganz besonders auf die Erhaltung der Wattenküste an der Nordsee angewiesen.

heute r. Wintergast, einzeln auch im Binnenland bis zur Schweiz (z. T. Br. aus Schweden durch Ringfunde nachgewiesen). An manchen Stellen aber halbwilde Parkpopulation, die sich auch auf Gewässern außerhalb der Städte angesiedelt haben (z. B. Bayern). ■ Bei uns Br. an Binnenseen, auch Kleingewässern (meist halbzahm); Nahrungssuche auf Grünflächen.

N Hauptsächlich Landpflanzen, wie Gräser, Klee, junge Saat, Sämereien; auch Pflanzen des Seichtwassers.

Die in Europa aus Amerika eingebürgerte Kanadagans ist die größte der »schwarzen« Gänse. Sie ist heute bei uns oft bereits außerhalb der Parkanlagen als Wildvogel zu beobachten.

Brandgans
Tadorna tadorna

K Große, gänseähnliche Ente; sehr kontrastreich schwarzweiß gefärbt. ♂ im Brutkleid Kopf und Vorderhals schwarzgrün, Körper größtenteils weiß; breites braunes Brustband und grünschwarzes Längsband von den Schultern aus nach hinten, schwarzes Band von der braunen Brust zum Bauch; Flügel weiß, Arm- und Handschwingen schwarz. Rotbraune Abzeichen am Unterschwanz und Ellenbogen. Im Ruhekleid sind die Farben stumpfer; Kopf mehr braunschwarz, an Gesicht und Kehle undeutlich weißliche Flecken, braunes Brustband undeutlicher. Beim ♀ braunes Brustband schmaler; im Ruhekleid Kopf noch brauner als bei ♂. Juv. Oberhals, Oberkopf und Rücken ± graubraun; Stirn, Teile des Gesichts und ganze Unterseite weiß. Wichtiges Kennzeichen für Alter und Geschlecht ist der Schnabel: juv. hellgrau, ad. fleischrosa; beim ♂ im Frühjahr/Sommer karminrot mit rotem Höcker an der Basis des Oberschnabels. ▪ Rufe nicht sehr oft zu hören; ♀ »ak-ak-ak . . .«, oft ganz rasch wie Triller; ♂ pfeift hoch »tju-tju . . .«; erregt ♂ und ♀ »arrä« oder »korr«.

V Br. der Küsten Europas sowie in

Brandganspaar; rechts das Männchen.

Steppen Osteuropas und Asiens bis China. Heute in Europa dank Schutzmaßnahmen Zunahme und z.T. auch Br. im Binnenland. ▪ Bei uns r. und heute nicht seltener Br. an der Küste, z. B. Niederlande bis 6000–9000 Paare (1983), Deutschland 10 000 (1985). Heute auch Br. im küstennahen Binnenland; tiefer im Binnenland einzelne Brutversuche und inzwischen auch einzeln r. Gast; doch oft handelt es sich dabei um entkommene Gefangenschaftsvögel. Zugverhalten s. unten. ▪ Lebt an Meeresküsten und salzigen Binnenseen, Flußmündungen. In Mitteleuropa z. T. Einwanderung in Binnengewässer als Gast und einzelner Brutvogel.

F Nistplatz meist in Höhlen (z.B. Kaninchenbaue; Erdlöcher in Dünen, Dämmen oder Uferböschungen; unter Gebäuden, Steinblöcken usw.). ▪ Legezeit April bis Juni; 1 Jahresbrut, Nachgelege meist nur bei frühem Gelegeverlust. ▪ (5)8–10(12) Eier, größere Gelege von 2 oder mehr ♀, die in 1 Nest zusammenlegen; Eier gelblichweiß. ▪ ♀ brütet allein 29–31 Tage; Junge mit 45–50 Tagen flügge; manche bleiben bis zum Flüggewerden mit den Eltern zusammen, andere werden vorher verlassen. Dabei bilden sich oft »Kindergärten« mit Jungvögeln aus verschiedenen Gelegen unter Aufsicht einzelner Altvögel.

N Kleine Wirbellose, z.B. Mollusken, kleine Krebse, Insektenlarven.

Berühmt geworden ist der spektakuläre Mauserzug der Brandgans. Von Juli bis August/Mitte September versammeln sich z. B. Zehntausende im Wattenmeer zwischen Ems- und Wesermündung. Wichtigstes Zentrum war der Große Knechtsand und verlagerte sich später nach Trischen, wo bis 100 000 Vögel zusammenkommen, um vor allem ihr Großgefieder zu wechseln. Wie bei anderen Entenvögeln, aber z. B. auch den Lappentauchern (vgl. S. 72) und Rallen, fallen die Schwungfedern gleichzeitig aus, so daß die Mauservögel vorübergehend flugunfähig werden. Sie müssen also vor der Mauser geschützte und vor allem nahrungsreiche Gebiete aufsuchen. Im Wattenmeer treffen sich Brutvögel aus

aber auch in Großbritannien. Meist eröffnen Nichtbrüter im 2. Kalenderjahr – Brandgänse werden erst gegen Ende des 2. Kalenderjahres (also im 2. Lebensjahr) geschlechtsreif – den Abzug ins Mauserquartier im Juni. Ad. mit Jungen können meist erst später weg; z. T. verlassen sie die noch lange nicht selbständigen Jungen, die dann unter Aufsicht weniger ad. zurückbleiben (s. oben).
Nach der Mauser verteilen sich dann die Brandgänse der Mausergebiete auf die umliegenden Gebiete des Wattenmeeres. Bis Ende Oktober (selten bis Dezember) sind z. B. die Vögel Großbritanniens und Irlands wieder in ihren Brutgebieten; viele bleiben auch bis zum Frühjahr in der südlichen Nordsee.

Brandganspaar mit etwa 8tägigen Dunenjungen.

England, Irland, Belgien, Holland, Dänemark, Norwegen, Schweden, Deutschland, Polen und den baltischen Staaten. Sogar Brutvögel aus der Camargue/Südfrankreich wandern über das europäische Binnenland bis in die südliche Nordsee, wie man seit neuester Zeit durch Ringfunde weiß. Neben Knechtsand und Trischen gibt es noch weitere kleinere Mauserzentren im Nordseebereich,

Innerhalb der Entenvögel gehören die Brandgänse zu einer eigenen Gruppe und sind z. B. mit den Rostgänsen (bei uns als Zooflüchtlinge gelegentlich in Freiheit zu sehen) näher verwandt. Für den Beobachter vereinigen sie Merkmale von Gänsen mit typischen Entenmerkmalen. Die Taxonomen betrachten sie daher oft als eine eigene Gruppe der Entenvögel, und man liest auch »Brandente«.

Pfeifente

Anas penelope

♀

K Bei allen Gründelenten sind die ♂ im Prachtkleid (Frühjahr) leicht zu erkennen, doch die Schlichtkleider und Kleider der ♀ und erwachsenen Jungvögel bei verschiedenen Arten einander sehr ähnlich. Daher kommt es beim Bestimmen vielfach auf Gestalt, Größe, Kopfform und Flügelzeichnung (Spiegel s. S. 118) an: Pfeifenten sind kleiner als Stockenten, haben kurzen Schnabel (grau bis bläulichgrau) und relativ hohe Stirn. ♂ im Prachtkleid Kopf und Hals kastanienbraun, gelbliche Stirnblesse; Brust weinrötlich; Bauch weiß, schwarze Unterschwanzdecken davon scharf abgesetzt; Rücken und Flanken hellgrau; aus der Nähe ist eine feine Querwellung zu erkennen; auffälliges weißes Flügelfeld. Flugbild: Breites weißes Feld quer über dem Vorderflügel, dunkel schwarzgrüner Spiegel vorne und hinten schmal weiß gesäumt; Handschwingen dunkel graubraun; Schwanz zugespitzt, dunkel; Bauch weiß abgesetzt. ♂ im Schlichtkleid sehr ähnlich ♀; Flanken mehr rotbraun, Oberseite dunkler. Weißer Vorderflügel als helles Schulterband auch meist im Schwimmen zu sehen. ♀ rötlichbraun, Kopf und Hals meist etwas dunkler; Bauch deutlich weiß abgesetzt (Flug!); Vorderflügel grau mit weißer Schuppung; Spiegel ähnlich ♂, doch weniger deutlich grünlich; relativ gut kenntlich am runden Kopf. ■ Pfiff des ♂ sehr typisch »huiu« (Betonung und Hebung in der Mitte); kurzer Pfeiflaut, wie »whip . . .«

usw. ♀ schnarren »krrr«. ■ Im Binnenland meist in kleinen Trupps, an der Küste oft in großen Schwärmen auf Grünland.

V Br. im Norden Eurasiens von Island bis Sachalin und Kamtschatka. ■ In Mitteleuropa nur selten Einzelbruten in den Niederlanden, im Norden Deutschlands und Polen. An der Küste r. und sehr zahlreicher Durchzügler und Wintergast; im Binnenland r., doch meist nur in kleiner Zahl. Hauptsächlich September bis April, nur selten übersommernd, am häufigsten an der Küste. ■ Br. an vegetationsreichen Binnengewässern; auf dem Zug und im Winter vor allem in größeren Scharen an der Küste und auf küstennahen Binnengewässern; weidet gern in großen Trupps auf dem Grünland.

N Hauptsächlich Pflanzen, besonders Gräser, Seegräser, Grünalgen; tierische Nahrung unbedeutend.

Vegetarier müssen vor allem im Winter einen großen Teil ihrer täglichen Aktivität der Nahrungssuche widmen, um ausreichend ernährt zu werden (vgl. z. B. Auerhuhn S. 196). In Großbritannien variierte bei überwinternden Pfeifenten von November bis März die untertags für die Weidetätigkeit aufgewendete Zeit zwischen 70 und 80 %. Noch größere Werte hat man für grasende Gänse festgestellt, z. B. um 90 % bei Bläßgänsen und 77–86 % bei Weißwangengänsen. Doch Pfeifenten verwenden auch einen Teil der Nacht, um Nahrung aufzunehmen. Im März werden z. B. rund 48% der Nacht und 81% des Tages für die Aufnahme der Nahrung genutzt, damit also etwa 65% eines 24-Stunden-Tages. Während eines Winterhalbjahres werden auf küstennahen Wiesen von weidenden Enten und Gänsen natürlich erhebliche Pflanzenmengen aufgenommen. Dies führt mitunter zu Problemen mit der Landwirtschaft.

In riesigen Scharen überwintern Pfeifenten auf küstennahen Grünländern. Für Großbritannien ist ein Winterbestand von 150000 bis 250000 anzunehmen; hinzu kommen weitere 30000–40000 in Irland. Auch in Belgien und in den Niederlanden dürften die Maximalzahlen im Winterhalbjahr fast 100000 erreichen und Tausende sind auch an geeigneten Stellen der deutschen Küste zu beobachten.

Im Binnenland dagegen zählt auch an den großen Überwinterungs- und Durchzugsplätzen die Pfeifente zu den ausgesprochen spärlich auftretenden Arten; selbst am Bodensee, einem der größten Wasservogelrastplätze im Mittel- und westeuropäischen Binnenland sind schon Konzentrationen von Hunderten nicht häufig. Es ist übrigens nicht ganz einfach, einzelne Pfeifenten im Schlichtkleid in den herbstlichen Trupps von Gründelenten zu entdekken.

Große Entfernungen und schwieriges Ansprechen der Schlichtkleider in den oft dicht auf der Seefläche ruhenden Entenscharen zwingen den Wasservogelbeobachter, über den Feldstecher hinaus Optik mit höherer Vergrößerung zu wählen. An den Terminen der internationalen Wasservogelzählung benutzen daher die ehrenamtlichen Mitarbeiter meist einäugige (monokulare) Fernrohre mit Vergrößerungen 20 bis 40fach, um aus größerer Entfernung in Ruhe Wasservogelscharen durchmustern zu können. Allein in Deutschland waren z. B. zum Termin der Mittwinterzählung im Januar 1993 jeweils fast 800 Zählstellen besetzt, an denen insgesamt mehrere hunderttausend Enten, Schwäne, Bläßhühner und Taucher ermittelt wurden. Viele der in diesem Buch genannten Zahlen sind Ergebnisse dieser Arbeit.

Pfeifenten im Spätwinter.

Schnatterente

Anas strepera

♀

K Nur wenig kleiner als Stockente. ♂ weniger bunt gefärbt als die Erpel anderer Gründelenten. Im Prachtkleid dunkelgrau, Kopf bräunlich; Hinterbrust und Bauch weiß. Breiter weißer Flügelspiegel, der auch im Schwimmen oft als kleiner Fleck am Körperhinterende zu sehen ist; Flügeldecken am Spiegel rotbraun; Ober- und Unterschwanzdecken schwarz. Im Schlichtkleid ähnlich ♀, das der Stockente sehr ähnlich sieht, doch etwas kleiner und schlanker wirkt mit schwächerem Schnabel; Spiegel weiß, doch nicht so scharf abgesetzt wie beim ♂. Im Flug wichtig: Weißer Bauch scharf von der dunklen Brust abgesetzt (ähnlich wie Pfeifente!).

Schnabel: ♂ im Brutkleid einfarbig grau, ♂ im Ruhekleid und ♀ orangegelb mit dunklem First. ■ Rufe des ♂ sehr charakteristisch; bei der Balz tief »ärp ärp« und dann mit durchdringendem Pfiff »ööö iii« oder »ö öihöö«. Das ♀ quakt ähnlich Stockente, doch etwas höher; Decrescendo-Ruf »rääk-rääk-räk . . .« (nicht so laut wie Stockente). ■ Schwimmt hoch auf dem Wasser, gründelt oder holt Nahrung von der Wasseroberfläche.

V Br. in den mittleren Breiten Europas und Asiens sowie in Nordamerika. ■ In Mitteleuropa als Br. sehr lükkenhaft verbreitet und in vielen Gebieten fehlend; nur im Tiefland zu

Schnatterentenpaar. Bei verpaarten Gründelenten schwimmt das Weibchen (rechts) sehr häufig voraus und fliegt bei Störung auch zuerst auf.

erwarten. In Deutschland brüteten um 1985 etwa 8000 Paare. Als Durchzügler r., doch meist nur geringe Zahlen. Überwiegend Zugvogel, daher im Mittwinter bei uns meist nur wenige; hauptsächliche Winterquartiere Westeuropa, Mittelmeergebiet und Nordafrika (einzeln auch südlich der Sahara nachgewiesen). ■ Seichte, stehende bis langsam fließende, nährstoffreiche Binnengewässer, als Gast auch auf Brackwasser.
F Nest in der dichten Vegetation am Boden in Wassernähe. ■ Legezeit Ende April bis Juni, meist Mai; 1 Jahresbrut. ■ (6)8–12(14) Eier, auffallend rahmgelb und kleiner als Stockenteneier. ■ ♀ brütet 24–26 Tage und führt die Jungen allein etwa 45–50 Tage.
N Überwiegend pflanzlich, vor allem im Winterhalbjahr; Kleintiere des Wassers meistens bedeutungslos.

Schnatterenten, zumal im Schlichtkleid, können leicht übersehen werden, da sie weiblichen Stockenten sehr ähneln. Im Flug ist jedoch der weiße Spiegel ein untrügliches Kennzeichen. Im Binnenland ist die Art heute teilweise etwas häufiger als früher, jedenfalls als Durchzügler oder Rastvogel. Vielleicht hat sie, wie auch einige andere Gründelenten und das Bläßhuhn, von der Nährstoffanreicherung unserer Seen profitiert.
Enten und andere Schwimmvögel sind zumindest außerhalb der Brutzeit gern gesellig. Das hat sicher Vorteile gegenüber natürlichen Feinden, z.B. dem Seeadler. Geselligkeit erlaubt aber auch eine sehr intensive Nutzung der Nahrungsquellen, die vor allem im Herbst nach der Vegetationsperiode des Sommers in seichten oder ufernahen Gewässerteilen reichlich vorhanden sind. Doch Gründelenten können nur bis zu einer Wassertiefe von 30–50 cm Pflanzen und Kleintiere heraufholen.

Unter Gründeln versteht man das Vorkippen des Vorderkörpers, bis die Körperachse etwa senkrecht im Wasser steht. Der Vorderteil mit Kopf und Schnabel ist dabei vollständig unter Wasser, der hintere steht senkrecht nach oben, sowie es im Kinderlied beschrieben wird. Mit paddelnden Fußbewegungen wird das Gleichgewicht gehalten.
Schnatterenten gründeln meist nicht so häufig wie z.B. Stockenten. Sie versuchen auch gelegentlich ganz unterzutauchen. Häufig verlassen sie sich aber auf andere tauchfähige Schwimmvögel und nehmen ihnen dann die heraufgetauchte Nahrung ab. An manchen Stellen ist das Bläßhuhn bevorzugtes Opfer der Schnatterente. Man hat beobachtet, daß Schnatterenten durch Nahrungsschmarotzen bei Bläßhühnern zumindest vorübergehend einen wesentlichen Teil ihrer Nahrung erwerben und sich daher an Stellen halten können, wo es für sie eigentlich nichts zu holen gibt. In Jägerkreisen wird häufig der Standpunkt vertreten, das laute und »zänkische« Bläßhuhn würde Enten vertreiben und müsse daher kurz gehalten werden. Wie die Schnatterente beweist, kann durchaus das Gegenteil der Fall sein.
Wie die Stockerpel sammeln sich auch Schnattererpel zum Gesellschaftsspiel (vgl. S. 121), allerdings oft schon Ende Juni und August, bevor die sommerliche Mauser beendet ist. So nehmen Schnattererpel also häufig schon im Schlichtkleid an der Gemeinschaftsbalz teil. Die merkwürdigen Grunzpfiffe der Erpel sind weithin zu hören. Ganz allgemein zeigen Schnatterenten bei der Balz lebhafteres Temperament als Stockenten. Bei ihnen sind auch die Verfolgungsflüge, in denen mehrere Erpel hinter einem Weibchen herfliegen, viel häufiger und eigentlich mit Ausnahme des rauhen Mittwinters das ganze Jahr über zu sehen.

♀

Krickente

Anas crecca

K Kleinste Gründelente, doch Knäkente nur wenig größer. ♂ im Brutkleid: Dunkelbrauner Kopf mit breitem, nach hinten bogenförmig in den Nacken reichenden, grünen Seitenstreifen, der schmal gelblich eingefaßt ist (aus der Entfernung sind diese Details kaum zu sehen; Kopf dann einheitlich dunkel); Rükken und Flanken grau, auffallender weißer Längsstreif an den Schultern; gelbe Unterschwanzdecken mit schwarzem Saum bilden ein helles Dreieck am Hinterende; Brust cremefarben mit dunklen Tupfen. ♂ im Ruhekleid sehr ähnlich ♀; dieses hellbraun bis gelblich, dicht dunkler braun gefleckt. Gedrungener als Knäkente, Stirnprofil etwas höher, heller Überaugenstreif weniger deutlich. Flügelspiegel schwarzgrün, vorne breit hell abgegrenzt. Schnabel schwarzgrau. ■ ♂ rufen melodisch hoch »krlik« (Name!); ♀ quaken ganz hoch »gä gä . . .«. ■ Oft in Trupps, bevorzugt dicht am Ufer oder im Seichtwasser. Während der Brutzeit sehr heimlich.

V Br. im nördlichen Eurasien und Nordamerika. ■ Bei uns verbreiteter Br., aber vor allem im Binnenland nirgends häufig und regionale Bestände oft sehr klein. In Deutschland ca. 17 000 Brutpaare geschätzt. Als

Durchzügler und Wintergast r. und nach der Stockente oft zweithäufigste Gründelente. ■ Br. versteckt an Binnengewässern, auch in wenig nährstoffreichen Heide- und Moorseen, die vom Wald eingeschlossen sind, auch noch im Mittelgebirge in höheren Lagen. Auf dem Zug und während des Winters meist im Flachwasser stehender Gewässer, an Schlick- und Schlammflächen, auch auf Brackwasser.

F Nest am Boden in dichter Vegetation, meist nahe am Wasser. ■ Legezeit April bis Juni; 1 Jahresbrut. ■ (5)8–11(12) Eier, gelblichgrau mit grünem Schimmer. ■ ♀ brütet 21–23 Tage und führt die Jungen 25–30 Tage.

N Tierisch und pflanzlich; weniger vielseitig als Stockente.

Eine besondere Gefahr für Gebiete mit großen Wasservogelkonzentrationen ist in den letzten Jahrzehnten in Gestalt einer Seuche aufgetaucht, die man als Botulismus bezeichnet. Verursacher ist ein Bakterium, *Clostridium botulinum,* dessen Typ C ein besonders wirkungsvolles Toxin bildet. Verschiedene Typen sind auch für den Menschen gefährlich (»Wurstvergiftung«). Das Bakterium lebt ohne Sauerstoff, und so kann es besonders im Hochsommer in sauerstoffarmen, schlammigen Gewässern mit viel faulendem organischen Material zu starker Vermehrung kom-

Zwei Erpel der Krickente (links) und ein Weibchen der Schnatterente (rechts).

men. Das Gift wirkt vor allem auf das Zentralnervensystem. Larven der Schmeißfliege können hohe Toxinmengen enthalten. Wirbellose Tiere und auch Fische leiden nicht unter der Giftwirkung. Wie nun Enten und andere Wasservögel vergiftet werden, ist noch nicht ganz klar.

Jedenfalls ist es in neuerer Zeit in Europa mehrfach zu Massenvergiftungen gekommen. 1973 trat im Ismaninger Teichgebiet bei München ein Massensterben auf, dem schätzungsweise über 20000 Wasservögel zum Opfer fielen. Auch im IJsselmeer in den Niederlanden und im berühmten Nationalpark Coto Doñana in Südwestspanien starben Zehntausende, so daß allein in diesen drei europäischen Wasservogelzentren wohl über 100000 Wasservögel zugrunde gingen. Zwischenzeitlich sind immer wieder kleinere und größere Fälle bekannt geworden, fast regelmäßig z.B. im Ismaninger Teichgebiet, aber auch im Gebiet des Neusiedler Sees im Burgenland, am unteren Inn und an einigen weiteren Stellen in Mitteleuropa. Unter

über 500 Vogelkadavern, die bei der Botulismus-Epidemie 1982 am unteren Inn gefunden wurden, befanden sich nicht weniger als 214 Krickenten. Dies mag kein Zufall sein, da ganz offenbar Flachwasserarten hier besonders gefährdet waren. In anderen Fällen waren Tauchenten oder auch Bläßhühner stärker betroffen. Wirksame Gegenmaßnahmen gibt es bis jetzt kaum. Man sollte bei Ausbruch einer Seuche (unter Aufsicht!) die Vogelkadaver möglichst rasch vollständig absammeln.

Im Flachwasser nach Nahrung suchenden Enten droht vor allem in Gebieten mit starker Bejagung noch eine weitere Gefahr. Sie nehmen im Boden des Ufers liegende Schrotkörner auf, wahrscheinlich sogar gezielt, da die kleinen Bleikörner Pflanzensamen ähneln. So kommt es durch aufgenommene Schrotkörner zu Bleivergiftungen, die schon an verschiedenen Stellen Europas auftraten.

Eines der berühmtesten Winterquartiere der Krickente in Europa ist die Camargue in Südfrankreich.

Stockente

Anas platyrhynchos

♀

K Größte und bei weitem die häufigste Gründelente; als Parkvogel allgemein bekannt. ♂ im Prachtkleid: Flaschengrüner Kopf, weißer Halsring, dunkelbrauner Kropf; Körper überwiegend grau mit hellerer Unterseite; obere und untere Schwanzdecken schwarz. Die beiden mittleren schwarzen Schwanzfedern schimmern blaugrün; ihre Spitzen sind aufgerollt (»Erpellocken«). Rükken braun, Flügelspiegel metallisch blau, vorne und hinten schmal schwarz und breit weiß gesäumt. Im Ruhekleid ♂ ähnlich ♀, allerdings etwas einheitlicher gefärbt. Wichtiges Kennzeichen ist jetzt die Schnabelfärbung: ♂ Schlichtkleid ± einfarbig olivgrün, ♂ Prachtkleid mehr grünlichgelb, ♀ grünlich-oliv, aber First dunkel. ♀ braun mit feiner dunkler Zeichnung. Abweichend gefärbte Individuen s. unten. ■ ♂ rufen gedämpft »rähb«, vom Herbst bis Frühjahr bei der Balz ein hoher dünner Pfiff, z.B. »fihbib« (»Grunzpfiff«). ♀ quaken laut »waak waak . . .«, von September bis April oft in lauten Decrescendoreihen; am Brutplatz oft lange »quak«-Reihen.

V Br. in Europa, Asien und Nordamerika. ■ Bei uns als Brutvogel die mit Abstand häufigste und verbreitetste Ente; Brutplätze finden sich von der Küste bis ins Gebirge. Stand- und Strichvogel, Kurzstreckenzieher. Im Winter oft Zuzug von Nordosten. ■ Lebensraum sehr vielseitig; Br. an stehenden und langsam fließenden Gewässern aller Art, selbst an kleinen Wasserlöchern. Heute überall auch meist halbzahme Parkbestände; einzelne ♀ legen ihre Nester auch in Gärten und Friedhöfen an. Zur Nahrungssuche, besonders im Winterhalbjahr, auch mitunter fernab vom Wasser (z.B. auf Feldern). Auf dem Zug und im Winter auch Rast auf Meereslagunen und auf Brackwasser.

F Nester meist auf dem Boden, oft nahe am Wasser, aber auch weitab davon; nicht selten werden Nester auch auf Wurzelstöcken, Bäumen oder Mauern gefunden; nimmt auch Nistkästen oder Nistkörbe an. Dekkung ist nicht wichtig. ■ Legezeit März bis Juni, also im allgemeinen früher als andere Enten; 1 Jahresbrut, bei Gelegeverlust oft Ersatzgelege. ■ (5)7–11(15) Eier; hell bräunlichgrün bis grünlich, matt glänzend. ■ ♀ brütet 25–30 Tage und führt die Jungen, die bereits am 1. Tag das Nest verlassen, etwa 50–60 Tage.

N Vielseitig, pflanzlich und tierisch, mit starken jahreszeitlichen Unterschieden; z.B. Sämereien, grüne Pflanzenteile von Wasser-, Ufer- und Landpflanzen, Insekten und deren Larven, kleine Krebstiere usw. An Futterstellen auch Brot und andere Abfälle.

Besonders in der Nähe menschlicher Siedlungen, aber auch einzeln in freier Natur weitab vom nächsten

Parkteich, kann man öfters abweichend gefärbte Stockenten beobachten mit weißen Abzeichen, besonders dunklen Federpartien, kleinen Federhäubchen usw. Manchmal meinen Vogelfreunde, eine seltene oder ihnen neue Entenart entdeckt zu haben. Doch des Rätsels Lösung ist einfach: Wilde Stockenten verpaaren sich mit mehr oder minder freifliegenden Hausenten verschiedenster Färbung. Da die Stockente die Stammmutter unserer Hausentenrassen darstellt, besteht sehr nahe biologische Verwandtschaft und die Bastarde sind auch fruchtbar (über wildlebende Artbastarde bei Enten s. S. 131). Vielfach werden auch durch die Jäger Hochbrutflugenten, die eine relativ kleine und gut flugfähige Hausentenrasse darstellen, gezüchtet und gebietsweise in größeren Mengen ausgesetzt. Auch wenn die ausgesetzten Vögel wildfarbig sind (es gibt auch weiße Hochbrutflugenten) kann es durchaus sein, daß sich unter den Nachkommen weißgescheckte Individuen befinden. Sicher haben freigelassene Enten eine geringe Überlebenschance, doch die massiven Wasservogelfütterungen in den menschlichen Ballungsräumen im Winter und mit Hausentenblut vermischte Parkenten sorgen wohl für Nachschub und günstige Überlebenschancen solcher Mischlinge.

Die Stockente ist das beliebteste Jagdobjekt unter den Wasservögeln. Unter den jährlich wohl weit über 500 000 allein in Deutschland geschossenen Enten macht sie sicher den größten Anteil aus; im Binnenland wohl über 80 %, an kleinen Gewässern fast 100 %.

Balz und Paarbildung bei der Stockente beginnen schon im Herbst. An halbzahmen Parkbeständen kann man das interessante Verhalten der fast stets sozial in größerem Verband lebenden Enten sehr gut beobachten. Meist sammeln sich die balzenden Erpel in einer Gruppe, die Weibchen schauen zu. Die Balz ist ein regelrechtes Gesellschaftsspiel, an dem die ♀ nur Zuschauer sind. In der Regel erkennt man den Beginn am sog. »Einleitenden Schütteln«: Der Kopf schnellt nach oben, die

Bei Gründelenten führen die Weibchen ihre Jungen allein.

Bei der Begattung hält sich der Erpel am Hinterkopf der fast untergetauchten Ente fest.

Vögel sinken dann etwas in sich zusammen und schütteln den Schwanz. Besonders auffällig ist der »Grunzpfiff« des Erpels. Dabei wird der Körper und zuletzt auch der Kopf hochgerissen und bei stärkster Spannung der Luftröhre hört man einen hellen Pfiff. Die ganze komplizierte Bewegungsfolge läuft sehr rasch ab. Ein weiterer zeremonieller Bestandteil des Gesellschaftsspieles der Erpel ist das »Kurz-Hoch-

Stockente durchsiebt mit dem Seihapparat ihres Schnabels den Schlamm.

Werden«, bei dem der Kopf mit lautem Pfiff hoch und zurück gerissen und der gespreizte Schwanz nach oben gehoben wird, so daß der Körper eigenartig kurz und hoch wird. Weitere Bewegungen sind z.B. das »Nickschwimmen« um eine Ente, die »Auf-Ab-Bewegung« oder das »räb«-Palaver. Die sehr bezeichnenden Namen für die einzelnen Bewegungen des reichen Verhaltensrepertoires, an jedem Parkteich eingehend zu beobachten, stammen von Konrad Lorenz, dem Verhaltensforscher und Nobelpreisträger.

Am Gesellschaftsspiel nehmen verpaarte und unverpaarte Erpel teil. Daneben sind noch Verhaltensweisen zu beobachten, die ganz an das Weibchen adressiert sind und der eigentlichen Paarbildung dienen. Ein merkwürdiger Antrag geht vom Weibchen aus, nämlich das Hetzen. Dabei legt das Weibchen den Kopf seitlich zurück und dreht ihn wieder nach vorne; dies wiederholt sich viele Male. Es weist gewissermaßen über die Schulter auf einen Rivalen, so als ob es den Erpel seiner Wahl auf einen Fremden hetzen wollte. Diese rasche Bewegung sieht man auch sehr häufig von verpaarten Weibchen. Erpel, die einen Antrag annehmen, breiten den Flügel nach oben und tun so, als ob sie sich putzen wollten. Bei diesem Scheinputzen wird der bunte Spiegel dem Weibchen präsentiert. Vor der Begattung, die auf dem Wasser stattfindet, wobei sich der Erpel in die Nackenfedern des Weibchens verbeißt, heben und senken die beiden einander zugewandten Partner den Kopf (»Einleitendes Pumpen«). Ganz ähnliche Bewegungen, allerdings nur mit dem Kopf und Schnabel, sieht man, bevor ein Paar auffliegt. Die »Entensprache« in Form verschiedener relativ einheitlicher und starrer Ausdrucksbewegungen läßt sich also erlernen und deuten.

Schon vom Herbst an sind viele Stockenten verpaart; meist bleiben aber einige Erpel übrig. Bei verpaarten Stockenten schwimmt das Weibchen meistens voran und fliegt auch häufig zuerst auf. Paare erkennt man oft auch daran, daß beide Partner jeweils mit der gleichen Tätigkeit, wie Gründeln, Putzen, Ruhen usw. beschäftigt sind. Mitunter schließt sich noch ein zweiter Erpel locker an. Nicht selten kommt es auch zwischen den Erpeln zu tätlichen Auseinandersetzungen, besonders im Frühjahr. Sie kämpfen dann Brust an Brust und man sieht auch dann bei manchen Erpeln helle Stellen ausgerissener Federn im braunen Kropf. Von Frühjahr bis Frühsommer wird eine Ente in der Luft auch oft von zwei oder mehreren Erpeln regelrecht verfolgt. Diese Verfolgungsflüge, die auch bei anderen Enten auftreten, nennt man mit einem Ausdruck aus der Jägersprache »Reihen«. Das Reihen kann in richtiggehende Hetzjagden ausarten, an deren Ende es auch nicht selten zu Vergewaltigungen des Weibchens durch einen oder mehrere fremde Erpel kommt. Die Paarbindung löst sich allmählich auf, wenn das Weibchen auf den Eiern sitzt. Sobald die Jungen geschlüpft sind, ziehen sich die meisten Erpel dann schon zur Mauser zurück und bilden ausgesprochene Erpelverbände.

Bevor die Schwingen ausfallen, haben die Erpel ein weibchenähnliches Schlichtkleid angelegt. So kommt es, daß man im Juli/August so gut wie nur weibchenfarbige Stockenten sieht. Erst ab September/Oktober tauchen dann wieder mehr und mehr Erpel im frischen Prachtkleid auf und die Gesellschaftsspiele beginnen wieder.

Die Weibchen sind dagegen das ganze Jahr über schlicht gefärbt. Die Tarnung ist besonders am Nest wichtig. Meist bleibt das Weibchen

Oft kreuzen Hausenten in wildlebende Stockenten ein. Durch seinen übermäßig ausgebildeten Kropf, der noch dazu heller gefärbt ist, beweist der Erpel links von der Bildmitte, daß er kein reiner Wildvogel ist. Der Vergleich mit den übrigen Erpeln (z. B. links im Vordergrund oder rechts der Bildmitte) macht den Unterschied deutlich.

bei Annäherung einer Störung sehr lange auf dem Gelege sitzen; es verschmilzt richtiggehend mit seiner Umgebung. Die hellen Eier sind dagegen viel auffälliger und so ist es sinnvoll, wenn der brütende Vogel möglichst lange auf dem Nest ausharrt.

Überrascht vom Nest gejagte Weibchen bespritzen das Gelege häufig mit dünnflüssigem und übelriechendem Kot, der Eierräuber sicher abhält. In Ruhe vom Nest gehende Weibchen decken dagegen das Gelege ab, z. T. mit Dunen, die sich im Laufe der Brutzeit von der Bauchseite lösen. Dadurch werden die Eier nicht nur gegen Sicht geschützt, sondern gleichzeitig auch warm gehalten. Ist das Gelege hoch bebrütet, fliegt das vom Nest vertriebene Weibchen nicht einfach weg, sondern schwimmt oft flügelschlagend scheinbar hilflos im Wasser. Durch dieses Verleiten wird später auch versucht, Gefahr von den kleinen Jungen abzulenken.

Spießente

Anas acuta

♀

K Insgesamt etwas kleiner als Stockente; wirkt sehr schlank, auffallend langer und dünner Hals. ♂ im Prachtkleid grau mit dunkelbraunem Kopf; Hals weiß. Ein schmaler, weißer Keil reicht an den hinteren Kopfseiten bis etwa Schnabelhöhe. Unterseite weiß; vor den scharf abgesetzten, schwarzen Unterschwanzdecken ein gelbes Feld. Schwanz ist lang und spitz ausgezogen. Im Schlichtkleid ♂ dem ♀ sehr ähnlich, doch Kopf etwas heller, Schwanz viel weniger zugespitzt als im Brutkleid. Spiegel bronzegrün, hinten schmal weiß gesäumt. ♀ bräunlich, heller als Stockente. Wichtig ist die schlanke Figur; Spiegel im Flug wenig auffallend. Der dünne Hals fällt auch im Flug auf. Schnabel ± grau (vgl. z. B. Stockente, S. 120). ■ Stimme meist

Spießenten fliegen auf.

wenig auffällig; Balzruf des ♂ ähnlich Krickente, aber gedämpfter »krlük«. ■ Im Binnenland meist nur in kleinen Trupps oder einzeln unter anderen Gründelenten; im Schwimmen wird Schwanz meist ± schräg nach oben gehalten.

V Br. im Norden Eurasiens und in Nordamerika. ■ Bei uns nur seltener und meist ur. Br., in Deutschland wohl kaum mehr als 300 Paare; r. Durchzügler und Wintergast, doch zahlreich nur an der Küste; im Binnenland r. nur in kleiner Anzahl, meist September bis April. ■ Br. in offenen Niederungslandschaften mit größeren stehenden Binnengewässern oder Überschwemmungsflächen. Auf dem Zug oder im Winterquartier vor allem an Flußmündungen, Strandseen, Lagunen und auf dem Meer an Flachküsten; auch auf großen Binnengewässern, hier aber oft eine der seltensten Gründelenten.

F Nest am Boden in der Vegetation versteckt. ■ Legezeit Mitte April bis Juni; 1 Jahresbrut. ■ (5)7–12 Eier; grünlichgelb bis rahmfarben. ■ ♀ brütet 22–24 Tage; Junge sind mit 40–45 Tagen flügge.

N Pflanzlich und tierisch; ähnlich wie Stockente.

Wohl 90 % der europäischen Spießenten brüten in Rußland. Die Art ist bei uns vor allem Durchzügler und Wintergast, besonders im Tiefland und an der Küste. In den Niederlanden wurden viele durchziehende und überwinternde Spießenten beringt. Ringträger wurden im

Mai/Juni des auf den Beringungswinter folgenden Jahres im Norden des europäischen Rußland gefunden, z. B. in Karelien, im Gebiet um Archangelsk und ostwärts bis über den Ural. Bei uns ist die Art auf dem Frühjahrszug meist deutlich häufiger als im Herbst. Im Binnenland sind allerdings auch dann nur meist kleine Trupps zu sehen. Im Westen Europas bilden vor allem das atlantische Frankreich, sowie Großbritannien und Irland wichtige Winterquartiere; auch in den Niederlanden umfaßt der Januarbestand Tausende.

Doch diese Zahlen werden weit übertroffen von den riesigen Scharen, die schon im Sommer zur Mauser an die großen Seen der Steppengebiete Kasachstans kommen, u. a. auch ins Wolgadelta. 150 000 bis 300 000 konzentrieren sich hier bereits im Spätsommer. Im Kaspigebiet werden auch im Winter noch über 150 000 Vögel angetroffen. Ein weiteres wichtiges Wintergebiet scheint auch Kleinasien zu sein. Größere Trupps trifft man an günstigen Stellen des Mittelmeergebietes von Südspanien/Marokko nach Osten bis ins Nildelta. Das Winterquartier reicht in Afrika nach Süden bis Tanzania, Nigeria, Mali und Senegal. Spießenten sind auch deutlich zu erkennen auf ägyptischen Darstellungen von Jagdszenen in den Papyrussümpfen des Nil etwa aus der Zeit der 18. Dynastie um 1500 vor Christus. Heute wissen wir durch die Beringung, daß auch Mauservögel aus dem Wolgadelta, deren Brutgebiete weiter im Norden liegen, sich im Winter im Niltal aufhalten.

Von Spießenten sind auch schon relativ viele Ozeanüberquerungen bekannt geworden. Der Atlantik wurde von einzelnen zwischen Island und Kanada bzw. Labrador überquert sowie zwischen England und Labrador. In großen Stil scheinen Spießenten aber den Pazifik zu überfliegen. Aus Hawaii und den westlichen USA sind bereits Hunderte von Ringvögeln im Osten Rußlands gefunden worden. Einige stammen dabei aus Amerika (als Jungvögel beringt), andere wurden zur Brutzeit in Nordostsibirien gefunden und waren wohl als Wintergäste in Nordamerika. Ringfunde enthüllen oft auch erstaunliche Tagesleistungen auf dem Zug. So flog eine Spießente über Nacht 560 km und eine andere legte in 6 Tagen etwa 2000 km zurück. Der älteste Ringvogel ist 26 Jahre alt geworden. Neben der Spießente ziehen auch

Spießentenpaar. Das Weibchen (links) gründelt gerade.

Löffel- und Knäkente aus dem nördlichen Europa bis in die Tropen. Von unseren heimischen Enten der ausgeprägteste Zugvogel ist die Knäkente. Bis zu 200 000 wurden im Januar am Niger in Mali und über 90 000 im Senegaldelta geschätzt. Bei uns sieht man Knäkenten im Winter kaum. Löffelenten halten sich dagegen in kleiner Zahl. Bei großer Kälte werden allerdings viele bei uns überwinternde Enten durch Vereisung noch im Winter zum Ausweichen gezwungen.

Knäkente

Anas querquedula ♀

K Neben Krickente unsere kleinste Gründelente. ♂ im Prachtkleid: Rötlichbrauner Kopf und Hals, mit auffälligem, weißen, sichelförmigen Streifen um das Auge bis in den Nacken. Vorderbrust messingbraun, davon scharf abgesetzte, hellgraue Flanken (aus der Nähe fein schwarz gebändert); Rücken dunkelbraun mit helleren Federsäumen. Lange graue und schwarzweiß gestreifte Schulterfedern hängen über den Flügel herunter. Im Flug fällt blaßgrauer Vorderflügel auf; Spiegel ist blaßgrün, vorne und hinten weiß gesäumt. In Schlichtkleidern sind Knäkenten nur schwer von Krickenten zu unterscheiden. Wichtigste Kennzeichen: Kräftigerer heller Überaugenstreif, hellere Gesichtszeichnung, Schnabelfirst ± gerade, Vorderflügel (im Flug) heller als bei Krickente, im Flugbild längerer Hals. ■ ♂ ruft bei Beunruhigung und während der Balz schnarrend und hölzern »klerreb«, auch gereiht »jäck-jäck-jäck . . .«. ♀ »gagag« oder nasal »knäk«, im allgemeinen aber wenig ruffreudig. ■ Meist nur in kleinen Trupps; gründelt nicht oft.

V Br. in Europa und Asien, meist in der gemäßigten Zone bis in die Subtropen. ■ Bei uns nicht häufiger Br. im Tiefland, einzelne Brutplätze nur ur. besetzt. In Deutschland schätzte man um 1985 etwa 4000 Paare. Überwiegend Langstreckenzieher (Hauptwinterquartier sind die Nordtropen Afrikas), daher im Winter bei uns nur ganz ausnahmsweise einige (im Unterschied zur Krickente!); Hauptdurchzug September sowie März/April. ■ Br. an nährstoffreichen Binnengewässern, auch kleine offene Wasserflächen ausreichend; auf dem Zug an großen, flachen Binnengewässern oder auf Überschwemmungsflächen.

F Nest am Boden in Vegetation gut versteckt. ■ Legezeit Mai/Juni; 1 Jahresbrut. ■ (6)8–11(13) kleine, helle Eier. ■ ♀ brütet 21–23 Tage; Junge sind mit 35–40 Tagen flügge und werden in der Regel nur vom ♀ geführt.

N Kleine Wasserpflanzen und -tiere, z.B. Wasserflöhe.

Knäkenten sind bei uns vor allem im Frühjahr zu beobachten, besonders im März und April. Wahrscheinlich werden sie im Schlichtkleid im Spätsommer und Herbst auch leichter übersehen. Im Frühjahr kommen sie bereits verpaart aus dem afrikanischen Winterquartier. Im späten Frühling kann man auch dann das Reihen (vgl. S. 123) beobachten, bei dem mehrere Erpel mit lebhaften »klerreb«-Rufen hinter einem Weibchen herfliegen. Einzelne Paare oder unverpaarte Einzelvögel bleiben oft bis Mai auf einem Gewässer, ohne daß man sicher sein kann, ansässige Brutvögel vor sich zu haben. Zur eigentlichen Brutzeit sind Knäkenten ähnlich wie Krickenten sehr heimlich und leicht zu übersehen.

♀

Löffelente

Anas clypeata

K Kleiner als Stockente; auffallend kurzhalsig und gedrungen; breiter und langer Löffelschnabel, wie ihn keine andere einheimische Ente besitzt. ♂ im Prachtkleid sehr auffällig und bunt: Kopf dunkel flaschengrün, Kropf weiß, Bauch und Flanken rostbraun, Rückenmitte schwarz; Unterschwanzdecken schwarz und scharf von einem weißen Bauch abgesetzt. Im Flug blauer Vorderflügel; grüner Spiegel mit breitem weißen Vorderrand. ♂ im Schlichtkleid ähnlich ♀, doch insgesamt mehr rotbraun. ♀ sind sehr ähnlich wie Stockenten gefärbt, doch sind Gestalt und Schnabelform hinreichend sichere Kennzeichen; im Flug bläulicher (matter als bei ♂ im Brutkleid) Vorderflügel, grüner Spiegel. Der Löffelschnabel ist länger als der Kopf. ▪ Stimme nur selten zu hören; ♂ bei Balz guttural »rro rro« und fast stimmlos »fft tzk …«; ♀ quaken 2silbig »wa-a'k wa-a'k …«

V Br. im nördlichen Eurasien und in Nordamerika. ▪ Bei uns sehr lückenhaft als Br. verbreitet mit Schwerpunkt in der norddeutschen Tiefebene, um 1985 etwa 1000 Paare. Überwiegend Zugvogel, daher bei uns im Winter nur wenige; Hauptdurchzug Oktober und April; wichtigste Winterquartiere Westeuropa und Mittelmeergebiet, auch tropisches West-

und Ostafrika. ▪ Nährstoffreiche, flache Binnengewässer, Altwässer, Stauseen, auch am Meer auf Salz- und Brackwasser rastend.

F Nest am Boden nahe am Wasser in Vegetation gut versteckt. ▪ Legezeit Mai/Juni; 1 Jahresbrut. ▪ (6)8–12(14) Eier, grünlichgrau bis rahmfarben. ▪ ♀ brütet 22–24 Tage; Junge sind mit 40–45 Tagen flügge.

N Im Wasser schwimmendes Plankton, pflanzlich wie tierisch.

Der auffällige Schnabel enthält einen besonders wirkungsvollen Seihapparat. Als Spezialisten durchsieben Löffelenten die obersten Wasserschichten. Dabei schwimmen sie tief geduckt mit vorgestrecktem Hals und schwenken den Kopf ständig hin und her, oft einige dicht beisammen.

Löffelente: Erpel im weibchenähnlichen Schlichtkleid (Hochsommer).

Kolbenente

Netta rufina

♀

K Etwa so groß wie Stockente; relativ plump und dickköpfig. ♂ im Prachtkleid sehr auffällig: Dicker fuchsroter Kopf mit hellerem Oberkopf; Brust, Kropf, Unterschwanzdecken und Bauch schwarz; Flanken weiß, nach oben zu ± braungrau; Rücken und Flügel braun, weißer Schulterstreifen. Im Flug weißer Flügelvorderrand und breite weiße Flügelbinde; Schnabel leuchtend scharlachrot. ♀ braun, Flanken und Hals heller als der Rücken; Oberkopf vom Auge ab dunkelbraun; Wangen und Unterhals hellgrau, nach oben scharf abgesetzt (Kopfzeichnung erinnert an ♀ der Trauerente); Schnabel schwarzbraun mit hellrotem Band an der Spitze. ♂ im Schlichtkleid ähnlich ♀, doch größerer und kontrastreicher gefärbter Kopf sowie vor allem leuchtend roter Schnabel. ■ Außerhalb der Brutzeit Rufe sehr wenig zu hören; ♂ bei Erregung »bät«, zur Balzzeit lauter »bäix«; ♀ z.B. im Flug »wa-wa-wa«. ■ Tauchente, die aber oft gründelt und relativ hoch im Wasser liegt

V Br. in den Steppen- und Halbwüstengebieten Asiens; mehrere isolierte Brutplätze in Ost-, Mittel- und Westeuropa. ■ Bei uns Zunahme und Neuansiedlungen in den letzten Jahrzehnten, doch Brutbestand sehr klein. Als Durchzügler r., aber meist nur in kleiner Zahl (s. unten), im Winter meist nur ausnahmsweise. Hauptwintergebiete Mittelmeer- und Schwarzmeergebiet. ■ Br. in nährstoffreichen Flachgewässern; bevorzugt reiche Vegetation am Ufer.

F Nest nahe am Wasser. ■ Legezeit Mai/Juni; 1 Jahresbrut, Ersatzgelege ■ (6)8–11(14) Eier, graugelblich, glanzlos. ■ ♀ brütet 26–28 Tage und führt die Jungen etwa 45–55 Tage.

N Vor allem Wasserpflanzen; Kleintiernahrung meist unbedeutend.

In Mitteleuropa zählt die Kolbenente zu den seltenen Arten und hat oft erst in neuerer Zeit einzelne Brutplätze besiedelt. Vielfach sind einzelne Ansiedlungen auch nur von kurzer Dauer. In der Schweiz brüten außerhalb des Bodensees nur Einzelpaare. Der Bodensee selbst beherbergt mehrere Paare, doch meist brütet nur ein Teil der im Sommer anwesenden Vögel. In Deutschland konzentrieren sich die meist kleinen Brutvorkommen auf Bayern, Schleswig-Holstein und Mecklenburg-Vorpommern.

Der Gesamtbestand wurde um 1985 auf 600 Paare geschätzt; er scheint aber etwas zuzunehmen.

Eigenartig ist der Mauserzug der Kolbenente, der im Hochsommer an einigen Stellen Mitteleuropas zu größeren Konzentrationen führt. Schon ab Juni verlassen viele Männchen die Brutplätze, um ein geeignetes Gebiet aufzusuchen, in dem sie den Wechsel der Schwingen hinter sich bringen können. Dabei wandern merkwürdigerweise auch viele von den Mittelmeerländern, wie z. B. Südfrankreich, nach Nordosten. Sie erreichen dann z. b. den Bodensee oder das Ismaninger Teichgebiet bei München, wo sich bis zum Herbst Tausende versammeln, die dann vor Einbruch des Winters wieder in wärmere Gebiete abziehen. Von den mitteleuropäischen Brutvögeln haben die ersten etwa im September Südfrankreich und Spanien erreicht. Die Weibchen beteiligen sich wie bei vielen Enten nicht am Mauserzug der Erpel, sondern bleiben bei den Jungen und mausern dann im Brutgebiet. Vielleicht dient der auffällige Mauserzug der Männchen, der in Mitteleuropa z. B. auch bei Tafel- und Reiherente zu riesigen sommerlichen Konzentrationen führt, z. T. dazu, die Ernährung der heranwachsenden Jungen zu sichern. Die durch Mauser flugunfähigen Enten können ja den Platz nicht mehr räumen, wenn durch die ebenfalls flugunfähigen heranwachsenden Jungen Platz und Nahrung knapp werden sollte.

Insgesamt ist aber das Bild der Verbreitung und der Wanderung der Kolbenente schwer zu durchschauen. Es ändert sich nämlich immer wieder, und so ist anzunehmen, daß auch unsere gegenwärtigen Kenntnisse bald überholt sein werden. Im Augenblick ist z. B. in Südbayern eine zunehmende Neigung der Kolbenenten festzustellen, auch noch im Spätherbst bis in den Winter hinein auszuharren.

Rasche und z. T. sehr auffällige Änderungen im Zug- und Rastplatzverhalten von Enten beruhen oft auf Traditionen, in denen die Neigung zu sozialem Zusammenschluß eine Rolle spielt. Dadurch sind rasche Anpassungen an veränderte Umweltverhältnisse möglich, aber auch erfolgreiche Maßnahmen des Biotopschutzes: Geeignete Feuchtgebiete werden rasch entdeckt und als Brut- oder Rastplatz angenommen, auch künstliche Gewässer.

Kolbenenten im Frühjahr; die Weibchen sind noch nicht auf ihren Gelegen.

Tafelente
Aythya ferina

K Kleiner als Stockente; hoher Kopf mit fliehender Stirnlinie. ♂ im Prachtkleid: Kopf, Hals und Vorderrücken rostrot bis rotbraun, Rücken und Flanken silbergrau, Kropf und Vorderbrust schwarz. Im Schlichtkleid kann man diese Farbverteilung noch erkennen, doch ist der Rücken mehr braun; die Kontraste sind weniger deutlich. ♀ sind variabel braun gefärbt, Rücken und Gesicht sind oft aufgehellt. Ein wichtiges Kennzeichen ist die charakteristische Kopfform. Schnabel des ♂ schwarz mit breiter, hell graublauer Binde in der Spitzenhälfte, die beim ♀ sehr schmal und oft nur angedeutet zu erkennen ist. ▪ Außerhalb der Balzzeit sind Rufe wenig zu hören; balzende ♂ rufen gedämpft etwa »hipsierr« und leise »quickquick . . ., ♀ in Erregung »kärr«. ▪ Oft in Trupps mit Reiherenten vergesellschaftet; taucht nach Nahrung.

V Br. in Europa und Asien; in Europa seit ca. 150 Jahren Ausbreitung nach Norden und Westen. ▪ Bei uns verbreiteter Br., doch in Gebieten mit kleinen Wasserflächen als Br. fehlend. Zahlreicher Durchzügler und Wintergast; neuerdings auch an Futterstellen in der Großstadt. Stand- und Strich-, aber z.T. auch Zugvogel. ▪ Br. an nährstoffreichen Binnengewässern mit Röhrichtgürtel oder gut ausgebildeter Ufervegetation. Als r. Gast auch auf Stauseen und anderen künstlichen Gewässern, oft in großer Zahl.

F Nest nahe am Wasser in Vegetation versteckt. ▪ Legezeit Mitte April bis Juni; 1 Jahresbrut, Ersatzgelege

Tafelerpel im Prachtkleid.

Weibchen der Tafelente.

130

bei Verlust. ■ (4)5–12(14)Eier; größere Gelege stammen meist von 2 ♀; relativ große, graue bis grünliche Eier. ■ ♀ brütet 24–28 Tage und führt die Jungen ca. 50 Tage. N Wasserpflanzen und -tiere (z.B. kleine Mollusken, Mückenlarven usw.).

Zwischen Tafel- und Reiherente sind verhältnismäßig häufig Bastarde in freier Natur beobachtet worden. In manchen Gegenden scheinen sie sogar mit einer gewissen Regelmäßigkeit aufzutreten. Auch von anderen Arten der Gattung *Aythya* sind wildlebende Artbastarde bekannt. Das deutet auf eine nahe Verwandtschaft der Arten hin. Solche Mischlinge, die Kennzeichen beider Elternarten aufweisen, sind natürlich schwierig zu bestimmen. Erpel von Tafel-Reiherentenbastarden sehen z.B. Bergenten recht ähnlich. Bei Weibchen wird man solche Bastarde kaum richtig einordnen können.
Bei Tauchenten kommt es auch nicht selten vor, daß zwei oder mehr Weibchen zusammen in ein Nest legen oder daß sogar Eier verschiedener Arten in einem Nest liegen. Mitunter gibt es dann riesige Gelege, die gar nicht mehr bebrütet werden können. Tafelenten legen gerne in Reiher- und Kolbenentennester, mitunter auch in solche von Schnatter- und Stockente. In bekannten Entenbrutgebieten sieht man auch häufig gemischte Jungschofe. Tafelentenjunge werden z.B. von einer Reiherente zusammen mit eigenen geführt. Tafelenten ihrerseits können Junge von Reiher- oder Kolbenenten in ihrer Jungenschar haben. Mitunter bestehen solche gemischten Jungentrupps auch aus verschieden alten Jungen. Damit ist klar, daß sie also nicht automatisch von Mischgelegen stammen; oft scheinen sie sich erst nachher zu bilden, ähnlich den »Kindergärten« anderer Arten (S. 134).

Moorente
Aythya nyroca

K Etwas kleiner als Tafelente; dunkelbraun und mitunter schwer von ♀ der Reiherente zu unterscheiden. ♂ Oberseite schwarzbraun, Kopf und Körperseiten intensiv kastanienbraun; auffallende weiße Unterschwanzdecken. Die Iris im Auge ist weiß und aus der Nähe ein gutes Kennzeichen. ♀ schlichter braun, sonst ganz ähnlich (Iris braun). Die Kopfform der Moorente ähnelt mehr der Tafelente als der Reiherente. ■ Tauchente.
V Br. der Steppengebiete Südosteuropas und Asiens; die Westgrenze verläuft etwa durch Polen und Ungarn. ■ Bei uns gelegentlich einzelner Br.; als Gast meist selten und ur.; in der Regel nur einzeln oder in klei-

Erpel der Moorente.

nen Trupps, nur ausnahmsweise mehr als 50 Individuen. Kann in allen Monaten beobachtet werden, ist jedoch überwiegend Zugvogel. ■ Bevorzugt auf nährstoffreichen Binnengewässern anzutreffen; außerhalb der Brutzeit auch auf offenen Wasserflächen, sonst aber gerne in dichter Vegetation versteckt oder auf ±zugewachsenen Seen.
N Offenbar stärker vegetarisch als Tafelente.

Reiherente

Aythya fuligula

K Kleine, gedrungene Tauchente.
♂ im Prachtkleid auffallend schwarzweiß: Schwarzer Körper und scharf
abgesetzte weiße Flanken. Im Flug
breites weißes Flügelband; Bauch
weiß; Kopf mit herabhängendem Federschopf. ♂ im Schlichtkleid mehr
dunkelbraun mit grauen Flanken; Federschopf stark reduziert. ♀ dunkelbraun, keine oder sehr kurze Haube.
An der Schnabelbasis nicht sel-

Bergente: Erpel im Prachtkleid.

ten ±deutliche, weiße Abzeichen
(vgl. Bergente!); Unterschwanzdekken weißlich und braun (Verwechslung mit Moorente möglich!). ▪
Außerhalb der Balzzeit meist stumm;
♂ bei der Balz »bück bück ...«; ♀
erregt (auch im Flug) »krrr«. ▪ Häufig

in größeren Trupps, auch vermischt
mit anderen Tauchenten, besonders
Tafel- und Schellenten. Taucht viel.
V Br. im nördlichen Eurasien; in
Europa seit ca. 100 Jahren Ausbreitung nach W. ▪ Bei uns heute als Br.
und Gast häufiger als vor Jahrzehnten, doch in wasserarmen Gebieten
immer noch als Br. fehlend. Als Gast
auf großen Seen mitunter häufiger
als Stockente. Große Trupps besonders im Winterhalbjahr. ▪ Br. an
Seen und auch an der Küste. Bevorzugt im Vergleich zur Tafelente oft tiefere und offenere Seen und hat sich
auch an vielen Stauseen oder Bag-
gerlöchern angesiedelt. Erscheint
als Wintergast auch in Städten und
wird futterzahm.
F Nest in Vegetation versteckt, am
Wasser oder auch in der Röhrichtzone. ▪ Legezeit relativ spät, Mitte Mai
bis Ende Juni, auch noch Juli; 1 Jahresbrut, Ersatzgelege bei Verlust. ▪
6–11(14) Eier, kleiner und heller als
Tafelenteneier. ▪ ♀ brütet 23–28 Tage und führt die Jungen 45–50 d.
N Kleintiere des Wassers spielen
eine größere Rolle als bei der Tafelente.

Die Reiherente hat im Verlauf der
letzten 100 Jahre ihr Verbreitungsgebiet nach Westen ausgeweitet und
mittlerweile sogar die Atlantikküste
Frankreichs erreicht. In Mitteleuropa
hat der Bestand in den letzten Jahrzehnten zugenommen und in viele
Gebiete ist die Art als Brutvogel neu
eingewandert. Allerdings zeigt sich
auch, daß an manchen Orten die

Grenzen des Wachstums bald erreicht waren. Reiherenten sind mittlerweile sogar in menschliche Ballungsräume eingewandert und zeigen sich im Winter seit einigen Jahren neben Stockenten oder Lachmöwen auch in größerer Zahl futterzahm an Parkteichen. Die Ursachen dieser Zunahme sind nicht ganz klar. In Mitteleuropa hat der Art sicher die Anlage vieler Stauseen (vor allem im Alpenvorland) geholfen sowie die Nährstoffanreicherung (Eutrophierung). Am Bodensee konnte ihre starke Zunahme als Durchzügler und Wintergast vor allem mit der Massenvermehrung der Wandermuschel in Beziehung gebracht werden. Große Scharen leben zeitweise fast ausschließlich davon. Das Beispiel Bodensee zeigt aber auch, daß zunehmende Störungen durch Sportboote und Surfer selbst für eine Entenart, die sich in ihrem Bestand vervielfacht hat, gefährlich werden können.

Aus der großen Zahl bei uns überwinternder Reiherenten, die an manchen Seen fast so häufig wie Stockenten sind, darf aber nicht auf eine nur annähernd ebenso große Brutpopulation geschlossen werden. Auch an großen Seen brüten meist nur wenige Paare. Durch ihre späte Brutzeit gerät die Reiherente am ehesten in Konflikt mit dem Bade- und Wassersportbetrieb. Oft werden die Jungen erst Ende August oder im September flügge. Auf Gewässern oder in Buchten ohne sommerliche Störungen bilden sich vielfach große Mauserkonzentrationen, die zu 90% aus Erpeln bestehen.

Bergente
Aythya marila

[K] Etwas größer als Reiherente; runder Kopf ohne jeden Ansatz eines Schopfes. Sonst der Reiherente sehr ähnlich. ♂ im Prachtkleid: Grünschwarzer Kopf, Oberseite hellgrau,

Der runde Kopf ohne Ansatz eines Schopfes sowie der breite, weiße Fleck an der Schnabelbasis kennzeichnen das Weibchen der Bergente. Doch auch manche Reiherentenweibchen tragen weiße Abzeichen am Schnabelgrund und können daher mit Bergenten verwechselt werden. Man sollte also in schwierigen Fällen zumindest auf mehrere Merkmale achten (vgl. Text).

Flanken und Bauch weiß; Bürzel, Ober- und Unterschwanzdecken schwarz. Im Schlichtkleid Kopf braun, Körperfarben viel matter. ♀ braun; im Sommer mit weißlichem Ohrfleck und weißem Fleck an der Schnabelbasis; im Winter ohne Ohrfleck und mit breitem, weißen Ring um den Schnabel. Juv. ganz ähnlich, doch weißer Schnabelring meist schmaler (Verwechslung mit Reiherente leicht möglich!). ■ Tauchente.

[V] Br. im Norden Eurasiens und Amerikas; in Europa z.B. Island, Fennoskandien, im Norden von Rußland. ■ Bei uns r. Durchzügler und Wintergast, in großer Zahl an der Küste und noch häufig im küstennahen Binnenland. Weiter im Süden zwar r., aber viel seltener als z.B. Tafel- und Reiherente, oft nur einzeln (September bis April). ■ Br. auf nordischen Binnenseen; Überwinterung auf dem Meer nahe der Küste, in Flußmündungen, aber auch auf großen und tiefen Binnenseen.

[N] Mollusken, kleine Krebstiere, Wasserinsekten; wenig Pflanzennahrung.

Eiderente

Somateria mollissima

♀

[K] Größer als Stockente; lange, schräge Stirn; wirkt relativ plump und kurzhalsig; Schnabel keilförmig, hoch angesetzt. ♂ im Prachtkleid sehr auffällig: Rücken, Brust, Hals und großer Teil des Kopfes weiß; Stirn und Scheitel schwarz; Nacken und Halsseiten hellgrün; Bauch, Spitzenteil des Flügels und Armschwingen, Hinterrücken und Schwanz schwarz. ♂ im Schlichtkleid (Sommer) dunkel- bis schwarzbraun, Vorderflügel bleibt weiß, Brust und Rücken weisen einzelne weiße Federn auf. ♀ braun mit dichter, dunkler Bänderzeichnung ohne jedes auffällige Abzeichen. Im 1. Brutkleid (= 2. Kalenderjahr) sind

Entenweibchen legen ihr Nest mit Dunen aus, die einen hervorragenden Wärmeschutz abgeben. Die hochwertigen Dunen der Eiderente wurden sogar kommerziell genutzt.

♂ ausgesprochen scheckig, im 2. (= 3. Kalenderjahr) kann man noch einzelne braune Federn entdecken.
■ ♀ rufen tief »goggoggogg …« oder knarrend »korr-r«; ♂ in der Balzzeit laut »uhú«. ■ Tauchen ohne Sprung, doch mit einem Schlag der halboffenen Flügel.

[V] Br. an den Küsten des Nordatlantik, Nordostsibiriens und des nördlichen Nordamerika; in Europa z. B. Island, Spitzbergen, im Norden Rußlands, Fennoskandien, Dänemark, Großbritannien, Irland und wenige in Frankreich. ■ Bei uns Br. an den Küsten der Niederlande und Nordwestdeutschlands; r. und sehr zahlreicher Mauser- und Wintergast an Nord- und Ostsee; im Binnenland heute etwas häufiger als vor Jahrzehnten, doch meist nur einzeln in sehr kleinen Trupps während des Winterhalbjahres. ■ Br. an Küsten oder auf vorgelagerten Inseln; außerhalb der Brutzeit in seichten Buchten, im Wattenmeer oder an Muschelbänken.

[F] Nest auf dem Boden, oft ± offen hinter Bodenerhebungen, unter Büschen usw.; Nestmaterial aus der nächsten Umgebung. ■ Legezeit Mitte April bis Mitte Mai; 1 Jahresbrut. ■ 4–6(8) blaßolive bis graue Eier. ■ ♀ brütet 25–28 Tage; Junge mit 65–75 Tagen flugfähig, doch oft schon 10–15 Tage vorher selbständig; oft werden Jungschofe zusammengelegt (»Kindergarten«, s. auch S. 131).

Eiderentenweibchen mit ihren Jungen. Oft schließen sich mehrere Weibchen zusammen oder einzelne Weibchen kümmern sich um die Jungen mehrerer Bruten. Regelrechte Kindergärten unter Aufsicht weniger Altvögel kommen gelegentlich auch bei anderen Entenarten vor.

N Fast nur tierisch, besonders Mollusken (vor allem Muscheln) und Krebstiere.

Für Entenvögel ist das Auskleiden der Nester mit weichen Dunen, die von der Unterseite des brütenden Weibchens stammen, typisch. Die Eiderente ist dafür besonders berühmt geworden; die Dunen wurden regelrecht gesammelt. Ein Weibchen kann höchstens 30 bis 35 g Dunen produzieren. Meist wird das Nest erst nach dem 2. oder 3. Ei ausgekleidet. Gegen Ende der Bebrütungszeit sitzen die Weibchen oft sehr fest auf dem Gelege, so daß sie sich sogar berühren lassen. Allerdings werden Störungen zu Beginn der Lege- bzw. Brutperiode sehr übel genommen und Nester oft verlassen. Ähnliches läßt sich auch bei anderen Enten beobachten. Wie Stockenten bespritzen auch Eiderenten bei erschrecktem Hochfliegen ihr Gelege mit übelriechendem Kot. Nach dem Schlüpfen gehen schon viele Junge auf dem Weg zum Wasser verloren. Später ist die Bildung von Kindergärten häufig (vgl. S. 131). Durch den Seevogelschutz an unseren Küsten hat sich der Brutbestand der Eiderenten wieder erholt und ist nicht unmittelbar gefährdet. In den Niederlanden siedelte sich die Art 1906 als Brutvogel an und vermehrte sich bis auf etwa 6000 Paare bis 1960. Dann allerdings erfolgte durch Pestizidvergiftung ein katastrophaler Einbruch. 1968 zählte man nur etwas über 1300 Paare. Durch wirkungsvollen Schutz erholte sich der Bestand wieder auf ca. 4000 Paare im Jahr 1976. An der deutschen Nordseeküste brüten etwa 1200–1500 Paare.

Ab Mitte Juni erscheinen in der Nordsee die ersten Mauserzügler (vgl. S. 113). Die Erpel verlieren dann ihr überwiegend weißes Prachtkleid. Vor der Westküste Dänemarks wurden bis zu 30000 Mauservögel gezählt; bis zu 40000 mauserten auch schon vor Schleswig-Holstein und im Niederländischen Wattenmeer 20000–30000. Die Weibchen kommen erst später nach.

Eisente

Clangula hyemalis ♀

K Kleine, kurzschnäblige Ente, die in vielen verschiedenen Kleidern auftreten kann. ♂ ad. fast immer mit langem Schwanzspieß. Im Winter überwiegend weiß mit braunem Ohrfleck; Flügel schwarzbraun, breites Brustschild und dunkle Bänder auf dem Rücken schwarzbraun. Im Sommer dagegen Vorderkörper dunkelbraun mit scharf begrenzter, weißer Gesichtsmaske. Im Schlichtkleid viele mit langen Schwanzspießen; dazu schwarzbraune Federn am Kopf z. T. verblaßt. Im Herbst wiederum weißer Kopf. ♀ im Winter mit hellem Kopf und dunkler Platte von der Schnabelbasis bis zum Nacken; unterschiedlich großer, graubrauner Ohrfleck; dunkler Rücken, braunes Brustband, weiße Unterseiten und Flanken. Im Sommer Hals und Kopf schwärzlichbraun, grauweiße Gesichts- und Halszeichnung. Juv. ähnlich ♀, doch Kopf dunkler. Dunkelbraune Flügel ohne Spiegel. ■ Stimme bei uns wenig zu hören; ♂ bei der Balz klangvoll »gaoloiik« u. ä.; ♀ »ark ark«. ■ Tauchente.

V Häufiger Br. der Arktis Eurasiens und Amerikas; in Europa z. B. Island, Fennoskandien, Spitzbergen, ■ In Mitteleuropa zahlreicher Wintergast an der Ostseeküste, spärlicher in der Nordsee; nur einzeln, meist etwas unregelmäßig im Binnenland. ■ Außerhalb der Brutzeit überwiegend im Meer, z. T. weiter ab von den Küsten als andere Meeresenten; fehlt im eigentlichen Wattenmeer.

N Am Brutplatz besonders Insektenlarven, kleine Mollusken, Krebstiere usw.; an der Ostsee vor allem Muscheln.

Trauerente
Melanitta nigra

K Kleiner als Stockente, gedrungen. ♂ im Prachtkleid wie Samtente einfarbig schwarz; Ruhekleid ähnlich, doch mehr braun. ♀ dunkelbraun, Kopf- und Halsseiten grauweiß. Im Flug keinerlei helle Abzeichen (vgl. Samtente). Schnabel: ♀ schwarz, ♂ schwarz mit gelbem bzw. orangefarbenem Fleck und Höcker zwischen Nasenloch und Schnabelbasis. ■ ♀ knarrend »krrr«, ♂ bei der Balz flötend 1- bis 2silbig »du« oder »kurli«. ■ Tauchente.

V Br. im nördlichen Eurasien und Westalaska. ■ Bei uns häufiger Durchzügler (Juli/Dezember und Februar/Mai) an den Küsten der Nord- und Ostsee mit zunehmender Überwinterungsneigung nach Westen (z. B. Niederlande); Hauptwinterquartiere Atlantikküste bis Nordwestafrika. Im Binnenland heute fast r., aber meist nur einzeln zu beobachten. ■ Außerhalb der Brutzeit hauptsächlich Meeresvogel.

N Mollusken, Krebstiere.

Zusammen mit Eiderenten zählen Trauerenten zu den am stärksten von der Ölpest betroffenen Arten der Nord- und Ostsee. Je nach Situation haben auch andere Meeresvogelarten unter dieser Gefahr zu leiden. Meeresenten, Tordalk, Trottellumme und Seetaucher zählen zu den Arten mit hohem Risiko; Baßtölpel und Kormoran sind nach bisherigen Ergebnissen weniger stark betroffen. Doch die Gefahr ist permanent: Es bedarf gar keiner spektakulären Tankerunfälle mehr, um einzelnen Arten hohe Verluste zuzufügen. Man spricht längst von einer chronischen Ölverschmutzung. Ihr sind z. B. rund 80% der an den Spülsäumen der Nordsee tot angeschwemmten Körper von Eider-, Samt- und Trauerente zum Opfer gefallen. Bereits vor etwa 40 Jahren kamen in der Nordsee durch Tankerunfall über 30 000 Seevögel um: 94 % davon waren Trauerenten.

Trauererpel im Prachtkleid: Das schwarze Gefieder besitzt keinerlei weiße Abzeichen; der Schnabel ist schwarz mit gelbem Fleck und einem Höcker an der Basis (vgl. Samtente).

Samtente
Melanitta fusca

K Deutlich größer als Trauerente. ♂ im Prachtkleid schwarz mit kleinem weißen Fleck hinter dem Auge; bei ♂ und ♀ breiter weißer Flügelspiegel, der aber im Schwimmen oft nicht zu sehen ist. ♂ im Schlichtkleid mehr dunkelbraun, ♀ dunkelbraun mit 2 hellen Flecken an den Kopfseiten zwischen Auge und Schnabelbasis sowie in der Ohrgegend; juv. ähnlich ♀, helle Flecke am Kopf deutlicher. Schnabel: Juv. und ♀ schwarz; ♂ ad. mit schwarzem Höcker an der Basis und schwarzen Rändern, sonst orange bis gelb. ▪ Stimme außerhalb der Balzzeit kaum zu hören. ▪ Tauchente; auf Binnengewässern bei uns meist einzeln unter anderen Tauchenten.

V Br. im Norden Eurasiens von Norwegen bis Kamtschatka sowie in Alaska, Nordwestkanada und nördliche USA; isolierte kleine Brutplätze im Hochgebirge Vorderasiens. ▪ Bei uns häufiger Durchzügler und Wintergast an Nord- und Ostsee; im Binnenland während des Winterhalbjahres nur wenige, doch regelmäßiger

Samterpel im Prachtkleid: Kennzeichnend sind der kleine weiße Augenfleck und der weiße Flügelspiegel; der Schnabel ist gelb mit schwarzem Rand und einem schwarzen Höcker an der Basis (vgl. Trauerente).

und etwas häufiger als Trauerente. An der Küste auch einzelne Übersommerer. ▪ Br. an Tundren- und Bergseen, in der Ostsee auch an Schären und Küsteninseln; Rastplätze im küstennahen Seichtwasser, aber auch auf dem offenen Meer; im Binnenland besonders auf großen und tiefen Seen, Stauseen usw. anzutreffen.

N Tierisch, besonders Muscheln, Schnecken, Krebstiere.

Schellente

Bucephala clangula

K Kleine, sehr gedrungene Tauchente mit großem Kopf und kurzem Hals. ♂ im Prachtkleid: Rücken, Schwanz, Ober- und Unterschwanzdecken schwarz bzw. dunkel; Schulterfedern weiß, ebenso Unterseite und die Flanken; großer, fast dreieckig wirkender Kopf schwarz mit Grünschimmer; auffallend runder bis ovaler, weißer Fleck zwischen Schnabel und Auge. ♀ dunkelbrauner Kopf, schmales, weißes Halsband; Oberseite, Kropf und Flanken grau, Mitte der Unterseite weiß. Juv. ähnlich. Junge ♂ Kopf oft noch braun, doch mit weißem Fleck wie alte ♂. ■ Stimme wenig zu hören; bei der Balz auffallende Lautäußerungen der ♂ wie »kwirrr(ä)«, wobei Kopf meist auf den Rücken zurückgelegt

Bei der Balz werfen Schellerpel ihren Kopf senkrecht nach oben oder legen ihn sogar auf den Rücken.

und dann nach vorne geworfen wird. ♀ tief »grarr grarr«. Der Name bezieht sich auf das eigentümlich pfeifende Fluggeräusch, wie »pjüb pjüb . . .« (bei ♀ viel schwächer als bei ♂). ■ Abgesehen von den Erpeln im Prachtkleid eine sehr unauffällige Ente, die tief im Wasser liegt; taucht viel.

V Br. im Norden Eurasiens und Nordamerikas; in Europa z.B. zahlreich in Fennoskandien und in Rußland. ■ In Deutschland nur im Norden und Osten nicht häufiger Br., von Schleswig-Holstein bis Sachsen; neuerdings Brutansiedlungen in Bayern. Als Durchzügler und Wintergast r. im Binnenland; im Alpenvorland auch größere Rastplätze mit Hunderten. ■ Br. an Seen und Flüssen in vorwiegend bewaldeten Gebieten; außerhalb der Brutzeit auf größeren Binnengewässern, z.B. Flüssen, Seen, Stauseen, Meeresbuchten.

F Nest in Baumhöhlen in Gewässernähe; auch Nistkästen werden angenommen. ■ Legezeit Ende März/Anfang April bis Mai; 1 Jahresbrut, Ersatzgelege. ■ (5)6–11(13) blaugrüne, später blassere Eier. ■ ♀ brütet 29–31 Tage; Junge werden nach dem Schlüpfen vom ♀ aus der Höhle gelockt, lassen sich herunterfallen und werden dann zum Wasser geführt; mit 57–66 Tagen flügge, werden oft schon vorher vom ♀ verlassen.

N Kleintiere, wie Insektenlarven, kleine Krebstiere, Mollusken; Pflanzennahrung unbedeutend.

Bei der Schellente sind die relativ kleinen und sehr tief im Wasser liegenden Weibchen besonders unauffällig, vor allem auch im Vergleich zu den dickköpfigen und weithin weiß leuchtenden Erpeln. Die ähnlich auffallenden Unterschiede in den Kleidern der Geschlechter bei anderen Entenarten werfen ebenso Fragen auf. Schlicht gefärbte Kleider sind wegen ihrer Tarnwirkung für den Träger sicher von Vorteil (vgl. S. 123).

Warum sind aber die Männchen von diesem offensichtlichen Vorteil ausgeschlossen? Wahrscheinlich, weil sie bei der Balz die Aufgabe haben, mit ihren bunten Signalen Weibchen aufmerksam zu machen und dabei miteinander im Wettstreit liegen. Schlicht gefärbte Männchen haben geringere Chancen. Damit stehen also Tarnung und Signalwirkung, die übrigens auch dazu beiträgt, daß die einzelnen Arten einander besser unterscheiden können, im Widerstreit miteinander. Bevor die Männchen jedoch die Schwungfedern verlieren und als Folge der Mauser vorübergehend flugunfähig werden, legen sie ein tarnfarbiges Schlichtkleid an. Da während der Mauser kein Wettstreit um die Weibchen stattfindet, ist auch ein Prachtkleid nicht nötig. Der Schutz vor Feinden ist wichtiger. Damit scheint das Problem gelöst, doch entstehen dabei zusätzlich Kosten, denn ein 2maliger Wechsel des Kleingefieders ist dazu nötig. Der Vogel muß also genügend Nahrung aufnehmen, um sich diese zusätzliche Energieausgabe leisten zu können. Sicher gewinnt er davon letztlich einen Vorteil, denn unnötige Energieverschwendung hat auf Dauer keine Chance in der Evolution.

Als Höhlenbrüter gewinnt die Schellente gegenüber anderen Arten höhere Sicherheit des Geleges. Doch die Suche nach einer geeigneten Höhle kostet viel Energie. Auch ist das Höhlenangebot oft begrenzt.

Weibchen der Schellente (charakteristisch ist u. a. die gelbe Schnabelspitze).

Schellente: Einjähriger Erpel im ersten Prachtkleid.

Außerdem müssen die Jungen nach dem Schlüpfen meist von größerer Höhe herunterspringen und nicht selten einen ± mühseligen Marsch zum nächsten Gewässer antreten. Dieser bedeutet wieder zusätzliche Gefahr. Offenbar aber überwiegt der Gewinn des Höhlenbrütens die Ausgaben und Verluste. Ihre Verbreitung ist damit natürlich auf Waldgebiete beschränkt, die entsprechende Gewässer aufweisen. Dies ist vielleicht ein Grund dafür, daß die Art in Süd- und Westeuropa als Brutvogel fehlt.

Mittelsäger

Mergus serrator

K Etwa so groß wie Stockente, doch schlanker und langer, schlanker Schnabel. ♂ im Prachtkleid: Kopf, Nacken und Vorderhals grünschwarz, breiter, weißer Halsring, rostbraunes Brustband; Rücken schwarz mit breiten, weißen Längsstreifen, Flanken graugewellt; deutlich zweigeteilte Federhaube. ♂ im Schlichtkleid wie ♀: Oberseite bräunlichgrau, Kopf und Hals hell rotbraun.

Pärchen des Mittelsägers in typischer Balzhaltung (etwa ab Vorfrühling).

Unterschied zu Gänsesäger im Schlichtkleid: Weißliches Kinn und heller Unterhals nicht scharf vom (dunkler) rotbraunen Kopf abgesetzt; Braun des Halses geht allmählich in das Braungrau der Flanken über und ist nicht scharf abgesetzt. Haube ebenfalls zweigeteilt. ■ Stimme

kaum zu hören; ♂ bei der Balz heiser »guäng«, »orrr« usw. ■ Schlanker Tauchvogel; meist nicht in größeren Trupps.

V Br. im Norden Eurasiens und Amerikas. ■ In Deutschland Br. in Niedersachsen, Schleswig-Holstein und Mecklenburg-Vorpommern vor allem an der Küste, etwa 1700 Brutpaare. Außerhalb der Brutplätze r. Wintergast, im Binnenland aber meist nur in sehr kleiner Zahl, am häufigsten in der ersten Winterhälfte. ■ Br. an Küsten und auf Meeresinseln, an Binnenseen und Flüssen; außerhalb der Brutzeit an Salz-, Brack- und Süßwasser, oft auch zusammen mit Gänsesägern, so daß die Bestimmung nicht leicht ist.

F Nest am Boden, meist gut gedeckt, z.B. in dichter Vegetation, zwischen Felsen und Steinen usw. ■ Legezeit Ende April bis Juni; 1 Jahresbrut. ■ (5)6–12(15) bräunlich bis olivgrüne Eier. ■ ♀ brütet 30–33 Tage; Junge werden mit 60–65 Tagen flügge.

N Kleine Fische, kleine Krebstiere usw.

Im Gegensatz zum Gänsesäger ist der Mittelsäger bei uns mehr ein Küstenvogel und auch als Gast im Binnenland ausgesprochen spärlich. Ein wichtiges Winterquartier besteht im Westen der Wattenküste an der Nordsee. Hier konzentrieren sich im Januar bis über 10 000 Vögel. Der Brutbestand an den deutschen Küsten (s. oben) scheint leicht zuzunehmen, doch Tourismus und Badebetrieb könnten dem kleinen Bestand gefährlich werden.

Im Binnenland hat man in den Monaten November bis Dezember und auch auf dem Rückzug im März und April am ehesten die Chance, Mittelsägern zu begegnen, allerdings überwiegend Vögeln im Schlichtkleid, die Gänsesägern recht ähnlich sehen. Die Männchen legen zwar z. T. schon ab Anfang November das Brutkleid an, doch bei manchen kann sich die Mauser des Schlichtkleides noch bis in den Mittwinter hinziehen. Bei der lebhaften Balz im Frühjahr schießen die Männchen in merkwürdig buckliger Haltung für kurze Strecken in hohem Tempo durchs Wasser unter starkem Spritzen. Mit diesem Imponiergehabe versuchen sie die Aufmerksamkeit der Weibchen auf sich zu lenken.

Zwergsäger
Mergus albellus

K Viel kleiner als Stockente; im Gegensatz zu den anderen beiden Sägerarten kurzer Schnabel. ♂ im Brutkleid: Weiß mit schwarzer Zeichnung; u. a. auffallender schwarzer Fleck zwischen Schnabel und Auge; kleine Haube am Hinterkopf; Rücken z. T. schwarz. ♀ und ♂ im Schlichtkleid: Rücken dunkelgrau, Flanken etwas heller, Hals- und Kopfseiten rotbraun. ▪ Stimme bei uns kaum zu hören. ▪ ♀ sind sehr unauffällig; oft mit Schellenten vergesellschaftet.

V Br. im Norden Eurasiens mit großen Verbreitungslücken. In Europa nur kleine Populationen im Norden Fennoskandiens und größeres Areal im Norden Rußlands. ▪ Bei uns r. Wintergast (Oktober bis April), im Binnenland nur in geringer Zahl. ▪ Außerhalb der Brutzeit meist auf nicht zu tiefen größeren Binnen- und Küstengewässern.

N Im Winterhalbjahr kleine Fische; im Sommer Insekten und andere Kleintiere des Wassers.

Männchen des Zwergsägers im Prachtkleid.

Fast überall zählt der Zwergsäger zu den spärlichen Wintergästen. Seine wichtigsten winterlichen Rastgebiete liegen in den Niederlanden (IJsselmeergebiet), in Nordwestdeutschland (z. B. Niederrhein) und an der Ostseeküste Mecklenburgs. Er erreicht auch regelmäßig Stauseen und Naturseen im Alpenvorland, hat dort aber in den letzten Jahren abgenommen. Sein Maximum erfährt der Einflug ins Binnenland meist erst im Januar/Februar; meist überwiegen Vögel im Weibchenkleid. Offenbar überwintern die Männchen weiter im Norden und ziehen weniger weit. Auch bei der Schellente überwiegen bei uns meist die Weibchen.

Weibchen des Zwergsägers.

141

Gänsesäger

Mergus merganser

K Größer als Stockente; kräftiger an der Spitze hakenförmig umgebogener Schnabel (kräftiger als bei Mittelsäger); deutlicher Schopf im Schlichtkleid (nicht zweigeteilt). ♂ im Prachtkleid: Überwiegend weiß (mit zart rötlichem Anflug auf der Unterseite); Kopf und Vorderhals schwarzgrün, Vorderrücken und Schultern schwarz. Im Schlichtkleid ähnlich ♀, doch weißer Vorderflügel und etwas dunklerer Rücken. ♀ Kopf und Vorderhals rotbraun, deutlich abgesetzte weiße Kehle; brauner Hals scharf gegen das Grau des Körpers abgesetzt (vgl. Mittelsäger), Ober- und Unterseite aschgrau, Vorderbrust fast weiß. Schnabel rötlich. ■ Stimme wenig zu hören; ♀ mit Jungen tief »kro kro . . .«. ■ Tritt auch im Binnenland in größeren Trupps auf.

V Br. im Norden Eurasiens und Nordamerikas; dann isoliert weiter südlich in Hochgebirgen. ■ In Mitteleuropa s. Brutvogel in den Alpen der Schweiz und Bayerns und Nordtirols (hier neuerdings Zunahme) und in Schleswig-Holstein, Mecklenburg-Vorpommern und Brandenburg. In Deutschland 1985 um 1000 Paare. Als Wintergast r. und an der Küste auch in großen Scharen. ■ Br. an Flüssen, Seen und Meeresküsten mit Baumbestand und ausreichendem Fischbesatz. Im Winter besonders auf größeren fischreichen Seen und Flüssen und an der Küste; auf großen Seen sowie flachen Meeresbuchten oft mit Tauchenten zusammen.

F Nest in alten Baumhöhlen, Kopfweiden, aber auch Fels- und Mauerlöchern; Nistkästen werden angenommen. ■ Legezeit Ende März bis Juni; 1 Jahresbrut. ■ (6)8–12(15) Eier, rahmfarben. ■ ♀ brütet 30–35 Tage; Junge werden mit 60–70 Tagen flügge, oft schon vorher vom ♀ verlassen.

N Hauptsächlich Fische, meist weniger als 10 cm Länge.

Wie die Schellenten ist auch der Gänsesäger ein Höhlenbrüter. In manchen Gegenden hat er offensichtlich gewisse Schwierigkeiten, für die Brut geeignete Höhlen zu finden. Dies beweist einmal die Tatsache, daß genügend große Nistkästen relativ rasch angenommen werden, und zum anderen die Wahl absonderlicher Nistplätze. So sind Weibchen bekannt geworden, die auf Speichern einzeln stehender Häuser brüteten, ja sogar durch den Kamin flogen, um in einer Hütte im Ofen zu nisten.

Die Bestände im mitteleuropäischen Binnenland sind klein, doch ist durch Schutzmaßnahmen eine deutliche Erholung erkennbar. Das Hauptproblem für die an Bergflüssen und -seen brütenden bzw. jungeführenden Gänsesäger ist Tourismus, Badebetrieb, Wassersport und Sportangeln. Fischer sehen ihren Konkurrenten natürlich auch nicht gerne. Die vom Weibchen geführten Jungentrupps haben an manchen Seen ausgesprochene Probleme, durch den dichten Boots- und Badeverkehr nicht in alle Winde zerstreut zu werden. Gänsesäger können aber auch sehr vertraut werden. Es ist heute keine Seltenheit, daß unmittelbar neben einem Campingplatz an einem Alpen- oder Voralpensee ein Weibchen seine Jungen führt.

Meist bleiben die frisch geschlüpften Küken noch einen Tag in der Bruthöhle. Dann lassen sie sich auch aus größerer Höhe herunterfallen, meist ohne Schaden zu nehmen. Relativ gut entwickelte Flügelstummel mit langen, drahtigen Dunen, große, mit Schwimmhäuten versehene Füße und ein gefächerter Schwanz sorgen für eine gewisse Fallschirmwirkung. Außerdem ist die Brustmuskulatur gut mit Dunen gepolstert, um die Wirkung des Aufpralls zu mildern. Am Wasser fangen die kleinen Jungen gleich zu schwimmen und zu tauchen an und legen mitunter beachtliche Entfernungen zurück. Teilweise werden sie aber auch auf dem Rücken der Mutter transportiert.

Von der Nährstoffanreicherung mancher Alpen- und Voralpenseen scheinen Gänsesäger bis zu einem gewissen Grad profitieren zu können. So vermutet man, daß der Brutbestand am Genfer See auch durch Vermehrung von beutegerechten Weißfischen zugenommen hat.

Im Winter halten sich Gänsesäger meist in Gruppen. Der lange, schmale Sägeschnabel ist hervorragend zum Fischfang geeignet, da er mit Unterstützung des Hakens an der Spitze die Fische gut festzuhalten vermag. Eine Parallele zum Schnabel der Kormorane ist erkennbar. Säger tauchen viel und auch recht ausdauernd. Wie z. B. Seetaucher schwimmen sie aber vor einem Fischzug oft längere Zeit mit dem Kopf unter Wasser, um die Beute optisch auszumachen. Sehr trübes Wasser kommt ihrer Jagdweise also nicht entgegen.

In ihrer Tauchleistung können sich Gänsesäger durchaus etwa mit Kormoranen messen (vgl. S. 80). Bei eifriger Nahrungsjagd verschwinden die Vögel sehr oft unter Wasser, meist aber nicht länger als 40–50 Sekunden. Normalerweise werden wohl etwa 2–4 m Tiefe erreicht, doch sind schon über 10 m Tauchtiefe nachgewiesen worden. Bei Gefahr können Gänsesäger auch wesentlich länger unter Wasser bleiben, mitunter weit mehr als 1 Minute. Weibchen tauchen in solchen Situationen

Porträt eines Gänsesäger-Weibchens. Die feinen Sägezähnchen am Schnabelrand, die den Sägern ihren Namen gaben, dienen zum Festhalten der glitschigen Beute. Sie entsprechen dem feinen Seihapparat der Gründel- und Tauchenten.

auch mit ihren kleinen Jungen auf dem Rücken.

Die Jungen können schon gleich, wenn sie das Wasser erreicht haben, einige Sekunden untertauchen. Zunächst nehmen sie jedoch in der Regel als Nahrung kleine Partikel von der Wasseroberfläche auf oder stecken ihren Kopf in das Seichtwasser nahe am Ufer. Erst etwa ab 10 Tagen ist das Nahrungstauchen erfolgversprechend. Oft zieht das Weibchen mit seinen Jungen weit auf dem Wasser umher.

Wespenbussard

Pernis apivorus

K Größe wie Mäusebussard und im Flug oft schwer davon zu unterscheiden, da auch sehr variabel gefärbt. Oberseite im allgemeinen bräunlich; Unterseite heller und gefleckt, aber auch dunkel. Im Flugbild wichtigste Unterschiede gegenüber Mäusebussard: Schwanz länger und meist schmaler, Kopf schlanker und stärker vorstehend, Flügel etwas länger und etwas runder (vgl. Abb. S. 188). In der Ansicht von hinten Flügel meist nach unten gebogen (Mäusebussard biegt die Spitzen oft nach oben). Unterseite des Flügels mit mindestens 1–2 kräftigen Binden; weniger und breitere Schwanzbinden als Mäusebussard. Augen im Unterschied zum Mäusebussard bei ad. gelb. ▪ Stimme außerhalb des Brutplatzes wenig zu hören. Über dem Brutplatz 3silbig, etwa »düdlihi«. Bei Erregung hell »kikiki …«. ▪ Flügelschlag etwas langsamer und weicher als beim Mäusebussard; rüttelt nur ausnahmsweise. Beim Segeln Flügel nie schwach V-förmig nach oben gehalten wie Mäusebussard. Kreist viel.

V Br. von Europa bis Westsibirien; nahe verwandte Formen brüten in Ost- und Südasien. ▪ Bei uns seltener als Mäusebussard, doch in allen Landschaften mit Wald brütend. Langstreckenzieher (Ende April/Mai bis September). Winterquartier tropisches und südliches Afrika. ▪ Br. in reich strukturierten Landschaften; Horste an Waldrändern, auch in Feldgehölzen und Auwäldern. Nahrungssuche über dem offenen Land. An Küsten und über Meerengen oft starker Durchzug.

F Horst auf hohen Bäumen; frisch besetzte Nester mit grünen Zweigen belegt. ▪ Legezeit Ende Mai bis Mitte Juni; 1 Jahresbrut. ▪ Meist 2, aber auch 1 oder 3 Eier; Grundfarbe weißlich bis hellbraun, rot bis kastanienbraun gefleckt und beschmiert. ▪ ♂ und ♀ brüten 30–35 Tage; Nestlingsdauer 35–40 Tage, erster Flug etwa ab 44 Tagen. Familie bleibt noch länger beisammen nach dem Ausfliegen der Jungen.

N Larven, Puppen und Vollinsekten sozialer Wespen, seltener Hummeln; daneben aber auch andere Insekten, Amphibien, Reptilien, (Jung-)Vögel und ausnahmsweise Kleinsäuger.

Der Speisezettel des Wespenbussards ist zwar vielseitig, doch bleibt die erstaunliche Tatsache, daß ein bussardgroßer Greifvogel großenteils von Insekten lebt. Hat ein Wespenbussard z. B. aus einem Loch am Boden ausfliegende Wespen entdeckt, wird die Erde mit den Füßen und auch mit dem Schnabel aufgescharrt. Bis 40 cm tiefe Grabungen des Wespenbussards hat man schon beobachtet. Die Wespenlarven und -puppen werden entweder fein säuberlich aus den Waben geschält oder ganze Wabenstücke mit dem Schnabel an einen ruhigeren Platz transportiert. In den ersten Lebenstagen werden die Jungen fast ausschließlich mit Hummel- und Wespenlarven gefüttert. Später tragen die Altvögel Wabenstücke zum Horst und legen sie ab. Im Alter von 14 Tagen können dann die Jungen selbst Larven aus den Waben herausziehen, die sie sich ganz systematisch vornehmen.

Verschiedene Anpassungen am Körper des Wespenbussards lassen sich mit der merkwürdigen Ernährungsweise erklären. So ist der Schnabel z. B. relativ schlank und gut geeignet, Larven aus den einzelnen Waben herauszuholen. Durch das nur schmale und schlitzförmige Nasenloch wird das Eindringen von Fremdkörpern beim Graben mit dem Schnabel erschwert. Bei den meisten Greifvögeln befinden sich an der Schnabelbasis entweder keine oder nur borstenförmige Federn. Beim Wespenbussard ist die Partie zwischen Schnabelgrund und Auge mit kleinen schuppenförmigen Federn dicht besetzt. Sie schützen vor Insektenstichen. Man hat auch beobachtet, daß Wespenbussarde die sie wild umkreisenden Wespen oder Hummeln geschickt mit dem Schnabel fangen, töten und dann entweder fallen lassen oder verschlingen. Hautflügler mit Stacheln sind auch schon im Magen gefunden worden. Die Krallen des Wespenbussards sind nicht so stark gekrümmt wie bei anderen Greifvögeln. Sie sind weniger Tötungswerkzeuge für große Beutetiere als vielmehr Grabinstrumente. Zur Jagd auf Säugetiere und Vögel ist der Wespenbussard also schlecht ausgerüstet. Wichtig sind in Zeiten von Insektenmangel auch Reptilien und vor allem Frösche als Zusatznahrung.

Ein so stark auf Insekten angewiesener Greifvogel kann natürlich nur als Zugvogel bei uns überleben. Daher zieht der Wespenbussard von unseren Greifvögeln am weitesten.

Wespenbussard am Horst. Junge Greifvögel tragen zunächst ein weißes Dunenkleid.

Schwarzmilan

Milvus migrans

K Etwa bussardgroß, doch längerer Schwanz, der an der Spitze schwach ausgeschnitten ist. Die Schwanzgabelung verschwindet aber bei starker Spreizung der Steuerfedern (dann erscheint der Schwanz jedoch rechteckig). Oberseite dunkelbraun; Unterseite etwas heller; Kopf graubraun, wenig heller als der Körper. ■ Rufe wiehernd und trillernd wie »wyhihihihi …« oder »hüijihrrr …« ■ Segelt viel, dabei werden die Flügel waagerecht gestreckt (nicht V-förmig angehoben wie Bussard). Schwanz führt seitliche Steuerbewegungen durch. Im Ruderflug mit weichen, tiefausholenden Flügelschlägen.

V Weit verbreiteter Br. in Eurasien und Afrika; fehlt nur in Nord- und Nordwesteuropa sowie in der Tundra Eurasiens und in der Sahara. ■ Bei uns Br. mit Ausnahme Nordwestdeutschlands. In der Regel Langstreckenzieher mit Winterquartier im tropischen Afrika und Südafrika (März bis September). ■ Br. in Wäldern und Feldgehölzen; Horste stehen meist an Waldrändern. Jagt über dem offenen Land, sehr gern in der Nähe von Wasser; sucht dort oft die Ufer nach toten Fischen ab.

F Das Nest steht auf hohen Nadel- und Laubbäumen; Horstmulde häufig mit Papier, Stoffresten, Plastikfetzen, Gras, Laub usw. ausgelegt. ■ Eiablage Mitte April bis Mitte Mai; 1 Jahresbrut. ■ (1) 2–3 (4) Eier, weiß bis grünlich, verschieden dicht mit braunen Flecken besetzt. ■ Meist brütet ♀ etwa 26–38 Tage; ♂ versorgt brütendes ♀ mit Nahrung. Junge bleiben 42–45 Tage im Nest.

N Vor allem tote oder kranke Fische sowie tote oder verletzt gefundene Vögel und Säugetiere, vor allem auch Straßenopfer. Nur ein kleiner Teil der Beutetiere wird selbst erjagt.

Greifvögel, die lebende Beute jagen, tendieren fast immer zu Einzelgängertum. Milane zeigen dagegen große Toleranz gegenüber Artgenossen, so daß sich regelrechte Schwärme bilden können. Dies ist sinnvoll, denn dadurch können auch sehr ergiebige Nahrungsquellen innerhalb kurzer Zeit wirkungsvoll genutzt werden. Vor allem im Südwesten Mitteleuropas gehören Schwarzmilane zum Bild der Seenlandschaften, wenn sie im ruhigen Suchflug die Ufer nach angeschwemmten toten

Fischen abpatrouillieren. Größere Konzentrationen bilden sich z. B. an Müllplätzen, Abwasserteichen oder bei größeren Fischsterben. In Ländern mit geringerem Stand der allgemeinen Hygiene (z. B. Orient, Südasien) ist der Schwarzmilan gebietsweise der häufigste Greifvogel. Auch Kleintiere werden von Milanen nicht verschmäht; gelegentlich sammeln sie hinter dem Pflug oder auf frisch umgebrochenen Wiesen und Äckern Regenwürmer und Insekten auf.

Ihre ganze Flugkunst spielen Milane aus, wenn es darum geht, anderen Greifvögeln, aber auch Reihern oder Rabenvögeln Beute abzujagen. Mit Nahrung im Kropf oder im Schnabel fliegende Großvögel werden solange bedrängt, bis sie die Nahrung fallen lassen, die dann der Milan meist noch in der Luft geschickt auffängt. Überhaupt zählt das plötzliche Abtrudeln mit angelegten Flügeln aus dem ruhigen Streckenflug zu den Spezialitäten des Schwarzmilans. Blitzschnell kann er auf diese Weise zur Wasseroberfläche herunterstoßen und einen toten Fisch ergreifen, wobei nur die Füße eingetaucht werden. Berühmt sind auch die Schwarzmilane an einigen Raststätten der Safari-Trupps in Nationalparks Ostafrikas. Hier wird von den Milanen nicht nur Nachlese bei der Mittagsrast einer Safarigesellschaft gehalten, sondern die Vögel haben sich auch angewöhnt, in die Luft geworfene Futterbrocken im sausenden Sturzflug aufzufangen.

Man sollte eigentlich annehmen, daß der Schwarzmilan durch seine vielseitige Ernährungsweise als Abfallverwerter auch in unserer Kulturlandschaft ein gutes Fortkommen hätte. In manchen Gegenden Mitteleuropas, so in der Schweiz, sind die Bestände auch noch ungefährdet und erstaunlich hoch. Doch neuerdings hat sich herausgestellt, daß in einigen Gebieten der Bundesrepublik Deutschland lokale Bestände erloschen sind oder zumindest sehr stark abgenommen haben. Wahrscheinlich ist das Verschwinden geeigneter Brutplätze, insbesondere die Gefährdung von Aulandschaften und Auwäldern, die Ursache hierfür. Milane siedeln sich gern in Wassernähe an. Der Ausbau der Gewässer und die »Bereinigung« von Uferlandschaften, auch die Umwandlung von Laub- in Nadelwald haben gebietsweise Rückgang zur Folge.

Schwarzmilane suchen gerne Seen und Flüsse nach toten oder kranken Fischen ab.

Rotmilan

Milvus milvus

K Etwas größer und langflügeliger als Schwarzmilan, Schwanz noch länger, Färbung viel kontrastreicher. Der zusammengelegte Schwanz ist tief gegabelt; Gabelung auch bei Spreizung der Steuerfedern noch erkennbar (»Gabelweihe«). Kopf hellgrau; Unterseite rostrot längsgestreift; Rücken braun mit rostbraunen Federn; Schwanz rostbraun. ■ Rufe ähnlich Schwarzmilan gedehnt und pfeifend, etwa »pie« oder »wiiüü«. Im Frühjahr oft lange Trillerstrophen. Außerhalb des Brutplatzes jedoch recht schweigsam. ■ Flugweise ähnlich Schwarzmilan.

V Br. in vielen Teilen Europas, Verbreitungsgebiet viel kleiner als Schwarzmilan. ■ Fehlt nur im Süden und Osten Bayerns als Brutvogel. Kurzstreckenzieher; Winterquartier normalerweise Mittelmeergebiet, zunehmend aber auch Überwinterung in Mitteleuropa im Tiefland (s. unten). ■ Weniger eng ans Wasser gebunden als Schwarzmilan, jagt über offenen Flächen; Schlafplätze in kleineren Gehölzen, die oft auch im Winter aufgesucht werden.

F Nest auf hohen Bäumen; ebenfalls oft mit Lumpen, Papier und anderen Fremdkörpern ausgekleidet. ■ Legezeit April/Mai; 1 Jahres-brut. ■ (1) 2–3 (4) Eier, wie Schwarzmilan. ■ ♀ brütet 33–38 Tage; Nestlingsdauer mindestens 45, meist bis 50 Tage und länger.

N Ähnlich Schwarzmilan, doch weniger Fische. Anteil selbstgeschlagener Beute größer (bei kranken Tieren Vögel bis Hühner-, Säugetiere bis Hasengröße); viele Kleinsäuger; Aas und Abfälle.

Im Unterschied zum Schwarzmilan ist das Brutareal des Rotmilans auf einen kleinen Raum in Europa beschränkt. Mit etwa 25 000 Paaren dürfte Mitteleuropa bereits einen wesentlichen Anteil des Weltbestandes beherbergen. Für die Erhaltung der Art kommt daher genauen Bestandsaufnahmen und Schutzmaßnahmen besondere Bedeutung zu. Langfristige Untersuchungen auf einer Kontrollfläche von 800 km² in Schleswig-Holstein zeigen, wie vorsichtig man Bestandsbewegungen bei Greifvögeln interpretieren muß: 1960/61 wurden 14 bzw. 18 Brutpaare ermittelt, rund 20 Jahre später, 1979/80, 20 bzw. 17. Zwischenzeitlich aber war der Bestand 2 mal auf unter 10 gesunken, in weiteren 3 Jahren gab es nur 10/11 Brutpaare; 20 Paare wurden 3 mal erreicht. Trotz einer

Schwankung von über 100% ist also der lokale Bestand über 20 Jahre hinweg stabil geblieben. Stabilität heißt nicht immer, daß die Bestände von Jahr zu Jahr in der gleichen Größenordnung bleiben, also konstant sind. Im Gegenteil: Viele Greifvögel und Eulen zeigen erhebliche Schwankungen in Abhängigkeit von Umweltbedingungen (s. S. 162). Entscheidend ist, ob ein vorübergehendes Bestandstief auch wieder ausgeglichen werden kann.

In den letzten 3 Jahrzehnten allerdings hat der Rotmilan in Mitteleuropa und Frankreich eine bemerkenswerte Änderung seines Verhaltens gezeigt. In zunehmendem Maße blieben einzelne Vögel den Winter über da; regelrechte Überwinterungstraditionen haben sich gebildet, die vor allem dadurch auffallen, daß oft von weit her die Milane an Schlafplätzen abends zusammenkommen. Meist übernachten sie auf einzelnen Bäumen in kleinen Gehölzen, im kalten Mitwinter jedoch auch in dichteren Koniferenbeständen. Eine zunehmende Überwinterungsneigung ist an ganz verschiedenen Orten beobachtet worden, so in Mecklenburg, Niedersachsen, Baden-Württemberg, aber auch in der Schweiz und in Teilen Nordfrankreichs. Rotmilane überwintern sogar jetzt auch regelmäßig in Südschweden.

Eine der möglichen Ursachen dieser Veränderung des Zugverhaltens ist möglicherweise die bessere Nahrungssituation im Winter. Milane profitieren von den Abfällen unserer Wegwerfgesellschaft. Man hat allerdings auch eine Reihe milder Winter in den 70er Jahren dafür verantwortlich gemacht, obwohl viele der Überwinterungstraditionen schon länger zurückreichen. Immerhin ist es aber bemerkenswert, daß ein Kurzstreckenzieher in unseren Breiten bereits längst zu einem Teilzieher geworden

Wenn Rotmilane ihren Schwanz spreizen, ist die Gabelung nur schwach zu erkennen (vgl. Flugbild S. 189).

ist, bei dem offensichtlich ein ansehnlicher Teil der Population im Augenblick das Verhalten von Stand- und Strichvögeln zeigt. Solche Veränderungen können also in relativ kurzer Zeit eintreten und sind sicher auch bei anderen Vogelarten in den letzten 100 Jahren öfters vorgekommen. Soll sich ein solches Verhalten jedoch gegenüber dem Zugverhalten wirklich durchsetzen, dann muß es für die betreffende Vogelart Vorteile mit sich bringen, also im langjährigen Durchschnitt geringere Verluste als bei den Zugvögeln.

Milane wirken im Sitzen schlank.

Seeadler

Haliaeetus albicilla

K Größter einheimischer Greifvogel; breite brettförmige Flügel; kurzer, und ± keilförmiger Schwanz; mächtiger, heller Schnabel. Ad. mit hellerem Kopf und Hals, gelbem Schnabel, weißem Schwanz. Bei Jungvögeln verschiedenen Alters Schwanz dunkel bzw. mehr oder minder deutlich weiß gezeichnet. ▪ Ruffreudig nur zur Balzzeit am Horstplatz; ♂ hoch und gellend »krick-rick-rick-rick«, ♀ tiefer etwa »ra-rack-rack-rack«, bei der Balz oft im Duett. ▪ Segelt mit horizontal ausgebreiteten Flügeln; tief durchgezogene Flügelschläge im Ruderflug.

V Br. im nördlichen Eurasien und in Grönland; in Europa in vielen Teilen ausgerottet. ▪ In Deutschland nur rund 140 Brutpaare, vor allem im Osten. Als Wintergast jedoch regelmäßig, einzeln auch abseits der Brutplätze an großen, stehenden Gewässern. Stand- und Strichvogel. ▪ Bei uns Br. in Wäldern, meist in Wassernähe. Jagt vor allem an fisch- und wasservogelreichen Gewässern.

F Mächtiger Horst auf hohen Bäumen, meist am Waldrand. ▪ Legezeit Mitte Februar bis Mitte März; 1 Jahresbrut. ▪ 1–3 (4) meist mattweiße Eier. ▪ ♀ und ♂ brüten 38–42 Tage; Nestlingsdauer 80–90 Tage.

N Vielseitiger Jäger ca. mittelgroßer bis großer Wirbeltiere, z.B. Fische ab 10–15 cm bis mehrere Kilogramm, Vögel bis Gänsegröße, Säugetiere von Maus- bis Rehgröße. Im Winter vor allem Jagd auf Wasservögel (Bläßhühner, Enten).

Im 18. und 19.Jh. war die Verfolgung des Seeadlers so stark, daß die Bestände Anfang unseres Jahrhunderts teilweise zusammenbrachen. Der gesetzliche Schutz kam schon fast zu spät, doch ab den 20er Jahren begann vor allem in Norddeutschland eine langsame Erholung. Kleinste Restbestände einer Tierart sind aber vom Aussterben gefährdet. Das Schicksal der 4 derzeitigen Brutpaare in Schleswig-Holstein zeigt das sehr eindringlich. Obwohl der Seeadler längst den vollständigen Schutz genießt, wäre er dort ausgestorben, wenn sich nicht eine tatkräftige Projektgruppe Seeadlerschutz gebildet hätte.

Die Gefährdungsursachen sind vielgestaltig. Waldnutzung und Holzeinschläge führen zur Gefährdung und Störung an Brutplätzen. Weitere Bedrohung ergibt sich aus Aktivitäten von Freizeit und Erholung. Die Unruhe in den Brut- und Jagdgebieten des Seeadlers nimmt dauernd zu. Auch aus der Luft drohen Gefahren während der Brutzeit, z.B. durch niedrige Hubschrauberflüge und tieffliegende Düsenjäger. Erst nach langen Verhandlungen wurden Flugbeschränkungen in den Seeadlerschutzgebieten erreicht. Einzelhorste mußten gegen fanatische Eiersammler bewacht werden. Verfolgung und zivilisationsbedingte Todesursachen spielen trotz strengem gesetzlichen Schutz immer noch eine große Rolle. Von 147 Seeadlern Mecklenburgs sind mindestens 39% durch Abschüsse, 6% durch Fallen, 7,5% durch Revierkämpfe, 20% durch Starkstromleitungen und 13% durch Vergiftungen ums Leben gekommen. Hohe Konzentrationen an chlorierten Kohlenwasserstoffen und Quecksilber in Seeadlereiern führten ferner zu einer Verminderung der Fruchtbarkeit. Seeadler stehen am Ende der Nahrungskette Wasserpflanze → Fisch → Wasservogel. Auf jeder Stufe wird die Konzentration der im lebenden Gewebe gespeicherten Gifte vervielfacht, da sie nicht abgebaut, sondern im Organismus des Beutejägers abgelagert werden. Der Letzte dieser Kette nimmt alle Gifte auf, die in seiner Beute verteilt waren.

Unterschiedliche Gefährdungsursachen zwingen zu einem komplizierten und vielseitigen Schutzprogramm (s. S. 187). Zunächst muß Verständnis für die Probleme in der Öffentlichkeit erreicht werden. Brutplätze müssen bewacht und abgesperrt werden, aber auch Jagd- und Nahrungsplätze sind zu sichern. Diese Maßnahmen umfassen z. B. Diskussion mit den Holznutzern, Verbesserung des Nahrungsangebotes im Winter durch Auslegen von Fleisch, Sicherung und Sauberhaltung von Gewässern, ja sogar die Anlage neuer Nahrungsteiche. Ständig muß auch Verhalten und Biologie des Restbestandes wissenschaftlich überwacht werden, um neu eintretende Situationen rasch zu erkennen. Seeadlerjunge z. B. jetzt in verschiedenen Ländern Europas farbig beringt, um ihren Lebensweg verfolgen zu können. Durch die Wiedervereinigung ist ein ansehnlicher Brutbestand in die Verantwortung des deutschen Naturschutzes gekommen. Man fürchtet, daß vor allem durch Störungen in den Horstgebieten die Brutpaare jetzt besonders gefährdet sind.

Seeadler noch nicht voll ausgefärbt; das dunkle Schwanzende ist zu erkennen, der Schnabel ist noch nicht rein gelb.

Schlangenadler

Circaetus gallicus

K Größer als Bussard; im Flugbild fällt der breite, vorragende Kopf auf. Flügel lang, doch Ansatz am Körper relativ schmal. Im Segelflug mehr oder minder flach (nicht V-förmig angehoben wie beim Bussard). Flügelspitzen stark gefächert. Unterseite weiß, mit hellen, braunen Querbinden oder Fleckenreihen über die Unterflügel; Flügelspitzen schwärzlich. Dicker Kopf meist dunkel und mehr oder weniger deutlich von der hellen Unterseite abgesetzt. ■ Hohe Rufe bei der Balz am Brutplatz, die gewisse Ähnlichkeit mit dem Pirolgesang haben. ■ Guter Segelflieger, der aber oft auch mit etwas angewinkelten Flügeln einen Hang entlang gleitet oder mit herabhängenden Füßen rüttelt.

V Br. in Afrika, Süd- und Osteuropa sowie in Südasien bis nach Zentralasien. ■ In Deutschland heute nur noch seltener Gast, vor allem im Süden. Langstreckenzieher, Winterquartier südlich der Sahara (April bis September). ■ Offene Landschaft; im Mittelmeergebiet Buschvegetation mit hohen Bäumen und Dünen. Bei

uns gelegentlicher Gast im offenen Moor und in Heidelandschaften, meist nur einzeln zu beobachten.

F Nest auf Bäumen ■ Eiablage April/Mai; 1 Jahresbrut. ■ 1 Ei, weiß. ■ ♀ brütet 45–47 Tage; Nestlingsdauer 70–75 Tage.

N Hauptsächlich Reptilien (Schlangen, Eidechsen), ferner Amphibien und Kleinsäuger sowie Vögel bis Drosselgröße.

Schon von seiner Ernährung her ist der Schlangenadler auf warme und trockene Gebiete angewiesen, doch zählten weite Teile Mitteleuropas im 19. Jh. noch zu seinem Brutgebiet. In der Bundesrepublik Deutschland gilt er seit 1911 als Brutvogel ausgestorben, vielleicht werden da und dort auch gelegentliche Brutversuche unternommen. In Polen ist ein kleiner Restbestand von etwa 15–30 Paaren übriggeblieben. Einige Schlangenadler brüten sicher auch noch in Tschechien und der Slowakei sowie in Ungarn. Sicher sind an diesen Rückgängen Veränderungen des Lebensraumes ursächlich schuld.

Sie wirken sich im Grenzbereich des Verbreitungsgebietes von Vogelarten oft besonders stark aus, da hier ohnehin das Existenzminimum erreicht wird. Da braucht es dann oft nur wenig, um die kritische Grenze zu unterschreiten. Ob aufgegebene Randgebiete der Verbreitung wieder einmal besiedelt werden, hängt natürlich auch davon ab, wie sich der Bestand in den Verbreitungszentren entwickelt. Noch wird z. B. in Spanien der Bestand auf mehrere tausend Paare geschätzt, aber Anzeichen des Rückgangs sind in Süd- und Westeuropa nicht zu verkennen.

Neben dem Schlangenadler gibt es noch weitere größere Greifvögel, die gelegentlich einmal in Mitteleuropa erscheinen und die, z. T. sogar früher regelmäßig, hier brüteten. Unter ihnen hat der Schreiadler (Aquila pomarina), noch ansehnliche Restbestände im Osten halten können. So schätzt man in Nordostdeutschland noch etwa 100 und in Polen sogar rund 400 Brutpaare. Auch in Tschechien und in der Slowakei brüten sicher über 50 Paare, einige davon wohl grenznah zur Bundesrepublik. So kann man also diesen, dem Steinadler ähnlichen Vogel noch gelegentlich einzeln bei uns und außerhalb der wenigen Brutplätze als Gast beobachten. Seltener ist der oft zum Verwechseln ähnliche Schelladler (Aquila chlanga), von dem z. B. in Polen noch ein Restbestand von 15–30 Paaren vermutet wird. Zum sicheren Ansprechen dieser beiden Arten gehört große Erfahrung und Spezialliteratur, zumal es verschiedene Kleider gibt.

Im Alpenbereich und seinen Randgebieten kann man auch heute noch gelegentlich Geier beobachten. Der Gänsegeier (Gyps fulvus) erscheint z. B. regelmäßig in den Salzburger Alpen. Man nimmt an, daß diese Geier von Südosteuropa stammen. Auch der Bartgeier (Gypaetus barbatus) hat sich in den letzten Jahren einzeln in den Alpen blicken lassen.

Schlangenadler (helle Unterflügel, breiter Kopf).

Allerdings stammen nicht alle Geier, die heute gelegentlich auch weit ab vom Gebirge beobachtet werden, aus freier Natur. Mehrere Falkenhöfe und Zoos halten frei fliegende zahme Geier. Bartgeier wurden in den Alpen ausgesetzt.

So muß man bei seltenen Greifvogelbeobachtungen immer damit rechnen, daß es sich um Gefangenschaftsflüchtlinge handelt. Hinweise auf Abstammung von Gefangenschaft ergeben z. B. genaue Beobachtung des Gefiederzustandes (abgestoßene Schwingen).

Gänsegeier.

Rohrweihe

Circus aeruginosus

K Fast bussardgroß, doch schlanker und schmalflügeliger. Beim Segeln und Gleiten werden die Flügel wie bei allen Weihen V-förmig nach oben gehalten. ♂ mehrfarbig: Schwanz hellgrau, Rücken und teilweise Oberflügel braun, Flügelspitzen schwarz, übriger Flügel hellgrau; Kopf hell. Unterseite des Körpers hell rotbraun, Vorderkörper kräftig gestrichelt. Flügelunterseite teilweise rotbraun, sonst hellgrau. ♀ dunkelbraun; Schultern und Flügelvorderrand weißlich bis hellgelb, ebenso Kehle und Oberkopf. Durch das Auge geht ein dunkler Strich bis zum Hinterkopf. Noch dunkler als ♀ sind juv., doch heller Kehlfleck und Oberkopf. ■ Stimme normalerweise nur am Brutplatz zu hören; ♂ bei Balzflügen hell und nasal »quiä« oder ähnlich, auch in lockeren Reihen. Warnruf beider Geschlechter »keke-keke«. ■ Fliegt meist niedrig über dem Boden mit weichen Flügelschlägen oder kurzen Gleitflugstrecken.

V Br. in Europa und Asien. ■ Bei uns im allgemeinen seltener Br., etwas häufiger im Tiefland des Nor-dens und seenreichen Gebieten. Zug-vogel; Winterquartier im Mittelmeerraum, aber auch in Afrika südlich der Sahara (März bis Oktober). ■ Br. offener Landschaft, vor allem in der Nähe von Wasser im Schilf. Meist über Feuchtgebieten und schilfreichen Seeufern auf der Jagd.

F Nest im dichten Röhricht über Wasser oder auch zwischen anderen Sumpfpflanzen am Boden, seltener auf Wiesen. ■ Legezeit Mai/Juni; 1 Jahresbrut. ■ (2) 3–7 (8) Eier, glanzlos weiß bis bläulichweiß. ■ ♀ brütet 31–36 Tage und wird vom ♂ mit Beute versorgt; Nestlingsdauer etwa 40 Tage; die Familie bleibt oft noch länger im Brutgebiet.

N Kleine Vögel und Säugetiere bis zur Größe halbwüchsiger Bläßhühner und Enten. Gelegentlich werden auch von anderen Greifvögeln geschlagene tote Tiere angenommen. Alle Weihen sind auch Nesträuber (Eier, Jungvögel).

Die in Lebensweise und Aussehen sehr ähnlichen Weihen unterscheiden sich in einigen Merkmalen von den übrigen Greifvögeln recht auffällig, z.B. durch ihre grazile Gestalt und durch ihre langen, schlanken Flügel. Das Gesicht wirkt eulenartig, weil wie bei den Eulen die Federn um das Auge zu einem Schleier angeordnet sind. Alle Weihen legen ihr Nest am Boden an, meist in dichter Vegetation versteckt. Die Rohrweihe brütet als einzige auch regelmäßig über dem offenen Wasser im hohen Röhricht. Im Frühsommer verlegen sich alle Weihenarten mehr oder minder auf Nestraub und nehmen auch Vogeleier als Nahrung an.

Der Bestand der Rohrweihe hat sich seit der Einführung einer ganzjährigen Schonzeit auf Greifvögel erholt. Neuerdings können auch Wiederansiedlungen und leichte Bestandszunahmen dort beobachtet werden, wo die Art schon fast ausgestorben war. Damit ist der negative Einfluß von Abschuß und Fang auf Bestände seltener Greifvögel eindeutig bewiesen. Wie stark der Abschuß wohl auch den Bestand der ohnehin nicht häufigen Rohrweihen gezehntet hat, mag allein die Tatsache zeigen, daß z. B. in Schleswig-Holstein auf einer Fläche von rund 1 000 ha 1965–1972 nicht weniger als 196 Rohrweihen erlegt wurden. Man nimmt an, daß auch die zunehmende Eutrophierung unserer Gewässer, die z. T. üppiges Schilfwachstum zur Folge hat-

Diese Rohrweihen im Schilfnest sind bald flügge.

te, die Brutmöglichkeiten für die Rohrweihe verbesserte. Dem steht allerdings entgegen, daß Seeufer heute im Sommer durch Badebetrieb, Wassersport, Campingbetrieb und Angler sehr stark gestört sind, und vielerorts Schilfbestände sich gar nicht mehr richtig entwickeln können. Durch Entwässerung und Grundwasserabsenkungen werden zudem immer noch potentielle Brutgebiete vernichtet. Rohrweihenhorste in Getreidefeldern haben meist keinen Bruterfolg.

Weibchen der Rohrweihe trägt Nistmaterial zum Nistplatz.

Kornweihe
Circus cyaneus

K Bei Korn-, Wiesen- und Steppenweihe sind die ♂ sicher voneinander zu unterscheiden, jedoch die ♀ einander so ähnlich, daß es nur ganz geübten Beobachtern möglich ist, die Art zu bestimmen. Alle sind kleiner und schlanker als die Rohrweihe. ♂ der Kornweihe sehr hell; Oberseite hell bläulichgrau, Kopf und Vorderkörper hellgrau, sonst Unterseite weiß. Flügelspitzen gerade abgeschnitten schwarz. 1jährige ♂ ähnlich gefärbt. Juv. und ♀ braun; Unterseite längsgestreift; auf der Oberseite weißer Bürzel scharf abgesetzt. ▪ Stimme wenig zu hören, nur am Brutplatz. Während des Schaufluges hört man meckernde »kekkekkekek« und vom ♂ hohe pfeifende »pjupju«. ▪ Gaukelnde Flüge niedrig über dem Boden mit meist V-förmig nach oben gehobenen Flügeln.

V Br. im mittleren und nördlichen Eurasien und in Nordamerika. ▪ Bei uns sehr seltener Br., im Süden fehlend oder nur ausnahmsweise; vom Aussterben bedroht. Gelegentlich aber in Moor- und Wiesengebieten Gast, auch im Winter. Kurzstreckenzieher und Strichvogel. ▪ Bei uns vor allem Br. in Heidegebieten, Mooren und feuchten Wiesen; Jagdgebiete im offenem Kulturland, auch am Wasser.

F Nest am Boden auf trockenem bis feuchtem Untergrund zwischen höherstehenden Pflanzen. ▪ Legezeit Mai/Juni; 1 Jahresbrut. ▪ (3) 4–6 (7) weißliche Eier. ▪ ♀ brütet etwa 29–31 Tage und wird vom ♂ mit Nahrung versorgt; Nestlingsdauer etwa 40 Tage.

N Kleine Vögel und Säugetiere des offenen Landes; im Winter vor allem Mäuse.

Kornweihen sind heute als Brutvögel in weiten Teilen Mitteleuropas ausgestorben. Den Brutbestand im Norden Deutschlands schätzt man gegenwärtig auf weniger als 100 Paare. Lebensraumzerstörung, vor allem durch die Landwirtschaft, Torfindustrie und Wasserwirtschaft, steht an erster Stelle der Ursachen. Bis zur Einführung der ganzjährigen Schonzeit trug auch die Bejagung Schuld am Rückgang.

Auch in Gegenden in denen die Art nicht mehr brütet, kann man sie von Herbst bis Frühjahr, vorzugsweise auf Moor-, Heide- und Brachflächen, beobachten. Oft bilden die Vögel kleine Schlafplatzgesellschaften. An Wintertagen finden schon an Nachmittagen die Einflüge zum Übernachtungsplatz statt. Meist überwiegen »Schlichtkleidvögel«, also Weibchen und Jungvögel. Manchmal können solche Schlafplatzkonzentrationen mehr als 20 Individuen umfassen. In günstigen Fällen bleiben solche Übernachtungsplätze über viele Jahre hinweg erhalten.

Alle Weihenarten scheinen zu Polygynie zu neigen. Ein Männchen ist also mit 2 oder mehreren Weibchen verpaart. Bei der Kornweihe ist dieses Phänomen besonders eingehend in größeren Populationen der Britischen Inseln untersucht worden. 1jährige Männchen haben dort in der Regel nur 1 Weibchen, mehrjährige Männchen jedoch zu einem hohen Prozentsatz 2 oder mehr. Bis zu 6 Weibchen (in den Niederlanden sogar 1mal 7 Weibchen) wurden bei einem Männchen beobachtet; am häufigsten kamen neben Einzelpaaren 2 Weibchen pro Männchen vor. Auf den ersten Blick scheint diese Polygynie Nachteile zu haben, denn bei der Versorgung der Jungen wird die Arbeitskraft des Männchen, das einen wesentlichen Anteil der Beute herbeibringt, zwischen 2 oder mehr Nestern aufgeteilt. Am meisten Junge, nämlich etwa 2,3 pro Nest, flogen daher bei Einzelpaaren aus. Deutlich geringer war der Bruterfolg mit zunehmender Zahl der Weibchen (z. B. pro Männchen 2 Weibchen: 1,5; pro Männchen 4 Weibchen: nur noch 1,0). Rechnet man aber bei polygynen Männchen jeweils den Bruterfolg der einzelnen Nester zusammen, dann ergeben sich für sie höhere Nachwuchszahlen pro Jahr als für monogame Männchen. Für die Weibchen hat möglicherweise die Polygynie den Vorteil, daß bei Weibchenüberschuß ein größerer Prozentsatz zu einer Brut kommt, und damit der zur Verfügung stehende, von den Männchen in Reviere aufgeteilte Platz besser ausgenutzt werden kann.

Auch bei Rohr- und Wiesenweihe ist Polygynie in Einzelfällen beobachtet worden mit ganz ähnlichen Ergebnissen wie bei der Kornweihe. Man kann diese merkwürdige Erscheinung offenbar als bestmögliche Ausnützung der vorhandenen Brutmöglichkeiten betrachten.

Kornweihen-Weibchen (beachte helle Gesichtszeichnung und »Halskragen«) am Luder.

Wiesenweihe
Circus pygargus

K Schlanker als Kornweihe, vor allem schmalere Flügel. ♂ oberseits dunkler grau als Kornweihe und Steppenweihe; Vorderkörper grau. Weiße Körperunterseite rostbraun gestrichelt; quer über den Flügel läuft eine recht deutlich erkennbare schwarze Binde (von oben und unten zu sehen). ♀ den Kornweihen außerordentlich ähnlich und kaum sicher davon zu unterscheiden. ■ Stimme außerhalb des Brutplatzes kaum zu hören; ♂ beim Balzflug hoch »käkä …«; Alarmrufe hoch »jik-jikjik …«. ■ Gaukelnder Suchflug, oft niedrig über dem Boden, mit V-förmig nach oben weisenden Flügeln; wirkt außerordentlich schlank.

V Br. von Europa bis West- und Mittelsibirien. ■ Bei uns sehr selten, nur in der norddeutschen Tiefebene etwas häufiger; Gesamtbestand etwa 400 Paare. Langstreckenzieher, Winterquartier in Afrika südlich der Sahara (April bis September). ■ Brutplätze in feuchten Wiesen; Verlandungszone von stehenden Gewässern (aber nicht im hohen Schilf). Jagdgebiete über offenen Flächen, Wiesen, Äckern, Mooren usw.

F Nest am Boden, auf feuchtem bis trockenem Untergrund. ■ Legezeit Mitte Mai bis Juni; 1 Jahresbrut. ■ (2) 3–5 (6) weißliche Eier. ■ ♀ brütet 28–35 Tage; wird vom ♂ mit Beute versorgt. Nestlingszeit 35–40 Tage.

N Kleine Vögel und Säugetiere, aber auch Insekten und Reptilien. Im Sommer Jungvögel und Eier.

Im Unterschied zu den beiden anderen hellen Weihen kommen bei der Wiesenweihe gelegentlich ganz abweichend dunkelbraun gefärbte Individuen vor. Es handelt sich hier um Melanismus, eine übermäßige Vermehrung dunkler Farbstoffe (Melanine). Schon im Nest sind melanistische Dunenjungen an ihrem dunkler grauen Dunenkleid von den Geschwistern zu unterscheiden. Erbliche Farbabweichungen sind unregelmäßig und einzeln von vielen Arten bekannt. Totaler Farbstoffausfall liegt beim Albinismus vor; auch der Haut und den Augen fehlt das Pigment. Wenn alle Federn weiß sind, Haut und Augen aber pigmentiert, spricht man von Leukismus. Bei partiellem Albinismus sind nur Teile des Gefieders weiß (z. B. Stadtamseln, s. S. 407).

Auch den Wiesenweihen ist wohl der verstärkte Greifvogelschutz der letzten Jahrzehnte in manchen Teilen Mitteleuropas zugute gekommen; zumindest fanden kleine Neuansiedlungen statt. Allerdings ist das Verbreitungsbild bei uns recht unstet. Oft siedeln sich plötzlich einige Paare an, die manchmal auf engem Raum nebeneinander brüten (mitunter Polygynie, s. S. 157), dann aber ebenso plötzlich für viele Jahre oder Jahrzehnte verschwunden bleiben. Oft sind allerdings die Gründe dafür ganz einsichtig, denn Wiesenweihen sind vielfach gezwungen, ihre Nester auf bewirtschaftetem Grünland oder gar in Getreidefeldern anzulegen. Hier spiegelt sich die nachteilige Veränderung des Biotopangebotes wider. So konnten z. B. in Schleswig-Holstein zwischen den Zeiträumen 1965/75 und 1976/80 folgende Veränderungen festgestellt werden: Nester in Verlandungszonen von Seen 44 bzw. 20%, in Getreidefeldern 2 bzw. 29%, in Wiesen 1 bzw. 7%. Bruten auf landwirtschaftlichen Flächen, die eine enorme Zunahme erfuhren, sind durch die Erntemaßnahmen außerordentlich gefährdet. Verschiedentlich ist es Vogelschützern gelun-

Balzende Wiesenweihen; Männchen rechts oben.

gen, beim Bekanntwerden einer Wiesenweihenbrut Landwirte zu veranlassen, die unmittelbare Nestumgebung nicht abzumähen oder die Mahd zu verschieben. Manchmal geht dies allerdings nicht ohne eine gewisse Entschädigung für den wirtschaftlichen Ausfall ab. Auch das ist Vogelschutz.

Sehr ähnlich Korn- und Wiesenweihe ist die Steppenweihe (Circus macrourus), die in Mitteleuropa nur ein seltener Gast ist. Ihre Brutgebiete liegen in Osteuropa und Asien.

Wiesenweihen-Männchen; die schwarze Binde ist am rechten Flügel zu erkennen.

159

Habicht

Accipiter gentilis

K ♀ etwa bussardgroß; ♂ deutlich kleiner, kaum größer als Rabenkrähe. Von Bussarden durch langen Schwanz und kurze, breite Flügel unterschieden. ♂ im Flugbild manchmal schwer von Sperber- ♀ zu unterscheiden; doch Hinterrand des Flügels stärker geschwungen, Schwanz breiter und an den Ecken meist deutlicher gerundet, Körper kräftiger. Langsamere Flügelschläge als bei Sperber, oft längere Gleitphasen im Flug eingeschoben. Oberseits schiefergrau bis graubraun, dunkle Kopfplatte, weißer Überaugenstreif; Unterseite weiß, fein schwarz quer gebändert. Juv. oberseits dunkelbraun, unterseits rahmfarben bis roströtlich; statt der feinen Querstreifung kräftiges Muster aus dunkelbraunen Längsflecken. ■ Nur am Nest ruffreudig. Viele »gik gik gik ...« (»kirren«) zeigen Erregung an. Standortlaute der Jungen kurz vor dem Flüggewerden »klijäh«. ■ Im typischen Streckenflug wechseln Flügelschläge mit Gleitstrecken ab; auch ausgesprochener Segel-flieger. Beutefang unter Ausnutzung von Deckung im Überraschungsangriff; Anflug meist niedrig über dem Boden.

V In der Waldzone Eurasiens bis an den Pazifik und in Nordamerika. ■ Bei uns weit verbreitet in waldreichen Gebieten, aber viel seltener als Mäusebussard; ca. 24 000 Paare um 1985. Stand- und Strichvogel, der in Mitteleuropa nur ausnahmsweise weite Wanderungen unternimmt. ■ Jagdgebiete in möglichst abwechslungsreicher Landschaft mit Deckungsmöglichkeiten; Brutplätze in Wäldern mit alten Baumbeständen. Jagt bevorzugt an Waldrändern und in Busch- und Heckenlandschaften.

F Horst auf hohen Waldbäumen. ■ Legezeit Ende März bis Mai; 1 Jahresbrut. ■ 2–5 Eier, weißlich bis hellbraun. ■ Brutdauer 35–42 Tage, überwiegend brütet das ♀; ♂ sorgt für Nahrung für das brütende ♀ und die kleinen Jungvögel. Nestlingszeit 36–40 Tage; Junge bleiben dann noch mehrere Tage auf den Ästen um den Horst sitzen.

N Vielseitiger Vogeljäger; Kleinsäuger treten zurück, spielen aber im Gegensatz zum Sperber eine größere Rolle. Beutegröße von Maus bis Kaninchen, Kleinvogel- bis knapp Hühnergröße. ♀ schlagen meist größere Beute als ♂ (bis größere Hühner, Hasen). In Mitteleuropa bilden meist Tauben die wichtigste Nahrung, ferner Eichelhäher, Rebhuhn, Singvögel von Drosselgröße, Krähen, Elster usw.

Kaum ein anderer Greifvogel ist zu einem derartigen Symbol für rücksichtslose Verfolgung geworden wie der Habicht. Selbst in unseren Tagen nimmt man immer wieder diese Art zum Anlaß, um die generell verfügte ganzjährige Schonzeit aller Greifvögel zu durchlöchern und aufzuheben. Da ist von »überhöhten Habichtbeständen« die Rede und von der Gefahr für das Niederwild. Über 150 Jahre lang hat der Habicht unter rücksichtsloser Verfolgung zu leiden gehabt. Trotz mancher gegenteiliger Beteuerung dürfte erwiesen sein, daß die langanhaltende, durch verbesserte Technik immer wirksamere Verfolgung in vielen Teilen Mitteleuropas einen katastrophalen Rück-

gang des Bestandes bis in die 50er Jahre des 20. Jh. zur Folge hatte. Hinzu kamen dann noch ungünstige Veränderungen der Lebensräume und zunehmend illegale Aushorstung durch »Greifvogelliebhaber«. Schließlich hat, zumindest in einigen Gebieten Europas, in unterschiedlich starkem Umfang die Belastung mit Pestiziden eine nicht zu unterschätzende Rolle gespielt.
Verbesserte gesetzliche Schonung, gebietsweise auch das Verbot mancher Pestizide haben etwa seit Beginn der 70er Jahre vielerorts zu einer Bestandserholung geführt. Dies hatte wiederum zur Folge, daß man von Vermehrung und Überhandnahme sprach. Heute ziehen Verbände von Jägern, Taubenzüchtern, Kleintierhaltern usw. gegen den ganzjährigen Greifvogelschutz zu Felde und die Diskussionen um das »Kurzhalten der Räuber« reißt nicht ab.
Erschwert wird die Aufklärung über die Rolle des Habichts dadurch, daß einmal die Erforschung der Räuber-Beute-Beziehungen außerordentlich kompliziert ist und zum anderen mit

Junghabicht (beachte Längsfleckung auf der Brust) hat ein Eichhörnchen geschlagen.

der Erholung der Habichtbestände in vielen Gegenden Mitteleuropas ein starker Rückgang von Rebhuhn, aber auch Feldhase zusammenfiel. Diese Entwicklung ist aber eindeutig eine Folge moderner Methoden der Landbewirtschaftung und auch der dadurch veränderten Struktur der Agrarlandschaft (vgl. S. 203). Auch der Fasan als besonders geschätztes Niederwild muß herhalten, um Schuß und Fang nach Habichten durch behördliche Ausnahmegenehmigung zu erzwingen. Dabei hat man z. B. ganz übersehen, daß die Hauptbeutetiere des Habichts, nämlich Tauben, teilweise enorm zugenommen haben, wie Ringel- und Türkentaube beweisen.

Lange Zeit war man darauf angewiesen, durch Beutelisten die Rolle der Greifvögel im Gefüge einer Lebensgemeinschaft mehr oder minder überzeugend zu beschreiben. Doch ist es außerordentlich schwierig, auf Grund von Rupfungsfunden und Beuteresten ermittelte Nahrungsspektren in Beziehung zur Populationsdynamik der Beutetiere zu setzen. Entnahmen aus dem Bestand einer Beutetierpopulation wirken sich zu verschiedenen Jahreszeiten ganz unterschiedlich aus. Sicher ist richtig, daß eine bestimmte »Abschöpfung« zur Gesunderhaltung des Bestandes nötig ist. Unrichtig aber ist dagegen die Verallgemeinerung, daß z. B. Habichte und andere Greifvögel »nur« kranke und verletzte Tiere schlagen, wenn auch nachgewiesenermaßen unter Beutetieren ein recht hoher Prozentsatz von Individuen mit kleinen Defekten zu finden ist. Noch eine weitere falsche Vorstellung muß korrigiert werden: Der Habicht habe heute keinen natürlichen Feind mehr; an seine Stelle müsse der jagende Mensch treten. Die Regulation des Habichtbestandes erfolgt, wie auch bei anderen Greifvögeln und Eulen erwiesen (vgl. z. B. S. 305), durch das Nahrungsangebot bzw. die innerartliche Konkurrenz um Reviere und Lebensraum.

Mittlerweile haben neuartige Methoden Eingang in die Habichtforschung gefunden, nämlich die Telemetrie. So wurden in Schleswig-Hol-

Habicht-Weibchen am Horst mit ca. 14tägigen Jungen.

Hier hat ein Habicht eine Elster gerupft. Ihre Beute zerlegen Habichte in der Regel in einem Versteck und nicht auf freiem Feld.

stein Habichte mit kleinen Sendern ausgerüstet, deren Signale von mobilen und festen Empfangsstationen aufgefangen werden können. Damit kann man alle Ortsveränderungen der Vögel registrieren. Erste Ergebnisse aufwendiger Untersuchungen bestätigen, daß Habichte generell am Rückgang ihrer Beutetiere keine wesentliche Ursache haben. Selbst die Erholung eines Rebhuhnbestandes, der durch einen harten Schneewinter starke Einbußen erlitten hatte, wurde durch jagende Habichte kaum behindert, obwohl sie etwa 10% der Population geschlagen hatten.

Etwas anders lagen die Dinge beim Fasan, der ja in Mitteleuropa künstlich eingebürgert ist, und dessen Bestände auch heute noch in vielen Gebieten durch Nachschub aus Gefangenschaft aufrechterhalten werden müssen (s. S. 207). In einem suboptimalen Lebensraum des Fasans wurden wohl mehr als ein Drittel der ausgesetzten Fasane vom Habicht geschlagen. Dabei waren die geschlagenen Fasane durchwegs in guter Verfassung. In einem Fasanenrevier mit wesentlich besseren Deckungsmöglichkeiten waren jedoch die Habichtsverluste gemes-

sen an der Population deutlich geringer. Der Habicht kann also durchaus dem Fasan gefährlich werden, vor allem dann, wenn Fasane in Gebiete entlassen werden, die keine optimalen Lebensbedingungen bieten. Die Anpassung eines Beutetieres an seine Umgebung und die Qualität des Lebensraumes entscheiden also darüber, ob die Entnahme durch den Habicht zu Buche schlägt oder nicht.

Der Habicht wird auch als großer Feind der Taubenzüchter betrachtet, nicht ganz zu unrecht. Bestimmte Haustaubenrassen sind für den Habicht leicht zu greifen. An manchen Taubenschlägen ist die Erreichbarkeit der Beute für den Habicht besonders günstig. Schließlich machen Brieftaubenzüchter den Habicht auch dafür verantwortlich, daß gerade die besten Sporttauben bevorzugt geschlagen werden. Auch das ist sicher richtig, denn solche Tauben fliegen häufig allein und nicht im Schwarmverband. Der Jagdtechnik des Habichts entspricht es nicht, einen Einzelvogel mitten aus dem Schwarm herauszuschlagen. Er sucht vielmehr abgesprengte Individuen bevorzugt aus.

Sperber

Accipiter nisus

[K] ♂ kleiner, ♀ etwas größer als Turmfalke (s. Habicht). Wie Habicht im Flug kurze, runde Flügel und langer Schwanz, der meistens im Unterschied zum Habicht gerade abgeschnitten ist. Weiße Unterseite quergebändert, bei juv. Bänderung breiter und an der Brust meist in Pfeilspitzenform. ♂ ad. blaugraue Oberseite und rötliche Unterseitenbänderung. ♀ ad. Oberseite mehr graubraun, Unterseite dunkelbraun quergebändert. ▪ Junge betteln in Horstnähe nach dem Ausfliegen laut und klangvoll etwa »wüüjg-wüüjg …«, ♀ etwas tiefer. Ad. z. B. im Balzflug Reihen wie »jügjügjü gjü …« oder »wäk wäk wäk …« ▪ Das Erscheinen eines Sperbers wird meist durch intensives hohes Warnen der Kleinvögel angekündigt (wichtiger Hinweis!). Reißender Flug aus der Deckung heraus, gelegentlich auch höher im Luftraum segelnd (nicht so häufig wie der Habicht). Im Sitzen wie Habicht steil aufgerichtet; wirkt mit eingezogenem Kopf etwas bucklig.

[V] Br. in Nordafrika, Europa und Asien bis an den Pazifik. ▪ In Deutschland verbreitet, aber nicht häufig; ca. 21 000 Paare. Zug-, Strich- und Standvogel, der vom südlichen Nordeuropa bis Südafrika überwintert. Nur ein Teil unserer Brutvögel wandert ab. ▪ Bevorzugt strukturreiche Landschaft mit Wechsel von Wäldern, Hecken und Buschgeländen; jagt vor allem im Winter auch in der Nähe von Ortschaften, in Gärten oder in Stadtparks. Horste in geschlossenen Stangenhölzern, vor allem Kiefern- und Fichtenforste, aber auch Laubwälder, wenn sie gute Deckung bieten.

[F] Nest auf jungen oder mittelalten Bäumen; wird im Unterschied zu größeren Greifvögeln jedes Jahr neugebaut. ▪ Legezeit Ende April bis Ende Mai/Anfang Juni; 1 Jahresbrut. ▪ (3) 4–6 (7) Eier; Grundfarbe weiß, mit grauen und braunen Flecken übersät. ▪ Ausschließlich das ♀ brütet etwa 33–36 Tage; ♂ versorgt ♀ schon vor Brutbeginn mit Futter, später auch die Brut; Nestlingsdauer 24–30 Tage.

[N] Vor allem Kleinvögel bis über Drosselgröße; Kleinsäuger machen normalerweise nur einen geringen Anteil aus. Zu den häufigsten Beutetieren zählen Haussperling, Finken, Lerchen, Drosseln und viele andere Arten. ♂ schlagen nicht selten kleinere Vögel als ♀.

Sperber und Habicht sind in erster Linie Überraschungsjäger, die ihren Flug auf kurzen Strecken stark beschleunigen können, dabei aber auch noch außerordentlich wendig sind. Meist ist es ihnen nicht möglich, den kraftraubenden Jagdflug auf langen Strecken durchzuhalten, daher wird Deckung ausgenützt. Beim Sperber können Verfolgungsjagden so heftig sein, daß es vor allem im Winter im Bereich von menschlichen Siedlungen zu Unfällen kommt. Immer wieder stößt einmal ein Sperber gegen eine Fensterscheibe oder andere Hindernisse. Oft sind auch für den Beobachter Begegnungen mit dem Sperber nur kurz und flüchtig. Besonders wichtig ist daher, auf die Reaktion der Singvögel zu achten. Hoher durchdringender Alarm signalisiert meistens einen fliegenden Sperber.

Wie bei vielen Greifvögeln herrscht auch beim Sperber während der Eiablage, Bebrütung und Aufzucht der Jungen eine Arbeitsteilung zwischen den Geschlechtern. Sie ist bei ihm sogar besonders streng entwickelt. Bereits einige Zeit vor der Eiablage wird das Weibchen durch das Männchen mit Nahrung versorgt. Dies setzt sich fort während der gesamten Bebrütungszeit, in der das Weibchen nur für ganz kurze Zeit das Nest verläßt. Die Übergabe findet meist an einem bestimmten Rupfplatz im Revier in Horstnähe statt. Das Weibchen bleibt auch fast ununterbrochen bei den frischgeschlüpften Jungen, hudert sie oder schützt sie vor Sonne oder Regen. Das Männchen bringt in den ersten Tagen die Beute gerupft zum Horst, das Weibchen verteilt und verfüttert sie an die Jungen. Später findet die Übergabe außerhalb des Nestes in der Luft statt. Fällt das Weibchen aus, muß die Brut verhungern. Das Männchen ist nämlich nicht in der Lage, die angeschleppte Beute auch an die Jungen zu verteilen. Erst gegen Ende der Nestlingszeit beteiligt sich auch das Weibchen wieder an der Jagd; die Beute wird von Männchen und Weibchen für die Jungen nicht mehr zerlegt. Ab etwa 35 Tagen fliegen die Jungen dann den Altvögeln bettelnd entgegen (Bettelflugperiode).

Da die Weibchen schon vor der Eiablage nicht mehr zur Jagd fliegen, können sie mit der Schwingenmauser beginnen, die großenteils während ihrer starken Nestbindung relativ rasch abläuft. Die Männchen, die allein auf die Jagd fliegen, beginnen mit der Mauser später. Auch läuft bei

Sperber, Jungvogel im 1. Lebensjahr; deutlich sind der lange Schwanz und die kurzen Armschwingen als charakteristische Kennzeichen der Art zu sehen.

ihnen die Schwingenmauser langsamer ab, da die Vögel ja ständig voll flugtüchtig sein müssen. Ähnliche Unterschiede in der Mauser zwischen den Geschlechtern zur Brutzeit sind auch beim Habicht zu beobachten.

Sperber-Weibchen.

Mäusebussard

Buteo buteo

K Häufigster größerer Greifvogel in der Kulturlandschaft. Flugbild mit breiten Flügeln, relativ kurzem, gerundetem Schwanz und eingezogenem Kopf. Im Segelflug Flügel häufig etwas V-förmig angehoben und die Flügelspitzen aufwärts gebogen. Grundfarbe dunkel- bis schwarzbraun, jedoch große Unterschiede in Helligkeit und Zeichnung. Von der Unterseite her im Bereich der Flügel meist mehr oder minder stark aufgehellt, gelegentlich auch helles Halsband zu erkennen. Von der Unterseite am dunkelsten sind Flügelspitzen, Flügelhinterrand und ein mehr oder minder ausgedehnter dunkler Fleck im Bereich des Flügelknicks sowie dunkler Flügelvorderrand, der bis zur Mitte reichen kann. Schwanz mehr oder minder deutlich fein gebändert; oft etwas breitere dunkle Endbinde zu erkennen. ■ Häufigster Ruf, der das ganze Jahr über zu hören ist, ein hohes miauendes »hiää«. ■ Mäusebussarde sieht man häufig über dem offenen Kulturland kreisen, aber auch als dunkle, große Vögel auf Weidepfosten, einzelnen Bäumen, im Winter nicht selten entlang von befahrenen Straßen sitzend.

V Br. in fast ganz Europa und im nördlichen Asien ostwärts bis an den Pazifik. ■ Bei uns neben dem Turmfalken der verbreitetste Greifvogel. Stand-, Strich- und Zugvogel; ein Teil des mitteleuropäischen Brutbestandes zieht ab; Wintergäste aus Norden und Osten wandern ein. ■ Jagdgebiet vor allem im offenen Kulturland über Feldern und Wiesen, auch entlang von Straßen und Wegen. Brutplätze jedoch im geschlossenen Wald meist in Randlage; seltener Horst in kleinen Gehölzen.

F Horst auf Bäumen, meist hoch über dem Boden. ■ Legezeit Mitte März bis Anfang Mai; 1 Jahresbrut. ■ 2–3, seltener 1 oder 4 (5) Eier; mittlere Gelegegröße oft von Jahr zu Jahr etwas unterschiedlich im Zusammenhang mit dem Nahrungsangebot (s. unten); Eier weiß mit sehr variabler grauer und brauner Fleckung. ■ Brutdauer 32–34 Tage; offenbar brüten ♂ und ♀. Nestlingsdauer 42–49 Tage.

N Kleine Bodentiere, in erster Linie Wühlmäuse (bei uns vor allem Feldmaus); daneben auch andere Kleintiere bis zur Größe junger Kaninchen und junger Hasen; auch Jungvögel, Reptilien und Amphibien und sogar Insekten. Größere Beutetiere, vor allem im Winter, sind meist geschwächt oder verletzt; geht auch an tote Tiere und Aas.

Als der häufigste Greifvogel der Kulturlandschaft gibt auch der Mäusebussard immer wieder Anlaß für Jagdverbände, den Abschuß angeblich überhandnehmender Greifvögel zu fordern. Obwohl das Beutespektrum des Mäusebussards in erster Linie von Kleinsäugern bestimmt wird und er im Gegensatz zum Habicht keine ausgewachsenen Rebhühner, Fasane oder Hasen jagen kann, wird ihm die schlechte Situation des Niederwildes mit zur Last gelegt. Wenigstens teilweise ist die unerfreuliche und unfruchtbare Diskussion, die schon über viele Jahrzehnte anhält, mit Verständnisschwierigkeiten zu erklären. Mäusebussarde schlagen schon einmal einen jungen Hasen und sind vor allem auch in strengen Wintern mitunter an einem toten Hasen oder Fasan zu sehen. Bei erwachsenen Tieren darf man aber wirklich sicher sein, daß sie nicht im vollen Besitz ihrer Kräfte waren, denn sonst könnte sie ein Bussard nicht schlagen. Hinzu kommt, daß vor allem im Winterhalbjahr Bussarde sich gern entlang von Straßen aufreihen. An geneigten Straßenböschungen schmilzt der Schnee oft rascher und so wird die Mäusejagd wieder möglich. Aber auch die durch den Verkehr getöteten oder verletzten Tiere bedeuten bei Schnee und Eis eine willkommene Bussardnahrung. So entsteht oft der Eindruck einer außerordentlichen Größe des Mäusebussardbestandes. Möglicherweise hat auch die Fluchtdistanz der Bussarde seit Einführung der ganzjährigen Schonzeit auf Greifvögel abgenommen. Ein wichtiger Umstand, der die Diskussion erschwert, ist aber die Tatsache, daß die Brutbestände von Mäusebussarden von Jahr zu Jahr in Abhängigkeit vom Hauptnahrungstier, das ist die Feldmaus, erheblich schwanken können, ähnlich wie bei vielen Eulen. Auch die Witterung kann vor allem während der Jungenaufzucht eine entscheidende Rolle bei der Regulation des Bestandes spielen. Kalte und nasse Tage in kritischen Phasen der Jungenentwicklung führen mitunter zu erheblichen Verlusten, ebenso natürlich besonders schneereiche und harte Winter unter den Altvögeln. So können die Schwankungen des Bussardbestan-

Mäusebussardhorst vor der Brutzeit. Viele Nester werden jahrelang benutzt.

des innerhalb kurzer Zeit gewaltige Zu- oder Abnahme vortäuschen.

Ein Beispiel: In einem großen fränkischen Untersuchungsgebiet wurde 1977 eine Dichte von weniger als 10 Brutpaaren auf 100 km^2 ermittelt, ein Jahr später dagegen von über 15. Demnach hätte also der Bestand binnen Jahresfrist auf das 1½fache zugenommen. Doch handelte es sich lediglich um eine kurzfristige Schwankung, wie die Zählungen von insgesamt 9 Jahren (1971–1979) beweisen, in denen der Brutbestand des Mäusebussards sich auf das jeweils wechselnde Nahrungsangebot einstellte und ganz unterschiedliche Größe aufwies. Trotz der scheinbar enormen Zunahme von 1977 auf 1978 war der Bussardbestand in den 9 Untersuchungsjahren konstant geblieben.

Man gewinnt also häufig nach wenigen Jahren Zählung ein falsches Bild der wirklichen Bestandssituation; Zu- und Abnahme werden vorgetäuscht. In Jahren mit geringem Feldmausbestand verringert sich

z. B. nicht nur die Gelegegröße etwas, sondern vor allem auch die Zahl der pro Nest ausfliegenden Jungen, die nicht optimal ernährt werden können. Ganz abgesehen davon beginnen in ungünstigen Jahren gar nicht alle vorhandenen Brutpaare wirklich mit einer Brut. Mitunter bleibt es bei Revierbezug und Balzflügen. Sogar grüne Zweige werden in den alten Horst eingetragen, doch Eier dann nicht mehr gelegt. In unserem Beispiel aus Franken betrug z. B. die durchschnittliche Jungenzahl pro Horst im letzten Jahr der Untersuchungsreihe (1979) nur 1,04. Im Jahr

Dunkler Mäusebussard auf der Jagdwarte.

davor, einem Gipfeljahr des Massenwechsels der Feldmaus, flogen jedoch 2,25 Junge, also mehr als doppelt soviele, aus jedem Bussardhorst aus. Die Werte aller übrigen Jahre lagen zwischen diesen beiden Extremen.
Wir können daraus schließen, daß auch ohne Eingreifen des Menschen Regulationskräfte am Bussardbestand arbeiten. In einer 12jährigen

Untersuchungsreihe auf einer Probefläche von 400 km^2 in der Schwäbischen Alb konnte sogar festgestellt werden, daß im günstigsten Jahr 6,5mal soviel Junge flügge wurden wie im ungünstigsten. Auch hier hatte sich während des gleichen Zeitraumes der Gesamtbestand der brütenden Mäusebussarde nicht wesentlich verändert!
Greifvogelzählungen und Ermittlungen des Brutbestandes sind eine sehr schwierige Angelegenheit und zwar nicht nur, weil manche Arten (z. B. Sperber und Habicht) sehr versteckt brüten. Bei landesweiten Umfragen und Hochrechnungen, wie sie in letzter Zeit verschiedentlich durchgeführt wurden, gibt es auch große statistische Probleme. Das wird in der Praxis oft übersehen und so kann es vorkommen, daß z. B. Umfrageergebnisse erheblich von realistischen Werten abweichen. Als ganz grober Anhaltspunkt kann gelten, daß dort, wo Mäusebussarde brüten, in der Regel auf 100 ha nicht einmal 1 Paar kommt. Beim Habicht ist die Siedlungsdichte sogar noch um die Hälfte geringer. Schon diese ganz groben Mittelwerte zeigen, daß der Lebensraum eines Mäusebussard-, Habicht- oder Sperberpaares größer ist als die kleinsten gesetzlich zulässigen menschlichen Jagdreviere, die schon bei 75 ha beginnen. Wenn also Landesjagdverbände durch Umfragen ermitteln, wieviele Habichte und Bussarde in den einzelnen Revieren vorhanden sind und diese Zahlen nach Revieren addieren, kommt es zwangsläufig zu Doppel- und Mehrfachzählungen. Dasselbe Bussardpaar wird z. B. 2 benachbarten Revieren zugeordnet. Ganz abgesehen davon halten sich nun einmal Greifvögel mit ihren Brut- und Nahrungsrevieren nicht an die Verwaltungsgrenzen von Jagdrevieren. So ist es eigentlich nicht verwunderlich, daß unabhängige Bestandsauf-

Relativ helle Mäusebussarde (vgl. mit der Abb. gegenüber) sind keineswegs immer nordische Wintergäste. Die Aufnahme gelang am ausgelegten Luder.

nahmen von Jagdverbänden und Ornithologen für einzelne Gebiete oft stark voneinander abweichen.

Besonders interessante Ergebnisse liegen aus dem Rheinland und aus Nordrhein-Westfalen vor. Hier lag der durch die jeweiligen Landesjagdverbände ermittelte »Bestand« des Mäusebussards 3mal so hoch wie die von den Ornithologen ermittelten Höchstwerte. Beim Habicht lagen die Verhältnisse zwischen 3 und 4:1 und beim Sperber sogar zwischen 6 und 8,3:1. Die Erklärung dieser Abweichungen liegt z.T. in den oben erwähnten Mängeln der Zählmethodik, aber auch darin, daß Hochrechnungen von untersuchten Flächen auf fehlende nicht ohne weiteres zulässig sind. Im übrigen wurde offenbar von manchen Jägern übersehen, daß ein einziges Habicht- oder Mäusebussardpaar oft über mehrere Horste verfügt, die in einzelnen Jahren wechselweise bezogen werden. Dieser wichtige Umstand wird bei der Angabe von Horsten oft übergangen. Korrekte Zählung von Horsten ist nicht gleichzusetzen mit der Anzahl von Brutpaaren.

Auch im Winter schwankt der Bestand des Mäusebussards erheblich je nach Witterung. Im Mittel kann man davon ausgehen, daß etwa die Hälfte der mitteleuropäischen Mäusebussarde abzieht. Unter den 1jährigen Jungvögeln ist der Anteil der Zugvögel meist größer als bei den alten. Allgemein nimmt aber der Anteil der ziehenden Mäusebussarde nach Norden und Osten zu. In sehr kalten Wintern können noch im Januar Winterfluchtbewegungen zu beobachten sein. Meist sind bei lang anhaltender Schneedecke und tiefen Frost die Verluste relativ hoch. 50–60% beträgt die Sterblichkeit im 1.Jahr nach dem Ausfliegen; in den folgenden Jahren sinkt sie auf 30% oder weniger. Der älteste bis jetzt bekannte Mäusebussard wurde über 25 Jahre alt; die normale Lebenserwartung liegt nach dem 1.Lebensjahr aber nur bei rund weiteren 5 Jahren, unter Einberechnung der Jährlinge ist sie noch geringer.

Rauhfußbussard
Buteo lagopus

K Sehr ähnlich Mäusebussard und daher im Freien beide Arten manchmal schwer zu unterscheiden. Wichtigste Merkmale im Flug: Heller und fast weißlicher Kopf; Schwanz an der Basis weiß bis hell und davon abgesetzt eine sehr breite, dunkle Binde gegen das Ende. Flügelunterseite heller als beim Mäusebussard und in der Regel deutlicher abgesetzter schwarzer Fleck in der Nähe des Buggelenkes (der aber auch bei hellen Mäusebussarden sehr stark auffällt!). Körper meist heller als Bussard, oft breites, braunes Band über die Brust. Insgesamt also etwas kontrastreicher gefärbt als Mäusebussard. Die bis zu den Zehen befiederten Läufe sind im Freiland kaum erkennbar. Sitzende Rauhfußbussarde wirken meist etwas größer und plumper als Mäusebussarde. ■ Stimme bei uns kaum zu hören. ■ Wie Mäusebussard Jagdgebiet offene Flächen; guter Segelflieger.
V Br. in der Tundra und Waldtundra im Norden Europas, Asiens und Nordamerikas; in Skandinavien südwärts bis Südnorwegen. ■ Bei uns r. Wintergast, etwa von Oktober bis April, am häufigsten und regelmäßigsten im Osten; tiefer im Binnenland und vor allem im Südwesten seltener

und nicht in jedem Winter. Manchmal stärkere Einflüge (»Invasionen«). ■ Bei uns in der Regel in der offenen Landschaft zu beobachten.
N Ähnlich Mäusebussard. In der nordischen Brutheimat vor allem Wühlmäuse und Lemminge.

Wie Ringfunde beweisen, fliegen vor allem in Norwegen, Schweden und Finnland brütende Rauhfußbussarde nach Mitteleuropa ein. Auch Brutvögel aus den westlichen Gebieten Rußlands dürften sich dazu gesellen. Allerdings ist die Verteilung der Rauhfußbussarde im Herbst und Winter über Mitteleuropa sehr ungleichmäßig. In Schleswig-Holstein ist die Art nicht nur Wintergast, sondern auch Durchzügler. Das bedeutet, daß über dieses nördlichste deutsche Bundesland Rauhfußbussarde hinwegziehen (etwa ab Anfang Oktober) und in südlicher gelegene Gebiete einfliegen. Vor allem im Bereich von Südpolen bis nach Ungarn dürfte das Hauptwinterquartier vieler Rauhfußbussarde in Mitteleuropa liegen.
Immerhin ist aber der Rauhfußbussard auch in den Niederungsgebieten Schleswig-Holsteins im Winter z.T. der zweithäufigste Greifvogel.

Man hat dort z. B. auf 2 Untersuchungsflächen von 100 km² im langjährigen Mittel 45 bzw. 97 Rauhfußbussarde gezählt. Dagegen sieht im äußersten Südwesten Deutschlands, z. B. im Bodenseegebiet, die Situation bereits ganz anders aus. Auf einer Fläche von über 1000 km² wurden dort 1948–1969 nur 25mal einzelne Rauhfußbussarde beobachtet und in den 12 Wintern von 1969/70 bis 80/81 nur 13mal 1 Individuum; ähnlich ist es am Alpenrand.

Die Häufigkeit des Rauhfußbussards im Winter auf offenen Niederungsflächen hängt unter anderem, wie beim Mäusebussard, vom örtlichen Angebot an Feldmäusen ab, sicher aber auch von der Härte des Winters und von den Verhältnissen im Brutgebiet. Auch dort sind große Schwankungen wie beim Mäusebussard festzustellen, in Abhängigkeit vom Angebot an Nahrung. Konkurrenz zwischen Rauhfußbussard und Mäusebussard ist verschiedentlich festgestellt worden. Die Nahrung des Rauhfußbussards scheint aber auch im Winterhalbjahr fast ausschließlich aus Mäusen zu bestehen.

Im Hinblick darauf, daß Rauhfuß- und Mäusebussarde in der Freiheit nur schwer zu unterscheiden sind, steht natürlich außer Frage, daß als Ergebnis der Bemühungen der Jägerschaft, Abschußgenehmigungen für Greifvögel zu erhalten, oder gar eine Schußzeit für Habicht und Mäusebussard in den Wintermonaten einzuführen, auch Rauhfußbussarde daran glauben müßten. Folgende etwa bussardgroße Greifvögel sind z. B. in Deutschland regelmäßig zumindest in einzelnen Gebieten im Winter anzutreffen: Mäusebussard, Rauhfußbussard, Habicht, Kornweihe, Rotmilan. Unter den kleineren Greifvögeln sind Sperber, Merlin, Turmfalke und Wanderfalke regelmäßige Überwinterer bzw. Wintergäste. Wenn man bedenkt, daß ein Sperberweibchen schon im Größenbereich eines Habichtmännchens liegt, dann bestehen durchaus Verwechslungsmöglichkeiten, deren sich auch ein Jäger beim Ansprechen nicht schämen müßte.

Die Erfahrungen vieler Jahrzehnte haben gezeigt, daß Verwechslungen beim Abschuß von Greifvögeln fast an der Tagesordnung sind. Schon aus diesem Grund besteht auch im Winter, wenn die Zahl der Greifvögel etwas geringer ist, Gefahr für bedrohte Arten, sollten Abschüsse wieder zur Regel werden.

Rauhfußbussard am Felshorst in Skandinavien. Wichtige Kennzeichen sind der helle Kopf und die dunkle Bauchfärbung (im Unterschied zu hellen Mäusebussarden; vgl. S. 169).

Steinadler

Aquila chrysaetos

K Viel größer als Bussard, aber im Flugbild etwas schlanker wirkend: Flügel relativ schmaler und länger, Schwanz mittellang, Kopf stärker vorgebaut. Flügel sind an den Enden breit gefächert. Jungvögel zeigen im äußeren Flügeldrittel einen weißen Fleck; Basis des Schwanzes ebenfalls weiß abgesetzt von der breiten, dunklen Endbinde. Ad. einfarbig dunkelbraun, Oberkopf und Nacken goldbraun. ■ Stimme für gewöhnlich nicht zu hören. Junge betteln mitunter laut in den Horsten. ■ Meist nur im Segel- oder Gleitflug ohne Flügelschlag hoch in der Luft zu beobachten; stößt mit angewinkelten Flügeln oft aus großer Höhe herab oder schießt entlang von Felswänden. Ruderflug (seltener zu beobachten) mit tief ausholenden Schlägen.

V Br. in Gebirgen und abgelegenen Gebieten Nordafrikas, Europas und Asiens sowie im nordischen Nadelwaldgürtel und in der Tundra von Skandinavien bis Ostasien; im Norden und in den Hochgebirgen Nordamerikas. ■ In Mitteleuropa auf die Alpen beschränkt; dort im Augenblick nicht akut gefährdet, doch vielfach geringer Nachwuchs. In Deutschland derzeit mindestens 45 Brutpaare. Einheimische Population Standvögel

mit sehr großem Aktionsradius. Im Norden Mitteleuropas Einflüge skandinavischer Steinadler. ■ Felsbrüter in den Alpen mit großem Jagdgebiet in der Matten- und Krummholzzone; im Winter auch in Tälern und im Alpenvorland.

F Horst in Felswänden; oft großer, über viele Jahre hinweg bezogener Bau. Meist verschiedene Horste eines Paares im Revier. In Mitteleuropa selten auch in Baumhorsten. ■ Eiablage Ende Februar bis Mitte April; 1 Jahresbrut. ■ Meist 2 Eier, schmutzigweiß mit braunen und gelblichen Flecken. ■ ♀ brütet 40–45 Tage, wird vom ♂ mit Nahrung versorgt und gelegentlich auch kurzzeitig abgelöst; Nestlingsdauer 75–80 Tage.

N Vielseitiger Wirbeltierjäger. Hauptbeute in den Alpen Murmeltier, Rauhfußhühner, Kälber von Gemsen, Rehen, Hirschen; aber auch Fuchs, Dachs, Katzen, Eichhörnchen, Ratten, Mäuse. Vögel meistens weniger als Säugetiere. Geht auch häufig an Aas, vor allem im Spätwinter (Fallwild!).

Neuere eingehende Teiluntersuchungen am Steinadler haben ergeben, daß sich die Bestände in den Alpen wieder erholt haben, ja daß sogar manche Teile der schweizerischen, österreichischen und der deutschen Alpen sicher den maximal möglichen Bestand aufweisen, also »gesättigt« sind. Dies darf man allerdings nicht überbewerten, denn ein Steinadlerpaar braucht enorm viel Platz und die Siedlungsdichte ist daher gering. In einem besonders günstigen Gebiet in der Schweiz hat man z. B. 51 Paare auf 5565 km^2 gefunden, wobei in Teilflächen die Siedlungsdichte zwischen 1 Paar pro 191 km^2 und 1 Paar pro 75 km^2 schwankt. Ähnliche Werte sind auch aus anderen Alpenteilen bekannt. In günstigen Gebieten können Paare auf Flächen unter 50 km^2 genügend Nahrung zur Jungenaufzucht finden, in ungünstigen bedarf es wesentlich größerer Gebiete.

Die Konkurrenz zwischen den einzelnen Paaren sorgt dafür, daß auch bei sehr günstigen Verhältnissen der Bestand nicht »überhand« nimmt. Für den Schweizer Kanton Graubünden sieht die Rechnung z. B. folgendermaßen aus: Insgesamt leben dort 75 Steinadlerpaare, die im Jahresdurchschnitt ca. 32 Junge produzieren. Bei einer Jugendsterblichkeit von 65–70% werden etwa 9–11 davon in etwa 4 Jahren geschlechtsreif. Pro Jahr werden etwas über 2 tote Steinadler registriert, die aber wohl nur etwa 20% der insgesamt ausfallenden Adler ausmachen. Das bedeutet, daß Zugang und Abgang der Population etwa ausgeglichen sind. Der Lebensraum einzelner Paare wird übrigens noch dadurch eingeengt, daß nichtbrütende Einzeladler sich zwischen die Reviere einschieben und ebenfalls ihren Platz beanspruchen, ohne daß hier Junge aufwachsen.

Eine potentielle Gefahr für den Steinadler ist die zunehmende Beunruhigung an den Brutplätzen, zum Teil unbeabsichtigt durch die explosive Ausweitung des alpinen Tourismus und seinen Begleiterscheinungen zu fast allen Jahreszeiten. Das Fotografieren und Filmen an Steinadlerhorsten ist fast immer mit Störungen des Brutablaufes verbunden und daher nicht mehr zu verantworten. Beunruhigung führt oft zum Brutverlust.

Flugbild eines alten Steinadlers (ohne weißes Flügelfenster, heller Kopf).

Fischadler

Pandion haliaetus

K Größer als Mäusebussard; mit langen, schmalen Flügeln, die oft gewinkelt werden. Unterkörper und Unterflügel weiß, braunes Brustband, Flügelspitzen schwarz, Schwanz mit dunklen Binden. Oberseite dunkelbraun, Oberkopf weiß; durch das Auge zieht sich ein schmaler schwarzer Streifen bis auf die Halsseiten, wo er sich verbreitert. Im Sitzen werden die Hinterkopf- und Nackenfedern oft gesträubt. Mit kaum einem anderen heimischen Greifvogel zu verwechseln. ■ Am Horstplatz hoch »tjipp tjipp …« und ähnlich, auch weicher »gjü …«. ■ Häufig über dem Wasser zu beobachten.

V Br. auf der Nordhalbkugel, ferner an wenigen Stellen in Afrika sowie in Neuguinea und Australien. ■ In Europa stark zurückgegangen und in vielen Gebieten ausgestorben; heute nur an wenigen Stellen im Mittelmeergebiet, in Schottland, in Ostdeutschland, Polen sowie in Fennoskandinien und Rußland Br. In Mitteleuropa r. Durchzügler, April/Mai und August/September (Oktober). Einzelne halten sich oft wochenlang, vor allem im Spätsommer und Herbst, in Teichgebieten auf. ■ Jagdgebiet an stehenden, fischreichen Gewässern; Horst auf hohen Bäumen.

F Horst oft große Burg aus Knüppeln und Ästen, die jahrelang benutzt werden kann. ■ Legezeit April Mai; 1 Jahresbrut. ■ Meist 3 Eier, weiß mit braunen und grauen Flekken. ■ Brutdauer 33–40 Tage; Nestlingsdauer 44–59 Tage.

N Fast nur größere Fische.

Der Fischfang im Stoßflug ist eine bei europäischen Greifvögeln einmalige Jagdmethode. Auf dem Zug kann man auch bei uns gelegentlich Fischadler auf der Jagd beobachten. Dabei müssen vom Adler mehrere Unsicherheiten in Kauf genommen werden. Der Stoß geht oft aus großer Höhe ins Wasser und zudem auf eine Beute, die nicht deutlich sichtbar ist. Mann kann kaum erwarten, daß Fischadler aus großer Höhe Größe und Gewicht ihrer Beute richtig abschätzen können und damit auch die Schwimmkraft. Somit müssen Fischadler mitunter nicht nur erhebliches Gewicht aus dem Wasser herausziehen, sondern auch noch die Eigenkraft der Beute überwinden und also mit beträchtlichen Schwierigkeiten rechnen, wenn sie die Beute sicher aus dem Wasser holen wollen.

Trotzdem sind aber Berichte, große Fische würden Fischadler ins Wasser hinabziehen und ertränken, nie bestätigt worden. Ein immer wieder durch die Presse geisterndes Foto eines angeblichen Fischadlerskelettes in einem toten Karpfen erwies sich als glatte Fälschung.

Der Fischadler ist hervorragend an eine schwierige Jagd angepaßt. Moderne Filmanalysen haben dazu erstaunliche Einzelheiten ergeben. Mit 30–60 km/h stoßen Fischadler herunter und können noch kurz über dem Wasser stark beschleunigen. Unmittelbar vor dem Eintauchen werden die Füße vorgestreckt. Dabei kann der Adler im allerletzten Moment den Stoß noch dicht über der Wasserfläche abbrechen, indem er z.B. seine gespannten Zehen in nur 2 Hundertstel Sekunden zusammenklappt und damit die Gefahr, einen aussichtslosen Kampf mit dem großen Fisch im Wasser eingehen zu müssen, abwendet. Gelegentlich tauchen Fischadler bei ihrem Stoß ganz unter Wasser und verschwinden bis zu 1 Sekunde. Ist der Fisch sehr groß, kann nicht gleich gestartet werden, sondern die Adler schwimmen mit ausgebreiteten Flügeln eine

Zeitlang auf der Wasseroberfläche, bearbeiten dabei wohl den Fisch mit ihren kräftigen Fängen. Mehrfaches Umgreifen kann den Fisch beim Abtransport in eine aerodynamisch günstige Lage bringen, mit dem Kopf nach vorne. Hat der Adler die Wasseroberfläche dann wieder verlassen, schüttelte er sich meist im Flug kräftig, um die anhängenden Wassertropfen aus dem Gefieder loszuwerden.

Nicht immer geht alles glatt: Bei sehr großen Fischen kann es auch zu einem ausgesprochenen Kampf im Wasser kommen. Allerdings läßt sich der Fischadler dabei meist nicht auf längere Auseinandersetzungen ein. Erweist sich nach einigen Startversuchen der Fisch als zu schwer, wird er wieder losgelassen.

Auf alle Fälle sind beim Beutefang viele verzwickte Flugmanöver nötig. Bisher hat man die langen Flügel des Fischadlers vor allem als Anpassung an die weiten Wanderungen vom Winterquartier in das Brutgebiet und zurück gedeutet. Sie sind aber auch hervorragend zum komplizierten Fischfang geeignet.

Fischadler auf dem Durchzug kröpft seine Beute.

Turmfalke

Falco tinnunculus

K Kleiner und schlanker als Krähe. Wie Sperber langer Schwanz, doch längere und nicht so stark gerundete Flügel; Oberseite rotbraun. ♂ ad. Oberkopf, Hinterrücken und der Schwanz grau; Oberseite rotbraun, schwach gefleckt. ♀ und juv. vollkommen rotbraune Oberseite, stark dunkel gefleckt und quergebändert; Schwanz braun mit mehreren dunklen Querbändern. ■ Rufe sind oft zu hören, z.B. hohe Reihe »kikiki …«; am Brutplatz hohe, etwas wimmernde »wrrii wrrii«. ■ Streckenflug mit schnellem, etwas hastig wirkendem Flügelschlag. Besonders charakteristisch ist das Fliegen am Ort (Rütteln): Der Vogel hängt etwas aufgerichtet mit schnellem Flügelschlag und gespreiztem Schwanz in der Luft.

V Br. in Eurasien und Afrika mit Ausnahme der Wüstengebiete. ■ Bei uns neben Mäusebussard verbreitetster und häufigster Greifvogel vom Tiefland bis ins Hochgebirge. Zugvogel und Teilzieher, der in allen Teilen Mitteleuropas auch überwintert. ■ Sehr anpassungsfähig in der Wahl des Lebensraumes; brütet in Städten, Steinbrüchen, Hochgebirgen oder Feldgehölzen; jagt immer im offenen Land, auch in der intensiv bewirtschafteten Agrarlandschaft, über Ödland, Sportplätzen usw. Im Winter auch häufig entlang von Straßen.

F Baut wie alle Falken kein eigenes Nest. Eier werden in Mauerlöchern, Felsspalten, Felshöhlen, aber auch in ehemaligen Krähen- und Elsternnester abgelegt. ■ Eiablage April/Mai; 1 Jahresbrut. ■ (3) 4–6 (7) Eier; Grundfarbe gelblichweiß, stark braunrot oder braun gefleckt, so daß dadurch die Grundfarbe häufig ganz verdeckt ist. ■ ♀ brütet allein etwa 21–27 Tage; wird vom ♂ mit

Turmfalkenpaar: Kopulation.

Nahrung versorgt. Nestlingsdauer 28–32 Tage.

In erster Linie kleine Bodentiere, vor allem Mäuse; aber auch kleine Insektenfresser (Spitzmäuse, Maulwurf); mitunter Reptilien, Kleinvögel und Insekten. Insbesondere bei Stadtbrütern scheint die Vogeljagd eine größere Rolle zu spielen.

Turmfalken kann man leicht bei der Jagd beobachten. Doch haben sie ganz verschiedene Jagdstrategien entwickelt. Neuere quantitative Untersuchungen haben gezeigt, daß die einzelnen Jagdweisen sehr sinnvoll angewendet werden. Am häufigsten ist im allgemeinen die Jagd im Suchflug, bei der das allbekannte Rütteln (s. oben) eingesetzt wird. Der Vogel nützt dabei Auf- oder Gegenwinde aus, um sich möglichst ruhig in der Luft zu halten. Bei starkem Gegenwind kann er auch ohne einen Flügelschlag in der Luft schweben. Hat er eine Beute entdeckt, stößt er meist nicht besonders rasch herunter; über dem Boden kann der Stoßflug oft noch einmal aufgefangen werden, um dann bei nochmaliger kurzer Peilung zielsicher abgeschlossen oder auch abgebrochen zu werden.

Daneben spielt auch der ruhige Ansitz für den Beuteerwerb eine Rolle. Meist sind die Sitzwarten nicht besonders hoch über dem Boden. Die Falken beobachten von dort aus ruhig die Umgebung, um dann die potentielle Beute anzufliegen.

Luftjagd auf Vögel ist nur unter besonderen Bedingungen für den Falken lohnend, z. B. zwischen den Häusern einer Stadt oder auch bei großen Singvogelschwärmen auf landwirtschaftlich genutzten Flächen, vor allem im Winter, wenn möglicherweise die Vögel z. T. geschwächt sind. Gelegentlich klauben Turmfalken auch Regenwürmer zu Fuß aus frisch umgebrochenem Erdreich

oder versuchen sich in der Insektenjagd. Alle diese Jagdweisen spielen aber eine geringere Rolle.

Zählungen, wie oft und wann die Hauptjagdweisen vom Turmfalken eingesetzt werden, haben interessante Sachverhalte ergeben. Beobachtet man nur die Jagd auf Kleinsäuger, so stellt sich heraus, daß im Sommer wesentlich häufiger die Flugjagd ausgeübt wird als die Jagd vom Ansitz. Im Winter ist jedoch umgekehrt die Ansitzjagd sehr viel häufiger. Auf einer Kontrollfläche in Großbritannien verbrachten z. B. im Januar/Februar Turmfalken ihre für den Nahrungserwerb aufgewendete Zeit zu 85% mit Ansitzjagd und nur zu

Turmfalkengelege in einem Krähennest.

15% mit Flugjagd. Von Mai bis August jedoch machte die Flugjagd etwa 50% dieser Zeit aus, also ebensoviel wie die Ansitzjagd.

Welcher Jagdtyp ist nun für das Erbeuten von Mäusen erfolgreicher? Die Ergebnisse auf der Untersuchungsfläche waren zunächst etwas verblüffend: Im Winter waren etwa 16% der Stöße aus der Flugjagd erfolgreich, im Sommer über 21%. Die Ansitzjagd ergab im Winter nur eine Erfolgsrate von knapp 9%, im Sommer lag sie etwa gleich mit der Flugjagd. Warum wird die doch relativ unergiebige Ansitzjagd im Winter so stark bevorzugt? Die Antwort liegt wahrscheinlich im Problem des Energieaufwandes. Experimente lassen vermuten, daß Flugjagd etwa 4 mal so viel Energie beansprucht wie Jagd aus dem Ansitz. Damit sind aber die Verhältnisse noch nicht ganz geklärt, denn für den Falken ist vor allem der pro geschlagene Maus erforderliche Energieaufwand von Bedeutung. Berechnungen haben ergeben, daß im Sommer die für eine Maus vom Falken aufzuwendende Energie bei Flugjagd und Ansitzjagd etwa gleich hoch ist. Im Winter jedoch sind die Unterschiede viel größer. Trotz des geringen Erfolges der Ansitzjagd ergab sich auf der Untersuchungsfläche für die Ansitzjagd nicht einmal die Hälfte des Energieaufwandes pro geschlagener Maus im Vergleich zur Flugjagd.

Damit wird der Wechsel der Jagdweise zwischen Winter und Sommer erklärlich: Der Falke versucht also seinen Energieaufwand für den Beuteerwerb möglichst gering zu halten. Dies ist notwendig, denn nur dann ist die Ernährung einer Tierart ausreichend gesichert, wenn der für den Nahrungserwerb aufzuwendende Energiebetrag wesentlich kleiner ist, als der, der durch die Nahrung gewonnen wird.

Die Unterschiede im einzelnen, die nicht nur auf der britischen Kontrollfläche im Jahreslauf zu beobachten sind, werden durch eine Vielzahl von Umständen beeinflußt. So z. B. wird für einen Suchjäger nach Bodentieren die Erreichbarkeit der Beute durch die Höhe der Vegetation verändert. Man hat beobachtet, daß Turmfalken sich im Nahrungserwerb in der Kulturlandschaft recht genau dem jeweiligen Bearbeitungs- und Wachstumsstand der Felder und Wiesen anpassen und dort bevorzugt jagen, wo die Vegetation am niedrigsten ist, Anwesenheit von Mäusen vorausgesetzt.

Verschiebungen in den Anteilen einer bestimmten Jagdweise an der Zeit, die insgesamt für die Jagd aufgewendet wird, ergeben sich auch daraus, daß zur Brutzeit zunächst das Männchen allein für die Ernährung des Weibchens und der ge-

Weibchen füttert Junge im »Nest« auf dem Speicher.

178

samten Brut aufkommen muß. Daher ist es gezwungen, wesentlich mehr Energie für den Beutefang aufzuwenden als im Winter, wenn jedes Individuum nur für sich allein sorgt.

Selbst mitten in den größten Städten Europas können wir noch immer Turmfalken als Brutvögel beobachten. Teilweise haben sie sich auf Vogeljagd umgestellt, um im Häusermeer überleben zu können. Einige scheinen sogar regelmäßig die Nester der zahlreichen verwilderten Haustauben zu plündern. Andererseits aber weiß man von Stadtfalken, daß sie oft viele Kilometer an den Stadtrand fliegen, um auf Ödflächen, Wiesen und Feldern Mäuse zu jagen. Die Turmfalken der Frauenkirche in München müssen z.B. wegen einer Maus mindestens 3 km hin- und herfliegen.

Stadtfalken suchen sich als Brutplätze meist besonders hohe Bauwerke wie Kirchtürme, Hochhäuser usw. aus. Alte Historische Bauwerke bieten ihnen oft die erforderlichen Brutnischen. Moderne Hochhausbauten sind allerdings oft weniger geeignet, da sie zu wenig Mauerlöcher und Höhlungen aufweisen. Mit Erfolg hat man jedoch mit einfachen Nistkästen für Turmfalken geeignete Nistmöglichkeiten geschaffen. Ja es gibt mittlerweile sogar regelrechte Nistkastenkolonien an Hochhäusern, Autobahnbrücken oder in den Niederlanden sogar in fast baumlosem Gelände. Aber selbst dort, wo Falkenpaare dicht nebeneinander brüten, werden Nestterritorien verteidigt. Durch diese Konkurrenz, auch im Zusammenhang mit dem Nahrungsangebot, wird der Falkenbestand streng reguliert. Auch der Falke braucht also keinen übergeordneten Räuber, der für eine Dezimierung des Überschusses sorgt.

Man rechnet, daß in Mitteleuropa etwa 45–55% der jungen Turmfalken nach dem Ausfliegen im 1. Jahr ster-

Weibchen auf Ansitz im Winter, der bevorzugten Jagdweise in dieser Jahreszeit

ben. Die Sterblichkeit in späteren Jahren schätzt man auf etwa 35–40%. In einer jahrelang beobachteten Kolonie an einer Autobahnbrücke hielten etwa 50% der Altvögel dem Brutplatz auch im nächsten Jahr die Treue, doch nur etwa 1% der Jungvögel konnten in späteren Jahren als Brutvögel am Geburtsort nachgewiesen werden. Die ältesten freilebenden beringten Turmfalken sind über 16 bzw. über 14 Jahre alt geworden.

Fast flügge Junge vor dem Nesteingang.

Rotfußfalke

Falco vespertinus

K Etwas kleiner als Turm- oder Baumfalke. Schwanz kürzer als Turmfalke, doch lange spitze Flügel (ähnlich Baumfalke). Färbung sehr unterschiedlich. Alte ♂ einfarbig dunkel schiefergrau mit schwarzem Schwanz, roten »Hosen« und Unterschwanzdecken; um das Auge ein schmaler roter Ring. Füße leuchtend rot. 1jährige ♂ Oberseite ebenfalls schiefergrau, doch rotbraunes bis rostbraunes Nackenband; Untersei-

te heller schiefergrau oder rostgelb mit schwärzlichen Längsstrichen; Kehle oft weißlich. Ad. und 1jährige ♀ weißliches Gesicht, rostbräunlicher Oberkopf und Nacken, dunkle Umrandung der Augen und ebenso gefärbter Bartfleck; Oberseite und Schwanz bräunlichgrau mit schwarzer Querbänderung; Unterseite hell rostfarben, fein längs gestrichelt. Diesjährige juv. unterscheiden sich davon durch dunkelbraune Oberseite (Federränder rostbraun), fast weiße Unterseite mit breiten, braunen Längsstreifen; Backen und Kopfseiten weißlich, dunkle Augenumran-

Flugbilder vom Rotfußfalken im Frühjahr; links Männchen, rechts Weibchen.

dung größer als beim ♀ ad. ■ An der Brutkolonie ruffreudig, doch die bei uns zu beobachtenden Gäste meist still. ■ Fliegt weniger hastig als Turmfalke, schwebt und gleitet häufiger; rüttelt zwar regelmäßig, aber meist nicht so hoch über dem Boden und kürzer als Turmfalke; auch bei der Flugjagd auf Insekten zu beobachten.

[V] Br. von Osteuropa bis Mittelsibirien und Zentralasien. Westlichste Brutplätze in der Ungarischen Tiefebene und ihren Ausläufern. ■ Bei uns r., in manchen Gebieten jedoch seltener Gast im Sommerhalbjahr, meist von Mai bis Oktober, besonders r. im Frühjahr und Herbst. In manchen Jahren stärkere Einflüge (»Invasionen«) und gelegentlich auch Einzelbruten bis in den Westen der Bundesrepublik Deutschland. ■ Steppenvogel; bei uns vor allem über Moor- und Heidegebieten jagend, auch an Seeufern.

[F] Benützt Nester anderer Vogelarten auf Bäumen. ■ Eiablage beginnt erst ab Mitte Mai; 1 Jahresbrut. ■ (2) 3–5 (6) Eier; gefärbt wie bei Turmfalke. ■ Brutdauer 20–25 Tage; Nestlingsdauer 26–30 Tage.

[N] Beutetiere sind Insekten, vor allem Heuschrecken, Käfer, aber auch Ameisen; gelegentlich Reptilien, Amphibien und Mäuse sowie andere Kleintiere.

Rotfußfalken sind am ehesten mit Baumfalken zu verwechseln, vor allem dann, wenn man die auffällige Färbung nicht gut erkennt. Wie Baumfalken jagen auch sie in der Luft nach Insekten. Nicht selten kann man beide Arten sogar miteinander vergesellschaftet auf der Jagd beobachten. Insektenjagd ist meist besonders lohnend über Wasser oder Röhricht oder über feuchten Wiesen und Mooren und anderen wenig genutzten Flächen. Meist fliegen die kleinen Falken mit ein paar schnellen Flügelschlägen nach oben und greifen dann im Abwärtsgleiten mit ihren Fängen Libellen, schwärmende Käfer, Schmetterlinge, Heuschrecken und andere größere Insekten. Nicht selten sitzen Rotfußfalken auch auf Leitungsdrähten über einer Wiese, um dann von dort aus vorbeifliegende Insekten im kurzen Jagdflug zu packen oder auf Mäuse am Boden herunterzustoßen. Auch zu Fuß bewegen sich die Falken recht geschickt und klauben z. B. Insekten vom kahlen Boden auf.

Lange Zeit galten Rotfußfalken bei uns nur als Ausnahmeerscheinun-

Altes Männchen auf Nahrungssuche.

gen. Doch hat sich herausgestellt, daß vor allem im Süden und Osten Mitteleuropas mit regelmäßigem Durchzug zu rechnen ist; einzelne bleiben sogar den Sommer über da. Am häufigsten sieht man Rotfußfalken im Mai und August/September. Im Osten Mitteleuropas überwiegen meist Herbstbeobachtungen, während im Westen (und auch z. B. in Großbritannien) Frühjahrszügler häufiger sind. In manchen Jahren ist die Zahl der Falken besonders groß (»Invasionsjahre«, z. B. 1975 und 1979).

Merlin

Falco columbarius

F Kleinster europäischer Falke; kleiner als Turmfalke, relativ breitflügelig und gedrungen. ♂ kaum größer als Misteldrossel (deutlich kleiner als ♀); oberseits schiefergrau mit roströtlichem Nacken; Unterseite hell isabell- bis rostfarben mit dunkler Längsfleckung. Grauer Schwanz mit breiter, schwarzer Endbinde. Das größere ♀ ist auf der Oberseite dunkelbraun; Unterseite weiß mit dunklen Längsflecken. ▪ Stimme außerhalb der Horstplätze wenig zu hören. Am Brutplatz u. a. kurze, gereihte »ki-ki- …«. ▪ Im Unterschied zum Turmfalken sehr rascher und wendiger Flug; jagt im reißenden Stoßflug.

V Br. von Island über Nordeuropa, Nordasien und Nordamerika bis Labrador; zirkumpolar. ▪ Bei uns r., aber nicht häufiger und meist nur einzeln auftretender Durchzügler und Wintergast bis an den Fuß der Alpen; in der Tiefebene des Nordens häufiger als im Süden. Oktober bis April. ▪ Bei uns vor allem offene Landschaften; bevorzugt weite Wiesengebiete (Marschen an der Küste) mit Feldgehölzen, Büschen und Hecken, in denen Kleinvogelschwärme zu erwarten sind. Wie der Sperber rasanter Kleinvogeljäger; kommt aber wenig in geschlossene Ortschaften.

N Fast ausschließlich Kleinvögel; Kleinsäuger (Mäuse) spielen eine untergeordnete Rolle. Zur Brutzeit auch Jungvögel größerer Arten und gelegentlich einzelne Insekten.

Neben dem Rauhfußbussard ist der Merlin der einzige in Mitteleuropa nicht brütende Greifvogel, der regelmäßig als Wintergast erwartet werden kann. Im Unterschied zum Rauhfußbussard tritt der kleine Falke meist nur einzeln auf, an der Küste offenbar sehr viel häufiger als tief im Binnenland. Wie Ringfunde zeigen, ist aber Mitteleuropa keineswegs nur Winterquartier. Die weitesten bis jetzt durch Ringfunde nachgewiesenen Merlinfalken zogen von ihren skandinavischen und nordrussischen Brutgebieten bis Spanien, Südfrankreich, Italien, Ungarn und Dalmatien. In Deutschland sind beispielsweise in Norwegen, Finnland und im Nordwesten Rußlands als Nestlinge beringte Merlinfalken gefunden worden, z. T. in den Zugmonaten, z. T. als regelrechte Wintergäste.

Am ehesten kann man dem Merlin zur Zeit des Herbstzuges im Oktober/November begegnen. Das Winterhalbjahr über sind die Zahlen meist sehr viel geringer, der Frühjahrszug fällt nicht besonders auf. Ganz ausnahmsweise sind einzelne Merlinfalken schon im Sommer in Mitteleuropa beobachtet worden.

Als spezialisierter Kleinvogeljäger ist der Merlin im Winterhalbjahr vor allem auf reiches Kleinvogelangebot angewiesen. Dies trifft er am ehesten in milden Tieflandgebieten oder auch dort, wo größere Vogelschwärme selbst mitten im Winter zusammenkommen. Im Binnenland geschieht dies besonders häufig auf Brachflächen, Ödländern, Schuttkippen, Bahndämmen usw., wenn stehengebliebene Pflanzen noch Samen für körnerfressende Singvögel, wie Finken, Sperlinge und Ammern, in ausreichendem Maße bereit halten. Bei starkem Frost oder geschlossener Schneedecke helfen solche verwilderten »Abstellwinkel« unserer Kulturlandschaft vielen Kleinvögeln, Nahrungsengpässe zu überwinden. Große Schwärme stellen sich vorübergehend z. B. an einem Distelfeld oder an anderen Ruderalpflanzen ein, um späte Samenernte zu halten. Dies nützt wiederum der Merlin (und auch der Sperber) zu lohnender Kleinvogeljagd.

Ähnlich dem Sperber bedienen sich die kleinen Falken geschickt der Deckung durch Büsche, Hecken oder Bodenwellen, um durch einen Überraschungsangriff zum Erfolg zu kommen. Man hat beobachtet, daß nicht nur einzelne Merline wochenlang ihren Zehnten von solchen winterlichen Vogelschwärmen holen, sondern auch Sperber, Turmfalke, Habicht nebeneinander solche Plätze aufsuchen, um Kleinvögel zu schlagen. So gehen also von ein paar stehengebliebenen, vertrockneten Pflanzen vielfältige Wirkungen auf die Vogelwelt aus. Ein Grund mehr, dafür einzutreten, daß nicht alles »Unkraut« restlos beseitigt und unsere Kulturlandschaft bis in den letzten Winkel aufgeräumt wird.

Auch von Pflanzen gehen Nahrungsketten aus, die Bestandteile eines vielfältig vernetzten Zusammenlebens bilden, so z. B. im Winter die Kette Kräuter → Samen → Singvögel → Merlin oder im Sommer Kräuter → Insektenlarven → Singvögel → Sperber. Mit einem Kettenglied fallen auch die folgenden aus.

Merlinpaar am Nest in Skandinavien. Wie bei allen Falken ist auch dieses Nest nicht vom derzeitigen Besitzer erbaut worden. Vermutlich handelt es sich um ein ehemaliges Krähen- oder Kolkrabennest. Das Weibchen (links) zerlegt die vom Männchen herbeigebrachte Beute und verfüttert sie in kleinen Portionen an die offenbar erst wenige Tage alten Jungen, die noch nicht über den Nestrand hinausschauen können. Die Arbeitsteilung bei der Fütterung der Jungen ist bei vielen Greifvögeln so streng geregelt, daß kleine Greifvogelnestlinge beim Ausfall des Weibchens verhungern, auch wenn das Männchen eifrig Beute am Nestrand ablegt. Erst wenn sie dann herangewachsen selbst von der eingetragenen Beute kleine Stücke abreißen können, sind Greifvogelnestlinge von der Fütterung durch das Weibchen, das jetzt selbst Jagdflüge unternimmt, unabhängig geworden.

Baumfalke

Falco subbuteo

K Größe etwa wie Turmfalke, doch sehr lange, sichelförmige Flügel und kürzerer Schwanz. Oberseite dunkel; am Kopf ist ein kräftiger, dunkler Bartstreif zu erkennen, der sich meist scharf von der weißen Wange und der hellen Kehle abhebt. Unterseite hell, mit kräftigen schwarzen Längsstrichen besetzt. Ad. rostfarbene »Hosen« und Unterschwanzdecken; bei juv. sind diese Federn hell rahmfarben. Geschlechter sind so gut wie nicht zu unterscheiden. ■ Am Brutplatz sehr ruffreudig; etwas nasale Rufreihen, die entfernt an Turmfalke, aber auch an Wendehals erinnern; etwa »kjüwkjüw …«; langgezogene Rufe (Lahnen) »gje gjegjä gjä …«. ■ Rasanter Luftjäger mit raschem Flügelschlag, der selten und ganz kurz rüttelt.

V Br. in Europa und Asien mit Ausnahme der nördlichen Gebiete. ■ Bei uns in allen Teilen des Tieflandes, doch nirgends häufig; bedroht. Langstreckenzieher; Winterquartier im tropischen Afrika bis Südafrika sowie Südasien (April bis September/Anfang Oktober). ■ Jagdgebiet über offener Landschaft; vor allem

Wiesen und Moore, Verlandungszonen von Gewässern. Gelegentlich zur Schwalbenjagd auch über Dörfern; sonst aber im intensiv bewirtschaftetem Kulturland selten. Horste stehen auf Bäumen, an Waldrändern und Feldgehölzen usw.

F Eiablage in Krähen- und Elsternnestern. ■ Legebeginn frühestens ab Mitte Mai, meist Juni; 1 Jahresbrut. ■ 2–4 Eier; weiß oder hell rotbraun mit starker rotbrauner Fleckung und Strichelung. ■ Brutdauer 28 Tage; Nestlingsdauer 28–32 Tage.

N Fast ausschließlich Vögel und fliegende Insekten; selbst Schwalben und Segler können gejagt werden.

Baumfalken sind am vielseitigsten für die Jagd im freien Luftraum angepaßt. Schon ihr schlankes Flugbild erinnert etwas an Schwalben und Segler, denen der Baumfalke als einziger heimischer Greifvogel durchaus gefährlich werden kann. Vielfältiger Luftalarm der über dem Dorf jagenden Schwalben kündigt häufig das Erscheinen des Baumfalken an. Auch an herbstlichen Schlafplätzen von Staren und Schwalben im Schilf stellen sich fast regelmäßig Baumfalken ein. Allerdings ist der Falke in

Baumfalke im 1. Lebensjahr.

vielen Gegenden Mitteleuropas selten geworden und heute eigentlich nirgends häufig.

Mit hoher Frequenz schlagen die schlanken Flügel durch die Luft. In anschließenden Gleitflugstrecken können bis zu 100 km/h erreicht werden. Häufig stoßen die Falken auf fliegende Vögel mit hohem Tempo von oben herunter. Man schätzt, daß dabei sogar für ganz kurze Zeit Geschwindigkeiten von über 200 km/h erreicht werden. Mit einem Genickbiß werden die Vögel in der Luft getötet, meistens aber dann auf einer hohen Sitzwarte gerupft. Auch die Insektenjagd in der Luft spielt eine nicht unbedeutende Rolle. Dabei werden häufig die mit den Fängen gegriffenen Insekten gleich in der Luft verzehrt. Man kann dies recht gut beobachten, wenn die Falken im Flug Kopf und Fänge aufeinanderzubewegen.

Wer sich so gewandt im Luftraum bewegt wie der Baumfalke, kann es sich auch leisten, gelegentlich anderen Greifvögeln, vor allem Turmfalken, Beute abzujagen. So findet man in der Nahrung des Baumfalken mitunter Mäuse, die er sicher nicht selbst geschlagen hat, denn die Bodenjagd liegt ihm gar nicht.

Wohl am eingehendsten wurde das Leben der Baumfalken in Berlin untersucht. 16jährige Beobachtungen und Beringungen der dort brütenden Baumfalken ergaben z.B., daß von den Jungen vor allem die Männchen wieder an den Geburtsort zurückkehren, die Weibchen dagegen viel weniger ortstreu sind. Bis zum Ende des 1. Lebensjahres sterben über 65% der Jungfalken (Nestlinge mit eingerechnet). Daraus ergibt sich, daß ein junger Baumfalke nur eine Lebenserwartung von etwa 1 Jahr hat. Bei älteren Jahrgängen sinkt die Sterblichkeit dann sehr stark und liegt etwa bei 20%. Die Lebenserwartung erwachsener Baumfalken ab

dem 2. Lebensjahr liegt demnach zwischen 3 und etwa 5 Jahren. Als Höchstalter wurden bei Männchen 13 und 15 und bei Weibchen 8 Jahre festgestellt.

Nach Ringfunden zu urteilen gilt für die Jungfalken als Haupttodesursache die Verfolgung im Mittelmeergebiet bei ihrem ersten Zug ins Winterquartier. Alte Baumfalken gehen vor

Baumfalken-Weibchen füttert die Jungen in einem ehemaligen Krähennest. Unter dem dichten Dunenkleid kann man bereits die heranwachsenden Schwung- und Schwanzfedern erkennen. Oft werden Baumfalken erst im August flügge.

allem durch Unfälle mit Freileitungen und hohen Gebäuden vorzeitig zugrunde.

Jungvögel aus Norddeutschland sind im September noch in der Umgebung ihres Brutplatzes, können aber auch schon bis Frankreich, Italien, Nordspanien und Malta gezogen sein. Im Oktober ist schon der größte Teil abgezogen. Die ersten tauchen bereits im September südlich der Sahara in Afrika auf, doch erst im Oktober trifft die Hauptmasse ein. Ab Februar beginnt der Aufbruch aus dem tropischen Winterquartier und erst im April wird der Brutplatz erreicht.

Wanderfalke

Falco peregrinus

K Größter einheimischer Falke, größer als Taube; gedrungene Gestalt; lange, spitze Flügel; relativ kurzer und meist spitz zulaufender Schwanz. Wie Baumfalke ad. oberseits dunkelblaugrau. Unterseite weißlich, schwarz quergebändert oder am Vorderkörper mit Tropfenflecken; breiter, schwarzer Backenstreif von Kehle und Wangen abgesetzt. ♀ deutlich größer als ♂. Juv. oberseits mehr dunkel graubraun; Backenstreif meist nicht so scharf von den hellen Kopfpartien abgesetzt. ■ Am Brutplatz klagende Laute (Lahnen) etwa wie »gäääi«. Vor allem bei Brutablösung oder Beuteübergaben sind scharfe Laute wie »ackzik« zu hören. ■ Rasanter Flugjäger mit kraftvollen Flügelschlägen.

V In vielen Rassen fast auf der ganzen Welt verbreitet; fehlt in Wüstengebieten und Hochgebirgen Zentralasiens sowie in weiten Teilen Südamerikas. ■ In Europa einst in fast allen Ländern Br., in vielen Gebieten beginnen sich die auf ein Minimum geschrumpften Bestände wieder zu erholen. Dies gilt auch für Mitteleuropa, wo die Art vom Aussterben bedroht war. Nach einem Tiefstand mit 50 bis höchstens 70 Brutpaaren ist der Bestand in Deutschland wieder auf etwa 350 Paare angewachsen, dank vorbildlicher Artenschutzprogramme. Bei uns Stand- und Strichvogel; im Winterhalbjahr auch einzelne Gäste aus dem Norden bzw. abseits der Brutplätze. ■ Br. in Felswänden von Mittel- und Hochgebirgen, aber auch an Steilküsten; in Norddeutschland früher Baumbrüter; in Tundren Bodenbrüter. Jagt in vielseitigen, meist offenen Landschaften, im Winter auch bevorzugt am Wasser, aber auch mitunter in Städten (Angebot von Tauben!).

F Eier werden in Felshöhlen und Felsnischen abgelegt (bei Baumbrütern auch in Nestern anderer Greifvögel). ■ Legezeit Ende März bis Anfang Mai; 1 Jahresbrut. ■ (2) 3–4 (5) Eier; auf gelblichweißem Grund dicht braun gefleckt, so daß Grundfarbe oft verdeckt wird. ■ Überwiegend das ♀ brütet, 39–33 Tage; Nestlingsdauer 36–40 Tage.

N Ausgesprochener Vogeljäger; Hauptbeutetiere zur Brutzeit Haustauben, Star, Drossel, Rabenvögel; in der Nähe von Wasser auch Watvö-

Verwaister Brutfelsen der Wanderfalken.

gel, Möwen usw. Insgesamt sind über 200 Vogelarten als Beute nachgewiesen worden. Säugetiere werden nur ausnahmsweise geschlagen.

In Nordamerika und Europa wurde der Wanderfalke zum Symbol für unseren rücksichtslosen Umgang mit der Natur. Obwohl ausreichend Brutmöglichkeiten und Nahrung vorhanden sind, schien der Wanderfalke bei uns keine Überlebenschance mehr zu haben. Rücksichtslose Verfolgung durch Taubenzüchter, Falkner und Tierhändler, aber auch Kletterer an Horstwänden und andere Freizeitaktivitäten vernichteten viele Bruten und Brutplätze. In einigen Ländern verursachten auch Gifte katastrophale Rückgänge der Fortpflanzungsrate.

Die neueste Entwicklung scheint den Wanderfalken aber auch zu einem Symbol dafür zu machen, daß aktiver Naturschutz den Fortbestand von Tierarten durchaus sichern helfen kann. Beinahe wäre es zu spät gewesen. In Großbritannien hat sich z. B. nach umfassendem Verbot der Pestizide der Wanderfalkenbestand wieder erholt; erfreuliche Erfolge ergeben sich auch in Skandinavien und in anderen Teilen der Welt.

Bei uns in Mitteleuropa hat sich die konstante Bewachung der letzten Horste rund um die Uhr als wichtigster Beitrag erwiesen. Nur so konnten weitere absichtliche und unabsichtliche Übergriffe des Menschen verhindert werden. Besonders erfolgreich war hier der jahrzehntelange Einsatz der Arbeitsgemeinschaft Wanderfalkenschutz in Baden-Württemberg. Ihr ist es gelungen, die einzige noch intakte Mittelgebirgspopulation in der Bundesrepublik durch lückenlose Horstbewachung während der Brutzeit buchstäblich in letzter Sekunde zu retten. Die Bewachung und Beobachtung

Nahaufnahme eines zahmen Wanderfalken.

ergab zugleich auch eine Reihe von Erkenntnissen über Möglichkeiten der Hilfe. Da wurden unausgebrütete Eier auf Pestizide untersucht, die Wirkung von natürlichen Horstfeinden (Marder) reduziert, Krankheiten und Parasiten festgestellt oder ungünstige Horstnischen durch bessere ersetzt. So gelang es allmählich, den Bruterfolg wieder zu verbessern. Noch eine ganze Reihe von Jahren dauerte es aber, bis der Bestand wieder zunahm. Jetzt kann man sogar damit rechnen, daß von dem wieder erstarkten Wanderfalkenbestand Vögel abwandern und Gebiete besiedeln, in denen der Falke vor kurzem ausgerottet wurde.

Diesen schönen Erfolg konnte die Arbeitsgemeinschaft erreichen, ohne in Gefangenschaft gezüchtete Falken wieder der Natur zu übergeben. Solche Versuche wurden in Nordamerika, aber auch in Europa unternommen. Sie sind sehr kostspielig und eigentlich nur dort zu vertreten, wo kein natürlicher Restbestand des Wanderfalken mehr vorhanden ist. Wiedereinbürgerungsversuche von Tieren sind nur ein allerletztes Mittel, wenn andere nicht mehr helfen. Sie brauchen viel Zeit.

Wespenbussard.

Mäusebussard.

Greifvögel im Flugbild

Mit weit gefächertem Schwanz ist der kreisende Wespenbussard oft schwer vom Mäusebussard zu unterscheiden, doch schlanker Kopf, gegen die Spitze zu weniger verjüngte Flügel, charakteristische Flügelzeichnung (nur Spitzen der Handschwingen schwarz; dunkle Querbinden hinter dem dunklen Vorderflügel), heller Schwanz mit kräftiger Endbinde sind wichtige Bestimmungshilfen. – Der Mäusebussard ist im Ruderflug aufgenommen. Seine Flügel sind stärker zugespitzt als beim Wespenbussard und haben

keine dunklen Querbänder. Das Schwarz im Bereich der Handschwingen ist weiter ausgedehnt, der dunkle Hinterrand des Flügels nicht so scharf abgesetzt; der Kopf wirkt breiter. – Lange schlanke, meist zugespitzte Flügel, die weich durchgeschlagen werden, kennzeichnen die Rohrweihe, deren relativ langer Schwanz ungegabelt ist. Die übrigen Weihenarten sind noch schlanker. – Der Turmfalke ist wesentlich kleiner als die anderen hier abgebildeten Greifvögel. Wie der Sperber hat er einen langen Schwanz, doch schmäle-

Rohrweihe.

Turmfalke.

Rotmilan.

Schwarzmilan.

re Flügel, die allerdings wiederum nicht so spitz sind wie bei anderen Falken. Der Flügelschlag ist meist sehr rasch. – Auffällig tief gegabelter, langer Schwanz kennzeichnet den Rotmilan (vgl. jedoch S. 149), dessen Flügel besonders lang und schlank wirken. Milane schlagen sehr viel weicher durch als z. B. Mäusebussarde. – Auch der Schwarzmilan besitzt einen relativ langen Schwanz, der aber nur schwach gegabelt, in stark gefächertem Zustand zumindest gerade abgeschnitten ist (vgl. dagegen die Bussarde S. 188 oben). Schwarzmilane wirken dunkler und weniger schlank als Rotmilane. –

Der Schlangenadler ist etwas größer als ein Mäusebussard, charakteristisch ist die helle Unterseite (nur die äußersten Spitzen der Handschwingen wirken dunkel). Die Flügel sind am Bug breiter als an der Ansatzstelle, der Schwanz ist relativ lang. Bei dunklen Individuen sind Kopf und Hals deutlich von der hellen Körperunterseite abgesetzt. – Echte Adler der Gattung Aquila sind an langen, parallelrandigen Flügeln und starker Fingerung der Flügelspitzen zu erkennen. Meist ist die Flügelunterseite einheitlich dunkel und der Schwanz ungebändert. Relativ selten sieht man sie im Ruderflug.

Schlangenadler.

Adler.

Haselhuhn

Bonasa bonasia

K Etwa Rebhuhngröße; oberseits grau bis rostbraun; relativ langer, schwach gerundeter Schwanz. Im Sitzen bei Erregung gesträubte Federholle. Abwechslungsreich gezeichnet; Schultern rotbraun, Rükken überwiegend grau, Körperseiten schwarz und rotbraun gemustert, Unterseite weißlich mit groben schwarzen Tropfenflecken. ♂ die meiste Zeit des Jahres schwarze Kehle. Im Abflug Schwanzzeichnung ein wichtiges Kennzeichen: Grauer Schwanz mit breiter schwarzer Endbinde, die noch einen schmalen weißen Saum aufweist; mittlere Schwanzfedern einfarbig, durchbrechen die dunkle Endbinde. ■ Rufe sind sehr hohe Pfeiftöne, die man eher einem kleinen Singvogel zuschreiben möchte als einem Hühnervogel. ■ Im Walddickicht oft schwer zu entdecken; beim Abflug häufig burrendes Fluggeräusch.

V Br. in Waldgebirgen Mittel- und Südosteuropas; von Skandinavien bis Ostsibirien in der nördlichen Nadelwaldzone. ■ Bei uns noch verbreiteter Br. in den unteren Waldstu-

Haselhühner nehmen auf sonnigen Waldwegen gerne ein Staubbad ähnlich wie Haushühner.

fen der Alpen und z.T. im Alpenvorland; meist kleinere, manchmal nur noch Restbestände in waldreichen Mittelgebirgen wie Vogesen, Schweizer Jura, Schwarzwald, Rheinisches Schiefergebirge, Bayerischer und Böhmerwald, östliche Sudeten, westliche Karpaten. Stark bedroht. Standvogel. ■ Br. in unterholzreichen, reich strukturierten Laubwäldern mit Lichtungen, Büschen, beerentragenden Zwergsträuchern, Hochstaudenfluren; auch in Misch- und Tannenwäldern bei ausreichendem Unterholz. Intensiv genutzter Wirtschaftswald wird gemieden.

F Nest am Boden; in der Vegetation meist sehr gut versteckt; einfache Mulde, die mit ein paar Reisern ausgelegt ist. ■ Legebeginn Mitte April bis Anfang Juni; 1 Jahresbrut. ■ (5) 7–11 (14) Eier; gelblich rahmfarben mit dunklen, braunen Punkten und Flecken. ■ ♀ brütet allein etwa 22–27 Tage; Küken verlassen das Nest innerhalb weniger Stunden und werden vom ♀ mindestens 30–40 Tage geführt.

N Vorwiegend pflanzlich; vor allem Blätter, Triebe, Knospen und Beeren, aber auch Blüten von Waldpflanzen. Im Spätsommer Samen und Trockenfrüchte. Daneben auch gern Insekten, sowohl von den Altvögeln als auch als Jungenaufzuchtfutter wichtig.

Wenn man die Aufenthaltsgebiete des Haselhuhns nicht genau kennt, sind Begegnungen mit diesem versteckt lebenden und hervorragend an seine Umgebung angepaßten Vogel seltene Überraschungen. Beim Näherkommen einer Störung suchen Haselhühner geräuschlos zu Fuß irgendein nahegelegenes Versteck auf, um dort die Situation weiter zu beobachten. Oft drücken sie sich zunächst auch einfach auf den Boden. Erst im letzten Moment fliegen sie dann auf, und meist bleibt dann dem Beobachter kein anderer Eindruck als im mit burrendem Fluggeräusch im Dickicht des Waldes verschwindender bräunlicher kleiner hühnerartiger Vogel.

So ist es auch kein Wunder, daß wir, im Gegensatz zu den meisten anderen einheimischen Hühnervögeln, von der Lebensweise des Haselhuhns noch relativ wenig wissen, obwohl früher das Haselhuhn auch ein beliebtes Jagdwild war und sich viele Erfahrungen der Jäger in der Literatur niederschlugen. Abgesehen von Weibchen mit Jungvögeln trifft man Haselhühner meist einzeln oder paarweise; sie leben stets streng territorial.

Im Herbst und im Frühjahr ist Balzzeit. Doch auch dann sind Haselhühner keineswegs auffälliger. Der Hahn läßt einen sehr hohen, feinen Pfeifgesang hören, in Jägerkreisen allgemein als »Spissen« bekannt. Schon auf 150 m kann man den Gesang des Haselhahnes nicht mehr hören. Mit einem speziellen Pfeifchen hat man früher zur Jagd die balzenden Hähne angelockt. Man nimmt heute an, daß die Balz im Herbst, die ja noch nicht zur Fortpflanzung führt, mehr dazu dient, die Reviere abzugrenzen. Die Hähne bedienen sich

dabei auch der Flügel als Geräuscherzeuger. Im Stehen oder in einem etwa 1 m hohem Sprung werden die Schwingen ganz schnell geschlagen, so daß ein lautes, burrendes Geräusch entsteht, das man auf etwa 100 m noch hören kann.

Mit 14 Tagen können die Jungen, die als extreme Nestflüchter sofort nach dem Schlüpfen mit dem Weibchen das Nest verlassen, bereits gut flie-

Sichernder Haselhahn; Nordeuropa. Rücken etwas grauer als bei Vögeln Mitteleuropas.

gen, obwohl sie zu dieser Zeit gerade erst halbwüchsig sind. Noch längere Zeit halten die erwachsenen Jungen mehr oder minder zusammen, so daß man im Spätsommer und im Herbst gelegentlich kleinere Gruppen, sogenannte »Ketten« sieht. Haselhühner stellen hohe Anforderung an ihren Lebensraum; ihr Schicksal hängt entscheidend von der Entwicklung der modernen Forstwirtschaft ab.

Alpenschneehuhn

Lagopus mutus

K Etwas größer als Rebhuhn; das ganze Jahr über weiße Flügel, weißer Bauch und weißgefiederte Füße. ♂ mit roten »Rosen« über den Augen. Im Brutkleid Oberseite, Vorderbrust und Flanken stark gefleckt und schwarzbraun marmoriert. ♀ mehr gelbbraun und schwarzbraun gebändert. Im Herbst sind ♂ mehr grau, ♀ dunkler gelblichgrau. Im Winter beide Geschlechter schneeweiß; lediglich schwarzer Schwanz (mittleres Steuerfederpaar weiß) und beim ♂ schwarzer Strich von der Schnabelwurzel durchs Auge. Weißscheckige Kleider im Herbst und Frühjahr bei der Mauser. ■ Knarrende Rufe des ♂ bei der Balz; ähnliche Rufe auch vor dem Abflug bei beiden Geschlechtern. ■ Oft sehr gut getarnt (Sommer wie Winter) und erst in letzter Minute vor dem Bergwanderer abfliegend (burrendes Fluggeräusch!).

V Br. in der arktischen und subarktischen Zone um den gesamten Nordpol: Island, Skandinavien, Nordsibirien, nördliches Nordamerika, Grönland. Davon isoliert Br. in

Alpenschneehuhn (Hahn im Winterkleid) beim Schneebad.

Nordschottland, in den Pyrenäen und den Alpen. ■ Bei uns Br. der Alpen oberhalb der Baumgrenze; potentiell bedroht. Standvogel. ■ Lebt oberhalb der Krummholzstufe in Fels und Matten.

F Nest am Boden, meist von Steinen und Zwergsträuchern gut gedeckt; flache Mulde. ■ Legebeginn ab Ende Mai, meist im Juni; 1 Jahresbrut. ■ (5) 6–9 Eier; rahmfarben bis rotbräunlich mit vielen kleinen rotbraunen bis schwarzen Flecken bedeckt. ■ ♀ brütet allein etwa 20–24 Tage; Junge verlassen innerhalb des 1. Tages das Nest und werden bis in den Herbst hinein von ♂ und ♀ geführt.

N Knospen, Zweige, Blüten und Früchte (auch Beeren) vieler Alpenpflanzen.

Den extremsten Lebensraum Mitteleuropas besiedelt das Schneehuhn. Vor allem für den langen, schneereichen Bergwinter sind besondere Anpassungen nötig. Ein außerordentlich dichtes Federkleid hält den Körper auch im Winter warm; durch den Farbwechsel ist das Schneehuhn zu allen Jahreszeiten in der offenen Alpinstufe gut getarnt. Die befiederten Füße erlauben müheloses Gehen auch im Pulverschnee. Ein besonderes Problem ist im Winter aber der Energiehaushalt. Nur

Alpenschneehenne im Spätherbst. Vom bräunlichen Sommerkleid sind noch einige Federreste erhalten. Im Unterschied zum Hahn fehlt der schwarze Strich durchs Auge. Die dichte Fußbefiederung (»Schneeschuheffekt«) ist zu erkennen.

ganz bestimmte Stellen bieten jetzt ausreichend Nahrung, z. B. schneefrei gefegte Kanten und Kuppen, von der Wintersonne erreichte Felsbänder an senkrechten Südwänden usw. Die »Verrummelung« unserer Berggipfel durch den Wintersport schafft große Probleme, da Schneehühner ihre angestammten Nahrungsplätze nicht mehr ungestört aufsuchen können und mitunter auch durch erzwungene Flugbewegungen Energie verbrauchen.

Zur Übernachtung werden Schneefelder aufgesucht. Wenn es der Schnee erlaubt, graben die Hühner eine regelrechte Schlafhöhle in den weichen Schnee, die über 1 m lang sein kann. Oft scharren sie auch nur eine Mulde aus oder ducken sich hinter einen Felsvorsprung oder in eine schon vorhandene Schneemulde. Man hat beobachtet, daß schlafende Schneehühner sich sogar regelrecht einschneien lassen. Sie können sich auch aus ihrem raschen, kräftigen Flug, der ihnen selbst bei heftigem Wind das Fortkommen gestattet, direkt in den weichen Pulverschnee fallen lassen und sich dann sofort einbuddeln. Mit allen nur erdenklichen Methoden versucht also das Schneehuhn in der kalten Winternacht die isolierende Eigenschaft des Schnees zu nutzen, um möglichst wenig Wärme zu verlieren. Tagsüber versuchen die Hühner oft durch ein Sonnenbad Wärme zu tanken. Trotz dieser vielfältigen Vorkehrungen grenzt es fast an ein Wunder, daß Schneehühner, die nur von dem kargen Pflanzenkleid des Hochgebirges leben, den Bergwinter hoch über der Baumgrenze überdauern können. Nur besonders energiereiche Teile der Vegetation werden als Nahrung aufgenommen. Für das Überleben der Schneehühner ist es also wichtig, daß die ursprüngliche Vegetation der Alpinstufe durch die Erschließung vieler Gipfel für den Massentourismus und Wintersport nicht zu sehr zerstört wird.

Birkhuhn

Tetrao tetrix

K ♂ glänzend blauschwarzes Gefieder; leierförmiger Schwanz mit auffallend weißen Unterschwanzdekken; weiße Flügelbinde (im Flug zu sehen) und weißer Flügelbug. ♀ deutlich kleiner, von Auerhenne durch die Größe, die weiße Flügelbinde und den flach gegabelten Schwanz beim Abflug zu unterscheiden. Juv. ähnlich ♀. ■ Bei der Arenabalz im Frühjahr und Herbst von den ♂ das bekannte Kullern oder Gurgeln und ein fauchendes Zischen zu hören. ♀ gackern nasal. ■ Während Balzbeobachtungen im Tiefland heute selten geworden sind, kann man im Hochgebirge das Kullern der Hähne noch weit in den Vormittag hinein von schneebedeckten Gipfeln hören. Flug mit hoher Schlagfrequenz, dazwischen eingeschaltete Gleitflugstrecken; beim Start oft lautes Fluggeräusch. Sitzt auch relativ oft auf Bäumen, vor allem im Herbst und Winter.

V Br. von Nordeuropa bis Ostasien; davon isoliert in Teilen Großbritanniens, Mittel- und Osteuropas. ■ Bei uns im Tiefland auf wenige Moorgebiete in der Norddeutschen Tiefebene beschränkt, im Bayerischen und Böhmerwald sowie in den Alpen. Auf den Mooren erst in jüngster Zeit ausgestorben, kleine Restbestände z.B. in der Rhön. Zumindest im Tiefland vom Aussterben bedroht. Standvogel. ■ Im Gebirge der Wald- und Baumgrenze (Krummholzzone, Matten), im Tiefland vor allem ausgedehnte Moor- und Heideflächen sowie aufgelockerte Waldgebiete.

F Nest am Boden; in der Vegetation gut versteckt. ■ Legebeginn Ende April bis Mai, im Hochgebirge erst ab Ende Mai; 1 Jahresbrut. ■ Meist 7–10 Eier, gelegentlich mehr; Grundfarbe blaßgelb bis braun, viele gelbliche bis braune Flecken. ■ ♀ brütet 26–27 Tage; nestflüchtende Junge sind etwa mit 4 Wochen selbständig, bleiben aber oft noch bis in den Winter hinein beisammen.

N Hauptsächlich pflanzlich mit jahreszeitlich verschiedener Zusammensetzung (z.B. Knospen, Triebe, Blätter, Nadeln und vor allem Beeren); aber auch kleine Insekten (vor allem Jungvögel).

Mit dem Aussterben des Birkhuhns in den Mooren ist ein schon in der Mitte des vorigen Jahrhunderts eingeleitetes Kapitel abgeschlossen, nämlich die <u>Zerstörung der Hoch-</u> <u>und Niedermoore</u> durch Abtorfung

Birkhenne bei der Nahrungssuche.

und Entwässerung. In den letzten unter Schutz stehenden kümmerlichen und viel zu kleinen Moorresten sorgen dann Beunruhigung durch Wanderer, Skilangläufer, Tierfotografen und »Naturbeobachter« dafür, daß die Birkhühner bald endgültig verschwinden. Im Hochgebirge ist es zwar noch nicht ganz soweit, doch die Erschließung der Alpen durch den Massentourismus hat zu Rückgängen geführt.

Beim Birkhuhn gibt es nicht einmal die Andeutung einer Paarbildung. Die Hennen kümmern sich allein um Gelege und Jungvögel, die Männchen halten sich fast das ganze Jahr über in der Nähe der Balzplätze auf. Man kann sie dort von wenigen Ausnahmen (Hochsommer und Mitwinter) zumindest gelegentlich bei der Balz beobachten. Den Höhepunkt erreicht die Birkhahnbalz im Spätherbst (Oktober/November) und im Frühjahr (April/Mai). Mehrere Hähne (in früheren Zeiten oft über 40–50) versammeln sich schon vor Sonnenaufgang auf einer Balzarena und verteidigen gegeneinander ihre winzig kleinen Territorien. Mit gesträubten schwarzen Schwanzfedern, gegen die sich die weißen Unterschwanzdecken abheben, und vorwärts geneigtem Körper »kullern« die Hähne. Sie stehen dabei entweder auf einer kleinen Erhebung oder trippeln umher; oft drehen sie sich dabei im Kreis. Das ebenfalls weithin zu hörende Zischen wird meist bei gestrecktem Körper und abgespreizten Flügeln ausgestoßen. Die Hähne nehmen gegeneinander Drohposen ein, doch kommt es nicht zu eigentlichen Kämpfen. Stundenlang kann die Balz andauern. Die Hennen erscheinen ganz unauffällig auf diesen Balzarenen und begeben sich zu Fuß in die von den Hähnen abgesteckten Balzterritorien. Offenbar kommen die Hähne im Zentrum der Balzarena am ehesten zum Zug,

doch die verzwickten Beziehungen sind im Einzelnen noch gar nicht recht geklärt, obwohl schon seit Jahrhunderten darüber ausführlich geschrieben wird.

Die Hähne sind überdies nicht in der Lage, die sehr ähnlichen Hennen verschiedener Hühnerarten auseinanderzuhalten. Die Hennen erkennen die Art des anderen Geschlechtes. Verschiedentlich sind Bastarde

Hahn im Frühjahr am Balzplatz.

zwischen Birk- und Auerhuhn, aber auch zwischen Birkhuhn und Fasan aus freier Natur beschrieben worden (s. S. 206). Ja es gibt sogar Hinweise darauf, daß das Aussetzen des Fasans in Birkhuhnrevieren mit Restbeständen dazu beitragen kann, den Balzablauf der Birkhähne und damit die Fortpflanzung zu stören. Wahrscheinlich ist zur Erhaltung letzter isolierter Birkhuhnbestände im Tiefland sehr wichtig, zumindest überhöhte Fasanenbestände auszuschließen und möglichst wenig zu jagen.

Auerhuhn

Tetrao urogallus

K Hahn größer als Gans, dunkelgrau bis schwarz; Flügel braun; über
dem Auge rote, nackte Hautstelle;
schwarzer Kehlbart; metallisch blaugrün glänzende Brust; weiße Achsel-
flecken. Henne deutlich kleiner, doch
größer als Birkhahn; Oberseite
bräunlich, Unterseite rostgelb, mit
vielen dunklen Querbinden gezeichnet. Beim Auffliegen im Unterschied
zur Birkhenne mit abgerundetem
und nicht schwach gegabeltem
Schwanz. Juv. ähnlich ♀. ■ Die
Balzstrophe des Hahns zählt zu den
merkwürdigsten einheimischen Vogelstimmen. Sie wird eingeleitet
durch 2silbige, tiefe, hart angeschla-
gene Laute (»Knappen«) wie »tacke-
tacke-tacke«, die dann schneller
werden (»Triller«). Der Abschluß ist
ein plötzlicher, knallender Laut, dem
Knall eines Sektkorkens ähnlich
(»Hauptschlag«). Nach dem Hauptschlag folgen noch einige wetzende
und schleifende Laute (»Wetzen«,
»Schleifen«). Henne im allgemeinen
wenig ruffreudig, u.a. gackernde
Laute.

V Br. von Skandinavien bis Mittelsibirien in der nordischen Nadelwaldzone; ferner Schottland, Nordspanien, einzelne Gebiete Mittel- und
Südosteuropas. ■ Bei uns heute auf
naturnahe Wälder der höheren Mit-
tel- und Hochgebirge beschränkt;
z.B. Alpen, Jura, Vogesen, Schwarzwald, Bayerischer Wald, Böhmerwald, Sudeten, Westkarpaten. In den
Alpen heute meist nicht mehr unter
1000 m. Standvogel. ■ Br. in naturnahen und Mischwäldern. Wegen der
ausgeprägten Ortstreue benötigt Auerwild nicht nur große Lebensräume;
die verschiedenen Lebensansprüche, wie Balzplätze, Brut- und Auf-
zuchtgebiete, Sommer- und Wintereinstände, müssen auch von einem
Gebiet erfüllt werden. Am besten genügen den Ansprüchen nicht oder
extensiv bewirtschaftete, reich strukturierte Wälder, die durch Lichtungen
aufgelockert sind. Möglichkeiten der
Deckung (gut entwickelte Krautschicht), Gelegenheit für Sand- und
Staubbäder, reichhaltiges Beeren-
gebot usw. müssen nebeneinander
vorkommen. Im Winter sind windgeschützte Nadelholzbestände wichtig.
Moderne Wirtschaftswälder, einför-
mige und hochstämmige Monokul-

turen sind für das Auerwild nicht geeignet.

F Nest am Boden; in Vegetation gut versteckt. Legezeit Mitte April bis Mitte Mai; 1 Jahresbrut. ■ 5–12 Eier; Grundfarbe gelblichbraun, viele kleine und größere, graue bis dunkelbraune Flecken und Punkte. ■ ♀ brütet allein etwa 25–27 Tage und führt auch allein die Jungen. Meist lösen sich die Gesperre (= ♀ mit Jungen) erst im September auf.

N Überwiegend pflanzlich; Kleintiere werden vor allem von den Jungen in den ersten Lebenstagen aufgenommen. Im Winter fast ausschließlich Koniferennadeln (vor allem Kiefer, aber auch Fichte, dazu Knospen und Triebe). Im Frühjahr Knospen, junge Nadeln, Blätter, Blüten, Blütenstände verschiedener Laubbäume, aber auch Gräser. Im Hoch- und Spätsommer Beeren und Früchte (vor allem Preisel- und Heidelbeere). Zur Verdauung der harten pflanzlichen Substanz werden Magensteinchen aufgenommen (s. unten).

Wie beim Birkhahn spielt auch die Balz des Auerhahns eine besondere Rolle in der jagdlichen Überlieferung. Merkwürdigerweise sind wir aber trotz umfassender Literatur noch lange nicht über alle Einzelheiten ausreichend informiert. Jeder kennt, zumindest von Bildern und Präparaten, die Balzhaltung des Auerhahns mit hochgerecktem Kopf und Hals, gesträubtem Kehlbart, etwas abgestellten Flügeln, und besonders dem stark gefächerten Schwanz. Die hohe Zeit der Auerhahnbalz ist vom Spätwinter bis Frühling. Je nach Höhenlage beginnen die Hähne schon ab Februar, oft aber erst ab Ende März zu singen. Etwa Ende Mai ist dann die Balz zu Ende. Vom Herbst bis zum ersten anhaltendem Schneefall ist die auch von anderen Hühnervögeln bekannte Herbstbalz zu beobachten, die allerdings meist nicht so auffällig

und vor allem oft nicht an den bekannten Balzplätzen stattfindet.

Auch beim Auerhuhn gibt es keine eheliche Bindung. Hähne und Hennen leben den größten Teil des Jahres getrennt, oft in kleinen Gruppen. Die Henne kümmert sich allein um Gelege und Jungvögel. Meist finden sich bei der heutigen geringen Populationsdichte des Auerhuhns nur wenige Hähne an einem Balzplatz ein. Einzelne von ihnen verteidigen oft jahrelang dieselben Reviere.

Balzplätze der Auerhähne müssen Singwarten und kleine offene Stellen aufweisen, denn ihren merkwürdigen Balzgesang lassen Auerhähne von verschiedenen Stockwerken des Waldes hören, nämlich aufgebaumt auf einem kräftigen Ast oder am Boden (Bodenbalz). In klaren Nächten beginnt schon bei Mondschein die Morgenbalz und kann sich auf dem Höhepunkt der Balzzeit bis in den Vormittag hineinziehen. Bereits am späten Nachmittag fängt sie oft wieder an und dauert bis tief in die Abenddämmerung.

Die Hennen zeigen sich unauffällig einzeln oder in kleinen Gruppen an den Balzplätzen. Wie beim Birkhuhn

Auerhenne sichert.

müssen auch hier zunächst zwischen Hahn und Henne Aggressivitäten abgebaut werden. Es kann Tage dauern bis eine Henne vor dem ihr in Imponierhaltung nachlaufenden Hahn nicht mehr flüchtet. Man hat herausgefunden, daß die Hennen vor allem diejenigen Hähne wählen, die ein möglichst ausgewogenes Verhältnis zwischen Imponierverhalten und Beschwichtigungsverhalten zeigen. Es bedarf also eines erstaunlich komplizierten Verhaltensmusters, bis es zur Paarung kommt, die wenige Sekunden dauert. Hahn und Henne gehen dann wieder für etwa 1 Jahr ihre eigenen Wege.

Bastarde zwischen Auer- und Birkhuhn sind als Rackelwild bekanntgeworden (s. S. 195). Solche Artbastarde sind in der Regel unfruchtbar.

Ein Auerhuhnbiotop muß viele einzelne Requisiten enthalten, um das Überleben einer Population zu garantieren. Die wichtigsten Voraussetzungen lassen sich schon am Aufbau und der Struktur des Waldes ablesen. Als Grundausstattung eines typischen Auerhuhnreviers in einem naturnahen Bergmischwald müssen vorhanden sein: Im untersten Stockwerk kleine Jungfichten als Winternahrung des Hahnes; Heidelbeeren als Sommer- und Herbstnahrung von Alt- und Jungvögeln; Waldlichtungen als Bodenbalzplatz; offener Waldboden (z.B. an einem umgestürzten Baum), der Möglichkeit zur Aufnahme von Magensteinchen bietet; geschützter Brutplatz; sandige Stelle für das Staubbad (»Huderpfannen«); Ameisenhaufen für Insektennahrung. Das mittlere und obere Stockwerk müssen bereithalten: einen geeigneten Balzbaum, freie und gedeckte Schlafplätze für Henne und Hahn; Fichtenzweige als Winternahrung sowie Buchenlaub als Sommer- und Herbstnahrung.

Noch ein Wort zu den oben erwähnten Magensteinen. Zur Unterstützung der mechanischen Arbeit des Muskelmagens, durch die das schwer verdauliche Pflanzenmaterial für die chemische Bearbeitung vorbereitet wird, nehmen viele pflanzenfessende Vögel harte Steinchen (meist Quarz) auf. Bis zu 2800 Steinchen mit einem Höchstgewicht von fast 33 g wurden schon im Magen eines Auerhahns gefunden. Die größten haben einen Durchmesser von etwa 5 mm. Ihre

Auerhahn im Sommer (kleine »Rosen« über dem Auge).

Auerhahn bei der Bodenbalz.

Zahl wechselt je nach Jahreszeit. Am schwersten aufzuschließen sind die Koniferennadeln, die den Hauptbestandteil der Winternahrung bilden. Das Schicksal des Auerhuhns war von jeher mit dem des Waldes in Mitteleuropa verbunden. Durch die Rodungen vom Mittelalter bis zur beginnenden Neuzeit wurde der Lebensraum eingeengt. Seither hat das Vordringen des modernen Wirtschaftswaldes das noch übrig gebliebene Areal bei uns auf ein Minimum zurückgedrängt. Hinzu kommen auch Klimaschwankungen: Das Vordringen des regenreicheren maritimen Klimas hat, wie viele Experten meinen, in neuerer Zeit zu verminderter Nachkommenschaft und damit zu Bestandseinbußen geführt. Die Veränderung des Lebensraumes ist aber in erster Linie durch den Menschen drastisch vorangetrieben worden. Vor allem kommen Intensivierung der Forstwirtschaft und damit verbundene Veränderungen der Struktur und im Aufbau des Waldes in Betracht. Aber auch Straßenbau, Beunruhigung durch Tourismus,

Freizeit und Erholung (z.B. Langlaufloipen), Eingatterung von Schonungen, möglicherweise auch Zunahme von Feinden für Jungvögel und Gelege (z.B. Wildschweine), Straßenbau usw. trugen zum Rückgang bei. In vieler Hinsicht ist die Situation des waldbewohnenden Auerhuhns dem offene Gebiete bevorzugenden Birkhuhn ähnlich. Die Veränderung unserer Wälder durch das Waldsterben wird ganz besonders dem Auerhuhn zum Verhängnis werden, das ja auf Laub und Nadeln angewiesen ist. Hähne erreichen eine Körpermasse von 4–5 kg, Hennen werden nur etwa 2–2,5 kg schwer. Die ausschließlich pflanzliche Ernährung das ganze Winterhalbjahr hindurch bedeutet daher, daß die Vögel enorme Mengen aufnehmen müssen. Auch die kalte Winternacht fordert einen hohen Energiebedarf. Man schätzt, daß Hähne etwa 440–550 g Pflanzenmaterial pro Wintertag aufnehmen müssen, Hennen immerhin 220–270 g. Der prall gefüllte Kropf des Hahnes kann etwa 150–200 g Fichten- oder Kiefernnadeln fassen.

Steinhuhn

Alectoris graeca

K Gut rebhuhngroß; Oberseite, Brust und Hals graubraun, Bauch gelblich. Seiten des Körpers auffallend schwarz quergebändert; Kehle, Wangen und vorderer Hals weiß und von einem breiten, schwarzen Saum umgeben. Schwanz (vor allem im Abfliegen zu sehen) rotbraun. Füße und Schnabel rot. ■ Gesang hat Ähnlichkeit mit dem Wetzen der Sense, etwa »tschatzibitz – tschatibit« usw. Lockrufe sanft »gak-gak-gak«.

V Br. von den Alpen bis an die Balkanhalbinsel und nach Südgriechenland sowie in den südlichen Apenninen bis Sizilien. ■ In Mitteleuropa auf die Alpen beschränkt; selten. Standvogel. ■ Lebt in steinigem und felsigem Gelände des Hochgebirges, meist nicht so hoch wie das Schneehuhn, jedoch höher als das auf die Krummholzzone und die Matten beschränkte Birkhuhn.

F Nest am Boden. ■ Legezeit Mai/ Juni; 1 Jahresbrut. ■ 9–14, selten mehr Eier; Grundfarbe gelblich, meist mit wenigen rostfarbenen Punkten und Flecken besetzt. ■ ♀ brütet 24–26 Tage; das ♂ hält sich in der Nähe des Nestes auf; Küken verlassen das Nest sofort nach dem Schlüpfen; Länge der Führungszeit durch das ♀ unbekannt.

N Pflanzlich; im Sommer und Herbst vor allem Blattspitzen von Gräsern und Kräutern, Knospen von Bäumen, Koniferennadeln, aber auch Früchte und Samen; im Winter Samen. Nahrung der kleinen Jungen auch Insekten.

Das Steinhuhn nimmt eine Sonderstellung in unserer Vogelwelt ein, denn es gehört eigentlich zu einem tiergeographischen Bereich, der etwa vom östlichen Mittelmeer bis in warmtrockene Gebiete Asiens reicht.

Kein anderer Vogel dieses tiergeographischen Typs hat in den Alpen Fuß fassen können. Doch nicht nur das: Das Steinhuhn kann sogar in den Alpen überwintern, obwohl ihm im Gegensatz zum Schneehuhn viele Anpassungen an das Überwintern im Hochgebirge fehlen, wie z.B. befiederte Läufe, die das Einsinken im lockeren Schnee verhindern. Auch Schneehöhlen werden nicht gegraben, und mit Nahrungsverknappung ist im Winter zu rechnen, da das Steinhuhn im Gegensatz z.B. zum Birkhuhn keine Nahrung von hohen Bäumen nimmt.

So entstehen für das Steinhuhn unter den hochwinterlichen Bedingungen im Gebirge große Probleme. Es kann daher nur unter ganz bestimmten Bedingungen vorkommen, z.B. an südexponierten Hängen, die auch im Winter möglichst schneearm bleiben. Hänge mit dichten Wäldern werden gemieden, da sie häufig das an offenes Land angepaßte Steinhuhn daran hindern, je nach Jahreszeit verschieden hohe Lagen aufzusuchen. Zur Brutzeit sind lichte Baumbestände, Zwergstrauchgesellschaften usw. erwünscht. Nachher steigen die Steinhühner meist etwas höher hinauf in die nun schneefrei gewordene Alpinstufe, um dann bei Einbruch des Winters wieder in tiefere Lagen auszuweichen. Nur ein sehr kompliziertes und günstiges Nebeneinander verschiedener Lebensmöglichkeiten bei insgesamt sehr mildem und trockenem Alpenklima schafft die Voraussetzung fürs Überleben.

Angesichts solcher Schwierigkeiten fragt man sich natürlich, wie ein ostmediterraner Vogel überhaupt in die Alpen vorstoßen konnte. Der Schweizer Ornithologe Peter Lüps kommt nach Sichtung aller Tatsachen zu dem Schluß, daß die Art wahrscheinlich erst nach der letzten Eiszeit in die Alpen eingewandert ist. Dabei hat der Mensch eine wichtige Rolle gespielt, vermutlich als er vom Mittelmeergebiet und Norditalien aus in den Alpenraum vordrang. Der Anbau von Kulturpflanzen, der in den Alpen in früheren Jahrhunderten viel höher hinaufreichte als heute, mag neben der Rodung von Wäldern geeignete Biotope geschaffen haben, aber auch eine Nahrungsgrundlage in Form von »Unkräutern«, die mit dem Anbau in die Alpen eingewandert sind. Für solche Überlegungen spricht vieles, insbesondere auch die Tatsache, daß auch heute noch das Steinhuhn, zumindest bei der Überwinterung, auf Flächen angewiesen ist, die letzten Endes vom Menschen geschaffen wurden.

2 Arten, die zwar gegenwärtig in Mitteleuropa nicht wildlebend vorkommen, sind dem Steinhuhn sehr ähnlich. Das Chukarhuhn *(Alectoris chucar)* brütet von Vorderasien bis Zentralasien, wurde aber mittlerweile in vielen Gebieten (u. a. auch Nordamerika) eingebürgert. Auch in Mitteleuropa gibt es verschiedene Einbürgerungsversuche. Die Art sieht dem Steinhuhn zum Verwechseln ähnlich. Wichtigste Unterscheidungsmerkmale: Kehle mehr beige als weiß; die schwarze Kehlumrandung reicht an der Brust nicht so weit nach hinten; außerdem sind die Ohrdecken leuchtend rotbraun bis gelb. Das Rothuhn *(Alectoris rufa)* ist heute auf Spanien, Frankreich, Norditalien und

Kopf des Rothuhns.

Südwestengland beschränkt, brütete aber noch bis in die Neuzeit im Rheinland. Aussetzungs- und Wiedereinbürgerungsversuche sind bei uns mehrfach unternommen worden. Das Rothuhn ist brauner als die beiden anderen Gattungsverwandten, die schwarze Kehlumrandung ist breiter und löst sich in einzelne schwarze Flecken an der Unterseite auf.

Chukarhuhn: Kehle mehr rahmfarbig (statt weiß), dunkle Umrandung hinter dem Auge, deutlicher rotbraun als beim Steinhuhn.

Rebhuhn
Perdix perdix

K Klein und gedrungen, höchstens halb so groß wie das Haushuhn; kurze runde Flügel; kurzschwänzig. Rostgelber Kopf, hellgrauer Vorderkörper, rostrote Seitenbänderung; an der Brustmitte mehr oder weniger starker, bei ♀ manchmal fehlender dunkelbrauner Fleck in Form eines Hufeisens; Schwanz lebhaft rostrot mit Ausnahme der mittleren Steuerfedern. Juv. unscheinbar gelbbraun. In allen Kleidern kurzbeiniger und kurzschwänziger als Fasan. Hahn und Henne sind nur an der Zeichnung der Schulterfedern und der Oberflügeldecken zu unterscheiden. Beim ♀ weisen diese Federn neben dem hellen Längsstrich noch eine helle Querbänderung auf. ■ Revierruf des ♂ knarrend »girrhäk« oder ähnlich. Im Abflug hört man ein hohes »gigigi …«. Bei Überraschung auch ein gellendes, hastiges »reprepreprep …«. ■ Fliegt unter lautem Flügelburren auf; Flug meist niedrig über dem Boden mit hastigen Flügelschlägen und dazwischengeschalteten Gleitflugstrecken, wobei die Flügel nach unten gebogen sind. Rennt sehr schnell.

V Br. von West- und Mitteleuropa bis Westsibirien; fehlt im größten Teil Skandinaviens, Spaniens und auf vielen Mittelmeerinseln. Eingebürgert in Südskandinavien, Nordamerika und Neuseeland. ■ Bei uns verbreiteter Br. im Tiefland; ausnahmsweise in höheren Lagen der Mittelgebirge und in Alpentälern. In erster Linie als Folge intensiver Landbe-

Rebhühner brauchen Ackerraine und kleine Wiesenstücke in der Agrarlandschaft.

wirtschaftung in letzter Zeit auffallend zurückgegangen und daher insgesamt stark bedroht. Standvogel. ■ Als ursprünglicher Steppenvogel heute bei uns als Kulturfolger auf Akkerland, trockenen Heiden, Brachland usw., aber nur auf trockenem Boden. Hecken, Büsche, Staudenfluren müssen für Deckung sorgen; nur abwechslungsreiche Landschaft sichert das nötige Nahrungsangebot. **F** Nest flache Bodenmulde, mit etwas Nistmaterial ausgekleidet; Deckung durch Vegetation notwendig. ■ Legezeit Ende April/Mai; 1 Jahresbrut. ■ (8) 10–20 (24) Eier; olivbraun bis bräunlichgrau. ■ ♀ brütet etwa 25 Tage; die Jungen verlassen das Nest gleich nach dem Trockenwerden und sind mit etwa 5 Wochen selbständig; der Familienverband hält aber noch bis in den Winter hinein zusammen; auch das ♂ bleibt bei den Jungen. **N** Überwiegend pflanzlich (Sämereien, Knospen usw.); Junge nehmen in den ersten Wochen fast nur Kleintiere zu sich.

Rebhühner sind zum größten Teil des Jahres Einzelgänger bzw. einzelne Paare halten fest zusammen. Der Kontakt zu den anderen Paaren wird möglichst gemieden. Dieses kontaktscheue Verhalten hatte in neuester Zeit für den Bestand sehr negative Auswirkungen. Die Ausräumung der Agrarlandschaft, das Entstehen von maschinengerechten, großen, einheitlichen Flächen ohne jede Deckung führt dazu, daß die Abstände der einzelnen Familiengruppen sehr viel größer und die Siedlungsdichten geringer werden. Dort, wo durch eine Buschreihe oder einen Feldrain mit etwas höherer Vegetation Deckung in geringeren Abständen vorhanden ist, können sich die Rebhühner gegenseitig nicht sehen und siedeln daher sehr viel dichter. Hinzu kommt natürlich, daß das Ver-

schwinden von Kleinstrukturen, die totale Ernte von großen Ackerflächen innerhalb weniger Tage, die maschinelle Bearbeitung des Bodens und viele andere Folgen der modernen Landbewirtschaftung das Nahrungsangebot schmälern und auch die Möglichkeiten für eine gut geschützte Anlage des Nestes verringern. Ähnlich wie bei anderen Hühnervögeln, die das ganze Jahr über in ihrem Aufenthaltsgebiet bleiben, muß eben auch beim Rebhuhn eine Vielzahl von Strukturen zusammenkommen, auch wenn das in der einfach

Schon ein Weidepfosten kann Schutz vor kalten Winden bedeuten.

strukturierten Agrarlandschaft auf den ersten Blick nicht so aussieht.

Im Spätsommer und Herbst kann man neben Einzelhühnern auch kleine Familienverbände, Altvögel und erwachsene Junge beobachten, die man in der Jägersprache Kette nennt. Unter dem Eindruck der Winterbedingungen können einzelne Familien ihre Neigung zur Isolation aufgeben und sich vorübergehend zu größeren Scharen zusammentun. Der Jäger spricht dann vom Volk. Solche Völker sind meist nur von Mitte November bis spätestens Februar/März festzustellen.

Wachtel

Coturnix coturnix

K Nur etwa starengroß, erdbraun, kurzschwänzig und rundlich. Auf dem Rücken auffällige, gelbliche Längsstriche, die meist mindestens 2, helle, deutliche Längsstreifen bilden. Bei ♂ Kopf und Kehle mit dunklerer Zeichnung bis hin zu dunkler Kehle; bei ♀ Kehle weiß, Brust gefleckt. ■ Revierruf des ♂ sehr bezeichnend »pick-wer-wick« (auf der ersten Silbe am stärksten betont); Ruf wichtig für die Feststellung der Anwesenheit von Wachteln, da man die Vögel selbst sehr selten zu Gesicht bekommt. Bei erschrecktem Auffliegen schrill, aber nicht sehr laut »reck reck«, »krie« oder ähnlich. V Br. in Ost- und Südafrika, Madagaskar; ferner von Nordafrika über West- und Mitteleuropa nach Osten bis an den Baikalsee, Vorderasien, Nordindien. ■ Bei uns verbreiteter Br. des Tieflandes, jedoch Bestände sehr stark wechselnd; insgesamt stark bedroht. Zugvogel (Ende April/Mai bis September/Oktober). Winterquartier reicht von Südeuropa bis fast ins tropische Afrika; die meisten mitteleuropäischen Brutvögel überwintern im Mittelmeergebiet.

F Nest flache Mulde im Boden. ■ Legebeginn Mitte/Ende Mai bis Anfang Juni; Zahl der Jahresbruten ?. ■ 7–14 (16) Eier; Grundfarbe gelblich mit dunklen, dunkelbraunen bis schwarzen Flecken, die ein sehr variables Muster bilden können. ■ ♀ brütet 18–20 Tage; führt die Jungen allein, die nach etwa 19 Tagen voll flugfähig sind und sich etwa mit 4–7 Wochen selbständig machen.

N Hauptsächlich Sämereien; mehr Insekten als das Rebhuhn, dagegen weniger grüne Pflanzenteile.

Als einzige Art unserer Hühnervögel ist die Wachtel ein ausgesprochener Zugvogel. Schon dadurch deutet sie ihre Vorliebe für warme Klimabereiche an. Auffallend sind in Mittel- und Nordeuropa die starken Schwankungen des Sommerbestandes von Jahr zu Jahr. Manchmal tauchen Wachteln für kurze Zeit auch in Gebieten auf, in denen sie viele Jahre fehlten, um dann wieder für lange Zeit auszubleiben.

Die Ursachen hierfür sind wahrscheinlich sehr kompliziert. Sicher spielen Witterungsbedingungen und langfristig gesehen auch Klimaschwankungen eine Rolle. In manchen Jahren, auch erfreulicherweise heute noch, ist die Wachtel sehr viel häufiger als üblich.

Wachtel am Gelege.

Insgesamt gesehen sind sicher die Zukunftsaussichten der Wachtel im Zeichen moderner Landbewirtschaftung nicht besonders rosig. Doch andererseits nimmt man an, daß viele Entwicklungen in der Landwirtschaft der letzten Jahrzehnte durch Erschließung neuer Lebensmöglichkeiten für die Wachtel recht förderlich waren. Auch ist noch keineswegs geklärt, wie sich der Massenfang von Wachteln im Mittelmeergebiet auf den Bestand auswirkt. Die Unsicherheit in der Beurteilung rührt z.T. davon her, daß Wachteln außerordentlich schwer in freier Natur zu beobachten und untersuchen sind. Viele Lebensdaten sind uns daher noch nicht bekannt.

Eine Zusammenfassung der Kenntnisse über die Entwicklungen in der Agrarlandschaft kommt nach kritischer Würdigung aller Fakten zu folgenden Ursachen und Verursachern für die Gefährdung der Wachtel: Verluste auf dem Zug vor allem durch die Jagd in den Mittelmeerländern (in der EU vor allem Italien und Frankreich); Rückgang des Hackfruchtbaus in der einheimischen Landwirtschaft; Umwandlung kleiner in große, einheitlich strukturierte Felder; Aufgabe extensiver Nutzungsformen; großflächige Ausschaltung von Unkräutern durch Vertilgungsmittel (Herbizide). Gerade die lange zu Unrecht als »Unkräuter« abqualifizierten Feldkräuter erweisen sich mehr und mehr als wichtige Bestandteile der Kulturlandschaft, von denen neben vielen anderen Tieren auch Vögel direkt und indirekt profitieren. Extensivierungsprogramme, wie sie im Rahmen der Europäischen Union notwendig werden, können nur dann Abhilfe schaffen, wenn sie den ökologischen Forderungen entsprechen.

Für den Beobachter sind Wachteln zumindest während der Brutzeit so gut wie unsichtbar, da sie sich ständig in Deckung halten. Naht sich eine Gefahr, wird die nächste Deckung zu Fuß aufgesucht. Doch lassen sie z.B. Menschen bis auf wenige Meter herankommen und fliegen nur dann auf, wenn sie wirklich keinen anderen Ausweg mehr sehen.

Zur Zugzeit geraten Wachteln gelegentlich mitten in unsere Großstädte: Sie ziehen nur nachts und gehen, wenn sie durch Lichter irritiert werden, zu Boden.

Maschinengerechte Ackersteppen ohne Deckung und Nahrungsangebot in kritischen Zeiten bieten Wachteln, Rebhühnern und anderen Feldvögeln kaum eine Überlebenschance. Hecken, Feldgehölze, Feldraine können die Situation bereits wesentlich verbessern.

Fasan

Phasianus colchicus

K Die bunten ♂ in verschiedener Färbung sind heute die auffälligsten Vögel der Feldmark. Auch die ♀ sind leicht an ihren langen Schwanzfedern zu erkennen. Juv. sind kurzschwänzig, braun, hell und dunkel gemustert wie ♀; hochbeiniger als Rebhühner. ■ Der Revierruf des Hahnes ist schwer zu beschreiben, etwa heiser und blöckend »göögöck«. Aufgescheucht ruft das ♂ gepreßt »göggög«. Lautäußerung der ♀ unauffällig leise und selten. ■

Die brütende Fasanenhenne ist gut getarnt.

Fasane sieht man häufig offen auf den Äckern und Wiesen herumlaufen. Verschiedene Farbtypen der ♂ kommen davon her, daß verschiedene Rassen ausgesetzt wurden.

V Ursprünglich Br. in Trockengebieten Asiens von Kleinasien bis nach Japan in vielen verschiedenen Rassen. Heute ausgesetzt in vielen Teilen der Welt unter anderem auch in vielen Ländern Europas. Fehlt in vielen Gebieten des Mittelmeerraumes. ■ Bei uns heute in Niederungsgebieten verbreitet und einer der häufigsten Großvögel der Feldmark; jedoch müssen bei ungünstiger Witterung in höher gelegenen Gebieten ständig Fasane neu ausgesetzt werden. Nicht selten werden Fasane im Sommer nur ausgesetzt, damit sie im Herbst bei der Jagd geschossen werden können.

F Nest gut gedeckt am Boden. ■ Legezeit April bis Juni; 1 Jahresbrut; bei Gelegeverlust Ersatzbrut. ■ 8–12, manchmal mehr einförmig grünlichgraue bis olivbraune Eier. ■ ♀ brütet 22–24 Tage. Die Jungen werden vom ♀ geführt, sind mit 10–12 Tagen flugfähig, bleiben aber bis ins Alter von 80 Tagen beim ♀.

N Vielseitig, pflanzlich, in den ersten Lebenswochen überwiegend aus Kleintieren bestehend. Vor allem Sämereien bis hin zur Größe von Eicheln, Beeren, weiche Früchte, aber auch grüne Pflanzenteile.

In vielen Gegenden ist der Fasan heute der einzige auffällige Vogel der Feldmark. Er verdankt seine Existenz als beliebtes Niederwild offenbar schon lange zurückreichenden Einbürgerungsversuchen. Wann zum erstenmal freilebende Fasane bei uns vorkamen, ist allerdings heute nicht mehr sicher festzuhalten. Jedenfalls gibt es im Rheinland schon Hinweise aus dem 12. und 13. Jahrhundert. Nach und nach hat dann der Fasan viele Teile Mitteleuropas »erobert«. Allerdings dürften sich alle älteren Angaben auf Vögel beziehen, die in Fasanerien erbrütet und dann freigelassen wurden. Heute gibt es längst in vielen Teilen Bestände, die sich selbst erhalten können, doch die meisten dürften erst aus dem 20. Jahrhundert stammen. Jägerische Hegemaßnahmen sind aber vielfach nötig, vor allem wenn der Fasanenbestand auf einer Höhe gehalten werden soll, die für die Jäger noch interessant ist.
Die Aufzucht vieler im Herbst erlegter Fasane vollzieht sich in sog. Fasanerien. Die bei uns eingebürgerten Vögel sind Kreuzungsprodukte aus den drei am häufigsten eingeführten Unterarten Ringfasan *(Ph. c. torquatus)* sowie *Ph. c. mongolus* mit breitem und *Ph. c. versicolor* ohne weißen Halsring. In den Fasanerien werden die Eier meist in Brutmaschinen künstlich erbrütet und die Küken in den ersten Tagen in geschlossenen Räumen unter künstlichen Wärmestrahlen aufgezogen. Später kommen die Jungfasane dann in einen Auslauf, um unter „Freilandbedingungen" aufzuwachsen. Massenzucht nach Art der Haushühner hat sich leider auch schon eingebürgert.
Zur Brutzeit verteidigen die Hähne Re-

Kaum trocken, verlassen die Jungen das Nest.

viere. Die Balzzeit dauert etwa von März bis August. Man hört zu dieser Zeit den bezeichnenden lauten Ruf, der oft mit einem polternden Wirbel der schnellschlagenden Flügel begleitet wird. Ein Hahn lockt damit meist mehrere Hennen an. Ein unterschiedlich großer Anteil der Hähne bleibt aber ohne Revier und damit auch ohne Chance der Fortpflanzung. Die Hennen halten sich den Winter über meist in Trupps, die sich im Frühjahr allmählich auflösen und sich einzelnen Männchen vorübergehend zu einem kleinen „Harem" anschließen.

Fasanenhenne.

Wasserralle

Rallus aquaticus

K Größer als Amsel; langer, leicht
gebogener Schnabel. Oberseite
dunkelbraun mit schwarzer Längs-
zeichnung. Kopfseiten, Kehle, Hals
und Brust schiefergrau, Flanken der
ad. schwarzweiß gestreift. Unterschwanzdecken weißlich. Bei juv.
Unterseite hell graubräunlich und
schmutzigweiß, Kehle sehr hell;
sonst ähnlich ad. Auch das Ruhekleid der ad. hat eine helle Kehle. Der
Schnabel ist besonders beim ♂ an
der Basis ± auffallend rot. ■ Häufigster Ruf ist das »Ferkelquieken«,
ein grunzendes bis kreischendes
»krruih«; der Gesang besteht aus
langen Reihen von Stakkato-Lauten
wie »tjick-tjick-tjuirr« oder langen
»geg«-Reihen. Warnruf laut »zick-
zick . . .«. ■ Im allgemeinen im dichten Schilf wenig zu sehen; für die
Feststellung der Anwesenheit ist daher die Kenntnis der Stimme wichtig.
Läuft in geduckter Haltung, bei Erregung wippt der hochgestellte
Schwanz ruckweise. Klettert auch
gut auf Ästen und in Sträuchern.
V Br. in Eurasien von Island bis Japan in der gemäßigten und in der
Subtropenzone; fehlt in den Hoch-

ländern. ■ Bei uns im Tiefland häufigste der typischen Schilfrallen, doch
im allgemeinen sehr gefährdet.
Stand- und Strichvogel, Kurzstreckenzieher. Im Winter bei uns nur
wenige; Hauptwinterquartier West-
und Südeuropa, Nordafrika. ■ Br. hoher und dichter Ufervegetation, z. B.
dichte Röhricht- und Großseggenbe-
stände; mindestens kleine offene
Wasserflächen sind wichtig; gelegentlich an kleinen Tümpeln. Im Winter auch an kleinen Wiesengräben.
F Nest meist gut versteckt im Schilf
oder in Seggenbüscheln; tiefer Napf,
oft mit einer geflochtenen Haube. ■
Legezeit April/Juni; meist 1, häufig
2 Jahresbruten. ■ 6–11 weißliche bis
rahmfarbene Eier mit rotbraunen
oder grauen Punkten. ■ ♂ und ♀
brüten 19–22 Tage; Junge verlassen
oft erst nach einigen Tagen das Nest,
sind mit 7–8 Wochen flugfähig, verlassen aber vielfach schon erheblich
früher die Eltern.
N Kleintiere, z.B. Insekten, kleine
Schnecken und Würmer.

Rallen gehören zu den besten Ver-
steckkünstlern unserer Vogelwelt. Ihre Rufe und Gesänge sind daher für
Vogelkundler ganz besonders wichtige Signale ihrer Anwesenheit. Lange Zeit war man sich aber über das
Repertoire der verborgen in Röhricht
und Seggen lebenden Arten nicht im
klaren, so daß Verwechslungen auch
in Handbüchern vorkamen bzw.
manche Art übersehen wurde. Die
Wasserralle ist durch ihre eigenarti-
gen, quiekenden Rufe am leichtesten zu erkennen.
Wegen ihrer versteckten Lebensweise werden Rallen auch von den meisten Menschen nicht beachtet und
natürlich auch nicht verfolgt. Doch
die gravierende Zerstörung ihres Lebensraumes durch Entwässerungen, Deichbau und Verbauung natürlicher Ufer hat die Lebensmöglichkeiten von Wasserralle und ■ Tüpfel-

sumpfhuhn bei uns stark eingeschränkt. Verlandungszonen und andere amphibische Flächen sind ohnehin besonders empfindliche Lebensräume. Geringe Wasserstandsänderungen können hier einschneidende Folgen haben. So beeinflußt z.B. auch künstliche Veränderung der Wasserführung von Flüssen und Seen oder Absenkung des Grundwasserspiegels den Bestand der kleineren Rallen entscheidend.

Wasserrallen sind für gewöhnlich Einzelgänger. Auch im Winter werden kleine Nahrungsreviere verteidigt. Die ausgesprochene Territorialität ist auch der Grund, warum man durch Tonbandaufnahmen recht gute Bestandskontrollen durchführen kann. Die Reviere sind aber sehr unterschiedlich groß; im Durchschnitt dürften sie etwa 300 m² umfassen. An kleineren Gewässern oder in sehr begrenzten Schilfparzellen rük-

Wasserralle brütet auf ihrem versteckten Schilfnest.

Der Zug spielt sich meistens nachts ab. Wasserrallen fliegen dabei wie ihre Verwandten meist recht niedrig und daher sind Verletzungsopfer an Hindernissen relativ zahlreich. Unter fast 3000 Vögeln, die man an einer niederländischen Hochspannungsleitung innerhalb von 4 Jahren tot auffand, war z.B. die erstaunliche Zahl von 37 Wasserrallen, die ja während der Brutzeit die dichte Ufervegetation kaum verlassen. Die Liste dieser Drahtopfer wird übrigens vom Bläßhuhn angeführt mit über 500 Individuen. Diese Art ist ungleich häufiger, fliegt aber ebenfalls meist in gerader Bahn relativ niedrig über Land.

ken die Brutpaare auch etwas zusammen. Man hat gleichzeitig besetzte Nester schon in einem Abstand von weniger als 50 m gefunden.

Die Küken aller im Schilf lebender Rallen (Tüpfelsumpfhuhn, Wasserralle, die beiden kleinen Sumpfhühner) sowie des Wachtelkönigs tragen ein pechschwarzes Dunenkleid ohne auffallende Farbabzeichen (vgl. dagegen Teich- und Bläßhuhn). Die Federfluren auf der Körperunterseite, die öfters mit Wasser in Berührung kommt, entwickeln sich rascher als auf der Oberseite. Schwungfedern wachsen relativ spät.

Tüpfelsumpfhuhn

Porzana porzana

K Kleiner als Wasserralle, etwa drosselgroß. Rücken dunkel olivbraun, Federn des Rückens und die Flügeldecken in der Mitte schwarz, am Innenrand des Flügels fahlgelbe Streifung; viele weiße Flecken und Kritzel auf der Oberseite. Unterseite und Kopfseiten ± graubraun; Unterseite mit vielen weißen Punkten besetzt, Flanken weiß gebändert; Unterschwanzdecken braungelblich (vgl. Wasserralle). Juv. mit hellerer Unterseite. ▪ Balzgesang des ♂ vom Frühjahr bis Sommer lange Reihen scharfer »huitt …«; kurze »keck«-Rufe und Knurrlaute. ▪ Auch dämmerungsaktiv; läuft geduckt. Im kurzen Streckenflug mit herabhängenden Beinen. Hält sich wie die Wasserralle sehr gut versteckt.

V Br. von Europa bis Mittelsibirien. ▪ Bei uns nicht häufiger Br. des Tieflandes, starker Rückgang seit mindestens 50 Jahren und gebietsweise sehr s.; in Deutschland schätzte man um 1985 etwa 1700 Paare. Zugvogel mit Hauptwinterquartier in Mittelmeerländern, Nordafrika, Vorderasien (Ende März/April bis Oktober). ▪ Br. auf nassen Flächen mit niedrigem Wasserstand und sehr dichter Vegetation, z. B. in Verlandungsgebieten

Tüpfelsumpfhuhn bei der Nahrungssuche im Schlamm einer Verlandungszone.

(hier vor allem Seggenzone, weniger reines Schilf), Naßwiesen, verlandete Tümpel, Niedermoore. Gegenüber Wasserstandsveränderungen sehr empfindlich.

F Nest gut versteckt, meist dicht über dem Boden oder in einer Seggenbülte; kompakter Napf, oft mit einem Dach aus Blättern. ■ Legezeit April bis Juni; wohl oft 2 Jahresbruten. ■ 8–12 Eier; auf gelblicher Grundfarbe kleine rötlichbraune Flecken. ■ ♂ und ♀ brüten 18–19 Tage; Küken bleiben bis etwa 3 Tage im Nest bzw. kehren zum Übernachten wieder zurück; flugfähig mit 35–42 Tagen.

N Kleintiere im Seichtwasser und Schlamm, z. B. Insekten, Würmer, Schnecken; auch zarte Pflanzenteile.

Kleines Sumpfhuhn
Porzana parva

K Dem kleinen Sumpfhuhn außerordentlich ähnlich ist das seltenere Zwergsumpfhuhn *(Porzana pusilla)*. Beide sind kleiner als Tüpfelsumpfhuhn (etwa starengroß) und nur von guten Kennern bzw. mit Hilfe von Spezialliteratur bzw. Tonaufnahmen sicher zu unterscheiden. Oberseite des Kleinen Sumpfhuhns (KS) olivbraun mit helleren und dunklen Längsstreifen sowie undeutlichen, weißen Fleckenreihen; Zwergsumpfhuhn (ZS) mehr rötlichbraun, dunkler und lebhafter gezeichnet, mit scharf abgesetzten weißen Kritzeln und Punkten. Unterseite bei ♂ KS schiefergrau mit heller Kehle; ♀ hellgelb bis rostbräunlich mit weißer Kehle, Unterschwanzdecken helldunkel gestreift, Streifung reicht kaum auf die Flanken. Beim ZS ist diese Bänderung kontrastreicher und auf den Flanken bis fast zur Bauchmitte zu erkennen; ♂ und ♀ gleich gefärbt, vordere Hälfte der Unterseite schiefergrau. Juv.: KS Unterseite hellbräunlich; ZS Unterseite etwas dunkler, Oberseite lebhafter weiß gekritzelt, deutlichere Flankenbänderung. Schnabel bei ad. KS im Winkel ± ausgedehnt rot, bei ZS immer ohne Rot. ■ Die Stimmen der beiden kleinsten Rallen waren lange nicht ausreichend bekannt. Gesang des ♂ KS besteht aus kurzen Einzelelementen, wie »gack« oder »quäk«, die sich zu einer sich beschleunigenden Reihe anordnen (ohne Triller am Ende); ♀ rufen »pöck pöck, pörrr« oder »kikerr«, bei Erregung »twutt«. ♂ ZS singen hölzern knarrend/klappernd »trrr-trrr-trri . . .« (mit schwach durchklingendem i oder e), an- und abschwellend. ■ Beide Rallen sind nur durch Zufall zu sehen und singen vor allem in der Dämmerung. Man kann sie durch Tonbandgesänge zu Antworten veranlassen und dadurch ihre Anwesenheit feststellen (vgl. Wachtelkönig, S. 212).

V KS Br. Europa bis Westsibirien, besonders in Steppengebieten Osteuropas; ZS Br. in Asien und in verschiedenen Gebieten der Südhalbkugel. ■ Beide Arten in Mitteleuropa seltene und z. T. nur ganz ur. Br., am ehesten im Osten und Südosten; auch auf dem Durchzug sehr seltene Gäste (vielleicht aber auch oft übersehen); KS bei uns wesentlich häufiger als ZS, jedoch wegen seines geringen Bestandes sehr bedroht. ZS in Deutschland nur wenige Paare. Zugvögel; Winterquartier Südeuropa, Nordafrika und auch Afrika südlich der Sahara (April bis September). ■ Beide Arten halten sich stets in dichtem Pflanzengewirr von Feuchtgebieten auf, z. B. in Schilf-, Binsen-, Rohrkolben- oder Großseggenbeständen.

F Nest in dichten Pflanzen bodennah versteckt. ■ Legezeit Mai/Juni. ■ 4–8 Eier; auf hellem Grund hellbräunlich gefleckt. ■ ♂ und ♀ brüten 21–23 Tage; Junge etwa mit 50 Tagen voll flugfähig (KS).

N Beide Arten vor allem Insekten und deren Larven.

Wachtelkönig

Crex crex

K Wenig zu sehen, daher Stimme wichtigstes Merkmal. Etwas größer als Wachtel. Oberseite hell graubraun mit dunklen Federmitten, die insgesamt dunkle Längsstreifen bilden. Flügel auffallend rot- bis kastanienbraun. Unterseite gelbbraun, gegen den Bauch zu weißlich; Flanken ± deutlich rostbraun gebändert. ■ Der Gesang des ♂ ist einer der merkwürdigsten Vogellaute, nämlich ein klangarmes, 2silbiges »rärrp rärrp«, das gelegentlich mit dem Laut verglichen wird, der beim raschen Durchstreifen der Zähne eines Kammes entsteht. Oft wird der Gesang in langen Reihen vorgetragen, vorzugsweise in der Dämmerung und nachts. ■ Die Vögel halten sich sehr geschickt in Deckung und weichen häufig laufend aus. Im kurzen Flug hängen die Beine herunter. Mit Tonband sind die ♂ hervorragend anzulocken.

V Br. in Europa bis Mittelasien; in Europa starke Schwankungen, heute aber starker Rückgang. ■ Bei uns Br. im Tiefland in stark wechselnder Dichte und Verbreitung; viele Brutplätze sind nicht r. besetzt; insgesamt starke Abnahme und in Deutschland bedroht. Langstreckenzieher, der im tropischen Afrika überwintert (Mitte April bis September/Oktober). ■ Br. in offenem Gelände, vor allem in extensiv genutzten Wiesen mit dichtem Bewuchs; der Untergrund kann feucht sein. Heute z.T. auch in Getreidefeldern, auf Rüben- und Kartoffeläckern, Kleeschlägen usw.

F Nest am Boden. ■ Legezeit Mai/Juni; wohl nur 1 Jahresbrut. ■ 7–12 Eier; gelblich mit dunkel rotbraunen Flecken. ■ ♀ brütet 16–19 Tage; Junge sind mit ca. 35 Tagen flugfähig.

N Kleintiere, vor allem Insekten; daneben auch Sämereien und grüne Pflanzenteile.

Vom amphibischen Lebensraum der dicht bewachsenen, nassen bis sehr feuchten Verlandungszone haben die Rallen gewissermaßen Vorstöße sowohl in Richtung Land als auch aufs offene Wasser unternommen. Der Wachtelkönig ist die für das Land bestimmte Anpassungsform der Rallen. Trotz seiner äußerlichen Ähnlichkeit mit der Wachtel und gewisser Überschneidungen im Lebensraum (Wachtelkönige bevorzugen aber in der Regel feuchtere Bereiche) hat die »Wiesenralle« typische Eigenschaften der Rallen bewahrt, wie z.B. Aussehen und Entwicklung der Jungen. Die Männchen lassen sich mit dem Tonband mitunter auf Meternähe heranlocken. Doch ist es ein seltener Glücksfall, wenn man auf ein Nest oder auf eine Familie mit kleinen Jungen stößt.

In der mitteleuropäischen Kulturlandschaft ist die Verbreitung recht unstet. Am sichersten kann man die Anwesenheit feststellen, wenn man in Mai- und Juninächten nach dem Vogel hört bzw. ihn mit Tonbandaufnahmen zum Gesang animiert. In weiten Teilen Europas ist der Bestand in letzter Zeit katastrophal zurückgegangen.

Teichhuhn
Gallinula chloropus

K Etwas kleiner als Rebhuhn; schlanker, hühnerähnlicher Vogel mit langen Beinen und Zehen. Ad. Oberseite dunkel olivbraun, Kopf, Hals und Unterseite grauschwarz. Kräftige, weiße Streifen an den Flanken, die ein unterbrochenes, weißes Band bilden können. Schwanz kurz, wird oft nach oben gestelzt getragen; auf der Unterseite ist dabei ein weißes Dreieck mit schwarzem Zentrum zu sehen. Rotes Stirnschild, gelbe Schnabelspitze. Lange grünliche Beine und Zehen mit gelbem Ring am Fersengelenk. Juv. einfarbig braun mit ± deutlich aufgehellter Kehle; Schnabel und Stirnschild olivfarben. ▪ Häufigster Ruf guttural »kürrk«; bei Störung »kirreck«; auch Serien scharfer »kickick . . .« oder im Flug »keck-keck«. ▪ Im Schwimmen starkes Kopfnicken und Zucken des gestelzten Schwanzes. Klettert geschickt in der bodennahen Vegetation; läuft auch auf dem Land. Beim Auffliegen von der Wasseroberfläche häufig Fluglauf (vgl. Bläßhuhn). Als Parkvogel manchmal ganz zahm (besonders häufig in Nordwestdeutschland).

V Weit verbreiteter Br., z. B. Nord- und Südamerika, Europa, Asien, Afrika, Insulinde, Philippinen usw. ▪ Bei uns im Tiefland verbreiteter und vor allem im Norden häufiger Br.; Teilzieher; in milden Gegenden auch im Winter häufig. ▪ Br. der Ufer- und Verlandungszonen stehender und langsam fließender Gewässer, der im Bergland selten ist oder fehlt. Im Tiefland fast überall an Seen, Teichen, Flußaltwässern, Lehm- und Kiesgruben (sofern etwas Deckung vorhanden ist), Dorfteichen oder Parkgewässern. Mitunter auch an winzigen Tümpeln oder in kleinen Wiesengräben. Zur Nahrungssuche auch an Land und vor allem im Winter viel in Parkanlagen.

F Nest meist gut gedeckt in der Ufervegetation. ▪ Legezeit April bis Ende Juli; häufig 2, selten auch 3 Jahresbruten. ▪ 5–11 Eier; gelbbraun bis rahmfarben, mit vielen dunkelbraunen Flecken und Punkten. ▪ ♂ und ♀ brüten 19–22 Tage; Junge sind mit etwa 35 Tagen flugfähig, Familie bleibt aber oft noch länger zusammen.

N Pflanzlich und tierisch, z. B. Samen und Früchte von Sumpf- und Wasserpflanzen, Grasspitzen, Insekten, Mollusken u. a. Kleintiere.

Teichhuhn im Jugendkleid (u. a. fehlt der weiße Seitenstreif).

Das Teichhuhn vermittelt zwischen den in der dichten Verlandungsvegetation lebenden Rallen (z. B. Wasserralle und Tüpfelsumpfhuhn) und dem großenteils auf dem offenen Wasser lebenden Bläßhuhn. Seine langen Zehen sind mehr Lauf- und Kletterinstrumente, weniger angesprochene Schwimmorgane. Größere offene Wasserflächen werden daher nicht gerne überschwommen.

Die kleinen schwarzen Dunenjungen tragen im Kopfbereich auffallende Farbabzeichen: Der Schnabel ist rotorange und besitzt eine gelbe Spitze, die Stirnplatte ist rot. Über den Augen leuchten blaue Stellen der Haut durch das sehr dünne Dunenkleid, die Haut von Scheitel und Nacken ist rotorange, Kehle und Hals sind gelb. Diese Signale spielen bei der Fütterung und Jungenführung eine Rolle. Während der ersten Lebenstage bleiben die Küken noch im Nest und werden dort gefüttert. Aber auch noch später kehren die Jungen zumindest zum Übernachten oder bei kühlem und nassem Wetter zum Nest zurück. Neben dem Nest, in dem das Gelege ausgebrütet wurde,

werden in der Nähe oder auch außerhalb des ehemaligen Brutreviers Nestplattformen angelegt, die als Schlafnester von den Jungen benutzt werden. Oft handelt es sich dabei aber auch um eine schon vor Beginn der Brut angelegte Plattform, die nicht weiter ausgebaut wurde.

Normalerweise sind beide Eltern an der Jungenführung beteiligt. Doch gibt es beim Teichhuhn interessante Abweichungen, wenn sehr bald nach dem Schlüpfen ein zweites Gelege gezeitigt wird, noch bevor die Jungen des ersten mehr oder minder selbständig geworden sind. Da das Weibchen auf dem neuen Gelege brütet, ist das Männchen dann allein mit dem Führen der Jungen beschäftigt. Mit 3 Wochen können die Jungen aber ihre Nahrung schon selbständig suchen und werden nur noch gelegentlich vom Altvogel gefüttert; schon vorher hat die Fütterung der zunehmenden Nestflüchter etwas nachgelassen und sich auf zusätzliche Futtergaben beschränkt.

Wenn 2 Bruten eines Paares so dicht aufeinanderfolgen, daß das zweite Gelege bereits bebrütet wird, ehe die

Im Frühjahr gibt es oft heftige Auseinandersetzungen an den Reviergrenzen.

Bunte Farbabzeichen am Kopf von Alt- und Jungvogel wirken als Signale bei der Fütterung.

Jungen des ersten selbständig geworden sind, spricht man von einer Schachtelbrut (vgl. S. 329).

Durch solche Schachtelbruten wird natürlich Zeit gewonnen. Beim Teichhuhn ist das System insofern noch weiter entwickelt, als hier auch häufig die Geschwister der ersten Brut sich an der Fütterung der nachgeborenen Jungen beteiligen. Auch gegenseitiges Füttern innerhalb einer gleichalten Jungenschar ist schon beobachtet worden. Doch oft machen sich auch Geschwister gegenseitig die Nahrung streitig.

Obwohl Teichhühner nicht gerade zu den elegantesten Fliegern zählen und man ihnen keine allzugroße Ausdauer zutraut, sind erstaunliche Zugleistungen bekannt geworden. Von Westfalen flog ein Teichhuhn nach Südwestspanien 2010 km und ein anderes nach Portugal 1980 km; ein in den Niederlanden beringter Herbstvogel war im Januar sogar in Marokko, 2800 km südwestlich vom Beringungsort. Offenbar zieht ein kleiner Teil der Teichhühner über erhebliche Entfernungen. Mitteleuropa ist aber auch das Winterquartier von nördlichen und östlichen Brutvögeln. Teichhühner sind heute z. T. sogar auch als Brutvögel in Städte eingewandert und bilden gebietsweise ausgesprochen zahme Parkbestände, die sich aus nächster Nähe beobachten lassen. Allerdings ist die enge Gewöhnung an den Menschen nicht überall eingetreten. Mitunter halten sich Teichhühner selbst an den winterlichen Futterstellen für Wasservögel etwas abseits. Außerdem ist beobachtet worden, daß nach schlechten Erfahrungen Teichhühner sich sehr schnell wieder umstellen können. An schilfbewachsenen Ufern oder in stark zugewachsenen oder verlandenden stehenden Gewässern lassen sich Teichhühner ähnlich anderen Rallen oft kaum sehen. Die Unterschiede im Verhalten gegenüber dem Menschen sind gerade bei dieser Art so auffallend, daß man meint, je nach Situation verschiedene Arten vor sich zu haben. Man darf sich durch Zahmheit von wildlebenden Vögeln nicht täuschen lassen: Nicht immer bedeutet die »Anpassung« an den Menschen ein sicheres Überleben der Art.

Bläßhuhn

Fulica atra

K Etwas kleiner als Stockente; liegt beim Schwimmen hoch im Wasser. Schwarz mit leuchtend weißem Stirnschild. Juv. Kehle, Unterhals und Brust weißlich ■ Geschlechter sind an den Rufen zu unterscheiden. ♂ rufen kurz und stimmlos »tsk« oder »tsi« bzw. wie ein knallender Sektkorken »tp«. Rufe des ♀ laut bellend »köw«. ■ Schwimmt mit Kopfnicken, taucht mit kleinem Sprung. Mitunter auch am Land auf ufernahen Wiesen weidend.

V Häufiger Brutvogel Eurasiens einschließlich Nordafrikas, Australiens, Neuguineas. ■ Bei uns weit verbreitet und stellenweise der häufigste Wasservogel. Bestand hat teilweise durch Nährstoffanreicherung des Wassers z. T. zugenommen. Stand- und Strichvogel, Kurzstreckenzieher. Winterquartier reicht bis Nordafrika; bei uns im Winter sehr häufig z. T. auch halbzahm an Futterstellen. ■ Br. an stehenden und langsam fließenden, überwiegend nährstoffreichen Gewässern, z. B. Seen, Teiche, langsame Flüsse mit Altwässern, Stauseen, Baggerlöcher, aber auch Kleingewässer wie Kiesgruben, Tümpel, Parkteiche usw. Zur Anlage des Nestes ist Deckung am Ufer notwendig. Im Winter auch auf deckungsfreien Gewässern in großen Schwärmen.

F Nest im Seichtwasser oder am Ufer an Halmen oder Ästen verankert; umfangreicher Bau aus Pflanzenmaterial oft mit schrägem Aufgang (»Rampe«). ■ Legezeit (März) April/Mai (z. T. bis Juli/August); in der Regel 1 Jahresbrut. ■ 5–10(14) Eier; hellgrau bis gelblichweiß, mit vielen feinen, rotbraunen bis schwarzen Punkten. ■ ♂ und ♀ brüten 23–25 Tage; Junge verlassen das Nest meist erst nach einigen Tagen und sind mit etwa 8 Wochen flugfähig.

N Allesfresser. Die Nahrungszusammensetzung je nach Angebot und im Laufe des Jahres sehr unterschiedlich, z. B. als Sommernahrung viel Schilf, ferner aber auch Algen, Gras, verschiedene Wasserpflanzen, organischer Abfall. Ferner Kleintiere, vor allem kleine Mollusken, Insekten und deren Larven; im Winter auch Brotreste und Abfälle.

Das Bläßhuhn ist unter den Rallen als einzige Art zum eigentlichen Schwimmvogel geworden. Dies geht allein schon aus dem Körperquerschnitt hervor. Er ist wesentlich rundlicher als bei den anderen Rallen, deren seitlich zusammengedrückter Körper eine gute Anpassung an das Durchschlüpfen in dichter Vegetation darstellt. Die langen Zehen der Bläßhühner sind mit breiten Schwimmlappen besetzt, die wie die Zehenglieder unterteilt sind. Der Fußabdruck im weichen Schlamm oder im Schnee ist daher unverwechselbar. Im Winterhalbjahr, oft schon ab Hochsommer, formieren sich Bläßhühner in großen Trupps bis zu riesigen Schwärmen, die vor allem bei Gefahr oft eng zusammenrücken. In zunehmendem Maß kommen sie bei Einbruch der kalten Jahreszeit auch in die Städte und sind heute neben Stockenten und Lachmöwen oft die häufigsten Wasservögel an den winterlichen Futterstellen der Parkteiche oder Flußbrücken. Gegen Frühjahr lösen sich die Verbände auf; man kann jetzt auch sehr viel häufiger als im Winter die lauten und durchdringenden Rufe hören.

Reviere werden im Brutgebiet oft sehr auffällig und energisch gegen Artgenossen, aber auch mitunter gegen andere Wasservögel verteidigt. Daß das »zänkische« und lärmende Bläßhuhn jedoch die Enten vertreibe und dadurch sich negativ auf den Entenbestand eines Gewässers auswirke, ist trotz aller Behauptungen nicht richtig. Verschiedentlich ließ sich feststellen, daß Enten sogar ihre Nester in der Nähe eines brütenden Bläßhuhns anlegen und so von der Wachsamkeit des aufmerksamen Vogels profitieren. Vom Nest gehende Bläßhühner machen durch ihren Fluglauf, bei dem die Füße das Wasser treten, viel Geräusch, das auch die wesentlich versteckter in der Vegetation brütende Ente hört, deren Gesichtskreis durch die dicht stehenden Pflanzen nicht so groß ist.

Zwei Bläßhühner stehen in Drohhaltung einander gegenüber.

Im Unterschied zu Enten halten die Geschlechter des Bläßhuhns auch die Brutzeit über zusammen. Der nichtbrütende Partner schwimmt in Nestnähe und kann dabei die Umgebung beobachten. Er steht im Rufkontakt mit dem jeweils brütenden Vogel.

Das Aggressivverhalten des Bläßhuhns an den Reviergrenzen ist leicht zu beobachten. Mit gesenktem Kopf und gesträubtem Gefieder der Hals- und Rückenpartie wird ein Eindringling bereits aus größerer Entfer-

Außerhalb der Brutzeit bilden Bläßhühner meist große Schwärme, oft an Futterstellen.

In den ersten Tagen kehren die Jungen noch oft in das Nest zurück.

nung angedroht. Die weiße Stirnblässe und der ebenfalls weiße Schnabel heben sich von der dunklen Umgebung scharf ab und wirken als Abweisesignal. Unmittelbar an den für uns nicht sichtbaren Reviergrenzen schwimmen benachbarte Paare oft in verstärkter Drohhaltung aufeinander zu bzw. nebeneinander her. Dabei wird der Hals nicht sehr stark vorgestreckt, doch sind die Flügel hoch über dem Rücken gewölbt wie ein Schild. Besonders starkes Drohen scheint das Wassertreten zu bedeuten: Der Vogel hebt den Vorderkörper aus dem Wasser und tritt schnell mit den Füßen. Dadurch entsteht ein platschend-gurgelndes Geräusch und Wasser spritzt umher. Drohen hat die Aufgabe, den Gegner einzuschüchtern, so daß eine tätliche Auseinandersetzung vermieden wird. Sie kostet beiden Partnern Energie und könnte auch zu Verletzungen führen.

Doch nicht immer läßt sich ein Angriff vermeiden, denn mitunter fühlt sich keiner im Drohduell unterlegen. Mit hoher Bugwelle schwimmen die Gegner aufeinander zu, der letzte Teil der Strecke wird oft im rasanten Fluglauf überwunden. Falls einer der beiden im letzten Augenblick nicht doch noch die Flucht ergreift, ist ein Kampf unvermeidlich. Die Kontrahenten richten sich voreinander auf, stellen sich gewissermaßen auf den Schwanz, legen als Stütze die Flügel nach hinten und wenden einander die Unterseite zu. Mit den Füßen schlagen sie heftig gegeneinander und versuchen, sich auch zu hacken oder nach hinten umzuwerfen. Der Unterlegene gerät dabei oft für einige Sekunden unter Wasser, ehe er fliehen kann. Bei Bläßhühnern ist kämpferische Auseinandersetzung keineswegs nur Männersache; auch die Weibchen kämpfen. Doch hat man als Regel bisher nur den Kampf der Geschlechter untereinander beobachtet, also Weibchen gegen Weibchen und Männchen gegen Männchen. Die Geschlechter lassen sich am ehesten durch den Ruf unterscheiden (s. oben). Vor allem zur Zeit des Jungenführens werden auch andere ins Revier eindringende Wasservögel angegriffen.

Bläßhühner sind heute meist die

häufigsten Schwimmvögel geworden. Immer wieder wird die Meinung vertreten, daß der Mensch regulierend eingreifen müsse, um den Bestand nicht ins uferlose anwachsen zu lassen. Langjährige Zählungen haben gezeigt, daß Bläßhühner nur dann zunehmen, wenn Nährstoffanreicherung in Gewässern zu üppigem Pflanzenwuchs führt oder auch viel pflanzlicher Abfall und organische Stoffe ins Wasser geraten. Auch ausgesprochene Abwasserorganismen werden vom Bläßhuhn genutzt. Starke Zunahme des Bläßhuhns ist also ein Anzeiger sich verringernder Wassergüte. Rückgänge der nahrungssuchenden Bläßhuhnbestände als Folge verbesserter Kanalisation der Anrainer eines Sees sind in mehreren Fällen bewiesen. Der verstärkte Abschuß bringt also gar nichts. Leichtfertig wird auch immer wieder behauptet, die Bläßhuhnscharen würden zur Verschmutzung des Wassers beitragen. Bläßhühner sind nicht die Ursache, sondern die Folge von Wasserverschmutzung. Durch das Abweiden von Algenrasen, die Aufnahme von Pflanzen und den Abbau von Detritus trägt das Bläßhuhn sogar zur Wasserreinigung bei. Der Kot, den die zahlreichen Vögel ins Wasser abgeben, stellt ja nur einen Bruchteil der aufgenommenen organischen Substanz dar, von der ein Teil zu Energie, ein anderer in Körpersubstanz umgewandelt wurde. Größere Konzentrationen nichtbrütender Bläßhühner kann man oft schon in den Sommermonaten beobachten. Wie bei den Enten hängen sie z. T. mit der sommerlichen Mauser des Großgefieders zusammen, denn auch die Rallen, und damit das Bläßhuhn, verlieren alle Schwungfedern gleichzeitig und werden vorübergehend flugunfähig. Wahrscheinlich werden auch regelrechte Mauserzüge durchgeführt. Der ei-

gentliche Wegzug setzt besonders bei nördlichen und östlichen Populationen erst etwa ab September ein. In der Bundesrepublik Deutschland ist auf dem Durchzug und im Winter u. a. mit Bläßhühnern aus Finnland, aus Rußland, aus Dänemark, aus Polen und Tschechien zu rechnen. Einzelne, sicher in Deutschland geborene wurden dagegen in Italien, Frankreich und Spanien und in der Schweiz wiedergefunden. Viele im Lande bleibende Vögel werden mitunter noch mitten im Winter gezwungen, der Kälte und dem Eis auszuweichen. Sie müssen dann noch Hunderte von Kilometern nach Südwesten fliegen.

Auch herangewachsene Junge werden noch von den Altvögeln gefüttert. Das Dunenkleid mit rötlichem Kopf (vgl. Bild S. 218) wird allmählich durch das Jugendkleid ersetzt. Dabei verschwinden die roten Dunen am Kopf; die gesamte Oberseite wird einheitlich braunschwarz. Das am weißen Vorderhals gut kenntliche Jugendkleid verschwindet dann ab Herbst.

Manche der bei uns für den Winter zugewanderten Vögel sind ihrem Winterquartier außerordentlich treu, andere tauchen zur gleichen Jahreszeit in ganz unterschiedlichen Gegenden auf. So sind z. B. Wintervögel aus Großbritannien in späteren Wintern schon in vielen Gebieten Mitteleuropas gefunden worden.

Kranich
Grus grus

K Langbeinig und langhalsig, größer als Storch, doch Schnabel viel
kürzer, nur etwas über kopflang. Gefieder aschgrau. Ad. weiße Kopfseiten, die sich im Bogen an den Halsseiten entlangziehen; Kehle und
Hals unterseits schwarz, ebenso
Stirn und hinterer Oberkopf. Schei-
telplatte rot. Alle Handschwingen
schwarz. Der buschige und dunkle
»Schwanz« besteht aus verlängerten
sichelförmigen Ellenbogenfedern.
Juv. sind insgesamt bräunlichgrau,
Kopf hell rötlichbraun, Kehle grau.
Am Oberkopf fehlt das Rot; der Fe-
derbusch aus verlängerten Ellenbogenfedern ist höchstens angedeutet.
Im Flug wird wie bei den Störchen
der Hals lang ausgestreckt; die Beine überragen den Schwanz. ■ Trom-
petende Rufe bei Balz und Begrüßung wie »gruh gruh ...«, ähnliche
Rufe auch im Flug. ■ Auf dem Zug oft
in großen keilförmigen Flugformatio-
nen.

V Br. in Eurasien von Nord- und

Kraniche fliegen wie Störche mit langaus-
gestreckten Hälsen.

Mitteleuropa bis Ostsibirien und im
Süden bis ans Mittelmeer. ■ In Mitteleuropa lang anhaltender Rückgang
und heute nur noch Br. im Nordosten
Deutschlands von Niedersachsen bis
Brandenburg und Ostsachsen. Um
1985 rechnete man mit immerhin
rund 3700 Paaren und einer leichten Ausweitung des Brutgebiets. R.
Durchzügler im mittleren Deutschland
(s. unten) vor allem Oktober/Novem-
ber und Ende Februar/März. ■ Br. in
feuchten Niederungsgebieten, wie
z. B. Verlandungszonen, Nieder- und
Hochmoore, Waldbrüche, Feuchtwiesen; Nahrungssuche auch im Kulturland; Schlafplätze auf dem Zug oft im
Seichtwasser.

F Nest ist umfangreicher Bau aus
Pflanzenmaterial, oft auf feuchtem
Untergrund. ■ Legezeit April/Mai;
1 Jahresbrut. ■ (1)2(3) Eier; oliv bis
rötlichbraun, matt graubraun gefleckt. ■ ♂ und ♀ brüten 28–31 Tage; Junge werden von beiden Eltern
geführt, sind etwa mit 9 Wochen
knapp flügge. Die Familie bleibt jedoch oft bis in den Winter hinein zusammen.

N Kleintiere und Pflanzen, z. B. Beeren, Getreide, Kartoffeln (besonders
im Frühjahr), größere Insekten, Regenwürmer, Mollusken und auch
kleine Wirbeltiere.

Bei Erregung trompeten und tanzen Kraniche.

Ähnlich dem Storch ist auch der Kranich ein <u>Schmalfrontzieher</u>, doch als Ruderflieger gegenüber Gebirgen und offenem Meer nicht so empfindlich. Die wichtigsten Winterquartiere der Brutvögel Europas liegen auf der Iberischen Halbinsel und im Westen Nordafrikas. Vor Beginn des Wegzuges werden Sammelplätze aufgesucht, an denen sich große Scharen zusammenfinden. Die bedeutendsten liegen im Süden Skandinaviens und im Norden Deutschlands. Über Mitteleuropa führt der Zug dann in Südwestrichtung. 20 000 30 000 Kraniche ziehen wohl alljährlich über Deutschland; die meisten stammen aus Fennoskandien und Rußland.

Die Zugschneise des Kranichs ist aber scharf begrenzt, im Norden etwa durch die Linie Ostseeküste – Antwerpen – Lille und im Süden durch eine Grenze, die etwa von der Weichselmündung über Frankfurt/Oder, südlich Leipzig, Untermaingebiet und dann durch die Oberrheinische Tiefebene verläuft. Im Alpenvorland und im äußersten Nordwesten Deutschlands tauchen Kraniche nur sehr ur. und selten auf. Insgesamt ist also die Zugschneise etwa 300 km breit; sie wird jedoch nicht in der ganzen Breite regelmäßig beflogen. Nicht alle Kraniche ziehen allerdings nach Südwesten. Im Osten Polens führt eine Route ± direkt nach Süden und schwenkt dann z. T. nach Südwesten um, so daß Kraniche auch über Unteritalien und Sizilien nach Nordafrika einfliegen. Andere Zugvögel dieser Route kommen auch nach Griechenland und Kleinasien. Berühmte Sammel- und Rastplätze sind z. B. der Hornborga See in Schweden (vor allem Frühjahr) und die Ostseeküste Mecklenburgs.

Der <u>geringe Brutbestand</u> in Mitteleuropa hat sich durch strenge Schutzmaßnahmen etwas erholt. Ob das so bleibt? Besonders Arbeitsgemeinschaften versuchen, Brutplätze zu bewachen, weitere Lebensraumzerstörungen durch Entwässerung zu verhindern und durch Aufkaufen von Mooren, Brüchen usw. die Lebensmöglichkeiten zu sichern. Gelegentlich finden in Mitteleuropa auch Überwinterungsversuche statt.

Großtrappe

Otis tarda

K Sehr großer und massiger Laufvogel; die ♂ mit bis zu 18 kg Gewicht sind die schwersten Vögel Europas; ♀ viel kleiner. Gedrungener Körper, dicker Hals und dicke Beine. Kopf und Hals hellgrau; alte ♂ mit langem »Bart« aus borstenartigen weißlichen Federn; Rücken rotbräunlich mit feiner schwarzer Querbänderung; Unterseite größtenteils weiß. Im Flug fallen die hauptsächlich schwarzweißen Flügel auf; Beine reichen im Fliegen nicht über das Schwanzende hinaus. ■ Lautäußerungen wenig zu hören; schnarchendes Bellen. ■ Die Vögel leben gewöhnlich in kleinen Trupps, in denen die ♀ überwiegen. Im allgemeinen sehr scheu; laufen mit ruhigen Schritten und aufrecht getragenem Hals. Flug mit kraftvollen Flügelschlägen, ohne Gleitstrecken. Mit auffälliger Balz.

V Br. in Süd-, Mittel- und Osteuropa sowie Vorderasien, Südwestsibirien und Kasachstan; heute meist auf mehr oder minder große Inseln beschränkt. ■ In Deutschland nur noch etwa 150 Vögel, von denen etwa 130 in Brandenburg leben; vom Austerben bedroht. In Österreich Restvorkommen in Niederösterreich und Burgenland (um 1992 noch 54 Vögel). Bei uns Standvogel, der mitunter im Winter Ausweichbewegungen nach Südwesten unternimmt. ■ Ursprünglich Steppenvogel, lebt in Mitteleuropa heute auf Acker- und Grünlandflächen.

F Nest als flache Mulde mit wenig Auskleidung auf dem Boden. ■ Legezeit ab Mitte April/Mai; 1 Jahresbrut. ■ Gelege 1–3 graugrüne bis olivbraune Eier mit mehr oder minder deutlichen Flecken. ■ ♀ brütet 21–26 Tage. Küken verlassen das Nest etwa nach einem Tag und werden mit etwa 5 Wochen flügge, bleiben aber noch beim ♀, das sich allein um die Jungen kümmert.

N Vielseitig; Altvögel überwiegend pflanzlich (grüne Pflanzenteile, aber auch unterirdische Sproßteile und Zwiebeln), im Sommer auch großer Anteil an Kleintieren (Insekten, Regenwürmer, Mollusken, Mäuse, Eidechsen usw.).

Großtrappen leben meistens in Trupps. Im Frühjahr sondern sich die alten ♂ zur Balz ab. Diese Balz ist ein einmalig auffälliges Schauspiel. Die Hähne heben den gefächerten Schwanz an oder klappen ihn auf den Rücken, so daß die weißen Unterschwanzdecken sichtbar werden. Schlagartig verwandelt sich dann der balzende Vogel in einen weißen Federball: Die Luftbehälter an Hals und Kehle werden aufgeblasen, so daß der hellgraue Hals aufgebläht ist. Der Kopf wird weit zurückgelegt, so daß die Bartfedern senkrecht nach oben stehen. Durch eigenartiges Verdrehen der Flügel mit ihren weißen Unterflügeldecken werden zusammen mit den Unterschwanzdecken weiße Federkränze und Büschel sichtbar; der

Balzendes Männchen.

Großtrappen leben gewöhnlich in Trupps.

ganze Vogel verwandelt sich in einen weißen Federstrauß; seine eigentliche Gestalt ist so gut wie völlig verschwunden. Eine eheliche Bindung besteht nicht; die ♂ sind wohl oft polygam.

Die Ursachen des rapiden Rückgangs (um 1939 gab es in Deutschland noch etwa 4000, um 1960 noch rund 1200 Vögel) ist im wesentlichen auf die Intensivierung der Landwirtschaft mit allen ihren Folgeerscheinungen zurückzuführen. Radikale ökologische Veränderung des Lebensraums und damit auch grundlegende Umstellung des Nahrungsangebots sowie viele Störungen der Balz und der jungeführenden Hennen sind hauptsächlich verantwortlich. Auch Klimaveränderungen in Mitteleuropa könnten eine Rolle spielen. Die kleinen Restbestände sind jetzt auch durch tierische Feinde (Fuchs, Kolkrabe, Nebelkrähe) bedroht. In Österreich liegen die Verhältnisse ganz ähnlich wie in Ostdeutschland. Die meisten Hennen haben trotz ihres hohen Alters von 15 bis 20 Jahren noch keine Jungen erfolgreich aufgezogen.

In Brandenburg wird heute ein umfassendes Schutzprojekt für die Großtrappe durchgeführt. Ankauf und langfristige Pacht verbunden mit einer großflächig extensiven Landwirtschaft nach genauen Plänen sollen die wichtigsten Lebensräume sichern. Das erfordert einen sehr hohen finanziellen Aufwand. Gestörte Gelege werden geborgen, die geschlüpften Trappenküken aufgezogen und wieder an die Freiheit gewöhnt. Auch von gefangengehaltenen Großtrappen werden Junge aufgezogen und dann allmählich in geeignete Biotope ausgesetzt. Fast jede dritte heute in Freiheit lebende Großtrappe entstammt den Aufzucht- und Freilassungsprogrammen der Stationen Steckby und Buckow. Erhaltung des Lebensraums hat freilich größte Priorität; hierzu sind auch botanische und zoologische Überwachungsprogramme notwendig, die alle wichtigen Glieder der Lebensgemeinschaft in Trappenbiotopen erfassen.

Auch in anderen Ländern wird der Großtrappe besondere Aufmerksamkeit geschenkt, so in Österreich, Ungarn und Spanien. Die Erhaltung der Großtrappe in Europa zählt heute zu den wichtigen Naturschutzaufgaben der Europäischen Union, die nur mit internationaler Hilfe zu bewältigen sind.

Austernfischer

Haematopus ostralegus

K Größer als Kiebitz (etwa kleine Krähe); gedrungen, überwiegend schwarze Ober- und weiße Unterseite; langer, seitlich etwas zusammengedrückter, roter Schnabel und rote Beine. Auffällige Vogelgestalt der Küste. Im Brutkleid Kopf, Brust, Oberseite und Endband des Schwanzes schwarz; im Flug breite weiße Flügelbinde, Hinterrücken bis Schwanzbinde ebenfalls weiß. Im Ruhekleid wirkt das Schwarz etwas stumpfer, an den Halsseiten kann man ein weißes Kehlband erkennen. Juv. mit heller bräunlichen Federsäumen, an Kehle und Halsseiten oft weißliche Flecken. ▪ Stimme weithin zu hören, auffälliger Ruf »kliip« oder 2silbig, etwa »kwiewiep«. Bei den Trillerzeremonien die Rufe in allmählicher Steigerung. ▪ Häufig an der Küste; bei Flut außerhalb der Brutzeit oft in großen Trupps.

V Br. in Nordwest- und Mitteleuropa bis Vorderasien und Mittelsibirien; isoliertes Vorkommen dann in Ostasien. In nahe verwandten Arten an vielen Küsten der Welt. Bei uns r. und z.T. häufiger Br. der Küste, der dank intensiver Schutzmaßnahmen zugenommen hat. Im Binnenland nur im Bereich der norddeutschen Tiefebene einschließlich Niederlande Br. Teilzieher, und daher an der Küste ganzjährig, jedoch im Winter seltener. Im Binnenland nur sehr ur. Gast. ▪ Küstenvogel, der vor allem an Fels-, Kies- und Sandstränden, in Dünen und Wattwiesen, binnendeichs auch auf Wiesen und Weideland anzutreffen ist. Im Binnenland Br. auf Wiesen meist in Wassernähe. Außerhalb der Brutzeit z.T. in großen Schwärmen auf dem Watt.

F Nest flache Mulde auf kahlem Boden ▪ oder auf kurzrasiger Fläche. ▪ Legezeit April/Mai (Juni); 1 Jahresbrut; 3 hell- bis olivbraune Eier mit dunkleren Schnörkeln und Flecken. ▪ ♂ und ♀ brüten 24–27 Tage; Junge werden mit 32–35 Tagen flügge, meist löst sich dann auch die Familie auf.

N An der Küste vor allem Muscheln, Schnecken, Krebse und Ringelwürmer, aber auch Insekten.

Austernfischer sammeln sich bei auflaufender Flut.

Zum Aufspüren und zur Behandlung der Beute haben Austernfischer komplizierte Techniken entwickelt. Auch im Schlick tiefer sitzende Muscheln werden häufig optisch geortet, z. B. durch kleine Besonderheiten in der Beschaffenheit der Oberfläche. Nachts oder auch bei geringer Muscheldichte am Tag pflügen die Vögel dagegen mit geöffnetem Schnabel durch den weichen Schlick und spüren die Muscheln durch Berührungsreize auf. Auf einer festen Unterlage werden z. B. Miesmuscheln mit kräftigen Schnabelhie-

den und von einigen Ringvögeln weiß man sehr viel über ihre Lebensgeschichte. So veröffentlichten britische Ornithologen einen regelrechten Nachruf auf ein Weibchen, das den Beobachtern besonders ans Herz gewachsen war. Der Vogel wurde im Mai 1963 beringt und im November 1980 6 km vom Beringungsort wiedergefunden. 7 Jahre lang brütete das Weibchen mit dem gleichen Ehegatten an derselben Stelle und zeitigte sein Gelege immer zwischen 22. und 30. April. In 6 Brutzeiten wurden 9 Junge flügge; einmal

Die beiden Austernfischer im Vordergrund stehen einander aggressiv gegenüber. Sie führen ein sog. Trillerspiel aus, das sich zu richtiggehenden Trillerturnieren erweitern kann. Fälschlicherweise hat man früher dieses Verhalten als eine Art Balz interpretiert. Meist dient eine solche weithin zu hörende akustische Auseinandersetzung aber dazu, sich gegenseitig auf Distanz zu halten, z. B. an der Grenze eines Nestreviers, aber auch auf der Wattfläche bei der Nahrungssuche.

ben bearbeitet, bis ein Stückchen Schale herausbricht. Jetzt kann die Schnabelspitze den Schließmuskel der Muschel durchtrennen, die Schale klafft dann leicht auf. Durch Drehung und Öffnen des Schnabels werden die Schalenhälften endgültig auseinandergedrückt. Bei sehr großen und hartschaligen Muscheln muß der Austernfischer versuchen, rasch zwischen die leicht geöffneten Schalen der ruhig im Schlamm sitzenden Muschel zu stechen. Sein seitlich stark komprimierter, kräftiger Schnabel ist hervorragend geeignet, auch in schmale Spalten einzudringen.
Die ältesten beringten Austernfischer sind über 35 Jahre alt gewor-

ging die Brut dieses Weibchens durch Störungen des allzu eifrigen Beobachters zugrunde. 1973 kam das Weibchen nicht an seinen angestammten Brutplatz zurück; sein Männchen war mit einem anderen Partner verheiratet. 2 Jahre später entdeckte man den Vogel auf einer Nachbarinsel und wieder 2 Jahre später war er in seine ursprüngliche Brutheimat zurück. 5 der 9 flügge gewordenen Jungen kehrten an den Geburtsort zurück und 4 davon wurden Brutvögel. Das Schicksal der übrigen blieb unbekannt.
Auch bei einigen anderen langlebigen Seevögeln (z. B. S. 78) hat man markierte Individuen viele Jahre beobachtet.

Säbelschnäbler

Recurvirostra avosetta

K Auffallender Küstenvogel, überwiegend weiß mit schwarzen Abzeichen, etwa taubengroß; langbeinig und säbelartig aufgebogener, schwarzer Schnabel. Scheitel, Nakken, Flügelspitze, Diagonalstreifen auf dem Armflügel und Schulterstreifen schwarz. Beine hell- bis graublau. ▪ Häufigster Ruf klangvoll »küt« oder »plüit«, bei Erregung auch rasch wiederholt. ▪ Einzeln und in kleinen Gruppen an der Küste im Seichtwasser zu beobachten.

V Br. an den Küsten Nord-, Mittel-, West- und Südeuropas, meist auf wenige Plätze beschränkt; ferner im Binnenland und in Steppen Südosteuropas und Asiens, auch in Ost- und Südafrika. ▪ In Mitteleuropa Br. an der Nord- und Ostseeküste und in der ungarischen Steppe bis ins Burgenland. Kurzstreckenzieher mit Hauptwinterquartier an der europäischen Atlantikküste bis Westafrika; Winterausharrer auch im Wattenmeer der Nordsee. Im Binnenland seltener Durchzügler, in den meisten Gebieten sehr ur. ▪ Lebt in Seichtwasserzonen an Küsten und an flachen Steppenseen.

F Nest seichte Mulde, ziemlich offen. ▪ Legezeit Mai/Juni; 1 Jahresbrut. ▪ 4 hellbraune mit dunkleren Flecken besetzte Eier. ▪ ♂ und ♀ brüten 23–25 Tage; Junge sind mit 35–42 Tagen flügge.

N Kleine wirbellose Tiere des Seichtwassers, wie Ringelwürmer, Krebstiere, Insekten.

Das Schicksal der Säbelschnäbler als Brutvogel Mitteleuropas spiegelt zunächst einen erfreulichen Erfolg des klassischen Seevogelschutzes wider, denn die Art zählt zu den ganz wenigen, die man vor geraumer Zeit aus der Roten Liste entlassen konnte. In Belgien siedelten sich Säbelschnäbler ab 1927 an und erreichten um 1981 etwa 480 Brutpaare. In den Niederlanden schätzte man Mitte der 50er Jahre rund 1800, 1978 dagegen bereits etwa

Durch Verleiten versucht der Säbelschnäbler das Schaf vom Nest abzulenken.

4800 Brutpaare, und in Deutschland (Niedersachsen, Schleswig-Holstein und Mecklenburg-Vorpommern) registrierte man um 1985 einen Bestand von etwa 16 000 Brutpaaren.

Die Einrichtung von Seevogelschutzgebieten und Bemühungen um die Erhaltung der Brutvögel der Wattenküste führten jedoch zu einem Erfolg, der durch die neuesten Entwicklungen wieder in Frage gestellt werden könnte. Eine der schwersten Gefahren droht durch umfassende Eindeichungspläne an verschiedenen Stellen der Nordseeküste. Darüber hinaus ist das Ökosystem Wattenmeer durch Industrieansiedlungen mit allen ihren Folgen derzeit in ständiger Bedrohung, trotz Einrichtung von Küsten-Nationalparken. Der klassische Schutz kleiner Bezirke als Brutplätze für Seevögel und einzelner Teile des unersetzlichen Wattenmeeres als Nahrungsplatz, eines Lebensraumes, der in diesem Umfang auf der Welt einmalig ist, kann umfassende Bedrohungen nicht mehr abwenden. Neue großräumige Schutzkonzepte in den Nationalparken müssen die Tierwelt der Küsten retten.

Die merkwürdige Schnabelform ist natürlich im Zusammenhang mit einer besonderen Technik des Nahrungserwerbs zu sehen. Kopf und Schnabel werden seitwärts bewegt und dabei der Schnabel an seiner gebogenen Stelle leicht geöffnet durch den Schlick gezogen. So entsteht im Takt des Vorwärtsschreitens eine Mähbewegung, die bei jedem Zug etwa 30 cm^2 Schlamm abtastet. 2–3 cm tief liegt der Schnabel dabei im Schlick. Diese Spezialisation zwingt den Säbelschnäbler zur Nahrungssuche im Seichtwasser (bis etwa 15 cm tief); nur so lange der Schlick sehr naß ist, kann sie auch bei Ebbe angewendet werden. Mehrere Vögel gehen oft aber auch gemeinsam in Reihen dicht nebeneinander auf die Jagd. Bei diesem

sozialen Säbeln ist die Bewegung meistens schneller, weil jetzt der Schnabel nicht durch den Schlick, sondern nur durch das Wasser gezogen wird. Die nebeneinander laufenden Vögel wirbeln die Beutetiere hoch, so daß sie im Wasser gefaßt werden können. Auf trockenem Boden ist das Säbeln sinnlos gewor-

Stelzenläufer.

den; dann werden einzelne Beutetiere aufgepickt. Die Küken schlüpfen übrigens mit einem geraden Schnabel. Sie können recht gut schwimmen und daher den Eltern ins seichte Wasser folgen.

Ein besonders auffälliger Watvogel ist der Stelzenläufer (Himantopus himantopus), unverkennbar mit seinem leuchtend weißen Unterkörper, dem dazu kontrastierenden dunklen Rücken und den geradezu grotesk langen roten Beinen. Er ist in Südeuropa weit verbreitet und erscheint auch in Mitteleuropa als ur. Gast. In manchen Jahren lassen sich geradezu kleine Invasionen feststellen und dabei kommt es auch zu einzelnen Brutversuchen oder vorübergehenden Ansiedlungen. Brutvorkommen wurden in neuester Zeit z. B. aus Belgien, den Niederlanden, Schleswig-Holstein, Niedersachsen, Bayern und Ostdeutschland gemeldet.

Triel

Burhinus oedicnemus

K Größer als Taube; Kopf breit und flach, kräftiger, kurzer Schnabel. Oberseite hellbraun, schwarz längsgestrichelt; weißer Überaugenstreif, weißes Kinn. Im Bereich der Flügel kann man am sitzenden Vogel ein weißes oben und unten schwarz eingefaßtes Band erkennen. Im Flug 2 weiße, schwarz eingefaßte Längsbinden. Unterflügel und hintere Unterseite weiß. Auffallend große, gelbe Augen; Schnabel an der Spitze schwarz, an der Basis gelb; Beine gelb. ■ Rufe vor allem in der Dämmerung, etwa wie »chrräit«. ■ Tagsüber wenig zu sehen; meist fliegt der Vogel überrascht dicht vor dem Beobachter auf.

V Br. der Trockengebiete Europas und Asiens. ■ In Mitteleuropa als r. Br. weitgehend ausgestorben, nur noch im Osten wenige Paare (z.B. Polen, Tschechien, Niederösterreich und Burgenland, Ungarn); auch als Gast außergewöhnlich selten. Im Mittelmeergebiet noch häufiger anzutreffen. Hauptwintergebiet Mittelmeerraum und Nordwestafrika. ■ Brutvogel auf weitgehend offenen, trockenen, steinigen, sandigen oder lehmigen Böden mit nicht zu dichter bzw. hoher Vegetation; früher bei uns auch auf Schotterbänken in halb ausgetrockneten Flußbetten. Gelegentlich auch Umstellung auf Kulturflächen. Als Durchzügler in ähnlichen Biotopen.

N Kleintiere des Bodens, z.B. Regenwürmer, Schnecken, Spinnen, Asseln, Insekten, auch kleine Amphibien, Reptilien und Kleinsäuger.

Steinwälzer

Arenaria interpres

K Gut drosselgroßer, gedrungener und kurzbeiniger Küstenvogel mit kräftigem Schnabel. Im Brutkleid ist die Oberseite auffällig rotbraun und schwarz gefärbt, Kopf und Hals tragen eine kontrastreiche schwarze Maske, die Unterseite ist weiß mit schwarzem Brustfleck. Im Ruhekleid ist die Oberseite bräunlich-schwarz, die maskenartige Kopfzeichnung nur undeutlich zu erkennen. Von der weißen Unterseite ist eine graubraune bis schwarze Maske abgesetzt. Die Füße und Beine gelblich bis orange. ■ Rufe im Flug scharf und etwas metallisch klingend »ktrüktrüktrü . . .«.

V Br. der Küsten im Norden Eurasiens und Amerikas. ■ Bei uns r. Durchzügler an den Küsten (bis zu Hunderte übersommernd), auch im Winter. Im Binnenland einzeln jedoch meist sehr ur. ■ Außerhalb der Brutzeit im Sand- und Schlickwatt, aber auch an Felsküsten, künstlichen Uferbauten, tangbedeckten Flächen und am Spülsaum.

N Vielseitige Kleintiernahrung, aber auch Sämereien, vor allem im Sommer, und Küchenabfälle, Aas.

Der Name des Vogels bezieht sich auf eine auffällige Spezialisierung in der Nahrungssuche: Steinwälzer picken nicht nur Nahrung von der Oberfläche auf, sondern können auch versteckte Beutetiere aufspüren, indem sie ihren kräftigen Schnabel unter Steine, Muscheln oder Tangstücke schieben und die Gegenstände mit einem schnellen Ruck herumdrehen.

Odinshühnchen

Phalaropus lobatus

K Kleiner, zierlicher Vogel, etwas kleiner als der Alpenstrandläufer; Schnabel fein, etwa kopflang. Im Jugend- und Schlichtkleid sehr schwer vom ganz ähnlichen Thorshühnchen *(Ph. fulicarius)* zu unterscheiden. Beide Arten sind im wesentlichen auf der Unterseite weiß, Oberseite dunkel gefärbt. Beim Thorshühnchen reicht das Weiß auf dem Oberkopf meist über die Mitte des Scheitels nach hinten, Rücken mehr oder minder hellgrau. Bei Odinshühnchen endet das Weiß auf dem Oberkopf vor der Scheitelmitte, Rücken etwas dunkler. Die Thorshühnchen haben einen etwas kräftigeren Schnabel, dessen Basis aufgehellt ist. Im Prachtkleid, das aber bei uns kaum zu sehen ist, sind die beiden zu den Wassertretern zählenden Limikolen leicht zu unterscheiden, beim Thorshühnchen ist die Unterseite im wesentlichen rostbraun, beim Odinshühnchen das Rostbraun nur auf ein mehr oder minder deutliches Brustband begrenzt. Zur genauen Bestimmung der Wassertreter vor allem bei uns auf dem Durchzug ist Spezialliteratur nötig. ■ Wassertreter können mit schnellen Schritten wie Strandläufer laufen, schwimmen aber häufig hoch auf dem Wasser sitzend; bei jedem Schwimmstoß Kopfnicken, oft drehen sie sich beim Schwimmen schnell um die eigene Achse.
V Br. in der Arktis und Randgebieten Eurasiens und Nordamerikas (beide Arten). ■ Bei uns beide Arten r. auf dem Durchzug, vorzugsweise in Küstennähe, im Binnenland s.; Odinshühnchen sehr viel häufiger als Thorshühnchen; vorwiegend einzeln und in kleinen Trupps. Beide Arten Langstreckenzieher mit Winterquartieren in tropischen Meeren. Hauptdurchzugszeiten Odinshühn-

chen August/September, Thorshühnchen oft später; im Frühjahr (April/Mai) beide Arten seltener. ■ Als Durchzügler und Wintergast vor allem auf dem offenen Meer; Odinshühnchen auf Binnengewässern häufiger als Thorshühnchen.
N Kleintiere (vor allem Insektenlarven), die aus dem Wasser genommen werden.

Bei Wassertretern (unter diesem Namen faßt man beide Arten zusammen) ist die bei Vögeln übliche Rollenverteilung vertauscht: Die Männchen bebrüten das Gelege und kümmern sich um die Jungen. Das Prachtkleid der Weibchen ist bunter gefärbt als das der Männchen, denn die Weibchen suchen sich den Partner.

Steinwälzer. Der Vogel trägt noch Reste des bunten Prachtkleides.

Flußregenpfeifer

Charadrius dubius

K Etwas kleiner und zarter als Sandregenpfeifer (Stimme!); Oberseite erdbraun, Unterseite weiß. Am Kopf schwarzes Stirnband, das meist deutlich durch einen schmalen, weißen Saum vom erdbraunen Scheitel getrennt ist. Zitronengelber Augenring; Stirn weiß; schwarzes Band vom Schnabel durch das Auge, hinter dem Auge meist verbreitert; schmales, schwarzes Kehlband. Im Ruhekleid ohne schwarze Gesichtszeichnung, Kopf braun. Ähnlich auch juv. Im Flug keine weiße

Gelege des Flußregenpfeifers.

Flügelbinde; bei juv. ist helle Flügelbinde jedoch angedeutet. Schnabel allgemein schlanker als Sandregenpfeifer und schwarz; bei ad. kleiner rötlichgelber Fleck an der Basis. Beine bei juv. gelblich, bei ad. bräunlich fleischfarben. ■ Häufigster Ruf bei Erregung im Gegensatz zu Sandregenpfeifer abwärts gerichtet, etwa wie »piu«. Fledermausartiger Singflug im Brutrevier mit rauhen Lauten. ■ Sehr gut getarnter Bodenvogel, der mit schnellen Trippelschritten läuft und plötzlich abstoppt (vgl. Sandregenpfeifer).

V Br. in Europa und Asien einschließlich Nordafrika. ■ Bei uns verbreiteter, aber nirgends häufiger Br. im Tiefland; starke Abnahme zu Beginn des 20. Jahrhunderts. Meist Langstreckenzieher mit Winterquartieren in Afrika südlich der Sahara (Ende März bis Oktober). ■ Br. auf vegetationsarmen Flächen, meist in Wassernähe (Binnengewässer). Ursprüngliche Brutplätze waren die Schotter-, Kies- und Sandufer bzw. -inseln an Flüssen. Heute vielfach Bruten in künstlichen Erdaufschlüssen, z.B. Kies- und Sandgruben, Steinbrüchen, Halden, Tagebauen, abgelassenen Fischteichen, Ödflächen, Klärbecken usw. Auf dem Durchzug an Schlammbänken und Sandufern, in der Regel aber nicht in größeren Trupps wie Sandregenpfeifer. Fehlt am Meer.

F Nest flache Mulde in Stein und Sand. ■ Legezeit April/Juni; 1 Jahresbrut, einzeln auch Zweitbruten nachgewiesen. ■ 4 hervorragend getarnte Eier; hellgrau mit schwarzbraunen Punkten. ■ ♂ und ♀ brüten 22–28 Tage; Junge sind mit etwa 24–29 Tagen flügge.

N Kleintiere auf der Bodenoberfläche, vor allem Insekten.

Der Flußregenpfeifer ist ein Beispiel dafür, wie sich auch ein Vogel urtümlicher Biotope bis zu einem gewissen Grad auf die Verhältnisse der Kulturlandschaft umstellen kann. In vielen Gegenden nahm der Bestand Ende des 19. Jahrhunderts bis in die 20er Jahre des 20. Jahrhunderts ab, z. T. als Folge der immer stärker zunehmenden Flußregulierungen, die den kleinen Regenpfeifer seiner angestammten Brutplätze beraubten. Heute sind von Zeit zu Zeit durch Hochwasser überspülte und dadurch kahl gebliebene Flußschotterbänke sehr selten geworden. Mittlerweile aber haben Flußregenpfeifer »künstliche« Lebensräume zu nutzen gelernt, z. B. Kiesgruben, Ödländer, Trümmergebiete. Diese Umstellung hat ganz offensichtlich zu einer erfreulichen Bestandsvermehrung, aber z. B. auch zur Einwanderung der Art nach Großbritannien geführt. Heute verdient der Flußregenpfeifer ähnlich der Uferschwalbe (s. S. 363) eigentlich gar nicht mehr seinen Namen, da er ganz andere Lebensräume besiedelt.

Man hat allerdings triftigen Grund zur Annahme, daß auch Klimaveränderungen diese Umstellung bzw. die Vermehrung des Flußregenpfeifers begünstigt haben. Menschliche Erdaufschlüsse, Spülflächen oder Ödflächen sind jedoch meist sehr kurzlebige Lebensräume, die rasch genutzt werden müssen, aber nach wenigen Jahren, mitunter schon nach Jahresfrist, wieder verschwunden oder durch zu starken Bewuchs ungeeignet geworden sind. Zur Nutzung solcher unstabilen Biotope ist der Flußregenpfeifer wahrscheinlich von Natur aus prädestiniert, denn auch Kiesbänke in natürlichen Flußläufen sind, bedingt durch häufiges Hochwasser, oft recht kurzlebig. Eine Population hält wahrscheinlich auch eine Brutreserve von fortpflanzungsfähigen Altvögeln bereit.

Flußregenpfeifer verleitet. Durch einseitiges Flügelschlagen und -abspreizen »täuscht« der Vogel Verletzung vor; oft kippt er auch regelrecht auf die Seite oder taumelt. Die Schwanzzeichnung tritt auffällig in Erscheinung. Damit versucht der Regenpfeifer von seinen kleinen Jungen abzulenken. Das Verleiten kann man erst nach dem Schlüpfen der Jungen beobachten.

Im offenen Brutbiotop ist das Gelege so hervorragend getarnt, daß man die Eier für Kieselsteine hält. Auch die Jungen drücken sich bei Gefahr auf den Boden; schon nach 3 Tagen lernen sie, jede Deckung gezielt auszunutzen. An einem Brutplatz des Flußregenpfeifers ist also größte Zurückhaltung geboten, da unbeabsichtigt Eier oder Junge gefährdet werden.

Die Dunenjungen auf dem sonnigen, kahlen Boden werden auf merkwürdige Weise gekühlt: Die Altvögel durchtränken ihr abgespreiztes Bauchgefieder mit Wasser und rennen oder fliegen rasch zu den Jungen, die sich unter das nasse Gefieder kauern und dadurch Kühlung erhalten.

Sandregenpfeifer

Charadrius hiaticula

K Etwas größer und kräftiger als Flußregenpfeifer; Oberseite erdbraun, Unterseite weiß. Ad. im Brutkleid Kopfzeichnung ähnlich Flußregenpfeifer; schwarzes Brustband meist breiter, schwarzes Stirnband vom braunen Oberkopf nicht weiß abgesetzt. Im Ruhekleid entweder mit schwarzer Gesichtszeichnung oder mit breitem, dunkelbraunem Brustband. Juv. mit dunkler braunem Oberkopf, breitem, dunkelbraunem Brustband, das auf der Halsmitte oft verengt ist und ± unterbrochen erscheint. Im Flug helle Flügelbinde (wichtiges Unterscheidungsmerkmal zu Flußregenpfeifer!). Schnabel allgemein kräftiger als bei Flußregenpfeifer; bei juv. schwarz mit orangefarbenem Fleck an der Basis des Unterschnabels; bei ad. zur Brutzeit orange mit schwarzer Spitze, im Herbst ähnlich juv.; Füße bei juv. bräunlichrot, bei ad. zur Brutzeit orangerot. ■ Ruf im Abfliegen anders als bei Flußregenpfeifer nach oben gezogen, weich »tüip«. Gesang be-

Sandregenpfeifer setzt sich mit abgespreizten Bauchfedern zum Brüten auf die Eier.

steht aus heiser kehligen Rufreihen und wird im Singflug, bei dem sich der Vogel oft von einer Seite auf die andere wirft, vorgetragen. ■ Läuft wie alle Regenpfeifer sehr schnell, um dann plötzlich zu stoppen. Bei Erregung wird der Kopf kurz hochgestoßen.

V Br. im Norden Europas, Asiens und Amerikas. ■ In Mitteleuropa Br. im Küstengebiet (Niederlande, Schleswig-Holstein, Niedersachsen, Mecklenburg); im Binnenland als Br. völlig fehlend, doch regelmäßiger Durchzügler (besonders April/Mai, August/Oktober). Strichvogel, Kurz- bis Langstreckenzieher. Winterquartiere je nach Herkunft Westeuropa, Nordwestafrika, südliches und tropisches Afrika, Ostmittelmeer. ■ Br. auf offenen, ± vegetationslosen Flächen, an Küsten und Salzwasser. Auf dem Durchzug in größeren Schwärmen im Watt, einzeln und in kleinen Trupps auf Schlamm- und Sandküsten überall im Binnenland.

F Nest flache Mulde in weicher vegetationsloser Unterlage. ■ Legezeit April/Mai; 1–2 Jahresbruten. ■ 4 kreiselförmige Eier; sandfarben mit vielen schwarzen und grauen Flecken und Punkten; hervorragend getarnt. ■ ♂ und ♀ brüten 21–28 Tage; Junge mit etwa 24 Tagen flügge.

N Kleine Tiere auf der Bodenoberfläche, vor allem Insekten.

Um 1985 schätzte man im deutschen Küstengebiet und im Hinterland etwa 5800 Brutpaare.

Seeregenpfeifer

Charadrius alexandrinus

Männchen (oben) und Weibchen (unten) des Seeregenpfeifers.

[K] Kleiner, gedrungener Regenpfeifer mit dunklem Schnabel, dunklen Füßen, auffällig weißen Schwanzkanten und weißem Flügelband. Stirn weiß, dunkle Augen und weißer Überaugenstreif; ein geschlossenes Brustband fehlt, dafür dunkle Flekken an den Seiten der Vorderbrust. ♂ im Prachtkleid: Oberkopf ± orangebraun, deutlich von der hell sandbraunen Oberseite unterschieden; braunschwarze Querbinde oberhalb der weißen Stirn; Ansätze des Brustbandes an den Seiten schwarz (im Herbst bräunlich). ♀ ohne schwarzes Stirnquerband; Oberkopf wie Rücken hell sandfarben, dunkle Flecken an der Vorderbrust braun. ■ Beim Abflug kurze helle »tit«; schnurrender Gesang im Singflug. ■ Einzeln und in Trupps meist auf vegetationsfreien Flächen.

[V] Br. der Küsten und Steppengebieten Europas und Asiens, ferner in Nord-, Mittel- und Südamerika (dort aber meist nicht allgemein verbreitet). ■ In Mitteleuropa nur unmittelbar an der Küste Br. Im Binnenland auch als Durchzügler äußerst selten. Brutbestand in Nordwestdeutschland etwa 2300 Paare. ■ Br. auf vegetationsarmen bis kahlen Böden, am Salzwasser sowohl an der Küste als auch in salzhaltigen Binnengewässern der Steppengebiete. Außerhalb der Brutzeit auf Sand- und Schlickflächen an Seen und Teichen.

[F] Nest dürftige Mulde im Boden. ■ Legezeit an der Nordsee Mitte April bis Mitte Juli; 1 Jahresbrut. ■ 2 Eier; Grundfarbe bräunlich, viele Flecken und kleine Schnörkel. ■ ♀ und ♂ brüten 23–29 Tage; Junge sind mit 30–35 Tagen flügge.

[N] Kleintiere, wie Ringelwürmer, Muscheln, Schnecken, Krebstiere, Insekten.

Noch mehr als die beiden anderen kleinen Regenpfeifer sind die zierlichen Seeregenpfeifer ausgesprochene Renner, die auf dem vegetationslosen Boden ihrer Nahrungsgebiete im schnellen Tempo auch längere Strecken zurücklegen. Sie benutzen ihre Fähigkeit auch, um wie eine Maus von Jungen oder Eiern wegzurennen. Wie andere Bodenbrüter suchen auch sie Gelege und Junge durch geeignete Verhaltensweisen zu schützen (s. S. 231).

Goldregenpfeifer

Pluvialis apricaria

K Größer als Drossel; etwas kleiner als der ähnliche Kiebitzregenpfeifer, mit zarterem Schnabel; in allen Kleidern weiße Achselfedern (im Flug zu sehen). Prachtkleid: Oberseite braunschwarz, mit vielen goldgelben Federspitzen übersät, daher insgesamt gelblich bis grünlich wirkend. Stirn und Überaugenstreif weiß. Kehle, Unterhals, Brust- und Bauchmitte schwarz, Flanken weiß bis hellgelb, Unterschwanzdecken weiß. Dunkle Färbung der Unterseite kann an Hals und Brust von den hellen Halsseiten her ganz schmal eingeengt und je nach Jahreszeit sehr fleckig und mit hellen Federn durchsetzt sein (nordische Vögel oft mehr Schwarz). Im Schlichtkleid Rücken ähnlich wie Brutkleid, doch dunkle Federteile mehr braun; dadurch wirkt die Rückenfärbung fahler. Unterseite ohne Schwarz oder Braun. ■ Häufigster Ruf weiches »dlüh«, viel weicher als Rotschenkel. Reviermarkierung im Brutgebiet mit Rollern und Trillern im Flug. ■ Bei uns meist einzeln oder in lockeren Trupps verteilt. Typisches Regenpfeiferverhalten: Rennt sehr schnell und bleibt dann wartend stehen.

V Br. im Norden Eurasiens von Island über Großbritannien und Fennoskandien bis Mittelsibirien. ■ In Mitteleuropa fast ganz ausgestorben bis auf einen winzigen Rest von 25–30 Brutpaaren in Niedersachsens Hochmooren. R. Durchzügler vor allem September/November bzw. März/Mai, an der Küste in großen Scharen, als Teil- bzw. Kurzstreckenzieher auch im Winter dort einzeln. Im Binnenland meist einzeln und in kleinen Trupps, gebietsweise auch ausgesprochen selten. ■ In Nordeuropa Br. der nassen Heiden und arktischen Tundra, bei uns Br. in Hochmoorresten. Nahrungssuche auf Wiesen, Weiden, Äckern, Durchzügler vor allem auf kurzrasigen Wiesen, abgeernteten Ackerflächen, an der Küste auch im Watt.

F Nestmulde am Boden. ■ Legezeit April bis Anfang Juli; 1 Jahresbrut. ■ 4 hellbraune mit vielen Flecken versehene Eier. ■ ♀ und ♂ brüten 27–30 Tage; Junge sind mit etwa 1 Monat selbständig.

N Insekten und deren Larven, Würmer, kleine Schnecken, Spinnen und andere Bodentiere, auch Beeren.

Goldregenpfeifer im Frühjahr auf einer Marschwiese; viele Vögel tragen schon das Brutkleid. Im Unterschied zum Kiebitzregenpfeifer trifft man diese nordischen Gäste meist hinter dem Deich.

Kiebitzregenpfeifer

Pluvialis squatarola

K Größer als Goldregenpfeifer; Schnabel stärker; in allen Kleidern schwarze Achselfedern (im Flug zu sehen), Bürzel und Schwanz weißlich (bei Goldregenpfeifer wie Oberseite dunkel), deutliche weiße Flügelbinde. Im Brutkleid bei uns nicht häufig zu sehen: Oberseite auffallend schwarzweiß getupft, hohe, weiße Stirn, weiße Halsseiten. Auffällige schwarze Unterseite vom Auge und Schnabel bis zum Bauch, Hinteren-

Kiebitzregenpfeifer im Schlichtkleid, wie er bei uns vor allem an der Küste häufig zu beobachten ist. Beachte: Kräftigerer Schnabel als Goldregenpfeifer; Rückenfleckung mehr weiß (statt grünlichgelb oder goldgelb); insgesamt wirkt der Vogel sehr viel grauer.

Im Schlichtkleid ist der Goldregenpfeifer dem Kiebitzregenpfeifer (s. rechts oben) sehr ähnlich. Im Hintergrund ruht ein Austernfischer.

de weiß. Schwarze Unterseitenfärbung sehr viel breiter als beim Goldregenpfeifer. Im Schlichtkleid Oberseite grau mit vielen hellen Tupfen und undeutlicher gesprenkelt als bei Goldregenpfeifer. Unterseite weißlich, Brustseiten grau oder fleckig. Juv. sind oberseits gelblich getönt, doch heller als Goldregenpfeifer. ■ Hauptsächlich im Flug ein 3silbiger Ruf, wie „tli-o-ii«, nicht so wehmütig pfeifend wie beim Goldregenpfeifer. ■ Im Binnenland meist einzeln, an der Küste in größe-

ren Trupps, doch meist großer individueller Abstand. **V** Br. in der arktischen Tundra von der Ostküste des Weißen Meeres bis Nordostsibirien sowie im arktischen Nordamerika. ■ Bei uns regelmäßiger Durchzügler auch in größerer Zahl an der Küste, im Binnenland r. einzeln, in manchen Gebieten auch selten. Durchzug im Binnenland September/Anfang November bzw. April/Mai, an der Küste auch einzeln überwinternd. Gelegentlich einzelne Übersommerer. ■ Br. der Tundra; bei uns auf dem Durchzug im Unterschied zum Goldregenpfeifer häufiger an der Küste oder außendeichs im Watt, im Binnenland meist auf offenen Schlammflächen. **N** In der Brutheimat hauptsächlich Insekten; im Watt kleine Würmer, Mollusken, Krebstiere.

Im Wattenmeer der Niederlande bleiben auch größere Verbände den Winter über da; über 2500 Vögel wurden hier im Januar schon gezählt.

Kiebitz

Vanellus vanellus

K Etwa taubengroß und auffällig schwarzweiß gefärbt. Oberseite schwärzlich mit deutlichem grünen Metallglanz; Unterseite weiß, scharf halbkreisförmig abgesetztes Brustschild; Unterschwanzdecken rostfarben, Schwanz weiß mit breiter, dunkler Endbinde. Im Flugbild weiße Flügelunterseite, Flügelspitze schwarz. Flugbild sehr charakteristisch, da die Flügel breit abgerundet sind; Flügelschlag langsam schaufelnd. Am Kopf lange, abstehende Federholle; Kopfseiten weiß, um das Auge und an der Schnabelwurzel dunkle Zeichnung. Geschlechter kann man im Frühjahr unterscheiden: ♂ ad. etwa ab März völlig schwarze Kehle und lange Holle; 1jährige ♂ und ♀ auch im Sommer mit weißer Kehle, bei ♀ Holle kurz. Im Herbst beide Geschlechter mit weißen Federn im dunklen Kehlschild. Juv. tragen sehr kurze Federholle, Kopf- und Halsseiten sind bräunlich, auf der Oberseite sind rostbraune Federsäume zu erkennen. ■ Häufigster Ruf etwas klagend und weinerlich »ki-wi«. Während des Ausdrucksfluges im Frühjahr in den Brutrevieren Gesang: »chä-chuit« (im Aufsteigen), »wit-wit-wit-wit« (Flugbahn in der Höhe), »chiu-witt« (im Sturzflug). Dabei in einzelnen Phasen auch wuchtelnde Fluggeräusche zu hören. ■ Außerhalb der Brutzeit sind Kiebitze oft in Schwärmen, die sich in der Luft meist zu breiten Bändern formieren.
V Br. in Europa und Asien in der gemäßigten und mediterranen Zone. ■ Bei uns verbreiteter Br. des Tieflandes; Kurzstreckenzieher, in milden Gegenden auch Stand- und Strichvogel und daher im Winter zu beobachten, sonst meist Februar bis November. ■ Br. auf Ebenen, weithin offen und baumarmen Flächen mit fehlender oder kurzer Vegetation. Im 20. Jahrhundert als Br. des Kulturlandes auf Wiesen und Äcker eingewandert und heute Br. auf sehr unterschiedlichen Flächen, wie Seggenrieder, Mähwiesen, Viehweiden, Heideflächen, Flugplätzen, Ackerland, Schotterflächen, Böden abgelassener Teiche usw., sowohl auf feuchten als auch auf trockenen Böden. Heute jedoch durch moderne landwirtschaftliche Bearbeitungsmethoden von Äckern und Wiesen hohe Brutverluste, so daß sich manche Binnenlandsiedlungen wohl nur durch Zuzug aus Überschußgebieten halten können. Außerhalb der Brutreviere ebenfalls auf ebenen kurzrasigen Flächen oder Schlammbänken an Seen, Flüssen und Teichen.
F Nest flache Mulde am Boden. ■ Legezeit März bis Ende Mai (Anfang Juni); 1 Jahresbrut. ■ 4 Eier; kreisel- oder birnenförmig, olivbraun, mit zahlreichen schwarzen Flecken gut getarnt. ■ ♂ und ♀ brüten 26–29 Tage; Junge sind etwa mit 35–40 Tagen flugfähig.
N Hauptsächlich kleine Bodentiere, Insekten und deren Larven, Regenwürmer; daneben auch etwas pflanzliche Substanz.

Wie viele Brutvögel des offenen Landes zeigen auch Kiebitze auffällige Flugspiele über dem Brutgebiet. Der Ausdrucksflug des Männchens dient der Markierung des engeren Nestrevieres und der Werbung. Aus einem niedrigen Flug dicht über dem Boden steigt der Vogel plötzlich steil auf; dann geht die Flugbahn in die Horizontale über. Nach wenigen Metern steigt der Vogel nochmals kurz auf, um sich dann kopfüber in die Tiefe fallen zu lassen. Dabei wirft er sich auf den Rücken und führt auch regelrechte Rollen um die Körperlängsachse aus (Stimmlaute s. oben). Erst dicht über dem Boden wird der Sturzflug aufgefangen und man hört jetzt beim Weiterfliegen auch ein wuchtelndes Fluggeräusch, für das die verlängerten inneren Handschwingen verantwortlich sind. Dabei wirft sich der Vogel mit plötzlichem Schwung auf die eine, dann wieder auf die andere Seite. Durch dieses Herumwerfen wird abwechselnd die dunkle Ober- und die weiße Unterseite präsentiert. Kiebitze setzen also optische und akustische Signale ein. Daneben gibt es noch eine Bodenbalz, bei der u.a. das Scheinnisten eine Rolle spielt. Verhaltensweisen des Muldenscharrens und des Ablegens von Nistmaterial über den Rücken sind dabei zu beobachten.

Das Gelege des Kiebitzes ist gut getarnt durch entsprechende Eifärbung. Geradezu hervorragend aber funktioniert die Tarnung bei den erdfarbenen Küken. Auf einen Warnruf der Eltern drücken sich die kleinen Kerle sofort auf den Boden und lösen sich dabei regelrecht mit der Umgebung auf. Etwas älter laufen sie bei Alarm meist auf ein kleines Versteck zu; die kleinsten Unebenheiten des Bodens werden dann sehr geschickt ausgenutzt. Man muß daher sehr vorsichtig sein, wenn man von warnenden Kiebitzen umflogen wird. Schon oft wurden Junge einfach zertreten, da sie nicht weglaufen, ehe »Entwarnung« durch die Altvögel erfolgt.

Kiebitzmännchen mit seinen verlängerten inneren Handschwingen (vgl. Text).

Schon Ende Mai/Juni, lange bevor sich bei anderen Vogelarten Zugerscheinungen bemerkbar machen, fliegen Kiebitze auf die Wanderschaft. Dieser Frühwegzug führt zunächst meist nur über geringe Strecken, aber doch schon oft etwas in Richtung des späteren Winterquartiers. So kann man mitten im Sommer bereits wandernde Kiebitzschwärme sehen.

Jungkiebitz drückt sich bei Gefahr fest auf den Boden, um so den Blicken seiner Feinde zu entgehen.

Knutt

Calidris canutus

K Größter bei uns vorkommender Strandläufer; gedrungen; Schnabel gerade, nur etwa kopflang; Hals und Beine relativ kurz. Im Prachtkleid ist die Oberseite schwarzbraun, grau und rostbraun gemustert, die Unterseite wie beim Sichelstrandläufer ± rostbraun, Unterschwanz weiß. Im Ruhekleid Oberseite viel heller aschgrau, Unterseite mit feiner Längsstreifung an Kopf und Hals. Bei den juv. ähnlich, doch durch hellere Federränder schuppige Zeichnung. In allen Kleidern sind die Schwanzfedern aschgrau, Schwanzmitte kaum dunkler als die Seiten, Bürzel und Oberschwanzdecken hellgrau. Helle Flügelbinde, weiße Unterflügel. Schnabel schwarz; Füße bei juv. olivgelb, im Ruhekleid graugrün, im Brutkleid schwärzlich. ■ Stimmfühlungslaut und Flugruf »wit wit«. ■ Im Wattenmeer oft in riesigen Scharen.

V Br. in der Arktis Nordamerikas, Asiens und in Grönland. ■ Im Wattenmeer vor der deutsch-niederländischen Küste ganzjähriger Gast, im Juni wenige, zu den Gipfelzeiten jedoch Hunderttausende. Im Ostseebereich kleine Zahlen; im Binnenland selten und auch an r. Durchzugsplätzen meist nur einzelne. Zugvogel, dessen Winterquartier von den Küsten Mittel- und Westeuropas bis in die Tropen Afrikas reicht. ■ Br. in der Tundra. Außerhalb der Brutzeit fast ausschließlich auf sandigen und schlickigen Flächen der Gezeitenzone des Meeres. Im Binnenland an Sand- und Schlammufern größerer Seen.

N Im Brutgebiet Insekten; auf dem Durchzug vor allem Kleintiere des Watts.

Im Wattenmeer bildet der Knutt zu den Zugzeiten riesige Scharen.

Zusammen mit dem Alpenstrandläufer bildet der Knutt die größten Watvogelmassen des Wattenmeeres. Der gesamte Winterbestand an den Meeresküsten Westeuropas wird auf 350 000 Vögel geschätzt, weitere 400 000 überwintern an der Atlantikküste Afrikas. Für den Alpenstrandläufer belaufen sich die Schätzungen auf 1,5 Millionen und 1 Million in den beiden Gebieten. Die Bedeutung des Wattenmeeres als Rastplatz großer Massen nordischer Brutvögel auf der Wanderschaft wird gerade durch diese beiden Strandläufer aufs eindrucksvollste belegt. Nur bei ausreichend vorhandenen Möglichkeiten zur Zwischenrast, kann der Weiterzug zahlreicher Wasservögel ohne größere Verluste stattfinden.

Sichelstrandläufer im Jugendkleid (vgl. Alpenstrandläufer S. 242).

Sichelstrandläufer
Calidris ferruginea

K Etwa so groß wie Alpenstrandläufer; Beine, Hals und Schnabel etwas länger, sonst sehr ähnlich. Im Vergleich zu Knutt relativ langschnäbeliger und langbeiniger. Schnabel meist gleichmäßig sichelförmig gebogen. Oberschwanzdecken weiß; weiße Bürzelseiten. Im Prachtkleid Wangen, Hals und Unterseite rostbraun; ♀ meist etwas blasser und am Bauch ausgedehnt weiß. Gelegentlich sieht man von Durchzüglern Brutkleidreste. Im Ruhekleid Oberseite graubraun, Kopf gelbbräunlich grau, Kopfseiten und die ganze Unterseite weiß, an Wangen, Hals und Kropf feine Strichelung. Schnabel und Füße schwarz. Vom Alpenstrandläufer vor allem an der Schwanz- und Bürzelfärbung und auch an der Größenproportion zu unterscheiden. ■ Häufigster Ruf schnurrend »dirrit«, weicher als Alpenstrandläufer. ■ In großen Scharen zu den Zugzeiten im Watt. Geht häufiger bis zum Bauch im Wasser als Alpenstrandläufer.

V Br. der Tundra Mittel- und Ostsi-

Knutt im Jugendkleid (größer und kurzschnäbliger als Sichelstrandläufer).

biriens. ■ Bei uns r. Durchzügler an der Küste, Tausende im Spätsommer und Herbst; im Frühjahr relativ selten. Im Binnenland r., doch selten und nur kleine Zahlen. Langstreckenzieher; Hauptwinterquartier Afrika südlich der Sahara. Durchzugszeiten in Mitteleuropa vor allem Anfang Juli/Anfang Oktober bzw. April/Mai.

N Kleine Würmer, Schnecken und Muscheln, Krebstiere, Insekten und deren Larven aus den obersten Bodenschichten.

239

Zwergstrandläufer

Calidris minuta

K Größe wie kleiner Singvogel; sehr ähnlich Temminckstrandläufer, jedoch Schnabel und Füße schwarz. Im Prachtkleid Oberseite lebhaft rot-braun mit angedeuteten hellen V-förmigen Streifen auf dem Vorderrücken. Unterseite weiß, Brustseite hell rötlichbraun überflogen. Im Schlicht-kleid Oberseite mehr graubraun mit undeutlicherer Fleckung; Unterseite weiß mit sehr undeutlichen, grauen Brustseiten. Juv. Oberseite mehr kastanienbraun, auf Vorderrücken und Schulterfedern meist eine besonders auffällige weiße V-Zeichnung, Unterseite weiß. ▪ Beim Auffliegen und Einfallen sanft »dirr dirr dirrit . . .«, oft auch nur kurze »it« als Stimmfühlung. ▪ Außerhalb der Brutzeit bei uns oft in kleinen Trupps.

Zwergstrandläufer.

V Br. im Norden Eurasiens. ▪ In Mitteleuropa r. Durchzügler zu beiden Zugzeiten an der Küste (hier aber höchstens Hunderte beisammen) und r. im Binnenland. Langstreckenzieher; Winterquartier Mittelmeer, Vorderasien, jedoch hauptsächlich in Afrika. Einzelne Winterbe-obachtungen auch Nordwest- und Mitteleuropa. Hauptzugzeiten Juli/Mitte Oktober bzw. April/Mai. ▪ Br. feuchter Stellen der Arktis. Auf dem Zug und im Winter vor allem auf vegetationslosen Schlick-, Schlamm- und Sandflächen an der Küste bzw. an großen Binnengewässern.
N Insekten, die vom Boden abgepickt werden, auch kleine Würmer und Mollusken.

Temminckstrandläufer

Calidris temminckii

K Größe wie Zwergstrandläufer; kürzere Beine, dünnerer Schnabel, Füße grünlich bis olivgrau. Im Prachtkleid Oberseite braungrau bis leicht oliv, unregelmäßig gemustert, lange nicht so lebhaft gefärbt wie Zwergstrandläufer. Kinn, Kehle und Unterseite weiß, grau gemusterte Brust- und Halsseiten, da mehr oder minder scharf davon abgesetzt. Im Schlicht-kleid ist die Oberseite einfarbig grau, Brust- und Halsseiten grau gewölkt. Temminckstrandläufer wirken also viel einfarbiger als Zwergstrandläufer. Im Flug schmale weiße Flügelbinde, Schwanzseiten weiß. ▪ Beim Abflug trillernd »tirr«. ▪ Oft Einzelgänger abseits der Watvogelschwärme.
V Br. am Nordrand Eurasiens von Großbritannien bis Nordostsibirien. ▪ Bei uns r. Durchzügler zu beiden Zugzeiten an der Küste wie im Binnenland, meist jedoch in sehr geringer Zahl. Langstreckenzieher;

Winterquartier südliches Mittelmeer, Vorderasien, Afrika; Durchzug in Mitteleuropa Ende Juli/Anfang Oktober bzw. Ende April/Ende Mai. ■ Auf dem Durchzug an Flachküsten, vegetationsfrei bis locker mit Pflanzen bestanden; hält sich oft etwas abseits der anderen Strandläufer. [N] Insekten.

Sanderling
Calidris alba

[K] Größe knapp Alpenstrandläufer; etwas langbeiniger, gerader Schnabel. Im Prachtkleid (bei uns selten zu sehen) Hals, Kopf, Vorderbrust und Oberseite hell rostbraun mit dunkelbrauner Sprenkelung; übrige Unterseite reinweiß. Im Schlichtkleid Oberseite hellgrau, mit angedeutetem dunklerem Fleck am Flügelbug; Unterseite reinweiß. Wirkt sehr hell. Bei juv. Oberseite relativ dunkel gefleckt. In allen Kleidern im Flug deutliche weiße Flügelbinde, Schwanz weiß mit dunkler Mitte. Schnabel und Füße schwarz. ■ Bei Beunruhigung kurz und wenig auffällig »pitt«, auch in Reihen. ■ Sehr schnell laufender, zarter Vogel, der häufig im Rhythmus der anspülenden Wellen an Flachküsten hin- und herläuft.

[V] Br. der Tundrenzone von Mittelsibirien über das arktische Nordamerika bis Grönland. ■ In Mitteleuropa an der Nordseeküste ganzjährig, im Sommer und Mittwinter meist nur wenige. Im Binnenland r., aber spärlicher und in vielen Gebieten seltener Durchzügler. Langstreckenzieher; Winterquartiere innerhalb der gemäßigten und warmen Zonen überall auf der Welt. Durchzugszeiten bei uns vor allem im Juli/Oktober bzw. April/Mai. ■ Br. der Tundra; außerhalb der Brutzeit an der Küste vor allem im Bereich der Brandungszone. [N] Kleine Insekten.

Die Zahl der in Nordwesteuropa und Nordwestafrika an den Küsten über-

Temminckstrandläufer.

winternden Sanderlinge schätzte man grob auf 26 000 Vögel. Vor der Küste Mauretaniens wurden im Januar schon 34 000 gezählt. In der Tundra der Neuen Welt scheinen noch viel größere Mengen zu brüten: nicht weniger als 450 000 überwintern z. B. in Peru. Im Wattenmeer der Nordsee wird meist im September der Höhepunkt mit einigen tausend Vögeln erreicht.

Viele Sanderlinge bleiben auch den Sommer über fern ihrer nordischen Brutplätze, so daß man in warmen Gebieten der Erde diesen kleinen Strandläufer das ganze Jahr über sehen kann.

Sanderling im Jugendkleid.

Alpenstrandläufer

Calidris alpina

K Etwa starengroß; relativ langer Hals, langer, manchmal leicht gebogener Schnabel. Sehr ähnlich Sichelstrandläufer, aber kurzbeiniger. Im Prachtkleid Rücken lebhaft rostbraun und schwarz gestreift; Unterseite weiß, mit auffallendem schwarzen Bauchfleck, der oft auch noch im Herbst zumindest an einzelnen schwarzen Federn erkennbar ist. Schlichtkleid Oberseite grau, Hals und Vorderbrust undeutlich längsgestrichelt, schwarzer Fleck verschwunden. Schnabel und Füße schwärzlich. ■ Häufigster Ruf vor allem im Abfliegen gepreßt »trrii«. Gesang im Singflug vorgetragen mit rollenden und schnurrenden Lauten. ■ An der Küste in riesigen Scharen ähnlich Knutt; auch im Binnenland oft in Trupps mit anderen Strand- und Wasserläufern vergesellschaftet.

V Br. im Norden Eurasiens und Amerikas. ■ In Mitteleuropa im Bereich der deutschen Nord- und Ostseeküste etwa 450 Brutpaare; vom Aussterben bedroht. Durchzügler, r. in großen Mengen an der Küste (hier ganzjährig) und auch r. im Binnenland in kleineren Trupps. Zugvogel mit Winterquartier von Nordwesteuropa bis Westafrika, Mittelmeer usw. Im Binnenland Hauptdurchzug im August/Oktober bzw. März/Mai. Br. auf Flächen mit niedriger, doch deckungsgebender Vegetation in der Nähe von Wasser, z. B. Weiden und Moore. Außerhalb der Brutzeit feste und feuchte Schlickflächen im Wattenmeer, an Flußmündungen und Schlammflächen an Binnengewässern aller Art.

F Nest versteckt in der Bodenvegetation. ■ Legezeit Mai/Juni; 1 Jahresbrut. ■ 4 kreiselförmige, variabel gefärbte Eier (heller Untergrund mit dunklen Flecken). ■ ♂ und ♀ brüten 20–24 Tage, Junge sind etwa mit 20 Tagen flugfähig, werden aber häufig schon nach 10 Tagen vom ♀ verlassen, so daß nur noch das ♂ führt.

N Im Sommer kleine Insekten; auf dem Durchzug Würmer, schlammbewohnende Insektenlarven, kleine Krebstiere usw.

Alpenstrandläufer im Schlichtkleid.

Meerstrandläufer

Calidris maritima

K Größer als Alpenstrandläufer; wirkt gedrungen und kurzhalsig, kurze Beine, schwach gebogener, etwa kopflanger Schnabel. Kopf und Oberseite im Schlichtkleid (bei uns am häufigsten zu sehen) ± einfarbig rußbraun; Kinn und Kehle weiß, Flanken dunkler. Insgesamt etwas düster wirkend. Schnabel dunkelbraun, oft mit gelblicher Spitze; Füße gelblich!

Meerstrandläufer (auch Klippenstrandläufer genannt) sind nur an der Küste anzutreffen.

V Br. im arktischen Amerika, auf Grönland, Island, Spitzbergen, im Norden Skandinaviens und Asiens. ■ Bei uns nur an den Küsten r. Durchzügler und Wintergast in kleiner Zahl. Im Binnenland seltene Ausnahme. ■ Durchzügler vor allem an steinigen und felsigen Küsten; Nahrungssuche in der Gezeitenzone des Meeres; Plätze mit starkem Wellenschlag werden bevorzugt.

Viele in arktischen und subarktischen Gebieten brütende Watvögel können oft nur einige Wochen in ihrem eigentlichen Brutgebiet verbringen, um sofort nach Selbständigwerden der Jungen (oft sogar schon vorher) wieder Rast- und Mauserquartiere außerhalb des Brutgebietes aufzusuchen. Viele Arten sind daher den größten Teil des Jahres fernab der Brutplätze anzutreffen. Auf ihren langen Wanderungen gelangen sie mitunter auch in Gebiete weitab der normalen Zugrouten. Seltene Gäste aus weit abgelegenen Brutgebieten Sibiriens oder aus der neuen Welt sind daher in Europa unter den Watvögel fast jedes Jahr zu beobachten, besonders an der Küste. Der erfahrene Vogelbeobachter kann daher immer wieder einmal ganz unverhofft seltenen, in den üblichen europäischen Bestimmungsbüchern oft nicht aufgeführten Strand- oder Wasserläufern begegnen.

Unter den weitgereisten Seltlingen ist auch in Mitteleuropa mit gewisser Regelmäßigkeit z.B. der Sumpfläufer *(Limicola falcinellus)* zu beobachten, der etwa die Größe eines Alpenstrandläufers besitzt, doch auch etwas an eine kleine Schnepfe erinnert.

1956 wurde zum ersten Mal in Mitteleuropa der in der Küstentundra Sibiriens und des arktischen Amerikas beheimatete Graubruststrandläufer *(Calidris melanotus)* festgestellt. Seither tauchen einzelne der graubraunen Vögel in der Größe zwischen Alpenstrandläufer und Knutt fast regelmäßig in Mitteleuropa und in anderen europäischen Ländern als Durchzügler auf. Besonders häufig werden Limikolen aus der Neuen Welt in Irland und Großbritannien beobachtet.

Kampfläufer

Philomachus pugnax

K Im Schlichtkleid ähnlich einem Wasserläufer, doch viel kürzerer Schnabel, relativ kleiner Kopf und aufrechte Körperhaltung mit gerundetem Rücken. ♀ etwa Größe wie Rotschenkel, ♂ deutlich größer. In schlichten Kleidern Oberseite grau mit dunkler Schuppenzeichnung, Unterseite heller und einfarbiger grau. Juv. oberseits braunschwarz mit gelblichen Federsäumen, Unterseite z. T. blaß ockerfarben bis rotgelblich. Schmale undeutliche Flügelbinde; 2 helle ovale Flecken an den Bürzelseiten. Der Schnabel ist schwärzlich, bei ♂ auch orange. Beine bei juv. grünlich, ad. orange bis rosa (daher z. T. auch Verwechslung mit Rotschenkel). Im Prachtkleid ist das ♂ ganz bunt gefärbt. Auffallend gefärbte Federreste finden sich auch oft bei Durchzüglern, z. B. große schwarze Flecken im Bereich von Hals und Brust, so daß Verwechslungen mit Dunklen Wasserläufern möglich sind. Das volle Hochzeitskleid des ♂ besteht aus einer Perücke und Halskrause in den Hauptfärbungstypen schwarz, braun, gelb, weiß und grau. Im einzelnen sind die ♂ ganz verschieden gefärbt. ▪ Stimme sehr wenig zu hören. ▪ Im Frühjahr und Herbst oft in größeren Trupps im Seichtwasser, mitunter auch vermischt mit anderen Wasserläufern.

V Br. im Norden Europas und Asiens bis Ostsibirien. In Deutschland nur noch seltener Brutvogel in Niedersachsen, Schleswig-Holstein, Mecklenburg-Vorpommern und Brandenburg in etwa 860 Paaren um 1985. Als Durchzügler r. auch im Binnenland, hier oft einer der häufigsten Wasser- und Strandläufer; in manchen Gebieten überwiegt der Frühjahrszug, in manchen häufiger im Herbst. Langstreckenzieher; Hauptwinterquartier Afrika südlich der Sahara bis Südafrika; Hauptdurchzugszeiten März/Mai bzw. August/Oktober. ▪ Br. in feuchten Niederungswiesen, Mooren und Seggenwiesen, bei uns vor allem feuchte Grünflächen mit extensiver Nutzung. Durchzügler im Herbst vor allem auf Schlammflächen, im Frühjahr auch häufig auf nassen bzw. überschwemmten Wiesen, auf denen bereits Scheinkämpfe stattfinden.

F Nest meist gut gedeckt in der Vegetation am Boden. ▪ Legezeit Mai/Juni; 1 Jahresbrut. ▪ 4 Eier; Grundfarbe grau bis olivgrün, dunklere Flecken. ▪ ♀ brütet 20–23 Tage; Junge sind mit 25–27 Tagen flügge und werden ausschließlich vom ♀ geführt.

N Kleintiere des Seichtwassers und am Boden.

Die Balz des Kampfläufers ist ein ähnlich prächtiges, aber auch außerordentlich kompliziertes Schauspiel, wie z. B. die Balz des Birkhahns. Auch Kampfläufer balzen auf festen, mitunter jahrelang benutzten Arenen. Immer noch sind nicht alle Einzelheiten des komplizierten Systems klar. Bei den Kampfspielen und Imponierbewegungen lassen sich territoriale oder unabhängige und sog. Satelli-

244

tenmännchen unterscheiden. Doch kommt es z.B. bei Satellitenmännchen, die kein eigenes Balzterritorium verteidigen, auch auf den Platz an, ob sie sich peripher oder mehr zentral einordnen können. Territoriale Männchen verlieren ihre Bedeutung oder steigen auf; Satellitenmännchen können offenbar nie die Rolle eines Revierherren übernehmen. Sie dürfen die Territorien der unabhängigen Männchen auch während deren Anwesenheit besuchen, werden also geduldet. Zwischen den Territorialherren kann es heftige Kämpfe geben, mitunter aber nur kurze mehr auf Schau abgestellte Auseinandersetzungen.

Die eigentliche Partnerwahl ist wie bei anderen Arten mit Arenabalz und fehlender ehelicher Bindung Sache der Weibchen. Sie treten zunächst ganz unbeteiligt in das Territorium des von ihnen ausgewählten Männchens, ehe sie dann zur Begattung durch Hinkauern auffordern. Mitunter wechseln Weibchen nacheinander die Territorien. Vorwiegend kommen nur territoriale Männchen zur Begattung. Die Satellitenmännchen haben nur eine kurze Chance zur Begattung, wenn z.B. der Platzherr in eine Auseinandersetzung mit einem anderen Revierbesitzer verwickelt ist. Welche Bedeutung haben Satellitenmännchen dann eigentlich? Ihre Anwesenheit im Schatten eines Territorialherren erhöht dessen anlockende Wirkung und führt die Weibchen zu häufigeren Revierbesuchen. Territoriale Männchen haben in der Regel schwarze, Satellitenmännchen dagegen weiße Schmuckfedern an Kopf und Hals. Offenbar regelt ein komplizierter Erbgang Federkleid und Verhalten am Balzplatz und damit auch die Chancen der Fortpflanzung.

Die Männchen kümmern sich überhaupt nicht um die Nachkommenschaft. Schon die Wahl des Neststandortes ist Sache der Weibchen. Die Männchen legen ihr buntes und bizarres Prachtkleid erst allmählich auf dem Heimzug an, so daß es bis zum Eintreffen am Brut- bzw. Balzplatz vollständig ist. Ab Anfang Juni, oft auch etwas später, werden die bunten Kopf- und Halsfedern wieder abgelegt. Man sieht daher auf dem Durchzug nur selten fertige Prachtkleider. Der ganze Aufwand dient also nur der Balz, bei der aber nur ein Teil der Männchen Fortpflanzungschancen hat.

Kampfläufer: Männchen im Prachtkleid. Die auffallenden Federn am Kopf und die Halskrause sind bei einzelnen Individuen ganz verschieden gefärbt; als Hauptfarben sind Schwarz, Braun, Gelb, Weiß und Grau vertreten. Am häufigsten aber sieht man Kampfläufer im Schlichtkleid (vgl. Abb. auf nebenstehender Seite).

Bekassine

Gallinago gallinago

[K] Knapp drosselgroß; relativ kurzbeinig und langschnäbelig. Oberseite braun bis rotbraun, am Rücken schwarze und rahmfarbene Längsstreifen. Oberkopf mit 2 dunkelbraunen Längsstreifen (vgl. Waldschnepfe); Hals und Vorderbrust braun gestrichelt; Bauch an den Seiten quergebändert, sonst größter Teil der Unterseite weiß. Schwanz beim Abflug mit hellen Seiten. Sehr ähnlich ist die bei uns äußerst seltene Doppelschnepfe *(Gallinago media)* mit etwas kürzerem Schnabel, deutlichen weißen Schwanzaußenseiten (im Freiland außerordentlich schwer zu bestimmen!). ■ Beim Abflug gedämpfter und nasaler Ruf, der wie »ätch« klingt; ♂ und ♀ während der Brutzeit am Boden oder auch im Flug im Stakkato »tük-ke«. Berühmt ist das Meckern als Instrumentallaut (s. unten). ■ Versteht vorzüglich, sich zu tarnen. Hält oft lange am Boden aus und fliegt mit reißendem Flug unmittelbar vor dem Beobachter ab.

[V] Br. in Eurasien und in Nordamerika; sehr ähnliche und nahe verwandte Formen auch in Afrika und Südamerika. ■ Bei uns ehemals verbreiteter Vogel im Tiefland und heute durch Entwässerung und Biotopzerstörung teilweise selten geworden. Um 1985 in Deutschland etwa 25 000 Paare. Durchzügler an Gewässern und in Sumpfgebieten; Kurzstreckenzieher, der auch einzeln in Niederungsgebieten zu überwintern versucht. ■ Br. auf nassen bis feuchten Flächen mit dichter, aber nicht zu hoher Vegetation, z. B. in Hoch- und Flachmooren, auf Feuchtwiesen, extensiv beweidetem Marschland oder

Die Bekassine ist ein ausgesprochener Sondierer: Mit ihrem langen Schnabel kann sie tief in den weichen Schlamm bohren und nach »Gefühl« Kleintiere aufspüren.

kleinen sumpfigen Stellen. Rastplätze auf dem Durchzug in der Seichtwasserzone stehender Gewässer, an kleinen Tümpeln, Wiesengräben usw.

F Nest gut versteckt in der Bodenvegetation. ▪ Legezeit April/Mai; 1 Jahresbrut. ▪ 4 große Eier von grauer, grünlicher oder bräunlicher Grundfarbe, mit dunklen Flecken besetzt. ▪ ♀ brütet 18–20 Tage; ♂ und ♀ führen Junge (Familie teilt sich oft) mindestens 20 Tage. Die Jungen sind meist erst nach 4 Wochen voll flugfähig.

N Kleintiere der oberen Bodenschichten, die durch Bohren im weichen Substrat hervorgeholt werden, z.B. kleine Schnecken, Regenwürmer, schlammbewohnende Insektenlarven. Daneben auch etwas Pflanzenmaterial.

Seit über 150 Jahren streiten sich die Ornithologen, wie die Bekassine ihr merkwürdiges Meckern, das im Brutgebiet zu hören ist, zustande bringt. Heute ist eindeutig geklärt, daß hierzu ein besonderes Flugmanöver erforderlich ist. Im Ausdrucksflug über dem Revier (vgl. S. 253) lassen sich die Männchen (seltener Weibchen) in einer schrägen Flugbahn mit ausgebreiteten Flügeln und breitgefächertem Schwanz heruntergleiten. Die beiden äußersten, besonders konstruierten Schwanzfedern werden dabei auffallend abgespreizt. Durch den beim Abgleiten des Vogels entstehenden Luftstrom geraten sie in Schwingungen, die ab einer bestimmten Geschwindigkeit hörbar werden. Das meckernde Geräusch ist also ein Instrumentallaut. Die ausgebreiteten Flügel kontrollieren den Luftstrom, damit er nicht zu stark wird und die feine Federfahne zerreißt. Dadurch schwillt das Meckern auf und ab. Flügel und Schwanz arbeiten also sinnvoll bei der Tonerzeugung zusammen.

Zwergschnepfe
Lymnocryptes minimus

K Etwa lerchengroß; relativ kurzschnäbeliger, doch Färbung sehr ähnlich Bekassine. Rücken sehr dunkel mit 2 scharf abgesetzten, breiten, gelblichen Längsstreifen; Oberkopf mit dunkler Platte ohne helleren Scheitelstreif. ▪ Stimme bei uns selten zu hören, allenfalls gedämpftes »ätch« ähnlich Bekassine beim Auffliegen. ▪ Versteckt sich außerordentlich gut am Boden und läßt den Beobachter oft auf Meter-

Zwergschnepfe drückt sich bei Gefahr.

nähe herankommen (drückt sich unter Ausnutzung der Tarnfarbe). Fliegt häufig stumm auf, fledermausartiger Flug.

V Br. im Norden Eurasiens von Skandinavien bis Ostsibirien. ▪ In Mitteleuropa r. Durchzügler auch im Binnenland, meist August/Anfang Dezember bzw. Ende Februar/Anfang Mai. Einzelne überwintern auch r. ▪ Rastplätze sind Flachmoore, feuchte bis nasse Wiesen, Verlandungszonen mit dichter Vegetation. Im Winter häufig auch sehr kleine offene Stellen.

N Kleintiere und Sämereien.

Waldschnepfe

Scolopax rusticola

K Größe etwa wie Haustaube; gedrungener Körper, langer, gerader Schnabel, kurze Beine. Das Gefieder ist außerordentlich tarnfarben, braun, schwarz und weiß gemustert. Auf Oberkopf und Nacken 3 breite schwarze Querstreifen (vgl. Bekassine). Unterseite etwas heller. Großes relativ weit vom Schnabel entferntes Auge. ■ Der Balzgesang des ♂ besteht aus dumpfen Quorren (oft mehrmals wiederholt) und einem anschließenden sehr hohen »Pfuitzen«. Beide Lautäußerungen werden im Flug vorgetragen. Als Flugruf auch ein hohes »ziwitz«. ■ Dämmerungs- und nachtaktiv; geräuschloser Abflug. Infolge seiner Tarnung am Boden (auch brütende ♀) oft außerordentlich schwer zu entdecken.

V Br. in der Waldzone Eurasiens, von Westeuropa bis Japan mit größeren Verbreitungslücken in den Hochgebirgen Asiens. ■ Bei uns im allgemeinen verbreiteter Brutvogel des Tieflandes und der Mittelgebirge; mancherorts bedroht. Wegen der Heimlichkeit der Art ist über die genaue Brutverbreitung und Bestandsgröße nur sehr wenig bekannt (vgl. unten). Kurzstreckenzieher, Stand- und Strichvogel, der in günstigen Gebieten auch in Mitteleuropa zu überwintern versucht. ■ Br. in reich gegliederten Laub- und Mischwäldern mit Auflichtungen. ♂ führen ihre Singflüge in der Dämmerung meist an Lichtungen oder Waldrändern aus. Nester stehen meist auf feuchteren Böden, auch in Feldgehölzen. Gefährdung durch moderne Forstwirtschaft und Beunruhigung der Wälder.

F Nest flache Mulde, mit wenig Material aus der nächsten Umgebung ausgelegt. ■ Legebeginn Mitte März bis Juni; 1, vielleicht auch 2 Jahresbruten. ■ 4 Eier; Grundfarbe hellbraun bis weißlich mit hellen bräunlichen Flecken. ■ ♀ brütet 21–24 Tage und führt auch die Jungen allein; Junge können etwa ab 10 Tage etwas fliegen und sind mit 1 Monat voll flugfähig, werden aber erst nach 5–6 Wochen selbständig.

N Kleintiere des Bodens, vor allem Regenwürmer und Insekten zwischen der Laubstreu des Waldes. Pflanzliche Anteile sehr gering.

Über die Waldschnepfe ist zwar schon viel geschrieben worden, doch sind selbst wichtige Fragen der Lebensweise dieses heimlichen Vogels noch weitgehend unbekannt. Dies ist insofern bedauerlich, da die Waldschnepfe in Europa immer noch bejagt werden darf, ohne daß wir über die Lebensraumansprüche, Bestandsverhältnisse oder die Nachwuchsrate ausreichend informiert sind. So bedurfte es z. B. langer Auseinandersetzungen, ehe in Deutschland die Frühjahrsjagd verboten wurde, die ja vor allem in den Bestand der Überlebenden des Winters eingreift. Noch aber darf die Waldschnepfe nach wie vor in Deutschland und in anderen Ländern Europas im Herbst bejagt werden. Trotz zahlreicher Schilderungen des Balzfluges der Männchen, in der Jägersprache als Morgen- und Abendstrich bezeichnet, ist z.B. über die Eheverhältnisse noch wenig bekannt. Der »Schnepfenstrich«, bei dem das Männchen seine Stimme hören läßt, dient wahrscheinlich der Zusammenführung der Geschlechter und der Markierung eines Gebietes, in dem später vom Weibchen die Jungen betreut werden. Richtiggehende Reviere werden nicht verteidigt. Männchen und Weibchen begegnen sich in einer Bodenbalz,

kann. Er erreicht seinen Höhepunkt in der Zeit unmittelbar nach Sonnenuntergang, im Frühsommer etwa zwischen 19 und 20 Uhr.

Für keinen anderen Vogel gibt es so viele Nachrichten über das Forttragen von Jungen durch einen Altvogel bei Gefahr wie für die Waldschnepfe. Ein Teil solcher Beobachtungen beruht aber wahrscheinlich auf einer Verwechslung: Eine Waldschnepfe, die kleine Junge führt, fliegt oft sehr schwerfällig weg, um

Waldschnepfe im Spätherbst vom ersten Schnee überrascht.

doch scheint es keinerlei eheliche Bindung zu geben.

Die Männchen kann man auf ihrem Singflug ab dem Frühjahrszug im Februar/März (auch durchziehende Männchen balzen) bis weit in den Sommer hinein in der Dämmerung beobachten. In höheren Lagen streichen einzelne sogar noch im August. In den Morgenstunden liegt der Schnepfenstrich meist deutlich vor Sonnenaufgang, im Juni etwa im Mittel bei 3 Uhr Normalzeit. Der Morgenstrich ist immer kürzer als der Abendstrich, der im März/April kaum länger als eine halbe Stunde dauert, im Juni aber fast 2 Stunden anhalten

den Feind wegzulocken (»Verleiten«, vgl. S. 231). Dies sieht so aus, als ob sie schwerfällig ein Küken wegtrage. Doch werden tatsächlich kleine Junge durch das Weibchen aus einem Gefahrenbereich getragen. Meist wird das Küken dicht an den Bauch zwischen die Beine geklemmt; der gesenkte und gespreizte Schwanz stützt ab. Zu Fuß werden kleine Junge auch mit dem Schnabel transportiert. Meist ist die Entfernung, über die Junge weggetragen werden, nur sehr kurz, wobei vor allem wichtig zu sein scheint, daß eine Deckung gegenüber dem Eindringling besseren Schutz verspricht.

Uferschnepfe

Limosa limosa

K Langbeinig; langer und gerader Schnabel, Kopf relativ klein. Im Prachtkleid sind Hals und Brust rostbraun gefärbt, Bauch weiß, Oberseite braun und grau. Im Schlichtkleid sind Kopf und Brust hellgrau, Bauch einfarbig weiß. Im Flug fällt in allen Kleidern ein breites, weißes Flügelband auf, ebenso sind Bürzel, Oberschwanzdecken und Basis der Schwanzfedern weiß; eine breite, schwarze Schwanzendbinde hebt sich davon ab. ▪ Rufe kurz »wäd« oder »gäk«, einzeln oder in lockeren Reihen. Im Ausdrucksflug Gesang aus auf- und absteigender Tonreihe

Am weißen Flügelband ist die Uferschnepfe im Flug leicht zu erkennen.

etwa wie »gruitugruitu ...«, laut und durchdringend. ▪ Außerhalb der Brutzeit häufig in Gruppen; geht oft bis zum Bauch ins Wasser bei der Nahrungssuche.
V Br. Eurasiens mit großen Verbreitungslücken. ▪ In Mitteleuropa verbreiteter und häufiger Br. im Nordwesten, z. B. in den Niederlanden und in der norddeutschen Tiefebene. Im Süden und im Osten Deutschlands meist nur seltener Br. R. als Durchzügler an der Küste und im Binnenland. Mittel- und Langstreckenzieher; März bis Oktober. Hauptwinterquartier an der Atlantikküste von Frankreich bis zur Sahelzone in Afrika, ferner auch Ostmittelmeer, Vorderasien, Ostafrika. ▪ Ursprünglich Br. in Heide-, Moor- und Steppengebieten. Bei uns heute hauptsächlich auf feuchten Wiesen mit extensiver Nutzung. Auf dem Durchzug häufig in Überschwemmungsgebieten oder in sehr flachen, offenen Verlandungszonen; Nahrungssuche dann im Seichtwasser.
F Nest einfache Mulde im Boden. ▪ Legezeit April/Mai; 1 Jahresbrut. ▪ 4 olivgrüne bis braune, hell bis dunkelbraun gefleckte Eier. ▪ ♂ und ♀ brüten 22–24 Tage; Junge werden mit 30–35 Tagen flügge.
N Viele Kleintiere des Bodens, aber auch Sämereien.

Auch in Mitteleuropa mit verhältnismäßig langem Sommer sind Uferschnepfen oft nur etwa 3 Monate an ihrem Brutplatz, ähnlich wie Watvögel an ihren hochnordischen Brutplätzen der Tundra. Schon Ende der Brutzeit suchen die Brutvögel möglichst rasch Feuchtgebiete auf, um wenigstens einen Teil der Schwungfedern vor dem Abzug ins Winterquartier zu mausern. Anfang Juli sind die Brutplätze größtenteils verlassen; ab Mitte Juli halten sich mitteleuropäische Brutvögel z.T. schon in Frankreich, Spanien oder sogar Marokko auf; ab Anfang September kann der Einzug im tropischen Westafrika festgestellt werden. 5 bis 7 Monate sind Uferschnepfen in ihrem Winterquartier, 1–2 Monate darf man für den Heimzug veranschlagen. Die ersten brechen in der Sahelzone schon ab Dezember/Januar auf. Wie viele Wiesenbrüter sind auch Uferschnepfen in einer Zwickmühle: Fangen sie früh zu legen an, besteht die Gefahr, daß Verluste durch kühles Wetter eintreten; spätere Bruten werden jedoch von der immer stärker einsetzenden Bearbeitung der Wiesen durch den Landwirt gefährdet. Deshalb sind besonders in den Niederlanden Wiesenvogel-Schutzgebiete eingerichtet worden.

Pfuhlschnepfe

Limosa lapponica

K Sehr ähnlich Uferschnepfe, etwas kleiner; Beine etwas kürzer (überragen im Flug den Schwanz nur um etwas mehr als Zehenlänge).

Schnabel kürzer als bei Uferschnepfe, leicht aufwärts gebogen. Im Flug keine weiße Flügelbinde, Bürzel einfarbig weißlich, Schwanz eng dunkel quergebändert, keine kontrastreiche schwarzweiße Schwanzzeichnung. Im Prachtkleid ♂ intensiv rostrot, ♀ etwas matter und mehr rotbräunlich auf Hals, Brust und Vorderbauch. Im Schlichtkleid blaß hellbraungrau. ■ Stimme bei uns wenig zu hören. ■ Oft in großen Trupps an der Küste, im Binnenland sehr selten.

V Br. in der Arktis und im Norden der Waldzone von Lappland über Eurasien bis nach Westalaska. ■ Bei uns r. und sehr häufiger Durchzügler, im Wattenmeer in Scharen von Zehntausenden; im Binnenland einzeln und ur. Hauptzugzeiten Juli/Oktober und Ende März/Mitte Mai. Langstreckenzieher, Winterquartier in Westeuropa, an der Atlantikküste Afrikas bis Südafrika, auch Vorderasien und Ostafrika. ■ Br. der feuchten Tundra. Bei uns auf Schlickflächen der Wattenküste, in kleiner Zahl an Schlammufern der Binnengewässer.

N Zur Brutzeit vor allem Insekten; an der Küste Meereswürmer usw.

Pfuhlschnepfen im Schlichtkleid.

Brachvogel

Numenius arquata

K Mit gut Krähengröße größter einheimischer Watvogel, langer, kräftig gehobener Schnabel, mit Ausnahme des sehr ähnlichen Regenbrachvogels unverwechselbar. Gefieder graubraun mit hellen Zeichnungen; im Flug Hinterrücken keilförmig weiß. ■ Klangvoller Flötenruf im Flug »tlüih«, manchmal auch mit heiserem Beginn; bei Erregung öfters wiederholt etwa »tüi tüi tüi«. Gesang wird im wellenförmigen Reviermarkierungsflug vorgetragen; er beginnt mit einleitenden »guug« und endet vor der Landung in einem allmählich leiser werdenden und absinkenden Triller. ■ Rufe und Gesang des Brachvogels gehören zu den stimmungsvollsten Vogellauten der Moore, Wiesen und der Wattlandschaft. Zur Zugzeit in großen Schwärmen im Watt, im Binnenland meist nur in kleineren Trupps.

V Br. im mittleren und nördlichen Eurasien in der gemäßigten Zone. ■ Bei uns noch verbreiteter Brutvogel des norddeutschen Tieflandes; im südlichen Deutschland meist nur noch kleine Bestände (s. unten). Kurzstreckenzieher, der bis Wintereinbruch im milden Tiefland ausharrt, an der Küste auch in größerer Zahl, im Binnenland selten überwintert. Während der Zugzeit im Watt riesige Scharen. Ankunft an den Brutplätzen etwa im März. ■ Br. offener Flächen ohne Sichthindernisse, ehemals hauptsächlich auf Feuchtflächen und Mooren. Bei uns heute bevorzugt auf Streuwiesen; im gewissen Umfang Umstellung auf Weideland, Mähwiesen, hier aber oft mit schlechtem Bruterfolg. Bestandsgefährdung und Bedrohung durch Intensivierung der Grünlandwirtschaft (s. unten). Auf dem Durchzug im Watt auf Schlickflächen, Ödländern usw.

F Nest einfache Bodenmulde. ■ Legebeginn meist April/Mai; 1 Jahresbrut (heute viele Ersatzgelege im Kulturland notwendig). ■ 4 Eier; bräunlich oder grünlich mit dunkleren Flecken. ■ ♂ und ♀ brüten 27–30 Tage; Junge werden mit etwa 5 Wochen flügge.

N Hauptsächlich Kleintiere, wie Regenwürmer, Larven, Insekten, kleine Mollusken (im Watt auch kleine Krebstiere). Daneben auch pflanzlich, z. B. Beeren und frische Triebe.

Im Zeichen des um sich greifenden Waldsterbens wird ein anderes Problem unserer Kulturlandschaft oft in den Hintergrund gedrängt, nämlich das Verschwinden der Wiesen, die z. T. zu Äckern umgebrochen oder in intensiv gedüngte und gemähte Grünflächen umgewandelt werden. Immer noch legt man auch feuchte Wiesen trocken. Der Brachvogel ist geradezu zu einem Symbol der Wiesenbrüter geworden und hat z. B. bei Bestrebungen des Naturschutzes, Lebensgemeinschaften der Wiesen zu retten, die Funktion eines Zeigervogels. Schutzprogramm für den Brachvogel = Schutz für die Lebensgemeinschaft Wiese. Diese Gleichung geht fast immer auf. Das hat in manchen Gebieten auch die Landwirtschaft erkannt, so daß z. B. in Bayern ein von der Landesregierung gefördertes Schutzprogramm Wiesenbrüter ins Leben gerufen wurde. Vor allem im Binnenland sind die Brutbestände stark zusammengeschwunden. Um 1980 zählte man in der Schweiz noch höchstens 10, in Schleswig-Holstein ca. 200, in Niedersachsen ca. 2100, in Hessen etwas über 50, in Baden-Württemberg 125, in Bayern ca. 930, um 1985 waren es in ganz Deutschland etwa 8000 Paare. Der Brachvogel braucht viel Platz, und zwar offenes Gelände ohne Sichthindernisse. So ermittelte man z. B. Reviergrößen von 10 bis 70 ha. Ein Brachvogelpaar benötigt also vorübergehend die Wirtschaftsfläche eines mittleren Bauernhofes! Natürlich ist der Brachvogel in der Lage, diese Fläche mit dem Landwirt zu teilen. Doch die zunehmende Intensivierung der landwirtschaftlichen Nutzung führt dazu, daß während der gesamten Zeit, in der das Gelege bebrütet wird und die noch kleinen Küken einen begrenzten Aktionsradius haben, die Brutvögel gestört und viele Gelege vernichtet werden. Bei der Annäherung eines Traktors drücken sich z. B. die Jungen häufig in eine noch nicht gemähte Wiesenparzelle. Den rasiermesserscharfen Kreiselmähwerken, die das Gras unmittelbar über dem Boden abschneiden, entkommt keines. Werden Junge auf einer abgemähten Fläche überrascht, hilft ihnen das Niederdrücken auf den Boden auch dann nicht, wenn z. B. ein Gülle oder Schwemmist verteilendes Fahrzeug vorbeifährt und die Vögel nicht unter die Räder geraten: Sie werden mit ätzender Gülle oder breiigem Schwemmist überkleistert.

Die landwirtschaftliche Nutzung auf die Bedürfnisse des Brachvogels abzustellen, ist sehr schwierig und kostet vor allem viel Geld. Aber damit sind nicht alle Probleme gelöst. Auch auf extensiv genutzten Flächen kommen nämlich noch viele andere Störungen dazu, die man mit den Begriffen Freizeit und Erholung um-

Brachvogel läßt sich zum Brüten auf sein Gelege nieder.

schreiben kann, nicht zuletzt auch durch ahnungslose Spaziergänger oder wenig rücksichtsvolle Naturbeobachter. In Westfalen haben eingehende Untersuchungen ergeben, daß nur etwa 0,3 Junge pro Brutpaar flügge werden. Um diesen Wert richtig einschätzen zu können, muß man die Sterblichkeit in späteren Lebensabschnitten kennen. Wahrscheinlich kommen die meisten Brachvögel erst im 2. oder 3. Lebensjahr zur ersten Brut. Die Sterblichkeit in den ersten beiden Lebensjahren darf man nach Ringfunden etwa mit 70% veranschlagen. Auch wenn sie etwas niedriger läge, müßten in Westfalen etwa 0,8 Junge pro Brutpaar flügge werden, um den Bestand stabil zu halten; ähnliches gilt für andere Gebiete.

Wenn Gras oder Getreide hochschießen, wird es für die kleinen Brachvogelküken schwierig, den Eltern zu folgen. Moderne Bewirtschaftungsformen haben für die Wiesenbrüter die Umwelt total verändert. Es ist für sie äußerst schwierig geworden, sich den Bearbeitungsrhythmus der Landwirtschaft anzupassen, um jeweils die richtige Zeit für Eiablage und Jungenführen zu »erraten«.

Doch in der Regel wird sich ein solches Defizit nicht sofort bemerkbar machen, wenn man nur die Zahl der Altvögel registriert. Brachvögel können nämlich alt werden – und sie sind außerordentlich reviertreu. Der älteste Ringvogel wurde mit 31 Jahren erlegt; er starb also keines natürlichen Todes. Mit einem Alter von über 15 Jahren sind mehrere Vögel bekannt geworden. Man muß also damit rechnen, daß überlebende Brutvögel immer wieder in ihr angestammtes Revier zurückkehren, wie es viele farbmarkierte Vögel Westfalens taten. Dabei hat sich herausgestellt, daß Brachvögel auch dann am alten Platz zu brüten versuchen, wenn sich der Lebensraum verändert hat. So gibt es z. B. Nachweise von Ackerbrütern. Doch handelt es sich dabei nicht um eine Umstellung auf Kulturland, wie etwa beim Flußregenpfeifer (s. S. 231), sondern nur um das Festhalten am alten Platz, der früher Wiese gewesen war. Die Nachwuchsrate solcher Ackerbrüter ist aus verschiedenen Gründen fast Null. Die Population muß also zwangsläufig aussterben, wenn die Altvögel nach und nach verschwinden. Es ist ja kein Nachwuchs mehr da, der sie ersetzen könnte.

Das Beispiel Brachvogel zeigt also sehr eindringlich, daß die aktuelle Bestandsgröße oft noch gar nichts aussagt über den tatsächlichen Zustand der Population und ihrer Zukunft. Bei Vogelarten, deren Individuen eine relativ lange Lebenszeit haben, ist also besondere Vorsicht geboten bei Prognosen über die Bestandsentwicklung. Dies gilt auch für den Steinadler der Alpen (s. S. 173), der heute nur sehr wenig Nachkommen hat bei langer Lebensdauer der Altvögel, aber z. B. auch das Auerhuhn unserer Wälder (s. S. 198) und andere Vögel in Lebensräumen zweiter Wahl. Altvögel ohne Bruterfolg verlassen

Regenbrachvogel in seinem Brutgebiet in Nordeuropa auf kargen Heideflächen. Man kann den im Vergleich zum heimischen Brachvogel kürzeren Schnabel erkennen und einen der dunkelbraunen Streifen über dem Auge.

den Brutplatz mitunter schon Ende Mai. Männchen halten meist länger bei den Jungen aus als Weibchen, die auch oft schon Anfang Juni wegziehen. Für gewöhnlich sammeln sich schon im Juli Zehntausende im Wattenmeer. In der ersten Phase des Wegzuges wird oft noch ein günstiger Mauserplatz aufgesucht.

Noch ein Wort zur Namensgebung: Da unser heimischer Brachvogel in Europa der größte seiner Gattung ist, nennt man ihn für gewöhnlich »Großer Brachvogel« oder in moderner Kurzform auch »Großbrachvogel«.

Neben dem Regenbrachvogel (s. unten) kommt in Südosteuropa als seltener Durchzügler und Wintergast der Dünnschnabelbrachvogel (N. tenuirostris) vor, der offenbar kurz vor dem Aussterben steht.

Regenbrachvogel
Numenius phaeopus

K Etwas kleiner und relativ kurzschnäbeliger als Brachvogel. Oberseite wirkt etwas dunkler und kontrastreicher, der Bürzel ist weiß. Wichtigstes optisches Kennzeichen ist jedoch die Kopfzeichnung: Seitlich ein ± deutlicher, heller Überaugenstreif, darüber dunkelbraune Kopfplatte, die durch einen hellen Mittelstreifen zweigeteilt ist. Flügelschlag rascher als Brachvogel. ■ Stimme ebenfalls sehr wichtiges Kennzeichen! Ruf im Flug (auch während des Zuges) schnell und hoch »tititi . . .«.

V Br. in der Tundra und der nördlichen Taigazone in Eurasien mit großen Verbreitungslücken in Mittel- und Ostsibirien; ferner Br. in Alaska und Nordkanada. ■ Bei uns r. Durchzügler zu beiden Zugzeiten vor allem an der Küste, in kleinerer Zahl auch im Binnenland. August/Oktober und Ende März/Mai. ■ Br. auf offenen Gras- und Heideflächen, nicht wie Großer Brachvogel im Kulturland. Durchzügler in Mitteleuropa an sandigen, schlammigen Küsten und entsprechenden Ufern der Binnengewässer, aber auch in Moor- und Heideflächen (hier gelegentlich gemeinsame Schlafplätze).

N Ähnlich Großer Brachvogel; Kleintiere, aber auch Beeren.

255

Rotschenkel

Tringa totanus

K Etwas größer als Drossel; Schnabel länger als Kopf. Im Brutkleid Oberseite braun mit dunkler Fleckung; im Schlichtkleid Oberseite einheitlicher gefärbt. Unterseite weißlich, am Hals oft dunkler überflogen, undeutlich gefleckt. Im Flug weißer Bürzel und weißer Hinterrücken, Schwanz schwarzweiß gebändert. Auffallend ist ein deutlicher, breiter, weißer Flügelhinterrand. Schnabel schwärzlich, an der Basis rötlich; Füße hellrot bis orange. ■ Häufigster Ruf vor dem Auffliegen langes »tüt« (weicher als Grünschenkel); im Flug dann oft kürzer, auch in lockeren Reihen. Fluggesang »dahidldahidldahidl . . .« (Jodeln). Alarmrufe hart »tschip . . .«. ■ Rufe sind sehr charakteristisch und weit zu hören (vgl. Grünschenkel).

V Br. in Europa und Asien vom Mittelmeer und den Steppen- und Wüstengebieten Asiens bis an den Nordrand des Waldes. ■ Bei uns noch häufiger Br. an Küsten und im küstennahen Binnenland, weiter im Süden jedoch außerordentlich selten und bis auf kleine Bestandsreste ausgestorben. In Deutschland etwa 19 000 Paare. Größtenteils Zugvogel; Überwinterung von Angehörigen nordischer Populationen an der Küste. Im Binnenland Durchzug von Juli bis September (Oktober nur Nachzügler) bzw. März/April. ■ Br. offener Flächen mit nicht zu hoher Vegetation, besonders in küstennahen Grasländern. Nahrungssuche in nassen Gebieten und im Seichtwasser. Im Binnenland früher auch in Hochmooren, auf Ödländern, Fluß-

Rotschenkel warnend am Brutplatz.

kiesbänken. Außerhalb der Brutzeit Nahrungssuche vor allem im Seichtwasser.

F Nest am Boden meist gut in der Vegetation versteckt. ● Legezeit April/Mai (Nachgelege Juni); 1 Jahresbrut. ■ 4 hellbraune Eier mit dunkelgrauen Flecken. ▲ ♂ und ♀ brüten 22–29 Tage. Junge werden mit 30–35 Tagen flügge. Das ♀ verläßt die Familie meist vor dem ♂.

N Kleintiere des Bodens und des Flachwassers, wie Würmer, kleine Krebstiere, Mollusken; am Land hauptsächlich Insekten.

Seit einer Reihe von Jahren bemüht man sich, zumindest an den wichtigsten Küstenpunkten Europas und Afrikas die Mengen der rastenden Watvogelscharen zu ermitteln. Den Winterbestand an Rotschenkeln entlang der atlantischen Küste Europas schätzt man auf etwa 150 000 Vögel; etwa 9000 überwintern im Mittelmeerbecken und rund 200 000 an der Atlantikküste Afrikas. Die Brutpopulationen einzelner Länder haben z.T. unterschiedliche Winterquartiere, zu denen sie auf verschiedenen Zugwegen gelangen. Allerdings darf man nicht erwarten, daß dabei immer strenge Trennungen eingehalten werden.

Die geringste Zugneigung zeigen Rotschenkel Großbritanniens, die entweder im Land bleiben oder höchstens die Küsten Frankreichs erreichen, ausnahmsweise bis Portugal gelangen. Fast nur aus Zugvögeln setzen sich die Brutvögel Fennoskandiens, der Ostseeanrainer und Norddeutschlands zusammen. Diese Vögel wandern auf 2 Routen, nämlich einmal der Küste entlang, zum anderen aber auch durch das Binnenland in Richtung Südwesten. Die Küstenroute führte die Rotschenkel um Frankreich und die Iberische Halbinsel herum bis nach Marokko und Mauretanien (einzelne

auch bis in den Golf von Guinea). Vor der Küste Mauretaniens ist die Banc d'Arguin als einer der bedeutendsten Winterquartiere europäischer und sibirischer Watvögel bekannt geworden. Eine holländische Expedition ermittelte an diesen verlassenen Küstenstrich im Januar 1980 über 2,2 Millionen Watvögel, darunter auch fast 70 000 Rotschenkel.

Typisch ist der weiße Flügelhinterrand.

Die durch das europäische Binnenland ziehenden Rotschenkel erreichen dagegen zunächst die Mittelmeerküste Frankreichs und die Adriaküste Italiens. Diese Vögel verteilen sich entweder über das Mittelmeer, das ja auch zu den Winterquartieren zählt, oder wandern nach Westen, um sich auch den großen Beständen im atlantischen Nordafrika anzuschließen. Wahrscheinlich wandern nordische Rotschenkel weiter als südliche auf diesen Routen, so daß die südlicheren von den nördlicheren gewissermaßen »übersprungen« werden. Diese Erscheinung ist bei vielen in verschiedenen Breiten brütenden Zugvögeln festgestellt worden. Oft haben nördliche Populationen längere Flügel.

Grünschenkel

Tringa nebularia

K Größer als Rotschenkel; auffallend hell; Schnabel kräftig, in der Spitzenhälfte leicht aufwärts gebogen. Oberseite bräunlichgrau, im Prachtkleid relativ dunkel. Unterseite weiß, Kopf und Halsseiten dunkel gestrichelt. Im Flug einfarbige Flügeloberseiten, dunkler als Rücken; weißer Rücken keilförmig nach vorn reichend. Füße überragen den Schwanz weit. Schnabel grau mit hellerer Spitze, Füße und Beine olivgrünlich. ■ Charakteristischer Ruf ähnlich Rotschenkel, aber härter, etwa »kjück kjück kjück«, meist 4–5 Silben, bei überraschtem Abfliegen oft ausgesprochen kreischend. Im Brutgebiet bei Störung lange »tjip«-Reihen; Gesang flötend.

V Br. im Norden Europas und Asiens von Schottland bis Kamtschatka. ■ Bei uns r. Durchzügler an der Küste und auch im Binnenland. Hauptdurchzugszeiten Juli/Oktober, Ende März/Mai. Wichtigste Winterquartiere an den Atlantikküsten Westeuropas im Mittelmeergebiet und in Vorderasien. Gelegentlich versuchen einzelne bei uns zu überwintern. ■ Vogel offener Gras-, Heide- und Tundralandschaften, auch in Waldmooren mit lichten Baumbeständen. Bei uns Durchzügler auf der Wattenfläche an der Küste, an flachen Stränden, aber auch an Ufern von Binnengewässern, mitunter auch auf steinigen Flußkiesbänken. Vielseitiger als andere Wasserläufer.

N Wirbellose Tiere im Schlammoder Flachwasser, z.B. Würmer, kleine Krebstiere, Insekten und deren Larven, auch kleine Fischchen, Kaulquappen.

In den Methoden der Nahrungssuche gibt es unter den an einem flachen Strand an der Küste oder an einem Seeufer im Binnenland zusammenkommenden Watvögeln verschiedener Arten ähnlich wie bei den Singvögeln am Baum feine, aber für das Überleben bedeutungsvolle Unterschiede. Der relativ große Grünschenkel kann für einen Wasser- oder Strandläufer noch bemerkenswert tiefe Wasserschichten nutzen. Er lokalisiert die Beute hauptsächlich optisch. Mit halb geöffnetem Schnabel rennt er z.B. kleinen Fischchen im Seichtwasser hinterher, wobei der Unterschnabel oft ins Wasser taucht. Mit diesem Durchpflügen des Wassers werden ihm auch z.B. Kaulquappen zur leichten Beute. Kleine Insekten werden dagegen von der Wasseroberfläche oder vom Boden abgepickt, sogar in der Luft geschnappt oder von der niedrigen Vegetation im Vorbeigehen abgelesen. Wie bei den meisten Watvögeln ist auch der Schnabel des Grünschenkels ein gutes Sondierinstrument. Er bohrt oft nur kurz und wenig tief in den Boden, um dann bei lohnender Beute tief einzustechen, so daß mitunter der Kopf im Wasser verschwindet. Viele Watvögel und Möwen klopfen auch mit den Füßen auf den Boden oder rennen herum. Dabei werden offensichtlich Beutetiere aufgestöbert oder zu Bewegungen veranlaßt, durch die sie für den nahrungssuchenden Vogel leichter sichtbar werden.

Dunkler Wasserläufer

Tringa erythropus

Dunkler Wasserläufer im Schlichtkleid, das von Herbst bis Frühling getragen wird.

[K] Größer als Rotschenkel, nur wenig kleiner als Grünschenkel. Schnabel dünn, im Prachtkleid schwarzbraun (Unterschnabel dunkelrot), im Ruhekleid heller bräunlich. Füße und Beine rot. Prachtkleid unverkennbar: Unterseite und größter Teil der Oberseite schieferschwarz mit feinen weißen Flecken (♀ etwas matter gefärbt). Im Flug weißer Hinterrücken, der bis über die Rückenmitte nach vorne spitz zuläuft; Bürzel weiß, dunkel gefleckt; Schwanz hell fein dunkel quergebändert. Keine Flügelbinde! Im Ruhekleid Oberseite hellbraungrau, Unterseite weiß bis hellgrau; deutlicher heller Überaugenstreif. Im Schlichtkleid im Sitzen mit Rotschenkel zu verwechseln. ▪ Häufigster Ruf ein scharfes, nach oben gezogenes »tjuit«. ▪ Langbeiniger Wasserläufer, der in der Regel im Seichtwasser zu beobachten ist.

[V] Br. der Arktis und im Norden der Waldzone von Norwegen bis Sibirien. ▪ Bei uns zu beiden Zeiten r. Durchzügler an der Küste und in kleinerer Zahl im Binnenland. Hauptzugzeiten August/Oktober bzw. März/Mitte Mai. Langstreckenzieher mit Hauptwinterquartier in Afrika südlich der Sahara von der Sahelzone bis Sudan und Ostafrika, ferner an der Südküste des Mittelmeers und in Vorderasien. ▪ Gäste in Mitteleuropa an Salz-, Süß- und Brackwasser nahe dem Ufer.

[N] Wasserlebende Insekten, kleine Krebstiere, Würmer, Mollusken.

Dunkle Wasserläufer suchen noch ausgeprägter als Grünschenkel Nahrung im tieferen Wasser. Das Nasenloch des relativ langen und dünnen Schnabels ist sehr hoch angesetzt, so daß länger nach Beute im Wasser gesucht werden kann. Dunk-le Wasserläufer schwimmen auch am häufigsten von allen Wasserläufern, natürlich nur in Ufernähe. Mitunter arbeiten mehrere Individuen bei der Verfolgung von Beute zusammen oder einzelne schließen sich größeren Wasservögeln an, die den Grund aufwühlen (z. B. Enten, Reiher). Meist scharen sich Dunkle Wasserläufer nur zu kleineren Trupps zusammen, die sich an der Küste erst bei aufkommender Flut zu größeren Schwärmen vereinen.

Dunkler Wasserläufer im Prachtkleid, in dem er bei uns nur selten zu sehen ist.

Waldwasserläufer

Tringa ochropus

K Etwas größer als Star; sehr ähnlich Bruchwasserläufer, doch Oberseite dunkler braun, sticht auffallend gegen weiße Oberschwanzdecken und Schwanzbasis ab. Vor allem beim Auffliegen bilden die schwarzbraunen Flügel und der ebenso gefärbte Rücken einen scharfen Kontrast zum weißen Bürzel, wie er bei keinem anderen Wasserläufer zu beobachten ist. Weißer Schwanz mit 3 kräftigen, schwarzbraunen Querbinden. Im Prachtkleid Oberseite heller gefleckt, im Ruhekleid einfarbiger. ■ Ruf im Abflug wichtiges Kennzeichen, nach oben gezogen »tluit«, auch oft mit angehängtem »it-it«. ■ Einzelgänger, der häufig abseits der übrigen Wasser- und Sumpfvögel zu beobachten ist.

V Br. in der nördlichen Nadelwaldzone Eurasiens. ■ Bei uns nur seltener Br. im Norden, meist nur in wenigen Paaren und wohl nirgends r.; als Durchzügler r. in allen Teilen des Binnenlandes. Kurz- und Langstreckenzieher, der einzeln auch bei uns r. überwintert; Hauptwinterquartier Westeuropa, Mittelmeergebiet und tropisches Afrika; Durchzug beginnt bereits im Juli, ab September Rückgang der Zahlen; Frühjahrszug März/Mitte Mai. Einzelne übersommern auch bzw. der Abstand zwischen den letzten Heimzüglern und den Wegzüglern beträgt nur wenige Wochen. ■ Br. in baumbestandenen Mooren, feuchten Bruch- und Auwäldern. Außerhalb der Brutzeit an allen Gewässertypen zu erwarten, auch in kleinsten Wasserlöchern, Wiesengräben, Kanalufern usw.; unmittelbar am Meer selten.

F Als Nester werden häufig alte Drosselnester, aber auch andere Baumnester bezogen. ■ Legezeit April/Mai; 1 Jahresbrut. ■ 4 grünliche bis gelbliche mit vielen Flecken besetzte Eier. ■ ♀ und ♂ brüten 20–24 Tage; die Jungen werden etwa 25–28 Tage geführt.

N Insekten und deren Larven im Seichtwasser, kleine Krebstiere und Würmer.

Waldwasserläufer sind bei uns auf dem Durchzug ausgesprochene Einzelgänger, die sich meist etwas abseits der von anderen Watvögeln besetzten Schlammflächen halten. Nicht selten stöbert man sie auch ganz überraschend an kleinsten Tümpeln und Pfützen auf. Sie lieben vor allem Deckung und sind auch an solchen Wasserstellen anzutreffen, die von dichtem Gebüsch umgeben sind.

Waldwasserläufer. Beachte den Kontrast zwischen dunkler Ober- und weißer Unterseite.

Bruchwasserläufer

Tringa glareola

Nur etwa halbe Höhe des Dunklen Wasserläufers (Hintergrund) erreicht der zierliche Bruchwasserläufer, dessen Oberseite meist deutlich heller und stärker gefleckt ist als die des sonst sehr ähnlichen Waldwasserläufers.

K Knapp starengroß; ähnlich Waldwasserläufer, Beine jedoch etwas länger. Oberseite graubraun, heller als Waldwasserläufer und daher geringerer Kontrast zur weißen Unterseite und zum weißen Bürzel. Flügelunterseite hellgrau (bei Waldwasserläufer dunkel); der weiße Schwanz ist mit 5–8 feinen, in der Mitte verschwommenen Querbändern versehen (vgl. Waldwasserläufer). Im Prachtkleid Oberseite mit dichten weißen Flecken, Kopf und Hals fein gestreift; weißer Überaugenstreif, deutlicher als bei Waldwasserläufer. Ruhekleid einfarbiger. ▪ Häufigster Ruf ist ein kurzes »djib«, das beim Auffliegen oder auch im Zug oft länger gereiht wird, bei Erregung kurz und hart »gip gip« (Ähnlichkeit mit Kreuzschnabelrufen). Gesang im Singflug melodische Reihen wie »tühile tühile tühile«. ▪ Im Gegensatz zum Waldwasserläufer gern gesellig und häufiger auf dem Durchzug an offenen Schlammflächen.

V Br. in der nördlichen Waldzone oder Tundra von Nordeuropa bis Kamtschatka. In Deutschland brüten offenbar nur noch wenige Paare im Norden. Als Durchzügler jedoch r. und häufig im Binnenland wie an der Küste; überwiegend Langstreckenzieher mit Winterquartier im tropischen und südlichen Afrika sowie an der Atlantikküste Nordafrikas. Herbstzug Juli bis September, Frühjahrszug April bis Mai; keine Überwinterer wie bei Waldwasserläufer, doch einzelne Übersommerer. ▪ Br. in Hoch- und Waldmooren, abgelegene Gebiete. Auf dem Durchzug vorzugsweise am Süßwasser auf Schlammflächen und an Ufersäumen.

F Bodennester, aber auch Baumnester wie Waldwasserläufer. ▪ Legezeit Mai/Juni; 1 Jahresbrut. ▪

4 hellbräunliche bis grünliche Eier mit dunklen Flecken und Spritzern. ▪ ♂ und ♀ brüten 22–24 Tage; Junge sind mit etwa 30 Tagen flugfähig und werden zuletzt häufig nur noch vom ♂ geführt.

N Land- und Süßwasserinsekten, kleine Krebstiere, Mollusken.

Bruchwasserläufer an einem Brutplatz in Skandinavien. Ein erregter Altvogel sitzt auf einer erhöhten Warte und beschimpft den Eindringling in langer Rufreihe. Gleichzeitig warnt er damit seine Jungvögel und andere Artgenossen.

Flußuferläufer

Actitis hypoleucos

K Kleiner und kurzbeiniger als alle Wasserläufer; gerader Schnabel, kaum länger als Kopf. Oberseite braungrau, Unterseite weiß, Seiten der Vorderbrust grau, ± deutlich abgesetzt. Im Flug deutliche weiße Flügelbinde, schmaler weißer Flügelhinterrand; Bürzel und Schwanzmitte dunkel, Schwanzseiten jedoch breit weiß. Wichtiges Kennzeichen ist Stimme und Verhalten. ■ Im Abflug (auch im Sitzen) hoch und hell »hididi« (erste Silbe meist betont). Daneben auch längere Reihen und

Flußuferläufer sind kurzbeiniger und kurzschnäbliger als typische Wasserläufer.

rhythmisch gegliederte hohe Rufe. ■ Am besonders typischen Verhalten leicht zu erkennen: Fliegt über kurze Strecken meist ganz dicht über dem Wasser mit zuckenden bzw. ruckweisen Flügelschlägen, dazwischen eingeschaltet kurze Gleitflugstrekken mit gewölbten, nach unten weisenden Flügeln. Läuft schnell, dazwischen Anhalten mit auffälligem Körperwippen. Sitzt gern etwas erhöht am Wasser.

V Br. in Europa und Asien von Großbritannien bis Japan. ■ Bei uns als Br. heute z.T. sehr selten geworden mit großen Verbreitungslücken. Am häufigsten noch an ursprünglichen Flüssen und Bächen der Alpen und des Mittelgebirges; in Deutschland werden insgesamt 1300 Brutpaare geschätzt. Als Durchzügler und Gast r. und überall, wo Wasser ist, einzeln oder in kleiner Zahl anzutreffen. Hauptdurchzugszeiten Juli/Oktober, April/Mai; einzelne Übersommerer. Gelegentliche Überwinterungen in besonders milden Gebieten. ■ Br. auf locker bewachsenen Flußkiesbänken oder an Ufern urwüchsiger Bäche und Flüsse (bei uns heute meistens Gebirgsflüsse); gelegentlich auch Br. in Kies- und Sandgruben. Als Durchzügler an Binnengewässern aller Art, auch an kleinen Tümpeln und Pfützen, auf betonierten Kanalufern; auch an der Küste.

F Gut verstecktes Bodennest, meist in der Nähe von Wasser. ■ Legezeit Ende April/Anfang Juni; 1 Jahresbrut. ■ 4 relativ große, bräunliche Eier, die mit zahlreichen dunklen Punkten und Flecken besetzt sind. ■ ♂ und ♀ brüten 21–22 Tage. Junge werden 26–28 Tage geführt.

N Vor allem Insekten, die geschickt am Boden gefangen werden.

Außerhalb der Brutzeit ist der Flußuferläufer einer der verbreitetsten Watvögel und vor allem in der Wahl

Auf hochwassersicheren Flußinseln oder Ufern, auf denen sich bereits ein kleiner Auwald ansiedeln konnte, liegen die Nester des Flußuferläufers. Wildflußlandschaften, die solchen Bedingungen genügen, sind in Mitteleuropa sehr selten geworden. Die meisten Durchzügler an unseren Flüssen stammen aus Skandinavien.

seiner Biotope äußerst vielseitig, wenn auch, zumindest untertags, ein ausgesprochener Einzelgänger. Am Abend sammeln sich oft mehrere Vögel, um nach vielem Rufen und Umherfliegen einen gemeinsamen Ruheplatz aufzusuchen.

Einzelgängertum und Vielseitigkeit des Uferläufers werden aus der besonderen Art des Nahrungserwerbs verständlich, was wiederum am Schnabelbau zu erkennen ist. Die Nasenlöcher sind langgestreckt und reichen bis weit gegen die Spitze. Dadurch wird der relativ kurze Schnabel etwas beweglicher als bei typischen Wasserläufern. Zum Sondieren im weichen Untergrund ist er daher weniger gut geeignet. Kleine sich bewegende, aber auch reglose Beutetiere und genießbare Partikel werden vielmehr von der Bodenoberfläche aufgelesen, aber auch zwischen Spalten oder Steinen hervorgeholt. Mit tief gesenktem Kopf schleicht sich der Flußuferläufer langsam auch an sitzende und nied-

rig fliegende Insekten heran, um dann schnell zuzuschnappen. Dieser Nahrungserwerb befähigt den Vogel, selbst an Betonufern eines Kanals zu rasten und dort erfolgreich nach Nahrung zu suchen.

Die unmittelbare Nähe eines Artgenossen ist dagegen weniger erwünscht; mitunter werden daher auch auf einem Rastplatz Nahrungsterritorien verteidigt. Flußuferläufer verhalten sich also ganz ähnlich wie die Bachstelzen, die häufig mit ihnen den Lebensraum außerhalb der Brutzeit teilen (vgl. S. 378): Der Fang flugfähiger Insekten, die sich nur kurz auf einer festen Unterlage niederlassen, lohnt die Vertreibung von Konkurrenten, durch die potentielle Beute aufgescheucht werden könnte.

Viele Watvögel ziehen nachts. So kann man besonders im Herbst vom Nachthimmel das helle Rufen der Flußuferläufer hören. Meist ist der Zug vor Mitternacht am lebhaftesten, dauert aber auch bis morgens an.

Raubmöwen

Gattung *Stercorarius*

Schmarotzerraubmöwe

K 4 Raubmöwenarten können in Mitteleuropa beobachtet werden. Sie sind oft schwer in Freiheit zu bestimmen, weil einige von ihnen vor allem im Jugendkleid sich außerordentlich ähnlich sehen, und zudem 3 Arten in verschiedenen Farbtypen vorkommen. Für den Anfänger ergeben sich auch noch Verwechslungsmöglichkeiten mit den braunen Jugendkleidern der größeren Möwen (z. B. Silber- und Heringsmöwe). Gemeinsame Merkmale sind: Flügel mit dunkler Unterseite; Körper entweder ganz braun oder Teile des Körpergefieders weißlich; die dunklen Gefiederteile sind aber immer dunkler als bei jungen Möwen. Im Flügel oft scharf begrenzte weiße Abzeichen.

Skua *(Stercorarius skua):* Größe etwa Silbermöwe; dunkelbraun mit auffallenden weißen Flecken im Außendrittel der Flügel; die mittleren Schwanzfedern überragen den Schwanz nur wenig.

Spatelraubmöwe *(S. pomarinus):* Größe etwa Sturmmöwe; ad. entweder Oberseite schwarzbraun und dunkle Kopfkappe, Unterseite, Kopf- und Halsseiten weiß bis gelblichbraun oder ganz schwarzbraun mit hellem Fleck im Außendrittel des Flügels; mittlere Schwanzfedern deutlich länger als Schwanz, an der Spitze breit abgerundet und meist schraubig gedreht; juv. kaum längere mittlere Schwanzfedern, Färbungsunterschiede zwischen hellen und

Skua: Breite Flügel, keine verlängerten Schwanzfedern; helle Flügelabzeichen.

Schmarotzerraubmöwe: Altvogel der hellen Form.

dunklen Vögeln verwaschener als bei ad.

Schmarotzerraubmöwe *(S. parasiticus):* Größe etwa Lachmöwe; ad. entweder Oberseite dunkelbraun, Unterseite weiß, dunkle Kopfkappe mit aufgehellter Stirn oder dunkelbraun mit nur wenig hellerer Unterseite (Zwischenformen zwischen hell und dunkel möglich!); mittlere Schwanzfedern als spitze Spieße verlängert; juv. nur wenig verlängerte spitze mittlere Schwanzfedern, helle und dunkle Vögel.

Falkenraubmöwe *(S. longicaudus):* Größe etwa wie Lachmöwe, wirkt jedoch fast seeschwalbenartig schlank; bei ad. lange mittlere Schwanzspieße nicht steif, sondern flatternd; nur helle Vögel mit dunkler Kopfkappe, graubrauner Oberseite (heller als bei den anderen Arten), Halsoberseite und Ohrgegend gelblich; juv. mit kurzen Schwanzspießen, z. T. auch dunkler als ad.

Bei den 3 kleineren Arten sind juv./immat. an der Färbung allein oft äußerst schwer zu bestimmen; bei ad. können die verlängerten mittleren Schwanzfedern abgebrochen sein.

V Raubmöwen brüten an Küsten und in Tundren an den Nordrändern Eurasiens und Nordamerikas sowie auf vielen nordatlantischen Inseln; die Skua als einzige (z. T. durch nah verwandte Formen vertreten) auch im Bereich der Antarktis. Alle sind Meeresvögel und kommen höchstens an den mitteleuropäischen Küsten r. vor. Im Binnenland erscheinen sie ausnahmsweise, am seltensten die Skua. In manchen Jahren tauchen Raubmöwen in größerer Zahl im Binnenland auf. Solche Einflüge lassen sich meistens auf besondere Witterungslagen zurückführen. Viele Vögel gehen auch dabei zugrunde. Auf dem Meer wandern sie nach der Brutzeit meistens weit umher und sind daher auch auf offener See zu beobachten.

N Im Sommer an Brutplätzen Kleinsäuger und Landtiere, auch Eier und Vogeljunge. Außerhalb der Brutzeit meistens Fische, die z. T. Möwen und Seeschwalben abgejagt, aber auch selbst gefangen werden. Manche Arten gehen auch an Küchenabfälle, Aas usw.

Raubmöwen jagen häufig hinter Möwen und Seeschwalben her und erzeugen dadurch, ähnlich jagenden Greifvögeln, panikartige Reaktionen bei Wasservögeln.

Besonders spezialisiert als Beuteräuber ist die Schmarotzerraubmöwe. Ihre Hauptopfer sind Papagei-

Skua am Brutplatz in Imponierhaltung. Sie läßt das auch bei Möwen übliche, bei den einzelnen Arten aber ganz verschieden klingende »Jauchzen« hören.

taucher, Küstenseeschwalbe und Dreizehenmöwe. Die mit Beute zum Brutplatz fliegenden Opfer werden entweder schon weit draußen über dem Meer attackiert oder kurz vor dem Anflug an den Brutfelsen abgepaßt. Durch einen heftigen, meist nur kurzen Angriff wird der futtertragende Vogel oft veranlaßt, die Beute fallen zu lassen, die dann die Raubmöwe geschickt auffängt.

Lachmöwe

Larus ridibundus

K Größe etwa wie Haustaube, doch schlanker; kleinste der häufigen Möwen Mitteleuropas; Flügel schlank und spitz. In allen Kleidern weißer Keil am Vorderrand des Handflügels, der sich zur Flügelspitze verbreitert. Ad. im Prachtkleid: Dunkelbraune, nicht bis in den Nacken reichende Gesichtsmaske (vgl. Zwergmöwe), weißer Augenhinterrand; Oberseite hellgrau, Bürzel und Schwanz weiß, Handflügel oberseits mit dunklem Hinterrand, Unterseite weiß. Ad. im Schlichtkleid: Kopf weiß, kleiner dunkler Ohrfleck und sichelförmiger dunkler Fleck vor dem Auge; mitunter 1–2 dunkle Streifen über dem Oberkopf angedeutet, sonst wie im Sommer. Juv. im Spätsommer: Oberkopf, Halsoberseite, Vorderrücken und Schultern gelblichbraun; gelbbraune Partien im Flügel; Schwanz mit breitem braunen Hinterrand. Im 1. Winter weißer Kopf mit ähnlicher Kopfzeichnung wie ad., im Flügel jedoch braune Federn; Schwanz weiß, mit scharf abgesetzter dunkelbrauner Endbinde. Im Frühjahr erwirbt ein Teil der Vögel eine dunkle Maske, oft aber mit weißen Federn durchsetzt. Die Schwanzendbinde wird dann heller. Schnabel bei juv. bräunlich fleischfarben, im 1. Winter gelblich bis braun; ad. im Winter orange bis dunkelrot, ad. im Brutkleid leuchtend rot. Die Füße und Beine ähneln in ihrer Färbung dem jeweiligen Schnabel. ■ Im Winter helle Stakkatorufe, z. B. »ke ke ke« bei Streit um Futter, hohe »piiee« von Einjährigen, aggressiv rauh »krä krä krä«. Im Frühling und zur Brutzeit fallende Krächzlaute. In den großen Brutkolonien lautes Geschrei. ■ Fast das ganze Jahr über gesellig.

V Br. im mittleren und nördlichen Eurasien von Island bis Kamtschatka. ■ Bei uns häufigste Möwe des Binnenlandes, aber auch in großer Zahl an der Küste. Br. in kleineren und größeren Kolonien, außerhalb der Brutzeit fast an allen Gewässern, im Winter auch in großer Zahl in den Städten futterzahm. Stand- und Strichvogel, Teil- und Kurzstreckenzieher. Die Wintermöwen in Mitteleuropa stammen auch oft aus Gebieten im Osten und Nordosten, während die einheimischen in Südwesteuropa überwintern. ■ Brutkolonien in der Verlandungszone flacher Gewässer, meist im Wasser liegend, vor allem in Röhricht und Großseggengesellschaften, aber auch auf verschiedenen Inseln. Die Zahl geeigneter Brutplätze ist vor allem im Binnenland oft sehr beschränkt. Nahrungsplätze können bis zu 25–30 km von den Kolonien entfernt liegen. Außerhalb der Brutzeit an den verschiedensten Gewässertypen, bevorzugt auch in Kläranlagen, an Müllkippen, im Winter futterzahm in den Städten.

F Nester meist in großen Kolonien, auf Vegetation oder anderer fester Unterlage im Wasser bzw. auf kleinen Inseln. ■ Legezeit April/Mitte

Mai; 1 Jahresbrut. ■ 3 Eier; Grundfarbe braun bis olivgrün, verschiedenfarbene dunklere und hellere Flecke; Färbung und Zeichnung im einzelnen sehr variabel. ■ ♂ und ♀ - brüten 20–25 Tage. Junge bleiben zunächst im Nest bzw. den größten Teil ihres Lebens in unmittelbarer Nestumgebung; sie werden von ♂ und ♀ gefüttert und sind mit 26–28 Tagen flugfähig und mit ca. 35 Tagen selbständig.

Aber noch etwa 25% der bekannten Kolonien liegen zwischen 100 und 1000 Paaren; über 1000 (bis über 20 000 Paare sind schon bekannt geworden) und weniger als 10 Paare sind selten. Doch ist eine Lachmöwenkolonie keineswegs ein stabiles Gebilde. Ungestört durchläuft sie vielmehr eine recht dramatische Entwicklung. Nach der Gründung findet meist eine rapide Vermehrung statt, die schließlich einen Gipfel erreicht.

Lachmöwen brüten oft in ausgedehnten Kolonien in der Verlandungszone von flachen Binnengewässern.

N Außerordentlich vielseitig, bevorzugt tierisch, aber auch nennenswerte pflanzliche Anteile; z.B. Regenwürmer, bodenbewohnende oder an der Wasseroberfläche lebende Insekten und deren Larven, auch Jagd auf fliegende Insekten, kleine Fische, an der Küste Ringelwürmer und kleine Krebstiere. Im Winter auch vielfach Abfälle, das ganze Jahr über Aas, auf den Äckern auch Mäuse.

Lachmöwen brüten wie die meisten Möwen und Seeschwalben fast nur in Kolonien, die am häufigsten zwischen 10 und 100 Paare umfassen.

dem ein ± plötzlicher Zusammenbruch folgt, so daß der Brutplatz aufgegeben werden muß oder nur noch ein kleiner Restbestand bleibt. An einem solchen Zusammenbruch haben die Möwen meist selbst Schuld, da die immer größere Dichte die sehr empfindlichen ökologischen Verhältnisse verändert oder auch die Sozialstruktur gestört wird.
Häufig wird aber diese Entwicklung durch Eingriffe des Menschen verändert. Auch bei der Lachmöwe werden ähnlich wie bei der Silbermöwe (vgl. S. 273) immer wieder »Bestandslenkungen« gefordert, z.T. um

Lachmöwe im Winterkleid.

angebliche wirtschaftliche Schäden zu verringern. Aus Naturschutzgründen ist eine solche Maßnahme in der Regel nicht einzusehen, denn seltene Wasservögel (z. B. Lappentaucher, Enten) werden durch solche Kolonien nicht vertrieben, sondern sogar eher angelockt, im Schutz der Möwen zu brüten.

In Ersatzgelegen ist oft ein Ei nicht mehr vollständig gefärbt.

Das Koloniebrüten hat ohne Zweifel Vorteile (vgl. z. B. Graureiher, S. 88). So ist z. B. die Nachwuchsrate in sehr kleinen Kolonien oder bei Paaren in peripheren Koloniebezirken bei der Lachmöwe geringer als in zentralen Teilen einer Großkolonie. Verschiedene Vorteile gegenüber

Nesträubern sind denkbar, u. a. die Abwehr eines Eindringlings.

Die Nester stehen innerhalb einer Kolonie meist dicht nebeneinander. Jedoch wird von jedem Paar zunächst eine Fläche verteidigt, die dann immer kleiner wird, je mehr Möwen sich ansiedeln. Allmählich aber lernen sich Nachbarn kennen; sie dulden sich in einem oft sehr kleinen Bereich. Doch in einem Mindestabstand von etwa 40–50 cm werden auch Nachbarn nicht mehr toleriert. Solche festen Grenzen bestimmen letztlich dann auch den Mindestabstand der Nester in den dichtesten Teilen einer Kolonie. Die so stabilisierten nachbarschaftlichen Verhältnisse funktionieren gut bei der Abwehr von fremden Individuen: Da sich Nachbarn wenigstens im Außenbereich um ihre Nester tolerieren, wird ein Fremder, der sich zwischen die einzelnen Territorien niederläßt, gemeinsam vertrieben. Sind die Jungen geschlüpft, werden dann die jeweiligen Standorte der heranwachsenden und sich allmählich vom Nestplatz entfernenden Jungen verteidigt.

Die dunkle Gesichtsmaske hat als Verständigungssignal zwischen den Artgenossen eine wichtige Bedeutung. Bei den verschiedenen Drohhaltungen wird der Kopf mit Schnabel und Maske dem Gegner entgegengestreckt. Lachmöwen drohen im Unterschied zu vielen Großmöwen auch schwimmend mit vorgestrecktem Kopf. Für die Paarbildung ist wichtig, friedfertige Absichten und keine Neigung zum Angriff zu bekunden. Dies erreicht die Lachmöwe damit, daß sie den erhobenen Kopf mit ± gesenktem Schnabel ruckartig wegdreht und dem Partner den weißen Hinterkopf zuwendet. Dieses »Wegsehen« als Befriedungszeichen wird später zwischen den Partnern eines Paares zum regelmäßigen Begrüßungszeremoniell, ist aber auch ein Signal zur Beendigung einer kämpferischen Auseinandersetzung. Wegsehen hat aber den Nachteil, daß man den anderen nicht mehr beobachten kann. Daher drehen wegsehende Möwen den Kopf nach einer kurzen Zeit wieder zum Gegner, jedenfalls ein kleines Stück, so daß sie ihn »verstohlen« beobachten. So entsteht dann ein mehrfaches Hin- und Herdrehen des Kopfes, das zumindest zu Beginn der Brutzeit die übliche Begrüßung zwischen Partnern darstellt.

Verschiedene Drohbewegungen signalisieren unterschiedliche Stufen der Aggression. Bei Koloniebrütern und so gut wie das ganze Jahr über in Gesellschaft lebenden Vögeln regelt meist ein recht kompliziertes Inventar an Bewegungen und Lauten die Beziehungen der Individuen untereinander. Nur so können Sozialverbände stabil bleiben und sich für die einzelnen Mitglieder auch die Vorteile der Geselligkeit auswirken.

Zwergmöwe
Larus minutus

K Kleiner als Lachmöwe; Flügelspitzen gerundet. Ad. Prachtkleid mit schwarzer Kopfmaske bis zum oberen Nacken, keine weißen Augenflecken; Rücken und Oberflügel blaß bläulichgrau, sonst weiß. Unterflügel jedoch dunkel schiefer- bis schwarzgrau, mit breitem weißen Hinterrand. Im Schlichtkleid nur kleine, schwärzliche Kappe auf dem Oberkopf, kleiner, dunkler Ohrfleck; markante Unterflügelfärbung wie Prachtkleid. Juv. dunkle Augen und auffallend dunkler Ohrfleck, dunkler Oberkopf, helles Nackenband, dunkler Nacken und Vorderrücken; Hinterrücken schuppig schwärzlich. Schwanz weiß mit brauner Endbinde. Im Flug ein auffallendes dunkles Zickzackband über Flügel und Rücken (vgl. Dreizehenmöwe).

V Br. in Eurasien von Finnland bis

Lachmöwen warten im Winter auf Futter.

nach Zentralasien, neuerdings auch in Nordamerika. ■ In Mitteleuropa heute einzelner Br. in den Niederlanden und mitunter in Deutschland, r. im Osten (z. B. Polen). R. Durchzügler mit Zuggipfeln August/September und April/Mai, einzeln auch im Sommer bis Frühwinter.

Gast aus dem Mittelmeer ist die Schwarzkopfmöwe *(Larus melanocephalus)*, die heute auch vereinzelt in Mitteleuropa brütet.

Mantelmöwe

Larus marinus

K Deutlich größer als Heringsmöwe und wenig größer als Silbermöwe; besonders kräftiger Schnabel und breite Flügel. Ad. Flügeloberseite fast schwarz, Vorderrand schmal, Hintersaum breiter weiß abgesetzt, die 2 äußersten Handschwingen an der Spitze weiß. Körper weiß. Juv. sehr ähnlich Silbermöwe. Flügel werden ab dem 2. Jahr deutlich dunkler. Schnabel bei juv. braunschwarz mit heller Spitze, dann zunehmend heller. Schnabel ad. gelb mit weißlicher Spitze und orangerotem Unterschnabelfleck. Füße ad. fleischfarben. ■ Rufe tiefer als Silbermöwe, etwa »kau« oder »krao«; Jauchzen langsam und tiefer als Silbermöwe. ■ Bei uns an der Küste meist nur einzeln oder in kleinen Trupps.
V Br. in Nordostamerika und in Nordeuropa. ■ In Mitteleuropa ausnahmsweise Br., doch ganzjähriger Gast an Nord- und Ostseeküste (im Sommer wenig); im Binnenland am Unterlauf großer Flüsse, im küstenfernen Binnenland im allgemeinen selten. Strichvogel und Kurzstreckenzieher. ■ Viel ausgeprägterer Küstenvogel als Silber- und vor allem Heringsmöwe. Im Winter wie Silbermöwen auch an Mülldeponien, in Fischereihäfen oder in Stadtgebieten nahe dem Meer.
N Vielseitig wie Silbermöwe, hauptsächlich Fische, Mollusken, Krebs-

tiere, auch Vögel und im Sommer räuberisch in Seevogelkolonien. Im Winter auch hoher Anteil an Abfall aller Art.

Mantelmöwen brüten zwar nicht an mitteleuropäischen Küsten, doch sind die Bestände bereits unmittelbar weiter nördlich sehr ansehnlich. In Dänemark betrug der Brutbestand um 1975 knapp 500 Paare; in Schweden und Norwegen schätzte man ungefähr zur gleichen Zeit über 60 000 Brutpaare. Etwa seit 1920 ist in Europa eine Bestandszunahme und Ausweitung des Brutgebietes festzustellen. Besonders auffällig ist in den letzten Jahrzehnten die Vermehrung in Nordwest-Frankreich; heute brüten hier weit über 1000 Paare. Auf den Britischen Inseln schätzte man um 1970 über 22 000 Paare.

Heringsmöwe

Larus fuscus

K Deutlich kleiner als Mantelmöwe und etwas zierlicher als Silbermöwe, doch sind die Größenverhältnisse grundsätzlich ein recht unsicheres Feldmerkmal. Flügelspitzen überragen im Sitzen den Schwanz deutlich, bei Silbermöwe und Mantelmöwe nur wenig. Ad. Rücken und Oberseite schiefergrau bis schieferschwarz (verschiedene Rassen), Spitzenteile der äußeren Handschwingen schwarzweiß, Handschwingen von unten ganz dunkel. Hinterrand des Flügels schmal weiß, kleines weißes Fenster auf der äußersten Handschwinge. Im Brutkleid Kopf und Hals weiß, im Ruhekleid fein gestrichelt. Juv. nur bei großer Erfahrung von Silber- und Mantelmöwe zu unterscheiden; überwiegend braun, Flügel einheitlich braunschwarz; mit zunehmendem Alter dunkler werdende Flügel, die etwa im 3. Winter ad. ähnlich sind. Schnabel bei juv. dunkel; ad. gelb, mit rotem Unterschnabelfleck. Füße juv. schwach gelblich bis fleischfarben; ad. zur Brutzeit gelb, im Winter gelb bis fleischfarben. ▪ Rufe etwas tiefer und weniger laut als Silbermöwe.

V Br. in Nordwesteuropa bis Nord- und Mittelsibirien; die ad. der einzelnen Populationen auf der Oberseite mit unterschiedlichen Helligkeitsabstufungen. ▪ In Mitteleuropa Br. an den Küsten, z.B. Niederlande fast 19 000, an der deutschen Nordseeküste knapp 9000 Paare, an der Ostsee nur ur. Br. Das ganze Jahr über an der Küste zu beobachten, sehr viel seltener als Silbermöwe. Im Binnen-

land einzeln, hier aber normalerweise regelmäßiger als Silbermöwe. ▪ Br. an Flachküsten mit Vegetation, mitunter zusammen mit Silbermöwen, auch im Binnenland an größeren Binnenseen. Außerhalb der Brutzeit vor allem an der Küste, aber auch auf der offenen See und s. an großen Binnengewässern.

F Nest am Boden mitunter auch an Gebäuden. ▪ Legezeit April/Mai, meist etwas später als Silbermöwe; 1 Jahresbrut. ▪ 2–3 Eier, wie bei Silbermöwe gefärbt. ▪ ♂ und ♀ brüten 26–31 Tage, füttern auch gemeinsam die Jungen, die etwa mit 35–40 Tagen flügge sind.

N Oberflächenfische, Regenwürmer, Insekten, Aas (doch weniger häufig an Abfällen wie Silbermöwe).

Großmöwen werden meist erst mit 4 Jahren geschlechtsreif. Man sieht daher bei ihnen immer einen ansehnlichen Teil unausgefärbter Individuen, die zusätzliche Bestimmungsschwierigkeiten bedeuten. Meist lassen sich erst im 2. oder 3. Jahr die Arten auch für den Anfänger sicher erkennen, da die Kleider dann ähnlicher den ad. werden.

Ein Paar Heringsmöwen am Brutplatz.

Silbermöwe

Larus argentatus

K Etwa bussardgroß; kleiner und schlanker als Mantelmöwe. Ad. Körper weiß, Rücken und Oberflügel zart blaugrau, schwarze Zeichnungen an den Flügelspitzen. Im Ruhekleid Kopf und Hals dicht graubraun längsgefleckt. Schnabel gelb, mit rotem Fleck nahe der Unterschnabelspitze. Füße fleischfarben bis rosa. Bei den »Silbermöwen« des Mittelmeeres und vielen Vögeln des süddeutschen Binnenlandes Beine gelb, Rücken etwas dunkler grau. Diese Möwen werden heute auch als eigene Art unter dem Namen Weißkopfmöwe *(L. cachinnans)* betrachtet. Juv. braun, oberseits heller als

Weißkopfmöwen (Alt- und Jungvögel) sind Silbermöwen sehr ähnlich.

Heringsmöwe. Wie bei allen Jungmöwen trägt der weiße Schwanz eine breite, schwarzbraune Endbinde. Bei den noch nicht ausgefärbten Silbermöwen werden mit zunehmendem Alter die Schwingen heller grau, bei Mantel- und Heringsmöwe dagegen dunkler. ■ Stimme ein helles oder gellendes »kju«; auffälliges Jauchzen. Warnruf am Brutplatz »ga ga gag«. ■ Häufigste Großmöwe an unseren Küsten. Man sieht neben Altvögeln auch viele unausgefärbte. **V** Br. in verschiedenen Rassen in Nordamerika, Europa, Asien und Nordafrika. ■ In Mitteleuropa häufiger Br. an den Küsten der Nord- und Ostsee, z.B. Niederlande über 90 000 Paare (1985), Deutschland 46 000 Paare. Im mitteleuropäischen Binnenland weitab von der Küste im allgemeinen selten und nur einzeln, doch neuerdings kleine Ansiedlung von gelbfüßigen Weißkopfmöwen *(L. cachinnans)* im Süden. Als Gast das ganze Jahr über an der Küste und im küstennahen Binnenland häufig, folgt vielfach auch den Schiffen. ■ Br. in Dünen, lockeren Grasinseln usw.; Nahrungssuche an der Küste auch auf dem Meer, im Winter vielfach an Mülldeponien, Schlachthöfen und in Fischereihäfen; häufige Schiffsbegleiter in Küstennähe. **F** Nest auf dem flachen Boden, auf Felsen, aber auch auf Gebäuden. ■ Legezeit Ende April/Mai; 1 Jahresbrut. ■ 2–3 Eier, die sehr variabel gefärbt sind, z.B. brauner bis grauer Untergrund und zahlreiche dunkle Flecken und Spritzer. ■ ♂ und ♀ brüten 26–32 Tage; Junge werden mit 35–49 Tagen flügge, aber auch noch als flügge mitunter eine Zeitlang von den Eltern gefüttert.

N Sehr vielseitig; Hauptnahrung Meerestiere, wie Krebse, Mollusken, Stachelhäuter, Fische, aber auch Abfall, Vegetabilien; auch Eier und Kükenraub bei Artgenossen und anderen Seevögeln.

Flugbild einer alten Silbermöwe (oben) und einer alten Heringsmöwe (unten; vgl. S. 271).

Möwenarten mit vielseitiger Ernährung, die vor allem von der Verwertung von Abfällen der modernen Kulturlandschaft profitieren, haben in den letzten Jahrzehnten beträchtlich zugenommen. Hierbei scheint insbesondere die Verringerung der Wintersterblichkeit als Folge der besseren Ernährungsbedingungen eine wichtige Rolle zu spielen. Doch muß man die Verhältnisse bei den verschiedenen Arten sehr sorgfältig untersuchen, um nicht durch grobe Verallgemeinerungen zu falschen Beurteilungen zu kommen.

Bei der Silbermöwe setzte eine Bestandszunahme schon etwa ab 1920 ein, offensichtlich eine Folge von Schutzbestimmungen. Doch parallel begann auch die Verfolgung und »Bestandslenkung« zum Schutz von Brutkolonien anderer Seevogelarten (z.B. Seeschwalben) durch Eierabsammeln, Töten von Jungen, Vergiften und Abschießen von Altvögeln usw. Etwa ab 1950 begann jedoch eine 2.Welle der Vermehrung als Folge des Anschlusses an den Menschen und der Nutzung seiner riesigen Abfallhaufen. Übrigens hat sich der Küken- und Eierraub der Silbermöwe für die Bedrohung anderer Seevogelarten häufig nicht als so entscheidend erwiesen, wie allgemein angenommen. Ob die Silbermöwen tatsächlich z.B. Seeschwal-

ben verdrängen und für den Rückgang von Kolonien verantwortlich sind, ist häufig nur behauptet und nicht bewiesen worden. Bestandslenkungen des klassischen Stils haben sich jedenfalls generell nicht bewährt, von begründeten Einzelfällen abgesehen.

Ökologisch sinnvoller ist es dagegen, an den Ursachen der Bestandszunahme anzusetzen. Neuregelung und Beseitigung der Abfalldeponien haben sich bereits an einigen Stellen auf Großmöwen ausgewirkt: Das Verschwinden offener Müllkippen bedeutet Verringerung des Nahrungsangebots und in der Folge eine wirksame Dezimierung der Populationsgrößen abfallfressender Möwen in der Umgebung.

Sturmmöwe

Larus canus

K Sehr ähnlich Silbermöwe, aber viel kleiner, etwas größer als Lachmöwe; Schnabel relativ dünn. Ad. Kopfunterseite und Schwanz weiß, Rücken und Flügeloberseite bläulichgrau, Hinterrand des Innenflügels weiß, Flügelspitze schwarz, mit deutlichem weißen Fleck auf den beiden äußersten Handschwingen. Im Winter sind Oberkopf, Wangen und Nacken fein dunkel gestrichelt. Juv. auf der Oberseite hellbräunlich, Federsäume auf Rücken und Oberflügel heller, Kopfseiten und Unterseite schmutzigweiß. Schwingen dunkler; weißer Schwanz mit dunkelbrauner Endbinde. Bereits im 1. Winter sind sie etwas heller, aber noch deutlich als Jungvögel zu erkennen. Schnabel bei juv. fleischfarben, mit schwarzem Ring vor der Spitze, im 1. Winter dann mehr oder minder graugrün; bei ad. im Ruhekleid hell blaugrau, mit blaßgelber Spitze und dunklem Fleck auf den Seiten; bei ad. im Brutkleid hellgrün. Beine im Ruhekleid hellgrau, im Brutkleid grünlich bis orange. ■ Rufe höher als Silbermöwe, gellend »kiä«; jauchzen mit schrillen Lauten, die am Ende tiefer werden.

V Br. im Norden Eurasiens und in Nordamerika. In Mitteleuropa große Brutbestände an den Nord- und Ostseeküsten, im Binnenland nur kleine Kolonien oder einzelne Brutpaare, gelegentlich auch in küstenfernen Gebieten. Als Wintergast im Binnenland r. in kleiner Anzahl, mischen sich auch oft unter futterzahme Lachmöwen. Br. in Kolonien auf trockenem Untergrund, meist in unmittelbarer Nähe des Wassers, auf Landzungen, Uferstreifen oder in Sümpfen. Nahrungssuche über dem Land aber auch im Watt, im Winter auch an Schuttplätzen. Folgt wie Silber-, Lach- und Heringsmöwen oft den Schiffen.

F Nest auf dem Boden oder etwas erhöht auf einer Unterlage im Wasser usw.; Koloniebrüter. ■ Legezeit Mai; 1 Jahresbrut. ■ Meist 3 Eier; Grundfarbe braun bis oliv mit schwarzen bis hellbraunen Flecken, mitunter auch ungefleckt. ■ ♂ und ♀ brüten 23–28 Tage. Junge bleiben im Nest bzw. in der Nestumgebung und sind mit 28–33 Tagen flügge, etwas später selbständig.

N Vielseitig. Hauptnahrung Würmer im Watt, Regenwürmer, Insekten, Fische, Kleinnager, aber auch Pflanzenreste, Abfälle usw.

Auch Sturmmöwen haben in Europa großräumig zugenommen aus ähnlichen Gründen wie die Silbermöwe (vgl. S. 273), vielleicht waren auch Klimaschwankungen mit im Spiel. So kam es bei uns auch zu Neuansiedlungen im Binnenland, auch weitab von der Küste. Erste Brutversuche einzelner Paare, oft im Anschluß an

Lachmöwenkolonien, fanden z. B. in Baden-Württemberg und Bayern schon vor 1960 statt. Mittlerweile werden dort fast alljährlich einzelne Brutversuche, aber auch erfolgreich brütende Paare beobachtet; zu größeren Beständen ist es jedoch bis jetzt nicht gekommen. Seit 1966 ist die ursprünglich nur an Küsten gebundene Art auch in der Schweiz regelmäßiger Brutvogel in wenigen Paaren.

Als Koloniebrüter sind viele Möwen auch in großer Zahl beringt worden. Bei der Sturmmöwe beträgt die jährliche Sterblichkeit für mehrjährige Vögel etwa 20–25%, in manchen Populationen auch unter 20%. Wie bei fast allen genauer untersuchten Vögeln ist die Sterblichkeit im 1. Lebensjahr jedoch viel höher, in Einzelfällen über 50%. Unter den Todesursachen spielen offenbar als Folge des Anschlusses an den Menschen heute vielfach zivilisationsbedingte Unfälle eine Rolle, z. B. bei Lach- und Sturmmöwen Anflüge an Leitungen und Verkehrsopfer, Verletzungen durch Aufnahme hartkantiger Ge-

genstände auf Müllkippen, Unfälle mit Angelleinen usw. Wenn sich Möwen bei großer Kälte auf Metall setzen, können Erfrierungen und Fußverletzungen entstehen. Auch Seuchen, wie Botulismus (vgl. S. 118), fordern in manchen Jahren recht große Opfer.

Möwen und Seeschwalben können wie auch manche Watvögel sehr alt werden. Man darf wohl damit rechnen, daß z. B. alle Möwenarten zumindest in Einzelfällen mehr als 20 Jahre erreichen können. Natürlich ist der Anteil derart alter Vögel innerhalb der Population sehr gering; die bisher ermittelten Höchstalterswerte hängen z. B. auch von der Anzahl beringter Vögel oder der Haltbarkeit der verwendeten Ringe ab. Dies muß man bei Vergleichen stets bedenken. Silbermöwen sind z. B. mit 33 Jahren noch fortpflanzungsfähig; auch Lachmöwen wurden mindestens je einmal mit 30 bzw. 32 Jahren nachgewiesen; für die Sturmmöwe wurden bisher als Höchstalter fast 26 Jahre ermittelt, ebenso für die Heringsmöwe.

Sturmmöwen folgen dem Pflug; ihre Beute sind Regenwürmer und Mäuse.

275

Dreizehenmöwe

Rissa tridactyla

Größe zwischen Lach- und Sturmmöwe; ziemlich kurze Beine; im Flug Schwanz schwach gegabelt bzw. gerade abgeschnitten. Ad. im Sommer: Körper weiß, Rücken und Oberflügel dunkelgrau, mit helleren Flügelspitzen. Äußerste Flügelspitze schwarz, ohne weißes Fenster. Im Winter sehr ähnlich, doch Ohrgegend und Halsseiten grau; oft kleiner, schwarzer Ohrfleck. Juv. mit dunklem Ohrfleck, schwärzlichem Halsring auf der Oberseite und dunklem Zickzackband quer über die Flügeloberseite sowie schwarzer Schwanzendbinde. Zeichnung erinnert an Zwergmöwe! Schnabel bei ad. grünlichgelb bis gelb, Füße

Dreizehenmöwe, Altvogel.

schwarz. ▪ Stimme außerhalb der Brutzeit wenig zu hören, in den Kolonien u. a. Rufe wie »kiti hääh«.

V Br. von der Hocharktis bis in die gemäßigte Zone an Meeresküsten, z. B. Nordamerika, Nord- und Westeuropa, Ostsibirien und Nordsibirien. ▪ Mitteleuropa nur Br. auf Helgoland (um 1993 4800 Paare); an der Küste r. Gast, im Binnenland selten, oft durch Stürme verschlagen. ▪ Br. auf Felsküsten und nur zur Brutzeit überhaupt in Landnähe, sonst reine Hochseemöwe.

F Nest auf Felsbändern, Nestfundament meist aus Erde und Schlamm. ▪ Legezeit Mai/Juni; 1 Jahresbrut. ▪ 1–3, meist 2 Eier; Grundfarbe hellgrau bis bräunlich, variable Fleckenzeichnung. ▪ ♂ und ♀ brüten 25–32 Tage; Küken werden bis über 30 Tage nach dem Schlüpfen von einem Altvogel bewacht, gesamte Nestlingsdauer 41–43 Tage, obwohl die Jungen bereits nach 30–35 Tagen einigermaßen flugfähig sind.

N Kleinfische der offenen See, Mollusken, kleine Krebstiere, Küchenabfälle, Aas usw.

Das Brüten auf steilen Felsklippen bedeutet besondere Sicherheit. Doch gibt es um solche Brutplätze Konkurrenten, so daß Dreizehenmöwen ihre Kolonien oft mit Trottellummen, Tordalken oder Eissturmvögeln teilen müssen. Lummen sind den

Dreizehenmöwen überlegen und verdrängen sie oft auf schmale Felsbänder. Doch sind andererseits viele Anpassungen nötig, um auf der sicheren Felswand erfolgreich zu brüten. Die von einem Paar verteidigten Bezirke sind winzig klein und meist

Dreizehenmöwe, Jugendkleid.

kaum größer als das Nest, so daß nach dem Nestbau meist nur ein Altvogel Platz hat. Die Jungen werden besonders lange bewacht, um ein Abstürzen möglichst zu verhindern. Im Gegensatz zu den Küken aller anderen Möwen, die man als Platzhocker bezeichnen kann, da sie sich nur im engen Nestterritorium herumbewegen, sind die jungen Dreizehenmöwen ausgesprochene Nesthokker. An einigen Stellen Norwegens und Großbritanniens sind auch Brutkolonien entstanden, deren Paare statt auf Felsbändern auf den Fenstersimsen und schmalen Vorsprüngen von Gebäudefassaden nisten.
Bei Dreizehenmöwen sind Fragen der Lebensdauer und der Sterblichkeit besonders gut bekannt. In einer Kolonie begannen die Vögel im Alter von 3–8 Jahren zum 1. Mal zu brüten. Im Durchschnitt waren die erstbrü-

tenden Männchen 4,7, die Weibchen 5,1 Jahre alt. Noch größer aber waren die Unterschiede in der Lebenserwartung, denn für erstbrütende Weibchen ergaben sich 7,1, für Männchen dagegen nur 5,4 Jahre. Die Erklärung liegt möglicherweise darin, daß die Männchen von Januar bis März bei der Verteidigung des Nestes einem größeren Streß ausgesetzt sind. Teilweise hatten Männchen, die im Zentrum der Kolonie ein Nest verteidigten, höhere Überlebenschancen als periphere.
Von rund 100 Eiern werden etwa 24 Vögel 5jährig und damit fortpflanzungsfähig. Erfahrene Brutvögel haben eine etwas höhere Nachwuchsrate als Erstbrüter. In einer Kolonie brachten Erstbrüter nur 1,07 Junge zum Ausfliegen, erfahrene und vor allem sich in aufeinanderfolgenden Brutzeiten immer wieder zusammenfindende, zentral in der Kolonie brütende Paare dagegen 1,62. Andere Möwen, die 4 Eier legen, haben keinen höheren Bruterfolg. Das etwas mühselige Felsbrüten wird also durch verringerte Kosten bei der Eiproduktion wieder ausgeglichen.

Dreizehenmöwen sind ausgesprochene Felsbrüter.

Brandseeschwalbe

Sterna sandvicensis

K Wenig kleiner als Lachmöwe, doch viel schlanker; Schwanz tiefer gegabelt als bei Lachseeschwalbe, doch weniger tief als bei Flußseeschwalbe; schwarze Füße und schwarzer Schnabel. Ad. schwarze Kopfplatte mit verlängerten, schwarzen Hinterkopffedern; im Schlichtkleid weiße Stirn und Vorderscheitel (einzelne weiße Federn sind schon im Sommer zu sehen); Rücken und Oberflügel hell silbergrau, äußere Handschwingen dunkel. Bei juv. und immat. ist Kopfplatte braunscheckig, der Flügel oft braun gefleckt. ▪ Häufigster Ruf »kirreck«, erinnert etwas an Rebhuhn.

V Br. an Meeresküsten Amerikas, Nordwesteuropas, im Mittelmeer, Schwarzen Meer und im Kaspigebiet. ▪ In Mitteleuropa Br. der Nord- und Ostseeküste, im Binnenland meist nur ausnahmsweise. Zugvogel mit Winterquartier im Atlantik von Südeuropa bis Südafrika (bei uns April/Oktober). ▪ Ganzjährig an Meeresküsten; Fischfang im Flachwasserbereich; Nester in Dünen in Kolonien, oft im Anschluß an andere Seeschwalben oder Lachmöwen.

F Nest flache Mulde auf weichem Boden. ▪ Legezeit Mai; 1 Jahresbrut. ▪ 2 Eier; weißlich bis hellbraun mit variabler dunkler Fleckenzeichnung. ▪ ♂ und ♀ brüten 22–26 Tage; Junge, die den Nestplatz kaum verlassen, werden mit 35 Tagen flügge.

N Schlanke Kleinfische.

Brandseeschwalben, größtenteils im Schlichtkleid mit weißer Stirn.

Lachsee-
schwalbe

Gelochelidon nilotica

K Mittelgroße, relativ gedrungene Seeschwalbe mit kräftigem Schnabel; Schwanz nicht sehr tief gegabelt. Insgesamt ähnlich Brandseeschwalbe, doch schlanker. Ad. im Prachtkleid: Stirn, Oberkopf bis Nacken und Kopfseiten bis Augenoberrand schwarz; Oberseite einschließlich Schwanz hellgrau, Unterseite weiß, Flügelspitze mit dunklem Hinterrand. Ad. Schlichtkleid: Stirn weiß, Scheitel und Nacken weißlich bis hellgrau, um das Auge dunkel. Juv: Ähnlich Ruhekleid, oft angedeutetes Nackenband, Oberseite z. T. mit braunen Federrändern. Schnabel schwarz. ■ Nasaler 2silbiger Ruf »käwä«, bei Erregung rauhe Rufe, Alarmruf lachend »hähähä ...«. ■ Bei uns meist einzeln, höchstens in kleinen Trupps.

V Br. in allen Erdteilen, doch meist nur an wenigen Stellen, z. B. mittelamerikanische Inseln, West- und Ostküste Nordamerikas, Atlantikküste Afrikas, Südostasien, Australien, sowie vor allem in den Halbwüsten und Steppengebieten Zentralasiens bis nach Indien. In Europa nur an wenigen Stellen (vor allem Südeuropa; um 1975/80 Gesamtbestand von etwa 5000 Brutpaare). ■ In Mitteleuropa sehr seltener Br., in Niedersachsen und Schleswig-Holstein; um 1980 etwa 150 Paare. Als Gast s. und einzeln an der Küste und im Binnenland. Langstreckenzieher, Winterquartier in den Tropen und Subtropen. In Mitteleuropa meist von April bis September. ■ Br. an Flachküsten, Lagunen, vor allem an Steppenseen, auch auf Sandbänken und an Süßwasserseen. Oft kleine Kolonien im Anschluß an andere Seeschwalben und Möwen. Nahrungssuche über Binnenseen, aber auch sehr viel über dem trockenen Land.

N Abweichend von anderen Seeschwalben hauptsächlich Landtiere, wie Insekten, Amphibien, kleine Eidechsen, Kleinsäuger, mitunter auch Regenwürmer; daneben Wassertiere von der Oberfläche.

Mitteleuropa liegt im Randbereich des Verbreitungsgebietes der Lachseeschwalbe. In solchen Gebieten machen sich <u>Bestandsschwankungen</u> oft besonders deutlich bemerkbar. Heute ist es z. B. kaum denkbar, daß es im 19. Jahrhundert bis in die erste Hälfte des 20. Jahrhunderts mehrere Brutkolonien im bayerischen Alpenvorland und an der Donau in Österreich gab. Flußregulierungen machten diesen Brutplätzen ein Ende.

Doch vorher haben vor allem <u>Eiersammler</u> die Kolonien heimgesucht und noch in den letzten Phasen der mittlerweile zur Rarität gewordenen Art Hunderte von Eiern für Sammlungszwecke geraubt. Auch heute noch tauchen Raritätenjäger an den Brutplätzen besonders bedrohter Arten auf, und Preislisten eines illegalen Handels zirkulieren.

Zwergseeschwalbe

Sterna albifrons

K Kleinste Seeschwalbe, nur etwas größer als Mauersegler; zierlich, schlankflügelig. Ad. Prachtkleid: Schwarze Kopfkappe mit weißer Stirn, Vorderkante des Handflügels dunkel, Oberseite hell bis bläulich grau. Bürzel, Schwanz und Unterseite weiß. Im Schlichtkleid Stirn und Scheitel weißlich, unscharf gegen den schwarzen Nacken abgegrenzt. Schnabel bei juv. bräunlich, bei ad. gelb mit schwarzer Spitze. ■ Heisere hohe Rufe, z.B. 1silbig kurz »bit« oder auch länger »pürrit pürrit« usw. ■ Rüttelt oft ausdauernd mit raschem Flügelschlag und Stoßen aus 5–6 m hohem Suchflug herunter.

V Br. in Eurasien und Nordafrika, auch in den Tropen Südostasiens, auf Neuguinea und in Nord- und Ostaustralien sowie im tropischen Westafrika und im Süden der USA, Mittelamerika. Gesamtbestand Europas einschließlich des Westens von Rußland wurde um 1975 auf noch etwa 10 000 Brutpaare geschätzt. ■ In Mitteleuropa vor allem Br. an der Küste; um 1985 in Deutschland 2100 Paare. Im Binnenland einzelner Gast, meist ur.; Langstreckenzieher mit Winterquartier im tropischen Afrika; bei uns April/Oktober. ■ Brutplätze an vegetationsarmen Stellen der Küsten, meist nur in kleinen Kolonien, oft im Anschluß an andere Seeschwalben. Nahrungssuche im Flachwasser des Meeres bzw. stehender und langsam fließender Binnengewässer.

F Nest auf kahlem Untergrund; flache Mulde meist ohne Auskleidung. ■ Legezeit Mai/Juni; 1 Jahresbrut. ■ 2–3 grauweiße bis lehmfarbene Eier, mit dunklen Punkten und Flecken fein gezeichnet. ■ ♀ und ♂

brüten 20–22 Tage; Junge sind mit 28 Tagen flügge, werden aber noch bis zum Wegzug von den Eltern gefüttert.

N Kleinfische, Krebstiere, auch Insekten.

Zwergseeschwalben fischen gern im Seichtwasser und sind daher oft nahe dem Ufer, aber auch über seichten Prielen oder kleinen Gräben bei der Nahrungssuche zu beobachten. Rüttelnd bleiben die zierlichen Vögel jeweils für kurze Zeit in der Luft stehen, um dann mit angewinkelten Flügeln herunterzustoßen. Die Höhe, aus der die Seeschwalbe zum Stoß ansetzt, richtet sich nach der Wassertiefe. Aus 5–6 m taucht der Vogel bis etwa 50 cm tief ins Wasser; aus 8–10 m werden sogar maximal 80 cm Tauchtiefe erreicht. Der Erfolg solcher Stoßjagden liegt ganz allgemein bei Seeschwalben etwa um 20%, doch sind erst bei wenigen Arten eingehende Untersuchungen durchgeführt worden.

Zwergseeschwalben sind sehr ortstreu und kehren großenteils an ihre Geburts- bzw. Brutplätze wieder zurück. Auf der kleinen Insel Oldeoog, auf der einige Seevögel über viele Jahre hinweg untersucht wurden, ist eine Zwergseeschwalbe 22 Jahre lang beobachtet worden – der älteste bekannte Ringvogel dieser Art.

Raubseeschwalbe

Sterna caspia

K Größte Seeschwalbe, nur wenig kleiner als Silbermöwe; sehr kräftiger, aber meist leuchtend korallenroter Schnabel, Schwanz wenig tief gegabelt. Ad. Oberseite aschgrau, Oberschwanzdecken und Schwanz heller, Unterseite weiß, Flügelspitzen dunkler. Im Brutkleid schwarze, im Ruhekleid weiß gesprenkelte Kopfkappe. ■ Heisere Rufe, die an Reiher oder Rebhuhn erinnern, wie »chrää(i)«. ■ Bei uns nur einzeln oder in kleinen Trupps, wirkt deutlich plumper als andere Seeschwalben.

Zwergseeschwalben am Gelege, kurz vor der Brutablösung (Beschreibung S. 280).

V Br. in Nordamerika, Afrika, Australien und Eurasien, vielfach aber auf einige wenige Brutplätze beschränkt. ■ In Mitteleuropa lediglich Einzelbruten im Bereich der Ostseeküste. Als Durchzügler und einzelner Sommergast etwa von April bis Oktober gelegentlich überall anzutreffen, doch insgesamt sehr s. ■ Br. an den Küsten und im Binnenland auf flachen Sandstränden; Fischfang vorwiegend im Seichtwasser, daher auf dem Zug auch vorübergehend an kleineren Binnengewässern, wo sie neuerdings häufiger zu sehen ist.

N Hauptnahrung Fische.

Auch bei der Raubseeschwalbe waren sicher Eiersammeln, Abschuß und Vernichtung von Brutplätzen schuld an einem Zusammenbruch europäischer Brutbestände, wenn auch wohl nicht alleinige Ursache.

Einen beachtlich großen Fisch bietet die Raubseeschwalbe ihrem kleinen Küken an.

Flußseeschwalbe

Sterna hirundo

K Sehr ähnlich der Küstenseeschwalbe und nur von Kennern sicher davon zu unterscheiden. Ad. Oberseite hellgrau, Unterseite weiß; langer, tief gegabelter Schwanz. Prachtkleid mit schwarzer Kopfkappe, im Schlichtkleid und bei Jungvögeln Scheitel und Stirn weißlich, Hinterkopf schwarz. Schnabel bei juv. braunschwarz, mit fleischfarbener Basalhälfte; bei ad. orange bis scharlachrot, mit schwarzem Spitzenabschnitt, mitunter kann aber die schwarze Spitze fehlen. ■ Stimmfühlungsruf »kjik« oder »kick«, im Sommer auch ein heruntergezogenes »kierr« ± gereiht, vor allem am Brutplatz sehr schrill. Bei Beunruhigung auch »kekekek . . .«. ■ Fliegt mit weit ausholenden Flügelschlägen, wobei sich der Körper hebt und senkt. Suchflug mit senkrecht nach unten gerichtetem Schnabel, ein gewandter Stoßtaucher.

V Br. in Eurasien und Nordamerika. ■ In Mitteleuropa Hauptbrutbestände an der Küste in Seevogelschutzgebieten, im Binnenland nur an einzelnen Stellen kleinere Vorkommen. Langstreckenzieher; Winterquartier in den Tropen und auf der Südhalbkugel; bei uns April/Oktober. ■ Br. an Flach- und Wattküsten, aber auch an naturnahen Flußläufen, auf Inseln, in Seen und Teichen; nimmt auch künstliche Brutplattformen (s. unten). Natürliche Brutplätze sind im Binnenland heute selten geworden. Nahrungssuche im Wasser als Stoßtaucher.

F Nest eine flache Mulde, mit Material aus der nächsten Umgebung mehr oder minder ausgekleidet. ■ Legezeit April/Anfang Juli; 1 Jahresbrut. ■ 3 Eier; grün bis bräunliche Grundfärbung mit dunkleren Flekken. ■ ♂ und ♀ brüten 20–26 Tage; Junge sind mit 23–27 Tagen flugfähig, werden aber dann noch mehrere Wochen gefüttert.

N Kleine Oberflächenfische; ferner Krebstiere, Insektenlarven.

Der Gesamtbestand der Flußseeschwalbe wird in Mitteleuropa gegenwärtig auf 20000–25000 Paare geschätzt. Die größten Brutkonzentrationen befinden sich natürlich an der Küste, doch sind auch hier Bestandsrückgänge zu registrieren. Für die Niederlande werden 15000 bis 20000 Paare geschätzt, in Ländern ohne Flachküsten sind meist nur kleine Restbestände übriggeblieben. So machen z. B. die einstmals wesentlich größeren Bestände von Bayern und Baden-Württemberg heute höchstens 1% des gesamtdeutschen Bestandes von etwa 15000 Paaren aus. In Österreich gab es um 1990 weniger als 200 Paare. Wie beim Flußregenpfeifer sind im Binnenland natürliche Brutplätze, z. B. Flußkiesbänke, äußerst selten geworden und zudem oft in den Sommermonaten von Badenden belagert. Nur an wenigen Stellen können Flußseeschwalben hier noch regelmäßig Junge großziehen, wobei oft genug solche Plätze noch bewacht werden müssen. Dagegen hat man recht gute Erfolge erzielt mit künstlichen Nistflößen und Nistinseln für Flußseeschwalben. Man muß nur darauf achten, daß an solchen Brutplätzen, die sofort angenommen werden und damit auch den Mangel an Brutplätzen dokumentieren, die Seeschwalben nicht z.B. durch Lachmöwen verdrängt werden oder leichter Zugang von tierischen Eierräubern den Bruterfolg zunichte macht.

An der Flußseeschwalbe läßt sich auch sehr schön eine typische Methode des Nahrungserwerbs der Seeschwalben beobachten, das Stoßtauchen. In einem langsamen Suchflug wird die Wasseroberfläche sorgfältig abgesucht; hat der Vogel eine Beute entdeckt, kippt er mit halbgeschlossenen Flügeln plötzlich in die Senkrechte um und stößt im steilen Winkel nach unten. Im Flachwasser ist dieser Stoßwinkel oft auch nur 45°. Der Vogel verschwindet beim Eintauchen vollständig im Wasser, kommt aber nach kurzer Zeit mit den Flügeln zuerst wieder an die Oberfläche. Alle anderen Methoden des Nahrungserwerbs, wie z.B. das Ansitzen (vgl. Eisvogel, S.327) oder auch das Abpicken von kleinen Nahrungsteilchen von der Wasseroberfläche (vgl. Trauerseeschwalbe, S.287) haben bei der Flußseeschwalbe nur eine höchst untergeordnete Bedeutung.

Schon während der Balz kann man bei Flußseeschwalben das gegenseitige Füttern mit Fischen beobachten; zunächst tauschen beide Partner die Rollen ständig, so daß nicht nur das ♂ das ♀ füttert, sondern auch umgekehrt. Die Balz ist von vielen sehr komplizierten und langanhaltenden Flugspielen begleitet. Überhaupt spielt sich das Leben der Seeschwalben viel mehr im Flug ab als bei den Möwen. Man wird so gut wie nie eine Flußseeschwalbe wie etwa eine Lachmöwe auf dem Wasser schwimmen sehen. Auch an Land laufen Seeschwalben mit ihren kurzen Beinen nicht weit herum.

Flußseeschwalben sind zwar auch

Flußseeschwalbe: Paarbalz am Brutplatz.

Langstreckenzieher, wandern jedoch nicht ganz so weit wie Küstenseeschwalben (s. S.285). Der Abzug beginnt nicht gleich nach dem Ausfliegen der Jungen, denn diese sind nach dem Flüggewerden noch nicht so rasch selbständig. Wie bei anderen Seeschwalben scheinen sie den sicheren Fischfang im Stoßtauchen erst allmählich durch Nachahmung lernen zu müssen. Sie fliegen hinter den Eltern her und führen oft auch Probestöße aus. Doch zunächst müssen die flüggen Jungen noch gefüttert werden; bis über 20 Tage kann dies sogar noch im Nestrevier stattfinden. Häufig wird das Füttern aber noch auf dem beginnenden Wegzug fortgesetzt. Zumindest auf dem Zwischenzug kann man also Flußseeschwalben noch im Familienverband beobachten, in dem die Jungen Futter erhalten. Dies zu wissen ist wichtig, damit durch solche Beobachtungen nicht auf nahe gelegene Brutvorkommen geschlossen wird.

Der eigentliche Wegzug ins Winterquartier spielt sich hauptsächlich entlang der Küsten ab, die durch Wanderungen stromabwärts erreicht werden. Nur selten sieht man Fluß-

Natürliche Brutplätze der Flußseeschwalbe im Binnenland sind frisch bewachsene Kiesbänke.

seeschwalben im Binnenland abseits vom Wasser. Schon ab September tauchen die ersten europäischen Brutvögel z. B. in Senegal auf. Eine große Zahl zieht aber weiter und überwintert an den Küsten des südlichen Afrika. Möglicherweise schließen sich einzelne Flußseeschwalben auch ziehenden Küstenseeschwalben an und erreichen dadurch Gegenden weit außerhalb der normalen Zugrouten. So wurde eine schwedische und eine irische Flußseeschwalbe in Australien gefunden.

Die jährliche Sterblichkeit ist bei Flußseeschwalben wie bei anderen Seevögeln relativ gering und dürfte bei Altvögeln nur zwischen 10 und 15% pro Jahr liegen. In einer amerikanischen Kolonie waren mehr als 50% der Brutvögel mindestens 10jährig. Die ältesten Ringvögel sind 25 Jahre alt geworden. Bei der Küstenseeschwalbe liegen die Werte ähnlich, doch sind von ihr mehrfach über 27jährige Vögel festgestellt worden. Der bisherige Altersrekord liegt für diese Art bei 34 Jahren; der Vogel brütete noch!

Als Fischjäger sind Seeschwalben wichtige Indikatoren (Anzeiger) für langlebige Umweltgifte, die in Nahrungsketten des Wassers weitergegeben und angereichert werden. An der niederländischen Küste brach der Brutbestand der Flußseeschwalbe z. B. als Folge von pestizidhaltigen Abwässern zusammen und hat sich erst allmählich wieder erholt.

Küstenseeschwalbe
Sterna paradisea

K Sehr schwer von Flußseeschwalbe zu unterscheiden. Die meisten Färbungsmerkmale des Gefieders (s. spezielle Bestimmungsbücher) sind recht unsicher. Schwanz länger als bei Flußseeschwalbe; Schnabel bei ad. karminrot, ohne deutlichen schwarzen Spitzenabschnitt (vgl. Bild S. 285). ■ Stimmfühlungsruf nasal »bitt bitt«, deutlich verschieden vom härteren »kick« der Flußseeschwalbe. ■ Ausgesprochener Küstenvogel; Seeschwalben dieses Typs im Binnenland sind also in der Regel Flußseeschwalben.

V Br. zirkumpolar bis in die Hocharktis, Nordamerika, Nordwesteuropa bis Nordostsibirien. ▪ In Mitteleuropa Br. an der Küste, z. B. Niederlande 1000–1600 Paare; in Deutschland vor allem an der Nordseeküste insgesamt 9000 Paare. Im Binnenland meist sehr seltener Gast. Langstreckenzieher, der auf der Südhalbkugel überwintert, bei uns April/Oktober. ▪ Br. an der Küste, fischt im Wattenmeer. Koloniebrüter. Verhalten ähnlich Flußseeschwalbe und daher oft schwer im Bestand zu schätzen.

Die Küstenseeschwalbe ist wohl der Zugvogel mit den längsten Zugwegen. Ihre Winterquartiere reichen von den Küsten Chiles und Südafrikas bis an den Rand der antarktischen Packeiszone. So ziehen also z. B. Brutvögel vom Norden des Pazifischen Ozeans bis vor die Westküste Südamerikas. Die Brutvögel Sibiriens ziehen zunächst nach Norden ans Eismeer, dann der Küste entlang nach Westen in den Atlantik, um dann im Ostteil des Atlantiks an den Küsten von Europa und Afrika entlang bis über Südafrika hinauszuwandern. Die Brutvögel Grönlands und Kanadas überqueren den Atlantik nach Osten und treffen etwa zwischen Irland und Frankreich auf den Zugweg der Brutvögel Sibiriens und Nordeuropas. Einige lassen sich dann mit der Westwinddrift noch nach Südosten treiben und umrunden wohl die Antarktis, so daß Küstenseeschwalben eines ganz bestimmten Brutgebietes auf allen Weltmeeren im Laufe ihrer langen Wanderungen zu erwarten sind. Über 20 000 km werden dabei sicherlich in einem einzigen Jahr zurückgelegt.
Wie viele Brutvögel arktischer Gebiete hält sich auch die Küstenseeschwalbe den größten Teil des Jahres fern von ihren Brutplätzen auf. Erst im Mai, im äußersten Norden sogar nicht vor Anfang Juni, kehren

Küstenseeschwalbe: Die Schwanzspieße sind hier besonders lang.

die Brutvögel zurück, um bereits Ende Juli wieder abzuziehen. Die Besiedlung der Arktis und ihrer Randgebiete ist für viele Vögel nur mit Hilfe weltweiter Rastgebiete möglich.

Küstenseeschwalben sind Flußseeschwalben außerordentlich ähnlich. Auf diesem Bild erkennt man: Schnabel ganz rot, Unterseite ganz hellgrau und weiß abgesetzter Backenstreif (vgl. auch Bild oben und Flußseeschwalbe S. 284 oben).

Trauerseeschwalbe

Chlidonias niger

K Deutlich kleiner als Flußsee-schwalbe. Ad. Prachtkleid: Schwarzer Vorderkörper und besonders dunkler Kopf; Rücken und Flügelober-seite schiefergrau, Flügelunterseite hellgrau, hintere Körperunterseite schwarzgrau, Unterschwanzdecken weiß. Im Schlichtkleid Oberseite dunkler grau, Unterseite weiß, dunkler Fleck auf den Seiten der Brust vor dem Flügelansatz, Oberkopf dunkel. In diesem Kleid sehr ähnlich mit Weißflügel- und Weißbartseeschwal-be (s. unten) und nur von Kennern si-cher zu unterscheiden. ▪ Im Flug rauhe Rufe wie »krreik«. ▪ Gaukeln-der und bogenförmiger Flug über dem Wasser, meist niedrig über der Oberfläche.

V Br. in Nordamerika und Eurasi-en. ▪ In Mitteleuropa heute sehr sel-ten geworden und nur im Norden und Osten r. Br., um 1985 etwa 2100 Paa-re in Deutschland. Als Durchzügler r. und teilweise auch häufig an vielen Binnengewässern. ▪ Langstrecken-zieher; Winterquartier vor den Küsten des tropischen Afrika; bei uns von April bis Oktober. ▪ Br. in Niederungs-landschaften, an stark verlandenden Gewässern mit üppiger Vegetation; auf dem Zug an Meeresküsten, an Brack- und Süßwasser.

F Nest meist im Wasser auf Pflan-zenbülten oder Schwimmblättern, umgeknickten Schilf- und Rohrkol-benhorsten, auch auf schwimmen-den Brettern usw.; Nistmaterial aus faulenden Wasserpflanzen. ▪ Lege-zeit Mai/Juni; 1 Jahresbrut. ▪ 3 Eier; hellbraun bis graugrün mit grober, schwarzbräunlicher Fleckung. ▪ ♂ und ♀ brüten 20–22 Tage; Junge werden mit 25–28 Tagen flügge,

Trauerseeschwalben brüten in stillen bewachsenen Buchten von Binnengewässern.

aber dann noch von den ad. gefüttert.

Zur Brutzeit vor allem wasserbewohnende Insekten und deren Larven, daneben auch andere Kleintiere (z. B. Kaulquappen). Auf dem Durchzug ins Winterquartier auch Kleinfische an der Küste.

Anders als die »weißen« Seeschwalben sind Trauerseeschwalben keine ausgesprochenen Stoßtaucher (vgl. S. 280). Die meist kleinen Beutetiere werden im gaukelnden Bogenflug von der Wasseroberfläche abgepickt. Dabei bleiben die Vögel mitunter längere Zeit rüttelnd in der Luft stehen und fliegen sogar ein kleines Stückchen rückwärts. Auch fliegende Insekten werden niedrig über dem Wasser, aber auch hoch in der Luft gefangen.
Die Brutbestände in Mitteleuropa sind sehr klein geworden. In Belgien zählte man um 1980 noch etwa 10, in den Niederlanden, wo man um 1950 noch 7500–10000 Paare schätzte, brüteten um 1985 nur noch etwa 1000–2000 Paare. Auch in Norddeutschland sind die Vorkommen verstreut. Die Gefährdung hat einen plausiblen Grund: Die Nester werden in geschützten Buchten angelegt mit reichem Pflanzenwuchs als Nestunterlage; ein solches Angebot weisen nur noch wenige Gewässer auf.
In Mitteleuropa kann man auf dem Durchzug bzw. als Gast vor allem im Mai gelegentlich noch 2 weitere schwarzweiße Seeschwalben beobachten, Weißbart- und Weißflügelseeschwalbe. Beide sind in Schlicht- und Jugendkleidern (also im Spätsommer und Herbst) nur sehr schwer von der Trauerseeschwalbe zu unterscheiden. Sie wirken etwas plumper. Auf Feinheiten der Kopfzeichnung ist zu achten.
Die Weißbartseeschwalbe (*Chlidonias hybridus)* ist etwas größer als die Trauerseeschwalbe und besitzt

einen kräftigen Schnabel. Im Prachtkleid ist die Unterseite hauptsächlich dunkelgrau, die Kopfseiten sind weiß gegen die schwarze Kopfplatte abgesetzt; übrige Oberseite hellgrau. Im Schlichtkleid fehlt jede Andeutung eines Brustseitenflecks. Schnabel im Brutkleid dunkelrot. Brutvogel in wärmeren Ländern, z. B. Afrika, Vorderasien, Südwesteurpa; hat gele-

Weißbartseeschwalben im Brutkleid (Mai bis Juli).

gentlich in Belgien und in den Niederlanden gebrütet.
Die Weißflügelseeschwalbe (*Chlidonias leucopterus)* fällt im Prachtkleid durch schwarzen Kopf, Rücken und Unterkörper auf; Oberflügeldecken, Bürzel und Schwanz heben sich weiß davon ab. Auch die Schwungfedern sind weißlich, doch die Unterflügeldecken schwarz. Im Schlichtkleid tragen sie ebenfalls keinen schwarzen Brustseitenfleck. Brutvogel im Osten Mitteleuropas (z. B. Polen, Tschechien und Slowakei).
Beide Arten fliegen wie Trauerseeschwalben oft im Bogenflug über dem Wasser, um Nahrung von der Wasseroberfläche aufzunehmen.

Trottellumme

Uria aalge

K Etwa Stockentengröße; schlanker, spitzer Schnabel. Im Prachtkleid Kopf und Hals sowie Oberseite braunschwarz, Brust und Bauch weiß; im geschlossenen Flügel eine bogenförmige, weiße Binde, im Flug weißer Hinterrand. Im Schlichtkleid Oberseite ähnlich, doch am Kopf und Hals nur Oberseite schwarz; Kopf bis unter die Augen mit feiner, schwarzer, gebogener Linie über die Ohrgegend. ▪ In der Kolonie laute Rufe u. a. harte Krählaute, wie »arrah o'orr« u. ä. ▪ Fliegt mit raschen Flügelschlägen, kann sich vom Wasser erst nach längerem Anlauf erheben. Sitzt in aufrechter Haltung; taucht wie alle Alken sehr gut.

V Br. an den Küsten des Nordatlantik, der Barents-See und des Nordpazifik. ▪ Bei uns nur auf dem berühmten Lummenfelsen Helgolands Br. mit ca. 2400 Paaren 1985–1990. Im Binnenland höchstens einzeln verschlagen, sonst nie. ▪ Meeresvogel, der nur zur Brutzeit an Land geht. Riesige Kolonien befinden sich an steilen Felsklippen, an denen die Vögel auf schmalen Felsbändern und kleinen Vorsprüngen brüten. Außerhalb der Brutzeit auf dem Meer, mehrere Kilometer von der Küste entfernt.

F Das Ei wird ohne Unterlage direkt auf den Fels abgelegt. ▪ Eiablage meist im Mai; 1 Jahresbrut. ▪ 1 Ei; stark kreiselförmig mit weißer grünlicher oder bräunlicher Grundfarbe und kompliziertem Flecken- und Kritzelmuster. ▪ ♂ und ♀ brüten 30–35 Tage; Junge springen dann mit 18–24 Tagen ins Meer und werden dann noch von den Eltern geführt.

N Meeresfische, die nahe der Oberfläche in Schwärmen leben, z. B. Hering, Sprotte, Sandaale, Dorsche usw.

Eingehende Untersuchungen in Lummenkolonien haben ganz besondere Anpassungen an das Brüten in dichten Kolonien auf schmalen Felsvorsprüngen ergeben. Schon die stark kreiselförmige Figur der Eier erschwert ein Abrollen vom schmalen Brutsims. Die Brutablösung gestaltet sich besonders schwierig; die beiden Partner sind ständig bemüht, das Abrollen des Eies mit Schnabel oder ausgebreiteten Flügeln zu verhindern. Während des Brütens liegt das Ei auf dem Fuß. Auch die hohe Variabilität der Färbung und des Zeichnungsmusters der Lummeneier hat ihre Bedeutung: Der Brutvogel erkennt sein eigenes Ei aus vielen anderen heraus. Die verschiedenartige Eifärbung und -zeichnung verhindert auch, daß gewissermaßen »aus Versehen« das Ei des Nachbarn untergerollt und als eigenes betrachtet wird.

Um Abstürze zu vermeiden, müssen die Jungen unnötige Ortsbewegungen vermeiden. Sie sind daher ganz extreme Platzhocker, die die Abbruchkante ihres Brutgesimses meiden und Kontakt zur rückwärts gelegenen Felswand suchen. Wenn sie klein sind, halten sich die Jungen ausschließlich zwischen dem wachehaltenden und schützenden Altvogel und der rückwärtigen Felswand auf.

Erst mit etwa 18–24 Tagen ändert sich dies; die Küken streben jetzt nicht mehr der dunkelsten Stelle des Brutplatzes zu, sondern reagieren positiv auf Licht. Damit deutet sich der berühmte »Lummensprung« an. Die Jungen wandern vor allem in den Abendstunden ruhelos herum, beginnen mit den Flügeln zu schlagen und hopsen gegen die Felswand gerichtet empor. Sie nähern sich schließlich zögernd der Kante. Der Altvogel läßt krähende Laute hören und macht Verbeugungen von der Felskante gegen das Meer zu. So wird erreicht, daß der Lummensprung meistens in der Abenddämmerung stattfindet, wenn die Haupträuber, Großmöwen, nicht mehr aktiv durch auch erreicht, daß das Küken nicht senkrecht nach unten, sondern in einem Winkel von 45° das Meer erreicht. Erst wenn das Küken gesprungen ist, folgt auch der Altvogel nach, versucht während des Fluges nach unten durch Bremsen auf der Höhe des Jungen zu bleiben. Natürlich landen einige Küken auch noch auf Geröll oder auf Gras am Fuße einer Felswand, sie laufen dann vor und springen oder laufen erneut weiter. Es kann Stunden dauern, bis das Küken den Strand erreicht hat. Hier haben sich im Laufe des Abends immer mehr Altvögel gesammelt, rufen eifrig. Auch das Küken stößt seinen »Wasserruf« aus. Eltern und Junge erkennen sich gegenseitig am Ruf.

Dicht gedrängt brüten Lummen auf schmalen Felsbändern.

sind, andererseits aber noch das Licht für die Lummen ausreicht. Plötzlich tritt das Junge an die Simskante heran, macht einige Verbeugungen und stößt sich mit über den Rücken erhobenen Flügeln ab. Der Fall in die Tiefe wird mit den noch flugluntauglichen flatternden Flügeln etwas gebremst. Vor allem wird da-Verliert das Küken den Anschluß, hat es wohl kaum eine Überlebenschance. Ist das Wasser erreicht, schwimmt das Küken mit erhobenem Kopf erregt hinter dem unten wartenden Elternteil auf das Meer hinaus. Es wird dort wahrscheinlich noch wochenlang geführt, denn die Jungen sind noch nicht flugfähig.

Hohltaube

Columba oenas

K Etwa Haustaubengröße, also deutlich kleiner als Ringeltaube. Gesamtfärbung taubengrau, kein Weiß an Bürzel und Flügel; dafür 3 kurze schwarze Querbinden im Flügel, von denen meist aber nur 2 deutlich erkennbar sind. Ad. mit einem glänzend grün und purpurrot schillerndem Fleck auf den Halsseiten. Leicht mit wildfarbigen Haus- und Straßentauben in der Nähe von Ortschaften zu verwechseln. ▪ Am Brutplatz ein etwas heulender und meist endbetonter Ruf etwa »kou hú u up«, oft auch fast nur 2silbig klingend. ▪ Vor allem im Spätsommer und Herbst auch mit anderen Tauben zusammen auf Feldern bei der Nahrungssuche zu sehen und darum sehr schwer von Haustauben zu unterscheiden. V Br. in Nordafrika, Europa bis Westsibirien; fehlt in weiten Gebieten Nordeuropas und in einigen Mittelmeerländern (z. B. Griechenland). ▪ Bei uns vom Tiefland bis ins Mittelgebirge teilweise verbreitet Br. bei gutem Höhlenangebot, aber vielerorts auch fehlend und zurückgegangen. Zugvogel, der nur in ganz geringer Zahl in besonders milden Gebieten Mitteleuropas überwintert. Hauptwinterquartier Mittelmeergebiet (normalerweise März bis Ende Oktober). ▪ Brut in Baumhöhlen, Nahrungssuche vorwiegend auf dem Boden. Bevorzugte Lebensräume sind kleine, nicht zu dichte Altholzbestände, die mit Wiesen und Ackerlandschaft abwechseln, z. B. Laub- und Mischwälder, Parkanlagen, größere Gehölze, Alleen usw.; in geschlossenen Wäldern meist mehr in den Randzonen. F Brütet in Baumhöhlen, aber auch in Nistkästen; Nistmaterial wird eingetragen. ▪ Eier werden vom April bis August gelegt; 2–3, vielleicht auch 4 Jahresbruten. ▪ 2 weiße Eier. ▪ ♂ und ♀ brüten 16–18 Tage; Nestlingsdauer je nach Jahreszeit 20–30 Tage.

N Überwiegend pflanzlich; meist Früchte und Samen von Gräsern und Kräutern, auch grüne Pflanzenteile; ferner Eicheln, Bucheckern und auch Kleintiere am Boden.

Die Geschichte der Hohltaube in Mittel- und Westeuropa hängt sehr eng mit dem Schicksal des Waldes zusammen. Im 19. und noch zu Beginn des 20. Jahrhunderts fand vor allem in Frankreich, Großbritannien und den Beneluxländern nicht nur eine starke Vermehrung des Bestandes,

Brutbiotop der Hohltaube.

sondern auch eine Neubesiedlung vieler Gebiete statt, in denen die Hohltaube bisher fehlte. Auf den Britischen Inseln war wohl die Ausdehnung der Landwirtschaft entscheidend, mit einer zusätzlichen Nahrungsquelle auf Feldern. Allerdings ging hier durch die Verwendung von Pestiziden der Brutbestand etwa 1955–1965 stark zurück, hat sich aber neuerdings wieder erholt.

In Frankreich und den Beneluxländern dürfte vor allem die Waldwirtschaft eine Rolle gespielt haben, nämlich einmal das Aufkommen von Hochwäldern mit neuen Brutmöglichkeiten, die vor allem auch dem Schwarzspecht neue Ausbreitungsmöglichkeiten gaben, der als Höhlenbauer ein wichtiger Wohnungslieferant für die Hohltauben darstellt. Andererseits werden Hohltauben oft zum Umsiedeln gezwungen, wenn die Waldwirtschaft intensiviert wird. Mit dem Vordringen nach Westeuropa kamen Hohltauben auch in Gebiete mit mildem Winterklima, so daß viele gar nicht mehr wegziehen müssen. Auch können Tauben mildes Klima durch längere Brutzeit und evtl. auch vermehrte Bruten nutzen. In Großbritannien z. B. beginnt die Brutperiode schon im Februar und dauert bis September.

Der Rückgang von Altholzbeständen und das Verschwinden alter Höhlenbäume verbunden mit einem Bruthöhlenmangel wird für den Rückgang der Art in Mitteleuropa neuerdings verantwortlich gemacht, doch meinen manche Experten, daß damit allein diese z. T. auffallende Bestandsverminderung nicht erklärt werden kann. Sicher kommt auch eine Verschlechterung der Nahrungssituation hinzu, da durch die Intensivierung der Landwirtschaft in großem Umfang Ackerunkräuter verschwunden sind und sich damit die Ernährungssituation samenfressender Vögel empfindlich verschlechtert

hat. Gebietsweise ist es aber auch gelungen, Hohltauben mit entsprechenden Nistkästen anzusiedeln. Trotz Brut in geschützter Höhle spielen ganz offenbar Nestplünderer wie Dohle, Eichelhäher, Elster, Wald- und Steinkauz, aber vor allem auch der Baummarder, der sich in vielen Gegenden Mitteleuropas neuerdings

Fast flügge Hohltaube am Höhleneingang (Spechtloch). An der Brust sind noch Reste des Dunenkleides zu erkennen.

stark vermehrt hat, eine Rolle. Man darf auch nicht vergessen, daß die Taubenjagd, vor allem in Südwesteuropa, auf dem Zug erhebliche Verluste verursacht. Im Oktober/November sind viele deutsche Hohltauben in SW-Frankreich, vor allem im Vorland der Pyrenäen; die weitesten haben zu dieser Zeit bereits Zentralspanien erreicht. Die massive Taubenjagd in den Pyrenäen erfaßt auch viele beringte Hohltauben und dezimiert die Bestände. Im Dezember/Januar wurden einzelne Vögel aus Süd- und Mittelspanien sowie Frankreich zurückgemeldet.

Ringeltaube

Columba palumbus

K Größte einheimische Taube; größer als Haustaube, ziemlich langschwänzig. Im Flug fällt ein breites weißes Band im Flügel auf. Oberseite blaugrau, Bauchunterseite etwas heller, Kropf und Brust weinrötlich. Altvögel am Hals ein weißes Abzeichen, das oben und unten von metallisch glänzenden Federn begrenzt wird. Juv. ohne Halsabzeichen, aber mit weißem Flügelstreif. ■ Gewöhnlicher Revierruf 4silbig »rúhgu gugu«, aber auch »ruggúh – gugu«. ■ Beim Auffliegen oft lautes Flügelklatschen. Im Spätsommer und Herbst große Schwärme auf Äckern und Wiesen. V Br. in Nordafrika und fast in allen Ländern Europas (außer nördlichstes Skandinavien) bis Südwestsibirien und ins westliche Zentralasien. ■ Bei uns weit verbreitet und

häufig im Tiefland; in höheren Gebirgslagen selten. Teilzieher; überwintert in Mitteleuropa nur in milden, atlantischen Gebieten; sonst Zugvogel mit Winterquartier im Mittelmeergebiet. ■ Häufiger Br. in der Kulturlandschaft, in vielen Gebieten auch als Stadtvogel eingewandert. F Nest ein einfacher Bau aus Zweigen; auf Bäumen oder in höheren Büschen; Eier kann man gelegentlich von unten durchschimmern sehen. In Städten heute auch zunehmend auf Mauersimsen, Fensterbänken usw. brütend. ■ Legezeit von April bis September; 2–3 Jahresbruten. ■ 2 weiße Eier. ■ ♂ und ♀ brüten 16–17 Tage; Nestlingsdauer 28–32 Tage.
N Fast ausschließlich pflanzlich; im Herbst vor allem Eicheln, Buchekkern und Getreidesamen; im Frühjahr und im Winter auch grüne Blätter, z.B. Klee, Gemüse, Raps, Hahnenfuß, Gräser; auch Beeren und andere Früchte bzw. Sämereien.

Die Ringeltaube hat sich im Verlauf der letzten 150 Jahre in Europa nicht nur stark vermehrt, sondern ihr Areal auch nach Westen und Norden ausgedehnt. Wahrscheinlich haben zunächst einmal die Ausweitung der Ackerflächen diese Vermehrung bewirkt, später auch der Anbau von Ge-

Balzende Ringeltauben: Prahlendes Männchen (rechts).

müsepflanzen, die vor allem im Winter wichtige Nahrung bieten, und der Anbau von Futtermais. Heute ist im Tiefland die Ringeltaube bei uns außerordentlich häufig und führt die Jagdstrecken des Federwildes an. Schneereiche Winter allerdings können den Bestand vorübergehend empfindlich reduzieren. Die Kälteempfindlichkeit der Ringeltaube drückt sich auch darin aus, daß sie im Bergland oder gar im Hochgebirge ausgesprochen spärlich vertreten ist und im Winter alle Gebiete meidet, deren Januartemperaturen im Mittel unter 0 °C sinken.

So gut wie alle europäischen Groß-städte sind heute durch verwilderte Haustauben besiedelt, die z.T. zur Lebensweise ihrer Vorfahren, der Felsentaube, zurückgekehrt sind und an Gebäudefassaden und anderen »Kunstfelsen« zum Ärger vieler Stadtverwaltungen in großer Menge brüten. Daneben aber hat sich auch die Ringeltaube in manchen Städten trotz der großen Konkurrenz durch die Straßentauben ansiedeln können. Die »Einwanderung« der Ringeltaube in die Städte von West- und Mitteleuropa geht schon auf die erste Hälfte des vorigen Jahrhunderts zurück. In London werden schon seit 1834, in Paris seit mindestens 1841 Ringeltauben als Stadtvögel gemeldet. In Mitteleuropa scheint vor allem in der Tiefebene von Belgien bis Polen die Anpassung an die Stadt in der 2.Hälfte des 19.Jh. erfolgt zu sein. Längst sind in manchen Gebieten Ringeltauben wie die Haustauben zu Gebäudebrütern geworden. In höheren Lagen und vor allem in waldreichen Landschaften, die ohnehin von der Ringeltaube nicht sehr dicht besiedelt sind, fand die Einwanderung in die Städte wesentlich später statt oder ist sogar überhaupt unterlieben bzw. auf die Vorstädte und die Peripherie beschränkt. Inzwischen hat sich vielfach noch

Gegenseitiges Kraulen oder Gefiederpflege dient bei allen einheimischen Tauben vor allem dazu, die Paarbindung zu festigen. Das viel zitierte »Schnäbeln« der Tauben ist dagegen eine Fütterungsgeste, bei der das Weibchen wie auch die Jungen im Nest seinen Schnabel in den Rachenraum des Männchens steckt.

eine dritte Taubenart, nämlich die Türkentaube, in der Stadt breitgemacht. Das Nebeneinander dreier Taubenarten in unseren Städten wird teilweise durch die unterschiedlichen Nistgewohnheiten geregelt. Haustauben brüten vor allem an Hausfassaden, aber auch im Inneren von Häusern und in tiefen Mauerlöchern, Türkentauben sind nur Fassadenbrüter oder legen ihr Nest auf Bäumen an. Ringeltauben sind vorzugsweise Baumbrüter, wählen aber meist größere Höhen und stärkere Äste als Türkentauben, manchmal sind sie aber auch schon zur Brut an einer Hausfassade übergegangen. So teilen heute in manchen Städten 3 Taubenarten den Lebensraum Stadt unter sich auf.

Türkentaube

Streptopelia decaocto

K Kleiner als Haustaube, schlank und hell. Rücken hellbräunlich bis isabellfarben, Kopf und Unterseite etwas blasser; Brust wirkt weinrötlich überhaucht. Auf dem Nacken ein deutliches, vorne am Hals offenes, schmales, schwarzes Band (daher wird diese Taube oft fälschlich als »Ringeltaube« bezeichnet). Langer Schwanz. ■ Revierruf ein 3silbiges »gu-gúu gu« (Betonung individuell verschieden). Bei Unruhe und Erregung ein heiseres »chrräi« oder ähnlich. Dieses »Heulen« wird manchmal von Anwohnern als sehr lästig empfunden. ■ Sitzt häufig auf Häusern, Fernsehantennen usw.

V Von Vorderasien aus heute über fast ganz Europa verbreitet; fehlt nur im nördlichen Skandinavien, in weiten Teilen Spaniens und auf einigen Mittelmeerinseln. Hat sich in den letzten 50 Jahren gewaltig nach Nordosten ausgebreitet (s. unten). ■ Stand- und Strichvogel, also das ganze Jahr zu beobachten. ■ In Europa fast ausnahmslos ganzjährig in der Nähe menschlicher Siedlungen, in Dörfern und Stadtgebieten, häufig in nächster Nähe des Menschen.

F Flaches, einfaches Nest auf Bäumen oder Sträuchern, heute in manchen Gebieten auch an Häusern. Nistplätze in der Stadt sehr vielseitig. ■ Hauptlegezeit von März/April bis August/September, einzeln kommen aber auch Winterbruten vor. Meist wohl 2–4 Jahresbruten. ■ 2 weiße Eier. ■ ♂ und ♀ brüten etwa 13–14 Tage. Junge bleiben 16–19 Tage im Nest.

N Früchte und Samen von Gräsern, auch grüne Keimlinge und Beeren. Häufig finden sich Türkentauben in großer Zahl in Geflügelhöfen, in Tiergärten oder an Futterplätzen ein (vor allem im Winter).

Die Ausbreitung der Türkentaube über riesige Gebiete Europas innerhalb weniger Jahrzehnte gewissermaßen vor unseren Augen hat in der europäischen Vogelwelt keine Parallele. Die Anfänge der Geschichte allerdings liegen im Dunkeln, denn wir können nicht mehr sicher rekonstruieren, wann die asiatische Türkentaube nach Europa kam. Man nimmt an, daß sie möglicherweise von den osmanischen Eroberern nach Südosteuropa mitgebracht und dort aus religiösen Gründen geschützt und gehegt wurde. Im 19. Jahrhundert war die Türkentaube bereits über der ganzen Balkanhalbinsel verbreitet, hat aber wohl nach dem Rückzug der Türken aus Europa Bestandseinbußen erlitten.

Der Beginn der neuzeitlichen Ausbreitung über Europa, die durch viele Einzelbeobachtungen von Hunderten von Vogelkundigen in allen Ländern verfolgt wurde, ist wohl auf die Jahre 1930/32 anzusetzen. Zu diesem Zeitpunkt waren etwa 192000 km^2 im Norden der Balkanhalbinsel von der Taube besiedelt. Zur gleichen Zeit, also etwa um 1930, dürfte die erste Türkentaube in Ungarn gebrütet haben, und 10 Jahre später umfaßte das Verbreitungsgebiet bereits 313000 km^2, nämlich große Teile Ungarns bis zur Grenze

Österreichs und in die Slowakei. Bereits 1948 vergrößerte sich das europäische Siedlungsgebiet der Türkentaube auf 575 000 km^2 und die ersten Vorstöße hatten immerhin die Norddeutsche Tiefebene erreicht. Die erste Beobachtung in der Bundesrepublik gelang 1944; 1945 und 1946 wurden bereits Bruten in Bayern und Niedersachsen festgestellt. Auch im Gebiet der ehemaligen DDR gab es 1946 schon die erste Brut. 1947 waren die Niederlande erreicht (Bruten seit 1950) und 1948 die Schweiz (Bruten ab 1950/1952). 1944 tauchten Türkentauben auch in Italien auf und haben sich 1947 als Brutvogel dort angesiedelt.

Die nächsten Etappen folgten dann Schlag auf Schlag: 1948 Dänemark (Brut ab 1949); 1949 Schweden (Brut ab 1951); Finnland (Brut allerdings erst ab 1966); 1954 Norwegen (Brut ab 1955) und Litauen. Auf den Britischen Inseln siedelten sich Türkentauben als Brutvögel ab 1956 an; die ersten waren schon ein paar Jahre vorher dort gesehen worden. 1956 betrug das in Europa besiedelte Areal bereits 1 340 000 km^2. Vorposten existierten damals in Skandinavien, England, Mittelrußland, Sardinien. 8 Jahre später war das Areal schon auf 2 240 000 km^2 angewachsen und reichte von den Britischen Inseln und der Normandie bis zum Dnjepr.

1960 gelangten die ersten Vögel nach Spanien, 1963 wurde ein Vorposten in Norwegen sogar nördlich des Polarkreises entdeckt und 1964 erreichte die erste Türkentaube auch Island. Parallel dazu erfolgten Ausweitungen in Rußland und Finnland, so daß 1972 bereits 2 950 000 km^2 besiedelt waren. Seit dieser Zeit sind größere Gebietsgewinne durch die Türkentaube nurmehr im Bereich Rußlands erfolgt, 1973 z. B. wurde das Weiße Meer und Moskau erreicht. Über die Länder im Westen des Mittelmeeres drang die Türkentaube schließlich bis Portugal und Südspanien vor. Über Israel ist sie mittlerweile auch in das Nildelta Ägyptens vorgestoßen.

Türkentauben schätzen Zierkoniferen in Gärten und Parks.

Jungtauben haben breite, weiche Schnäbel.

Man darf sich diese Ausbreitung der Türkentaube nicht kontinuierlich vorstellen. Die Besiedlung des neuen Areals erfolgte vielmehr ganz sprunghaft und einzelne Vorposten erschienen bis zu 200 km von der bisherigen Arealgrenze entfernt. Meist wurde aus einzelnen Individuen oder Paaren eine Ansiedlung gegründet. Durch weiteren Zuzug und Vermehrung wuchs dann der Bestand und die Umgebung bzw. übersprungene Lücken wurden allmählich besiedelt, gleichzeitig aber neue Vorposten in Expansionsrichtung ausgesandt.

Wie bei vielen Tierarten, die in einem neuen Lebensraum bei Null anfangen, wächst der Bestand anfänglich

Türkentauben brüten auch an Häusern.

oft nicht linear, sondern nach dem Schneeballsystem, also exponentiell. 1955 betrug z.B. in den Niederlanden 5 Jahre nach der Erstansiedlung der Bestand etwa 100–130 Paare, 1959 waren es 750–1000 und 1963 4000–5300. Auf den Britischen Inseln siedelte sich 1955 ein Paar an; 1964 waren es wahrscheinlich schon etwa 3000 und 1970 bereits 15000–25000 Paare.

Natürlich geht die Entwicklung nicht endlos in diesem Schema weiter. Bei uns, in einem länger besetzten Raum, ist die Bewegung längst verlangsamt bzw. zum Stillstand gekommen. Ja man kann jetzt sogar beobachten, daß vor allem in Gebieten mit harten Wintern und ungünstigen Nahrungsbedingungen der Bestand der Türkentaube wieder etwas zurückgeht und Gebiete geräumt werden, die nicht optimal sind. So pendelt sich also langsam der Bestand der neu eingewanderten Vogelart in Anpassung an die Lebensbedingungen ein. Seit den 70er Jahren hat auch an den Randgebieten das Tempo der Ausbreitung stark abgenommen. Wahrscheinlich ist heute der größte Teil Europas, der für die Türkentaube als Lebensraum in Frage kommt, besiedelt.

Trotz eines großen Beobachtungsmaterials ist nicht ganz klar, wo die Gründe für diese spektakuläre Ausweitung des Brutgebietes der Türkentaube in Europa zu suchen sind. Mit Sicherheit sind mehrere sehr unterschiedliche Faktoren daran beteiligt. Aufallend ist z.B., daß die durch den Menschen geförderte oder vielleicht sogar veranlaßte »Einwanderung« der Türkentaube aus asiatischen Gebieten in die Balkanhalbinsel zunächst nicht zu einer Arealausweitung führte, sondern sogar im Gegenteil ein Rückgang des Bestandes nach dem Abzug der Türken festzustellen war. Möglicherweise hat in den ersten Jahrzehnten unseres Jahrhunderts eine Klimaschwankung den Anstoß zur Ausbreitung gegeben. Sicher förderte die Umgestaltung der mitteleuropäischen Kulturlandschaft, vor allem das Angebot an Nahrung im Bereich ländlicher und auch städtischer Siedlungen, die Ausbreitung. Auffallend war, daß sich die ersten Türkentauben vor allem in der Nähe von Hühnerhöfen und landwirtschaftlichen Anwesen blicken ließen. Auch heute noch halten sich z. B. an Zoologischen Gärten besonders große Schwärme auf, die von den Fütterungen profitieren.

Wichtig scheint aber vor allem auch gewesen zu sein, daß die Türkentaube weiter nach Westen in zunehmend wintermildere Gebiete geriet. Dort war es ihr möglich, ähnlich anderen Tauben (s. S. 291), die Brutzeit zu verlängern. Im Gegensatz zu den asiatischen Brutgebieten werden in Westeuropa heute fast zu allen Jahreszeiten Türkentaubennester gefunden. Bereits im Geburtsjahr, 3–4 Monate nach dem Schlüpfen, können junge Türkentauben wieder zur Brut kommen. Das würde natürlich eine enorme Vermehrung bedeuten.

Sicher aber bringen, wie vor allem die letzten Jahre gezeigt haben, die kalten Winter auch wieder Rückschläge. In diesem Zusammenhang dürfte die Ansiedlung der Türkentaube vor allem im Bereich der Großstädte wieder eine echte Überlebenshilfe bedeuten. Das Stadtklima ist gerade im Winter durch höhere Mitteltemperaturen, geringere Häufigkeit des Schneefalls und Länge der Schneedecke sehr günstig; abgesehen von den vorteilhaften Ernährungsmöglichkeiten, die für Tauben in der Stadt ganz allgemein bestehen.

Wenn man von Tauben in der Stadt spricht, meint man in der Regel verwilderte Haustauben (s. Bild unten). Ihre Ausbreitung ist wohl noch nicht sehr alt – entsprechend der Entwicklung der modernen Großstadt.

Die in fast allen Großstädten heimischen Straßentauben stammen unmittelbar von verwilderten Haustauben ab. Ihre Herkunft ist wie auf unserem Bild an unterschiedlicher Färbung der einzelnen Vögel kenntlich. Der wildlebende Vorfahr der Haustaube ist die Felsentaube, der die Taube knapp rechts über der Bildmitte in der Färbung entspricht.

Turteltaube

Streptopelia turtur

K Kleiner als Haustaube, sehr schlank, mehrfarbig. Scheitel und Nacken grau; Schultern und Teile des Flügels rostbraun mit dunklen Flecken; Kehle und Brust zart rötlich überhaucht. An den Halsseiten tragen Altvögel ein auffallendes Abzeichen, das aus mehreren schmalen, schwarzen Querbinden auf weißem Grund besteht. Dieses Zeichen fehlt den Jungvögeln zunächst. Schwanz ziemlich lang, abgestuft, oberseits schwärzlich mit schmalem, schwarzem Endsaum. Im Flug sind die blaubrauen Unterflügel zu erkennen; Hinterende des Körpers unterhalb des Schwanzes weiß. ■ Der Revierruf besteht aus schnurrenden »turturr«-Lauten (Name!). ■ Fliegt sehr wendig; beim Auffliegen hört man oft ein Flügelklatschen.

V Br. von Süd- und Mitteleuropa bis Zentralasien; Nordafrika. In den Mittelmeerländern besonders häufig. ■ Bei uns nur in warmen Tiefländern verbreiteter Br.; in waldreichen Gebieten, im Mittel- und Hochgebirge selten oder fehlend. Zugvogel (Ende April bis September/Anfang Oktober); Winterquartier Afrika südlich

Junge Turteltauben, fast flügge.

der Sahara. ■ Br. der halboffenen Kulturlandschaft in warmen und trockenen Gebieten; Nester vor allem in Gebüschen, Feldgehölzen, Waldrändern und in lichten Waldungen. Nicht selten auch in größeren Gärten, Obstplantagen und Parkanlagen (dort z.T. neuerdings durch die Türkentaube verdrängt).

F Flaches Nest auf Sträuchern oder Bäumen. ■ Hauptlegeperiode von Mitte Mai bis Mitte Juli, also sehr spät; in der Mehrzahl wohl 2 Jahresbruten. ■ 2 weiße Eier. ■ ♂ und ♀ brüten etwa 13–16 Tage. Junge werden etwa 18–23 Tage im Nest gefüttert, erreichen aber volle Flugfähigkeit erst mit 25–30 Tagen.

N Sämereien und trockene Früchte von Wiesenpflanzen.

Als Langstreckenzieher, dessen Winterquartier im tropischen Afrika liegt, kommt die Turteltaube erst relativ spät im Frühjahr nach Mitteleuropa zurück. Meist liegen die mittleren Erstankunftsdaten vieler Jahre zwischen Anfang und Mitte Mai. Doch dauert z. B. am Mittelmeer der Durchzug der Taube bis in den Juni. Das bedeutet, daß einzelne Turteltauben, die man Ende Mai/Anfang Juni, also scheinbar zur Brutzeit, irgendwo beobachtet, noch lange nicht ein wirkliches Brutvorkommen beweisen. Häufig kommt es sogar vor, daß einzelne Turteltauben oder auch Paare weit umherstreifen und sich wochenlang an Plätzen aufhalten, an denen sie dann nicht brüten, und dort sogar auch balzen.

Turteltaube hudert kleine Junge. Unter Hudern versteht man das Warmhalten kleiner Nestlinge im Bauchgefieder der Altvögel bis die Federn der Jungen gut entwickelt sind.

Das gilt z. B. für viele Gebiete der Alpentäler und des Alpenvorlandes, aber auch für Skandinavien. Man muß also sorgfältig beobachten, wenn man Brutvorkommen der Turteltaube außerhalb ihres normalen Verbreitungsgebietes wirklich bestätigen will, und mitunter lange bis in den Sommer hinein warten.

Im Mittelmeergebiet ist die Turteltaube nicht nur als Brutvogel sehr weit verbreitet und oft ausgesprochen häufig. Zu den Zugzeiten konzentrieren sich an bestimmten Routen Scharen von Tausenden, die leider auch eifrig beschossen werden. Als wichtigste Durchzugsgebiete mittel- und westeuropäischer Brutvögel gelten die Küstengebiete von Südwesteuropa bis Nordwestafrika. Über diese Route gelangen große Scharen ins tropische Westafrika, z. B. nach Senegal oder Malawi.

Im Osten ist das Niltal ein wichtiger Zugkorridor über das Wüstengebiet, der wohl vor allem asiatische Brutvögel aufnimmt. Auch über Griechenland und Italien wird das Mittelmeer überquert. Der Weiterflug über die Sahara stützt sich vor allem auf die Oasen. Wie außerordentlich anstrengend die Saharaüberquerung auch für größere Vögel mit großem Fettvorrat ist, zeigen Untersuchungen in der Westsahara im Frühjahr. Niedrig ziehende Turteltauben suchen z. B. Schutz vor der Hitze im dürftigen Schatten von Autowracks. Dennoch scheinen die Verluste weit unter 5% zu liegen. Das größte Problem für Turteltauben scheint der Wasserverlust zu sein, während auch bei erschöpften Individuen noch ausreichend Fett vorhanden war.

Ein wichtiger Stützpunkt auf dem Flug über das Meer scheint z. T. die Insel Malta zu sein. Bis zu 20 000 Vögel wurden hier schon auf dem Frühjahrszug an einem einzigen Tag registriert. Riesige Konzentrationen bilden sich dann im Winter vor allem in Westafrika. Hier hat man Hunderttausende auf einigen km^2 gezählt und beringte Brutvögel aus Großbritannien, den Niederlanden und Belgien wiedergefunden.

Kuckuck

Cuculus canorus

K Kleiner als Taube, langschwänzig. Wirkt im Flug sperberähnlich, hat aber spitze Flügel. Im Sitzen ist der lange, gestufte Schwanz etwas gespreizt; die Flügel hängen leicht herunter. Bei den meisten ist Oberseite und Brust blaugrau gefärbt, die weißliche Unterseite zeigt eine dunkle Querbänderung. Wesentlich seltener sind Vögel mit einer dunkler gebänderten, rostbraunen Oberseite und heller Unterseite mit braunen Querbändern (also auch Kehle gebändert). Diese Farbunterschiede sind kein Geschlechtskennzeichen. Die Jungvögel sind oberseits entweder rotbraun und dunkel gestreift oder dunkler graubraun. Ein deutlicher weißer Nackenfleck und schmale, weiße Federsäume heben sich vom dunklen Untergrund ab. ▪ Reviergesang »kuckuck« des ♂ ist normalerweise 2silbig, kann aber auch 3silbig sein. Bei Erregung rufen die ♂ mehrsilbig und unregelmäßig; häufig geht dem »kuckuck« ein heiseres »hachhachhach« voraus. Von den ♀ hört man zur Brutzeit ein lautes Kichern oder Trillern, das allerdings auch ♂ (selten) hören lassen. Das hohe und durchdringende Betteln der Juv. klingt wie »sriisrii ...«.

V Br. weit verbreitet in Europa und Asien bis an den Nordrand der Tropen und an die Waldgrenze. ▪ Bei uns verbreiteter Br. in allen Landschaftstypen; fehlt allerdings meist in größeren Städten. Langstreckenzieher (April/Anfang Mai bis August/ September). ▪ Vielseitiger Lebensraum; am häufigsten in offenen und halboffenen Landschaften, an Waldrändern usw. In ausgeräumten und intensiv bewirtschafteten Agrarlandschaften heute verschwunden. Das Vorkommen hängt im wesentlichen von geeigneten Wirtsvögeln (s. unten) ab.

F Baut kein eigenes Nest, sondern legt seine Eier (je eines) in Nester anderer Arten (Wirtsvögel; s. unten). ▪ Legezeit vor allem Mai/Juni. ▪ Die Eizahl der ♀ ist nicht genau bekannt, kann aber in Einzelfällen über 10 bis fast 20 Eier betragen. Die Färbung der Eier richtet sich z.T. nach jener der Wirtsvögel, doch sind Kuckuckseier keineswegs immer täuschend ähnlich. ▪ Das Junge schlüpft bereits nach 11 bis max. 13 Tagen aus dem Ei und wird 19–24 Tage im Nest von den Wirtseltern gefüttert, aber auch noch nach dem Ausfliegen bis zu 2 Wochen und mehr betreut. Die Altvögel der eigenen Art kümmern sich überhaupt nicht um Ei und Junges.

N Insektenfresser; meist Schmetterlingsraupen, darunter auch behaarte, die von anderen Vögeln kaum angenommen werden; ferner Käfer, Heuschrecken und viele andere. ♀ verzehren regelmäßig auch Singvogeleier.

Der Kuckuck ist der einzige Vogel in unserer Fauna, der als Brutparasit auf die Hilfe anderer Vogelarten bei der Aufzucht der Jungen angewiesen ist. In Südeuropa lebt noch eine weitere parasitische Kuckucksart, der Häherkuckuck. Obwohl die merkwürdige Lebensweise des Kuckucks schon lange bekannt ist, sind viele der besonders eindrucksvollen Anpassungen eigentlich erst in letzter Zeit durch intensive Untersuchungen entdeckt worden. Immer noch aber bietet das Leben des Kuckucks manche Rätsel.
Die Nester möglicher Wirtsvögel findet das Weibchen durch Beobachtung. Ein einmal entdecktes, geeignetes Nest wird mehrfach besucht. Wichtig ist, daß der Wirtsvogel selbst noch nicht mit dem Bebrüten des Geleges begonnen hat. Die Eiablage dauert nur wenige Sekunden, gelegentlich lenkt das Männchen Wirtsvögel auf sich ab. Kuckucke werden nämlich von vielen Singvögeln tätlich angegriffen. Das Kuckucksweibchen packt bei der Eiablage häufig ein Ei mit dem Schnabel, um es dann später zu verzehren oder wegzuwerfen. Das hat zu der falschen Annahme geführt, das Kuckucksweibchen würde sein Ei mit dem Schnabel ins Nest praktizieren. Oft werden sogar schon vor der Eiablage einzelne Wirtsvogeleier entfernt, z.B. bei Rohrsängern. Das Eiverzehren hängt möglicherweise damit zusammen, daß das Weibchen auf diese Weise rasch wieder neue Nährstoffe für die eigene Eibildung erhält. Ist einmal ein Ei abgelegt, sucht das Kuckucksweibchen ein neues Nest.
Wirtsvögel für den Kuckuck sollten nicht zu selten und für das Kuckucksweibchen gut auffindbar sein. Boden-, Röhricht-, Busch- und Gebäudebrüter sind daher besonders geeignet. Ferner sollte das Nest zu einer Eiablage geeignet sein (Höhlenbrüter kommen daher kaum in Frage). Entscheidend ist schließlich, daß die Wirtsvogelart relativ unempfindlich gegenüber einem fremden Ei im Nest ist. Schließlich müssen die

Für die Bachstelze ist der rote Rachen des Jungkuckucks ein Fütterungssignal.

Wirtsvogeljungen mit einer Nahrung gefüttert werden, die auch für den jungen Kuckuck geeignet ist.

Eine ganze Reihe von einheimischen Singvogelarten kommt diesen Bedingungen recht nahe. Insgesamt sind Kuckuckseier schon in Nestern von über 100 europäischen Vogelarten gefunden worden. Allerdings ist die Zahl der erfolgreichen Kuckuckswirte sehr viel geringer. Nur bei etwa 45 Arten ist bis jetzt eine erfolgreiche Kuckucksaufzucht beobachtet worden, bei weiteren 23 fand man wenigstens mehr oder minder herangewachsene Nestlinge. Weitverbreitete und häufige Kuckuckswirte sind in Mitteleuropa z.B. Teichrohrsänger, Bachstelze, Rotkehlchen, im Nord-

westen vor allem Heckenbraunelle und in den Alpen auch Bergpieper und Hausrotschwanz. Gebietsweise spielen auch Neuntöter, Grasmücken und Gartenrotschwanz eine wichtige Rolle.

Die Kuckuckseier sind auffallend klein und dickschalig. Ihre Färbung variiert sehr stark; meist ist die Grundfarbe weißlich, gelblich oder grünlich bis dunkelbraun mit einer variablen Fleckung. Manche, z.B. solche, die in die Nester des Gartenrotschwanzes gelegt werden, sind völlig ungefleckt. Ein Weibchen produziert sein Leben lang einen bestimmten Eityp.

Die Entwicklungsdauer des Kuckuckseies ist auffallend kurz. Das

Wenn das Nest zu klein wird, werden Jungkuckucke (hier vom Fitis) noch bis zu 2 Wochen außerhalb von den Pflegeeltern gefüttert. Mit durchdringenden Bettelrufen machen sie auf sich aufmerksam.

Beachte die auffallende Rückengrube des frisch geschlüpften Kuckucks.

Kurz nach dem Schlüpfen stemmt der Jung-kuckuck alle Fremdkörper aus dem Nest.

wird wahrscheinlich z. T. dadurch erreicht, daß bereits vor der Eiablage im Körper des Weibchens die Embryonalentwicklung beginnt. Dadurch wird gewährleistet, daß der Kuckuck als erster im Wirtsvogelnest schlüpft. Er braucht diesen Vorsprung vor seinen Stiefgeschwistern, um diese verdrängen zu können.

Bereits im Alter von 8–10 Stunden fängt der blinde Jungkuckuck an, Eier und kleine schon geschlüpfte Nestgeschwister nach oben an den Nestrand zu drängen. Er besitzt auf dem Rücken eine besonders tastempfindliche Grube. Wenn der aus dem Nest zu befördernde Gegenstand hineinfällt, wird er mit den klei-

nen, nackten Flügelstummeln, die schräg nach oben gehalten werden, festgehalten und ausbalanciert. Dann stemmt sich der Jungkuckuck am Nestrand hoch. Oben angekommen krallt er sich in das Nestmaterial und wirft mit ruckartigen Stoßbewegungen Ei bzw. Junges über den Nestrand hinaus. In spätestens 3–4 Tagen muß die Arbeit erledigt sein, denn für den Kuckuck ist es eine Überlebensfrage, alle Konkurrenten um das Futter, das die Pflegeeltern herbeibringen, beseitigt zu haben. In kurzer Zeit nämlich wächst der Kuckuck so stark, daß er die gesamte Nahrung einer Singvogelbrut benötigt. In der Regel sind Wirtsvogeleltern nämlich sehr viel kleiner.

In der Nahaufnahme wird der Größenunterschied zwischen Pflegeeltern und dem fast flüggen Jungkuckuck besonders deutlich: Der ganze Kopf des fütternden Fitis hätte im aufgerissenem Schnabel Platz.

Schleiereule
Tyto alba

K Größer als Krähe. Helle, langbeinige Eule ohne Ohrfedern, mit auffallend herzförmigem Gesicht und relativ kleinen, schwarzen Augen. Färbung bei einzelnen Individuen unterschiedlich: Unterseite entweder rein
weiß oder gelbbraun mit Tropfenflek-
ken, doch nie wie bei anderen Eulen
längsgestreift oder quergebändert.
Oberseite hell gelbbraun. ■ Rufe
schnarchend und kreischend; klang-
volle Revierrufe wie bei anderen Eulenarten fehlen. ■ Nachtaktiv; tagsüber nur in ihren Tagesverstecken
und am Brutplatz zu sehen (s. unten).

V Br. mit Verbreitungslücken in allen Regionen der Welt; fehlt in der
Tundra, in großen Teilen Asiens, in
den tropischen Regenwäldern und
in den Wüsten. ■ Bei uns im Tiefland
verbreiteter Br., vor allem in waldar-
men Siedlungsgebieten. In Abhängigkeit vom Nahrungsangebot und
von der Härte des Winters starke
Bestandsschwankungen; insgesamt
gesehen bedroht. Durch Schutzpro-

gramme Hilfe möglich. Standvogel,
doch streifen juv. (und ad.) gelegentlich weit umher. ■ Br. in möglichst
dunklen und störungsfreien Nischen,
auf Kirchtürmen, in Scheunen, Taubenschlägen, Dachböden, Schlös-
sern, Ruinen usw. Jagt vor allem im
offenen Gelände am Rande von
Siedlungen, entlang von Straßen und
Wegen, weniger jedoch am Rand
größerer Wälder.

F Nest in einem Mauer- oder Fels-

Schleiereulenbrut in einem von Vogelschützern angefertigten Nistkasten.

loch, auf Dachböden, oder auch in künstlichen Nisträumen; Nestunterlage wird nicht eingetragen, die Eier liegen meist auf einer Schicht alter, zerbissener und zerfallener Gewölle. ■ In Jahren mit gutem Nahrungsangebot (Mäusejahre!) oft 2 (mitunter sogar 3) Jahresbruten; Legebeginn der Erstbrut ab März, der Zweitbrut ab Ende Mai. In Normaljahren Legebeginn ab Ende April, Hauptlegezeit Mai (Zweitbruten sind dann selten). ■ 4–7, selten 1–3, in günstigen Jahren aber auch 9–12 weiße Eier. ■ ♀ brütet allein und wird vom ♂ mit Nahrung versorgt; Brutdauer etwa 30–34 Tage. Die meist sehr unterschiedlich großen Nestlinge werden zunächst vom ♀ mit Futter versorgt, das vom ♂ herbeigeschafft wird. Etwa mit 40 Tagen beginnen die Jungen herumzuwandern und herumzuflattern. Der Nestplatz wird meist später verlassen.

$\boxed{\text{N}}$ Hauptsächlich Kleinsäuger; vor allem Feldmaus und andere Mäusearten, aber auch Spitzmäuse als Ersatznahrung. Kleinvögel meist sehr viel weniger als Kleinsäuger. Größtes Beutegewicht etwa 200 g, bevorzugt werden Beutetiere zwischen 5 und 30 g.

Die Schleiereule bietet ein besonders eindrucksvolles Beispiel dafür, wie entscheidend der Bestand eines Beutegreifers durch das Nahrungsangebot reguliert wird. Am Tiefstand der Feldmausvermehrung kann es vorkommen, daß bis zu 60% der Altvögel überhaupt nicht brüten. In Spitzenjahren der Mäusevermehrung führen dagegen über 60% der Brutpaare 2 erfolgreiche Bruten durch. Auf einen lokalen Brutbestand umgerechnet ergaben sich z.B. in Thüringen folgende Unterschiede: 3,2 Eier pro Brutpaar in schlechten, 11,0 Eier pro Brutpaar in sehr günstigen Jahren. Die Zahl der flüggen Jungen schwankte in 14 Jahren zwi-

Wühlmäuse zählen zur Grundnahrung.

schen 2,4 und 7 pro Jahr und Paar. Die Vermehrungsrate war also in guten Mäusejahren fast 3mal so hoch. Somit ist nicht immer ein natürlicher Feind nötig, um den Bestand einer Tierart in Anpassung an die Umwelt zu regulieren.

Auch in ungünstigen Jahren haben die Schleiereulen eine Chance, wenigstens zu einem Teilerfolg zu kommen. Das Gelege wird schon vom 1. Ei an bebrütet, die Jungen schlüpfen daher meist in 2tägigem Abstand. So verteilt sich das Risiko der Ernährung. Bei ungenügender Versorgung verhungern zunächst die kleinsten. Sie werden dann manchmal an die älteren Geschwister verfüttert. Dieses »grausame« Verhalten kann immerhin dazu beitragen, daß eine mehrtägige Ernährungslücke überbrückt wird. Doch auch später kann in sehr schlechten Mäusejahren die Sterblichkeit der Jungvögel im 1. Jahr 100% betragen.

Uhu

Bubo bubo

K Deutlich größer als Bussard; größte einheimische Eule. Massiger Körper mit dickem Kopf, der auffällige Federohren trägt; große orangegelbe Augen. Gefieder braun mit dunklen Längs- und Querzeichnungen; Brust und Bauch heller als Rükken. Im Flug lange, ziemlich breite und abgerundete Flügel; Unterseite hell. ■ Rufe des ♂ tief »buho«. Nicht sehr laut, doch weit zu hören. ♀ ruft höher und deutlicher 2silbig »u-hu«. Zur Balzzeit auch Duettrufe. Vor allem im Herbst und Vorfrühling sind die typischen Uhurufe zu hören. Das ganze Jahr über vom ♀ heiser »chriä«; Warnrufe hart, reiherartig »gräck«. ■ Nacht- und dämmerungsaktiv; tagsüber kaum zu sehen, im Tagesversteck.

V Br. in Nordafrika, Eurasien; ostwärts bis an den Pazifischen Ozean und südwärts bis Indien und Südchina. ■ Bei uns vor allem Br. in den Alpen und Mittelgebirgen; neuerdings Bestandserholung und teilweise Zunahme; in Mittel und Norddeutschland auch kleine Ansiedlungen durch Wiedereinbürgerung. Trotz Erholung der Bestände bedeuten Störung an Brutplätzen, Verdrahtung

und Verluste durch Verkehr Gefahren für den Bestand. Standvogel. ■ Jagt in abwechslungsreichen Landschaften, die auch im Winter ausreichend Nahrung bieten, vorwiegend auch im offenen Land; auch am Wasser. Brutplätze in Felswänden oder Steilhängen mit freiem Anflug; oft auch in der Nähe von Gewässern, Straßen oder in Steinbrüchen.

F Eier werden am Boden, auf einem Felsband oder in einer Felsnische abgelegt; kein eigentlicher Nestbau. ■ Legebeginn meist im März, spätestens ab Mitte April; 1 Jahresbrut. ■ 2–4, selten 5 weiße Eier. ■ ♀ brütet 31–36 Tage. Eier werden in unregelmäßigen, etwa 3tägigen Abständen gelegt; ♂ übernimmt die Nahrungsversorgung des brütenden ♀ und auch später der kleinen Jungen. Das ♀ zerteilt die Beute für die Jungen bis zum Alter von etwa 3 Wochen. Mit 5–7 Wochen verlassen die Jungen das Nest, können mit etwa 9 Wochen gut fliegen, aber erst mit über 20 Wochen sicher Beute schlagen.

N Sehr vielseitig; vor allem Säugetiere (Spitzmaus, Feldmaus bis Jungfuchs, Feldhase, Rehkitz) und Vögel (vor allem Drossel- bis knapp Hühnergröße, aber auch kleine Singvögel und andere Eulen, Greifvögel).

Junguhu in Abwehrstellung.

Uhupaar in Brutnische. Manche Plätze werden viele Jahr lang benützt.

Amphibien (vor allem Frösche), Fische und große Insekten machen meist nur einen kleinen Anteil der Beute aus.

Vogelarten, die der Mensch durch unmittelbare, lang anhaltende Verfolgung ausgerottet oder an den Rand des Aussterbens gebracht hat, sind vor allem Großvögel, die bei langer individueller Lebensdauer eine geringe jährliche Vermehrungsrate aufweisen. Für sie sind von der Natur keine sogenannten natürlichen Feinde vorgesehen. Das Eingreifen des Menschen muß sich daher verheerend auswirken. In der Regel benötigen Großvögel sehr viel Platz; ihre Bestandsgröße beträgt auch unter ungestörten, natürlichen Bedingungen nur einen Bruchteil jener häufiger Singvögel.

Dies gilt auch für den Uhu, der von der Mitte des 19. Jh. bis etwa in die 30er Jahre einen unaufhaltsamen Bestandsrückgang durchgemacht hat. Ursache hierfür waren lang anhaltende Nachstellung und Verfolgung: Man nahm systematisch die Nestlinge aus, um sie später bei der Hüttenjagd zu verwenden; Brutvögel wurden als »Schädlinge« abgeschossen oder gefangen; viele Gelege wanderten in Fiersammlungen. Man schätzt, daß es um 1935 auf dem Gebiet der heutigen Bundesrepublik nur noch etwa 35–40 Uhupaare gab.

Etwa ab 1970 hat sich nun die Situation zumindest in einigen Teilen Mitteleuropas gewandelt. Dies ist sicher z. T. ein Erfolg jahrzehntelanger Aufklärungsarbeit der Naturschützer, aber auch der systematischen Bewachung vieler Brutplätze. Man kann heute sicher mit etwa 500 Uhupaaren in Deutschland rechnen; auch in anderen Ländern Mitteleuropas geht es aufwärts.

Dabei sind die Lebensbedingungen des Uhus keineswegs besser geworden, vielleicht mit Ausnahme der Alpen und einiger abgelegener Mittelgebirge. Doch sind neue Gefahren entstanden: Ein Teil des Nachwuchses verendet vorzeitig an Drahtleitungen oder im Verkehr. Auch werden manche Brutplätze noch zu oft durch Tourismus oder Kletterer gestört. Überwachung des Bestandes und Schutz gefährdeter Brutplätze ist daher immer noch eine wichtige Aufgabe des Uhuschutzes. Dagegen sind kostspielige Wiedereinbürgerungsversuche heute im allgemeinen überflüssig geworden.

307

Sperlingskauz

Glaucidium passerinum

K Etwa starengroß; kleinste einheimische Eule. Flacher Kopf, kleine Augen mit gelber Iris. Oberseite braun mit vielen weißen Tupfen; Unterseite rahmweiß mit schmalen, dunklen Flecken, die beim sitzenden Vogel Längsstreifen bilden. Schwanz ragt deutlich über die Flügelspitzen hinaus und trägt 5 helle Querbinden. ■ Reviergesang des ♂ eine monotone Folge von hohen »üh«; daneben weichere Lockrufe und eine Rufreihe mit steigender Tonhöhe (»Tonleiter«). ■ Dämmerungs- aber auch tagaktiv. Sitzt mitunter am hellen Tag auf einer Baumspitze. Bei Erregung wird der Schwanz ruckartig vertikal und horizontal ausgeschlagen.

V Br. in der gemäßigten Zone Europas und Asiens. ■ Bei uns verbreiteter Br. der Alpenwälder und Vorkommen in Mittelgebirgen und Waldgebieten. Standvogel. ■ Das ganze Jahr über in Nadelwäldern oder Mischwäldern mit reichlichem Nadelholzanteil. Die Wälder müssen reich gegliedert sein und vor allem zur Jagd kleine Freiflächen aufweisen. Kommt in schneereichen Wintern auch einzeln in die Alpentäler herunter.

F Brütet in Spechthöhlen. ■ Legebeginn April bis Anfang Mai; 1 Jahresbrut. ■ 3–7 weiße Eier. ■ ♀ brütet 28–29 Tage; Junge verlassen die Höhle mit 30–34 Tagen, werden aber noch etwa 4 Wochen geführt. ♂ versorgt das brütende ♀ und die Jungen im Nest allein mit Futter.

N Kleine Säugetiere und Vögel; bevorzugtes Beutegewicht 20–40 g. In der Brutzeit hauptsächlich Mäuse und Jungvögel, im Winter überwiegend Kleinvögel des Waldes.

Nicht alle Eulen sind reine Nachtvögel. Der Sperlingskauz kann sogar ausgesprochen tagaktiv sein. Im Dunkeln sieht er schlecht. Sein Auge ist allerdings im Vergleich zu den großen Pupillenöffnungen der anderen Eulenarten relativ klein. Im täglichen Aktivitätszyklus des Sperlingskauzes kann man 2 Aktivphasen unterscheiden, nämlich eine am Morgen vor Sonnenaufgang, die andere am Abend von Sonnenuntergang bis in die tiefe Abenddämmerung. In der Brutperiode und zur Zeit der Jungenaufzucht wird die morgendliche Aktivitätsphase oft weit in den Tag hinein verlagert. So kann man z.B. Beuteübergabe an der Bruthöhle in

Sperlingskauz in der Bruthöhle (ehemaliges Spechtloch).

den Vormittagsstunden beobachten. Im Herbst beginnen Sperlingskäuze oft schon am hellen Nachmittag mit der Balz. Die Hauptruhephasen liegen um die Mittagsstunden und um Mitternacht; in den hellen Nächten Skandinaviens fehlt im Sommer allerdings die Nachtpause.

Wie bei sehr vielen in ihrem Aktivitätszyklus untersuchten Vögeln ist die Helligkeit ein wichtiger Zeitgeber für den täglichen Aktivitätsrhythmus. Das bedeutet natürlich auch, daß Bewölkung und Witterung einen erheblichen Einfluß ausüben. Im Labor läßt sich bei konstanten Außenbedin-

dabei die Überraschung ausnützen. Im Blitzstart schießt er von seiner Warte und greift einen kleinen Singvogel regelrecht von den Ästen oder schlägt ihn im Salto rückwärts von unten aus der Luft. Zur Brutzeit fallen dem kleinen Kauz auch viele Nestlinge zum Opfer.

Die Kleinvögel des Bergwaldes kennen ihren Feind: Wenn man den Ruf nachpfeift oder vom Tonband abspielt, fangen z. B. Meisen an zu schimpfen und zu zetern und kommen sogar auf die Schallquelle zugeflogen. Diese »Meisenreaktion« hat man schon vielfach dazu benützt, um

Auch tagsüber beobachten Sperlingskäuze aufmerksam jede Störung.

gungen freilich zeigen, daß viele der im Freien beobachteten Aktivitätsrhythmen von Vögeln nach einem inneren Programm ablaufen, also auch bei völlig gleichbleibenden Umweltbedingungen. Dann allerdings sind sie oft nicht mehr mit dem tatsächlichen Hell-Dunkelwechsel des Naturtages synchronisiert; die innere Uhr geht nicht mehr genau. Sie muß durch eine Zeitangabe wieder eingestellt werden.

Als Kleinvogeljäger kann der Sperlingskauz blitzschnell angreifen und

festzustellen, ob in einem Wald überhaupt Sperlingskäuze vorkommen. Auch auf einen still auf seiner Warte oder im Tagesversteck sitzenden Kauz wird man manchmal durch das Schimpfen und Hassen der Kleinvögel aufmerksam.

Unter »Hassen« versteht man eine recht merkwürdige Verhaltensweise. Vögel versammeln sich um den entdeckten Räuber und lassen häufig typische Rufe hören. Die Funktion des Hassens ist allerdings noch nicht ganz klar.

Steinkauz
Athene noctua

K Kleiner als Taube, kurzschwänzig, niedrige Stirn und flacher Oberkopf. Oberseite dunkelbraun, dicht weißlich gefleckt und gebändert; Unterseite hell, breit dunkelbraun gestreift. Große gelbe Augen. ■ Ruf oft monoton gereiht »ghu(k)«, leicht nach oben gezogen; auch gellende Rufe wie »kwiau«. Warnruf kurz »kja« u.ä. ■ Dämmerungs- und tagaktiv. Sitzt manchmal auch am hellichten Tag frei auf einer Mauer oder einem Steinhaufen. Knickst bei Erregung.

V Europa und Asien; besonders häufig in warmen Gebieten (Mittelmeerländer!), aber auch in ausgesprochenen Wüstenländern. Ostwärts bis China. ■ Bei uns vor allem Br. im waldfreien Tiefland, meist unter 600 m. Auffällige Bestandsschwankungen, vor allem nach kalten Wintern Rückgänge. Vielfach Abnahme. Standvogel.

F Nest vor allem in Baumhöhlen und alten Kopfbäumen, auch in Nischen und Höhlen an Gebäuden (z.B. Scheunen, Speicher, Einzelgehöfte). Neuerdings Ansiedlung mit Hilfe von Spezialnisröhren sehr erfolgreich (s. unten). ■ Legezeit Mitte April bis Mitte Mai, Nachgelege auch später; 1 Jahresbrut. ■ 3–5 (manchmal auch mehr) weiße Eier. ■ ♀ brütet etwa 25–30 Tage allein und wird vom ♂ mit Nahrung versorgt. Junge verlassen die Höhle mit etwa 35 Tagen, sind aber wohl erst mit über 45 Tagen voll flugfähig.

N Vielseitig; vor allem Kleinsäuger und Vögel, ferner kleine Reptilien, Amphibien und regelmäßig viele Insekten, aber auch Regenwürmer und

Steinkauz vor dem Eingang zu einer speziell konstruierten Niströhre.

andere wirbellose Tiere. Der Masse nach sind Mäuse die wichtigsten Beutetiere. Junge werden häufig mit Insekten gefüttert.

Auch beim Steinkauz hat ähnlich wie beim Wanderfalken (S. 187) ein modernes Schutzprogramm seine ersten positiven Wirkungen gezeigt. Lebensraumzerstörung, wie Verlust von Nisthöhlen und Tagesverstekken durch Rodung alter Obstbäume und Kopfweiden, Intensivierung der Landbewirtschaftung verbunden mit der Ausräumung unserer Feldflur und der Umwandlung von Grün- in Ackerland, schließlich aber wohl auch Belastung durch Pestizide und vor allem zusätzliche Gefahren durch Verkehr und Verdrahtung der Landschaft, vielleicht auch manchmal Nahrungsmangel durch den Rückgang geeigneter Beutetiere, haben ganz augenscheinlich zu einem starken Rückgang geführt. Dies alles läßt sich leider nicht aufhalten, doch hat man in Landschaften, die heute noch Steinkäuze beherbergen, den Rückgang des Bestandes durch geeignete Schutzmaßnahmen aufhalten können.

Offenbar ist einer der kritischen Faktoren (Minimumfaktor) in manchen Gegenden der Mangel an geeigneten Nistplätzen. Nistkästen der konventionellen Form sind aber beim Steinkauz nicht beliebt. So wurden spezielle Nisthilfen entwickelt, und zwar fast meterlange Röhren oder entsprechende rechteckige Kästen, die an mehr oder minder waagerechten Ästen verankert werden. Mehrere Konstruktionen haben sich bewährt, über die mittlerweile die Vogelschutzverbände mit Konstruktionszeichnungen und Bastelplänen informieren.

Mit der Anfertigung und dem Ausbringen von Nisthilfen auf gut Glück ist es allerdings nicht getan. Solche Aktionen müssen in ein regelrechtes Arbeitsprogramm eingebaut werden. So zählen zu den wichtigsten Empfehlungen, die Niströhren in Gebieten anzubringen, in denen das Vorkommen des Steinkauzes zumindest wahrscheinlich ist. Bevor die Aktion startet, muß vom Eigentümer der Fläche eine Erlaubnis eingeholt werden. Im Herbst werden dann die Niströhren auf geeignete Unterlagen montiert, wobei man darauf achten soll, daß man sie nicht zu tief anbringt und das Einflugloch nicht in die Hauptwindrichtung sieht. Es

Steinkauz an einer natürlichen Bruthöhle.

empfiehlt sich gleich eine größere Anzahl von Röhren zur Auswahl, etwa im Abstand von je 200–400 m, anzubringen. Zur Unterlage der Eier werden Hobelspäne eingelegt. Nach der Brutzeit müssen die Geräte gereinigt und neu mit Hobelspänen beschickt werden.

Zusätzlich kann man als Marderschutz um Bäume eine mindestens 50 cm breite Blechmanschette anbringen, so daß der Marder nicht hochklettern kann. Der wichtigste Beitrag zur Erhaltung des Bestandes aber ist die Bewahrung traditioneller Nutzungsformen in der Landschaft, wie Streuobstwiesen.

Waldkauz

Strix aluco

K Kleiner als Bussard; gedrungene Gestalt mit rundem Kopf ohne Federohren. Die rindenähnliche Färbung kann verschieden sein; es gibt ausgesprochen braune bis graue Waldkäuze; Unterseite heller. Ober- und Unterseite mit kräftiger dunkler Längsstreifung und schwächeren Querstreifen. Im Flug gedrungener und plumper als Waldohreule. ■ Der Reviergesang des ♂ ist vor allem von September bis November und im frühen Frühjahr zu hören; er klingt heulend »húu-hu-uuuuu«. ♀ (seltener ♂) rufen lauf und schrill »kuit«. Waldkauzstimmen sind weit zu hören und werden in Filmen oft zur Untermalung einer Nachtstimmung verwendet. ■ Dämmerungs- und nachtaktiv; manchmal kann man die Käuze in einem hohen Baum im Tagesversteck entdecken.

V Europa bis Westsibirien und Iran sowie in Südostasien bis einschließlich Korea, China und Taiwan. ■ Bei uns weit verbreitet vom Tiefland bis in den Bergwald; fehlt nur in baumarmen Küstengebieten. Neben der Waldohreule die verbreitetste einheimische Eule. Standvogel. ■ Br. in reich strukturierten Landschaften, in denen Wälder und Baumgruppen (Brutplätze) mit offenen Flächen (Jagdgebiete) abwechseln, z.B. in lichten und lückigen Altholzbeständen, in Laub- und Mischwäldern, aber auch in Parkanlagen, Friedhöfen und Alleen mit altem Baumbestand. Als Br. häufig auch mitten in Großstädten.

F Höhlenbrüter; vor allem in Höhlen, aber auch in Mauerlöchern, Felshöhlen, Dachböden. Geeignete Nistkästen werden gerne angenommen. ■ Hauptlegezeit bei uns März, mitunter schon ab Februar; 1 Jahresbrut. ■ Gelege 2–6 (9), meist 3–5

weiße Eier. ■ ♀ brütet etwa 30 Tage. Mit 30–35 Tagen verlassen die Jungen noch nicht flugfähig das Nest und sitzen dann auf den Ästen der Umgebung. Sie sind erst mit etwa 7 Wochen flugfähig und werden erst nach 2½ Monaten selbständig.

N Vielseitig; Kleinsäuger (vor allem Mäuse); weniger zahlreich Vögel und auch Amphibien. Größte Säugetiere wiegen 300–500 g (Ratte, Hamster, Eichhörnchen), Vögel werden bis Taubengröße geschlagen. Die meisten Beutetiere wiegen aber weniger als 100 g. Regenwürmer und Insekten spielen untergeordnete Rolle.

Bei Eulen ist es üblich, daß die Jungen das Nest bzw. die Bruthöhlen verlassen bevor sie fliegen können. So klettern die jungen Waldkäuze schon etwa mit 4 Wochen aus der Höhle; nicht selten landen sie bei ihrem ersten Ausflug auf dem Boden. An Zweigen oder auch an rauher Rinde können sie wieder emporklettern, hüpfen auch von Ast zu Ast und bleiben dann in einem sicher erscheinenden Versteck ruhig sitzen. Bis zu 2 Monate füttern die Eltern die Jungeulen bis sie flügge werden. Solche »Ästlinge« werden vor allem bei Waldkauz und Waldohreule nicht selten von Spaziergängern entdeckt und dann voller Mitleid nach Hause genommen. »Aus dem Nest gefallene« Eulen sollte man an Ort und

Stelle belassen; hat sich ein Ästling einen recht ungünstigen oder gefährlichen Platz ausgesucht, kann man ihn ohne weiteres an eine geschützte Stelle setzen. Die Altvögel füttern das Junge, auch wenn es von Menschenhand berührt wurde.

Die Analyse von Gewöllen gibt einen recht guten Aufschluß über die Ernährung der meisten Eulen. Als Gewölle bezeichnet man Speiballen, die von den Eulen (aber auch Greifvögeln, Fischjägern und vielen insektenverzehrenden Singvögeln) regelmäßig herausgewürgt werden. Sie enthalten unverdauliche Bestandteile der Nahrung, also Knochen, Federn, Haare oder bei Insekten harte Chitinteile. Insbesondere die Knochenreste (aber auch z.B. die Ohrsteinchen bei Fischen) und harte Mundwerkzeuge bei Insekten gestatten, die Beutetiere zu bestimmen. Freilich ist dies oft ohne ausreichende Vergleichssammlung nicht möglich. Am günstigten liegen die Verhältnisse bei den Kleinsäugern, da hier vor allem das Gebiß Aufschluß über die einzelnen Arten gibt (s. auch S. 31/32).

Seit den Pionierarbeiten des deutschen Ornithologen Uttendörfer, der bereits 1939 ein dickes Buch über die Ernährung der Greifvögel und Eulen veröffentlichte, sind viele Hunderte von Untersuchungen zur Ernährung der Eulen in allen Teilen der Welt durchgeführt worden. Die Analyse von Gewöllen spielt dabei die Hauptrolle, ergänzt durch das sorgfältige Aufsammeln von Nahrungsresten an den Schlafbäumen oder Brutplätzen. Solche Nahrungslisten dürfen aber nicht überbewertet werden, da sie durch verschiedene Umstände nicht genau sind. Beim Waldkauz hat man herausgefunden, daß die Knochen kleiner Mäuse z.T. ganz verdaut werden, und vor allem auch, daß zu verschiedenen Jahreszeiten die Verdauung der Knochenreste unterschiedlich stark ist. Jungeulen verdauen Knochen der Kleinsäuger oft bis zu über 50%, Altvögel dagegen nur zu 30–40%. So entstehen selbstverständlich Fehler. Gleichwohl ist die Gewölleanalyse z.B. beim Waldkauz, der Waldohreule oder der Schleiereule der wichtigste Beitrag zur Ernährungsforschung der Eulen.

Die großen Augen des Waldkauzes können auch mit geringen Lichtmengen auskommen.

Waldkauz-Ästling der bräunlichen Form.

Von den Gewölleanalysen profitiert nicht nur die Vogelkunde, sondern auch die Erforschung der Häufigkeit und Verbreitung der Kleinsäuger, die man ja nicht ohne weiteres beobachten kann. Berühmt geworden durch langjährige Untersuchungen sind die Waldkäuze von Westberlin. Ein Leben lang hat V. Wendland Greifvögel und Eulen beobachtet. Nicht weniger als 28 Jahre widmete er »seinen« Berliner Waldkäuzen. 43535 Kleinsäuger hat er aus den Gewöllen von Waldkäuzen, aber auch einigen Waldohreulen und Schleiereulen herauspräpariert. Mit Hilfe dieser großen Untersuchungsreihe konnte er u. a. nachweisen, daß 3 häufige Mäusearten regelmäßige Schwankungen in ihrem Bestand zeigen. Die Gipfel der Massenvermehrung liegen aber jeweils verschieden: Bei der Erdmaus ergaben sich regelmäßige Abstände von 5, bei der nahe verwandten Feldmaus von 4 und bei

der Gelbhausmaus von 3 Jahren. Auch die Rötelmaus zeigte regelmäßige Schwankungen.
Die Waldkäuze können sich nun unterschiedlich gut auf diese Schwankungen im Angebot wichtiger Beutetiere einrichten, je nach dem Lebensraum, in dem sie zu Hause sind. Viel weniger von Mäusen abhängig waren die Waldkäuze im Stadtgebiet (Parks, Anlagen, Gärten). Einen wesentlichen Teil der Nahrung machten nämlich hier Vögel aus, z. B. Haussperling 22%, Grünling 12% und dann erst Waldmäuse 11% bzw. Feldmäuse knapp 7% (berechnet nach dem Gewicht). 50% des gesamten Nahrungsgewichtes werden also hier von 4 Beutetieren gestellt. Nimmt man noch Feldsperling, Ratte und Amsel dazu, dann hat man bereits ¾ der Gesamtnahrung im Stadtgebiet Berlins lebender Waldkäuze. Ganz anders dagegen bei den echten »Wald«käuzen, die außerhalb des bebauten Geländes (z. B. Grunewald) zu Hause sind. 7 Kleintierarten sind hier nötig, um 50% des Beutegewichts zu erreichen, nämlich Waldmaus (29%), Kohlmeise (7%), Feldmaus (4%) und dann Blaumeise, Rötelmaus, Grünling und Feldsperling (je 2–4%). Noch weitere 5 Kleintierarten müssen dazukommen, um ¾ der Gesamtnahrung zu erreichen. Die im Wald lebenden Käuze müssen also vielseitiger jagen.
Die Stadtpopulation, die zu rund 70% von Vögeln lebt (die bei der Waldpopulation nur 24–30% ausmachen), hatte ganz offensichtlich mit diesem einseitigen, aber sehr ergiebigem Nahrungsangebot das bessere Los gezogen. Die »Stadt«käuze konnten vielfach um 2 Monate früher mit dem Brüten beginnen und hatten 3,3 Junge pro erfolgreich brütendem Paar gegenüber nur 2,1 Jungen bei den Waldbewohnern. Offensichtlich begünstigen auch die Jagdmöglichkeiten das Leben der Stadtkäuze, denn

viele offene Parks, Grünanlagen und Höfe kommen der Jagdweise entgegen.

Natürlich variiert die Nahrung des Waldkauzes auch mit den Jahreszeiten. Dies hat man vor allem in Oxford/England und in den Niederlanden untersucht. In England war z.B. im Juli/August der Anteil der Mäuse am niedrigsten, von November bis Februar am höchsten. Als Sommernahrung spielen in England besonders Kaninchen und Wanderratten eine große Rolle. Auch in den Niederlanden konnte in Einzelbeispielen eine Abnahme des Mäuseanteils im Hochsommer beobachtet werden. Hier wurde der Fehlbedarf vor allem durch Vögel und Ratten ersetzt.

Die wahrscheinliche Ursache der Abnahme der Mäuse im Hochsommer ist die zunehmend höher werdende Vegetationsschicht, die es dem Waldkauz nicht mehr so leicht macht, an Mäuse heranzukommen.

Altvogel an einer natürlichen Bruthöhle (angefaulter Astabbruch). Dieser Vogel verkörpert mehr den rindengrauen Färbungstyp. Die Färbungen haben nichts mit Alter und Geschlecht zu tun.

Waldkauz in seinem Tagesruheplatz. Der hier abgebildete Vogel zählt zu den ausgesprochen bräunlichen Färbungstypen (vgl. die Abb. rechts oben).

Auch hier sind natürlich die Stadtkäuze von Berlin im Vorteil, deren Vogeljagd zu dieser Jahreszeit sicher nicht von der Vegetation beeinträchtigt wird. Ganz im Gegenteil: Im Hoch- und Spätsommer gibt es viele ungeschickte Jungvögel, die auch dem Waldkauz leicht zum Opfer fallen.

Diese wenigen Untersuchungen aus der Fülle des von Wissenschaftlern vorgelegten Materials deuten auch an, daß man Nahrungslisten, wie sie so oft in Büchern zu finden sind, vorsichtig interpretieren muß und immer die Zusammenhänge mit der Umwelt beachten sollte. Es ist daher auch ganz unsinnig, aus einzelnen Beutelisten ohne nähere Angaben gleich die Schädlichkeit oder Nützlichkeit eines Greifvogels oder einer Eule zu folgern.

Waldohreule

Asio otus

K Etwa krähengroß, schlank; lange Federohren (die aber niedergelegt und daher kaum sichtbar sein können); viel schlanker als Waldkauz; Augen mit orangefarbener Iris. Oberseite dunkelbraun, rindenähnlich marmoriert; Unterseite rostgelblich mit kräftigen, dunklen Längsstreifen und feiner Querbänderung. ▪ Reviergesang des ♂ leise, monoton gereihte »huh«. Warnrufe schrill »uäk«. Als Ästlinge machen sich die Jungen durch ein hohes klagendes Fiepen bemerkbar, das oft die ganze Nacht in regelmäßigen Abständen von 5–10 Sekunden zu hören ist. ▪ Dämmerungs- und nachtaktiv; am Tag in den Tagesverstecken in Bäumen (meist nahe am Stamm) sitzend, schwer zu entdecken.

V Br. von Europa bis Ostasien und in Nordamerika. ▪ Bei uns weit verbreitet und neben dem Waldkauz in der Tiefebene die verbreitetste Eulenart. Je nach Nahrungsangebot (Mäuse!) starke Bestandsschwankungen. Stand- und Strichvögel; Junge ziehen im ersten Lebensjahr mitunter weiter weg. ▪ Jagt vorwiegend im offenen Gelände. Br. in kleinen Baumgruppen, Feldgehölzen, Windschutzstreifen, auch in Einzelbäumen, seltener in Parklandschaften und vor allem an Waldrändern. Fehlt im Inneren dichter geschlossener Wälder.

Waldohreulenbrut in einem Krähennest; die Beute ist eine Wühlmaus.

F Gelege in Horsten von Rabenkrähen und Elstern, aber auch Greifvögeln, Tauben und in Eichhörnchenkobeln. ▪ Legebeginn bei günstigem Nahrungsangebot schon ab Anfang März, oft aber erst im April; 1 Jahresbrut. Bei schlechter Nahrungslage fällt die Brut ganz aus. ▪ Meist 4–5, in günstigen Jahren aber auch 6–8 weiße Eier. ▪ ♀ brütet 27–28 Tage; Junge oft verschieden weit entwickelt. ♂ versorgt ♀ und kleine Jungen mit Futter; ♀ zerteilt die Beute. Mit etwa 20 Tagen verlassen die Jungen noch nicht flugfähig das Nest und turnen in den Zweigen herum; voll flugfähig aber erst ab 33–35 Tage. Die Bettelrufe in Nestnähe kann man dann noch fast 2 Monate lang hören.

Ehemalige Krähen- und Elsternnester sind eine wichtige Voraussetzung für die Brut der Waldohreule. Doch Krähen und Elstern werden traditionsgemäß immer noch als »Schädlinge« verfolgt. Nach einer alten Jagdpraxis, die leider auch heute noch nicht ganz ausgestorben ist, schießt man zu Beginn der Brutzeit brütende Krähen »aus dem Horst«. Natürlich wird geraten, zuerst zu prüfen, ob eine Waldohreule im Horst sitzt oder nicht. Doch das Ausschießen kostet noch manchem Nachmieter eines Krähen- oder Elsternnestes das Leben.
Im Winter verlassen die Waldohreulen oft ihre angestammten Verstecke. Sie tauchen dann zuweilen mitten in der Großstadt auf und erregen beträchtliches Aufsehen unter der Bevölkerung. Vor allem in besonders harten Wintern bilden sich regelmäßige Wintersammelplätze, die bis über 30 Eulen umfassen können. Der Einzelgänger Waldohreule gibt also unter dem Druck der Verhältnisse seine Zurückhaltung auf. Solche winterlichen Tageseinstände sind häufig auf Friedhöfen, in Gärten, aber auch

Waldohreule am winterlichen Tagesrastplatz, den man sogar in Städten finden kann.

auf Alleebäumen anzutreffen. Die Eulen sitzen im dürren Geäst ruhig da und gehen dann bei Dämmerung auf Jagd. Wahrscheinlich bietet ihnen, ähnlich wie dem Waldkauz (S. 312), die Stadt mit ihren vielen Kleinvögeln eine günstige Möglichkeit auch harte Winter zu überdauern. Im kalten Winter 1978/79 haben z. B. die Ornithologen des Bezirkes Leipzig nicht weniger als 48 solcher Überwinterungsplätze feststellen können, an denen insgesamt über 1000 Eulen in Gruppen bis zu 50 Individuen z. T. wochenlang den Winter überdauerten. Einige solcher Überwinterungsplätze werden Jahr für Jahr aufgesucht.
Einzelne mitteleuropäische Waldohreulen wandern bis Frankreich und Spanien. Umsiedlungen bzw. Auswanderungen über 2000 km nach Osten bis nach Rußland haben sich ebenfalls mit Ringfunden nachweisen lassen. Mitteleuropäische Wintergäste stammen teilweise aus einem Einzugsbereich, der bis über 2400 km nach Nordosten reicht.

317

Sumpfohreule

Asio flammeus

K Sehr ähnlich Waldohreule, aber mit sehr kurzen, meist nicht sichtbaren Federohren. Färbung im allgemeinen heller; im Gesicht ist die dunkle Augenumrahmung auffällig. Augen im Unterschied zur Waldohreule mit blaß schwefelgelber Iris. ■ Reviergesang des ♂ im Fliegen oder Sitzen eine leicht ansteigende Reihe, wie »bububu…«. Das ♂ fliegt zur Balzzeit in seinem Revier im Imponierflug, bei dem die Flügel unter dem Bauch in rascher Folge klatschend zusammengeschlagen werden. ■ Dämmerungs- aber auch ausgesprochen tagaktiv.

V Br. in vielen Teilen der Welt, z.B. Süd-, Mittel- und Nordamerika, Eurasien. ■ Bei uns fast überall nur sehr ur. Br. in Abhängigkeit vom Mäuseangebot. Manchmal ausgesprochene Invasionen und dann Vorkommen in Gebieten, in denen jahrelang keine beobachtet wurden. R. Br. nur in Nordwestdeutschland. Zug- und Strichvogel, der im Tiefland auch in den Wintermonaten zu beob-

achten ist. ■ Brütet und jagt in offenen Landschaften mit niedriger, doch deckungsreicher Vegetation; z.B. Moore, Verlandungsgürtel, Naßwiesen, Dünen, Brachland.

F Nest ist flache Bodenmulde mit wenig eingetragenem Material. ■ Legebeginn meist ab Anfang April; 1 Jahresbrut (Zweitbruten kommen vor). ■ (4) 7–10 weiße Eier. ■ Brutdauer 24–28 Tage; Brüten und Hudern durch das ♀; ♂ schafft Nahrung herbei. Junge meist unterschiedlich weit entwickelt; die ersten verlassen nach 15–17, die letzten

Sumpfohreulen trifft man am ehesten in Mooren und Feuchtwiesen.

etwa nach 22 Tagen das Nest, sind aber zu diesem Zeitpunkt noch lange nicht flugfähig und werden von den Eltern noch versorgt.

N Hauptsächlich Wühlmäuse, daneben auch andere Kleintiere.

Die Sumpfohreule, mehr ein Vogel des Nordens, richtet ihre Wanderungen nach dem Nahrungsangebot aus. Dies tun viele nordische Greifvögel und Eulen, auch solche, die bei uns in Mitteleuropa Standvögel sind. So beobachtet man z.B. in Skandinavien, aber auch manchmal bis in den Ostseeraum, regelrechte Invasionen von Sperlingskäuzen, Rauhfußkäuzen, Schneeeulen und vor allem auch von Sumpfohreulen. Wenn das Nahrungsangebot auch im Winterhalbjahr sehr gut ist, streifen Sumpfohreulen gelegentlich gar nicht weit umher und sind ähnlich reviertreu wie z.B. unsere Waldohreulen. Ihr eigentliches Überwinterungsgebiet aber reicht vom Norden Mitteleuropas bis in das Mittelmeergebiet.

Finden die Eulen auf ihrer Wanderung ein Gebiet mit ausreichendem Angebot an Wühlmäusen, bleiben sie oft wochenlang, ja sogar den ganzen Winter über da. So können sich selbst tief im Binnenland in Gegenden, in denen jahrelang keine Sumpfohreulen zu beobachten waren, plötzlich in einem Winter Ansammlungen bis zu 20 Vögeln bilden. In besonders mäusereichen Jahren hat man in der Norddeutschen Tiefebene oder in den Niederlanden sogar schon Hunderte an einem Platz für längere Zeit beobachten können. Solche Invasionen der Sumpfohreulen zeigen also immer ein starkes Feldmausjahr an. In besonders günstigen Jahren kann es dann dazu kommen, daß einige der überwinternden und rastenden Sumpfohreulen zurückbleiben und mit einer Brut beginnen.

Sumpfohreulen sind auch tagaktiv.

Sumpfohreule am Brutplatz.

Leider sind aber Sumpfohreulenbruten im mitteleuropäischen Binnenland inzwischen zu einer großen Rarität geworden, weil offene und ungestörte, moorige Flächen kaum mehr zur Verfügung stehen. Noch bis in die 70er Jahre hinein konnten sich z.B. in Süddeutschland Sumpfohreulenansiedlungen über mehrere Jahre hinweg halten. Normalerweise verlassen die durchziehenden und überwinternden Vögel etwa im Laufe des März, seltener etwas später, die mitteleuropäischen Gebiete, in denen sie nicht brüten können.

Rauhfußkauz

Aegolius funereus

K Etwa so groß wie Steinkauz; Gestalt ähnelt einem kleinen Waldkauz. Aufrechte Haltung, großer runder Kopf. Oberseite graubraun; Stirn und Gesichtsbegrenzung mit feinen, die übrige Oberseite mit kräftigen, weißen, runden Flecken besetzt. Unterseite weiß, nur sehr schwach längsgestreift. Die Füße sind kurz und beim Sitzen kaum zu sehen, da sie in der lockeren Bauchbefiederung verschwinden. Zehen dicht befiedert. Juv. fast einfarbig kaffeebraun mit auffälligen weißen Augenbrauen und Bartstreifen; Schulterfedern, Flügel und Schwanz weiß getupft. ■ Der Reviergesang des ♂ ist ein melodiöses »hu-hu-hu-hu ...«. Die Strophe beginnt meistens leise und wird gegen Ende zu lauter. Vor allem unverpaarte ♂ singen oft die ganze Nacht, wobei je nach Erregungsgrad die einzelnen Laute unterschiedlich schnell aufeinander folgen. Warnruf schnalzend »zjuck«. ■ Ausgesprochen nachtaktiv.

V Zirkumpolar; in den nördlichen Bereichen von Eurasien und Nordamerika; südwärts bis Mitteleuropa, Zentralasien und China; im Süden

Rauhfußkäuze sehen bei verdächtigen Geräuschen aufmerksam aus der Bruthöhle.

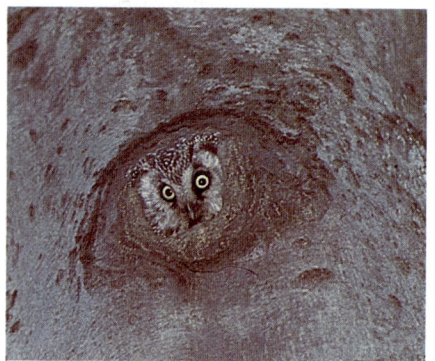

aber meist ± isolierte Gebirgsvorkommen. ■ Bei uns Br. in Gebieten, in denen die Fichte natürlicherweise vorkommt (fehlt also in vielen angepflanzten Fichtenforsten des Tieflandes); vor allem in den Alpen und Mittelgebirgen sowie deren Vorländer. In Norddeutschland oft schon ab 300 m, in den Alpen nur ausnahmsweise unter 600 m. Potentiell bedroht. Stand- (seltener Strich-) vogel. ■ Br. in großen, reich strukturierten Nadelwäldern, die ein gutes Höhlenangebot aufweisen. Bei entsprechendem Angebot von Nistkästen auch in einförmigen Fichtenbeständen.

F Nesthöhle im Waldesinneren; fast ausschließlich alte Schwarzspechthöhlen; auch in Nistkästen. ■ Legebeginn bei milder Witterung ab Anfang März, sonst Ende März bis Anfang Mai; je nach Nahrungsangebot in einzelnen Jahren sehr unterschiedlich. 1 Jahresbrut (in günstigen Fällen 2). ■ 2–8 (10), meist 3–6 weiße Eier. ■ ♀ brütet allein; Brutdauer etwa 26–29 Tage; am Anfang schafft ♂ allein die Beute herbei. Junge sitzen mit 27–28 Tagen am Flugloch und fliegen nach meist mehr als 30 Tagen aus. Sie werden noch mehrere Wochen von den Eltern geführt.

N Kleinsäuger und Vögel bis etwa Drosselgröße. Zur Brutzeit vor allem Mäuse.

Über die Leistungen von Auge und Gehör der Eulen bestehen meist abenteuerliche Vorstellungen. Allerdings werden manchmal auch die kühnsten Erwartungen von der Wirklichkeit übertroffen. Für außerordentliche Gehörleistungen sind vor allem Rauhfußkauz und Schleiereule berühmt geworden. Sie können allein mit dem Ohr den Ort ihrer Beute so exakt feststellen, daß der Fangerfolg sicher ist. Ein Rauhfußkauz ist z. B. in der Lage, bis auf 23 m eine Maus präzise auszumachen und anzupeilen. Während des Gesanges kann er eine Maus sogar noch auf 60 m Entfernung akustisch wahrnehmen.

Verschiedene Umstände arbeiten bei diesem erstaunlichen Richtungshören zusammen. Einmal sind die beiden Ohröffnungen asymmetrisch im Kopf untergebracht. Dadurch werden Unterschiede in der Schallregistrierung an der linken und rechten Seite erzielt. Diese Unterschiede helfen, die Richtung zu finden. Die das Gesicht umrahmenden Federn, der sogenannte Schleier, können als Schallreflektor scheibenförmig aufgestellt werden. Dadurch werden die Schallwellen im Brennpunkt gebündelt. Schließlich führt auch der breite Kopf Fixierbewegungen durch. Durch das Kopfdrehen wird das Gehörorgan so eingestellt, daß die Zeitunterschiede beim Eintreffen der Schallwellen an den Gehöröffnungen möglichst groß sind und dadurch eine Information über die Richtung der Schallquelle gewonnen werden kann.

Die Schallokalisation der Beute, die bei Eulen auch während des Fluges möglich ist, kann natürlich nur dann arbeiten, wenn die Geräusche, die vom Beutetier ausgehen, nicht durch das eigene Fluggeräusch übertönt werden. Der Bau der Schwung- und Steuerfedern, aber auch des Körpergefieders der Eulen ist geräuschdämmend angelegt; die Federn sind besonders weich. Beim Rauhfußkauz haben zudem die 3 äußersten Handschwingen an der Außenfahne eine regelrechte Sägekante, die dazu beiträgt, das unvermeidliche Fluggeräusch beim raschen Stoß auf die Beute zu dämpfen.

Das Beutetier wird vom lautlosen Flug der Eule überrascht. Von der Warte aus stürzt der Rauhfußkauz mit ein paar kräftigen Flügelschlägen zu Boden und packt mit zurückgezogenem Kopf, nach vorne gestreckten Beinen und geschlossenen Augen zu. Doch hat auch das Beutetier eine

Ästlinge tragen dunkle Dunen.

Chance, denn bis es zum erfolgreichen Stoß kommt, muß der Kauz viel Energie investieren. Etwa 2 Minuten harrt er auf einer geeigneten Warte aus, um dann die nächste anzufliegen. Bei sehr gutem Beuteangebot kann im Durchschnitt bei 9 Wartenanflügen mit einem erfolgreichen Beutestoß gerechnet werden. In schlechten Mäusejahren sind dazu aber über 120 Wechsel einer Sitzwarte nötig!

Ziegenmelker

Caprimulgus europaeus

K Rindenfarbiger, schlanker und langflügeliger Vogel, den man aber selten sieht, da er erst bei der Dämmerung aktiv wird. Grundfarbe graubraun, dicht dunkelbraun und gelblich gesprenkelt und gebändert; hervorragende Anpassung an den Untergrund. Flacher großer Kopf mit kurzem Schnabel. ♂ mit weißen Flecken nahe der Flügelspitze und an den äußeren Schwanzfedern. ■ Balzstrophe des ♂ in der Abenddämmerung ein lang anhaltendes Schnurren; Flugruf »ku-ik« u.ä. ■ Sitzt tagsüber meist gut getarnt auf dem Boden oder auf einem Ast (in Längsrichtung!). Hastiger und gewandter Flug. Bei der Balz und im Brutrevier auch Flügelklatschen des ♂.

V Br. in Nordafrika, Europa (fehlt im nördlichen Skandinavien), Vorder- und Zentralasien. ■ Bei uns nur im trockenen, warmen Tiefland, stellenweise im Mittelgebirge; stark bedroht. Langstreckenzieher; Winter-

quartier im tropischen Afrika (Ende April/Anfang Mai bis September/Anfang Oktober). ■ Br. in warmen, trockenen Gegenden, z.B. Kiefernwäldern, trockene Heiden, Dünengebiete usw. Bei uns in erster Linie auf Kahlschlägen oder in Lichtungen der Kiefernwälder.

F Nest wird nicht gebaut; Eier werden auf einem von hoher Vegetation freien Platz abgelegt. ■ Legezeit Ende Mai bis Juli; normalerweise 1 Jahresbrut. ■ 2 Eier; Grundfarbe hell, mit vielen Flecken versehen. ■ Hauptsächlich ♀ brütet 16–21 Tage; Nestlingsdauer 17 Tage.

N Fliegende, nachtaktive Insekten, von kleinen Mücken bis hin zu großen Nachtschmetterlingen und Käfern.

Da Ziegenmelker dämmerungs- und nachtaktiv sind, bekommt man sie selten zu Gesicht! Außerdem sind sie durch ihr Gefieder und Verhalten hervorragend getarnt. Das wichtigste Hilfsmittel, besetzte Brutreviere festzustellen, ist daher vor allem die Balz des Männchens. Auf einer Singwarte, einem Baumast oder einer erhöh-

Sonagramm des Balzgesanges eines Ziegenmelkers.

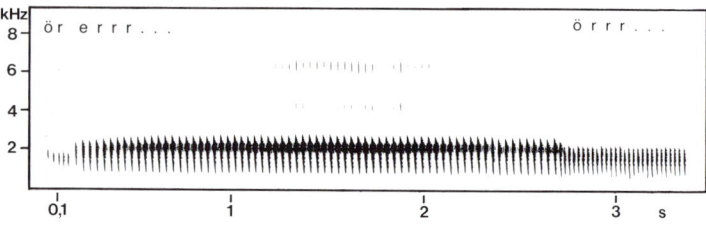

ten Stelle auf einer Waldlichtung, läßt es ein anhaltendes Schnurren hören. Einzelne Strophen können bis zu 9 Minuten dauern, das Schnurren hält mitunter bis über eine Stunde an. Meist kann man dabei verschiedene Tonhöhen und auch eine Zu- und Abnahme der Lautstärke wahrnehmen, so daß der Gesang etwa wie »errr-örrr-errr …« wiederzugeben ist.

Erst etwa Ende Mai erreicht die Balz des Ziegenmelkers ihren Höhepunkt, vor allem in windstillen und milden Nächten. Allerdings können in Mitteleuropa bis Ende Mai/Anfang Juni auch Durchzügler vorübergehend Reviere besetzen und den Balzgesang hören lassen, so daß man noch bis in den Juni hinein aufmerksam kontrollieren muß, um wirklich sicher gehen zu können, besetzte Ziegenmelkerreviere vor sich zu haben. Lassen sich Weibchen sehen, wird das Schnurren eingestellt, und die Männchen fliegen mit Rufen und auffallendem Flügelklatschen von der Singwarte. Dabei wird ein Stück gleitend mit hochgestellten Flügeln und gespreiztem Schwanz zurückgelegt, so daß die weißen Ab-

Männchen mit den weißen Abzeichen.

zeichen in der tiefen Dämmerung aufleuchten. Trotz dieses auffallenden akustischen Verhaltens am Brutplatz wird der Ziegenmelker oft übersehen.

Fest steht allerdings, daß der Bestand in vielen Teilen Mitteleuropas rückläufig ist. Ursache sind Lebensraumzerstörung durch Veränderungen in der Forstwirtschaft oder durch Umwandlung von Kiefernheide in landwirtschaftlich genutztes Land, aber auch Beunruhigung.

Perfekte Tarnung: Der Vogel gleicht einem Holzstück.

Mauersegler

Apus apus

K Figur ähnlich Schwalbe, doch größer; mit langen, sichelförmigen Flügeln und kurzem, gegabeltem Schwanz. Unterseite dunkel (nur Kehle aufgehellt). ▪ Häufig zu hören sind hohe, schrille Rufe wie »sirr« oder »srih« u. ä. ▪ Reißender Flug mit raschen Flügelschlägen, aber auch Gleitflug. Gegen Abend oft regelrechte Flugjagden unter großem Geschrei.

V Br. in Nordafrika und Eurasien. ▪ Bei uns häufiger Br. vor allem in den Städten; in ländlichen Gebieten oft selten. Jagt jedoch weit ab von den Brutplätzen, bei schlechtem Wetter in großer Zahl am Wasser. Zugvogel; Winterquartier im tropischen Afrika (Ende April/Anfang Mai bis August/September). ▪ Br. an Steinbauten, vor allem im Bereich von Städten. Neben der Straßentaube oft der einzige auffallende Vogel im Sommer in der City. Jagdgebiete über dem ganzen Land, vor allem auch über Wasserflächen.

F Nest in Mauerlöchern, unter Dächern und anderen dunklen Hohlräumen in Gebäuden mit Einflug nach außen. ▪ Eiablage ab Mitte Mai; 1 Jahresbrut. ▪ 2–3 weiße Eier. ▪ ♂ und ♀ brüten 18–20 Tage; Nestlingszeit stark schwankend, etwa 38–56 Tage je nach Witterung.

N Ausschließlich fliegende Insekten (und Spinnen).

Noch viel extremer als Schwalben sind Mauersegler an das Luftleben angepaßt. Man kann annehmen, daß sie sich außerhalb der Fortpflanzungszeit mehrere Monate so gut wie ununterbrochen in der Luft aufhalten. Wenn sie eine feste Unterlage

Fast flügge Mauersegler im Nest unter den Dachsparren.

aufsuchen, dann hängen sie sich meistens nur an senkrechten Strukturen ein. Dabei können sie recht gewandt klettern. Auf waagerechter Unterlage wirkt der Mauersegler allerdings unbeholfen. Gesunde Vögel können jedoch, entgegen einer immer wieder zu hörenden Meinung, sehr wohl vom Boden starten, wenn sie genügend großen Freiraum haben. Oft aber findet man durch Nahrungsmangel geschwächte Segler am Boden liegen, die sich nicht mehr abstoßen können.

Die Anpassung an den Luftraum geht so weit, daß viele Mauersegler auch fliegend übernachten, vor allem nach schönen Tagen, in denen sich wärmere Luftschichten gebildet haben. Abends fliegen Schwärme hoch hinauf, lassen sich dann von den Luftströmungen treiben, müssen aber dazwischen immer wieder einmal mit den Flügeln schlagen, um die Höhe halten zu können. Bei bestimmten Wetterlagen hat man schon Tausende von Mauerseglern registriert, die die Nacht in großen Höhen verbrachten. Schon im 18. Jh. vermutete der italienische Naturforscher Spallanzani, daß Mauersegler »im Fliegen schlafen«. Heute hat der Einsatz von Radar neben vielen Geheimnissen des Vogellebens im freien Luftraum auch die Flüge des Mauerseglers enträtselt.

Luftbewegungen und damit das Wetter bestimmen auch ganz entscheidend die Ernährung. Niedrige Temperaturen, hohe Niederschläge, aber auch starke Winde schaffen mitunter gefährliche Nahrungsengpässe. Bei länger anhaltenden Schlechtwetterperioden sind Mauersegler auch mitten in der Brutzeit gezwungen, große Ausweichbewegungen oft über Hunderte von Kilometern vorzunehmen, um Gebiete mit ausreichendem Nahrungsangebot zu erreichen. Solche Wetterflüge führen dann oft zu großen Konzentrationen, z. B. über in-

Flugbild des Mauerseglers (vgl. Schwalbe, S. 364 und S. 366).

sektenreichen Gewässern oder über Sumpfgebieten.

Sind die Jungen schon etwas herangewachsen, dann können sie bei solchen Wetterfluchten der Altvögel mehrere Tage ohne Nahrung alleingelassen werden ohne zu sterben. Sie fallen in eine Art Hungerschlaf, bei dem die Körpertemperatur gesenkt und die Atemfrequenz reduziert wird. Mit Hilfe von Fettvorräten kann dieser herabgesetzte Stoffwechsel einen Jungvogel mitunter über 1 Woche ohne Nahrungszufuhr am Leben halten. Sinkt jedoch die Körpertemperatur auf etwa 20 °C, dann sterben die Jungvögel ab. Der Gewichtsverlust kann bis rund 60% betragen. Auch Altvögel können mehrere Tage hungern und dabei bis zu 40% an Gewicht verlieren, wobei dann ebenfalls die Körpertemperatur leicht absinkt. Allerdings ist bei ihnen die Fähigkeit zum Hungern viel weniger stark ausgebildet als bei Jungen. Gemeinsames Übernachten in kalten Nächten auf dem Zug, oft in großen Klumpen, erhöht ebenfalls die Überlebenschance. Halten Kälteperioden allerdings sehr lange an, treten gewaltige Verluste ein.

Eisvogel

Alcedo atthis

K Etwas über spatzengroßer, gedrungener, auffallend kurzschwänziger Vogel mit geradem, kräftigem Schnabel. Je nach Lichteinfall wirkt die Oberseite kobaltblau bis türkisfarben. Vor allem im Abflug fällt der leuchtend blaue Hinterrücken auf. Scharf abgesetzt an der Halsseite sind 2 weiße Flecke; Unterseite orangebraun. Durch seine auffallende Färbung und Gestalt mit keinem anderen Vogel zu verwechseln. ▪ Vor allem im Abflug ist ein scharfes und gedehntes »tjie« zu vernehmen. Solche Einzellaute können auch zu kleinen Reihen geformt werden und klingen dann oft rauher. ▪ Sitzt am Wasser gerne auf Pfählen und anderen offenen Warten (aber mitunter auch im Gebüsch versteckt). Geradliniger, reißender Flug, oft dicht über dem Wasser, gelegentlich Rüttelflug. Stoßtaucher.

V Br. von Europa bis nach Ostasien (fehlt in den innerasiatischen Trokkengebieten); nach Süden bis Indien, Indonesien und Taiwan. ▪ Bei uns meist sehr lückenhaft verbreitet und oft nur ur. Br.; langfristig ist der Bestand sehr stark zurückgegangen. Gründe: Verfolgung als Fischfeind, Vernichtung von Brutplätzen durch Wasserbau, Gewässerverschmutzung, Störungen durch Erholungsbetrieb usw. Durch Schutzmaßnahmen in neuester Zeit konnte der Rückgang lokal aufgehalten werden. Harte Winter verursachen große Bestandseinbrüche, die meist erst nach 5–7 Jahren wieder ausgeglichen sind. Stand- und Strichvogel, aber auch Kurzstreckenzieher. ▪ Jagdgebiete sind klare, langsamfließende oder stehende Gewässer mit einem ausreichendem Angebot an Sitzwarten. Zum Nestbau ist eine überhängende oder senkrechte Bruchkante in weichem Bodenmaterial erforder-

Brutröhre des Eisvogels im Uferabbruch eines unverbauten Flusses.

lich, die die Anlage einer Höhle gestattet. Bruthöhlen können auch vom Wasser bis 1 km entfernt sein. Ansiedlung der Eisvögel durch künstliche Nisthilfen und Anlage von geeigneten Abbruchkanten ist möglich. Im Winter oft abseits der Brutplätze, auch mitten in den Städten; ferner an künstlichen Fischteichen, sogar an der Küste.

[F] Nest ist eine horizontale oder leicht ansteigende Höhle mit backofenförmigem Nestkessel, 50–90 cm lang. Alte Höhlen werden oft wieder benutzt. ▪ Legebeginn März; 2–3 Jahresbruten. ▪ 5–7, manchmal auch bis 9 weiße Eier. ▪ ♂ und ♀ brüten 18–21 Tage; Junge werden von ♂ und ♀ 23–27 Tage im Nest gefüttert.

[N] Hauptsächlich kleine Süßwasserfische, daneben auch Insekten, Frösche, Kaulquappen.

Eisvögel erbeuten kleine Fische, indem sie aus der Luft ins Wasser stoßen. Bei dieser Form des Nahrungserwerbs laufen viele komplizierte Verhaltensweisen so rasch hintereinander ab, daß uns erst moderne Fotografie und Analysen von Filmbildern alle Einzelheiten deutlich gemacht haben. Um erfolgreich fischen

Start nach dem Tauchstoß.

zu können, muß der Eisvogel seine Beute im Wasser vorher optisch fixieren. Das bedeutet, daß er nur im klaren Wasser fischen kann oder dort, wo Fischchen passender Größe nahe an die Oberfläche kommen. Auch bei starkem Wind, der die Wasseroberfläche bewegt, ist der Fangerfolg fraglich.

Von einer passenden Sitzwarte im oder nahe am Wasser wird der Stoß angesetzt. Oft versuchen Eisvögel im kurzen Flug die nötige Stoßhöhe zu erreichen und möglichst senkrecht über die Beute zu gelangen. In diesem Fall wird dann der Steilstoß aus einem kurzen Rüttelflug (s. S. 177) an-

Zugriff nach dem Eintauchen.

Die Nesthöhle wird angeflogen.

327

Altvogel nach erfolgreicher Jagd.

gesetzt. Rasche Flügelschläge sorgen im Herabstoßen für die nötige Beschleunigung. Ist die Wasseroberfläche erreicht, wird der Körper gestreckt; die Flügel sind seitlich angelegt. Wie ein Projektil schießt der Vogel ins Wasser. Die Augen bleiben dabei offen, der Schnabel ist entweder geschlossen oder leicht geöffnet. Da der Stoß im Wasser jedoch in der Regel nicht tief gehen soll – häufig fischen Eisvögel auch im ganz seichten Wasser – werden unmittelbar nach dem Eintauchen, schon bevor die Beute erreicht ist, Bremsbewegungen eingeschaltet: Der Vogel dreht seine Körperachse waagerecht, streckt die Füße vor und führt rudernde Flügelschläge unter Wasser aus. Um rasch wieder auftauchen zu können, dreht sich der Eisvogel mitunter wieder nach oben. Oft aber drückt er nur seinen Schnabel an die Brust und durchstößt mit dem Oberkopf zuerst die Wasseroberfläche. Mit einem kräftigen Ruck wird der Schnabel mit oder ohne Beute aus dem Wasser geschleudert, und der Vogel startet entweder sofort oder nach einer ganz kurzen Ruhepause zum Rückflug auf die Sitzwarte.

Meist sind Eisvögel nur sehr kurz unter Wasser. Vom Eintauchen bis zum Ergreifen der Beute vergeht kaum 1 Sekunde. Wahrscheinlich führen die meisten Tauchstöße nur etwa 30–60 cm unter Wasser; im ganz seichten Wasser wird der Stoß schräg angesetzt. Fische werden mit dem kräftigen Schnabel etwa in der Mitte des Körpers gepackt oder auch durch den geschlossenen Schnabel regelrecht harpuniert und am Rücken oder in den Flanken aufgespießt. Die weitere Bearbeitung der Beute erfolgt dann meist auf der Sitzwarte.

Kräftiges Zusammendrücken des Schnabels tötet oder schwächt den Fisch. Zappelt die Beute heftig, wird sie mit kräftigen Schlägen auf die Unterlage betäubt. Die Zahl der Schläge richtet sich nach der Größe der Beute und der Heftigkeit der Bewegungen des Beutefisches. Meistens sind die erbeuteten Fischchen nur etwa 4–7 cm lang; nur ausnahmsweise können sie eine Größe bis über 10 cm erreichen. Besonders beliebt sind schlanke und flachrückige Fischarten im Seicht- oder Oberflächenwasser, z.B. kleine Bachforellen, Gründlinge, Elritzen und die Vertreter der Weißfische, wie Plötzen oder Rotfedern. Auch kleine Stichlinge und Flußbarsche werden trotz ihrer Stacheln auf dem Rücken bzw. in der Rückenflosse hinuntergeschluckt. Dickköpfige oder hochrückige Fische sind weniger beliebt, so z.B. Brachsen, Groppen usw. Der Fisch wird im Schnabel gedreht, so daß er kopfvoran in den Schlund gleiten kann. Fischchen, die zur Fütterung der Jungen in der Nesthöhle bestimmt sind, werden dagegen nur umgekehrt getragen. So können sie schnabelgerecht den Jungen angeboten werden.

Nicht zuletzt ist der komplizierte Nahrungserwerb die Ursache dafür, daß Eisvögel nirgends häufig und die Bestände in der mitteleuropäischen Kulturlandschaft stark zurückgegangen sind. Wie üblich sind viele unmittelbare Ursachen daran schuld. Viele Störungen an den Brutplätzen, am Ufer durch Angler, Touristen, Badebetrieb, ferner die Belastung und Verschmutzung der Gewässer durch Industrie und menschliche Siedlungen und der Ausbau von Fließgewässern mit betonierten Ufern dürften die wichtigsten sein. Man macht sich oft nicht klar, wie selten durch den Ausbau der Fließgewässer vom Bach bis zum großen Fluß heute ein naturnahes Uferstück mit weicher Abbruchkante geworden ist, in dem der Eisvogel seine Bruthöhle anlegen kann. Auch die Uferschwalbe (s. S. 363) hat dadurch längst ihre angestammten Brutplätze verloren. So herrscht ein akuter Mangel an geeigneten Nistplätzen.

In den letzten Jahren haben Vogelschützer verschiedentlich mit Erfolg Abhilfe schaffen können, im einfachsten Fall durch Abgraben von Steilufern. Man kann aber auch künstliche Brutwände aus einem Gemisch mit Bodenmaterial und Kalk und vorgefertigten Bruthöhlen anlegen. Der Erfolg solcher Maßnahmen in vielen Teilen Mitteleuropas hat gezeigt, daß solche Nisthilfen für den Eisvogel tatsächlich einen Engpaß beseitigen können, natürlich aber nicht alleine die Verschlechterung der Lebensbedingungen aufhalten können. Voraussetzung hierfür ist, daß auch geeignete Gewässer vorhanden sind. Es muß nicht immer ein klarer Bach oder ein urtümlicher Fluß sein. Auch in künstlichen Teichlandschaften oder in kleinen Kiesgrubenseen und anderen Naßbaggerungen lassen sich Eisvögel ansiedeln, wenn es gelingt, Störungen aller Art fernzuhalten.

Eisvögel können einen einmal gefundenen günstigen Brutplatz durch mehrere, rasch aufeinanderfolgende Bruten optimal ausnützen. Dabei kann man mitunter feststellen, daß das Weibchen bereits auf einem 2. (oder gar 3.) Gelege brütet, das ♂ aber noch mit der Fütterung der Jungen der jeweils vorhergehenden Brut beschäftigt ist. Man spricht dann von Schachtelbruten.

Junger Eisvogel nach dem Ausfliegen; der Schnabel ist noch etwas kürzer.

Bienenfresser

Merops apiaster

K Auch wenn die bunten Farben bei ungünstigem Licht nicht zu sehen sind, ist der schlanke Vogel eigentlich unverkennbar. Langer gebogener Schnabel, verlängerte mittlere Schwanzfedern (die allerdings bei den Jungvögeln fehlen) fallen auch im Gegenlicht auf. Oberseite braun und gelb, Unterseite blaugrün mit leuchtend gelber Kehle. Im Gleitflug fallen vor allem die hell durchscheinenden Schwingen auf. ■ Ein sehr häufiger und typischer Flugruf ist ein

Bienenfresser sind gern gesellig.

gedämpftes, etwas guttural klingendes »prürr« oder »rüpp«. Man hört diesen Ruf oft erstaunlich weit und kann daran die Anwesenheit von Bienenfressern schon feststellen, bevor man die sehr unruhigen Vögel zu Gesicht bekommt. ■ Typische Flugweise mit raschen Flügelschlägen und dazwischen eingeschalteten Gleitflugstrecken erinnert etwas an Schwalben, insbesondere Mehlschwalbe. Sitzt oft auf Leitungsdrähten; gern gesellig.

V Br. in Nordafrika, Südeuropa, Südasien und ganz isoliert in Südafrika (diese Brutpopulation ist offenbar aus »hängengebliebenen« Zugvögeln aus dem Norden entstanden). ■ In Mitteleuropa vor allem im Südosten (Ungarn, Burgenland, Slowakei, Südpolen) r. Br.; gelegentlich erscheinen Bienenfresser auch weiter nordwärts und neuerdings ist es verschiedentlich zu Brutvorstößen gekommen (s. unten). Zugvogel (Mai bis September); Winterquartier im tropischen und südlichen Afrika. ■ Br. offener und vor allem warmer, sonniger Landschaften mit reichem Insektenangebot und wenig intensiver wirtschaftlicher Nutzung. Bei uns nur auf die wärmsten Gegenden beschränkt.

F Nest ist eine über 1 m lange Erdröhre, in der Regel in Steilhängen und Abbruchkanten im weichen Material gegraben und daher meist an Flußufern, Wegböschungen oder Sandgruben, gelegentlich aber auch im flachen Boden. Die Eier werden auf bloßem Untergrund abgelegt, doch häufig sammeln sich sehr viel Chitinteile aus der Insektenbeute als Unterlage. Koloniebrüter. ■ Legeperiode Mai bis Ende Juni; 1 Jahresbrut. ■ Meist 5–7 rein weiße, dünnschalige Eier. ■ ♂ und ♀ brüten etwa 20–22 Tage; Junge verlassen nach 31–33 Tagen die Bruthöhle.

N Mittelgroße bis große Fluginsekten; hauptsächlich Hautflügler, also

Manchmal wird die Bruthöhle auch in sanfte Hänge oder in die ebene Erde gegraben.

Bienen, Wespen, aber auch Käfer, Heuschrecken usw.

Bienenfresser sind vielseitige Luftjäger, die allerdings meist nicht wie Segler oder Schwalben unermüdlich hinter fliegenden Insekten herjagen, sondern den kurzen Jagdflug von einer geeigneten Sitzwarte aus vorziehen. Bienen und Wespen, die zeitweise die wichtigste Nahrung ausmachen, werden nach dem Fang meist in der Mitte des Körpers gefaßt und einige Male kräftig mit den Kopf auf die Zweige geschlagen. Anschließend kommt die »Entgiftung« des Stachelapparates: Die Schnabelspitze greift rasch zum Hinterleibsende und reibt dieses mehrmals kräftig gegen eine feste Unterlage. Durch den Druck des Schnabels wird das Gift aus dem Hinterleib herausgepreßt und anschließend abgewischt. Bienenfresser können stechende Hautflügler sehr genau von anderen ungefährlichen Insekten unterscheiden, mit denen dieses Abwischen nicht durchgeführt wird. Selbst wespenähnliche Schwebfliegen werden eindeutig als ungiftig erkannt. Allerdings scheinen Bienen- und Wespenstiche den Bienenfressern relativ wenig auszumachen.

In neuester Zeit haben sich Bienenfresser nicht nur einzeln als Gäste in Mitteleuropa blicken lassen; es ist auch verschiedentlich zu meist kurzfristigen Brutansiedlungen gekommen, allerdings meist nur von Einzelpaaren oder sehr kleinen Kolonien. Ein regelrechtes Invasionsjahr war z.B. 1964 (Bruten in Nord- und Süddeutschland und in den Niederlanden). Zwischen 1960 und 1980 wurden in 11 Jahren brütende Bienenfresser in Deutschland nachgewiesen, und in den Niederlanden 2mal. Selbst Dänemark hatte z.B. 1966 und 1973 einzelne Brutpaare, und auch in Schweden brüteten schon die bunten Südländer. Meist halten die Ansiedlungen nicht lange. In Österreich brüteten um 1990 55–65 Paare, in Deutschland etwa 10.

Man hat die Neigung, das Brutgebiet nach Norden auszuweiten, mit Erwärmungen des Klimas in Mitteleuropa in Zusammenhang gebracht, doch ist die Erklärung sicher komplizierter.

Blauracke

Coracias garrulus

K Kleiner als Krähe (etwa Eichelhä-hergröße). Vor allem im Flug sehr auffallend gefärbt: Intensiv blaue Oberflügel mit dunkelblauem Flügelsaum, violettblauer Hinterrücken, dunkler Schwanz mit einer breiten, türkisfarbenen Endbinde. Im Sitzen Rücken und Schultern kastanienbraun, übriger Körper türkisfarben. Juv. matter gefärbt. ■ Rauher Stimmfühlungsruf, etwa »rack«, ein paarmal gereiht. ♂ »rärärrä …« am Brutplatz ■ Sitzt gern auf erhöhter Warte, auch Leitungsdraht. Flug ähnlich Krähe, gelegentlich mit kurzen Gleitstrecken eingeschaltet. Kehrt nach einem kurzen Fangflug meist wieder auf die Warte zurück.

V Wärmere Gebiete Europas und Asiens. Vor allem wohl aus klimatischen Gründen in vielen Teilen Europas heute als Br. verschwunden. ■ In Mitteleuropa nur noch an wenigen Stellen, wie im Südosten Österreichs, in Polen oder Tschechien. In Deutschland als regelmäßier Brutvogel mittlerweile ausgestorben; heute meist nur noch einzelner Gast ab April/Mai. Im Mittelmeergebiet teilweise häufig. ■ Br. in lichten Eichenbeständen und Kiefernwäldern, aber auch Alleen, Parkanlagen, Auwäldern usw.; auf warme, trockene Gebiete begrenzt. Im Mittelmeergebiet auch Br. in Felswänden, Steilufern und an alten Bauwerken.

F Höhlenbrüter (vor allem Schwarz- und Grünspechthöhlen); nimmt auch Kunsthöhlen und Nistkästen an. ■ Legebeginn in Mitteleuropa Ende Mai/Anfang Juni; 1 Jahresbrut. ■ 4–6 weiße Eier. ■ ♂ und ♀ brüten etwa 18–20 Tage; die Jungen werden 26–28 Tage von ♂ und ♀ in der Bruthöhle gefüttert.

N Große Insekten, Würmer, Tausendfüßler; mitunter auch kleine Wirbeltiere (z. B. Reptilien).

Die Blauracke gehört zusammen mit Bienenfresser und Wiedehopf zu den ausgesprochen wärmeliebenden Vögeln, die sich in Mitteleuropa meist nur unter besonders günstigen Umständen halten können. Daher zählen sie nördlich der Alpen meist zu den großen Seltenheiten, sind aber z. B. in Südeuropa weit verbreitet und häufig zu beobachten. Klimaschwankungen haben das Brutvorkommen solcher südlicher Vögel bei uns immer schon stark beeinflußt, doch ist das Schicksal von Blauracke, Wiedehopf und Bienenfresser im einzelnen ganz unterschiedlich.

Die Blauracke war noch im 19. Jahrhundert weit über Mitteleuropa verbreitet. Sie ist im Westen der Bundesrepublik als regelmäßiger Brutvogel schon in den ersten Jahrzehnten des 20. Jahrhunderts verschwunden. Im

Osten zählte man 1961 noch 135 Brutpaare; 1976 war dieser Rest auf ca. 30 zusammengeschmolzen; um 1990 gab es keine mehr. Sicher sind nicht nur Klimaschwankungen Ursachen des Rückgangs, wie der Vergleich mit anderen wärmeliebenden Vogelarten zeigt, die durchaus auch heute noch bei uns eine Chance haben, ja sogar – wie der Bienenfresser – Tendenzen zeigen, ihr Brutgebiet nach Mitteleuropa auszuweiten. Vernichtung von Brutplätzen durch Veränderung der Waldstruktur, Verringerung eines geeigneten Höhlenangebotes und möglicherweise auch Konkurrenz mit anderen Höhlenbrütern mögen am Rückgang ursächlich beteiligt gewesen sein und sicher auch der katastrophale Rückgang an Großinsekten und anderen größeren Gliedertieren. Hier finden sich viele Parallelen zu weiteren Vogelarten wie Wiedehopf, Ziegenmelker, aber auch zu den Würgern unter den Singvögeln (S. 466). Obwohl 4–6 Eier gelegt werden, scheinen Blauracken an nördlichen Brutplätzen meist nicht mehr als 2 Junge großziehen zu können; das deutet bereits auf Nahrungsmangel.

Brutplatz der Blauracke.

Bei uns ist die Blauracke vor allem Baumhöhlenbrüter; im Osten Mitteleuropas wird besonders die Eiche bevorzugt. In Südeuropa finden sich dagegen die Nester in Felshöhlen und -spalten, aber auch in Mauerlöchern von Burgen, Festungen oder unbewohnten Häusern. Häufig werden aber in weichem Material, z. B. Lehm-, Löß- oder Sandwänden, von den Brutvögeln selbst Löcher gegraben. Nistmaterial wird aber nie eingetragen.

An warmen Hängen findet die Blauracke zur Nahrung geeignete Großinsekten.

Wiedehopf

Upupa epops

K Auffallende Vogelgestalt; Körper kaum größer als Star, wirkt aber viel auffälliger. Dünner, gebogener Schnabel und aufrichtbare Federhaube. Körpergefieder hell orangebräunlich; Schwingen und Schwanz vor allem beim Flug kontrastreich schwarz-weiß gebändert. ■ Balzruf ein meist 3silbiges und gedämpftes »upupup«, das relativ weit zu hören ist. Bei Erregung rauhes Krächzen. ■ Auffallend »unsicherer« Flug in wellenförmiger Flugbahn, mit unregelmäßigen und weit durchgezogenen Flügelschlägen.

V Br. in Afrika und in warmen Gebieten Europas und Asiens. Häufig z. B. in vielen Mittelmeerländern. ■ Bei uns starker Rückgang und offenbar, z. T. durch Klimaschwankungen aber auch durch Intensivierung der Landwirtschaft, in vielen Gebieten sehr selten geworden oder ausgestorben. Nur in wärmeren Tiefländern noch als Br. einzeln anzutreffen. In vielen Gebieten regelmäßiger einzelner Durchzügler. Zugvogel (April bis Sept.). ■ Offene

Landschaften in warmen und trockenen Klimaten mit ausreichendem Höhlenangebot. Nahrungssuche auf lichten Waldflächen, Ödländern, Garten- und Ackerflächen, Weinbergen usw. In baumarmen Gebieten auch im Bereich menschlicher Siedlungen.

F Höhlenbrüter; Nest in Astlöchern, verlassenen Spechthöhlen, Mauerspalten, Felshöhlen, Erdlöchern, Steinhaufen usw., auch in großen Nistkästen. ■ Legebeginn ab Anfang Mai; 1 Jahresbrut; selten 2. ■ 5–8 (selten mehr) hellgraue Eier. ■ ♀ brütet allein etwa 17 Tage. Junge werden von ♂ und ♀ etwa 23–25 Tage im Nest und später noch außerhalb des Nestes gefüttert.

N Große Insekten (z. B. Grillen und deren Larven, Raupen, Engerlinge), Spinnen, Asseln, Tausendfüßler, Regenwürmer, Schnecken.

Wiedehopfen wird seit alters her nachgesagt, sie würden stinken. Dies stimmt nur teilweise. Die Jungen in der meist bodennahen Nesthöhle haben bestimmte Abwehrreaktionen, die sicher gegenüber Säugetieren, die ein Bodennest plündern wollen, recht wirksam sind. Zunächst lassen sie bei Störung ein zischendes Fauchen hören. Dann drücken sie sich mit dem Vorderkörper auf den Boden, so daß der Hinterkörper nach außen gerichtet ist. Er

Maulwurfsgrillen sind eine beliebte Beute.

wird gleichzeitig mit den Beinen etwas hochgestemmt. Unter dem aufgerichtetem Schwanz spritzen die Jungen dann dünnflüssigen Enddarminhalt aus, der aber geruchlos ist. Noch kleine Junge führen dieses Kotspritzen ungezielt aus; mit zunehmendem Alter kann der dünnflüssige Kot ganz gezielt auf den Störenfried gerichtet werden. Zur Nestlingszeit entwickelt sich auch die Bürzeldrüse sehr stark. Gleichzeitig mit der gezielten Kotabgabe tritt aus dieser Bürzeldrüse in kleinen Tropfen ein schwarzbraunes Sekret aus, das einen üblen Geruch verbreitet. Das Weibchen kann während der Brut- und Nestlingszeit ebenfalls übelriechendes Sekret aus der Bürzeldrüse abgeben. Sind die Jungen kurz vor dem Ausfliegen, gehen sie auch mit dem geöffneten Schnabel auf einen Nestfeind los.

Auch erwachsene Wiedehopfe haben wirksame Möglichkeiten, Feinden zu entgehen. Man sollte gar nicht glauben, daß der so auffallend gezeichnete Vogel, wenn er sich auf den sonnenbeschienenen Boden legt und die Flügel ausbreitet, geradezu in seiner Umgebung verschwindet und dann schwer zu entdecken ist. Man nennt die eine durch kontrastreiche Färbung hervorgerufene Verschmelzung des Körpers mit der Umgebung, durch die gewissermaßen die Körperkonturen aufgelöst werden, Somatolyse (wörtlich: Körperauflösung).

In der Schweiz wurden 1977/79 noch etwa 137 Brutpaare des Wiedehopfes ermittelt. In Deutschland schätzte man um 1985 etwa 400 Brutpaare; alle Brutvorkommen liegen in Gebieten, in denen die Julitemperatur im Drittel mindestens 17 °C erreicht. In den letzten Jahren scheint der rapide Rückgang sich verlangsamt zu haben. Viele Brutplätze sind allerdings nur unregelmäßig besetzt.

In vielen Urlaubsländern am Mittel-

Bei Erregung wird die Haube aufgestellt. Wiedehopf füttert seine Brut in einem ausgefaulten Astloch in einer Pappel. Oft sind die Brutplätze am Boden in geeigneten Verstecken.

Fütterung an einer Baumhöhle kurz vor dem Flüggewerden der Jungen.

meer sind dagegen Wiedehopfe so auffällig, daß sie auch den weniger auf Tiere achtenden Feriengästen auffallen.

Wendehals

Jynx torquilla

K̄ Über sperlingsgroß, schlank mit länglichem Schwanz. Erinnert mit seinem kurzen Schnabel eher an einen Singvogel als an einen Specht. Rindenfarbig, ausgezeichnet getarnt. Oberseite hellgrau, braun und rostgelb gemustert; Unterseite rahmgelblich mit graubraunen Querwellen an Kehle und Flanken. Juv. weniger kontrastreich gefärbt. ▪ Außerhalb der Fortpflanzungszeit wenig ruffreudig. Gesang am Brutplatz ist eine Serie von gedämpft klingenden, aber recht weit zu hörenden »wied«- oder »wäd«-Lauten, die von ♂ und ♀ im Duett vorgetragen werden können. ▪ Meist Einzelgänger; sitzt oft auf schrägen Ästen, aber auch am Boden. Im Laub der Büsche und Bäume schwer zu entdecken.

V̄ Brutvogel von Europa bis nach Ostasien; auch in Nordafrika und an einigen Stellen im Süden von Rußland, Himalaja. ▪ Bei uns verbreiteter, aber nirgends häufiger, meist einzeln siedelnder Br. im klimatisch günstigen Tiefland und in sonnigen Gebirgstälern. Geht in den Alpen nur

Wendehals auf Ameisenjagd.

an besonders günstigen Stellen über 1000 m. Bestand nimmt teilweise bedrohlich ab. Langstreckenzieher (Anfang/Mitte April bis September); Winterquartier im tropischen Afrika. ▪ Br. in baumbestandenen Landschaften, z.B. in Feldgehölzen, Alleen, Parkanlagen, Obstgärten, lichten Auwäldern; in geschlossenen Laubwäldern nur bei Auflockerungen oder am Rand. Nahrungssuche auf dem Boden.

F̄ Höhlenbrüter in verlassenen Spechthöhlen, ausgefaulten Astlöchern usw.; zimmert sich die Höhle nicht selbst, ist gebietsweise ganz auf das Angebot von Nistkästen angewiesen. Nestmaterial wird nicht eingetragen. ▪ Legebeginn meist Mitte Mai; teilweise 2 Jahresbruten. ▪ 7–11, manchmal aber auch nur 5 oder 6 weiße Eier. ▪ Brutdauer 12–14 Tage; beide Partner brüten. Jungvögel verlassen meist nach 20–22 Tagen das Nest und halten dann mindestens noch 1 Woche zusammen.

N̄ Insekten; vor allem kleine Wiesen- und Wegameisen verschiedener Arten.

In vieler Hinsicht ist der Wendehals eine ganz absonderliche Vogelgestalt unserer Fauna. Seine rindenartige Färbung tarnt ihn ausgezeichnet, so daß er leicht übersehen wird. Daher sind in der Zeit nach der Ankunft aus dem Winterquartier die markanten Rufreihen das beste Mittel die Anwesenheit von Wendehälsen festzustellen.

In vielen Gebieten Mitteleuropas spielen Nistkästen heute eine wichtige Rolle als Brutstätten. Man kann dem teilweise sehr bedrohten Vogel dadurch nicht unerheblich helfen. Allerdings muß in der Umgebung des Kastens erreichbare Nahrung vorhanden sein. Wendehälse bevorzugen trockene Rasenstücke und Wiesen, in denen die Vegetation nicht zu dicht steht. Dann können sie an die Nester der kleinen Weg- und Wiesenameisen herankommen, die den größten Teil der Nestlingsnahrung bilden. Larven, Puppen und auch die Vollinsekten bleiben an der gestreckten Zunge, die als Leimrute wirkt, kleben. Die Zunge schnellt zurück und bringt die Beutestücke in die Mundhöhle. 150–350 Einzelobjekte kann der von einer dünnen Speichelmembran umhüllte Futterballen enthalten, den die Altvögel im Kehlsack und im halbgeöffneten Schnabel zur Nisthöhle bringen.

Fütterung mit einem Paket Ameisenpuppen.

Wendehälse haben nicht selten um ihre zukünftige Bruthöhle zu kämpfen. Wenn sie aus dem Winterquartier in ihr Brutgebiet zurückkehren, haben Meisen und Stare schon mit der Brut begonnen. Wendehälse inspizieren mögliche Bruthöhlen und scheuen sich nicht, bereits im Bau befindliche Nester anderer Arten herauszuzerren. Vor allem Meisen, Trauerschnäpper, Gartenrotschwanz, Feldsperling und auch Stare können davon betroffen sein. Aber auch bereits abgelegte Eier hindern den Wendehals nicht, eine schon vor ihm besetzte Bruthöhle zu erobern. Die Eier des Vorbesitzers werden entweder hinausgeworfen oder nur aus der Nestmulde geschleudert oder an den Höhlenwänden zertrümmert.

Selbst kleine Singvogelnestlinge werden hinausgetragen oder durch das Flugloch geworfen. Oft »säubert« ein Wendehalspaar nicht nur eine einzige Höhle auf diese Weise für seine Zwecke, sondern mehrere in der Umgebung, um sich dann erst zu entscheiden. Manchmal nimmt es der Wendehals mit der Säuberung nicht sehr genau. Nachdem er die Eier eines Vorbesitzers hinausgeworfen hat, werden die eigenen Eier in das leere Nest gelegt.

Die kleinen, noch völlig nackten Nestlinge suchen durch eine „Wärmepyramide" möglichst wenig Wärme zu verlieren. Sie hocken auf den Fersen eng aneinandergedrückt und lehnen sich gegenseitig die Hälse über die Schultern. Zunächst sind sie wie Dachziegel ausgerichtet; später bilden sie einen Kegel und betteln mit emporgereckten Hälsen.

Grauspecht

Picus canus

♀

K Deutlich kleiner als Krähe. Sehr ähnlich Grünspecht, aber etwas kleiner. Wichtigste Unterscheidungsmerkmale: Grauer Kopf und Hals, mit kleinerem, schwarzem Augenstreif und schmalem, schwarzem Bartstreif. ♀ ganz ohne Rot, bei ♂ nur Stirn und Vorderscheitel rot. Juv. brauner, mit braun gebänderten Flanken, ♂ hat bereits etwas Rot an der Stirn. Im Flug Schwanz etwas länger, Hals deutlich kürzer als Grünspecht. ■ Auffallend ist zu Beginn der Brutzeit eine chromatisch abfallende, wohlklingende Rufreihe, aus 5–20 »kü«-Elementen bestehend. Im Gegensatz zum Grünspecht kann man sie leicht nachpfeifen. ♀ rufen meist etwas kürzer als ♂. Andere Rufe z. B. kurze »kück«- oder auch »kjäck«-Reihen sind vom Grünspecht schwer oder gar nicht zu unterscheiden. ♂ trommelt im Frühjahr auf Holz und gelegentlich Metalltei-

Weibchen (ohne Rot) beim Ameisenfang.

len; ein Trommelwirbel besteht aus 19–39 Schlägen (20 pro Sekunde). ■ Außerhalb der Brutzeit ist er recht schweigsam und daher schwer zu entdecken; wie Grünspecht auch auf dem Boden (Ameisenhaufen, Baumstumpf).

V Br. von Europa bis Ostasien; Nordgrenze Südskandinavien, Zentralrußland, Südsibirien, Nordmongolei; Südgrenze Mittelfrankreich, Alpen, Nordgriechenland, Nordanatolien, Himalaja, Südchina; auch in Japan, Taiwan und Sumatra. ■ Bei uns von den Alpentälern bis an den Südrand der Norddeutschen Tiefebene nicht seltener Br.; fehlt im größten Teil Belgiens, in den Niederlanden und in weiten Teilen Norddeutschlands. Stand- und Strichvogel. ■ Br. in locker mit Bäumen bestandenen Landschaften, z. B. Parkanlagen, Alleen, Friedhöfe, Gärten, Streuobstflächen, Feldgehölze und Auwälder; in geschlossenen Laubmischwäldern, im Gebirge auch in Nadelwäldern, nur dann, wenn die Bäume nicht zu dicht stehen. Lebensraum oft ganz ähnlich dem Grünspecht. Nahrungssuche auch auf dem Boden (Ameisen).

F Höhlenbrüter, der sich seine Höhlen selber zimmert, aber auch bereits vorhandene Spechtlöcher besiedelt. ■ Legebeginn frühestens Ende April, meist ab Anfang, oft auch noch Ende Mai/Anfang Juni; 1 Jahresbrut. ■ 7–9, seltener 4 oder 5 Eier;

weiß. ■ Brutdauer 14–17 Tage; Nestlingsdauer 23–25 Tage.

N Insekten; vor allem Puppen und Vollinsekten von Ameisen, daneben auch viele andere Arten. Mitunter Beeren, Obst und an Futterstellen im Winter Fett, Sämereien, Brot.

Vogelarten, die sich wie Grau- und Grünspecht außerordentlich ähnlich sind, bezeichnet man als Zwillingsarten. In unserer Fauna gibt es vor allem unter den Singvögeln solche Artenpaare (z. B. Zilpzalp und Fitis, Sumpf- und Weidenmeise, Sommer- und Wintergoldhähnchen). Häufig unterscheiden sich optisch sehr ähnliche Arten durch ihre Lautäußerungen ganz beträchtlich. Bei Grün- und Grauspecht gilt dies in erster Linie für den auffallenden Revierruf, der seiner Funktion nach durchaus mit dem Gesang der Singvögel verglichen werden kann. Der etwas melancholische abfallende Grauspechtruf läßt sich im Gegensatz zu dem mehr wiehernden Lachen des Grünspechtes leicht nachpfeifen. Außerdem trommeln Grünspechte im Gegensatz zu Grauspechten nicht.

Das Trommeln ist bei den meisten Spechtarten ein weithin hörbares Signal, das den Revierbesitz anzeigt. Beim Grauspecht trommeln meist die ♂, selten die ♀. Der Schnabel schlägt dabei in einem schnellen Wirbel auf eine Unterlage. Häufigkeit und Länge der Trommelwirbel sowie die Schlagfolge innerhalb eines Wirbels unterscheiden sich bei den einzelnen Spechtarten (vgl. die Sonagramme S. 34). Mit einiger Übung kann man zumindest einige Arten recht sicher an ihrem Trommeln erkennen. Man darf dieses Trommeln nicht mit dem Hacken und Klopfen, das der Nahrungssuche oder dem Zimmern einer Bruthöhle dient, verwechseln. Bevorzugt trommeln Spechte auf dürren Stämmen und Ästen, deren Holz eine gute Resonanz abgibt. Einzelne ♂ fliegen hartnäckig immer wieder dieselbe Stelle an, weil sie sich akustisch als besonders gut geeignet erwiesen hat. Dabei sucht, ähnlich wie der Buntspecht, auch der Grauspecht sich mitunter recht absonderliche Stellen für den Trommelwirbel aus, so z. B. Blechstücke an Dächern oder Leitungsmasten, Luftschutzsirenen, Antennen usw.

Der Grauspecht gehört allerdings nicht zu den fleißigsten Trommlern unter unseren Spechten, wohl deswegen, weil er auch einen sehr weittra-

Männchen an der Bruthöhle. Man kann den roten Stirnfleck erkennen.

genden Reviergesang besitzt. Man kann übrigens durch das Nachpfeifen der Grauspechtstrophe insbesondere im März und April revierbesitzende ♂ zu einer Antwort veranlassen und damit die Anwesenheit des nicht immer leicht zu entdeckenden Spechtes feststellen.

Grauspechte sind nicht gleichmäßig häufig in Mitteleuropa anzutreffen. In manchen Gebieten sind sie fast häufiger als Grünspechte, in anderen zählen sie zu den ausgesprochenen Seltenheiten oder fehlen ganz, wie z. B. in Norddeutschland.

Grünspecht

Picus viridis

♀

K Kleiner als Krähe; sehr ähnlich Grauspecht. Oberseite grün bis graugrün, Bürzel gelbgrün (fällt vor allem im Flug auf). Kopfseiten und Unterseite bis Brust grünlichgrau, Bauchseite meist gelbgrün getönt. Schwanz graubraun, im Gegensatz zum Grauspecht vor allem auf der Unterseite hell gebändert. Im Sitzen ist das wichtigste Merkmal der von Stirn bis Nacken rote Oberkopf. Die schwarze Gesichtsmaske reicht von der Schnabelwurzel bis hinter das Auge und unter die Ohrdecken. ♂ mit rotem, schwarz umrandeten Bartstreif; ♀ kein Rot an den Kopfseiten. Bei den juv. ist das Rot am Kopf mehr orangefarben und die schwarze Gesichtsmaske ist bis auf den wenig deutlichen Bartstreifen reduziert; Kopfseiten, Kinn, Kehle und Hals sind schwarzbraun längsgestreift; übrige Unterseite dunkel quergestreift. Juv. wirken zudem brauner als ad. ■ In der Brutzeit auffallendes Lachen, eine Folge von »klü«-Lauten, die nicht so chromatisch abfällt wie beim Grauspecht. Ferner kurze »kjäck«, im Flug oft scharfe »djuck« und bei aggressiver Stimmung scharfe »kjäik«. Trommelt im Gegensatz zum Grauspecht sehr selten. ■ Hält sich wie Grauspecht auch oft auf dem Boden auf (Ameisenhaufen, Baumstumpf).

V Br. in Europa und Vorderasien; von Spanien und Großbritannien bis ins mittlere Skandinavien und ins europäische Rußland; ferner Kaukasus, Anatolien, Nordiran. ■ Bei uns verbreiteter Brutvogel von der Norddeutschen Tiefebene bis in die Al-

Weibchen (schwarzer Bartstreif).

Männchen (Bartstreif mit Rot).

pen. Stand- und Strichvogel. ■ Br. an den Rändern von Laub- und Mischwäldern (im Gebirge auch in Nadelwäldern), in Parkanlagen, Villenvierteln, Streuobstanlagen, Feldgehölzen. In ausgedehnten Wäldern nur dann, wenn größere Lichtungen usw. für die Nahrungssuche am Boden vorhanden sind.

F Höhlenbrüter in selbstgezimmerten, aber auch bereits vorhandenen Baumhöhlen. Neuanlage von Höhlen vor allem in kranken Bäumen. ■ Legebeginn etwas früher als Grauspecht, frühestens ab Anfang April; 1 Jahresbrut. ■ 5–8 weiße Eier. ■ Brutdauer 14–15 (17) Tage; Nestlingsdauer 23–27 Tage. Familien halten 3–7 Wochen zusammen.

N Ameisen verschiedener Arten, auch andere Insekten; gelegentlich Regenwürmer und Schnecken sowie Beeren und Obst.

Die Jungen sind bald flügge.

Im Unterschied zu den Buntspechten sind Grün- und Grauspecht keine eigentlichen Hackspechte, sondern suchen ihre Nahrung vorwiegend am Boden. Der Grünspecht ist dabei der ausgeprägteste Spezialist für Ameisen unter unseren heimischen Spechten (mit Ausnahme des Wendehalses). Seine sehr schlanke, wurmförmige Zunge kann bis 10 cm vorgestreckt werden. Sie ist klebrig und an ihrer verhornten Spitze mit Widerhaken versehen.

Mit dem Schnabel werden trichterförmige Löcher in Ameisennester oder in weiche Baumstubben geschlagen, in die dann die Zunge hineinfährt. Die weichen Larven und Puppen bleiben an den Widerhäkchen hängen. Die härter chitinisierten Vollinsekten kleben wohl hauptsächlich an dem Speichelüberzug, der durch Zurückziehen der Zunge in die Mundhöhle ständig erneuert werden muß. Wie eine kleine Schlange gleitet die Spechtzunge durch die engen Gänge einer Ameisenburg.

Eine ergiebige Futterquelle wird dabei sehr ausdauernd ausgebeutet und mitunter immer wieder angeflogen. Man hat beobachtet, daß Grünspechte auch sehr sicher Ameisennester unter dem Schnee finden, ja sogar 25–30 cm tiefen Schnee wegräumen oder längere Gänge durch den Schnee treiben. Bei einem Waldspaziergang kann man mitunter die Spuren der Arbeit der Grünspechte an einem Ameisenhaufen oder im Boden entdecken.

Für das Hacken im Holz scheint der Schnabel weniger gut geeignet zu sein. Daher bevorzugen Grau- und Grünspechte zur Anlage ihrer Bruthöhle oder auch ihrer Schlafhöhle im Winterhalbjahr bereits vorhandene Spechthöhlen und bauen sie noch etwas aus. Neue Höhlen werden ausschließlich in Weichhölzern angelegt und auch hier meist nur dort, wo bereits ein Fäulnisherd das Arbeiten erleichtert. Oft entdeckt man nicht fertiggestellte Höhlenanfänge; manche stammen vom Grünspecht.

Schwarzspecht

Dryocopus martius

K Knapp krähengroß und schwarz. ♂ mit rotem Scheitel von der Stirn bis zum Nacken, ♀ nur roter Nakkenfleck; Schnabel weißgelblich. Juv. mehr braunschwarz, ♂ sind schon am roten Oberkopf zu erkennen. ■ Weithin hörbar ist der Flugruf, ein vielsilbiges »kürr-kürr-kürr …« oder »krrü-krüü …«. Ein abfallendes klagendes »kijäh« oder »kliööh« ist ebenfalls weit zu hören. Zur Fortpflanzungszeit hört man, jedoch weniger häufig als bei Grün- und Grauspecht, eine Reihe von raschen Lauten etwa »kwoih-kwih-kwih-kwih-kwikwikwi …« (am Ende oft schneller werdend). Mit dieser Rufreihe wird Revier- und Höhlenbesitz angezeigt. ■ Fliegt nicht wellenförmig wie andere Spechte, sondern schwerfällig wirkend mit raschen Schlägen;

Spuren der Nahrungssuche (s. Text S. 343).

die Flugweise erinnert eher an einen Eichelhäher.

V Br. von Europa bis Ostasien; fehlt auf den Britischen Inseln sowie in weiten Teilen Spaniens, Italiens und Griechenlands. ■ Bei uns verbreitet in großen Waldungen, im Norden Mitteleuropas und in Frankreich Tendenz der Zunahme und Arealerweiterung. Stand- und Strichvogel. ■ Br. in großen Altholzbeständen mit großen, glattrindigen Stämmen (z. B. Buchen, alte Kiefern). Als Nahrungsgebiete aufgelockerte Nadel- und Mischwälder mit alten, kranken und abgestorbenen Bäumen sowie vermodernden Baumstümpfen wichtig.

F Nesthöhle vor allem in Buchen, aber auch Kiefern und seltener in anderen Bäumen wie Tanne, Fichte oder Lärche. ■ Legebeginn frühestens ab Anfang April; 1 Jahresbrut. ■ (2) 3–5 (6) weiße Eier. ■ Beide Partner brüten (♂ meistens mehr) insgesamt 12–14 Tage; Nestlingszeit 27–28 Tage, manchmal länger.

N Vor allem Larven, Puppen und Vollinsekten von Ameisen und holzbewohnenden Käfern sowie viele andere Insekten.

Als größter einheimischer Specht ist der Schwarzspecht ein wichtiger Höhlenbauer für größere Höhlenbrüter des Waldes. Vor allem die Hohltaube ist gebietsweise ganz auf Schwarzspechthöhlen angewiesen.

Allerdings beziehen Schwarzspechte sehr gerne auch alte Höhlen, die sie nur etwas zu säubern brauchen. Ähnlich Grau- und Grünspecht hämmern auch sie manchmal nur Höhlenanfänge, die dann im Laufe der Jahre ausfaulen und dann leicht endgültig ausgebaut werden können.

Die Leistung beim Bau einer neuen Höhle ist ganz erstaunlich. Schwarzspechte benötigen zum Fertigstellen einer Bruthöhle in Weichhölzern etwa 14 Tage; in Buchen dauert es etwa 23–28 Tage. Beim Außenbau wechseln sich ♂ und ♀ meist zu gleichen Teilen ab, der Innenausbau ist meistens die Aufgabe des ♀. An Buchen sind bis zu 17 Schnabelhiebe notwendig, um einen einzigen Span zu lösen. Man kann sich die Gesamtleistung leicht ausrechnen, wenn man bedenkt, daß beim Bau einer Buchenhöhle etwa 10000 Späne produziert werden; die größten sind 11 cm lang, 2 cm breit und 3–5 mm dick. Kiefernspäne können noch länger sein. Meist werden Serien von wenigen bis höchstens 20 Schlägen ausgeführt, im Höchstfall etwa 100 pro Minute.

Die Spuren der Nahrungssuche des Schwarzspechtes kann man leicht im Wald entdecken. Morsche Baumstrünke werden regelrecht zerhackt und insektenbefallene Bäume entrindet. Besonders auffällig sind die Spuren in kernfaulen Fichten. Meist beginnt der Specht am Grunde des Stammes und folgt der von unten aufsteigenden Rotfäule des Baumes nach oben. Die Löcher sind länglich und rechteckig, manchmal regelrechte lange Schlitze, die bis zu 1 m lang sein können. Sie führen bis zu den Nestkammern der im faulen Holz lebenden Ameisen und sind manchmal über 20 cm tief.

Bereits 1981, als vom Waldsterben zumindest in der Öffentlichkeit noch kaum die Rede war, haben die deutschen Vogelschutzverbände den

Schwarzspecht an der Bruthöhle in einer Buche. Als unser größter einheimischer Specht kann nur der Schwarzspecht mit seinem außerordentlich kräftigen Meißelschnabel regelmäßig seine Bruthöhle in das harte Buchenholz zimmern. Beim Klettern halten nicht nur die kräftigen Krallen den Vogelkörper; auch die besonders widerstandsfähigen Schwanzfedern stützen ihn ab. Mit ihren harten Federstrahlen verhindern sie ein Abrutschen.

Schwarzspecht zum Vogel des Jahres erwählt. Sie wollten damit auf einen besonders markanten Bewohner der Lebensgemeinschaft Wald aufmerksam machen, der gewissermaßen eine »Schlüsselfigur« darstellt. Insbesondere ist der Schwarzspecht Symbol für die auf Altholzbestände angewiesenen Tierarten, deren Fortbestand durch die moderne Waldbewirtschaftung gefährdet ist, da alte und morsche Baumstämme frühzeitig aus unseren Wäldern entfernt werden. Tiefgreifende Änderungen in unseren Wäldern werden die nächsten Jahre bringen.

Buntspecht

Picoides major

♀

K Kleiner als Amsel. Auffallend schwarzweißer Specht (vgl. die folgenden Arten!). Schwarzer Rücken mit großen, weißen Schulterflecken; Unterseite grauweiß, Unterschwanzdecken rot. Am Kopf ist der durchgehende schwarze Bartstreif und schwarze Ohrstreif über die untere Ohrgegend bis zum Genick ein wichtiges Kennzeichen (vgl. Blutspecht). ♂ mit scharlachrotem Nakkenfleck, ♀ ohne Rot am Kopf. Juv. beider Geschlechter haben roten Vorderkopf. ■ Häufigster Ruf ist ein kurzes »kix«, das bei Erregung in dichter Folge geäußert werden kann. Ferner aggressive »kreck«-Reihen sowie rauhe und schnarrende Laute bei Erregung. Schnurrendes Fluggeräusch. ♂ trommelt häufig mit langen Trommelserien im Frühjahr an guten Resonanzböden (abgestorbene Bäume, Blechdächer usw.); ♀ trommeln kürzer. Die Dauer der einzelnen Trommelwirbel relativ kurz (s. S. 34. ■ An Bäumen und Masten häufig zu beobachten, dagegen – im

Gegensatz zu den grünen Spechten – selten am Boden.

V Br. im Nadel- und Laubwaldgürtel Eurasiens; ostwärts bis Japan, Hinter- und Vorderindien. In Europa nur in Island, Irland und auf einigen Mittelmeerinseln fehlend. ■ Bei uns häufigster und verbreitetster Specht. Stand-, seltener Strichvogel. Gelegentlich in Norddeutschland Invasionen nördlicher und östlicher Vögel. ■ Br. in allen Laub- und Nadelwaldlandschaften; ferner in Parks, Feldgehölzen, Gärten, oft mitten in der Stadt und nahe an Häusern. Kommt im Winter auch an Futterstellen am Haus.

F Bruthöhle in Stämmen und starken Ästen, vorzugsweise in Weichhölzern. ■ Legebeginn frühestens ab Mitte April; 1 Jahresbrut. Ersatzgelege kommen vor. ■ (4) 5–7 (8) weiße Eier. ■ ♂ brütet mehr als ♀ ; Brutdauer 10–12 Tage; Nestlingszeit 20–23 Tage. Schon über 1 Woche vor dem Ausfliegen hört man die Jungspechte in der Höhle lärmen.

N Vielseitiger als andere Spechte. Tierische Nahrung im Sommer, vor allem holzbewohnende Käfer und Schmetterlingslarven, daneben viele andere Insekten von Bäumen und Büschen. Im Frühjahr Blutungssaft der Bäume (s. unten) und im Winter fettreiche Samen, vor allem von Na-

Eben flügger Jungvogel (beachte rote Kappe).

delbäumen. Gelegentlich Nesträuber (Eier, kleine Jungvögel); im Winter an Futterstellen Fette.

Der Buntspecht ist nicht nur der verbreitetste, sondern auch der vielseitigste unter unseren einheimischen Spechten, vor allem was die Nahrungssuche anbelangt. Im Winter können gebietsweise die energiehaltigen Samen von Kiefern und Fichten, die zwischen den Zapfenschuppen verborgen sind, eine wichtige Bedeutung für die Ernährung gewinnen. Ernte und Bearbeitung der Zapfen stellen aber gewisse Probleme. Am leichtesten sind die kleinen Lärchenzapfen zu ernten, die einfach abgepflückt werden. Mehrere Hiebe sind nötig, um einen Kiefernzapfen von seiner Ansatzstelle zu lösen. Am schwierigsten ist der Transport der schweren unhandlichen Fichtenzapfen. Alle Zapfen werden grundsätzlich im Schnabel transportiert. Wegen der dadurch entstehenden Belastung werden die Zapfen meist nicht weit weggetragen, sondern möglichst bald an eine Stelle gebracht, an der sie weiter bearbeitet werden können.
Nicht selten werden die Zapfen einfach auf der nächstbesten Unterlage behämmert. Das Problem liegt aber darin, den Zapfen so zu fixieren, daß er den Schnabelschlägen nicht dauernd ausweichen kann. Dies geschieht in sogenannten Schmieden. Im einfachsten Fall ist eine Buntspechtschmiede eine kleine Astgabel, eine Rindenspalte oder ein Riß im Holz. Der mitgebrachte Zapfen wird darin eingeklemmt. Buntspechte scheinen eine recht genaue Vorstellung darüber zu haben, wie groß die Öffnung einer solchen Schmiede sein muß, um einen Zapfen fest einzuklemmen.
Gelingt das Fixieren des herbeigeschleppten Zapfens jedoch nicht zur Zufriedenheit, dann wird zunächst

Buntspecht an der Zapfenschmiede (oben); nachdem die Samen geerntet sind, werden die Zapfen herausgeworfen (unten).

einmal die Unterlage entsprechend präpariert und mit dem Schnabel bearbeitet. Man kann fast von einer »Werkzeugherstellung« sprechen, denn Spalten, Ritze oder ausgefaulte Löcher im Baumstamm werden auf

Männchen füttert fast flügge Junge.

die Größe des zu bearbeitenden Objektes regelrecht zugerichtet. Während der Arbeit an der Zapfenschmiede klemmt der Buntspecht den Zapfen oft zwischen seiner Brust und der Unterlage ein, um den Schnabel für die Zurichtung der Schmiede frei zu haben. Erst wenn alles stimmt, wird der Zapfen eingepaßt und mit zielgerechten Hackschlägen meist von der Spitze her aufgeschuppt.

Um an möglichst viele der zwischen den Schuppen liegenden Samen heranzukommen, muß der Specht von Zeit zu Zeit den Zapfen wenden und wieder neu in die Schmiede einsetzen. 60–98% der in einem Zapfen enthaltenen Samen können auf diese Weise vom Specht genutzt werden.

Natürlich ist es sinnvoll, einmal hergerichtete Schmieden immer wieder zu benützen. Bei besonders günstigen Schmieden hat man schon bis zu 3000 Kiefern- oder über

1400 Fichtenzapfen innerhalb eines Winters gefunden. Nicht selten besitzen Buntspechte aber auch verschiedene Schmiedestellen in ihrem Winterrevier. Das ist sinnvoll, um die Transportwege von zapfentragenden Bäumen nicht zu lang werden zu lassen. Der aufmerksame Spaziergänger kann vor allem im Winter nicht selten Zapfenschmieden finden. Gelegentlich werden aber auch Nüsse oder andere hartschalige Früchte in solchen Schmieden geöffnet. Man hat im Vergleich ermittelt, daß die etwas umständlich anmutende Benutzung von Schmieden dem Specht eine optimale Ausnützung des Nahrungsangebotes ermöglicht. Buntspechte können auf diese Weise einen Zapfen viel besser ausnutzen als beispielsweise Kreuzschnäbel, die ja auch von Fichtensamen leben (s. S. 512).

Eine weitere Merkwürdigkeit im Nahrungserwerb des Buntspechts ist das Ringeln. Dabei werden waagerechte oder seltener schraubenförmige Linien in die Rinde verschiedener Bäume geschlagen. Bei kleineren Bäumen reichen diese Ringe um den ganzen Stamm herum, bei größeren oft nur zum Teil. Die einzelnen Linien bestehen aus vielen nebeneinander gesetzten Einschlägen in etwa 3–5 cm Abstand. Die einzelnen Löcher reichen durch die Rinde bis zum Splintholz. Besonders häufig werden in Mitteleuropa in tieferen Lagen Linde, Ulme oder Eichen geringelt, in den Gebirgswäldern vor allem Kiefern und Fichten; in Nordeuropa spielt die Birke eine wichtige Rolle.

Durch die Ringellöcher tritt der im Frühjahr aufsteigende Baumsaft aus, den die Spechte regelrecht trinken. Wenn die Bäume im Frühjahr »im Saft stehen«, kommen die Buntspechte immer wieder auch zu alten Ringelbäumen, um die in früheren Jahren geschlagenen Löcher neu zu

Vom Buntspecht aufgehackter Meisenkasten.

Blutspecht

Picoides syriacus

K Dem Buntspecht sehr ähnlich, doch ist bei ♂ und ♀ das weiße Kopf- und Halsseitenband nicht unterbrochen. Unterschwanzdecken und Bauch sind nur blaßrosa gefärbt. Zwischen Bunt- und Blutspecht treten auch Bastarde auf! ■ Stimme ähnlich Buntspecht, der häufigste Einzelruf klingt aber mehr wie »güg« oder »püg«, also weicher; bei Übung sind die beiden Arten gut zu unterscheiden.

V Br. vom Iran bis Österreich, Tschechien. ■ Erst seit den 30er Jahren in Ungarn als Br. nachgewiesen, mindestens seit 1950 in Österreich eingewandert und etwa zur gleichen Zeit nach Tschechien und in die Slowakei. In Deutschland bis 1993 erst wenige Beobachtungen (auch Bastarde mit Buntspecht). ■ Br. vor allem im Kulturland, in Auen, Parks, Friedhöfen, Weiden und Obstgärten; fehlt im Wald.

öffnen. Gegen den Sommer verlieren sie dann in der Regel das Interesse an ihren Ringen. Manchmal bilden sich an Bäumen, die über viele Jahre hinweg immer wieder von Buntspechten aufgesucht werden, dicke, ringförmige Wulste. Vielleicht erbeuten die Spechte auch gelegentlich Insekten, die an dem austretenden klebrigen Baumsaft hängenbleiben. Auch andere Waldvögel ziehen gelegentlich von den Spechtringen Nutzen, indem sie Insekten ablesen.

Das Lernvermögen der Buntspechte ist erstaunlich und für Singvogelfreunde nicht immer erfreulich. In manchen Gegenden sind sie nämlich ausgesprochene Nestplünderer geworden. Dabei haben sie gelernt, auf akustische Reize hin Nistkästen und Baumhöhlen zu öffnen. Wie unsere Abb. (oben) zeigt, wird dabei häufig nicht das Flugloch erweitert, sondern daneben oder gar tiefer ein Loch geschlagen, etwa da, woher die Bettelrufe der Jungen kommen. Eine spechtsichere Vorderwand um das Einflugloch nützt also nichts; der ganze Kasten muß aus festem Material sein. In vielen Gebieten kümmern sich Buntspechte allerdings überhaupt nicht um Nistkästen und ihre Bewohner. Doch führen anderswo die vielfältigen Methoden des Nestraubes durchaus zu einer Bereicherung des Speisezettels.

Blutspecht-Männchen. Wichtige Unterscheidungsmerkmale gegenüber dem sehr ähnlichen Buntspecht: Weiße Halsseite nicht durch Schwarz unterbrochen (vgl. die Abb. S. 345 oben), Unterschwanz heller rot (vgl. die Abb. S. 346 oben).

Mittelspecht

Picoides medius

K Knapp buntspechtgroß; schwarzer Rücken mit kleinen Schulterflekken. In allen Kleidern rote Kopfplatte ohne schwarze Einfassung – wie bei jungen Buntspechten. Helle Kopfseiten, der schwarze Bartstreif endet schon unter dem Auge; schwarzer Streif hinter dem Ohr unvollständig. Kropf- und Brustseiten dunkel längsgestrichelt; Unterschwanzdecken und Bauch nach vorne allmählich verlaufend rosa. ♂ und ♀ so gut wie gleich gefärbt. Bei juv. Gefiedermuster verwaschener und weniger rot am Oberkopf. ■ Die Einzelrufe »güg« sind nicht oft zu hören. Am häufigsten ist eine Rufreihe wie »geg-geg-geg...« (das ganze Jahr über). Ein klagendes Quäken »quää« ist am auffälligsten, jedoch meist nur von Januar bis Juni, besonders häufig im Frühjahr zu hören. Trommelt in der Regel nicht!

V In der Laubwaldzone Europas. Fehlt in Island, auf den Britischen Inseln, fast ganz in Fennoskandien sowie in großen Teilen Spaniens und auf vielen Mittelmeerinseln. ■ Bei uns Br. im Tiefland; gebietsweise fehlend. Zieht warme Gegenden vor, insgesamt sehr ungleichmäßig verbreitet. Stand- und Strichvogel. ■ Bevorzugt als Br. Eichenwälder; bei uns oft in der Hartholzaue oder in artenreichen Laubmischwäldern anzutreffen, dort wo die Bäume nicht zu dicht stehen. In der Nähe von Eichenbeständen auch in Parks, Villenvierteln, Obstgärten und in abwechslungsreichen Waldgebieten. Benötigt zum Überwintern ein artenreiches Angebot an Kleintieren.

F Bruthöhle in Stämmen oder starken Ästen von Laubhöhlen, meist in geschädigtem oder ausgefaultem Holz. ■ Legebeginn meist ab Mitte April; 1 Jahresbrut. ■ (4) 5–6 und manchmal auch mehr weiße Eier. ■ ♂ brütet mehr als das ♀; Brutdauer 11–14 Tage; Nestlingszeit 20–23 Tage.

N Vor allem zweig- und blattbewohnende Insekten, weniger holzbohrende Arten. Im Herbst und Winter aber auch pflanzliche Nahrung wie Eicheln, Walnüsse, Bucheckern und – weniger als der Buntspecht – Samen von Nadelhölzern. Am Futterplatz auch Fette, Hanf- und Sonnenblumenkerne.

Mittelspechte sind recht anspruchsvoll an ihren Lebensraum und daher bei uns viel seltener und weniger weit verbreitet als der sehr ähnliche Buntspecht. Mildes Klima und reich gegliederte Laubwälder, vor allem Eiche, sind Voraussetzung für eine dauerhafte Ansiedlung. Mittelspechte sind nämlich nicht ganz so vielseitig in der Nahrungssuche wie Buntspechte und das macht sich vor allem im Winter bemerkbar.

In Wäldern der Schweiz, in denen Bunt- und Mittelspecht nebeneinander vorkommen, hat sich herausgestellt, daß Mittelspechte viel weniger ausdauernd und kräftig hacken und ihnen daher holzbewohnende Insekten gerade zur kalten Jahreszeit, im Gegensatz zum kräftigeren Buntspecht, kaum zur Verfügung stehen.

Mittelspechte stochern lieber in feinen Ritzen oder sammeln Kleintiere und ihre Larvenstadien von Ästen und Zweigen ab. Im Winter ergaben sich in einem Schweizer Untersuchungsgebiet z.B. als Anteile für das Hacken beim Buntspecht 84%, beim Mittelspecht nur 6%. Umgekehrt machte das Stochern in feine Höhlungen und Ritzen beim Buntspecht nur 10% der Nahrungssuche aus, beim Mittelspecht dagegen 87%. So unterschiedlich kann also die Lebensweise nahe verwandter und sehr ähnlicher Vogelarten sein.

Aber auch in der Frage, welche Rolle die einzelnen Teile eines Baumes bei der Nutzung des Nahrungsangebotes spielen, ergeben sich für Bunt- und Mittelspecht gewaltige Unterschiede. Mittelspechte suchen häufiger als Buntspechte am Stamm Nahrung und in den unteren Bereichen der Baumkrone. Äste mit einem Durchmesser von über 10 cm werden vom Mittelspecht häufiger aufgesucht, weil er hier offenbar mehr

Unregelmäßigkeiten, Löcher und Ritzen findet, in denen er stochern kann. Buntspechte dagegen bearbeiten auch Äste kleineren Durchmessers mit Erfolg.

Die Taktik des Mittelspechtes, zu stochern und abzuklauben, bedingt auch, daß er sehr viel beweglicher sein muß als der Buntspecht, um in einer bestimmten Zeiteinheit ausreichend Nahrung zu gewinnen. Buntspechte können dagegen länger an einem Ort verweilen, müssen aber den Betrag der Energie, die der Mittelspecht beim häufigeren Ortswechsel verbraucht, sicher für die kräftigen Hackbewegungen einsetzen, durch die sie an holzbewohnende Insekten und deren Larven herankommen.

Auch die Mittelspechte benutzen Schmieden, wenn sie an den Inhalt von hartschaligen Früchten und Samen herankommen wollen. Sie verstehen es allerdings nicht wie die Buntspechte, Schmieden für die Größe des Objektes herzurichten.

Mittelspecht-Männchen.

Buntspecht-Männchen.

Weißrückenspecht

Picoides leucotos

♀

K Etwas größer als Buntspecht, sonst sehr ähnlich. Schwarze Oberseite, jedoch quergestreift. Kein großer, weißer Schulterfleck. Weißes Hinterrücken- und Bürzelfeld wird im Sitzen normalerweise von den dunklen Flügeln verdeckt, kann aber kurzfristig durch Lüpfen der Flügel sichtbar werden. Unterseite sehr ähnlich Mittelspecht: Rosa Unterschwanzdecken und Bauch, an den Seiten schwarze Längsstrichelung (an der Vorderbrust besonders kräftig) und Ansatz eines dunklen Halsbandes. Im Unterschied zum Mittelspecht kräftiger schwarzer Bartstreif bis vor das Auge. ♂ mit roter Kopfplatte, die bis in den Nacken reicht, ♀ dunkle Kopfplatte. Juv. graurotes bis rosa Scheitelfeld, das aber kaum über die Kopfmitte hinausreicht. ▪ Einzelrufe leise, weiche »güg« oder »kjük«, deutlich tiefer und auch gedämpfter als Buntspecht. ♂ und ♀ trommeln mit auffallend langen Wirbeln, deren Schläge gegen das Ende hin rascher aufeinanderfolgen (s. S. 34). ▪

Meist recht scheu und heimlich und daher meist schwer zu entdecken. **V** Br. von Osteuropa bis Ostasien. Isolierte Vorkommen in den Abruzzen, Pyrenäen und auf Korsika. ▪ Bei uns Br. der Ostalpen und des Böhmerwaldes. Bestand sehr klein und daher stark bedroht. Standvogel. ▪ Br. in naturnahen Laub- und Mischwäldern mit hohem Anteil von Altholz und absterbenden Bäumen. Bei uns nur in Bergwäldern. **F** Nesthöhle fast nur in abgestorbenen oder stark vermorschten Stämmen oder Ästen, vorwiegend im Laubholz. ▪ 3–5 weiße Eier. ▪ ♂ und ♀ brüten 14–16 Tage; Nestlingszeit 27–28 Tage.

Weißrückenspecht-Weibchen mit Käferlarven an der Bruthöhle; die verdorrten Blätter lassen erkennen, daß der Höhlenbaum bereits krank ist.

N Vor allem holzbewohnende Larven, größere Insekten; im Sommer werden auch von Zweigen und Blättern freilebende kleine Insekten abgelesen. Daneben pflanzliche Nahrung, z. B. Vogelkirschen, Schlehen, Haselnüsse usw.

Beobachtungen des sehr scheuen und schwer aufzufindenden, seltenen Weißrückenspechtes in unseren Bergwäldern gehören zu den besonderen ornithologischen Erlebnissen einer Bergtour. Wie gering die Siedlungsdichte dieses spezialisierten Stammkletterers selbst in urwüchsigen oder naturnahen Waldbeständen ist, mögen die Ergebnisse eingehender Spechtforschungen im Nationalpark Bayerischer Wald zeigen. Auf einer Fläche von 13041 ha wurden hier nach gründlicher Untersuchung nur 5–8 Brutpaare des Weißrückenspechtes festgestellt. Im selben Gebiet brüteten aber z. B. 145–149 Buntspecht-, 50–71 Dreizehenspecht- und immerhin noch 23–35 Schwarzspechtpaare. Wegen seiner Größe beansprucht letzterer auch die größten Reviere.
Nach allem was wir über die Lebensweise des Weißrückenspechtes wissen, hat er im modernen Wirtschaftswald keine Chance. Sein Schicksal liegt also ganz in den Händen der Forstwirtschaft. Nur dort, wo Wälder extensiv genutzt werden oder als Schutzwälder überhaupt keiner forstwirtschaftlichen Nutzung mehr unterliegen, kann man damit rechnen, daß Weißrückenspechte überleben. Ihre Lebensräume müssen einen hohen Anteil an toten und abgestorbenen Bäumen aufweisen. Bruthöhlen werden fast nur in morschen, zerbrochenen oder abgestorbenen Stämmen angelegt, manchmal auch in Bäumen, die gar nicht mehr allein stehen können, sondern als ausgefaulte Ruinen im dichten, urwaldähnlichen Bestand zwischen gesunden Stäm-

men hängenbleiben. Höhlenbäume stehen fast nur im Mischwald. Auch zur Nahrungssuche ist ein hohes Totholzangebot Voraussetzung. Dabei brauchen nicht nur naturnahe Bestände vorhanden zu sein. Die Untersuchungen im Bayerischen Wald haben nämlich gezeigt, daß Fichtenbaumhölzer des Wirtschaftswaldes zum Nahrungserwerb genutzt werden können, wenn in sehr dichten und lichtarmen Beständen

Weißrückenspecht-Männchen.

genügend abgestorbene oder absterbende Stämmchen vorhanden sind.
Der Wald wird heute vor allem dort nicht forstwirtschaftlich genutzt, wo er an steilen Hängen steht. Hier kann das geschlagene Holz oft nur sehr schwierig abtransportiert werden. Doch nicht alle Hanglagen sind beliebt: Weißrückenspechte siedeln vorzugsweise an sonnenbestrahlten süd- bis südwestexponierten Hängen; an kalten Nordhängen fehlen sie so gut wie ganz. Damit bleiben meist nur kleine Flächen übrig.

Kleinspecht

Picoides minor

♀

K Kaum größer als Spatz; mit Abstand unser kleinster Kletterspecht. Rücken schwarzweiß gebändert, ohne weiße Schulterflecken. ♂ mit roter, ♀ mit kleiner, weißer Stirnplatte. Unterseite ohne Rot. Juv. mit bräunlichweißem, nach hinten nicht scharf abgegrenzten Scheitelfeld. ■ Am weitesten hörbar ist eine an den Turmfalken erinnernde, hohe Rufreihe wie »kikiki …«, die man das ganze Jahr über, im Frühjahr jedoch am häufigsten hört. Leise Einzelrufe wie »kik« ähnlich dem Buntspecht, aber feiner und selten zu hören. ♀ und ♂ trommeln hell klingende Wirbel, die man recht gut von denen anderer Spechte unterscheiden kann. ■ Die Rufreihe ist das wichtigste Merkmal bei der Entdeckung; der kleine heimliche Specht fällt optisch wenig auf. V Br. in Europa und Asien; ostwärts bis Japan. ■ Bei uns vor allem in der Tiefebene weit verbreitet, doch nirgends häufig; im Mittelgebirge und in den Alpentälern nur lokal. ■ Br. in parkartigen und lichten Laub- und Mischwäldern, bevorzugt in Weichhölzern. Typische Lebensräume sind Auwälder, feuchte Erlen- und Hainbuchenwälder, Parks; dann auch Villen- und Hausgärten mit alten Bäumen sowie Obstgärten mit Hochstämmen. In dichten, geschlossenen Wäldern fehlt er. F Bruthöhlen in totem oder morschem Holz, nicht selten auch in einem stärkeren Seitenast. ■ Legebeginn Ende April bis Mitte Mai; 1 Jahresbrut. ■ Gelege 4 (5–6) Eier. ■ Brutdauer 10–12 Tage; Hauptanteil an der Bebrütung hat das ♂. Nestlingszeit 19–21 Tage. N Im Sommer besonders Insekten, die von Blättern und Zweigen abgelesen werden (z. B. Blattläuse!). Winternahrung besteht vor allem aus In-

sekten, die unter der Rinde überwintern. Pflanzliche Nahrung nur ausnahmsweise, z. B. im Winter Sonnenblumenkerne an Futterplätzen.

In der Regel spielen Baumhöhlen für unsere Spechte nicht nur als Brutstätten eine wichtige Rolle. Fast immer werden auch, vor allem für das Winterhalbjahr, Schlafhöhlen aufgesucht, die ganz ähnlich gegenüber Artgenossen und Konkurrenten verteidigt werden wie die Bruthöhlen. Daher sind unsere meisten Spechte auch im Winter regelrechte Einzelgänger. Man sieht sie nie wie andere Waldvögel in größeren Trupps, höchstens in Familienverbänden in der Zeit nach dem Ausfliegen der Jungen.
Kleinspechte allerdings schließen sich im Herbst und Winter gelegentlich gemischten Kleinvogelschwärmen an und zigeunern zusammen mit Baumläufern, Goldhähnchen, Laubsängern, Buchfinken oder Meisen herum. Sie kommen im Winter mit solchen Kleinvogelschwärmen auch gelegentlich an Futterstellen. Zur Übernachtung während der Herbst- und Wintermonate zimmern sich Kleinspechte eigene Schlafhöhlen; gelegentlich nehmen sie mit einem Nistkasten vorlieb.
Höhlenkonkurrenz macht dem Kleinspecht gelegentlich sehr zu schaf-

fen, denn seine Bruthöhlen passen natürlich auch so recht für viele unsere höhlenbrütenden Kleinvögel. Der Hauptfeind ist die Kohlmeise, die von Kleinspechten oft in heftigen Sturzflügen im Kampf um die Höhle angegriffen wird. Auch gegen Trauerschnäpper, Haus- und vor allem Feldsperling muß er sich durchsetzen. Bei Auseinandersetzungen mit Staren entstehen dagegen schon große Schwierigkeiten, doch behält der winzige Kleinspecht auch hier manchmal die Oberhand.

Anfang oder Mitte April beginnen ♂ und ♀ mit dem Höhlenbau, der schon mitunter nach 12–16 Tagen abgeschlossen sein kann. Meist ist der Arbeitsanteil des ♂ größer als jener des ♀. Natürlich kommt für den zarten Specht nur weiches oder morsches bzw. totes Holz für den

Kleinspecht-Weibchen.

Höhlenbau in Frage. Vor allem alte Laubbäume genügen seinen Anforderungen am besten, wie Weiden, Pappeln, Erlen, Birken, Roßkastanien, Eschen, Obstbäume, aber auch Harthölzer, wenn sie entsprechend morsch und faul sind (Eiche, Buche). Nur ganz selten findet man eine Kleinspechthöhle in einem Nadelbaum. Das fast kreisrunde kleine Einschlupfloch hat einen Durchmesser von etwa 32 mm, entspricht also genau dem Einschlupfloch vieler Meisenkästen. Allerdings nehmen Kleinspechte nur ganz ausnahmsweise einmal einen Nistkasten zur Brut an. Im Unterschied zu den anderen Spechten findet man Kleinspechthöhlen nicht selten auch in einem großen Seitenast, der sogar mehr oder minder waagrecht sein kann. Die Höhle liegt dann immer auf der Unterseite.

Im Sommer lesen Kleinspechte Blätter und Zweige nach Insekten und Insektenlarven ab. Im Winter allerdings müssen sich die Spechte auf holzbohrende Larven umstellen und versuchen, auch unter toten Rinden-

Kleinspecht-Männchen.

stücken überwinternde Insekten zu erbeuten.

Alle unsere heimischen Spechte zeigen wenig Wanderneigung. Gleichwohl kann man sie gelegentlich weitab von den Brutplätzen antreffen, am ehesten nach der Familienauflösung. So wurden Kleinspechte schon auf Nordseeinseln nachgewiesen.

353

Dreizehenspecht

Picoides tridactylus

♀

K Kleiner als Amsel; schwarzweißer Specht ohne Rot. Flügel einfarbig dunkel, ohne weiße Schultern. Auf der Rückenmitte jedoch ein breites, weißes Längsband, das dunkel gezeichnet sein kann. 2 breite V-förmige Bänder stoßen am Nacken zusammen. Kopfseiten mit schwarzweißem Streifenmuster; helle Körperseiten kräftig schwarz quergebändert. Kopfplatte des ♂ gelb, beim ♀ schmutzig weiß bis schwarz. Juv. weniger kontrastreich gezeichnet. ■ Wenig ruffreudig; Einzelrufe weich und gedämpft wie »güpp«,

Von Spechten geringelte Tanne.

auch kurze Rufreihen. ♂ und ♀ trommeln ratternd, die Wirbel sind länger als beim Buntspecht, wobei die letzten Schläge meist beschleunigt werden (s. Sonagramm S. 34). ■ In Bergwäldern oft recht vertraut, wenig scheu (im Gegensatz zum Weißrückenspecht).

V Br. im nördlichsten Nordamerika und in den Rocky Mountains bis Arizona; ferner Eurasien, Skandinavien bis Japan. Sonst in Europa nur Gebirgsvogel. ■ Bei uns nicht seltener Br. in den Alpen und auch in den Hochlagen des Bayerischen und des Böhmerwaldes. Im Schwarzwald neuerdings wieder aufgetaucht. Standvogel. ■ Br. vor allem in Bergfichtenwäldern mit Beimischungen von Bergkiefer, Tanne, Arve. Obwohl ausgesprochener Fichtenspecht, ist die Art nicht in die künstlich angepflanzten Fichtenwälder der Ebenen eingewandert. In den Alpen beginnt das Brutgebiet meist erst mit rund 700 m und reicht bis 1600 m, selten höher (z. B. Schweiz).

F Nesthöhle fast nur in Nadelbäumen. ■ Legebeginn ab Mitte Mai. ■ 3–6 weiße Eier. ■ Brutdauer etwa 11 Tage; beide Partner brüten, allerdings das ♂ mehr. Nestlingszeit mindestens 20 Tage. Die Jungen werden noch lange nach dem Ausfliegen betreut und gefüttert.

N Vorwiegend Insekten, vor allem Käfer, Larven und Puppen unter der Rinde. Baumsaft wichtige Nahrung im Frühsommer.

Im Unterschied zu den anderen Buntspechten, die häufig auch alte Höhlen wieder zu einer neuen Brut benützen, zimmert der Dreizehenspecht so gut wie jedesmal seine Höhle neu. Damit wird er zu einem wichtigen Höhlenbauer für andere Bergwaldvögel. So bezieht z. B. der Sperlingskauz (s. S. 308) sehr gern ehemalige Dreizehenspechthöhlen. Für den Rauhfußkauz sind sie allerdings normalerweise zu klein.

Auch Dreizehenspechte sind ausgesprochene Ringelspechte. Im Bergwald findet man häufig frische Baumringe (s. Buntspecht). Im Unterschied zum Buntspecht werden aber vorwiegend Nadelbäume, in erster Linie Fichten, aber auch Bergkiefern, Zirben und Lärchen, vereinzelt offenbar sogar Tannen, geringelt. Die vom Specht geschlagenen Ringe beginnen oft schon 1 m über dem Boden und reichen bis hoch hinauf in die Krone. Nicht immer sind die Ringe rund um den ganzen Baum herum angelegt, sondern manchmal nur als Halbringe. Ihr Abstand beträgt normalerweise 6–15 cm. Die Einschläge liegen meist 1–2 cm auseinander.

Etwa Mitte April, wenn in den Bäumen der Saft aufsteigt, beginnt die Ringeltätigkeit. Im Unterschied zum Buntspecht aber dauert sie bis in den September hinein an. Das hat zur Vermutung geführt, daß Dreizehenspechte vielleicht auch Harz, das aus diesen Wunden fließt, aufnehmen. Die Ernährung durch Baumsaft im Frühjahr spielt offenbar eine ganz große Rolle. Alte Ringellöcher werden unter Umständen sehr ausdauernd kontrolliert und dabei auch gleich wieder neue in die Rinde geschlagen. In der Schweiz hat man im Aktionsbereich eines einzigen Paa-

Männchen an der Bruthöhle.

res auf 20 ha nicht weniger als 28 Ringelbäume gezählt.

Wie auch andere einheimische Spechte leben Dreizehenspechte fast das ganze Jahr in Revieren, wobei Paare oft standorttreu am gemeinsamen Territorium festhalten können. Die Aktionsgebiete einzelner Paare können aber im Bergwald sehr groß sein und liegen nach Untersuchungen in der Schweiz zwischen 48 und 200 ha. ♂ und ♀ suchen allerdings während der Brutzeit getrennt voneinander in verschiedenen Teilen des gemeinsamen Reviers Nahrung für die Jungen.

Zwischen ♂ und ♀ besteht das ganze Jahr über eine sehr ausgeprägte Teilung des Lebensraumes. Die ♂ scheinen in der Regel die stärkeren zu sein und suchen sich die optimalen Teile des Waldes für die Nahrungssuche. Eine derartige ökologische Trennung zwischen den beiden Geschlechtern ist wohl lebenswichtig, um eine riskante Konkurrenzsituation zu vermeiden, vor allem in nordischen Wäldern.

Haubenlerche

Galerida cristata

K Gut sperlingsgroß, wirkt gedrungen; breitere, runde Flügel und kürzerer Schwanz als Feldlerche; Oberseite weniger intensiv gestrichelt. Auffallende Haube, die bei Jungvögeln kürzer ist. Schwanzaußenfedern lehmfarben, Flügel im Flug ohne weißen Hinterrand. Die Körperfärbung wirkt in verschiedenen Teilen des Verbreitungsgebietes unterschiedlich hell. ■ Häufigster Ruf »die-didrie«, im Flug oft »djui«. Gesang mit kurzen Strophen und Pfeiflauten, die oft wiederholt werden; enthält auch Nachahmungen anderer Vogelstimmen (auch Imitationen menschlicher Pfiffe sind bekannt). ■ Sitzt und läuft viel am Boden oder fliegt niedrig ab; singt häufig am Boden oder von einem erhöhten Platz aus, auch im Flug.

V Br. in Asien, Nord- und Mittelafrika; in Europa nordwärts bis zur Ostsee und Südskandinavien, besonders häufig in Südeuropa. ■ Bei uns nicht sehr häufiger Standvogel, gebietsweise selten oder fehlend; Jungvögel auch Kurzstreckenzieher. ■ Trockenes Ödland, vor allem kahle Ruderalflächen, Industrie- und Bahnanlagen, Sportfelder, auch an Straßen und Wegen, nicht selten mitten in der Großstadt; sitzt gelegentlich auf Zäunen und flachen Hausdächern. In Südeuropa auch in Wein- und Obstgärten und häufig auf Feldmauern. Außerhalb der Brutplätze selten.

F Nest am Boden, gut versteckt; oft an Böschungen und Dämmen, in Städten gelegentlich auch auf flachen Hausdächern. ■ Lege- bzw. Brutbeginn ab Mitte April; wohl häufig 2 Jahresbruten. ■ 3–5 (6) grauliche Eier mit feiner, dunkler Fleckung. ■ In der Regel brütet das ♀ 12–13 Tage; ♂ und ♀ füttern Junge 9–11 Tage im Nest; volle Flugfähigkeit wird aber erst mit 16–18 Tagen, also nach Verlassen des Nestes erreicht.

N Samen von Gräsern, Ruderal- und Ackerpflanzen, auch Getreide, grüne Grasspitzen; kleine Bodeninsekten und Spinnen.

Die Haubenlerche bietet ein interessantes Beispiel für Arealvergrößerung und Bestandsveränderungen. Unter Areal versteht man im allgemeinen das Siedlungsgebiet einer Art. Nach Mittel- und Westeuropa ist die Haubenlerche wahrscheinlich schon seit dem Mittelalter eingewandert mit der Entstehung von großen Rodungen und Ackerbaugebieten (Kultursteppe). In vielen Gebieten tauchte sie aber erst im 18. und 19. Jh. auf. Wahrscheinlich ist ihr Bestand bis in die ersten Jahrzehnte des 20. Jh. angestiegen. Doch dann trat meist ein Stillstand ein, vielerorts sogar ein Rückgang. Allerdings haben die Stadtzerstörungen im 2. Weltkrieg neue Lebensräume »erschlossen«. Die Haubenlerche wurde zum »Trümmervogel« der innerstädtischen Bereiche. Heute besiedelt sie meist Neubauviertel mit Ödland und kurzrasigen Flächen. In vielen Gebieten ist sie aber auch ganz verschwunden. So brüten z. B. in der

Schweiz seit 1990 keine mehr; bis in die 20er Jahre war die Haubenlerche in der Schweiz aber in vielen Dörfern und Städten der Niederungsgebiete eingewandert. Auch in anderen Teilen Mitteleuropas haben die Brutbestände z. T. dramatisch abgenommen. Die Gründe für diesen Rückgang sind nicht ganz klar. Man vermutet kalte Winter (die aber meist nur kurzfristig wirken) und ganz allgemein Klimaveränderungen, die Auswirkung von Herbiziden (Pflanzenvernichtungsmitteln), die auf technischen Anlagen ausgebracht werden, aber auch die zunehmende Asphaltierung und Verkehrsentwicklung, in Städten wird der Platz zu eng. Sicher wirken mehrere Ursachen zusammen.

Kleine Ansiedlungen der Haubenlerche existieren oft nur für kurze Zeit: Die Bautätigkeit erschließt neue Lebensräume, die aber oft nur wenige Jahre besiedelt werden können, denn nach Abschluß der Baumaßnahmen hat sich dann das Gebiet wieder stark gewandelt zu ungunsten der Haubenlerche. Kurzfristige Ansiedlung in einzelnen Gebieten und dauernde Verschiebung des Verbreitungsmusters sind daher für viele städtische Vorkommen sehr bezeichnend. Die Siedlungsdichte ist im allgemeinen recht gering. So brüteten beispielsweise in der Innenstadt von Hamburg auf 266 ha nur 19 Paare, d. h. nicht einmal 1 Paar pro 10 ha.

Für Vogelbeobachter ist die Haubenlerche ein gutes Beispiel, die Anpassung an neu entstandene Lebensräume im menschlichen Siedlungsbereich zu verfolgen. Manchen Paaren ist es sogar gelungen, dem Verkehrsrummel durch ein Nest auf Hausdächern auszuweichen.

Ohrenlerche
Eremophila alpestris

K̲ Gut sperlingsgroß; Gesicht und Kehle hellgelblich; schwarzer Brustfleck und schwarze Wangen (die bei südeuropäischen ineinander übergehen). Im Brutkleid fallen die ♂ durch deutlicheren Kontrast zwischen heller und dunkler Kopfzeichnung, schwarzes Stirnband und abstehende Federohren auf; bei den ♀ ist der Kontrast schwächer; kleine, nicht vorstehende Federohren. Im Winterhalbjahr sind Geschlechter kaum zu unterscheiden, da dunkle Kopfzeichnung teilweise verdeckt bzw. mit hellen Flecken durchsetzt ist. Oberseite rötlichbraun, bei ♂ im Frühjahr rosabrauner Oberkopf; Unterseite weißlich. Schwanz dunkel. ■ Dünne Rufe wie »tswijpp«, »tsi-ih« (pieperartig); kurzer Fluggesang mit Trillern und krähenden Lauten.

V̲ Br. in Nordeuropa und Nordasien sowie in ganz Nordamerika, ferner in den Gebirgen Nordafrikas, Süd-

Ohrenlerchen sind Wintergäste, die man am besten im Tiefland beobachten kann.

osteuropas, Vorder- und Zentralasiens bis in die Mandschurei. In Mitteleuropa nur Wintergast aus Nordeuropa, vor allem in Ebenen des Nord- und Ostseeraums; tiefer im Binnenland bis zum Fuß der Alpen teilweise selten und ur. ■ Br. auf steinigen Gebirgsebenen und trockener Tundra im Norden; im Winter an Meeresküsten, auf Ödflächen oder Stoppeläckern.

357

Heidelerche

Lullula arborea

K Etwa spatzengroß. Auffallend kurzer Schwanz ohne weiße Außenkante (doch kleine weiße Flecken am Ende der zweiten bis vierten Steuerfeder von außen). Haube wenig auffällig, abgerundet; weißliche Überaugenstreifen sehr auffällig, treffen im Genick zusammen. Nahe dem Vorderrand des zusammengelegten Flügels ein schwarzbraun-weißes Abzeichen, das aber nur aus der Nähe zu sehen ist. ■ Melodischer Ruf, wie «didloi«, »didelit« o.ä. Gesang stimmungsvoll und melodisch mit kennzeichnenden, oft abfallenden weichen, flötenden Lautreihen »lülülü ...« oder »düdldüdldüdl ...«, viele Variationen. ■ Singt auf Bäumen, am Boden oder im (oft spiraligen) Singflug beim Aufsteigen; stürzt dann mit angelegten Flügeln auf den Boden oder auf einen kleinen Baum herunter (vgl. Baumpieper, S. 26). Singt auch nachts.

V Br. in Nordafrika und Vorderasien, in ganz Europa bis Südengland und Südskandinavien, besonders in milden und trockenen Gebieten Mittel-, West- und Südeuropas. ■ Bei uns lückenhaft verbreitet, vor allem im Tiefland und in trockenen Hügellandschaften Norddeutschlands. Teil- und Kurzstreckenzieher (Ende Februar/März bis Oktober/Anf. November). Winterquartier Süd- und Westeuropa (Niederlande bis Pyrenäen); östliche Br. überwintern in Frankreich, Italien, Nordafrika. ■ Überwiegend offene Landschaften: Steppen und Trockenrasen mit aufgelockertem Baumwuchs, Baumheide, Waldränder, Kahlschlagflächen mitten im Hochwald; im Süden auch lockere Baumplantagen (z.B. Oliven), Weingärten; selten auf freiem Ackerland oder in intensiv bewirtschafteten Kulturflächen. Auf dem Durchzug auch auf Wiesen, Äckern und Hochmoorflächen.

F Nest am Boden, meist in Vertiefung und versteckt ■ Gelege ab Anf. April bis Juni; meist 2 Jahresbruten. ■ 3–5 (6) rötlich-weiße Eier mit rötlich-braunen Punkten und Flecken. ■ ♀ brütet 13–15 Tage; ♂ und ♀ füttern, Junge verlassen nach 11 Tagen das Nest und sind mit 15–18 Tagen gut flugfähig.

N Kleine Samen, auch Blattspitzen und Knospen von Bodenpflanzen; im Frühjahr und Sommer hauptsächlich Insekten, Spinnen u.a. kleine Bodentiere.

Lerchen sind typische Bodenvögel offener Landschaften, doch ist von unseren 3 heimischen Arten die Heidelerche am stärksten an das Vorkommen von Bäumen gebunden. Ihr wissenschaftlicher Artname »arborea« bedeutet »zum Baum gehörig« oder »auf Bäumen lebend«. Der ursprüngliche Lebensraum der Heidelerche in Europa war die Waldsteppe, also der Übergang zwischen den eigentlichen Steppen zu Waldlandschaften. Steppen sind Grasländer, die in Gebieten mit deutlichem Wechsel zwischen kalten und warmen Jahreszeiten liegen, also außerhalb der Tropen (im Gegensatz zu den Savannen als Grasländer der wechselfeuchten Tropen). In dem Übergangsbereich zwischen Steppe und Wald finden wir Heidelerchen heute bis in den lockeren Hochwald vordringend, aber auch in der reinen Strauchsteppe. In vielen Teilen Mitteleuropas sind typische Heidelerchenbiotope (Biotop = Lebensraum) sandige Kiefernheide, Wälder mit lockerstehenden Bäumen und vielen Lichtungen, Jungwald und Kahlschläge, aber auch Sand- und Kiesgruben, die mit Bäumen umstanden sind; im Bergland brütet sie auch an Trockenhängen. Ein treuer Begleiter der Heidelerche ist der Baumpieper, der teilweise ganz ähnliche Ansprüche stellt. Frisch angelegte Kiefernplantagen schaffen der Heidelerche z. B. recht günstige Voraussetzungen; doch das Heranwachsen der dichtstehenden Nadelbäume der modernen Wirtschaftswälder vertreibt sie wieder. Wie für die Haubenlerche sind also auch für die Heidelerche Biotope kurzlebig und entstehen in der intensiv genutzten Kulturlandschaft oft nur als Folge des Abbaus und der Zerstörung, oder dort, wo noch Ödlandflächen in Resten erhalten bleiben können. Heidelerchen siedelten z. B. nach den verheerenden Waldbränden, denen 1974 niedersächsische Kiefernwälder zum Opfer fielen, auf den Brandflächen an, wo vorher dichter Hochwald stand.

Kaum 2 der 3 bei uns brütenden Lerchenarten wird man zusammen im gleichen Lebensraum antreffen. Eine derartige ökologische Trennung findet man bei vielen nah verwandten Vogelarten. Sie verringert die Konkurrenz zwischen den Arten und trägt so dazu bei, daß in einem größeren Gebiet mehrere Arten einer Verwandtschaftsgruppe nebeneinander leben können. Dagegen teilen sich in der Regel verschiedene Vogelarten einen Lebensraum und bilden zusammen eine Lebensgemeinschaft. In ihrer Lebensweise sehr ähnliche Vogelarten, die miteinander einen Lebensraum besiedeln, bezeichnet man oft auch als Gilde. Baumpieper (s. oben), selten Brachpieper, ferner dort, wo Büsche und Bäume stehen, auch Dorn- oder Klappergrasmücke, Neuntöter sowie in trockenen Kieferwäldern auch den seltenen Ziegenmelker treffen wir als Begleitarten der Heidelerche.

Beispiel eines Brutbiotops der Heidelerche.

Feldlerche
Alauda arvensis

K Größer als Sperling; Oberseite braun mit schwärzlichen Streifen; Unterseite bräunlich-weiß mit dunkler Bruststreifung. Wichtige Kennzeichen: weißer Saum am Hinterrand der relativ langen Flügel; äußerste Schwanzfedern weiß. Schopf kurz und gerundet, kann aber aufgestellt werden. ■ Ruf etwas rauh »trr-lit« oder »trrrip«. Gesang meist im Flug vorgetragen (s. unten), langandauernde Folge von wirbelnden und trillernden Tönen, vor allem gegen Ende oft wohlklingende Flötentöne eingeschaltet. ■ Läuft schnell, sitzt meist am Boden oder auf einer kleinen Erhöhung, so gut wie nie auf Bäumen.

V Br. der Mittelbreiten Asiens bis an den Pazifik und einschließlich Japans, in Nordafrika, in ganz Europa mit Ausnahme von Island und Nordskandinavien. In Mitteleuropa einer der häufigsten und verbreitetsten Br. des offenen Landes. Teil- und Kurzstreckenzieher; Winterquartiere in West- und Südeuropa östlich bis an den Rhein, doch auch weiter östlich viele regelmäßige Winterbeobachtungen vor allem in der Tiefebene. ■ Offene Landschaften: Äcker, Wie-

Feldlerche am Nest.

sen, Weiden, Marschen, Sanddünen, auch Moore und alpine Matten (fehlt hier teilweise in den Nordalpen); meidet Bäume.

F Bodennest, oft kaum versteckt. ■ Gelege ab Mitte April bis Juni, wohl in der Regel 2 Jahresbruten. ■ 3–5 (6) rahmfarbene Eier mit dichter Sprenkelung. ■ ♀ brütet 10–14 Tage, ♂ und ♀ füttern. Junge sind am 18. Tag flügge, verlassen aber oft schon vorher das Nest.

N Im Winter vor allem grüne Blättchen, im Frühjahr und Sommer Kleintiere des Bodens, im Herbst Sämereien.

Viele Bodenbrüter des offenen Landes tragen ihren Gesang im Flug vor. Solche Singflüge sind nicht nur für Lerchen, sondern auch für Pieper charakteristisch. Das Fehlen einer hohen und exponierten Singwarte wird dadurch ausgeglichen und die Auffälligkeit der Reviermarkierung erhöht. Kiebitz, Rotschenkel, Brachvogel und viele weitere bodenbrütende Watvögel unterstreichen ihre Lautäußerungen durch einen Schauflug, wobei im Unterschied zu den bescheiden gefärbten Lerchen auch noch auffällige Farbsignale eine Rolle spielen. Auch einige Gebüschvögel und Bewohner hoher Krautschichten schwingen sich oft zu ei-

Fast flügge Feldlerche drückt sich bei Gefahr auf den Boden zwischen die schützende Vegetation.

nem allerdings meist recht kurzen Singflug in die Luft, z.B. Dorngrasmücke und Schilfrohrsänger.

Nach meist lautlosem Abflug steigen Feldlerchen steil in die Höhe mit raschen Flügelschlägen und gespreiztem Schwanz. Wenn irgend möglich, richten sie sich dabei gegen den Wind. Während des Aufsteigens, das die Lerche 50–100 m hoch führen kann, wird ununterbrochen gesungen. Das bedeutet eine gewaltige Atemleistung! Wie die Feldlerche die doppelte Beanspruchung – energieaufwendiger Steigflug und Gesang – atemtechnisch bewältigt, ist noch nicht ganz klar. Hat das singende ♂ ausreichende Höhe gewonnen, bleibt es ohne erkennbare Änderung von Flügelschlag und Sangesweise auf gleicher Höhe und kreist dabei oft langsam über dem Revier. Die Feldlerchen hängen geradezu singend in der Luft. Diese Phase kann wenige Sekunden, aber auch bis über 8 Minuten dauern. Danach gleitet der Sänger mit fast be-

wegungslosen, ganz ausgestreckten Flügeln langsam herunter, immer noch singend (jetzt meist auch mit längeren Flötentönen). Die Abgleitphase führt die Lerche häufig ganz zum Boden herunter, oft bricht sie aber auch in 10–15 m ab und stürzt rasch herunter, den Flug dicht über dem Boden abfangend. Feldlerchen verfügen daneben über einen leisen Bodengesang. Man hat einige sehr interessante Messungen über den Fluggesang der Feldlerche angestellt. Auf dem Höhepunkt der Sangestätigkeit im Frühjahr steigen die ♂ 2–4 mal pro 30 Minuten zum Singflug auf, der durchschnittlich 2–6 Minuten dauert (maximal sogar bis 15). Am häufigsten betragen die Pausen zwischen den Singflügen um die 10 Minuten. Die Länge einer solchen Pause hängt dabei eindeutig von der Länge des vorausgegangenen Gesanges ab. Auch ♂, die Futter im Schnabel tragen, können ungehindert in normaler Lautstärke während des Fluges singen.

Uferschwalbe

Riparia riparia

K Kleiner als Sperling, kleinste europäische Schwalbe; Schwanz leicht gegabelt, schmale Flügel. Oberseite braun, Unterseite weiß mit scharf abgesetztem, braunem Brustband. ▪ Ruf ein hartes konsonantisches »tschrrp«, bei Gefahr »i« durchklingend (etwa »brip«). Gesang raschelndes Zwitschern (»Reiben von Sandpapier«). ▪ Flug weniger flatternd und segelnd als bei den anderen beiden Schwalben.

V Br. der gemäßigten Breiten Eurasiens, in Europa mit Ausnahme einiger Inseln im Norden und im Mittelmeer sowie der Hochgebirge. ▪ Bei uns nur stellenweise verbreiteter Br. des Tieflandes; bedroht. Langstreckenzieher (April bis September), Winterquartier in Ost- und Südafrika. ▪ Meist in der Nähe des Wassers jagend, Brutkolonien in Sand- und Tongruben oder an erdigen Steilufern. Herbstliche Schlafplätze oft im Schilf.

F Nest in selbstgegrabenen Röhren in künstlichen oder natürlichen Steilwänden mit sandigem, tonigem oder lehmigem Boden; vorhandene Löcher werden angenommen (daher selten auch Br. in Kies- und Steinwänden); ausgesprochener Koloniebrüter (s. unten). ▪ Legebeginn ab Ende Mai/Anf. Juni, oft 2 Jahresbruten. ▪ (2) 4–5 (6) weiße Eier (selten mit feinen roten Punkten) ▪ ♂ und ♀ brüten 12–16 Tage; ♂ und ♀ füttern, die Jungen verlassen nach 16–22 Tagen die Bruthöhle.

N Fliegende Kleininsekten.

Längst ist die Uferschwalbe kein Uferbewohner mehr, sondern siedelt größtenteils in Abgrabungen, die der Mensch künstlich angelegt hat. Die Brutkolonien an steilen Flußufern oder Meeresküsten (z. B. Ostsee) machen nur noch einen Bruchteil des Bestandes aus. Heute graben Uferschwalben ihre 30–70 cm tiefen Bruthöhlen in Kies-, Sand- oder Tongruben. Eine Korngröße des Bodenmaterials von 0,2–2 mm ist besonders günstig. Natürlich darf das Material nicht zu locker sein, damit die Höhle zumindest eine Brutzeit überdauert. Gelegentlich werden auch Torfstiche, Abraumhalden oder gar Kies- und Sandhaufen von der Uferschwalbe angenommen. Die Gefährdung der Uferschwalbe ergibt sich aus der Kurzlebigkeit der Brutplätze. Denn in vielen Gruben findet während der Brutzeit Abbau statt, der das Brutgeschäft empfindlich stört oder Kolonieteile vernichtet. Auch nicht mehr gewerblich benutzte Gruben sind häufig stark gestört. Viele von ihnen verschwinden ohnehin durch Auffüllen oder werden durch sog. Rekultivierungsmaßnahmen für die Uferschwalbe unbrauchbar gemacht. Hier spielt leider immer noch behördlicher Unverstand eine große Rolle. Steilwände werden abgeflacht und begrünt. Der Uferschwalbe kann man durch Errichtung von Steilwänden oder sogar durch Neuanlage von Abgrabungen an und für sich sehr leicht helfen. Ist erst einmal ein Bade- oder sonst ein attraktiver Freizeitplatz aus der ehemaligen Sandgrube entstanden, zerstört oft Mutwillen die Kolonie. Aber auch dort, wo Abbruchkanten in Ruhe gelassen werden, sind die Brutplätze häufig nach wenigen Jahren durch natürliche Erosion unbrauchbar geworden. Man muß also von Zeit zu Zeit die Abgrabungen erneuern. Wieviele Paare dicht nebeneinander in einer Kolonie brüten, hängt von den Umständen ab. Viele Uferschwalbenkolonien bestehen heute aus weniger als 100 Paaren, doch können manche bis über 500, ja in seltenen Fällen sogar bis über 1000 Paare anwachsen. Solche großen Kolonien sind allerdings besonders kurzlebig. Nicht besetzte Uferschwalbenröhren locken manche Untermieter an, z. B. nicht selten Feldsperling, Haussperling, auch Bachstelze oder Kohlmeise. Wenn man die Zahl der Brutpaare ermitteln will, kann man nicht einfach die vorhandenen Löcher zählen. Viele sind nämlich nur »Versuchsbohrungen«. Auch beginnen die Jungen der ersten Brut z. T. mit Höhlengrabungen.

Uferschwalben an den Bruthöhlen.

Eine wesentlich größere braune Schwalbe, die Felsenschwalbe *(Ptyonoprogne rupestris)* mit breiten Flügeln und gerade abgeschnittenem Schwanz (der wie bei der Rauchschwalbe weiße Punkte trägt), brütet in Südeuropa und in den Alpen in kleiner Zahl nur r. am Alpennordrand in Bayern, meist an geschützten und nach Süden ausgerichteten Felswänden.

Lehmgruben geben heute die wichtigsten Brutplätze für Uferschwalben ab.

Mehlschwalbe

Delichon urbica

K Kleiner und schlanker als Sperling, Schwanz kurz und gegabelt, ohne stark verlängerte äußerste Federn. Oberseite blauschwarz, auffallend reinweißer Bürzel; Unterseite durchgehend weiß. Juv. oberseits bräunlich-bräunlichschwarz, Kehle grau. ▪ Ruf »trrp« oder »schrb«, bei Gefahr hoch »zier«. Gesang vokalarmes Zwitschern. ▪ Flug nicht so reißend wie bei Rauchschwalbe, mehr flatternd. Flugjagd meist in größeren Höhen.

V Br. in Nordafrika, in fast ganz Europa (fehlt in Island) und im außertropischen Asien. ▪ Bei uns weitverbreitet und häufig, Langstreckenzieher (April bis September/Oktober), Winterquartier Afrika südlich der Sahara. ▪ Offenes Kulturland, Br. an menschlichen Bauwerken.

F Nest an der Außenwand von Gebäuden, unter Vorsprüngen, aber auch unter Brücken und an Felsen; brütet oft in lockeren Gruppen, manchmal in dicht aneinander gereihten Nestkolonien; Nest bis auf ein halbrundes Einflugloch geschlossene Halbkugel aus Lehmklümpchen mit wenig Pflanzenfasern; Einlage aus Federn und Halmen. ▪ Legebeginn ab Ende Mai/Juni, meist 2 Jahresbruten. ▪ (2) 3–5 (6) weiße Eier, oft mit feinen Punkten. ▪ ♂ und ♀ brüten etwa 14–15 Tage; ♂ und ♀ füttern, Junge verlassen je nach Wetterbedingungen mit 20–30 Tagen das Nest.

N Fliegende Kleininsekten.

Die an der Außenwand der Häuser oft in regelrechten Kolonien brütenden Mehlschwalben lassen sich nicht nur relativ einfach zählen, so

Mehlschwalben haben sich vor dem Abzug auf einer Drahtleitung versammelt.

Grundstock des Nestes.

Fast flügge Junge werden gefüttert.

daß langjährige Bestandsaufnahmen möglich sind. Sie sind auch für andere wichtige Untersuchungen willkommene Forschungsobjekte. In 60 Ortschaften in Oberschwaben konnten z. B. von 4 700 beringten und ausgeflogenen Nestlingen 450 in späteren Jahren wieder als Brutvögel kontrolliert werden. Dies deutet, wenn man die hohen Verluste auf dem Zug bedenkt, darauf hin, daß Mehlschwalben großenteils wieder an ihren Geburtsort zurückkehren. Allerdings ist die Rückkehr und Wiederansiedlung am »Geburtshaus« offenbar nicht häufig. Von 165 kontrollierten ♀ wurden z. B. nur 1 im Geburtsnest und 7 weitere an einem Nest am »Geburtshaus« wiedergefunden; unter 279 ♂ waren es immerhin 8 bzw. 54. Im Durchschnitt siedelten sich die ♀ über 3 000 Meter und die ♂ etwa 1 500 Meter von ihrem Geburtsort entfernt an. Solche Entfernungen sind natürlich minimal, wenn man die Tausende von Kilometern langen Zugwege bedenkt. Andere Forscher haben untersucht, welchen Einfluß das Alter auf das Brutgeschäft hat. Junge und alte Vögel einer Art verhalten sich nämlich nicht genau gleich. Man fand bei der Mehlschwalbe heraus, daß z. B. Brutpaare, bei der ♂ oder ♀ älter als

2 Jahre waren, 4 Tage früher mit der Eiablage begannen als zweijährige Mehlschwalben und gar 11 Tage früher als einjährige. Mehrjährige ♀ legen im Durchschnitt 0,8 Eier mehr als einjährige. Bei Paaren, deren ♂ einjährig war, schlüpften aus 73,5% der Eier Junge; bei mehrjährigen Partnern war die Schlüpfquote dagegen 90,4%. Auch die Zahl der flügge werdenden Jungen ist bei mehrjährigen Mehlschwalben größer als bei einjährigen. Wahrscheinlich haben zweijährige die größten Bruterfolge. So ist also der Altersaufbau einer Population von großer Wichtigkeit für das Überleben des Bestandes. In einem württembergischen Dorf ist das Alter der dort brütenden Mehlschwalben genau untersucht worden. Einjährige Vögel machten im Mittel zweier Jahre etwa 36% aus, also gut ein Drittel. Mehr als die Hälfte, nämlich 55%, waren zwei- bis vierjährig. Dies ist etwa die Altersklasse, die wohl den besten Aufzuchterfolg hat und für den Fortbestand besonders wichtig ist. Die Anteile höherer Altersklassen sind dagegen sehr gering vertreten. Fünfjährige machten nur noch rund 7% aus, sechs- oder gar siebenjährige erreichten nicht einmal je 1%. Das Durchschnittsalter war etwa 2 Jahre.

Rauchschwalbe

Hirundo rustica

K Etwa sperlingsgroß, jedoch viel schlanker; ein langer, tiefgegabelter Schwanz mit stark verlängerten äußersten Schwanzfedern. Oberseite metallisch glänzend dunkelblau; Unterseite rahmgelb, manchmal fast rötlich überhaucht; metallisch blaues Kropfband, Kehle und Stirn tief kastanienrot; Schwanzfedern mit je einem weißen Flecken. ♀ mit weniger tiefer Schwanzgabel; juv. mit hellrostfarbener Kehle und Stirn, sowie Oberseite mit geringerem Glanz, Schwanzspieße kürzer als ♀. ■ Ruf ein hohes »tswitt«, das auch gereiht wird; bei Gefahr schärfer »ziwitt« oder »biwist«. Gesang plauderndes Gezwitscher mäßiger Lautstärke, das oft mit einem Schnurrer endet. ■ Flugjäger, der aber häufiger auch in tieferen Bodenschichten jagt als Mehlschwalbe (z.B. bei regnerischem Wetter!); sitzt gern auf Drähten und Dächern.

V Br. in Eurasien, Nordamerika, Nordafrika; in Europa nur im äußersten Norden fehlend. ■ Bei uns häufiger Br.; Langstreckenzieher (Ende März/Anf. April bis Oktober) Winterquartier tropisches Afrika. ■ Offenes Kulturland, bei schlechtem Wet-

ter oft über Wasserflächen konzentriert. Br. in menschlichen Siedlungen (fehlt jedoch meist im Zentrum der Großstädte); Schlafplätze im Herbst und Frühjahr oft im Schilf.

F Nester an senkrechte Flächen angeklebt, meist jedoch auf einer Stütze, in der Regel im Inneren von Gebäuden; offene Viertelkugeln aus Lehmstückchen mit Halmen untermischt, Innenauslage mit einigen Federn. ■ Gelege ab Mitte bis Ende Mai, meist 2 Jahresbruten. ■ (3) 4–5 (6) weiße Eier mit spärlicher rötlicher bzw. violetter Punktierung. ■ ♀ (seltener auch ♂) brütet ca. 15 Tage; ♂ und ♀ füttern; Junge verlassen nach 20–24 Tagen das Nest, kehren anfangs zum Übernachten ins Nest zurück.

N Fliegende Kleininsekten

Unter den beiden an Gebäuden brütenden und daher allbekannten Schwalben ist die Rauchschwalbe weniger anfällig für kühle Witterung als die Mehlschwalbe. Vielleicht hängt dies zusammen mit der vielseitigeren Jagdweise der Rauchschwalben, die man viel regelmäßiger auch in den bodennahen Luftschichten mitunter dicht über den

Rauchschwalbe fliegt zum Nest.

Gräsern jagen sieht. In der Regel sind Rauchschwalben mindestens 10 Tage eher aus dem Winterquartier zu erwarten; die letzten kann man manchmal noch Ende Oktober/Anf. November sehen, während die letzten Mehlschwalben uns meist schon Mitte Oktober verlassen haben. Ferner schwankt der Brutbestand der Mehlschwalbe in Abhängigkeit von der Witterung meist viel stärker als jener der Rauchschwalbe. Plötzliche Bestandsrückgänge von 25 bis 30% als Folge schlechter Witterung während der Brutzeit oder auf dem Zug können aber bei beiden Arten nach 1 oder 2 Jahren schon wieder ausgeglichen sein. Daher sind sog. Schwalbenkatastrophen, wie sie z. B. durch frühen Wintereinbruch im September und Oktober 1974 in vielen Gebieten Mitteleuropas eintraten, für den Fortbestand der Schwalben nicht so entscheidend, wie man vielleicht glauben möchte. Damals gingen an manchen Orten Tausende von Mehl- und Rauchschwalben durch Kälte und damit verbundenen Nahrungsmangel überraschend zugrunde oder waren so geschwächt, daß sie den weiten Zug nicht antreten konnten. Gut gemeinte Hilfsaktionen, die z. B. Schwalben mit dem Flugzeug nach dem Süden verfrachteten, haben mit Sicherheit die Situation nicht wesentlich verbessert. Die Verluste sind in den folgenden Brutzeiten durch Nachkommenschaft wieder ausgeglichen worden. Allerdings ist ein solcher Ausgleich nur dann möglich, wenn die Schwalben auch in der Kulturlandschaft noch echte Überlebenschancen erhalten. Das Vorkommen der Rauchschwalbe hängt sehr stark von der Viehhaltung in ländlichen Gebieten ab. Verstädterung ländlicher Siedlungen, Rückgang der Nistmöglichkeiten in modernen Großstallhaltungen oder Verringerung des Nahrungsangebotes durch Insektenbekämpfung sind einige der Ursachen des allgemeinen Schwalbenrückgangs. Zunehmende Asphaltierung erschwert den Nestbau. Neben dem Anbringen von künstlichen Schwalbennestern oder von geeigneten Stützbrettchen, die auch an modernen Wänden den Schwalben das Ankleben der Nester ermöglichen, kann man den Schwalben daher auch durch Anlage kleiner Lehmpfützen während der Nestbauperiode wirksam helfen.

Vor ihrem Abzug nach Süden bzw. Südwesten sammeln sich die Schwalben. Man kann vor allem in den späten Nachmittagsstunden große Schwärme sehen, die sich z. B. auf Überlandleitungen wie Perlen auf einer Schnur reihen. In der Dämmerung suchen sie dann Schlafplätze auf, und zwar beson-

Pfützen liefern den Schwalben Baumaterial.

ders gern Schilfflächen. So konnte sich bis ins 19. Jh. die Mär halten, Schwalben würden gar keine Zugvögel sein, sondern auf dem Grund von Seen und Teichen überwintern. Im Frühjahr kämen sie dann wieder hervor. Schlafplätze im Schilf und bei kalten Temperaturen dicht über dem Wasser jagende Schwalben schienen dieser absurden Vorstellung Recht zu geben: die ersten über dem See fliegenden Schwalben waren »eben aus dem Wasser gekommen«.

Baumpieper

Anthus trivialis

K Etwa sperlingsgroß. Oberseite braun, dunkel gestreift; Unterseite rahmfarben und mit kräftig schwarz längsgestreifter Brust und gestreiften Flanken; gelblicher Überaugenstreif; äußerste Schwanzfedern weiß; Beine hell fleischfarben. Pieper sind optisch oft schwer zu unterscheiden, man achte daher auf die Stimme. ▪ Ruf ein rauhes, etwas absinkendes »psie«; bei Gefahr vor allem in Nestnähe ein beharrlich wiederholtes »sib« oder »zip«. Gesang im Singflug vorgetragen, beginnt im Sitzen auf erhöhter Warte (z.B. Baumwipfel) oder im Steigflug mit kanarienartigen Schmettertouren (wie »zji zji …«), denen dann herabgezogene Töne und Roller folgen. Im Heruntergleiten mit schräg nach oben gehaltenen halbausgebreiteten Flügeln hört man oft gedehnte »zia-zia-zia …« Reihen. ▪ Sitzt öfters als andere Pieper auf Bäumen, von deren Spitze häufig der Singflug beginnt.

V Br. in den gemäßigten Breiten Eurasiens bis etwa Zentralasien, fehlt in Europa im äußersten Norden (einschließlich Island), in Irland, Zentral- und Südspanien, Griechenland und stellenweise in Italien sowie auf den meisten Mittelmeerinseln. ▪ Bei uns meist verbreiteter Br. in Waldgebieten, häufigster Pieper. Langstreckenzieher (April bis Oktober), Winterquartier im tropischen Afrika (und Asien). ▪ Br. an Waldrändern und auf Waldlichtungen, in lockeren Baumbeständen, auch in Jungkulturen mit Überhältern sowie in Parklandschaften (kaum aber in Gärten). Auf dem Zug auch in offenem Land.

F Bodennest auf Heiden, Hochmooren, Waldlichtungen, Wiesen zwischen Bäumen, meist gut versteckt. ▪ Legebeginn ab Mai, häufig 2 Jahresbruten, doch ausnahmsweise auch 3. ▪ (2) 3–6 Eier meist sehr dicht gefleckt und gepunktet. ▪ ♀ brütet 12–14 Tage, ♂ und ♀ füttern Junge 12–13 Tage im Nest.

N Insekten und andere kleine Bodentiere.

Innerhalb einer einzigen Brutsaison beginnen viele Vogelpaare mehrmals mit einer Brut. Man unterscheidet dabei echte Zweitbruten, die nach erfolgreichem Abschluß einer ersten Brut begonnen werden, von Ersatzbruten, die dann begonnen werden, wenn das Gelege oder die Jungen der ersten Brut vorzeitig zugrunde gingen. Durch Ersatzbruten können Verluste wieder ausgeglichen werden. Die unterschiedliche Anzahl von Bruten, die ein einziges

Baumpieper füttert die Jungen.

Paar unternimmt, ist mit ein Grund dafür, warum innerhalb einer Population die Brutzeit in der Regel viel länger dauert, als die Daten für ein begonnenes Gelege vermuten lassen. Man kann mitunter nebeneinander Paare mit flüggen Jungen und solche, die noch auf Eiern brüten, antreffen. Dabei versteht man unter Population die Gesamtheit der Individuen einer Art an einem Ort oder in einem Gebiet.

Wie kompliziert die Dinge im einzelnen liegen können, zeigen fünfjährige Beobachtungen an einer belgischen Baumpieperpopulation: Von 133 Erstbruten, deren mittlerer Legebeginn in den einzelnen Untersuchungsjahren zwischen den 8. und 17. Mai fiel, waren 92 (69%) erfolgreich. In den 41 Fällen einer mißglückten Erstbrut wurde 33 mal noch einmal mit einer Brut begonnen als Ersatz für den Verlust. Das bedeutet, daß in 80% der Fälle eines vorzeitigen Verlustes eine Ersatzbrut begonnen wurde. Nach Abschluß der 92 erfolgreichen Erstbruten begannen mindestens 68 Paare mit einer neuen Brut in der betreffenden Saison. Der mittlere Legebeginn dieser echten Zweitbruten fiel in die Zeit vom 7.–24. Juni. Von den 33 Paaren, deren Erstgelege vorzeitig zerstört wurden und die eine Ersatzbrut begonnen hatten, unternahmen 9 (27%) eine Zweitbrut oder zumindest bei Verlust noch eine zweite Ersatzbrut. Zweimal wurde sogar eine regelrechte Drittbrut nach erfolgreichem Ausfliegen der Jungen der Zweitbrut unternommen. Weitere dritte Brutversuche nach erfolglosen Zweitbruten konnten ebenfalls festgestellt werden.

Ähnlich kompliziert liegen die Dinge bei vielen anderen Singvögeln. Solche Zusammenhänge lassen sich aber nur durch intensive Untersuchung mit einer Population klären, deren Mitglieder individuell (z. B.

durch Farbringe) gekennzeichnet wurden.

Erst bei relativ wenigen Singvögeln sind daher die Verhältnisse genau bekannt, zumal innerhalb einer Art in den verschiedenen Biotopen oder in verschiedenen Teilen des Verbreitungsgebietes Zweitbruten in unterschiedlicher Häufigkeit auftreten. So kann es vorkommen, daß in einem Gebiet fast alle Paare nur 1 Jahresbrut unternehmen, in einem anderen dagegen Zweitbruten die Regel darstellen.

Meist haben Zweitbruten kleinere Gelege als Erstbruten. In unserem Beispiel aus Belgien enthielten Erstgelege im Durchschnitt 4,96 Eier, Zweitgelege dagegen nur 4,18. Er-

Gelege des Baumpiepers.

satzgelege von Erstbruten lagen mit 4,58 Eiern pro Nest etwa in der Mitte. Ganz allgemein kann man feststellen, daß die Gelegegröße mit fortschreitender Brutzeit abnimmt (sog. Kalendereffekt der Gelegegröße). Ähnliche Befunde sind auch bei vielen anderen Brutvögeln unserer Breiten bekannt geworden. Offensichtlich wird auf diese Weise ein gewisser Ausgleich geschaffen, denn oft können später im Jahr weniger Junge erfolgreich aufgezogen werden – und auf den Bruterfolg kommt es letztlich an.

Wiesenpieper

Anthus pratensis

K Etwa sperlingsgroß. Sehr ähnlich Baumpieper, aber mehr olivfarbene Oberseite, Streifung auf der helleren Brust zarter; Überaugenstreif weißlich, äußerste Schwanzfedern weiß. Beine fleischfarben bzw. hellbräunlich. ■ Häufigster Ruf fein »ist – ist«, höher und feiner als Wasserpieper; Gesang im Flug mit langen Strophen, die meist mit längeren »tsiptsip …« Reihen beginnen und gegen Ende rauhere Elemente aufweisen, leiser und dünner als Baumpieper. ■ Sitzt meist auf dem Boden, viel weniger häufig als Baumpieper auf Bäumen; Start zum niedrigen Singflug vom Boden oder einer niedrigen Warte aus.

V Br. in Nord-, Mittel- und Westeuropa, sowie im nördlichen Westsibirien und am Südostrand Grönlands. Kleinere Vorkommen in Italien, Ungarn und Jugoslawien. ■ Bei uns verbreiteter und häufiger Br. vor allem im Tiefland, im Süden lückenhaft und gebietsweise selten (z. B. Schweiz); r. Gast überall in geeigneten Biotopen. Kurzstreckenzieher (März bis Oktober), Winterquartier

Südosteuropa, Nordafrika, Vorderasien; einzelne überwintern auch in Mitteleuropa. ■ Br. auf feuchten Wiesen, Weiden, Mooren, Heiden usw. Auf dem Durchzug und im Winter auch an Flüssen, auf Schlammbänken und an der Küste.

F Bodennest, in der Vegetation gut versteckt. ■ Legebeginn ab Mitte April, häufig 2, ausnahmsweise 3 Jahresbruten. ■ (2) 4–5 (6) Eier, dicht dunkelgrau oder rotbraun gesprenkelt, so daß sie manchmal einfarbig dunkel erscheinen. ■ Brütung erfolgt (nur durch das ♀?) 12–15 Tage; ♂ und ♀ füttern, Junge verlassen das Nest mit 10–14 Tagen bevor sie gut fliegen können.

N Vor allem Insekten und andere kleine Bodentiere; seltener Sämereien.

Besonders die Nester bodenbrütender Vögel sind mancherlei Gefahren ausgesetzt, auch wenn sie noch so gut versteckt sind. Genaue Zahlenwerte über den Bruterfolg zu ermitteln, ist aber nicht ganz einfach, da man auch bei sorgfältiger Untersuchung die Nester nicht dauernd kontrollieren kann, ohne daß dadurch zusätzliche Störungen eintreten, die das Ergebnis verfälschen. Die Nesterkontrolle bei freibrütenden Arten muß sehr vorsichtig erfolgen. Die Vegetation der unmittelbaren Nestumgebung darf nicht beschädigt oder verändert werden.

Brutbiotop des Wiesenpiepers.

In einer westfälischen Wiesenpieperpopulation gingen während des Brütens 36% der Eier verloren, und zwar 15% durch Verlassen der Gelege, 29% durch Nesträuber, 2% gingen wohl auf das Konto menschlicher Einwirkungen. Während der Nestlingszeit traten nochmals 18% Verluste ein. 12% der Nachkommenschaft wurde wiederum das Opfer von Nesträubern; bei einigen weiteren Prozent waren die Verlustursachen nicht ganz klar. Neben Totalverlusten an Gelegen oder Bruten summieren sich auch Einzelverluste in erfolgreichen Bruten. So waren 3% der abgelegten Eier unfruchtbar, 2% der Jungvögel starben während der Entwicklung, und 1% der Eier bzw.

Wiesenpieper mit Futter.

Jungvögel verschwanden spurlos aus den Nestern. Nach Abzug aller dieser Verluste blieben noch 40% der Nachkommenschaft übrig. Mehr als die Hälfte der abgelegten Eier ergaben also keine flüggen Jungvögel. Ein Wiesenpieper-♀ zog pro Jahr durchschnittlich 4,45 Junge auf. Von ihnen erlebt wohl allerdings mindestens die Hälfte die nächste Brutsaison nicht mehr.

Bei bodenbrütenden Singvögeln darf man ganz allgemein nur mit etwa 30–50% Bruterfolg rechnen. In ungünstigen Jahren liegen die Werte oft noch deutlich darunter. Eine besondere Gefahr für Bodenbrüter sind z.B. starke Vernässungen des Bodens durch lang anhaltende Regenfälle. In der heutigen Kulturlandschaft erleiden Bodenbrüter vor allem durch die Maßnahmen der Bodenbewirtschaftung, durch Weidevieh und durch anderweitige starke Beunruhigung hohe Verluste. Dies ist mit ein Grund, warum manche Wiesenbrüter heute durch die Intensivierung der Grünlandnutzung in der Landwirtschaft so stark gefährdet sind und extensiv genutzte Wiesen, die nicht gedüngt oder höchstens ein bis zweimal im Jahr ge-

mäht werden, außerordentlich wichtige Rückzugsgebiete darstellen.

Rotkehlpieper
Anthus cervinus

K Sperlingsgroß. Oberseite dunkler als Wiesenpieper, Bürzel kräftig gestreift und außerhalb der Brutzeit Brust und Flanken sehr kräftig schwarz gestreift; im Brutkleid auffallend zimtrot gefärbte Kehle und Brust; Beine gelblich oder fleischfarben. ■ Kennzeichnender Ruf ist ein scharfes gedehntes »psieh«, das etwa zwischen den Rufen von Baumpieper und Rohrammer einzuordnen ist; Gesang (bei uns in der Regel nicht zu hören) im Aufbau ähnlich Baumpieper mit abschließenden zweistimmigen Pfeiflauten.

V Br. am Nordrand Eurasiens. ■ Bei uns r., aber seltener und in vielen Gebieten noch nicht nachgewiesener Durchzügler (April/Mai und September/Oktober). ■ Br. der Tundra; während des Durchzugs auf kurzrasigen Wiesen und Ödländern, aber auch an Ufern der Binnengewässer und am Meeresküsten. Offenbar wurde die Art früher bei uns oft übersehen, da sich in neuerer Zeit die Beobachtungen häufen; am ehesten im Frühjahr zu erwarten.

Brachpieper

Anthus campestris

K Gut sperlingsgroß, schlanker; wirkt stelzenartig mit langen Beinen und relativ langem Schwanz, aufrechte Körperhaltung. Oberseite hell sandbraun, mehr oder minder einfarbig (mittlere Flügeldecken jedoch fast schwarz mit weißen Säumen, wirken wie eine Reihe dunkler Würfel); Unterseite ungestreift, hell. Juv. im Frühherbst mit gestreifter Brust. ■ Flugrufe schilpend wie »psja« oder »zip« (ähnlich Schafstelze); Gesang in Abständen wiederholte »zrlüi« o.ä., von niederen Warten oder in bogenförmigem, nicht sehr hohem Singfluge vorgetragen. ■ Wirkt im Laufen sehr hochbeinig, langsames Schwanzwippen.

V Br. Eurasiens in südlichen und mittleren Breiten, in Europa vor allem in Süd- und Mitteleuropa bis zur Ostseeküste; fehlt im Nordwesten und Norden. ■ Bei uns seltener und nur an wenigen Stellen des Tieflandes r. Br. vor allem im Osten (Brutplätze durch Kultivierung von Heiden und Ödflächen, Aufforstung usw. selten geworden). Durchzügler r., aber in geringer Zahl, im Tiefland. Bei uns vorwiegend ein Langstreckenzieher (Ende April/Mai bis September/Anf. Oktober), Winterquartiere Nordafrika, tropisches Afrika und Asien. ■ Br. in trockenem, offenem Gelände, wie Trockenrasen, Sanddünen, Ödflächen, Weingärten, Brachflächen, Heiden, im Süden auch in anderer Form trockenen Kulturlandes und in ausgesprochenen Steppen. Auf dem Durchzug in ähnlichen Gebieten.

F Bodennest. ■ Legebeginn bei uns wohl nicht vor Mitte Mai. ■ 4–6 stark gesprenkelte und gefleckte Eier. ■ Brutdauer 13–15 Tage, hauptsächlich das ♀ brütet; ♂ und ♀ füttern. Junge verlassen das Nest mit 12–14 Tagen, wobei sie dann noch nicht voll flugfähig sind. Störungen am Nest können wie auch bei anderen Bodenbrütern zur Folge haben, daß die Jungen erschreckt werden, zu früh das Nest verlassen und damit leicht eine Beute von Feinden werden oder unterkühlen.

N Kleine Bodentiere.

Wie für viele Ödlandbrüter sind auch für diese Art die neuesten Bilanzen sehr ungünstig. In Deutschland ist sie im Westen teilweise verschwunden oder bis auf kleine Restbestände zurückgegangen. Etwas günstiger sieht es in Ostdeutschland aus, doch schätzte man um 1985 nur noch 650 Paare für ganz Deutschland. Wer ist am Rückgang schuld? Gemeinden (Flächenverlust durch Siedlungsbau und Begrünung von Deponien); Industrie (rasche Rekultivierung von Stellen mit Kies- und Sandabbau); Behörden (die Rekultivierungsmaßnahmen anordnen); Landwirtschaft (Aufgabe traditioneller Bewirtschaftungsformen, z. B. Erhaltung der Heide durch Schafbeweidung; Verlust von Brachflächen im frühen Stadium); Forstwirtschaft (Aufforstung von Heide); Störungen durch Freizeitbetrieb. Zu diesem Komplex menschlicher Verursacher könnte auch ein Einfluß des Klimas kommen; Brachpieper lieben die Trockenheit. Meist wirken viele Ursachen zusammen, wenn eine Vogelart Bestand und Verbreitung ändert.

Bergpieper
Anthus spinoletta

K Gut sperlingsgroß. Im Prachtkleid mit grauer Oberseite, Unterseite weißlich, leicht rötlich überhaucht und dicht gestrichelt; weißer Überaugenstreif; im Winter Oberseite dunkel, Unterseite kräftig gestreift; äußerste Schwanzfedern stets weiß. Beim nahverwandten Strandpieper *(A. petrosus)* äußerste Schwanzfedern gräulich (nicht weiß!); Oberseite im Winter dunkel olivfarben, dicht gestreifte olivgelbe Unterseite; im Sommer oberseits olivbraun, Unterseite weinrötlich mit großen dunklen Längsflecken. Von allen anderen europäischen Piepern durch dunkle Beine zu unterscheiden. ■ Rufe bei Erregung »psri« oder »psit«, oft einsilbig (aber nicht immer!), unreiner und tiefer als Wiesenpieper. Gesang im schwirrenden Singflug; die langen Strophen beginnen mit »tschri – tschri . . .« und haben im zweiten Teil gedehnte »füifüi« usw. ■ Singflug über offenem Gelände.
V Bergpieper Br. in Hochgebirgen Mittel- und Südeuropas, Kleinasiens; Strandpieper an den Küsten Nordwesteuropas und Skandinaviens. Eine weitere nahverwandte Art Br. in Zentral- und Ostasien sowie in Nord-

amerika. ■ Bergpieper bei uns Br. der Alpenmatten und auf den hohen Mittelgebirgen im Süden (z. B. Schweizer Jura, Vogesen, Schwarzwald, Böhmerwald), sonst Gast in Gebirgstälern, im Alpenvorland und in Mittelgebirgslandschaften. Standpieper r. Wintergast an den Küsten und im küstennahen Binnenland. Früher wurden beide Arten als Wasserpieper zusammengefaßt. ■ Br. auf kurzrasigen Bergmatten, in den Alpen nur an wenigen Stellen unter 1200 m; außerhalb der Brutzeit vor allem in Wassernähe, auf Schuttkippen, Ödflächen, Flußkiesbänken, aber auch auf Wiesen usw. Strandpieper vor allem Wintergast an der Küste, aber auch weiter im Binnenland, vor allem im Uferbereich von stehenden und fließenden Gewässern. Wie weit Strandpieper r. ins Binnenland vordringen, ist noch nicht genau bekannt.
F Bodennest. ■ Legebeginn im Gebirge wohl nicht vor Mitte Mai; wohl zum Teil 2 Jahresbruten, erste Brut im Hochgebirge durch Schneefälle gefährdet. ■ (3) 4–5 (6) stark dunkel gefleckte Eier. ■ ♀ brütet ca. 14–16 Tage, ♂ und ♀ füttern; Junge bleiben etwa 14–16 Tage im Nest.
N Bodenbewohnende Insekten und andere kleine Bodentiere.

Bergpieper im Schlichtkleid

Warnender Bergpieper in Nestnähe.

thunbergi

feldegg

Schafstelze

Motacilla flava

K Schlanker als Sperling, langer Schwanz (doch kürzer als bei anderen Stelzen!). ♂ im Prachtkleid mit leuchtend gelber Unterseite und olivgrünem Rücken, am Kopf verschieden gefärbt (s. unten), in Mitteleuropa meistens blaugrauer Kopf mit deutlichem, weißem Überaugenstreif, der am Schnabel beginnt sowie schmal weiß abgesetzten Seiten von Kinn und Kehle, die sonst gelb sind; dunkelgraue Wangen. ♀ Kopf braungrau, Wangen etwas dunkler; Überaugenstreif isabellfarben, die Kehle bräunlichweiß, manchmal gelb überhaucht; Unterseite blasser gelb. ♂ im Herbst mit bräunlichem Oberkopf. Juv. oberseits graubraun mit olivem Ton, Unterseite bräunlich weiß, zum Bauch hin in gelb übergehend; Kopf bräunlich. ■ Ruf (häufig im Flug) scharf »psie«; Gesang unauffällig mit Elementen, die den Rufen ähneln; mitunter kurzer, flatternder Singflug. ■ Wie Bachstelze Schwanzwippen und wellenförmiger Flug.

V Br. in Nordafrika, Europa, Asien außerhalb der Tropen, West- und Nordalaska. Fehlt in Europa nur im äußersten Norden und Nordwesten. ■ Bei uns verbreiteter Br. des Tieflandes, in Gebirgslandschaften und waldreichen Mittelgebirgen fehlend. R. Durchzügler auch außerhalb der Brutgebiete, teilweise auch Angehörige anderer Rassen. Langstreckenzieher (Ende März/April bis Ende September/Anf. Oktober), Winterquartiere Afrika südlich der Sahara. ■ Br. in ebenen und weiten Tälern, auf Wiesen und Weiden, bevorzugt feuchte bzw. in Wassernähe, aber auch auf Mooren, Heiden, seltener auf Äckern. Während des Durchzuges auf Ödflächen, Kiesbänken, an Fluß- und Seeufern; oft in größeren Trupps.

F Bodennest im offenen Gelände, versteckt in Vegetation. ■ Legebeginn Mai, wohl häufig nur 1 Jahresbrut. ■ 4–6 helle, dicht rotbraun gefleckte Eier. ■ Überwiegend ♀ brütet 12–14 Tage; ♂ und ♀ füttern die Jungen 10–13 Tage im Nest; die Flugfähigkeit wird mit etwa 17 Tagen erreicht.

N Kleine Bodentiere, vor allem Insekten und deren Larven.

Während der Zeit des Frühjahrszuges kann man bei Schafstelzen-♂ unterschiedliche Kopffärbungen und -zeichnungen entdecken. Beobachtungen zur Brutzeit in verschiedenen Teilen Europas zeigen, daß Schafstelzen in Großbritannien, in den Mittelmeerländern oder in Skandinavien anders aussehen als unsere Mitteleuropäer. Es handelt sich dabei um verschiedene geographische Unterarten (auch als Rassen oder Subspezies bezeichnet). Wie bei vielen Tieren, die über ein großes und recht verschiedenartiges Gebiet verbreitet sind, kann man auch bei Vogelarten häufig geographisch und ökologisch mehr oder minder scharf getrennte Populationen unterscheiden. Manchmal sind damit auch äußere Unterschiede der Färbung oder der Größe zu erkennen. Gleiches gilt für Gesänge und bestimmte Verhaltensweisen. Unterscheiden sich Populationen derselben Art in reinerbigen Merkmalen voneinander, kann man sie als Unterarten voneinander trennen. Eine Unterart wird durch einen dritten Namen in ihrer wissenschaftlichen Bezeichnung gekennzeichnet. Unterarten können sich aber im Gegensatz zu Arten (Spezies) dort, wo sie aufeinander treffen, miteinander verbastardieren (von Sonderfällen abgesehen) und zeigen damit, daß sie noch nah miteinander verwandt sind. Die Unterartenmerkmale vermischen sich dann. Nicht weniger als 18 verschiedene Unterarten unterscheidet man im Verbreitungsgebiet der Schafstelze, davon 6 allein in Europa.

M. f. flavissima: ♂ grünlicher Oberkopf, gelblicher Überaugenstreif; brütet in Großbritannien und in den Niederlanden. ■ *M. f. flava:* ♂ grauer Oberkopf, weißer Überaugenstreif, weißes Kinn; brütet von Südskandinavien über fast ganz Mitteleuropa und vom Ural bis Frankreich. ■ *M. f. iberiae:* ♂ grauer Oberkopf, dunkler als *M. f. flava,* Kopfseiten nahezu schwarz, schmaler und oft verkürzter weißer Überaugenstreif, Kinn und Kehle weiß; brütet in Südfrankreich, Spanien, Portugal und Nordwestafrika. ■ *M. f. cinereocapilla:* ♂ ähnlich *M. f. iberiae,* doch Überaugenstreif sehr kurz oder ganz fehlend; weiß an Kehle von geringer Ausdehnung; brütet in Italien und auf einigen Inseln. ■ *M. f. thunbergi:* ♂ Oberkopf

schieferschwarz, weißer Überaugenstreif sehr kurz oder fehlend, Kopfseiten tiefschwarz, Kinn und Kehle gelb; brütet in Fennoskandien und Nordrußland. ■ *M. f. feldegg:* ♂ Oberkopf und Kopfseiten tiefschwarz, ohne weiße Abzeichen; Kehle gelb (»Maskenstelze«); brütet in Südosteuropa und Kleinasien. Für die Schafstelze als Brutvogel der offenen Landschaft stellen optimale Brutbiotope feuchte, kurzrasige Wiesen dar, in denen auch einzelne Büsche als Sitzwarten gerne akzeptiert

Weibchen mit Futter.

werden. Typische Begleitvögel der Schafstelze sind z.B. Braunkehlchen, Wiesenpieper, Grauammer, Goldammer oder Feldlerche. Auf feuchten Wiesen können 3–5 Paare pro km² anzutreffen sein, manchmal auch mehr. In typischen Ackerlandschaften wird dagegen oft kaum der Wert von 1 Paar pro km² erreicht. Äcker sind übrigens häufig erst in neuester Zeit besiedelt worden und stellen sicher keinen vollwertigen Ersatzbiotop für die vielerorts verschwundenen Wiesen dar.

Gebirgsstelze

Motacilla cinerea

K Spatzengroß, doch sehr langer Schwanz (länger als bei anderen Stelzen). Rücken blaugrau, Schwanz schwarz mit weißen äußeren Federn; Unterschwanzdecken gelb. Im Prachtkleid ♂ unterseits leuchtend gelb, Kinn und Kehle schwarz, weißer Augen- und Bartstreif; ♀ mit weißlicher Kehle, Unterseite blasser (doch gelbe Unterschwanzdecken!). Im Schlichtkleid ♂ und ♀ helle Kehle, gelbe Unterseite (♀ blasser). Juv. oben graubraun, unterseits gelblichbraun (im ersten Schlichtkleid dann mit gelbem Bauch). ▪ Ruf im Flug scharf ein- bis vielsilbig »ziss-ziss« (schärfer als Bachstelze), am Brutplatz auch gedehnt »ziih«. Gesang »zi zi ... zirit« u. ä., oft etwas stotternd vorgetragen; auch mit leisen trillernden Tönen usw. ▪ Läuft wie Bachstelze mit wippendem Schwanz, fliegt wellenförmig. So gut wie nie in größeren Trupps.

V Br. der mittleren Breiten von Ostasien bis Westeuropa; fehlt in Europa auf Island, in größeren Teilen Fennoskandiens und in weiten Teilen Rußlands westlich des Ural. ▪ Bei uns verbreiteter aber nirgends sehr zahlreicher Br., vor allem im Bergland. Teilzieher, der in Mitteleuropa r. auch im Winter anzutreffen ist; viele überwintern in West- und Südwesteuropa sowie in Nordwestafrika. ▪

Br. an schnellfließenden Bächen und Flüssen, oft auch an Stauwerken, Fischtreppen usw. anzutreffen. Außerhalb der Brutzeit gelegentlich an Teich- und Seeufern, Kanälen usw.; sehr selten auf Wiesen oder Äckern fernab vom Wasser.

F Nest in Uferböschungen, Felsspalten, unter Baumwurzeln am Ufer, auch an Brücken, Wehren und anderen Kunstbauten am Wasser. ▪ Legebeginn April, mitunter Ende März. Häufig (in der Regel?) 2 Jahresbruten. ▪ (3) 4–6 (7) blaue bis rahmfarbene Eier mit schwach rotbraunen Flecken. ▪ Meist brütet das ♀ 12–14 Tage; ♀ und ♂ füttern Junge etwa 11–14 Tage im Nest, die aber erst einige Tage später voll flugfähig sind.

N Vor allem kleine Wasser- und Ufertiere, wie Insekten und deren Larven, Spinnen, kleine Würmer.

Die Möglichkeit, Nahrung an rasch fließenden Gewässern zu suchen, macht die Gebirgsstelze im Vergleich zu den anderen beiden Arten der Gattung verhältnismäßig unabhängig von Frost und Schnee oder kühler, für einen Insektenjäger ungünstiger Witterung. Gebirgsstelzen können demnach recht früh (manchmal schon im März) mit der Eiablage beginnen und den Bergbächen folgend das Gebirge hoch hinauf besiedeln, normalerweise bis zur Baumgrenze, manchmal sogar noch darüber hinaus. Auch Bachstelzen stoßen zwar vereinzelt in die Alpinstufe vor, doch meist nur einzeln in Zusammenhang mit Almen, Berggasthöfen usw. So ist es auch nicht verwunderlich, wenn die Gebirgstelze in vielen Teilen Mitteleuropas nur Teilzieher ist und selbst im Norden ihres Brutgebietes mitunter noch einzelne Vögel überwintern. Die nördlichsten Winterfunde liegen in Skandinavien bis fast 59° nördl. Breite. Andererseits erreichen einzelne auch das tropische Afrika und überfliegen sogar den Äquator. Die südlichsten sind in Malawi beobachtet worden. Damit umfaßt das Wintergebiet ein Areal, das sich über rund 70 Breitengrade erstreckt! Allerdings – und das ist bei vielen Teilziehern so – wird ein solch riesiges Überwinterungsgebiet nicht von Vögeln aus einem Herkunftsland beansprucht. Je nach Brutgebiet ist verschiedenes Zugverhalten und unterschiedliches Winterquartier zu erwarten. Die Gebirgsstelzen, die in Ostafrika von Ägypten bis südlich des Äquators beobachtet werden, stammen z.B. nicht aus Mitteleuropa, sondern aus östlicheren Gebieten. Die Mehrzahl der in Mittel- und Nordeuropa brütenden Gebirgsstelzen überwintert in West- und Südeuropa, etwa in einem Gebiet von Portugal bis Italien, ferner auch in Nordafrika. Aber auch in Belgien, in den Niederlanden und in Nordfrankreich verbringen viele aus östlicheren Gebieten Mitteleuropas den Winter. Die Brutvögel Großbritanniens sind dagegen größtenteils Stand- und Strichvögel. Von 68 Ringfunden lagen nur 3 jenseits des Kanals in Nordfrankreich. Auch in Westfrankreich und Südeuropa sind die Gebirgsstelzen überwiegend Standvögel. Möglicherweise wandern (auch bei uns) Brutvögel höherer Lagen einfach in nahegelegene Tiefländer hinunter.

Wieviel Ringvögel werden eigentlich wiedergefunden? Die Wiederfundraten sind niedrig. So wurden z.B. von 6353 bis 1971 in Großbritannien beringten Gebirgsstelzen bis 1972 nur 68 wieder gefunden und von 8072 Radolfzell-Vögeln (beringt in Süddeutschland und Österreich bis 1972) nur 59 bis 1973. Das bedeutet eine Wiederfundrate von 1,07 bzw. 0,73%. Heute sind fast alle Vogelberingungen im Computer gespeichert und können rasch bei Bedarf abgerufen werden. Trotzdem ist die Forschungsarbeit sehr mühselig.

Gebirgsstelzen legen ihre Nester in Höhlungen und Nischen am Flußufer an.

Weibchen füttert; ein Mauerloch ist zu einem künstlichen Nistplatz geworden.

Bachstelze

Motacilla alba

Schlichtkleid

K Spatzengroß, doch langer Schwanz und schlanke, hohe Beine. Grundfärbung schwarz (bzw. grau) und weiß. ♂ Prachtkleid Kopf und Nacken sowie Kehle und Vorderbrust schwarz, Rücken hellgrau, Stirn, Kopfseiten und Unterseite weiß; Schwanz schwarz mit weißen Außenfedern. Dunkle Flügel mit 2 weißen Spiegeln. ♀ sehr ähnlich, doch schwarz am Oberkopf nicht oder nur wenig weit in den Nacken reichend. Im Schlichtkleid ♂ und ♀ Kehle und Brust weiß, letztere mit einem halbmondförmigen schwarzen Band, das oft grau gesäumt ist und sich daher nicht scharf abhebt. Schwarz auf dem Oberkopf teilweise matt und grau. Juv. Oberseite bräunlichgrau, Kopf bräunlich mit heller Kehle, graubraunes Brustband, Unterseite grauweiß. ■ Ruf im Flug »psit« oder »zilip« u. ä., deutlich weniger scharf als Gebirgsstelze, manchmal fast tonlos »t(p)«; schwätzender Gesang, nicht sehr laut und unauffällig. ■ Trippelschritte mit wippendem Schwanz, stark wellenförmige Flugbahn.

V Br. in fast ganz Eurasien; in Europa überall. ■ Bei uns verbreiteter und häufiger Br., auch im Bergland; Kurzstreckenzieher (Februar bis November), Winterquartier West- und Südeuropa, Nordafrika. In milden Gebieten Mitteleuropas auch r. in kleiner Zahl überwinternd, in Westeuropa nur Teilzieher. ■ Vielseitiger Lebensraum der offenen Kulturlandschaft, gerne am Wasser, aber auch weitab davon an menschlichen Siedlungen; meidet Wald. Außerhalb der Brutzeit auf Äckern und Wiesen, an Seeufern, auch in Trupps.

F Nest oft in Halbhöhlen oder Löchern am Wasser, an menschlichen Bauwerken, in Schuppen und Heustadeln, aber auch in Holzstößen oder nahe dem Boden, in Felslöchern usw. ■ (4) 5–6 (–8) hellgraue Eier mit dichter dunkler Fleckung. ■ Fast nur das ♀ brütet 12–14 Tage. ♂ und ♀ füttern, Junge verlassen das Nest mit 13–16 Tagen.

N Vor allem fliegende und am Boden laufende Insekten.

Vögel verhalten sich oft sehr ökonomisch. In Großbritannien überwinternde Bachstelzen sind durch eingehende Untersuchungen Modellbeispiele dafür geworden, wie Verhaltensweisen mit der Umwelt abgestimmt sein müssen, um den Vogel erfolgreich über den Winter zu bringen. Einige Bachstelzen fliegen in

Trupps, andere verteidigen jedoch am Ufer von Flüssen einzelne Reviere. Beispielsweise waren 90% eines kurzen Wintertages die Bachstelzen mit Nahrungsaufnahme beschäftigt und alle 3–4 Sekunden mußte ein einzelnes Insekt aufgelesen werden, um die Energiebilanz auszugleichen! Gegenüber Schwarmvögeln haben Revierbesitzer den Vorteil, daß sie in der Regel mit einem vorhersehbaren Nahrungsangebot rechnen können.

Die Revierbesitzer laufen systematisch ihr Revier ab, um kleine Mükken aufzupicken. Nach einer gewissen Zeit sitzen an einer abgesuchten Stelle wieder Mücken, so daß ein neuer erfolgversprechender Rundgang begonnen werden kann. Eindringlinge stören dieses ausgewogene System. Daher ist es sinnvoll und ökonomisch vertretbar, sie möglichst rasch zu vertreiben. Eine in das Revier eindringende Bachstelze hat es nicht leicht: Läuft sie hinter dem emsig Nahrung suchenden Revierbesitzer her, muß sie bereits abgeerntete Stellen des Reviers absuchen und erhält nicht mehr so viel Nahrung; sie wird aber nicht so leicht entdeckt. Günstig ist es natürlich, vor dem nahrungssuchenden Eigentümer herzulaufen, um den vollen Tisch abzugrasen; doch dann wird man leichter entdeckt und vertrieben. Merkwürdigerweise aber verhalten sich Eindringlinge nicht still, sondern geben einen lauten, auffallenden Ruf ab. Das führt in der Regel zu einer Antwort des Revierbesitzers. Damit ist der Fall meistens erledigt und der Eindringling fliegt weiter. Er hat gewissermaßen »an die Tür geklopft«. So kann ein kurzer, aber sicher energieverzehrender Kampf vermieden werden. Erhält der Eindringling jedoch keine Antwort, darf er annehmen, daß der Revierbesitzer gerade abwesend ist, und er kann die Gunst der Stunde nutzen.

Während des Winters können aber auch Zeiten eintreten, in denen das Nahrungsangebot im Revier sehr knapp wird. Dann verlassen Revierbesitzer häufig ihren angestammten Platz vorübergehend, um sich nahrungssuchenden Trupps an günstigen Stellen anzuschließen. Bei normalem, gerade für einen Vogel ausreichendem Angebot werden aber die Reviere sofort wieder besetzt und unnachgiebig gegenüber Artgenossen behauptet. Ist jedoch Nahrung im Überfluß vorhanden, kann es auch einmal vorkommen, daß vorübergehend Eindringlinge geduldet werden und sich 2 Bachstelzen in ein Revier teilen. Eine Vertreibung lohnt sich in diesem Falle nicht; sie würde sogar den Nahrungserwerb beeinträchtigen. So richtet sich also das Revierverhalten der Bachstelzen ganz nach dem jeweiligen Nahrungsangebot. Dies bedeutet, daß jeweils das Verhalten gewählt wird, das unter den gegebenen Umständen den effizientesten Nahrungserwerb zuläßt.

Eine optimale Ernährungsstrategie muß zumindest für längere Zeit gewährleisten, daß zum Erwerb der Nahrung weniger Energie aufgewendet wird als durch die Nahrung gewonnen wird (= positive Energiebilanz).

Junge Bachstelze im Herbst.

Wasseramsel

Cinclus cinclus

K Kleiner als Amsel, rundlich mit kurzem Schwanz, der oft hochgestellt wird; kräftige Beine. Oberseite schwarzbraun, Kopf etwas heller. Kehle und Brust scharf weiß abgesetzt, gegen den Bauch zumeist rotbraun; übrige Unterseite dunkelbraun. Juv. oberseits schiefergrau, unten hellgrau und weiß gefleckt. ■ Rufe etwas geräuschhaft und unrein »zit« oder »zrik«, gelegentlich in Reihen. Schwätzender Gesang mit trillernden Phrasen, der auch im Winter vorgetragen und oft vom Wasserrauschen übertönt wird. ■ Sitzt oft auf Steinen und Felsblöcken im fließenden Wasser, knickst im Sitzen. Taucht oder läuft ins Wasser, kann unter oder auf dem Wasser schwimmen; fliegt geradlinig mit schnellem Flügelschlag über das Wasser.

V Br. in Europa, Vorder- und Zentralasien; fehlt in Europa in einigen Tieflandgebieten. ■ Bei uns verbreiteter, aber meist nicht häufiger Br. im Mittel- und Hochgebirge, fehlt fast vollständig in der Norddeutschen Tiefebene. Bedroht durch Flußverbauung und -begradigung sowie Wasserverschmutzung. Stand- und Strichvogel. ■ Das ganze Jahr an

Fast flügge Junge werden gefüttert.

schnellfließenden Bächen und Flüssen; außerhalb der Brutzeit auch an Flüssen im Tiefland, mitunter Br. an geeigneten Stellen mitten in Großstädten.

F Nest meist in unmittelbarer Wassernähe, backofenförmiger, überdachter Bau mit Eingang, der aufs Wasser gerichtet ist, in Vertiefungen und Löchern angebracht, z.B. zwischen Baumwurzeln, in Fels- und Mauerlöchern, auf Brückenträgern; seltener frei auf Felsen aufgesetzt; nimmt auch halboffene Nistkästen an. ■ Legebeginn manchmal schon im Februar, in der Regel im März, in Hochlagen später; meist 2 Jahresbruten. ■ 4–6 weiße Eier. ■ Das ♀ brütet 14–18 Tage; ♂ und ♀ füttern Junge 18–25 Tage im Nest; juv. können vor Erreichen der Flugfähigkeit schwimmen und tauchen.

N Vielseitig, hauptsächlich Wasserinsekten und deren Larven, aber auch kleine Krebstiere, Wasserschnecken und gelegentlich Fischchen.

Die Wasseramsel ist der einzige heimische Singvogel, der regelmäßig schwimmt und sogar taucht. Bis 1,5 m Tauchtiefe und 20 m Tauchstrecke wurden schon gemessen. Altvögel tauchen meist 5–10 Sekunden; eine Tauchzeit bis zu einer halben Minute ist aber schon beobachtet worden. Die Jungen können sogar früher tauchen als fliegen: Bei

Störung stürzen die Nestlinge mitunter ins Wasser und lassen sich untergetaucht eine Strecke treiben, um dann das deckungsreiche Ufer aufzusuchen.

Einige Anpassungen an das Wasserleben kann man feststellen: Das Gefieder ist dichter als bei anderen Singvögeln und daher ein guter Isolator. Die Bürzeldrüse ist auffallend groß; mit ihrem Sekret wird das Gefieder imprägniert. Gründliche Gefiederpflege ist für die Wasseramsel besonders wichtig und daher oft nach Schwimm- und Tauchausflügen zu beobachten. Durch Häute kann die Nasenöffnung am Schnabel verschlossen werden. Die relativ kurzen und gerundeten Flügel arbeiten als Ruder unter Wasser. Die für das Akkomodationsvermögen des Auges nötige Muskulatur ist besonders kräftig entwickelt; man deutet dies als Anpassung an das Sehen unter Wasser. Die kräftigen Zehen mit spitzen Krallen gestatten es der Wasseramsel, sich an den glatten Steinen am Grund des Baches besser zu halten und sich auch kräftig abzustoßen. Schließlich sind bei der Wasseramsel im Gegensatz zu den meisten Vögeln die Knochen (außer den Schädelknochen) nicht hohl, sondern mit Mark gefüllt. Dadurch wird das spezifische Gewicht erhöht. Es ist aber immer noch nicht hoch genug, um den Vogel mühelos unter Wasser zu halten. Daher nützen Wasseramseln die Strömung aus. Sie stemmen sich mit nach unten geneigtem Kopf, schräg nach oben weisendem Rücken und Schwanz sowie mit etwas abgespreizten Flügeln gegen die Strömung und werden so auf den Boden gedrückt. Auf dem Grund laufen sie gegen die Strömung; sie brauchen nur ihre Körperhaltung etwas zu verändern und schießen dann wie Korken auf die Wasseroberfläche. Wasseramseln schwimmen mit erhobenem Kopf und nach oben gestellten Schwänzchen; oft läuft ihnen das Wasser über den Rücken. Man meint dann, einen kleinen Taucher vor sich zu haben. Allerdings kommen sie nicht so rasch voran, denn die paddelnden Bewegungen der Beine sind ohne Schwimmhäute zwischen den Zehen nicht besonders wirkungsvoll. Oft laufen oder springen die Vögel vom Ufer oder von einem Stein aus ins Wasser. Beim Schwimmen werden auf dem Wasser treibende Insekten aufgelesen. Unter Wasser stochern Wasseramseln mit ihrem kräftigen Schnabel in alle Ritzen und drehen auch kleine Steine um. Aber auch das Land bietet geeignete Nahrung. Allerdings jagen Wasseramseln immer in Wassernähe. Da wird der Boden eifrig abge-

Nahrungsuche im Seichtwasser.

sucht; vorbeifliegende Insekten können auch mit einem kurzen Flattersprung erhascht werden. Der Wasseramsel steht somit ein reiches Nahrungsspektrum zur Verfügung, das ihr auch ermöglicht, sehr früh mit der Brut zu beginnen. Trotz robustem Körperbau und kräftigen, durch dicke Hornschienen geschützten Beinen scheint das Leben in der Strömung nicht ganz ungefährlich zu sein. Stoßverletzungen (z.B. Bruch der Wirbelsäule) kommen vor.

Zaunkönig

Troglodytes troglodytes

K Sehr klein, nur etwa ein Drittel Sperlingsgröße. Runde Gestalt, kurzer, meist hochgestellter Schwanz. Gesamteindruck dunkelbraun, unterseits etwas heller; Flügel, Flanken und Schwanz schwach quergebändert. Mit undeutlichem Überaugenstreif. ■ Rufe hart »tek« »tek«, bei größerer Erregung auch »drrr«. Gesang schmetternd, auffallend laut mit relativ langen Strophen, die aus trillernden Abschnitten mit dazwischengeschalteten Schmettertouren bestehen. Auch mitten im Winter singend. ■ Knickst bei Erregung im Sitzen, schlüpft lebhaft und geschickt oft am Boden durchs Gestrüpp, fast wie eine Maus; schnurrender, geradliniger Flug.

V Br. in Europa und Nordafrika, Vorder-, Zentral- und Ostasien; Nordamerika. In Europa, im Norden Fennoskandiens und in weiten Teilen Rußlands fehlend. ■ Bei uns verbreiteter und häufiger Br. von der Meeresküste bis in die Krummholzstufe der Alpen. Teilzieher, der in allen Teilen Mitteleuropas überwintert (mit Ausnahme hoher Lagen), aber auch bis Nordspanien, Südfrankreich und Norditalien zieht. ■ Br. in Büschen, Hecken und im Dickicht von Wäldern, Parks, Gärten, auch im offenen Kulturland bei entsprechendem Angebot von Schlupfwinkeln; gern in Wassernähe. Im Winter oft einzeln an Häusern oder in leerstehenden Schuppen übernachtend.

F Nest dickwandige Kugel aus Moos und anderem Pflanzenmaterial in einer Höhle oder Nische vom Boden an aufwärts. ■ Legebeginn April; meist 2 Jahresbruten. ■ 5–7 (8) weiße Eier, oft mit wenigen rötlichen bis schwarzen Punkten. ■ Nur das ♀ brütet, 14–17 Tage; ♂ und ♀ füttern 15–18 Tage Junge im Nest; manche

♂ haben mehrere ♀ und helfen dann oft nur bei einer Brut mit.

N Kleine Insekten, Spinnen und andere wirbellose Tiere; wohl auch kleine Sämereien.

Beim Bau seines kunstvollen Kugelnestes mit seitlichem Einschlupf benötigt ein Zaunkönig für den Rohbau 3–4 Tage. Das Außennest baut nur das ♂. Schon ab Anfang März, wenn der Schnee schmilzt, beginnen viele ♂ Wahlnester (auch als »Spielnester« bezeichnet, s. auch S. 430) zu bauen; bis zu 10 sind schon pro ♂ festgestellt worden. Man muß also immer mit mehreren Nestern in einem einzigen Zaunkönigrevier rechnen; nur eines von ihnen wird dann als Brutnest benutzt. Die Kugel ist natürlich recht schwierig zu bauen. Nestboden und Hinterwand werden zunächst durch feuchte Blätter gebildet. Halme, Wurzeln und Ästchen verstärken den Nestanfang. Ist etwa eine Halbkugel erreicht, wird überwiegend mit feuchtem Moos weitergebaut, bis die Kugel geschlossen ist. Manche Nestkugeln bestehen ganz aus Moos. Wichtig ist offenbar, daß das Material feucht ist, denn wenn es dann trocken wird, gibt es dem Nest die feste Form. Bei Zaunkönignestern im südwestdeutschen Raum fand man als Baumaterial 60% Moos, 25% Blätter, 7,7% Fichtenästchen, 3,5% Halme, 2,4% Buchenästchen und einige Wurzeln. Die Innenauspolsterung enthält auch Haare und Federn (im Wald häufig Rehhaare). Wand und Boden sind etwa 3 cm dick. Das Flugloch ist an den Rändern besonders verstärkt, damit es der Belastung standhält. Wenn das letzte Ei gelegt wird, beginnt das ♀ zu brüten. Das ♂ baut merkwürdigerweise dann noch weiter an seinen Wahlnestern.

Am häufigsten sind die Nester in ausgewaschenen Wurzelstöcken am Bachufer zu finden oder im Wurzelteller umgestürzter Bäume; Zaunkönige siedeln sich aber neuerdings auch häufig entlang von Forststraßen und Wegen an, die waldige Hänge anschneiden. Durch den Anschnitt wird unter der Wurzelschicht oft Erdreich ausgewaschen, das die Zaunkönige zum Nestbau einlädt. Man kann aber darüber hinaus an wahrhaft kuriosen Standorten Zaunkönignester finden, z.B. in Konservendosen, in Viehställen, zwischen Holzbalken usw., gelegentlich auch hoch über dem Boden. Meist handelt es

sich aber bei sehr abweichenden Standorten nur um »Spielnester«, die vom ♀ dann nicht angenommen werden.

Zaunkönige verbringen regelmäßig auch kalte Winter zumindest einzeln bei uns. Dies kann zu ganz erheblichen Verlusten führen; gebietsweise betrug der Verlust nach dem Jahrhundertwinter 1962/63 über 80%. Wichtig ist an sehr kalten Wintertagen das Aufsuchen eines geschützten Schlafplatzes. Man kann Zaunkönige dann z.B. in Holzlagen, Viehställen, aber auch Nistkästen oder unter nachts abgestellten Autos treffen. Gelegentlich überwinden sie dann abends sogar ihr Einzelgängertum und Vögel, die sich noch tagsüber bekämpft haben, um ihr eigenes Winterrevier zu halten, finden sich dann gemeinsam an solchen Schlafplätzen ein. Bis zu über 20 Zaunkönige hat man schon an winterlichen Übernachtungsplätzen gefunden. Manche Schlafplätze werden sogar über mehrere Winter lang regelmäßig aufgesucht.

Zaunkönignester sind nach oben geschlossen und meist am Boden versteckt.

Heckenbraunelle

Prunella modularis

K Knapp sperlingsgroß. Unauffälliger, dunkelgrauer und brauner Vogel mit dünnem Schnabel. Oberseite dunkelbraun, mit schwarzen Längsstreifen; Kopf und Hals schiefergrau, Unterseite grau mit dunkel gestreiften Flanken; Geschlechter gleich. ▪ Rufe scharf und etwas heiser klingend »zieht« oder feine, rasch hintereinander ausgestoßene »dididi …«; Gesang eine schnell vorgetragene auf- und absteigende Tonreihe von hellem Klang; wird oft von hoher Warte aus (z. B. Spitze einer Jungfichte) vorgetragen. ▪ Häufig in Bodennähe oder am Boden Nahrung suchend; immer in der Nähe von Gebüsch und Deckung; ungesellig.

V Br. in Europa, Kleinasien und Nordiran; in Europa nur im Süden sowie um die Schwarzmeerküste

ler Art in Wald, Park und Garten, Hecken, verwildertem Buschland sowie in der Krummholzzone der Alpen; vor allem im Herbst auch in Wassernähe.

F Napfförmiges Nest im Dickicht versteckt, oft dicht über dem Boden bis maximal 2–3 m. ▪ Legebeginn ab Mitte April, häufig 2 Jahresbruten. ▪ (3) 4–5 (6) einfarbig hellblaue bis türkisfarbene Eier. ▪ ♀ brütet 12–14 Tage, ♂ und ♀ füttern die Jungen im Nest 12–14 Tage.

N Vor allem im Winter kleine Sämereien; im Sommer vorwiegend kleine Insekten und Spinnentiere.

Die Heckenbraunelle ist weit verbreitet, doch wegen ihres bescheidenen Äußeren und ihres unauffälligen Verhaltens wenig bekannt. Wie bei vielen versteckt lebenden Singvögeln spielen für den Vogelbeobachter auch bei der Heckenbraunelle die Lautäußerungen eine entscheidende Rolle, wenn man die Anwesenheit der Art registrieren und vor allem auch die Zahl der möglichen Brutpaare ermitteln will. Man kann bei vielen Singvögeln, die zumindest zu Beginn der Brutzeit ein Revier besetzen und verteidigen, ein singendes ♂, das mehrmals an ein und derselben Stelle angetroffen wird, gleich einem besetzten Revier rechnen. Damit ist etwa der Platz auf einer Fläche festgelegt, den ein Brutpaar beansprucht. Freilich können dabei noch Fehler in die Berechnung eingehen,

Gelege der Heckenbraunelle.

fehlend. ▪ Bei uns verbreiteter und vielfach häufiger Br. vom Tiefland bis an die Baumgrenze im Hochgebirge. Teilzieher, der nur in höhergelegenen und klimatisch ungünstigen Gebieten im Winter gänzlich fehlt. Winterquartier reicht bis Südspanien und Nordafrika. ▪ Das ganze Jahr über in Gebüsch und Dickichten aldenn man weiß zunächst nicht, ob das registrierte ♂ ein ♀ gefunden hat und ob wirklich ein Nest gebaut wurde usw. Auch hat sich bei genauer untersuchten Vogelarten herausgestellt, daß die Revierstruktur oft nicht lange anhält. Wie bei manchen anderen Singvögeln hat man auch bei der Heckenbraunelle herausgefunden, daß nicht alle Brutvögel in monogamen Beziehungen leben. Bei der Heckenbraunelle können ganz unterschiedliche Partnerschaften vorkommen, da auch Weibchen Reviere verteidigen. Wenn sich z. B. zwei Männchenreviere mit dem Revier eines Weibchens überlappen, kann ein Weibchen zwei Männchen haben.

Wichtig ist vor allem daß die Ergebnisse verschiedener Beobachter in unterschiedlichen Gegenden miteinander vergleichbar sind. Heute gibt es daher internationale Richtlinien zur Ermittlung der Siedlungsdichte von territorialen Singvögeln, die derartige vergleichende Untersuchungen mit möglichst wenig Fehlern gestatten.

Die Heckenbraunelle erreicht ihre höchste Siedlungsdichte (jeweils Paare pro 10 ha gerechnet) auf sehr kleinen Flächen, die dicht mit Jungfichten bestanden sind (also Kulturen und Dickungen) mit 5–15 Paaren; im Stangenholz und im Hochwald wird die Dichte merklich niedriger, so finden sich z. B. auf größeren Nadelwaldflächen kaum über 2 Paare; ähnliche Werte werden für Misch- und Laubwälder erreicht. Natürlich hängt im einzelnen die Siedlungsdichte auch von der Ausbildung des Unterholzes ab. Wesentlich höher ist die Dichte der Heckenbraunellen wiederum in Friedhöfen mit dichten Hecken, und zwar bis zu maximal 10 Paare, auf sehr günstigen kleinen Teilflächen auch noch darüber. In Stadtparks hat man 1–7 Paare, in Villenvierteln dagegen meist weniger als 1 Paar ermittelt. Auf sehr großen Flächen über 100 ha sind die Dichten allgemein etwas niedriger und werden auch im günstigsten Fall kaum mehr als 3–4 Paare erreichen.

So kann man sich mit Hilfe von genauen Bestandsaufnahmen singender ♂ ein Bild über die Häufigkeit und daneben vor allem über die Bevorzugung einzelner Biotope machen. Bei den sorgfältigen Revierkartierungen spielen aber nicht nur der Gesang, sondern auch andere revieranzeigende Merkmale (z. B. aggressive Auseinandersetzung) eine Rolle. Demgegenüber ist das Suchen der Nester meist sehr mühsam und birgt vor allem die Gefahr, daß durch Unachtsamkeit Verluste eintreten. Nicht alle Brutvögel einer Kontrollfläche sind mit ihrem ganzen Revier dort ansässig. Man spricht von Teilsiedlern bei solchen Paaren, deren Revier noch zur Hälfte in die Umgebung übergreift. Als Brutgäste bezeichnet man Arten, die lediglich auf der Kontrollfläche brüten, aber die Nahrung außerhalb suchen. Nahrungsgäste dagegen brüten außerhalb, suchen aber die Kontrollfläche zur Nahrungssuche auf.

Männchen auf der Singwarte.

Alpenbraunelle

Prunella collaris

K Größer als Sperling. Kopf und Unterseite grau, letztere am Bauch heller werdend. Kehle weiß mit schwarzen Flecken bzw. Streifen (Schuppenzeichnung), Flanken kräftig rostbraun gestreift. Oberseite graubraun mit dunklen Längsstreifen, Schwanz dunkel mit schmalen hellen Endsäumen. Im dunklen Flügel 2 helle weißliche Flügelbinden. Juv. matter gefärbt, graue Kehle ohne schwarzweiße Zeichnung. ■ Am häufigsten hört man ein helles »brürr«, das auch gereiht werden kann; daneben schilpende und andere, schwer zu beschreibende Rufe. Schwätzender Gesang mit längeren auf- und absteigenden Tonfolgen, auch tieferen Trillern; erinnert etwas an das Trillern der Feldlerche; wird von offenen Warten, aber auch im hohen Singflug vorgetragen. ■ Ähnelt im Verhalten eher einer Lerche als einer Heckenbraunelle; Flügelzucken und Schwanzwippen.

V Hochgebirgsvogel in Marokko, Süd-, West- und Mitteleuropa, Vorder-, Zentral- und Ostasien bis Japan. In Europa z. B. in den Pyrenäen und anderen Hochgebirgen Spaniens, in den Alpen, den Appeninen, Karpaten und auf dem Balkan. ■ Bei uns r. Br. der Alpen oberhalb der Baumgrenze. Stand- und Strichvogel, der auch im Winter in großen Höhen angetroffen werden kann, aber doch meistens in tieferen Lagen bis hinunter ins Tal überwintert. Wird nur ganz selten fernab von den Brutplätzen angetroffen (ausnahmsweise Helgoland und Großbritannien). Im Tiefland außerhalb der Alpen so gut wie ganz fehlend. ■ Br. kurzrasiger Matten, Blockhalden, felsiger Hänge zwischen Baum- und Schneegrenze. Im Winter oft in der Nähe von Skihütten und Berggasthöfen, aber auch auf Talwiesen (hier bei starkem Schneefall oft im Schutz von Heustadeln, Felsblöcken usw.). Ganz ausnahmsweise im Winter auch im Bereich von Siedlungen.

F Nest am Boden, in Höhlungen, in Nischen oder Felsspalten versteckt. ■ Legebeginn ab letztem Maidrittel; 2 Jahresbruten scheinen möglich. ■ (3) 4–5 (6) hellblaue Eier. ■ ♂ und ♀ brüten 13–15 Tage; beide Eltern füttern die Jungen etwa 16 Tage im Nest. Einzelheiten der Brutbiologie noch wenig bekannt.

N Insekten und Spinnentiere; zu allen Jahreszeiten aber wohl auch Sämereien, vor allem im Winter.

In den Alpen können noch bis in 3 000 m Brutpaare angetroffen werden. Die Untergrenze des Brutgebietes liegt meist bei etwa 1 800 m, selten tiefer (niedrigste Vorkommen bei 1 500 m). Die Brutpaare sind oft sehr unregelmäßig über die Gebiete verteilt; manchmal liegen auch mehrere Nester recht nahe beieinander. Auch Nichtbrüter sieht man bei den Brutpaaren; sie scheinen sogar nicht selten beim Füttern der Jungen zu helfen. Die Siedlungsdichte ist sehr viel geringer als bei der Heckenbraunelle: 0,6–0,8 Paare pro 10 ha hat man z. B. in der Schweiz ermittelt. Ihren Lebensraum teilt die Alpenbraunelle oft mit dem Bergpieper.

Seidenschwanz

Bombycilla garrulus

K Größer als Sperling. Untersetzt und kurzschwänzig. Federhaube; im Flug ähnlich Star. Oberseite rötlich graubraun; Unterrücken, Bürzel und Oberschwanzdecken sind blaugrau; schwarzer Schwanz mit breiter, gelber Endbinde. Flügel schwarz, auffallend weiß und gelb gezeichnet, mit kleinen roten »Siegellackplättchen« an den Spitzen der Armschwingen. Kehle und Augenstreif schwarz; Unterseite rötlich grau, kastanienbraune Unterschwanzdecken. Bei den ♀ Kehlfleck etwas kleiner und weniger scharf abgesetzt. Juv. ohne schwarzen Kehlfleck, bräunlich, helle Unterseite dunkel gestreift, kurze Federhaube; bunte Flügelabzeichen weniger auffällig. ▪ Ruf im Sitzen und auch im Flug hoch »sirr« oder »srie«; Gesang bei uns selten zu hören, lokker gereihte hohe Töne. ▪ Oft sehr zutraulich, meist in Trupps.

V Br. im Norden Eurasiens und in Nordwestamerika; in Europa in Nordfinnland und -rußland. ▪ Bei uns Wintergast in sehr unterschiedlicher Regelmäßigkeit und Häufigkeit. Während im Norden fast jedes Jahr zumindest einzelne Vögel zu beobachten sind, fehlt die Art im Süden oft jahrelang; von Zeit zu Zeit aber in allen Teilen Mitteleuropas in den Wintermonaten sehr zahlreich. Solche »Invasionen« werden wohl durch Nahrungsknappheit und/oder Überdichte an den Brutplätzen ausgelöst. Das Auftreten von Seidenschwänzen im Herbst hat nichts mit der Strenge des kommenden Winters zu tun. ▪ Br. der Taiga und nordischen Birkenwälder. Bei uns im Winter an beeren- und früchtetragenden Sträuchern und Bäumen, in Wäldern, Parks und Gärten.

N Im Sommer Insekten; im Herbst und Winter Beeren und Früchte, z.B. Ebereschen, Cotoneaster, Misteln, Liguster, aber auch Fallobst.

Von 1900 bis 1990 hat es etwa 22 große »Invasionen« in Mitteleuropa gegeben, die jedoch in sehr unregelmäßigen Abständen eintraten. Mitunter kommen auch in aufeinander folgenden Jahren Seidenschwänze in größerer Zahl zu uns, so z.B. in manchen Gegenden 1963 bis 1968 jährlich oder 1970/71 und 1971/72. Die Einflüge sind aber in den einzelnen Gebieten in sehr unterschiedlicher Stärke zu beobachten, denn sie hängen nicht nur von den Ereignis-

Seidenschwanz.

sen im nordischen Brutgebiet ab, sondern auch von der Qualität des Winterquartiers. Die frühesten Seidenschwänze erscheinen Ende Oktober/Anfang November; die letzten verlassen uns in manchen Jahren erst im April wieder. Größere Schwärme sind meist in der ersten Winterhälfte häufiger, doch mehr als 200 Vögel zählt man selten beisammen. Wesentlich häufiger sind kleinere Trupps bis etwa 50.

Rotkehlchen

Erithacus rubecula

K Kleiner als Sperling. Relativ langbeinig, Körper rundlich. Oberseite
einfarbig olivbraun, Handschwingen
schwarz, große Armdecken mit rostbraunen Spitzen. Vorderbrust und
Gesicht einschließlich der Stirn orangefarben; Unterseite sonst hell, fast
weißlich. Große, schwarzbraune Augen. Juv. ohne rötliche Kehle, Gefieder stark dunkelbraun und rahmfarben gefleckt, von jungen Rotschwän-
zen durch dunkelbraunen (statt rostroten) Schwanz unterschieden. ▪
Rufe kurz »zik« oder »tik«; die Silben
werden oft zu Reihen zusammengefaßt (Schnickern); auch hohe »zieh«.
Gesang beginnt mit perlenden reinen Tönen und Trillern, fällt gegen
Ende langsam ab; auch hohe metallische Töne dazwischen. Wirkt in der
Dämmerung sehr stimmungsvoll. ▪
Sitzt oft auf dem Boden, zuckt häufig
mit Schwanz und Flügeln.
V Br. in Nordafrika, Europa, Kleinasien; fehlt in Island, Nordskandinavien und in Teilen Rußlands sowie in
Teilen Südspaniens. ▪ Bei uns verbreiteter und häufiger Br., auch im
Gebirge in höheren Lagen. Teilzieher
und Kurzstreckenzieher, also auch
im Winter zu beobachten, jedoch
wesentlich seltener als im Sommer.
Winterquartier reicht bis Nordafrika. ▪ Br. in Gebüsch, Hecken, Unterholz; auch in Wassernähe anzutreffen.
F Nest in Bodenvertiefungen, an
Böschungen, zwischen Wurzeln am
Boden, unter Gestrüpp, gelegentlich
auch in Mauerlöchern und anderen
Höhlen. ▪ Legebeginn Ende April/
Anf. Mai; normalerweise 2 Jahresbruten. ▪ 5–7 Eier mit heller Grundfarbe und variabler, dunkler Flek-
kung. ▪ ♀ brütet 13–15 Tage; Junge
werden 12–15 Tage von beiden Eltern im Nest gefüttert.

N Kleine wirbellose Tiere wie Insekten, Spinnen und Würmer; auch
Beeren (im Herbst und Winter).

Das Rotkehlchen hatte eine wichtige
Rolle bei der Entdeckung des Ma-
gnetkompasses gespielt und damit
Wissenschaftsgeschichte geschrieben. Im Gegensatz zum Sonnenkompaß war von Forschern ein
sehr langer und durch viele Miß-
erfolge gezeichneter Weg zurückzu-
legen, ehe sich der Magnetkompaß
allgemeiner wissenschaftlicher An-
erkennung erfreute. Gründe dafür
waren, daß z.B. kein Magnetsinnes-
organ gefunden wurde und erste
Versuche mit einem künstlich veränderten Magnetfeld negativ verliefen.
Dank der geduldigen und hartnäcki-
gen Arbeit Frankfurter Zoologen und
der Mitwirkung der Rotkehlchen gelang aber schließlich der Nachweis.
Wie auch bei anderen Zugvögeln äußert sich die Zugunruhe (s. S. 428) der
Rotkehlchen gerichtet, d.h. zugaktive
Vögel hüpfen in Käfigen hin und her
und bevorzugen dabei eine bestimmte Richtung. Man verwendete
einen achteckigen Käfig mit radialen
Sitzstangen. Jede Sitzstange ist mit
einem Zähler bzw. einem Rechner
verbunden und man kann dann nach
einer Zugnacht (Rotkehlchen ziehen
nachts) die Aktivität und die bevorzugte Richtung der Vögel im Käfig
ablesen. Allerdings müssen noch

viele Rechnungen und statistische Prüfungen die Ergebnisse absichern.

Erste Befunde der Frankfurter Orientierungsforscher waren, daß Rotkehlchen auch dann nicht die Orientierung verloren, wenn ihnen die Sicht auf den Nachthimmel genommen war und auch sonst keine Sichtmarken irgendwelche Anhaltspunkte gaben. Die Richtung der Zugunruhe im Käfig entsprach etwa der natürlichen Zugrichtung. In einer Stahlkammer mit einem veränderten Magnetfeld aber veränderten auch die Rotkehlchen ihre Richtung. Doch der entscheidende Durchbruch war erst dann zu erwarten, wenn die Versuchsvögel vorhersagbar ihre Orientierung mit entsprechender Drehung des künstlichen Magnetfeldes ändern würden. Mit Helmholtz-Spulen lassen sich solche künstlichen Magnetfelder nach Belieben herstellen. Ergebnis: Im Frühjahr waren Frankfurter Rotkehlchen im natürlichen Magnetfeld nach Norden orientiert; wurde der magnetische Nordpol im Uhrzeigersinn um 112° gedreht, war die Vorzugsrichtung Osten; bei einer Drehung um 270° war die Vorzugsrichtung West bis Nordwest. Rotkehlchen lassen sich also vorhersagbar durch entsprechende Magnetfelder in ihrer Richtungswahl beeinflussen.

Damit war freilich noch nicht bewiesen, wie die Vögel das Magnetfeld messen. Man weiß dies bis heute noch nicht genau. Allerdings ist sicher, daß der Magnetkompaß der Vögel sich sehr wesentlich von dem Gerät unterscheidet, das wir als Kompaß verwenden. Unser Magnetkompaß unterscheidet magnetisch Nord von magnetisch Süd; er ist ein Polaritätskompaß. Die Vögel messen wahrscheinlich dagegen den Winkel, unter dem die magnetischen Feldlinien die Erdoberfläche schneiden. Dieser Winkel heißt Inklinationswinkel und damit kann man von einem Inklinationskompaß sprechen. Er zeigt den Vögeln nicht, wo der Nordpol bzw. der Südpol liegt. Er kann lediglich angeben, welche Richtung polwärts weist und welche äquatorwärts. Dazu müssen die Vögel den Inklinationswinkel messen; der kleinere Winkel zeigt nämlich immer polwärts. Gleiches würde sich auf der Südhalbkugel ergeben, doch Rotkehlchen kommen dort nicht vor.

Rotkehlchen im Jugendkleid.

Manches am Problem der Kompaßorientierung nach dem Erdmagnetfeld ist noch unklar. Doch die beiden anderen Kompaßsysteme der Zugvögel, Sonnen- und Sternenkompaß, scheinen damit in Beziehung zu stehen.

Durch Aufplustern bei Kälte wirkt das Rotkehlchen viel rundlicher.

Nachtigall

Luscinia megarhynchos

K Etwas größer als Sperling. Oberseite einfarbig braun, Schwanz rotbraun, von der Oberseitenfärbung deutlich unterschieden. Unterseite heller braungrau. Juv. ockerfarben gefleckt. ■ Rufe sind ein klagendes »hüd« und ein knarrendes »karr«; beide Elemente können auch kombiniert werden; daneben auch gedämpfte »taktak«. Der berühmte Gesang beginnt normalerweise mit gedehnten »dü«-Reihen, die oft an Lautstärke und Tempo etwas zunehmen, dann folgen schluchzende »tjucktjuck«; sehr lautstark. ■ Sucht die Nahrung am Boden in aufrechter Haltung, stelzt oft den Schwanz.

V Br. in Nordafrika, West- und Südeuropa, Vorderasien bis Westsibirien. Fehlt in Europa im Nordwesten, in Skandinavien und in weiten Teilen Osteuropas. ■ Bei uns nur teilweise verbreiteter und häufiger Br. im Tiefland; fehlt in waldreichen Mittelgebirgslandschaften und im Hochgebirge. Langstreckenzieher (April bis Oktober), der im tropischen Afrika meist nördlich des Äquators überwintert. ■ Br. in Laubwäldern, Laubmischwäldern, Parks, Friedhöfen und anderen Busch- und Heckenlandschaften.

F Nest am Boden oder wenig darüber in dichtem Buschwerk versteckt. ■ Legebeginn Anfang Mai; 1 Jahresbrut. ■ 4–6 olivgraue oder -braune Eier. ■ ♀ brütet etwa 13 Tage; ♂ und ♀ füttern Junge 11–12 Tage im Nest.

N Insekten und andere wirbellose Tiere; auch Beeren.

Für viele Vögel spielen Reviere, die sie für mehr oder weniger lange Zeit besetzt halten, eine große Rolle, vor allem während der Brutzeit. Unter Revier versteht man ganz allgemein ein Gebiet, das verteidigt wird und in dem z. B. Balz und ein Großteil der Nahrungssuche stattfindet, ohne daß Konkurrenten hier stören. Bei der Nachtigall wurde als durchschnittliche Brutreviergröße in Niederösterreich z. B. etwas über 6 700 m² gemessen. Wichtig ist aber, daß in diesem Revier eine bestimmte Ausstattung vorhanden ist. Für die Nachtigall ist während der Brutzeit vor allem eine gut entwickelte Strauchschicht von Bedeutung. Bei Gefahr können sich die Vögel ins Strauchdickicht zurückziehen. Die Spitzen der hohen Büsche, aber auch die unteren Äste der Bäume dienen den ♂ als Singwarte. Während der Jungenaufzucht, wenn also nicht mehr so viel gesungen wird, sind die exponierten Plätze Warten für die Beobachtung von Feinden und für das Aussenden der Warnrufe. In den unteren Stockwerken der Büsche, dort wo bereits die krautige Vegetation beginnt, versteckt das Paar sein Nest. Die gleiche Zone dient später auch als Versteck für die Jungen, wenn sie nach dem Verlassen des Nests noch nicht im Besitz ihrer vollen Flugfähigkeit sind.

Ganz anders sieht der Teil des Revieres aus, in dem die Nachtigallen ihre Nahrung suchen, nämlich auf Flächen mit fehlender oder sehr schütterer, krautiger Vegetation. Die

Vögel verbringen daher bei der Nahrungssuche die meiste Zeit auf Bodenflächen unter Sträuchern.

Im einzelnen können die Reviere verschieden groß sein, in einem Beispiel aus Niederösterreich schwanken die Werte zwischen etwa 1200 m^2 und fast 20000 m^2. Die Gründe dafür sind ganz unterschiedlich. Wenn sich in einem günstigen Gebiet viele Paare zusammendrängen, wird der geeignete Biotop in immer kleinere Reviere aufgeteilt. Dies geht aber natürlich nur bis zu einer gewissen Untergrenze. Wenn sich weitere ♂ ansiedeln wollen, werden sie in ungünstigere Bereiche abgedrängt. Hier sind dann die Reviere oft sehr groß, da die von der Nachtigall benötigte Revierausstattung nicht optimal auf engem Raum vorhanden ist. In solchen, etwas ungünstigeren Bereichen siedeln häufig die einjährigen ♂, die von den älteren, erfahrenen abgedrängt werden. Nicht selten bleiben dann solche ♂ auch unverpaart. In einem günstigen Nachtigallenrevier nehmen die Sträucher einen bestimmten Teil der gesamten Revierfläche ein. In einem genau untersuchten Beispiel betrug der Strauchanteil etwa 40–45% der Fläche. ♂, die nach der Rückkehr vom Winterquartier ein Revier besetzen, fangen ein paar Tage nach der Ankunft laut zu singen an. Wahrscheinlich aber hat dieser Reviergesang bei der Nachtigall keine abschreckende Wirkung. Eher das Gegenteil scheint der Fall: Er zeigt den Neuansiedlern die Zentren der schon besetzten Reviere und damit indirekt auch die freien Plätze.

Zum Verwechseln ähnlich der Nachtigall ist der Sprosser (Luscinia luscinia), der sich optisch nur durch die dunkel gewölbte Brust unterscheidet. Sein Gesang ist der Nachtigall sehr ähnlich, doch fehlen die gedehnten »dü«-Reihen. Sprosser brüten in Nord- und Osteuropa, westwärts bis Schleswig-Holstein und Dänemark, größtenteils also in Gebieten, in denen keine Nachtigallen vorkommen. Bevorzugt werden nasse Dickichte und Wassernähe. Dort, wo beide Arten nebeneinander brüten, ist die Nachtigall deutlicher auf trockenere Standorte beschränkt.

Nachtigall in ihrem Brutrevier.

Blaukehlchen

Luscinia svecica

K Knapp sperlingsgroß. Gestalt ähnlich Rotkehlchen bzw. Nachtigall. Die basale Hälfte der seitlichen Steuerfedern in allen Kleidern kastanienrot. ♂ im Prachtkleid mit leuchtend blauer Kehle und Vorderbrust, die vom weißen Bauch durch ein kräftiges schwarzes und rotbraunes Band, dazwischen ein schmales weißes eingeschlossen, begrenzt wird. Das Weißsternige Blaukehlchen *(L. s. cyanecula)* mit einem weißen Feld mitten in der blauen Kehle (das auch manchmal fehlt oder sehr klein sein kann), das Rotsternige Blaukehlchen *(L. s. svecica)* mit einem rostroten, meist quergezogenen Fleck. Im Schlichtkleid der ♂ ist die Kehle weißlich, nur die Seiten und ein ca. 5 mm breites, mit weißlichen Federn durchsetztes Brustband sind blau; kleiner kastanienbrauner Brustfleck. Die Rassen sind dann nicht mehr zu unterscheiden. Oberseite braun; auffallender weißer Überaugenstreif. ♀ beider Formen mit weißlicher Kehle, die seitlich schwarz eingefaßt ist und bauchwärts in ein dunkles, mehr oder minder breites Brustband übergeht, das weiß durchsetzt ist und einzelne blaue Federchen enthalten kann. Auch Spuren des rostroten Brustbandes sind oft sichtbar. Junge ♂ sind ähnlich alten ♀, haben oft mehr Blau; junge ♀ weisen niemals blaue Federn auf und auch meist nur ein wenig gut sichtbares, schwaches, rostbraunes Brustband. ■ Rufe hart »tack« oder guttural »track«, auch pfeifend »hüd«. Der abwechslungsreiche Gesang wird meist mit sich beschleunigenden »djip djip ...« eingeleitet und geht dann in verschiedene Elemente, oft hart und

Blaukehlchen-Weibchen im Prachtkleid mit Futter.

scharf klingend, über; Nachahmungen anderer Vogellaute sind häufig.
■ Spreizt und stelzt häufig den Schwanz; Gesang von freier Warte vorgetragen, auch im kurzen gleitenden Singflug. Geschicktes Verbergen in der bodennahen Vegetation.
[V] Br. im nördlichen und mittleren Eurasien bis an den Pazifik. Weißsterniges B. in Mitteleuropa, lokal auch im Westen und Südwesten von Europa (Spanien); Rotsterniges B. in Skandinavien und neuerdings in den Alpen nachgewiesen (s. unten). ■ Bei uns auf Restplätze beschränkter Br. des Tieflandes; überwiegend Kurzstreckenzieher (März bis Oktober), Winterquartier im Mittelmeergebiet und im nördlichen Afrika. Rotsterniges B. in Mitteleuropa r., aber selten festgestellter Durchzügler. Der Bestand der Weißsternigen B. in Deutschland wird nach einem einschneidenden Rückgang auf 3800 Paare geschätzt. In den Schweizer und österreichischen Alpen konnten einzelne Brutpaare des Rotsternigen B. festgestellt werden in Biotopen, die jenen in Skandinavien ähneln. ■ In Mitteleuropa Br. an Gewässern, in Mooren usw., in feuchten Dickichten, Auenvegetation, Hecken und Gräben; auch im Schilf, wenn dort Weidenbüsche stehen. In Skandinavien Br. in der Übergangszone von borealem Wald in die Tundra (Wald-, Buschtundra), auch in den entsprechenden Gebieten der Fjällregion. Durch Trockenlegung, Flußverbauung, Zerstörung von Verlandungs- und Auegesellschaften in Mitteleuropa bedroht. Durchzugsgäste treten gelegentlich kurzfristig in heckenreichen Agrarlandschaften oder in Gärten auf. Bis in die neuste Zeit wurden Blaukehlchen auf dem Durchzug als beliebte Stubenvögel gefangen und wegen ihres Gesangs gehalten.
[F] Nest dicht über dem Boden in der Vegetation gut versteckt; Napf aus Pflanzenmaterial mit feiner Auspolsterung. ■ Legebeginn bei uns wohl Ende April/Mai; in der Regel wohl 1 Jahresbrut. ■ 5–7 schwach glänzende, graugrünliche bis rostfarbene Eier. ■ Brutdauer 13–15 Tage, hauptsächlich ♀ brütet. Beide Arten füttern, Junge verlassen nach ca. 2 Wochen das Nest, meist noch nicht voll flugfähig.
[N] Insekten, kleinere Wirbellose; Beeren.

Männchen des Rotsternigen Blaukehlchens in der nordischen Zwergbirkentundra.

Hausrotschwanz

Phoenicurus ochruros

[K] Kleiner als Sperling. Aufrechte Sitzhaltung, relativ langbeinig. Wie Gartenrotschwanz in allen Kleidern rostroter Schwanz. ♂ rußschwarz, Gesicht, Kehle und Brust besonders dunkel; weißer Flügelspiegel; Unterschwanzdecken hell. Im Herbst durch graue Federsäume insgesamt etwas heller wirkend, doch weißer Flügelspiegel sichtbar. ♂ im ersten Alterskleid meist braungrau, ohne weißen Flügelspiegel, kaum von ♀ zu unterscheiden. ♀ dunkel graubraun, stets dunkler als Gartenrotschwanz. Juv. braun und schwach gefleckt. ▪ Rufe härter als Gartenrotschwanz, etwa »fid-tktk …«; fast tonlose harte »tk« werden auch für sich allein gebracht, je nach Erregung unterschiedlich rasch aufeinanderfolgend. Gesang mit gepreßten und kratzigen Tönen, stammelnd bzw. abgehackt vorgetragen. Am Anfang meist hohe auf i klingende Teile (z. B. »jirr-tititi«, etwas stotternd); dann folgende kratzende und stark geräuschhafte Phrasen, am Ende häufig wieder Motive, aus denen i herauszuhören ist, wie »krchchtütiti«, singt auch nachts. Herbstgesang. ▪ Knickst viel und zittert dann mit dem Schwanz wie Gartenrotschwanz; Singwarten oft auf Hausgiebeln und Antennen.

[V] Br. in Europa nordwärts bis Südwestengland, an einigen Stellen im südlichen Skandinavien, ostwärts bis ins westliche Rußland, im Süden über Kleinasien bis in die Gebirge Zentralasiens. ▪ Bei uns verbreiteter Br. in allen Landschaften bis ins Hochgebirge; Kurzstreckenzieher (März bis November), der in milden Gebieten einzeln überwintert; Winterquartiere in West- und Südeuropa, Nordafrika. ▪ Ursprünglich Felsbrüter, als solcher heute noch in der Alpinstufe, aber auch in Felswänden der Mittelgebirge und in Steinbrüchen; weit verbreitet als Gebäudebrüter in Dörfer und Städte eingewandert; hat in der Tiefebene dadurch sein Brutgebiet ausgeweitet und ist z. B. erst in diesem Jahrhundert in England eingewandert. Während des Zuges auch auf Ödland, kurzrasigen Wiesen, Sturzäckern usw.

[F] Nest in Mauerlöchern oder Felsspalten, unter lockeren Dachziegeln, Dachvorsprüngen, auf Balken, Brüstungen, gelegentlich auch im Inneren großer Räume (Kirchen, Fabrikhallen usw.), meist in Nischen, Halbhöhlen oder Spalten. ▪ Legebeginn April (in Hochlagen später); normalerweise 2 Jahresbruten. ▪ 4–6 weißliche Eier. ▪ ♀ brütet knapp 2 Wochen; Junge werden 12–17 Tage im Nest von beiden Partnern gefüttert.

[N] Insekten, kleine Spinnen (auch Beeren).

Im Alpenland Schweiz zählt der Hausrotschwanz zu den verbreitetsten Brutvögeln, da er sowohl in den mächtigen Bergmassiven hoch über der Waldgrenze brütet als auch in den Tälern und Ebenen als Bewohner von Städten und Dörfern. Der höchste Brutnachweis liegt bei 3200 m und im Wallis brüten Hausrotschwänze noch bis 2700 m regelmäßig. Die Art dürfte damit in den Nordalpen der am höchsten brütende Zugvogel sein.

Ihre heutige Verbreitung im Tiefland ist dagegen offenbar fast überall neueren Datums. Das Wachstum der Städte etwa ab Ende des 18. und vor allem im 19. Jh. bot neue Lebensräume. Die Entstehung der modernen Großstädte mit ihrer lebensfeindlich anmutenden City hat den kleinen Insektenfresser nicht vertreiben können. Selbst in vegetationslosen Stadtbereichen brüten Hausrotschwänze regelmäßig. Ihr Leben spielt sich oft hoch über dem tosenden Verkehr auf den Dächern der Hochhäuser ab. Aber auch der Landwirtschaft verdankt die Art ihre heutige Verbreitung, denn Dörfer und Kleinstädte sowie einzelstehende Feldscheunen werden besiedelt. Die Ausbreitung ist offenbar von Süden nach Norden erfolgt. Die norddeutsche Tiefebene hat der Hausrot-

schwanz wohl erst in den letzten 150 Jahren besiedelt, denn hier ist er so gut wie ganz auf menschliche Bauwerke angewiesen. An der Nord- und Westgrenze seines heutigen europäischen Areals kann man die Ausbreitung noch verfolgen. In den Niederlanden waren die Hausrotschwänze 1852 noch ganz auf die östlichen Gebiete beschränkt und erst bis 1907 wurden aus dem ganzen Land Brutnachweise bekannt. Heute brüten schätzungsweise etwa 20 000–28 000 Paare im Land. Nach der Mitte des 19. Jh. drang die Art auch in Dänemark vor; von Jütland aus wurden die dänischen Inseln etwa ab 1890, Schweden 1910 und Norwegen erst 1944 erreicht. Seit 1923 ist die Art auch regelmäßiger Brutvogel auf den Britischen Inseln. 1977 wurden insgesamt 104 revierbesitzende ♂ ermittelt; der wirkliche Bestand dürfte noch etwas größer gewesen sein. London ist nach wie vor der wichtigste Brutplatz; nur in wenigen anderen Städten brüten Hausrotschwänze regelmäßig. Die Gründe für diese zögernde Entwicklung sind nicht ganz klar.

Hausrotschwanz-Weibchen füttert fast flügge Jungvögel.

Gartenrotschwanz

Phoenicurus phoenicurus

K Etwas kleiner als Sperling. Schlank und relativ hochbeinig, aufrechte Sitzhaltung. ♂ Gesicht und Kehle schwarz, davon scharf abgesetzte weiße Stirn, Oberkopf schiefergrau. Brust und Flanken rostrot, gegen den Bauch zu heller werdend, etwa cremefarben, Oberseite grau, Flügel dunkler; rostroter Schwanz. Im Herbst Schwarz und Grau am Kopf durch helle Federsäume teilweise verdeckt; weiße Stirn nicht mehr so auffallend. ♀ graubraun, Unterseite heller, Kehle grauweiß. Insgesamt viel heller als Hausrotschwanz. Juv. hellbraun gefleckt. ♂ im ersten Kleid mit braunweißen Federsäumen in der schwarzen Kehle;

Männchen am Nest.

oft fehlt eine deutlich abgesetzte weiße Stirn. ■ Rufe wie »füd tek tek«, (nicht ganz so hart und tonlos wie Hausrotschwanz); beide Teile des Rufes werden auch für sich gebracht. Gesangseinleitung sehr charakteristisch meist ein hoher gedehnter Ton, dem 2–4 tiefere Töne folgen, wie »fü-jikjik …«; dann abwechs-

lungsreiche Elemente, oft auch Imitationen anderer Gesänge; Strophe der einzelnen ♂ sehr verschieden. ■ Für beide Rotschwänze ist Schwanzzittern und Knicksen sehr charakteristisch.

V Br. in Europa (ohne Island und Griechenland), in Kleinasien und Iran, West- und Mittelsibirien. ■ Bei uns verbreiteter Br. in allen Teilen mit Ausnahme der höheren Stufen der Gebirge; Langstreckenzieher (April bis Oktober), Winterquartier Savannenzone Afrikas, nördlich des Äquators. ■ Br. an Waldrändern, in lichten Laub- und Mischwäldern, Parks und Gärten, mitten in der Großstadt.

F Nest in Nischen oder Höhlen an Bäumen, Felsen und Mauern, auch in Halbhöhlen-Nistkästen; lockerer Bau aus alten Pflanzen; Mulde mit Federn ausgelegt. ■ Legebeginn ab Anfang Mai; oft 2 Jahresbruten. ■ 5–7 grünlichblaue Eier. ■ Brutzeit 13–14 Tage, hauptsächlich ♀ brütet. Junge bleiben 12–15 Tage im Nest, werden von ♂ und ♀ gefüttert.

N Vor allem Insekten.

Nicht alle Vögel einer Population kommen gleichzeitig vom Winterquartier zurück, vielmehr treffen auch Mitglieder aus lokalen Populationen meist erst nach und nach ein. Daher gibt es an den ersten Tagen oft noch große Umstellungen in den Revierverhältnissen. Solche Dinge lassen sich beim Gartenrotschwanz mitunter direkt um das Haus beobachten.

Im folgenden Auszüge eines Protokolls einer kleinen Kontrollfläche in Mitteldeutschland:

Am 18.4. traf ♂ A ein und beanspruchte ein sehr großes Teilgebiet. Am nächsten Tag gegen 6 Uhr aber erschien ♂ B; beide jagten sich den ganzen Tag. Am 20.4. traf am Vormittag ♂ C ein; ♂ A hatte zu dieser Zeit bereits ein wesentlich kleineres Brutrevier bezogen; ♂ B und C zeigten noch Revierstreitigkeiten. 2 Tage später hatte ♂ A bereits ein ♀ und zeigte ihm die Bruthöhle. Auch ♂ B und C haben nun feste Reviere bezogen. Am 23.4. hat auch B bereits ein ♀; immer noch gibt es Auseinandersetzungen an den Reviergrenzen. Kaltes Wetter mit leichtem Schneefall unterbricht die Aktivität bis zum 26.4. Am 27.4. haben die ♀ von ♂ A und B bereits mit dem Nestbau begonnen, ♂ C erwirbt jetzt ein neu angekommenes ♀; das Paar beginnt einen Tag später mit dem Nestbau. Erst am 2.5. trifft ♂ D ein und schiebt sich zwischen die bereits bestehenden Reviere. Am 4.5. hat es ein ♀. Wiederum 2 Tage später trifft ♂ E erst ein und bezieht an einem freien Platz noch ein Revier; Paar D beginnt mit dem Nestbau. Am 8.5. hat auch ♂ E ein ♀ und beginnt am 9.5. ebenfalls mit dem Nestbau. Während der ganzen Besetzung sind die ursprünglichen Reviere immer kleiner geworden. Anzunehmen ist, daß ♂ D und E als Spätankömmlinge die ungünstigsten Plätze erhalten haben.

Aber auch von Jahr zu Jahr gibt es starke Schwankungen in der Ankunft. Im genannten Kontrollgebiet traf in 12 Jahren das erste ♂ am 13./14.4. ein; in einzelnen Jahren aber schwankte dieser Termin zwischen

Gartenrotschwanz-Weibchen.

5. und 25.4. Für derartige Unterschiede sind viele Faktoren verantwortlich, nicht nur das Wetter im Ankunftsgebiet. Entsprechend verschiebt sich dann eben auch der Legebeginn. In unserem Beispiel wurde das 1. Ei in 12 Jahren zwischen 23.4. und 14.5. abgelegt. In der Regel liegt die Ankunft der ♀ ein paar Tage später als die der ♂. Wenn sich erst einmal Paare gebildet haben, dauert es dann meistens nur noch 1 Woche bis das erste Ei im Nest liegt.

Ähnliche Verhaltensweisen lassen sich auch bei anderen Langstreckenziehern beobachten. Oft kommen die ♀ etwas später als die ♂ an, die mittlerweile schon vorläufig ihre Reviere besetzt haben. Ältere ♂, die am frühesten zurückkehren, können sich die günstigsten Reviere aussuchen. Der geringere Fortpflanzungserfolg der Erstbrüter bei vielen Vogelarten ist oft eine Folge davon, daß sie als etwas spätere Rückkehrer in ungünstigere Reviere abgedrängt werden.

Steinschmätzer

Oenanthe oenanthe

K Etwa sperlingsgroß, wirkt aber im Freien meist deutlich größer. Aufrechte Sitzhaltung. In allen Kleidern mit auffallend weißem Bürzel und weißer Schwanzbasis, die sich scharf von dem breiten schwarzen Schwanzende und der schwarzen Schwanzmitte abhebt. Die schwarze Schwanzzeichnung bildet ein kopfstehendes T. ♂ im Prachtkleid mit blaugrauem Rücken und schwarzen Flügeln. Schwarze Binde an den Kopfseiten vom Schnabel bis zum Auge, die sich etwa in Augenhöhe vor allem oben zu einem oben deutlich abgesetzten braunschwarzen Fleck verbreitert, der bis hinter die Ohrgegend reicht. Unterseite weißlich, meist mehr oder minder deutlich gelblich, vor allem an Kehle und Brust. Mehrjähriges ♂ im Schlichtkleid mehr rahmfarben bräunlich, dunkler Ohrfleck mehr oder minder gut sichtbar. ♀ mit bräunlicher Oberseite und braunen, wenig scharf abgesetzten Ohrdecken; heller Strich

über dem Auge gelblich. Junge ♂ ebenso gefärbt. ▪ Rufe bei Erregung fast tonlos »tktk«, oft gereiht mit einzelnen hohen »fid« unterbrochen. Gesang schwätzend; die kurzen Strophen meist mit harten Elementen durchsetzt, dazwischen Pfeiftöne; meist am Boden, von erhöhter Warte, manchmal aber auch im Singflug vorgetragen. ▪ Bodenvogel, der rasch niedrig hin und her fliegt oder hüpft, bei Erregung Knicksen und langsames Schlagen des gefächerten Schwanzes.

V Br. in mehreren Rassen auf der Nordhalbkugel bis in die Subtropen, vor allem in baumarmen Gebieten im Norden Europas, Asiens und Amerikas; in südlichen Teilen des Verbreitungsgebietes auch Gebirgsvogel. Fehlt in keinem größeren Teil Europas, hat aber im einzelnen große Verbreitungslücken. ▪ Bei uns bedrohter Br. des offenen Tieflands, aber auch in der Felsstufe der Alpen (jedoch hier stellenweise fehlend); Langstreckenzieher (Ende März bis Oktober); Winterquartiere im tropischen Afrika. In der Zugzeit r. Durchzügler in vielen offenen Landschaften. ▪ Br. in offenen, meist spärlich mit kurzer Vegetation bewachsenen Flächen, wie Moore, Heiden, Brach-

Durchzügler im Herbst.

flächen, Kiesgruben, Dünen, Felsgebieten oberhalb der Baumgrenze. Durchzügler regelmäßig auf Sturzäckern, Dämmen, kurzrasigen Wiesen; setzt sich gern auf etwas erhöhte Stellen.

F Nest am oder im Boden, in Felsspalten und Erdlöchern, Steinhaufen, Holzstapeln oder Erdbauten von Säugetieren. ■ 4–6 weißliche bis hellblaue Eier. ■ Legebeginn Mai; bei uns wohl meist 1 Brut. ■ ♀ brütet allein etwa 14 Tage; Junge bleiben ca. 14 Tage im Nest und werden von beiden Eltern gefüttert.

N Vor allem Insekten, aber auch andere kleine Wirbellose (Spinnen, Würmer, kleine Schnecken).

Steinschmätzer sind eigentlich Brutvögel Eurasiens, die irgendwann einmal aber auch das westliche Alaska sowie Grönland und von dort aus das östliche Kanada erreicht haben müssen. Alle Steinschmätzer überwintern jedoch heute noch in der Alten Welt, die meisten in Afrika. Dazu sind merkwürdige Umwege nötig. Die Brutvögel Grönlands und Ostkanadas müssen über Island und den Atlantik die Westküste Europas erreichen. Von dort ziehen sie südwärts nach Westafrika. Einige der Ostamerikaner sind allerdings auch schon südlich ihres Brutgebietes gesehen worden, so daß sich vielleicht einmal ein regelmäßig aufgesuchtes Winterquartier in Amerika entwickeln könnte. Die Brutvögel Nordwestalaskas, die einer anderen Rasse als die Grönländer angehören, wandern nach Südwesten ab und gelangen zunächst über die Beringstraße nach Nordostasien. Zusammen mit den dort brütenden Steinschmätzern und auch den Populationen der Art in Mittelasien ziehen sie jedoch nicht nach Süden in die tropischen Überwinterungsgebiete asiatischer Vögel, sondern weiter nach Südwesten, bis sie Afrika bzw. die Südostecke

der Arabischen Halbinsel erreicht haben. Damit konzentrieren sich also sämtliche Populationen des riesigen Brutareals in einem Winterquartier, das von der Westküste bis zur Ostküste des tropischen Afrika reicht.

Das merkwürdige Zugverhalten mit riesigen Zugwegen nach Südwesten und Südosten quer über die Nordhalbkugel ist nur damit zu erklären, daß Steinschmätzer von Europa und dem westlichen Asien aus über das

Weibchen mit Futter.

mittlere und östliche Asien die Beringstraße erreicht haben und über die Meerenge dann nach Alaska kamen. Andererseits müssen sie mit Hilfe des Stützpunktes Island den Sprung über den Atlantik an die Südküste Grönlands vollzogen haben. Von dort aus war die Besiedlung des arktischen Kanada offenbar nicht mehr schwierig. Die heutigen Zugwege der beiden amerikanischen Populationen im Herbst stellen also damit die Umkehrung der einstigen Einwanderungswege dar. Der Vogelzug verrät in diesem Fall Ausbreitungsgeschichte.

Braunkehlchen
Saxicola rubetra

K Kleiner als Sperling. Kurzschwänzig. ♂ mit brauner, stark gestreifter Oberseite; weiße Flügelbinde sowie weißes Feld auf den Handdecken; an den Seiten der Schwanzwurzel je ein weißes Feld. Auffallender weißer Überaugenstreif, dunkelbraune Ohrdecken, die nach unten durch einen weißen Streifen von der hell rostbraunenen Kehle abgesetzt sind. Brust und Flanken ebenfalls hell rotbraun bis rahmfarben; Bauch weiß. ♀ insgesamt matter gefärbt, Ohrdecken nicht so deutlich dunkelbraun abgesetzt, Überaugenstreif gelblich statt weißlich, Unterseite weniger lebhaft gefärbt, Weiß am Schwanz oft nicht so deutlich abgesetzt wie beim ♂. Im Herbst sind auch beim ♂ die Überaugenstreifen gelblich; Unterscheidung der Geschlechter dann nicht immer möglich. Juv. fehlen die weißen Flügelflecken. ■ Ruf bei Störung weich »jü« oder »djü« sowie hart rotschwanzähnlich »tik tik«. Gesang besteht aus kurzen Strophen im schnellen Tempo vorgetragen, schwatzende und rauhe Töne mit Pfeiftönen und auch Nachahmung anderer Vogelstimmen (z. B. Grauammer) wechseln ab. ■ Sitzt gern auf höheren Halmen, Weidezäunen usw.

V Br. in Europa mit Ausnahme Griechenlands und einigen Teilen Spaniens, Italiens, und Islands sowie dem nördlichen Fennoskandien. Nach Osten bis West- und Mittelsibirien; bei uns verbreiteter, aber vielfach gefährdeter Br. des Tieflandes; Langstreckenzieher (ausnahmsweise März, meist April bis Oktober), Winterquartier im tropischen Afrika. ■ Br. in offenen Wiesenlandschaften, die nicht sehr intensiv genutzt werden, z. B. auf Streuwiesen, Ödland, Brachflächen, Weiden, Bahndämmen, aber auch in Jungfichtenkulturen usw. Wichtig ist, daß höhere Halme oder Warten vorhanden sind. Durchzügler halten sich auf Äckern und Brachflächen auf.

F Nest am oder dicht über dem Boden in der Vegetation versteckt. ■ 4–7 bläulich grüne Eier. ■ Legebeginn Mai, gewöhnlich 1 Brut. ■ Das ♀ brütet 13–15 Tage; Junge werden von beiden Eltern etwa 2 Wochen im Nest gefüttert.

N Kleine Insekten.

Man schätzte um 1985 nicht weniger als 66 000 Paare Braunkehlchen in Deutschland. Dennoch muß die Art in vielen Gebieten als stark bedroht ausgewiesen werden, denn ein Rückgang ist nur allzu deutlich. In der Schweiz wurde schon um 1930 ein Rückgang erstmals bemerkt, der sich, wie auch in der Bundesrepublik, seit 1950 beschleunigte. Im Südwesten Deutschlands lebt heute nur etwa 1 Paar auf 100 km^2.

Den Lebensraum des Braunkehlchens bilden in erster Linie Mähwiesen, aber auch Weiden und feuchte Wiesenflächen bis hin zu ausgesprochenen Riedgebieten. Mit den Wiesen, die vom Menschen in traditioneller Weise bewirtschaftet werden, hat sich das Braunkehlchen immer zurechtfinden können. Sein Rückgang in den letzten Jahrzehnten aber ist das Alarmsignal einer einschneidenden Verarmung des Lebens auf intensiv genutzten Wiesen. Solche Flächen werden durch starke Düngung und Grasschnitte in kurzer Folge zu Grünland.

Aus bunten Wiesen entstanden grüne Grasproduktionsflächen. Reichhaltige Vertikalgliederung der Krautschicht mit Sitzwarten und natürlich auch einem reichhaltigen Insektenleben sind wichtige Bestandteile für den Lebensraum des Braunkehlchens. Mineraldüngung der Wiesen, vermehrte Zahl der Mahden pro Jahr, die heute als maschinelle Rasur mit Kreiselmähern durchgeführt werden, und vor allem auch der frühe Beginn der ersten Mahd vor Entwicklung der ersten Generation der Wiesenpflanzen haben den Lebensraum weitgehend vernichtet. Außerdem sind viele extensiv bewirtschaftete Niedermoorwiesen durch Entwässerungen in intensiv genutzte Grasflächen umgewandelt worden. Ferner ist gebietsweise die Fläche des Grünlandes durch Umwandlung in Ackerland kleiner geworden. Überbauung von »wertlosen« Streuwiesen oder deren Aufforstung sind weitere Ursachen der Verkleinerung des Lebensraumes.

So wird das Braunkehlchen zu einem Symbol einer grundsätzlichen <u>Umwälzung in unserer Agrarlandschaft</u>. Sein Überleben hängt wie das mancher anderer Wiesenbrüter davon ab, ob es gelingt, einen bestimmten Prozentsatz der landwirtschaftlich genutzten Fläche weiterhin einer traditionellen und daher schonenden Nutzungsform zu unterstellen. Das Braunkehlchen ist wiederum ein Argument dafür, weitere Entwässerungen von Feuchtgebieten aller Art endlich einzustellen.

Männchen im Brutrevier.

Manche Braunkehlchenbiotope sind auch sehr kurzlebig, wenn sich der Bewuchs ändert. Eine Wiese wurde erst besiedelt, nachdem sie mit locker stehenden Jungfichten aufgeforstet worden war. 3 Jahre lang nahm der Bestand an Braunkehlchen zu, dann brach er im 4. Jahr zusammen. Offenbar wurden die Fichten nun zu hoch und zu dicht.

Weibchen mit Futter.

Schwarzkehlchen

Saxicola torquata

K Kleiner als Sperling. Gedrungen und rundliche Gestalt. ♂ Kopf und Kehle schwarz mit scharf abgesetzten weißen Flecken an den Halsseiten. Oberseite schwarzbraun, heller Bürzel und weiße Flügelbinde; Brust rostbraun, gegen den Bauch zu aufgehellt. ♀ oberseits braun mit schwarzem Streifen, am Bürzel ohne Weiß. Kopf und Kehle dunkel mit schwarzen Strichen; Brust und Bauch heller rostfarben als beim ♂. Vom Braunkehlchen, mit dem das ♀ der Färbung nach verwechselt werden könnte, durch Fehlen des Überaugenstreifes sowie der weißen Schwanzseite unterschieden. Juv. sehr ähnlich ♀, oberseits hellbraun. Rufe bei Störung »trt« oder »krr«, dazwischen hohe kurze »fid«. Gesang kurze Strophen aus kratzenden und dazwischen pfeifenden Lauten, auch mit Imitationen. ■ Sitzt vor allem beim Singen erhöht auf Halmen, oder auf der Spitze eines kleinen Busches.

V Br. in ganz Eurasien sowie Afrika südlich der Sahara; fehlt in Europa in Fennoskandien und weitgehend in Polen und Rußland. ■ Bei uns im

Schwarzkehlchen-Weibchen.

Tiefland verbreitet, aber nirgends häufig, im Alpenvorland und in den Alpen meist selten. Kurzstreckenzieher (März bis Oktober); Winterquartier in Westeuropa, Mittelmeerländer. ■ Br. auf Brachflächen, Ödländern, extensiv genutzten Wiesen, Mooren; durch Intensivierung der Landwirtschaft Rückgang, aber in neuerer Zeit lokal Bestandserholung.

F Nest am oder nahe über dem Boden in der Vegetation versteckt. ■ Legebeginn April; normalerweise 2 (gelegentlich auch 3) Jahresbruten. ■ 4–6 weiße oder grünliche Eier mit sehr feiner rötlicher Fleckung. Meist brütet das ♀ 14–15 Tage allein, Junge werden von beiden Eltern 12–13 Tage im Nest betreut.

N Kleine Insekten und andere Wirbellose.

Durch Veränderungen des Lebensraumes, vor allem als Folge von Entwässerungen, Flurbereinigung, Aufforstung von Heide und Moor, Intensivierung der Bodennutzung usw., ist der Bestand in vielen Gebieten Mitteleuropas rückläufig. Allerdings fehlen uns genauere Bestandskontrollen über längere Zeit; erfreulicherweise gibt es auch Anzeichen von Bestandserholungen und sogar Neuansiedlungen.

Ringdrossel

Turdus torquatus

K Fast so groß wie Amsel, der sie auch sehr ähnlich ist. ♂ mehr oder minder braunschwarz, durch helle Federsäume wirkt der Flügel blasser als der Körper (vor allem bei Alpenringdrossel); im Herbst durch helle Säume am Körpergefieder anderes Aussehen, daher mehr schieferfarben (Alpenringdrossel ist heller als die nordische Form). Auffallendstes Kennzeichen ist ein breites, weißes und halbmondförmiges Brustschild. Schnabel zumindest an der Basis gelblich, Beine schwarz. ♀ dunkelbraun mit einem schmalen, grau bis bräunlichweißen Brustschild, das sich nicht so scharf abhebt wie beim ♂. Juv. ohne weiße Abzeichen an der Brust, ähnlich jungen Amseln, aber nicht so rotbraun, sondern eher grau. ■ Rufe bei Störung meist im Abflug »tak«, auch gereiht, härter als bei Amsel; Flugrufe hohe »tswier« oder »ssierk«, Gesang erinnert an Amsel, doch wie Singdrossel, kurze Strophen rhythmisch moduliert, etwa wie »dridrü« oder »derüderü …«. ■ Sitzt beim Singen oft erhöht auf Fichten oder Kiefern; Nahrungssuche wie andere Drosseln auf kurzrasigen Wiesen.

V Br. in Skandinavien, im Nordwesten der Britischen Insel *(T. t. torquatus)* sowie im Hochgebirge und in den höheren Mittelgebirgen der Mittelmeerländer, Mitteleuropas und Vorderasiens *(T. t. alpestris)*. ■ Bei uns Br. in den Alpen etwa ab 1 000 m bis an die Baumgrenze und in einigen höheren Mittelgebirgen (z. B. Schwarzwald, Bayerischer und Böhmer Wald, Sudeten); Kurzstreckenzieher (März bis Oktober); Winterquartier in Mittelmeerländern. Nordische Durchzügler können in allen Teilen Mitteleuropas auch im Tiefland beobachtet werden (vor allem März/April und September/Oktober), im Binnenland meist aber nur in geringer Zahl. ■ Br. im dichten Hochwald der Berge bis in die Krummholzstufe, in Nordeuropa in Mooren, Fjälls und Heidegebieten bis an die Meeresküste.

F Umfangreiches Napfnest in dichten Nadelbäumen oder -büschen, oft auch nahe dem Boden; vor allem im Norden sehr variable Neststandorte. ■ Legebeginn im Gebirge wohl erst ab Mai; häufig 1 Jahresbrut, teilweise aber auch 2 Bruten. ■ 4–6 bläulichgrüne Eier mit rötlichen Flecken. ■ Beide Partner brüten ca. 14 Tage und füttern die Jungen im Nest weitere 2 Wochen.

N Regenwürmer und kleine Wirbellose am Boden; im Herbst auch Beeren.

Amsel

Turdus merula

K Allbekannt in Größe und Gestalt. ♂ schwarz mit orangegelbem Schnabel und etwa ebenso gefärbtem, schmalem Augenring. Beine dunkel. ♀ oberseits dunkelbraun, unten heller rötlichbraun, mehr oder minder deutliche Fleckung; ist vor allem an der aufgehellten Kehle zu erkennen. Juv. mehr rötlich braun und deutlich gefleckt. Junge ♂ wirken im wesentlichen schwarzbraun; ihr Schnabel ist schwärzlich hornfarben und wird erst zu Beginn des 2. Kalenderjahres gelb. In Gärten und Städten kann man mitunter auch Amseln mit weißen Gefiederpartien sehen. ■ Verschiedene Rufe, bei Störung beim Abfliegen oder abends vor dem Schlafplatzzug ein hartes »tix«, das oft zunächst einzeln in harten Abständen gebracht wird, sich aber dann (vor allem beim Abflug) zu einem raschen Zetern steigert. Ein weiches »djuck« oder »djück« in Abständen ist bei Bodenfeinden (z. B. Katzen im Garten) zu hören. Gedehnte hohe »sieh« werden bei Luftfeinden (z. B. Sperber) ausgestoßen, während ein etwas rauheres, vibrierendes »sriie« offenbar soziale Funktionen hat (man hört diesen Ruf auch nachts von ziehenden Amseln). Laute schrille Rufe stoßen Jungvögel aus, die noch nicht allzulange das Nest verlassen haben. Der Gesang besteht aus flötenden Tönen, die im langsamen Tempo vorgetragen werden; dazwischen sind auch geräuschhafte Elemente eingeflochten. Der Amselgesang ist sehr variabel und enthält gelegentlich imitierte Pfeiflaute (z. B. menschliche Pfiffe), die dann von Zeit zu Zeit wiederholt werden. ■ Im allgemeinen leicht zu beobachten, hüpft oft auf dem Boden; ♂ singen schon ab Spätwinter von erhöhten Warten (Baumspitzen, Dachfirste, Fernsehantennen usw.).

V Br. in Europa, Nordwestafrika, Kleinasien östlich bis in den Iran, und im zentralasiatischen Hochland ostwärts bis Südchina und bis an die Pazifikküste; fehlt auf Island, im Norden Skandinaviens und des europäischen Rußlands sowie in Sibirien und in Nordchina. ■ Einer der häufigsten Br. der mitteleuropäischen Kulturlandschaft; in Städten vielfach Standvogel, sonst meist Teilzieher oder Kurzstreckenzieher mit Winterquartieren in Süd- und Westeuropa und in Nordafrika. ■ Br. der Wälder, Parks und Gärten, auch mitten in der Großstadt in kleinen Grünanlagen und Gärten (näheres s. unten).

F Nest ein großer Bau als Halmen, innen zunächst mit Erde ausgeschmiert, dann aber wieder mit dünnen Halmen ausgelegt, so daß von der Lehmschicht nichts zu sehen ist;

404

vor allem in menschlichen Siedlungen recht verschiedene Neststandorte, z.B. Bäume, Büsche, Zaunpfähle, Mauerspalten, Holzstöße, Balkons, Fenstersimse, Kletterpflanzen usw. ■ 4–7 Eier, bläulichgrün mit dichter brauner Zeichnung. ■ Legebeginn oft schon im März, ausnahmsweise Ende Februar/Anfang März; 2 oder 3 Jahresbruten. ■ In der Regel brütet das ♀ etwa 14 Tage; Junge werden von beiden Partnern etwa 14 Tage im Nest gefüttert, doch auch noch bis zu 2–3 Wochen nach Verlassen des Nestes.

[N] Im Frühjahr und im Sommer hauptsächlich Regenwürmer und bodenbewohnende Kleintiere; ab Hochsommer und im Herbst Beeren und weiche Früchte, z.B. Erdbeere, Johannisbeere, Kirsche, Eberesche, Holunder, Hartriegel, Liguster, Kornelkirsche usw.

Meist hört man, daß mit der Einwanderung in die Gärten und Städte die Amsel vom Zugvogel zum Standvogel geworden ist. Genaue Untersuchungen zeigen jedoch, daß die Verhältnisse etwas komplizierter liegen, denn die Amsel ist meist ein regelrechter Teilzieher. In einer südwestdeutschen Amselpopulation, die aus solchen Teilziehern besteht, zeigten z.B. die ♂ mit zunehmendem Alter auch größere Neigung, am Brutplatz zu überwintern. ♀ dagegen zogen im höheren Alter ebenso häufig wie im ersten Lebensjahr ab. In beiden Geschlechtern gab es daher verschiedene Anteile an Zug- und Standvögeln. Bei den ♂ trat also der Wechsel vom Zug- zum Standvogel im Laufe des individuellen Lebens häufiger ein als bei den ♀. Der umgekehrte Fall, daß ein Individuum in aufeinanderfolgenden Jahren vom Standvogel zum Zugvogel wird, scheint ganz allgemein sehr selten zu sein. Standamsel-♂ hatten aber eine höhere Fortpflanzungsrate als Zugamsel-♂, denn sie begannen früher mit der Revierbesetzung und hatten optimale Auswahlmöglichkeiten. Ihre Reviere waren daher von besserer Qualität als die der später eintreffenden Zugamsel-♂. Ferner begannen auch meist ihre Partner früher zu legen. Mit Standvogel-♂ verpaarten sich aber in der untersuchten Population fast ebenso viele Standamsel-♀ wie Zugamsel-♀. Der Bruterfolg der ♀ war daher unabhängig vom Zugverhalten. So waren die Nachteile der Zugstrategie im Hinblick auf die Fortpflanzungsrate für Zugamsel-♀ insgesamt im Gegensatz zu Zugamsel-♂ weniger ausgeprägt. Der Überlegung, daß optimaler Bruterfolg dann eintreten würde, wenn alle Männchen nicht ziehen würden, steht natürlich der Gedanke entgegen, daß dann ja die Vorteile ungestörter Revierwahl als Folge des Wegzuges eines Teiles der ♂ wegfallen. Man darf darüber hinaus aber auch nicht vergessen, daß in unserer Rechnung neben der Zahl der Nachkommen pro Jahr auch die Wintersterblichkeit eine Rolle spielt. Eine Population lebt ja nicht nur durch ihre Nachkommen, sondern hängt auch von der Lebensdauer der bereits fortpflan-

Junge Amseln schlüpfen.

Flügge Jungamsel im Kirschbaum.

zungsfähigen Individuen ab. Amsel-♀ sind den ♂ im Winter meist unterlegen; Standamsel-♀ weisen daher eine sehr hohe Wintersterblichkeit auf. Ihre relativ hohe Neigung, auch in höherem Alter noch wegzuziehen, erklärt sich also wohl daraus. Unterschiedliche Fortpflanzungs- und Sterblichkeitsrate von Zug- und Standvögeln innerhalb einer Amselpopulation sind möglicherweise die Ursache dafür, daß sich beide »Win-

Weibchen füttert.

terstrategien« (also Wegziehen oder Ausharren) nebeneinander halten können. Die Zugamseln »spekulieren« mit geringerer Wintersterblichkeit, müssen aber u.U. eine geringere Jungenzahl im Folgejahr in Kauf nehmen. Die Standamseln sind dagegen von der Gnade des nächsten Winters stärker abhängig und müssen u.U. höhere Verluste hinnehmen, können aber, wenn sie überleben, mit größerem Fortpflanzungserfolg rechnen.

Somit scheint also in einer Amselpopulation ein balanciertes Gleichgewicht zwischen den verschiedenen Möglichkeiten zu bestehen. Die komplizierten Verhältnisse verlangen allerdings noch genauere Untersuchungen. Das Beispiel lehrt jedoch, daß keine Anpassungsstrategie vollkommen ist, sondern vielmehr immer ein Kompromiß zwischen verschiedenen Umweltproblemen darstellt.

Die Körpermasse überwinternder Amseln nimmt im Herbst zu. An Tausenden von Vögeln in Süd- und Westdeutschland hat man eine mittlere Oktobermasse von 93 g gemessen, die im November dann auf 103 g ansteigt, sich in dieser Höhe etwa bis Ende Januar hält und im Februar wieder sinkt; im März wird dann ein Mittelwert von 88 g erreicht. Der Massenanstieg im Herbst von etwa 20 % beruht fast ausschließlich darauf, daß zusätzlich Fett abgelagert wird, also ein hochwertiger, rasch zur Verfügung stehender Brennstoff. Der Massenverlust im Frühjahr beruht dagegen nicht nur auf Abbau des Fettes, sondern auch auf Wasserverlust. Das Winterfett ist eine Energiereserve, die zwei Aufgaben hat, nämlich einmal Energie für lange, kalte Winternächte zur Verfügung zu stellen, andererseits als Reserve für Schlechtwetterperioden, die Amseln an der Nahrungsaufnahme hindern. Man hat errechnet, wie viel Zeit Amseln ohne Nahrungsaufnahme überstehen können. Bei normaler Bewegung reicht der Energievorrat für etwa 2 Tage und Nächte. Verhält sich die Amsel jedoch ganz ruhig, dann kann sie mehr als die doppelte Zeit erreichen. Natürlich hängt diese Zeit auch von der Umgebungstemperatur ab. Sollen Amseln in kälteren Überwinterungsgebieten etwa die gleichen Überlebenschancen bei Nahrungsmangel besitzen wie in wärmeren, dann müßte der Fettvorrat von Amseln kälterer Gebiete größer sein. Dies wurde auch tatsächlich nachgewiesen: In Süddeutschland (Mitteltemperatur im Januar 0 °C) lagern Männchen 22,2% und Weibchen 19,1% des Herbstgewichts an Fett ab, in Osteuropa (Mitteltemperatur im Januar – 1,3 °C) dagegen Männchen 35,4 % bzw. Weibchen 20,6 %. Der Vogelbeobachter kann an kalten Wintertagen oder bei Schlechtwetterperioden feststellen, wie Vögel versuchen, ihren Energieverbrauch möglichst herunterzusetzen. Sie suchen geschützte Stellen auf und verringern dadurch die Wärmeabgabe. Sie bewegen sich viel weniger und sitzen oft lange Zeit ruhig an einer geschützten Stelle. Dauernde Beunruhigung durch den Menschen kann in solchen Engpässen einen sehr ungünstigen Einfluß auf den Energiehaushalt haben. Ein sehr probates Mittel, die Isolationseigenschaft des Gefieders zu erhöhen, ist das Aufplustern. So werden zwischen die einzelnen Federn Lufträume eingeschlossen, die ein zusätzliches Abstrahlen der Wärme verhindern. Daher haben viele Singvögel bei Kälte eine recht rundliche Gestalt und versuchen, auch die Beine mit dem locker stehenden Bauchgefieder zu umhüllen.

Weißlinge unter den Amseln sind kein Alarmsignal für radioaktive Umweltgefahren, wie gelegentlich vermutet wird. Greifvögel merzen sie in der Stadt nicht aus und so können sie sich auch fortpflanzen. Weißlinge sind Träger von kleinen Erbanomalien, wie sie auch in der Natur vorkommen können.

Mitunter treten Weißlinge unter den Gartenamseln auf.

Wacholderdrossel

Turdus pilaris

K Geringfügig größer als Amsel, recht kontrastreich gefärbt. Oberkopf, Kopfseiten und Nacken sowie Bürzel schiefergrau, Rücken und Flügel kastanienbraun, fast schwarz. Im Flug ist der weiße Unterflügel sichtbar. Weißer bis gelblicher Überaugenstreif, Kehle und Brust orangegelb mit kräftigen schwarzen Flecken und Streifen besetzt, die gegen die Flanken zu in dichte Pfeilflecke übergehen; Bauch hell, größtenteils ungefleckt. Beine dunkel. Jungvögel sind matter gefärbt und viel weniger kontrastreich. ■ Häufiger Ruf im Flug ein lautes Schäckern; bei Gefahr vor allem in der Nähe des Brutplatzes harte »trttrt«. Im Flug auch weicher, »wäid« oder »zri«. Der Gesang weicht von anderen Drosseln auffällig ab, kein lauter oder klangvoller Reviergesang, sondern schwätzende, halblaute Strophen, aus denen der schäckernde Flugruf hervorzuhören ist. Gesang wird häufig im Flug, aber oft auch vom Wipfel aus vorgetragen. ■ Meist gesellig, sowohl während als auch außerhalb der Brutzeit oft in großen Schwärmen. Im Flug werden kleinere Gleitstrecken mit ausgebreiteten Flügeln eingeschaltet, dadurch von den anderen Drosseln verschieden.

V Br. von Europa bis Ostsibirien; fehlt in Irland und in weiten Teilen der Britischen Inseln, ferner im größten Teil Frankreichs, in den Mittelmeerländern und im südlichen Asien. ■ Bei uns heute meist verbreiteter Br., nur im Westen noch spärlich; dehnt ihr Brutgebiet in Mitteleuropa nach Westen aus. Unsere Br. größtenteils Kurzstreckenzieher (März bis November), die in West- und Südeuropa überwintern. Im Winterhalbjahr jedoch Wintergäste aus Osteuropa, oft in großer Zahl von Oktober bis März. ■ Br. in Feldgehölzen und an Waldrändern, neuerdings auch in Parklandschaften und in Gärten. Fehlt in der Regel im geschlossenen Hochwald. In großen Schwärmen nahrungssuchend auf Wiesen und Weiden.

F Nest auf Bäumen; meist in lockeren Kolonien. Nestmulde mit Lehm ausgekleidet, aber dann wieder mit Gras gepolstert. ■ Legebeginn April/ Mai, oft, aber nicht immer 2 Jahresbruten. ■ 4–6 (7) Eier, meist ähnlich Amsel mit grünlich blauem Grund und variabler, rostroter Zeichnung. ■ Brütezeit etwa 14 Tage, nur das ♀ brütet. Die Jungen werden von beiden Partnern etwa 14 Tage im Nest gefüttert.

N Im Frühling und Sommer Würmer und bodenbewohnende Kleintiere; ab Spätsommer dann vor allem Beeren und Früchte wie andere Drosseln.

Wacholderdrosseln verhalten sich in ihren Brutkolonien gegenüber potentiellen Nestfeinden außerordentlich aggressiv. Eichhörnchen, Krähen, Greifvögel, Eulen werden angehaßt oder in der Luft regelrecht verfolgt. Solche Luftattacken gegenüber größeren Vögeln kann man über Wacholderdrosselkolonien zur Brutzeit regelmäßig sehen. Besonders wirksam können die Wacholderdrosseln ihre Attacken unterstreichen, indem sie flüssigen Kot gegen ihre Opfer spritzen und auch nicht selten erfolgreiche Treffer anbringen. In manchen Gegenden hat man bereits wiederholt Krähen, Turmfalken, aber auch Bussarde (s. Abb. rechts), ja sogar Habichte gefunden, deren Gefieder mit dem Kot der Wacholderdrosseln regelrecht verschmiert war, und die hilflos am Boden saßen. Einige die-

Dieser Mäusebussard wurde von Wacholderdrosseln mit Kot bespritzt; er ist ein Todeskandidat.

ser wehrhaften Vögel gingen sogar zugrunde. Möglicherweise haben sie nach den ersten Kotattacken versucht, den Kot durch Putzbewegungen zu beseitigen und dabei die schmierige Flüssigkeit noch weiter im Gefieder verteilt. Kotattacken der Wacholderdrosseln sind sogar schon gegen eine Fensterscheibe ausgeführt worden, auf der eine Greifvogelsilhouette aufgeklebt war.

Wacholderdrosseln im Winter an Beeren des Sanddorns.

Singdrossel

Turdus philomelos

K Kleiner als Amsel. Oberseite olivbraun, Kehle, Brust und Flanken
gelblich, Bauch weiß. Ganze Unterseite mit kleinen, schwarzbraunen
Flecken besetzt; Beine fleischfarben.
Unterflügel bräunlich gelb (vgl. Rot-
und Misteldrossel). Am ehesten
noch mit der deutlich größeren Misteldrossel zu verwechseln, wenn
kein Größenvergleich möglich ist (s.
dort). ■ Ein sehr charakteristischer
Ruf ist ein hohes, für ungeübte Oh-
ren leicht zu überhörendes kurzes
»zipp«, das im Flug (auch beim
nächtlichen Zug) ausgestoßen wird.
Ähnlich der Amsel bei Erregung weiche »djük« oder »duk«, das Erre-
gungszetern wirkt nicht so hart und
durchdringend wie bei der Amsel.

Nest und Gelege der Singdrossel.

Gesang von der Amsel deutlich unterschieden: ein lautes, meist sehr
klangreiches und mehrsilbiges Motiv
wird zwei bis dreimal wiederholt und
dann oft ohne Übergang ein völlig
neues Motiv angeschlossen. Gesang wirkt daher sehr rhythmisch ak-
zentuiert. ■ Wie andere Drosseln
auch gern am Boden; Gesang wird
von der Spitze eines Baumes oder
einer anderen hohen Warte vorgetragen.

V Br. von Europa bis zum Baikalsee, im Nordosten Kleinasiens und
im Kaukasus. Fehlt in großen Teilen
des Mittelmeergebietes. ■ Bei uns
verbreiteter Br., Kurzstreckenzieher,
(Februar bis November), dessen
Winterquartier in West- und Südeuropa sowie in Nordafrika liegt; einzelne überwintern aber auch bei uns in
milden Gebieten im Westen. ■ Br. in
lichten Wäldern aller Art, Parks und
Gärten, auch in isolierten Feldgehölzen. Im Gegensatz zur Amsel nicht in
allen Städten zum Gartenbrutvogel
geworden.

F Nester in Bäumen oder Büschen,
meist nahe am Stamm, oft gut versteckt; der wohlgeformte Napf ist mit
einer Schicht aus Holz, Mull und
Lehm ausgekleidet. ■ Legebeginn
April, in der Regel 2 Bruten. ■ 4–6 intensiv hellblaue Eier mit wenigen

runden und dunklen Tupfen. ■ In der Regel brütet das ♀ etwa 14 Tage; die von beiden Partnern gefütterten Jungen bleiben dann 12–16 Tage im Nest.

Würmer und andere Bodentiere; mehr als die anderen Arten auch Gehäuseschnecken (die aufgeklopft werden in sog. »Drosselschmieden«); daneben Beeren und weiche Früchte, vor allem im Herbst und Spätsommer.

Viele Singvögel ziehen nachts; dazu zählen auch die Drosseln, unter ihnen vor allem Sing- und Rotdrosseln. Bei der Singdrossel liegt der Zughöhepunkt im Herbst meist in der ersten Oktoberhälfte. Man kann das für uns unsichtbare Zuggeschehen (Nachtzug) auf dreierlei Weise verfolgen: Mit dem Ohr, durch Fangstationen an wichtigen Durchzugsplätzen und schließlich mit Hilfe der modernen Technik, in diesem Fall der Radareinrichtung z. B. von Flugplätzen. Geübte Vogelbeobachter können über dem Großstadtlärm das feine »zipp« der Singdrosseln oder auch das rauhe »srrie« der Rotdrosseln am nächtlichen Oktoberhimmel hören. Ziehende Drosseln rufen viel; möglicherweise halten die Vögel damit Kontakt. In einer einzigen guten Zugnacht hat man schon über tausend Drosselrufe von einem Platz aus registriert. Doch zählen kann man die Vögel so nicht. Beobachtungen und vor allem Fänge an einigen Alpenpässen der Schweiz haben gezeigt, daß nach Sonnenuntergang der Singdrosselzug einsetzt und bis kurz nach Mitternacht einen Gipfel erreicht. In der zweiten Nachthälfte bis kurz vor Sonnenaufgang geht der Zug dann merklich zurück. Im ersten Dämmerlicht fallen die Drosseln oft wie Steine vom Himmel und verschwinden in der nächsten geeigneten Deckung. Der Tag wird dann zur

Nahrungsaufnahme genutzt. Aus Fangdaten der Insel Helgoland läßt sich schließen, daß Singdrosseln vor allem bei Rückenwind ziehen, und hier wieder besonders dann, wenn die Luftströmung gleichmäßig die Nacht über anhält. Die Fänglinge von Helgoland allerdings müssen weite Strecken über das Meer fliegen und können nicht bei ungünstiger Witterung einfach unterwegs den Zug abbrechen und zur Rast einfallen. Die Beachtung der richtigen Wetterlage ist daher besonders wichtig.

Mit Radar erhält man noch genauere Angaben. In Südschweden z. B. beginnt der nächtliche Drosselzug (mehrere Arten) im Mittel 32 Minuten nach Sonnenuntergang und erreicht sein Maximum etwa 1 $\frac{1}{2}$ Stunden später.

Gerade aus dem Nest gehüpft.

Gute Sicht (wenig Wolken) und Rückenwind werden bevorzugt. Im Herbst wird der Aufbruch vor allem durch fallende Temperaturen ausgelöst. Bei Seitenwind lassen sich auf dem Radarschirm keine wesentlichen Richtungsänderungen feststellen; die Drosseln sind also in der Lage, Verdriftungen hervorragend zu korrigieren. Zugvögel können also auch mit weniger günstiger Witterung fertig werden.

Rotdrossel

Turdus iliacus

[K] Noch etwas kleiner als Singdrossel, daher kleinste bei uns vorkommende Art der Gattung. Oberseite ähnlich Singdrossel, doch auffallender, gelblich weißer Überaugenstrich und Bartstreif, dazwischen dunkelbraune Kopfseiten. Unterseite weißlich und kräftig schwarz gestrichelt (keine runden Flecken!). Bauch so gut wie einfarbig weiß. Flanken wein- bis kastanienrot, ebenfalls Unterflügel (vgl. Singdrossel, Misteldrossel). Junge haben im Herbst oft schon schwach rötlich gefärbte Flanken. ■ Sehr charakteristischer Ruf beim Ab-

Rotdrossel am Weißdorn.

flug oder auch als nächtlicher Flugruf ist ein hohes gedehntes, durchdringendes »zih«, das etwas rauh klingt und leicht abfällt. Ferner rauhe »check« oder an Amsel erinnernde, etwas gedämpfte »däck« oder »duck«. In Mitteleuropa hört man aus Trupps während des Zuges im Vorfrühling meist nur einen halbblauten schwätzenden Gesang. Der volle Reviergesang (bei uns gelegentlich im Frühjahr zu hören) setzt mit einer lauten, abfallenden Tonreihe ein, etwa wie »trü trü trü«, die man weit hört; der sich anschließende schwätzende »Nachgesang« ist sehr viel leiser. ■ Bei uns in der Regel gesellig.

[V] Br. in Nordeuropa (Island, Nordschottland, Skandinavien und nördl. Rußland) und im nördlichen Sibirien bis Ostsibirien. ■ Bei uns Durchzügler und Wintergast von Oktober bis April, vor allem im Herbst in größeren Schwärmen, Zahl der Überwinterer meist merklich kleiner; gelegentlich bleiben einzelne auch im Sommer zurück. ■ Lebensraum im Winterhalbjahr bei uns vor allem Parks, aufgelockerte Wald- und Buschlandschaften, Waldränder. Br. im Norden in jungen Nadelwäldern, nordischen Birken-, Weiden- und Erlenwäldern. [N] Beeren, Kleintiere.

Misteldrossel

Turdus viscivorus

K Größte einheimische Drossel, deutlich größer als Amsel. Oberseite graubraun, Unterseite gelblich weiß mit großen, schwarzbraunen Tropfenflecken (vgl. auch Singdrossel); Schwanzaußenfedern mit weißlichen Spitzen. Juv. sind oberseits sehr stark gelblich gefleckt. ▪ Im Abflug ist oft ein hartes »trrr« zu hören, also ein ganz anderer Ruf als bei der Singdrossel (dagegen Verwechslungsmöglichkeit mit dem harten »trrt« der Wacholderdrossel bei Erregung). Gesang amselartig flötend, doch Strophen kürzer und weniger abwechslungsreich, mit zwischengeschalteten Pausen vorgetragen. ▪ Weniger gesellig als Wacholderdrossel; wirkt am Boden auffallend groß in aufrechter Körperhaltung. Singt von hohen Waldbäumen, oft schon ab Februar.

V Br. in Europa und Nordwestafrika, in Hochgebirgen Vorderasiens und über Westsibirien bis zum Baikalsee. Fehlt im westlichen Skandinavien. ▪ Bei uns verbreiteter Br. im Tiefland und Gebirge; Kurzstreckenzieher (Februar bis November), in milden Gebieten auch Teilzieher; Überwinterungsgebiet der Zugvögel sind Mittelmeergebiete und Westeuropa. ▪ Brütet in Misch- und Laubwäldern, aber vor allem auch in reinen Nadelwäldern; in manchen Gebieten zum Parkvogel geworden; Nahrungssuche auf Wiesen und anderen kurzrasigen Stellen mit weichem Boden.

F Nest auf Bäumen oder in hohen Büschen; mit Erde verfestigt, doch innen mit Gräsern ausgelegt. ▪ Legebeginn März/April; meist wohl nur 1 Brut. ▪ 4–6 Eier, grünlich blau mit dichter, rostroter bzw. -brauner Zeichnung. ▪ Das ♀ brütet etwa 14 Tage; Junge werden von beiden Partnern gemeinsam etwa 2 Wochen im Nest gefüttert und dann noch mindestens eine weitere Woche versorgt.

N Bodentiere, vor allem Regenwürmer; im Winterhalbjahr Beeren (z. B. Misteln, Name!).

In den meisten Gebieten Mitteleuropas ist die Misteldrossel die am stärksten an geschlossene Wälder gebundene Drossel. In Nordwestdeutschland fand jedoch etwa seit den zwanziger Jahren Einwanderung in die Parklandschaft statt. So trifft man z. B. in Westfalen heute die Art in großen Nadelwäldern meist im Bergland, daneben aber auch in kleinen und kleinsten Gehölzen in der Ebene. Manche Paare brüten sogar auf Einzelbäumen.

Feldschwirl

Locustella naevia

K Kleiner und schlanker als Sperling. Oberseite olivbraun mit kräftigen dunklen Streifen bzw. schuppiger Musterung, Überaugenstreif unauffällig. Unterseite heller mit wenigen Stricheln auf der Brust. Schwanz keilförmig gerundet. Beine rötlich bis fleischfarben. Alle Schwirle sind schwer zu sehen! ■ Kurze Rufe, wie »tschek«, bei Erregung. Gesang sehr charakteristisch, ein langes monotones Schwirren, das an Heuschrecken erinnert; höher als Rohrschwirl. Durch Kopfbewegungen während des Singens variiert die Lautstärke. ■ Hält sich in dichter Vegetation meist in Bodennähe auf.

V Br. in Europa, ostwärts bis ins südliche Westsibirien und Mittelasien; fehlt im mittleren und südlichen Spanien sowie in den meisten Mittelmeerländern. ■ Bei uns häufigster Schwirl, im Tiefland verbreitet, in waldreichen Gebieten lückenhaft; Langstreckenzieher (April bis September/Oktober), Winterquartiere im tropischen Afrika. ■ Br. in dichter krautiger Vegetation und Büschen, bevorzugt auf feuchtem Untergrund, z. B. in Sümpfen, auf feuchten Wiesen, in Auwäldern, aber auch in Brennesseldickichten, Hecken- und Buschgebieten, sogar Fichtenschonungen. Manche dieser trockenen Feldschwirlbiotope sind oft nur kurze Zeit geeignet.

F Nest nah über dem Boden in dichter Vegetation, in Halme eingeflochtener länglicher Napf. ■ Legebeginn Mai; wohl normalerweise 2 Jahresbruten. ■ 4–6 weiße Eier, die sehr dicht zart rötlich oder violett gefleckt sind, so daß sie rötlich wirken. ■ Beide Partner brüten 13–15 Tage, Junge werden 10–12 Tage von ♂ und ♀ am Nest gefüttert.

N Vor allem Insekten.

Über 45 Elemente pro Sekunde enthält der Schwirrgesang des Feldschwirls. Dieses rasche Tempo kann der Vogel scheinbar sehr lange durchhalten. Die an einem Tag notierten Strophen eines ♂ dauerten jeweils 2–98, im Mittel 27 Sekunden. Nachts scheinen die Gesänge generell viel länger zu dauern, da offenbar die singenden ♂ weniger abgelenkt werden, z. B. durch Nahrungsaufnahme oder die Anwesenheit von ♀. Bei einem ♂ maß man Strophenlängen zwischen 1 und 13, im Mittel 4,5 Minuten. Doch sind schon Strophenlängen bis zu 110 Minuten notiert worden! Da stellt sich natürlich die Frage nach der Atemtechnik. Der Schwirrer klingt scheinbar ununterbrochen, doch kann der aufmerksame Zuhörer sehr kurze Atempausen registrieren; man muß allerdings dem singenden Vogel sehr nahe sein. Nach eingehenden Messungen lagen in einem Fall solche kurzen Atempausen zwischen 9 und 55, im Mittel fast 27 Sekunden auseinander.

Der sehr ähnliche Schwirrgesang des Rohrschwirls besteht aus noch dichter aufeinanderfolgenden Elementen; er klingt daher auch viel schnurrender. Die Strophen sind meist etwas kürzer als beim Feldschwirl, können aber auch über 4 Minuten Dauer erreichen. Auch dabei muß der Vogel natürlich winzige

Atempausen einschalten. Geklärt sind die Verhältnisse im Detail allerdings noch nicht.

Rohrschwirl
Locustella luscinoides

K Wenig größer als Feldschwirl. Oberseite einfarbig dunkelrötlichbraun, Unterseite weißlich mit rostbrauner Tönung auf Brust und Flanken; Schwanz breit abgerundet – keinerlei Streifung. Ähnelt in der Färbung dem Teichrohrsänger. ▪ Wie beim Feldschwirl langes Schwirren, doch etwas tiefer und mehr schnurrend, nicht so klappernd. Aus der Nähe langsame, sich beschleunigende Einleitungselemente zu hören. ▪ Singt gern auf Schilfhalmen.

V Brutvogel in West-, Süd- und Mitteleuropa sowie Nordwestafrika mit teilweise sehr großen Verbreitungslücken (fehlt z. B. größtenteils auf den Britischen Inseln, in Teilen Spaniens usw.), ostwärts bis Vorder- und Mittelasien. ▪ Bei uns nur sehr lückenhaft verbreiteter Br., am häufigsten im Nordosten. Langstreckenzieher (Ende April bis Mitte September), Winterquartier im tropischen Afrika. ▪ Bewohner großer Schilfkomplexe.

F Nest in Seggen- oder Grasbülten oder am Grund zwischen Schilfhalmen niedrig über dem Boden bzw. dem Wasserspiegel; meist gut verborgen, teilweise auch überdacht. ▪ Legebeginn im Mai; 2 (?) Jahresbruten. ▪ 4–6 Eier; ♀ brütet 12 Tage; Junge werden 12–14 Tage im Nest gefüttert.

N Wie Feldschwirl.

Schlagschwirl
Locustella fluviatilis

K Kleiner als Sperling. Oberseite ohne Streifenzeichnung, doch olivbraun, Unterseite hell, feine Streifen an Kehle und Brust. Schwanz breitgerundet; Beine hellrötlich. ▪ Gesang kontinuierliches rhythmisches Wetzen wie »dzedzedze …«. ▪ Singt oft in Dämmerung und nachts.

V Br. von Mittel- bis Osteuropa und Westsibirien. ▪ Bei uns vor allem von Bayern und Niedersachsen an ostwärts; hat sich neuerdings nach Westen ausgebreitet. Langstreckenzieher (Mai bis September); Winterquartier bis jetzt nur im tropischen Ostafrika nachgewiesen, aber wohl in Afrika weiter verbreitet. ▪ Brütet vor allem in Auwäldern.

Eine seltene Aufnahme: Schlagschwirl am Nest.

Sumpfrohrsänger

Acrocephalus palustris

K Wie Teichrohrsänger; Unterschiede in Gesang und Lebensraum. ▪ Rufe sehr ähnlich Teichrohrsänger. Gesang besteht aus langen, kontinuierlich vorgetragenen Stükken ohne Strophengliederung, sehr vielseitiges Gezwitscher und Geplauder, mit einer bunten Folge von Imitationen der unterschiedlichsten Rufe und Gesangteile anderer Arten; dazwischen schmatzende, kratzende oder andere geräuschhafte Laute. Wohl der beste und vielseitigste Spötter der mitteleuropäischen Vogelwelt (s. unten). ▪ Singt oft in dichter Deckung.

V Br. in Mittel- und Osteuropa bis Westsibirien und in Teilen Vorderasiens. Westwärts bis Südengland und Nordostfrankreich; nordwärts bis Südskandinavien; fehlt in Spanien, im größten Teil Italiens und in Griechenland. ▪ Bei uns verbreiteter und stellenweise häufiger Br. des Tieflandes; Langstreckenzieher (Mai bis September); Winterquartier im tropischen Afrika. ▪ Br. in dichter Staudenvegetation, wie Brennessel, Buschdickichte und Hecken, mitunter auch in Gärten und in Getreide oder Rapsfeldern.

F Nest flacher als Teichrohrsänger aber ebenfalls in Halme (z.B. Schilf, Brennessel, Getreide) eingeflochten; z.T. über Wasser, aber oft auch über vollkommen trockenem Untergrund weit entfernt vom Wasser. ▪ Legebeginn meist erst ab Juni; 1 Jahresbrut. ▪ 3–5 Eier, auf hellem Grund dunkel olivgrün gefleckt. ▪ Beide Partner brüten etwa 12 Tage und füttern die Jungen 10–14 Tage im Nest.

N Insekten.

Erst neuere Untersuchungen mit Hilfe von Tonband und Sonagrammen (=schriftliche Aufzeichnungen von Vogelstimmen, s. S. 435) haben das erstaunliche Imitationstalent des Sumpfrohrsängers in vollem Umfang aufgedeckt. Das gesamte Repertoire von etwa 30 Sängern ergab bei genauer Überprüfung Imitationen von Lautäußerungen, die nicht weniger als 212 anderen Vogelarten zuzuschreiben sind.
Diese enorme Artenzahl trifft der Sumpfrohrsänger natürlich nicht in seinem Brutgebiet, und so sind denn auch nur 99 dieser Vorbilder von Imitationen europäische Vogelarten. Weitere 113 Arten leben in Afrika; von ihnen sind 80 Singvögel und 33 Nicht-Singvögel. Unter den Afrikanern konnten z.B. Lautäußerungen einiger Limikolen (z.B. des Spornkiebitzes), mehrerer Eisvögel, Bienenfresser, Kuckucke, Spechte, Würger und sehr vieler kleiner Singvögel (darunter z.B. viele Webervogelarten) herausgefunden werden. Rund 20% des Gesangsrepertoires konnte aber noch nicht identifiziert werden; man darf annehmen, daß

Singender Sumpfrohrsänger.

sich darunter auch afrikanische Vögel befinden, deren Lautäußerungen noch nicht mit Tonband aufgenommen und/oder genau analysiert wurden. Einige der von europäischen Sumpfrohrsängern im heimischen Brutgebiet (in der Mehrzahl wurden Sänger aus Belgien untersucht) vorgetragenen Lautäußerungen betreffen afrikanische Vögel mit sehr begrenztem Verbreitungsgebiet. So kann man aus dem Stimmen-Mitbringsel auf die Lage des Winterquartiers schließen. Doch die erstaunliche Vielfalt des Imitationstalents ist damit noch nicht vollständig beschrieben. Im Mittel hatte ein einziger Sumpfrohrsänger 76 verschiedene Arten in seinem Imitationsrepertoire (die Spannweite reicht von 63–84 pro Individuum). Die Zahl der afrikanischen Arten ist mit durchschnittlich 45 größer als die der europäischen mit rund 32. Dieser hohe Anteil der afrikanischen Arten im Gesangsrepertoire wirft die Frage nach den hierzu notwendigen Lernvorgängen auf. Die jungen, erstmals ins tropische Winterquartier fliegenden Vögel müssen demnach in einem Alter, in dem sie längst flügge und voll ausgewachsen sind, noch sehr empfänglich für das Lernen fremder Gesänge sein. Man hat Hinweise darauf, daß junge Sumpfrohrsänger im Alter von 6–7 Monaten noch lernen. Sie können dies auf ihrem Weg ins Winterquartier tun, hören aber dann wohl auf, wenn sie im Januar am endgültigen Zielpunkt angelangt sind. Dann scheint das Gelernte so festzusitzen, daß es ins Brutgebiet mitgebracht und etwa 5 Monate später reproduziert werden kann. Ungeklärt bleibt freilich noch, welche Bedeutung die Imitationen haben.
Sumpf- und Teichrohrsänger sind gebietsweise beliebte Wirte des Kuckucks; über 10% der Nester können bei lokalen Populationen mit einem Kuckucksei belegt sein. Wei-

Normale Sumpfrohrsängerbrut.

tere häufige Kuckuckswirte in Europa sind Stelzen, Pieper, Würger, Heckenbraunelle, Grasmücken, Rotkehlchen und Rotschwänze.

Ein fast flügger Jungkuckuck benötigt die Nahrung einer ganzen Brut.

417

Teichrohrsänger

Acrocephalus scirpaceus

K Kleiner als Sperling, schlank. Oberseite einfarbig braun, am Hinterrücken und Bürzel mehr rotbraun, Unterseite weißlich bis cremefarben mit bräunlichen Flanken. Vom Sumpfrohrsänger in Freiheit nur durch Stimme zu unterscheiden, Drosselrohrsänger ist viel größer. ▪ Rufe kurze »kra« oder wetzend »wäd«. Gesang rhythmisch und etwas abgehackt, in der Regel nicht sehr schnell vorgetragen, mit vielen kratzenden Lauten, etwa »tire tire tier tschäk zäck zerr zerr zerr scherk scherk …« usw. ▪ Sitzt meist an Schilfhalmen, gelegentlich auch im Gebüsch.

V Br. in Europa, Nordwestafrika, Vorderasien (mit Lücken), südliches Mittelasien. Fehlt z.B. in Island, Irland, Schottland sowie im nördlichen Fennoskandien. ▪ Bei uns der häufigste im Schilf lebende Rohrsänger, weit verbreitet. Langstreckenzieher (April bis September/Oktober), die Winterquartiere liegen im tropischen Afrika. ▪ Schilfbewohner; gelegentlich, vor allem auf dem Durchzug, auch in Büschen.

F Nest ist als tiefes Körbchen in senkrechte Halme eingeflochten, meist über dem Wasser. ▪ Legebeginn 2. Maihälfte, normalerweise 1 Jahresbrut; Zweitbruten scheinen gelegentlich vorzukommen. ▪ 3–5 Eier, auf grünlich weißem Grund mit grünlichen und grauen Flecken normalerweise stark gezeichnet, vor allem am stumpfen Pol. ▪ Beide Partner brüten etwa 11–12 Tage und versorgen die Jungen etwa ebensolange im Nest.

N Insekten.

Bei uns gibt es nur wenige Singvögel, die gleich den Rohrsängern sich die Verlandungszone der Gewässer als Lebensraum erschlossen haben (z.B. Rohrammer, Bartmeise). Die wichtigsten Merkmale der Verlandungszone als Lebensraum für Vögel sind: Geringe Gesamthöhe der Vegetation und auch geringe Unterschiede der pflanzlichen Struktur in der Vertikalen (im Gegensatz z.B. zu einem unterholzreichen Wald mit verschieden hoher Baum-, Gebüsch- und Krautschicht); viele gleichartige Elemente (senkrechte Halme) stehen dicht beisammen und schaffen extreme Bedingungen, die nur wenige Mitbewohner zulassen (z.B. Fehlen horizontaler Strukturen in Form von Ästen, Zweigen usw.); hohe Produktivität mit geringer jährlicher Schwankung des Nahrungsangebots; hohe Stabilität der Pflanzengesellschaft. Man darf auch nicht vergessen, daß solche Biotope bei uns jedenfalls über große Flächen meist inselartig auftreten und mehr oder minder stark voneinander isoliert sind.

Für die Rohrsänger ergeben sich dabei einige feinere Unterschiede, die zu einer gewissen Trennung der Lebensräume führen und damit zu Möglichkeiten für das Vorkommen von mehreren Arten nebeneinander. Drosselrohrsänger besiedeln z.B. die höchsten Vegetationsschichten;

Sumpf- und Teichrohrsänger unterscheiden sich in der Vegetationshöhe der von ihnen besetzten Reviere nicht wesentlich. Drosselrohrsänger brüten fast stets über dem offenen Wasser; in einer vergleichenden Untersuchung am Bodensee und am Neusiedlersee wurden z.B. in ihren Revieren eine Wassertiefe von 50–100 cm gemessen, beim Teichrohrsänger dagegen nur 20–60 cm. Sumpfrohrsänger brüten im Unterschied zu den beiden anderen Arten nicht über dem offenen Wasser, sondern über dem festen Boden, also in den am meisten landwärts gelegenen Bereichen einer Verlandungszone. Damit weicht diese Art deutlich von den anderen beiden ab. Zwischen Revieren von Sumpf- und Teichrohrsängern bestehen auch deutliche Unterschiede in der Dichte der Halme. Der Teichrohrsänger ist an wesentlich höhere Halmdichte angepaßt. Nicht nur im Brutrevier, sondern auch auf dem Durchzug lassen sich die angedeuteten Unterschiede in der Biotopwahl der 3 einfarbigen Rohrsänger feststellen. Auf dem Durchzug bevorzugen Sumpfrohrsänger im Vergleich zu den beiden anderen die auf der Landseite gelegenen Abschnitte des Verlandungsgürtels, in denen also weniger Schilfhalme als vielmehr Seggen, kleine Büsche und Stauden wachsen.

Die Unterschiede in der Wahl des Lebensraums gehen natürlich zurück auf unterschiedliche Anpassungen. Rohrsänger müssen an senkrechten Halmen klettern können, ohne einen Stützschwanz (vgl. z.B. Baumläufer, S. 462) zu Hilfe nehmen zu können. Sie verfügen im Vergleich zu den nahe verwandten Grasmücken über lange Beine, die stark gebeugt werden können. Der Fuß ist ein ausgesprochener Klammerfuß, im Verhältnis zum Vogelkörper sehr groß. Er besitzt auch eine besonders

lange Hinterzehe mit Hinterkralle. Besonders deutlich ist er beim Drossel- und Teichrohrsänger, also den typischen Schilfkletterern ausgeprägt, während der Sumpfrohrsänger einen kleineren Fuß besitzt. Dies ist sicher als Anpassung an das Klammern an zartere und krautige Vegetation zu interpretieren. Die typische Fortbewegung aller Rohrsänger ist das Hüpfen, während z.B. die Schwirle, Brutvögel des dichten Unterwuchses nahe am Boden, mehr laufen. Zur Ausnützung ihres durch senkrechte Halme gegitterten Lebensraumes benötigen die Rohrsänger auch die Flügel, und zwar um so häufiger, je höher die Vegetation wird und je mehr das eigentliche Pflanzenvolumen von der untersten Schicht nach oben verlagert wird. Somit ist der Drosselrohrsänger der beste Streckenflieger und hat die relativ längsten und spitzesten Flügel. Teich- und Sumpfrohrsänger sind sich in dieser Beziehung wiederum recht ähnlich, unterscheiden sich aber beide ganz entschieden von den Schwirlen, und gleichzeitig auch z.B. von Schilf- und Seggenrohrsänger, die keine typischen Halmexperten darstellen.

Fütterung eines fast flüggen Jungvogels.

Drosselrohrsänger

Acrocephalus arundinaceus

$\boxed{\text{K}}$ Größer als Sperling, doch schlanke Gestalt. Oberseite braun, ähnlich Teichrohrsänger; kräftiger Überaugenstreif. Unterseite cremefarben, Flanken ockergelb. Schnabel relativ kräftig. ■ Rufe tiefe »karr« oder »ak«; Gesang im Stakkato vorgetragen ähnlich Teichrohrsänger, aber in Strophen unterteilt. Tiefe Laute wechseln mit hohen, fast schrillen Elementen ab, etwa wie »karre-karre-kiet-kiet ...«; sehr laut und weit zu hören. ■ Sitzt oft frei auf Schilfhalmen beim Singen.

$\boxed{\text{V}}$ Br. in Europa nordwärts bis an die Kanal- und Nordseeküste und nach Südskandinavien, ferner in Nordwestafrika, Vorder- und Mittelasien. Sehr nah verwandte (vielleicht die gleiche) Art in Ostasien. ■ Bei uns gebietsweise Br. in großen Schilfgebieten, im Westen fast verschwunden. Langstreckenzieher (Mitte April bis September). Winterquartier Afrika südlich der Sahara. ■ Lebt vor allem in großen und hohen Schilfbeständen, in die auch Weidenbüsche eingestreut sind. Solche ungestörten Bestände sind selten geworden.

$\boxed{\text{F}}$ Nest ein dicht geflochtener Napf an senkrechten Halmen aufgehängt; in der Regel über dem Wasser. ■ Legebeginn Mai; normalerweise 1 Jahresbrut, Zweitbruten kommen in geringer Zahl vor. ■ 4–6 Eier mit heller Grundfärbung und braunen, grünen und grauen Flecken bedeckt. ■ Beide Partner brüten 14–15 Tage und füttern die Jungen knapp 2 Wochen im Nest.

$\boxed{\text{N}}$ Insekten.

Durch seine Größe fällt der Drosselrohrsänger aus der Reihe unserer einheimischen Rohrsänger. In manchen Gebieten kommt er mit dem Teichrohrsänger im gleichen Lebensraum vor. Beide Arten sind ja typische Schilfbewohner (vgl. S. 418). Einzelbeobachtungen zeigen, daß sich aber selbst in kleinen Schilfstreifen Teichrohrsänger von Drosselrohrsängern etwas absondern; letztere bevorzugen den wasserseitigen, erstere den landseitigen Rand zur Anlage des Nestes.

Offenbar ist der größere Drosselrohrsänger seinem kleineren Artgenossen gegenüber teilweise überlegen. Dort, wo Teichrohrsänger neben Drosselrohrsängern brüten wollen, warten sie in der Regel, bis die Drosselrohrsänger ihre Brut mehr oder minder beendet haben. Deutlich früher beginnen Teichrohrsänger zu legen in Schilfstreifen ohne den größeren Artgenossen. Diese durch den Drosselrohrsänger erzwungene spätere Brutzeit scheint aber nicht ausschließlich nur Nachteile für den Teichrohrsänger mit sich zu bringen, denn unter vergleichbaren Bedingungen ist seine Fortpflanzungsrate merklich höher.

Singender Drosselrohrsänger.

Schilfrohrsänger

Acrocephalus schoenobaenus

K Kleiner als Sperling. Oberseite mit Ausnahme des rostbraunen Bürzels kräftig gestreift; auffallender weißlicher Überaugenstreif. Scheitel kräftig längsgestreift, die Unterseite rahmfarben. Unter den 3 gestreiften mitteleuropäischen Rohrsängern ist der Schilfrohrsänger mit Abstand der häufigste. Der sehr selten gewordene Seggenrohrsänger *(A. paludicola)* ist heller sandfarben, trägt einen ganz dunklen Scheitel mit gelblichem Längsstreif und langem, braungelblichem (nicht weißem) Überaugenstreif; der rostfarbene Bürzel ist gestreift. Der in Südeuropa teilweise häufige, in Mitteleuropa aber seltene Mariskensänger *(A. melanopogon)* ist dem Schilfrohrsänger sehr ähnlich, hat aber im allgemeinen einen dunkleren Scheitel und dunkelbraune Wangen, so daß sich der Überaugenstreif schärfer absetzt, und eine weiße Kehle; Rücken mehr rostfarben. ■ Rufe scharfe »tsrr« oder hart »karr«. Kontinuierlicher, nicht stark rhythmisch akzentuierter Gesang, mehr eilig schwätzend mit längeren harten »trrr«-Teilen untermischt, oft auch Imitationen anderer Vögel (z.B. »woid« der Dorngrasmücke). ■ Nicht selten kurzer Singflug.

V Brutvogel in weiten Teilen Europas (fehlt z.B. in Spanien, in Teilen Griechenlands und in Skandinavien), ostwärts bis Westsibirien. ■ Bei uns vor allem in Norddeutschland Br. Langstreckenzieher (Mitte April bis Oktober); Winterquartiere in Afrika südlich der Sahara. ■ Br. in Ufer- und Verlandungszonen, in schilfdurchsetzten Großseggenrieden und anderen stark bewachsenen Feuchtgebieten.

F Nest in dichter Vegetation meist nahe am Boden angelegt, auch über offenem Wasser. ■ Legebeginn Mai; 1 Jahresbrut. ■ 4–6 dicht oliv gezeichnete und gefleckte Eier. ■ Überwiegend das ♀ brütet 12–14 Tage; beide Partner füttern die Jungen im Nest etwa ebensolange.

N Insekten.

Der Name »Schilfrohrsänger« ist eigentlich etwas irreführend, denn er ist kein so hochspezialisierter Halmkletterer wie es Drossel- und Teichrohrsänger sind. Schilfrohrsänger bevorzugen die landseitigen Partien der Verlandungszone unserer Stillgewässer mit Großseggen und Weidenbüschen.

Seggenrohrsänger auf dem Durchzug.

Gelbspötter

Hippolais icterina

K Kleiner als Sperling. Oberseite grünlichgrau bis olivgrün. Durch die hellen Säume der inneren Armschwingen auf dem geschlossenen Flügel hellere Stelle. Unterseite meist gelblich. Gelblicher Überaugenstreif; Beine bläulichgrau bis schwarz. Schnabel im Vergleich zu Laubsängern kräftig. ▪ Bei Störung auf Ruf harte »tete«, oft als »tetehui« erweitert. Gesang ein fortlaufendes Schwätzen mit schneidenden und kratzigen Tönen, oft sehr laut, dazwischen Pfeiflaute eingeschaltet; Motive werden häufig mehrmals wiederholt. ▪ Bewegt sich langsamer als die kleinen, etwas nervös wirkenden Laubsänger durchs Geäst.

V Br. in Europa von Frankreich bis Westsibirien, im Norden bis ins südliche Fennoskandien, im Süden Verbreitungsgrenze etwa die Alpen und die nördlichen Balkanländer bzw. das Schwarze Meer. Nah verwandte Arten im Süden sind der Orpheusspötter *(H. polyglotta)*, neuerdings Br.

Singender Gelbspötter.

im äußersten Westen Deutschlands, der Blaßspötter *(H. pallida)*, Br. in Südspanien, Nordafrika, Griechenland und Kleinasien, und der Olivenspötter *(H. olivetorum)*, Br. im westlichen Kleinasien. ▪ Bei uns weit verbreiteter Br. im Tiefland. Langstreckenzieher (Ende April/Anf. Mai bis September), Winterquartier im tropischen Afrika. ▪ Br. in unterholzreichen Wäldern (z. B. Auwäldern), Büschen und Hecken in Gärten und Parks.

F Nest ein tiefer Napf in Büschen oder kleinen Bäumen in einer Astgabel, meist wesentlich höher als 1 m über dem Boden. ▪ Legebeginn Ende Mai/Anf. Juni; 1 Jahresbrut mitunter auch wohl 2. ▪ 3–6 Eier, blaßrosa, mit wenigen dunklen Punkten bzw. Flecken besetzt. ▪ Beide Partner brüten 13–14 Tage; die Jungen werden 13–15 Tage im Nest gefüttert.

N Insekten.

Der Gelbspötter zählt zu den am spätesten eintreffenden Zugvögeln der typischen Gartenvogelwelt. Beobachtungen vor Anfang Mai sind nicht häufig. In Norddeutschland fallen die mittleren Erstankunftsdaten vieler Jahre meist erst in die Zeit um den 10. Mai. Die ♀ erscheinen in der Regel 6–8 Tage später als die ersten ♂. Letztere haben zu diesem Zeitpunkt meist schon mit einer vorläufigen Abgrenzung der Reviere begonnen; die Wahl des eigentlichen Nistplatzes aber findet erst nach Ankunft der ♀ statt, die ganz offenbar die Entscheidung über den zukünftigen Nestplatz fällen. Nach eingehenden Beobachtungen fliegt dabei das ♀ recht unauffällig von Busch zu Busch, mustert von innen heraus durch das Gezweig hüpfend seine Eignung. Einer der so gemusterten Büsche wird schließlich in immer kürzeren Abständen angeflogen, bis die Wahl getroffen ist. 2–3 Tage können bis zur Entscheidung über den endgültigen Nestplatz vergehen. Offenbar genügen ganz verschiedene Buscharten den Ansprüchen des Gelbspötters. Allerdings brütet er in der Regel nicht in einzelnen Büschen, sondern meist am Rand größerer Buschgruppen. Besonders Holundersträucher scheinen den Ansprüchen der Art in manchen Gegenden entgegenzukommen, aber auch Jasmin, buschförmige Weiden oder Pfeifenstrauch eignen sich und Büsche oder Bäume, die mit Rankenpflanzen (z.B. wilder Hopfen, Waldrebe oder Waldgeisblatt) überwuchert sind. Der Nestbau dauert

ebenfalls mehrere Tage. So sind also meist nicht vor 25.–30. Mai die ersten Eier zu erwarten und die Jungen werden in der Regel erst Ende Juni/Anf. Juli flügge. In einem Untersuchungsgebiet bei Braunschweig lag in 10 Jahren die mittlere Erstankunft um den 10. Mai und die mittlere Letztbeobachtung um den 28. August. Das bedeutet also, daß die Gelbspötter nur maximal 3½ Monate (die meisten Individuen sicher sehr viel kürzer) am Brutplatz waren. 75% eines Jahres verbringen sie also außerhalb. Ähnliches gilt auch für viele weitere Langstreckenzieher.
Am Südwestrand der Verbreitung, nämlich in der Schweiz, hat sich die Art zurückgezogen und ist z.B. im Kanton Genf das letzte Mal 1970 als Brutvogel nachgewiesen worden. Im Gegensatz dazu ist der Orpheusspötter (H. polyglotta) heute in der Südschweiz häufig und beginnt in allerneuester Zeit, sich über Genf nach Norden auszubreiten. Dazu paßt, daß seit 1984 die Art im Saarland und im Oberrheintal brütet; um 1985 schätzte man 100 Brutpaare.

Der Gelbspötter verankert sein Nest in Astgabeln von Bäumen und Sträuchern.

Sperbergrasmücke

Sylvia nisoria

K Größer als die anderen Grasmücken, etwa sperlingsgroß. Hellgrau, Unterseite weiß mit dunkler
halbmondförmiger Zeichnung gebändert, die aber nur beim ♂ gut zu
sehen ist. Altvogel mit leuchtend gelben Augen. Langer Schwanz mit
weißer Außenkante; dunkelbraune
Flügel mit 2 weißlichgrauen Binden.
Juv. einfarbig grau ohne Zeichnung;
Augen dunkel. ■ Rufe bei Störung
harte »örrr« oder »trettt«; Gesang
ähnlich Gartengrasmücke aber kürzer. ■ Nicht selten kurzer Singflug.

V Br. vom östlichen Mitteleuropa
bis Westsibirien und in die westlichen Provinzen Chinas. ■ Bei uns
nur im Osten. Br., vor allem von
Schleswig-Holstein, Ostniedersach-
sen an ostwärts; sonst sehr selten.
Langstreckenzieher (Ende April bis
September), überwintert vor allem im
Sudan. ■ Br. in Büschen auf Lichtungen oder in freiem Gebiet.

F Nest vorzugsweise in dornigen
Sträuchern, kann als größtes Gras-
mückennest mit dem des Neun-
töters verwechselt werden; Außenbau aus alten Grashalmen, innen mit
Wurzeln und seltener mit Haaren
ausgekleidet; Neuntöternester etwas
größer und häufig trockene Zweige
eingearbeitet. ■ Legebeginn meist
erst ab Mitte Mai; zwischen Ankunft
der ♂ und Ablage des 1. Eies wurden in einer nordwestdeutschen
Population 10–11 Tage festgestellt.
Zweitbruten scheinen, wenn sie
überhaupt vorkommen, sehr selten
zu sein; Ersatzbruten dagegen häufiger. ■ 4–6 Eier; Grundfarbe hellgrau
mit etwas dunkleren, aber blassen
Flecken besetzt. ■ Brutdauer 12–13
Tage, ♂ und ♀ brüten, doch Anteil
der ♀ offenbar größer; Junge werden 10–13 Tage im Nest gefüttert.

N Insekten.

Um 1985 schätzte man in Deutschland rund 9000 Paare, nahezu alle
in den östlichen Bundesländern.
Im Süden gibt es nur einige wenige
Brutplätze, die wohl alle nicht regelmäßig besetzt sind. Für die Schweiz
schätzt man in den südlichen Kanto-
nen kaum mehr als 20 Brutpaare.
Der geringe Bestand hängt damit zusammen, daß Mitteleuropa die Westgrenze des Areals darstellt und daher
auch Klimaänderungen beim beobachteten Rückgang eine Rolle spielen können. Unübersehbar ist aber
auch die Lebensraumzerstörung,
z. B. Rodung von Gebüschstreifen,
Ausräumung der Landschaft und
Aufforstung von Mooren. Allerdings
ist die Sperbergrasmücke teilweise
ein recht unbekannter Brutvogel; zuverlässige Bestandsaufnahmen fehlen. Nachsuche in geeigneten Gebieten würde sich lohnen.

Im Mittelmeergebiet brütet noch eine
Reihe weiterer Grasmückenarten.
Von ihnen erreicht die Orpheusgras-
mücke *(Sylvia hortensis)* ihre Nordgrenze in der Schweiz. Das ♂ erinnert an die Mönchsgrasmücke mit
seiner schwärzlichen Kopfplatte, die
aber deutlich unter das Auge reicht.
Die äußeren Schwanzfedern sind
weiß. Der melodische Gesang hat
eine gewisse Ähnlichkeit mit einer
Drossel. Von den südlichen Grasmücken ist sie die größte, etwa so
groß wie die Sperbergrasmücke.

Klappergrasmücke

Sylvia curruca

K Kleiner als Sperling, kleinste heimische Grasmücke. Ähnlich Dorngrasmücke, aber Oberseite viel grauer und Unterseite heller weiß. Backen fast schwarz und dunkler als der Oberkopf; auf der Oberseite keinerlei rotbraun. Schwanz relativ kurz. ▪ Typisch für viele Grasmücken sind harte »tak«-Rufe. Gesang besteht aus einem leisen, schwätzenden Vorgesang und einem sich daran anschließenden, lauten hohen Klappern, das oft (vor allem auf Entfernung) allein zu hören ist. Besonders zu Beginn und Ende der Brutsaison hört man häufig nur einen schwätzenden leisen Gesang (Subsong). ▪ Selten ein kurzer Singflug.

V Br. im östlichen und mittleren Europa (fehlt z.B. in Spanien, Südwestfrankreich, Italien, Schottland, Island), ferner Kleinasien, Mittelasien bis an den Westrand Ostsibiriens. ▪ Bei uns verbreiteter Br. des Tieflandes bis hinauf zur Baumgrenze des Hochgebirges. Langstreckenzieher (April bis September/Anfang Oktober) Winterquartier südlich der Sahara vor allem im Osten (Sudan). ▪ Br. in Büschen und Unterwuchs der Wälder, in Parks und Gärten, aber auch in Hecken der Ackerlandschaft, ferner in Fichtenschonungen und der Krummholzzone der Alpen.

F Napfnest in Hecken und Gebüsch, meist 0,5–2 m hoch über dem Boden. ▪ Legebeginn Mai; normalerweise 1 Jahresbrut, gelegentlich auch wohl 2. ▪ 3–5 Eier weiß oder rahmfarben mit spärlicher Sprenkelung. Brutdauer zwischen 11 und 15 Tagen, beide Partner brüten. Junge werden 10–12 Tage im Nest von beiden Eltern gefüttert, verlassen das Nest meist noch unvollkommen flugfähig.

N Insekten und andere Kleintiere, im Spätsommer auch Beeren (Holunder).

Die Vorzugsrichtung der meisten von Mitteleuropa abziehenden oder darüber hinwegziehenden Zugvögel ist Südwesten. Langstreckenzieher müssen dann allerdings über Spanien oder an der Westküste Europas nach Süden umschwenken, um nicht aufs Meer hinaus zu geraten. Manche Brutvögel weisen auch eine Zugscheide auf. So ziehen z.B. Mönchsgrasmücken westlich 12° östl. Breite überwiegend nach Südwesten ab, östlich dieser Linie dann überwiegend nach Südosten. Die Klappergrasmücke gehört zu den wenigen ausschließlich nach Südosten wegziehenden Zugvögeln. Bis Sizilien und Malta gibt es im westlichen Mittelmeerraum kaum Herbstnachweise; ebenso fehlen sie in Nordafrika westlich von Ägypten. Das Mittelmeer wird nach den bisherigen Ringfunden zu urteilen wohl in der Regel erst auf der Breite von Griechenland und noch östlicher überquert. Die westlichsten Ringfunde im Herbst liegen in Oberitalien und in Ägypten westlich des Nildeltas. Die abweichende Zugrichtung der Klappergrasmücke wird aus ihrem Verbreitungsbild verständlich; sie fehlt ja teilweise als Brutvogel in Westeuropa. Der heutige Zugweg entspricht wohl der ehemaligen Einwanderungsrichtung (vgl. S. 399).

Dorngrasmücke

Sylvia communis

K Kleiner als Sperling. ♂ mit hellgrauer Kopfkappe und weißer Kehle (im Herbst Kappe bräunlicher); Oberseite im Bereich des Flügels rostbraun. Schwanz ziemlich lang, äußerste Schwanzfeder weißlich. Unterseite hell, an Flanken und Brust rosa überhaucht. ♀ matter, Kopfkappe bräunlicher und Unterseite statt Rosaanflug bräunlich. Sonst ähnlich ♂. In allen Kleidern rostbrauner Flügel und weiße Schwanzaußenkanten als wichtige Kennzeichen. ▪ Rufe vor allem zur Brutzeit bei Störung nasale »woid woid ...« oft gereiht; daneben auch harte »tschrp« und das grasmückenartige »tschek«. Gesang besteht aus einem eiligen Schwätzen mit relativ kurzen Strophen, klingt rasch und gepreßt und ist bei weitem nicht so wohltönend wie jener der Gartengrasmücke. ▪ Oft kleiner Singflug von der Spitze eines niedrigen Busches aus steil nach oben.

Weibchen der Dorngrasmücke.

V Br. in Europa bis Mittelasien, Nordwestafrika, Vorderasien. Fehlt im Norden Europas und Asiens. ▪ Bei uns verbreiteter Br. der Tiefebene, doch in neuerer Zeit teilweise Rückgang. Langstreckenzieher (April bis September); Winterquartier in Afrika südlich der Sahara. ▪ Br. in Hecken und Büschen offener Landschaften, auch in kleinen Einzelbüschen, gern in Brennesseldickichten oder Brombeersträuchern.

F Nest niedrig im Gebüsch, meist weniger als 70 cm über dem Boden. ▪ Legebeginn Mai; nur teilweise 2 Jahresbruten. ▪ 3–6 Eier, weißlichgrau mit zarter hellgrüner, olivfarbener oder brauner Sprenkelung und weiteren dunklen Punkten und Klecksen; sehr variabel gefärbt und gezeichnet. ▪ Beide Partner brüten 11–14 Tage und füttern die Jungen 10–14 Tage im Nest.

N Insekten; im Spätsommer und Herbst auch Beeren.

Nicht alle Vögel, die normalerweise erst ein Revier gründen, bevor sie mit der Brut beginnen, halten solche Reviere die ganze Brutzeit über. Bei der Dorngrasmücke fand man z.B., daß das Reviersystem innerhalb einer Brutpopulation recht instabil sein kann. Viele ♂ besetzen anfangs nur vorübergehend ein Revier; ihr Gesang dient vor allem der Anlockung des ♀. Manche ♂ besetzen nacheinander an mehreren Stellen für mehr oder minder kurze Zeit ein kleines Territorium. So ist die Zahl der Reviere in einer Brutsaison insgesamt sehr viel größer als die Zahl der späteren Brutpaare. In einer süddeutschen Population gab es z. B. in 4 Jahren insgesamt doppelt so viele durch ein singendes ♂ gekennzeichnete Reviere wie wirklich Bruten unternommen wurden. Es ist also bei der Dorngrasmücke nicht ganz einfach, von der Zahl der singenden ♂ auf die Zahl der Brutpaare zu schließen, wie man das üblicherweise bei Bestandsaufnahmen territorialer Singvögel der Einfachheit halber gern tut. Die sich dauernd ändernden Reviere und Paarbildungsverhältnisse führen dazu, daß zu jeder Zeit während der Brutperiode ledige ♂ auftreten. Selbst auf dem Höhepunkt der Bruttätigkeit kann es vorkommen, daß ein Drittel der ♂ zumindest vorübergehend ledig ist. Nach einer erfolglosen, aber auch nach einer erfolgreichen ersten Brut gehen häufig die Partner wieder ihrer Wege. Viele der ♂, die am Anfang der Brutsaison kein ♀ erhalten, sind solche, die im Vorjahr geboren worden sind. Sie geraten also offenbar gegenüber den älteren ♂ bei der Gunst der ♀ zunächst etwas ins Hintertreffen. Unverpaarte ♂ singen zu allen Zeiten besonders eifrig, so daß lebhafter Gesang keineswegs andeutet, daß hier ein Paar ein festes Revier bezogen hat, sondern im Gegenteil ausdrückt, daß hier noch ein unbeweibtes ♂ sitzt. Da Jungvögel des Vorjahres, die also nun das erste Mal brüten, häufig zunächst keinen Partner finden, sind sie meistens etwas später mit der Brut dran als Altvögel. So kann man also nicht ohne weiteres von Spätbruten sagen, sie seien möglicherweise bereits zweite Bruten. Ingesamt braucht die Dorngrasmücke etwa 75 Tage, um 2 vollständige Bruten großzuziehen. Nur ein kleiner Teil der Population unternimmt wahrscheinlich eine zweite Jahresbrut, doch fast jedes ♀ beginnt eine Ersatzbrut, wenn das Erstgelege vorzeitig zugrunde ging.

Solche genauen Untersuchungen kann man natürlich nur mit erheblichem Zeitaufwand durchführen. Voraussetzung ist ferner, daß zumindest ein großer Teil der Individuen individuell mit Farbringen markiert ist.

Hecken in der Feldflur sind für die Dorngrasmücke lebensnotwendig.

Gartengrasmücke

Sylvia borin

K Kleiner als Sperling. Einfarbig grau mit hellerer Unterseite. Runder Kopf, kräftiger Schnabel; Füße bleigrau. Ein Vogel ohne auffällige Farbmerkmale. ■ Rufe abweichend von anderen Grasmücken »wetwetwet«. Gesang ein volltönendes, langanhaltendes volles Flöten mit »orgelnden« Untertönen. Klingt voller und dynamischer als der mehr flötende Motivgesang der Mönchsgrasmücke. Dorngrasmücken singen ähnlich, aber tonärmer und kratziger und vor allem viel kürzer. ■ Kein Singflug.

V Br. in Europa und Westsibirien, fehlt aber in einem Großteil der Mittelmeerländer. Langstreckenzieher (Ende April/Anf. Mai bis September/Oktober); Winterquartiere Afrika südlich der Sahara bis Südafrika. ■ Br. in buschreichem Gelände, meist weniger häufig in Gärten als Mönchsgrasmücke.

F Napfnest in Gebüschen meist niedriger als 1 m über dem Boden. ■ Legebeginn ab Mitte Mai. 1 Jahresbrut, gelegentlich auch 2. ■ 3–5 Eier von unterschiedlicher Färbung, häufig weißlich oder schwach bräunlicher Untergrund mit dunkler brauner, rötlichbrauner, violetter oder grauer Zeichnung, die sich gelegentlich am stumpfen Pol etwas konzentriert. ■ Beide Partner brüten 11–16 Tage, die Jungen werden 9–14 Tage im Nest gefüttert.

N Insekten, im Spätsommer und Herbst viel Beeren.

Die Gartengrasmücke ist eine der Vogelarten, die bei der Entdeckung einer angeborenen und endogenen, also nicht von unmittelbar wirkenden Umweltfaktoren (wie Nahrungsmangel, Kälte usw.) abhängigen Steuerung des Vogelzuges eine wichtige Rolle spielt. Für die Zugdisposition ist z. B. die Anlage von Depotfett wichtig, das die Energie für die Wanderungen bereitstellt.

Handaufgezogene Gartengrasmücken, abgeschirmt von der Außenwelt unter konstanten Hell-Dunkel-Bedingungen (gleiche Tag- bzw. Nachtlänge) gehalten, zeigten spontanen Anstieg des Körpergewichts zur Zugzeit, ohne äußeren Anlaß. Das zeitliche Muster von Anstieg und Abfall des Gewichts im Jahreslauf ließ sich bei solchen Vögeln über 9 Jahre nachweisen, also etwa ein Grasmückenleben lang. Ein endogener, ungefähr dem Jahreslauf entsprechender (= circannualer) Rhythmus läuft hier ab. Diese innere Jahresuhr veranlaßt auch, daß die Versuchsvögel in Zugunruhe geraten, also im hermetisch von der Außenwelt abgeschlossenen Käfig »ziehen«. Gartengrasmücken hüpfen, flattern und schwirren im Käfig zu der Zeit, in der ihre freilebenden Artgenossen unterwegs sind. Die Menge der in einem Käfig produzierten Zugunruhe entspricht genau der Länge der Zugstrecke; Langstreckenzieher, wie die Gartengrasmücke, produzieren also mehr Zugunruheenergie als z. B. Kurzstreckenzieher. Das zeitliche Muster dieser Zugunruhe ist ebenfalls endogen programmiert und zeigt sich konstant über mehrere Jahre.

Damit aber noch nicht genug: Sinnvolle Versuche machen wahrscheinlich, daß Depotfettanlagerung und Zugunruhe voneinander unabhängig endogen programmiert sind, also verschiedene innere Jahresuhren hier wirksam werden. Jedes dieser Programme kann daher auch ablaufen, wenn das andere ganz oder teilweise gestört ist.

Schließlich wurde auch nachgewiesen, daß die Mauser (vor allem die Großgefiedermauser ist ja für die Flugunfähigkeit und damit für den Zug sehr wichtig!) von einer inneren Jahresuhr programmiert ist und damit unabhängig von Umweltbedingungen abläuft. Solche endogenen, von außen unabhängigen Rhythmen sind für Langstreckenzieher von größter Bedeutung. Sie sind es, die den Zugvogel im Herbst bei noch sommerlichem Wetter zum Aufbrechen veranlassen, oder in den Tropen den Rückzug signalisieren, wenn im Brutgebiet noch tiefer Winter herrscht. Nur so wird garantiert, daß der Fahrplan unabhängig von den jeweiligen örtlichen Witterungsbedingungen richtig eingehalten wird (vgl. dagegen Wettervögel bzw. Kurzstreckenzieher!).

Für Langstreckenzieher, die regelmäßig den Äquator überqueren, ergibt der Magnetkompaß (s. S. 389) gewisse Probleme. Am magnetischen Äquator laufen nämlich die Feldlinien parallel zur Erde. Da es keinen Inklinationswinkel gibt, kann auch der Kompaß nichts anzeigen. Wie diese Lücke ausgefüllt wird, wissen wir noch nicht genau. Immerhin gibt es Hinweise, daß dann eines der beiden anderen den Zugvögeln zur Verfügung stehenden Kompaßsysteme eintritt, nämlich der Sonnen- oder der Sternenkompaß. Diese Kompaß-systeme scheinen mit dem Magnetkompaß in gewisser Beziehung zu stehen. Befunde deuten an, als ob der Magnetkompaß von diesen 3 Systemen die Basis bilde, nach der die anderen beiden Kompaßsysteme dann geeicht werden. Damit stünde Zugvögeln ein System von verschie-

Gartengrasmücke am Brutplatz.

denen Hilfsmitteln zur Verfügung, die Zugrichtung sicher einzuhalten. Freilich ist so noch nicht geklärt, wie Zugvögel ein bestimmtes Ziel ansteuern und sicher finden. Orientierung auf ein bestimmtes Ziel hin unterscheidet man als Navigation von der bloßen Einhaltung einer Richtung, der Kompaßorientierung. Der Magnetkompaß als Inklinationskompaß hat übrigens einen entscheidenden Vorteil gegenüber dem Polaritätskompaß: Umpolungen des Erdmagnetfeldes sind in der Erdgeschichte wiederholt nachgewiesen. Ein Polaritätskompaß würde dann nicht mehr arbeiten können. Der Inklinationskompaß ist aber dagegen unempfindlich.

Nest der Gartengrasmücke im Busch.

Mönchsgrasmücke

Sylvia atricapilla

♀

K Kleiner als Sperling. Gesamtfärbung grau. ♂ mit schwarzer Kopfkappe, die bis zum Oberrand der Augen reicht. Kopfseiten und Unterseite heller grau, Bauch weißlich. ♀ mit rötlich brauner Kopfkappe, Unterseite bräunlicher als beim ♂. Juv. bräunlichgrau; die jungen ♂ haben eine dunkelrotbraune Kopfplatte im Herbst. Kein Weiß im Schwanz. ■ Rufe hart schmatzend »tak«, bei Erregung gereiht; daneben auch rauhe »schrää« u.ä. Der Gesang setzt mit einem leisen schwätzenden Vorgesang ein, der allerlei Imitationen enthält. Der daran anschließende Teil (Motivgesang) ist laut flötend und klingt reiner als jener der Gartengrasmücke. In manchen Gegenden ist die Flötenstrophe auch stark vereinfacht zu einem leiernden Hin und Her weniger Töne, wie »liedl liedl liedl …«.

V Br. in Nordwestafrika und Europa (fehlt im Norden Fennoskandiens), Kleinasien, Nordiran und Westsibirien. ■ Bei uns verbreitet und vielerorts die häufigste Grasmücke. Kurz- und Langstreckenzieher (Mitte März bis Ende Oktober/Anf. November); Winterquartiere in Westeuropa, den Mittelmeerländern, aber auch in Afrika südlich der Sahara. ■ Br. in unterholzreichen Wäldern, aber auch in Büschen und niedrigen Bäumen der Parks und Gärten, in jungen Baumschonungen usw.

F Napfnest in Büschen, meist niedriger als 1 m über dem Boden. ■ Legebeginn ab Ende April/Anf. Mai. In der Regel wohl nur 1 Jahresbrut; Zweitbruten kommen jedoch in geringer Zahl vor. ■ Beide Partner brüten etwa 10–16 Tage, die Jungen werden etwa ebensolang im Nest gefüttert.

N Insekten und andere Kleintiere; im Spätsommer und Herbst Beeren und andere kleine Früchte.

Bei der Mönchsgrasmücke ist an freilebenden Populationen die Auswahl des Netzplatzes und der Nestbau eingehend beobachtet worden. Die ersten Nester einer Population baut das ♂ und stellt sie nur etwa bis zu einem Drittel fertig. Man nennt solche Nestanfänge, die auch bei anderen Arten (z.B. Zaunkönig, Beutelmeise, Star, andere Grasmücken usw.) regelmäßig vorkommen, »Spielnester«. Richtiger müßte man ♂-Nester sagen. Erst während der Zeit der Nestanfänge findet die Paarbildung statt, und das ♀ wählt nach vollzogener Paarbildung eines der vom ♂ begonnenen Nester aus. Das ♂ lockt das ♀ dorthin. Allerdings kann das ♀ sich auch für einen völlig neuen Nestplatz entscheiden. Nach seiner Wahl wird das Nest zum eigentlichen Brutnest ausgebaut; dabei ist der Anteil des ♀ sogar größer als jener des ♂. Nach

Einzelbeobachtungen baut das ♂ seinen ersten Nestanfang etwa in 1–2 Tagen; das gemeinsame Weiterbauen zum endgültigen Brutnest durch beide Partner dauert 2–5 Tage.

Im einzelnen ist die Mönchsgrasmücke in der Wahl ihrer Neststandorte relativ vielseitig, wahrscheinlich eine Voraussetzung für ihre weite Verbreitung. In einer einzigen kleinen Population in Südwestdeutschland schwankte z. B. die Nesthöhe zwischen 0,17 und 4,80 m. 65% aller Nester waren allerdings zwischen 0,5 und 1,5 m angelegt.

Für die Höhe des Neststandortes ist wohl vor allem entscheidend, wie hoch die Umgebungsvegetation ist. Die Vegetation soll nämlich gute Deckung nach oben und nach unten bieten. Daher liegen die Nester im Durchschnitt meist in der Mitte der jeweiligen Vegetationsschicht. Schutz wird aber auch gegenüber den Witterungsverhältnissen angestrebt: Unter 107 Nestern in einem südwestdeutschen Untersuchungsgebiet wurde die Richtung Südost bis Südsüdost eindeutig bevorzugt. Das Nest wird also so angelegt, daß es im wärmeren Teil eines Gebüsches liegt und vor allem gegen Westen und Norden geschützt ist. Solche grundlegend wichtigen Voraussetzungen können im einzelnen von ganz verschiedenen Vegetationsstrukturen erfüllt werden, und so ist es auch nicht verwunderlich, wenn bei vielen Vogelarten die Neststandorte im einzelnen sehr stark variieren. Man darf über viele, scheinbar völlig divergierende Einzelbefunde die grundsätzlichen Probleme nicht übersehen. 116 Nester der Mönchsgrasmücke in der erwähnten südwestdeutschen Population standen z. B. in über 14 verschiedenen Pflanzenarten, darunter so verschiedenen wie Holunder (11% der Nester), Brombeere (7%), Brennessel oder

Efeu (5 bzw. 4%). Meist entspricht die Wahl der Nestpflanzen auch ihrer Häufigkeit im jeweiligen Gebiet. Man kann also nicht von vornherein sagen, die Vögel würden eine ganz bestimmte Pflanzenart bevorzugen. Überraschend oft finden sich Nester der Mönchsgrasmücke auch in Nadelbäumen. Unter 834 auf Nestkarten in Südwestdeutschland registrierten Bruten, befanden sich 216 (26%) in Nadelhölzern, allein 22% in Fichten. Man kann vermuten, daß die Benutzung der Fichte einen wichtigen Ausweg darstellt, für relativ frühe Bruten sichere Deckung zu finden. Dabei werden nicht nur die dicht stehenden, grünen Äste von jungen Fichten benützt, sondern auch das dichte Gewirr abgestorbener Äste nahe am Stamm von Altfichten. Auch

Mönchsgrasmücken-Männchen.

Mischwälder, die z. T. als Folge menschlicher Bewirtschaftung arm an Unterholz sind, kann die Mönchsgrasmücke dadurch besiedeln, daß sie in Jungfichten ihr Nest anlegt.

Vielseitige Nistplatzwahl ist also die Voraussetzung für die Besiedlung unterschiedlicher Biotope. Viele weit verbreitete Singvögel zeigen ähnlich viele Anpassungen in ihren Lebensgewohnheiten.

Berglaubsänger

Phylloscopus bonelli

K Viel kleiner als Sperling. Oberseite hell graubraun, Bürzel gelblich, Kopf heller grau; Flügelbug leuchtend gelb, Schwingen mit gelblichem Federsaum. Im günstigen Licht wirkt also die Oberseite mehrfarbig. Unterseite weißlich. ■ Ruf sehr typisch »ho-ihd« oder »düie«, erinnert entfernt an Grünlingsrufe. Gesang ähnlich Waldlaubsänger, doch ohne Einleitung. Außerdem ist der Schwirrer langsamer und viel mehr klappernd; die Elemente folgen in größeren Abständen aufeinander; die Klapperstrophe erinnert an Klappergrasmücke oder Zaunammer. ■ Kein Singflug.

V Br. in Nordwestafrika, Süd- und Mitteleuropa und an einigen Stellen Vorderasiens; bei uns häufiger Br. im Bergwald der Alpen sowie an einzelnen Stellen waldreicher Mittelgebirge ausschließlich im Süden; fehlt in der Tiefebene im Norden. Langstreckenzieher (Mitte April bis Ende August), Winterquartier Afrika südlich der Sahara. ■ Br. in lichten Laub- und Nadelwäldern; vorwiegend an sonnigen Hängen.

F Backofennest am Boden, gern an steil geneigten Böschungen. ■ Legebeginn Mai; meist nur 1 Jahresbrut, gelegentlich wohl auch 2. ■ 4–6 Eier, weiß mit rötlicher oder bräunlicher Sprenkelung. ■ ♀ brütet 13–15 Tage; die Jungen werden von beiden Partnern 10–12 Tage im Nest gefüttert.

N Insekten.

Beim Berglaubsänger unterscheiden wir 2 Unterarten in Europa, nämlich einmal eine in West- und Mitteleuropa und eine andere, die in Südosteuropa (Bulgarien, Griechenland) und Kleinasien brütet. Zwischen den Unterarten sind grundsätzliche Ge-sangsunterschiede festzustellen. Besonders interessant ist aber, daß auch der am häufigsten zu hörende Ruf verschieden klingt. West- und Mitteleuropäer rufen länger und tiefer; Südosteuropäer beginnen sehr hoch und rufen viel kürzer. In ersten Versuchen zeigte sich nun, daß Brutvögel der bayerischen Alpen auf den Gesang der Südosteuropäer nicht reagieren. Aber auch Rufe lösten keinerlei Reaktion aus. Spielt man jedoch Rufe der west- und mitteleuropäischen Unterart vor, dann erfolgt die übliche Reaktion: Die Revierbesitzer fliegen auf den Lautsprecher zu, suchen nach dem Rivalen oder zeigen verschiedene Stufen der Erregung. Bisher ist allerdings noch nicht geprüft, ob südosteuropäische Brutvögel auch die Rufe der West- und Mitteleuropäer nicht verstehen. Immerhin aber lassen die bisherigen Versuche erkennen, daß sich offenbar die beiden Unterarten des Berglaubsängers schon so weit auseinander entwickelt haben, daß sie sich nicht mehr verstehen. Vielleicht kann man sogar bereits von verschiedenen Arten sprechen, da die Verständigungsbarriere wohl kaum mehr eine Bastardierung in freier Natur zuläßt. Ähnliche Verhältnisse hat man auch beim Zilpzalp (S. 434) gefunden. So enthüllte die bioakustische Forschung interessante Einblicke in die Stammesgeschichte.

Waldlaubsänger

Phylloscopus sibilatrix

K Viel kleiner als Sperling, doch größer als Zilpzalp; relativ lange Flügel. Oberseite gelblichgrün, leuchtender als bei den anderen einheimischen Laubsängern. Kehle und Brust gelb, Bauch weiß; gelber Überaugenstreif. Schnabel und Beine hell hornfarben. Schwanz wirkt verhältnismäßig kurz. ■ Ruf ein weiches, sehr typisches »düh«; gereihte »düh« werden auch in den Gesang eingeschaltet. Dieser besteht darüber hinaus aus einer charakteristischen Schwirrstrophe mit sich beschleunigender Einleitung, etwa wie »sib-sib-sirrrr …«. ■ Beim Gesang nicht selten schwirrender horizontaler Singflug von Ast zu Ast.

V Br. in Europa, fehlt im Mittelmeergebiet und im Norden Skandinaviens, ostwärts bis Rußland. ■ Bei uns im Tiefland verbreiteter Br.; Langstreckenzieher (Mitte April bis August/September), Winterquartiere Afrika südlich der Sahara. ■ Br. im Laubhochwald, vor allem in Buchenbeständen.

F Backofennest am Boden. ■ Legebeginn Mai, meist 1 Jahresbrut, gelegentlich wohl auch 2. ■ 5–7 Eier, weiß mit zahlreichen dunkleren braunen bzw. rötlichen Flecken besetzt. ■ Das ♀ brütet 13–14 Tage; 11–12 Tage füttern beide Partner die Jungen im Nest.

N Insekten, Spinnen usw.

Frisch geschlüpfte Jungvögel werden in den ersten Lebenstagen häufig (meist vom ♀) gehudert. Unter Hudern versteht man ein Verhalten, das dem Warmhalten der Jungen dient, die vor allem bei Nesthockern in den ersten Lebenstagen noch kaum eine Möglichkeit besitzen, ihre Körpertemperatur konstant zu halten. Der Altvogel sitzt locker, meist mit gesträubtem Bauchgefieder über den Jungen und deckt die Nestmulde nach oben ab. Beim Waldlaubsänger ist nach eingehenden Beobachtungen das ♀ in den ersten Lebenstagen hauptsächlich mit dem Hudern der Jungen beschäftigt, so daß es sich weniger an der Fütterung beteiligen kann als das ♂. An einem Tag mit noch sehr kleinen Jungen im Nest huderte beispielsweise ein ♀ von 3.30 h morgens bis 19.50 h insgesamt 11 Stunden 39 Minuten und war nur 4 Stunden 22 Minuten auf der Jagd nach Insekten. Es fütterte die Jungen dabei 19mal. Etwa vom 8. Tag nach dem Schlüpfen hudert das ♀ nicht mehr regelmäßig und seine Fütteraktivität gleicht sich jener des ♂ an. Bis zu diesem Zeitpunkt aber übernachtet das ♀ im Nest regelmäßig über den Jungen.

Waldlaubsänger am Nest.

Zilpzalp
Phylloscopus collybita

K Sehr viel kleiner als Sperling. Außerordentlich ähnlich dem Fitis (S. 436). Oberseite olivbraun, Unterseite weißlich mit gelblichem Anflug, Beine für gewöhnlich schwärzlich. Überaugenstreif meist weniger deutlich als bei Fitis. ■ Rufe fast einsilbig »hüid« bzw. »wid« (vgl. Fitis, S. 436), ferner im Herbst ein unreines »sfie«, bei aggressiven Auseinandersetzungen »ditztz ...«. Gesang sehr charakteristisch (Name!): Monoton anhaltende Folge von »zilp zalp ...«, oft zu Beginn einer Gesangsstrophe harte »tret tret ...«. ■ Hüpft meist ruhelos im Gezweig umher; häufig wird der Schwanz nach unten geschlagen.

V Br. von Westeuropa bis Nordost-Sibirien, an einigen Stellen auch in Nordafrika; fehlt im nördlichen Skandinavien und in Rußland. ■ Bei uns häufiger und verbreiteter Br. vom Tiefland bis in die Bergwälder; hauptsächlich Kurzstreckenzieher (März bis Ende Oktober); Winterquartiere in den Mittelmeerländern und Südwesteuropa, aber auch in Afrika südlich der Sahara. ■ Br. in unterholzreichen Wäldern, Gärten und Parks.

F Nest ist ein überdachter Bau mit seitlichem Eingang am oder nahe über dem Boden, in Pflanzen sehr gut versteckt. ■ Legebeginn ab Ende April/Anf. Mai; 1 oder 2 Jahresbruten. ■ 4–6 Eier, weiß mit feiner gelblicher oder bräunlicher Punktierung. ■ 13–15 Tage brütet das ♀; Junge werden im Nest von beiden Partnern mit überwiegender Beteiligung des ♀ etwa 13–15 Tage gefüttert.

N Insekten und andere Kleintiere; im Herbst auch Beeren.

Unter den Singvögeln Mitteleuropas gibt es Arten, die einander zum Verwechseln ähnlich sehen und regelrechte Artenpaare bilden. In solchen Fällen spricht man von Zwillingsarten. Zilpzalp und Fitis sind ein Beispiel dafür, aber auch Teich- und Sumpfrohrsänger, Trauer- und Halsbandschnäpper, Garten- und Waldbaumläufer, Winter- und Sommergoldhähnchen, Sumpf- und Weidenmeise. Wie die Sonagramme auf S. 435 und S. 450 zeigen, sind die Gesänge solcher Zwillingsarten im Gegensatz zur großen optischen Ähnlichkeit der Vögel oft sehr verschieden. Sonagramme sind Aufzeichnungen von Schallereignissen mit Hilfe eines Gerätes, das die physikalischen Eigenschaften registriert und auf Papier schreibt. Man kann z.B. Tonhöhe (Skala links), relative Lautstärke (Ausmaß der Schwärzung) und zeitlichen Verlauf (Skala unten) von Schallereignissen analysieren. Die Sonagramme der Gesänge von Zilpzalp und Fitis zeigen bereits auf den ersten Blick sehr große Unterschiede bezüglich Tonhöhe und zeitlichen Verlauf. Man kann die monoton anhaltende Folge von Einzelelementen im Zilpzalp-Gesang gut erkennen im Unterschied zur Fitis-Strophe, die verschiedene Elemente zusammenfaßt und in ihrem Verlauf in der Tonhöhe absinkt. Man hat guten Grund, anzunehmen, daß die Gesänge die Stabilität von Vogelarten fördern und auch das unvermischte Nebeneinander von Zwillingsarten auf Dauer ermöglichen. Doch trotz sehr großer äußerer Ähnlichkeit treten normalerweise keine Verwechslungen zwischen sehr ähnlichen Arten auf, da der Gesang nicht als arteigen erkannt wird und damit die Verständigung nicht funktioniert. Allerdings sind die Dinge wiederum nicht ganz so einfach, denn es hat sich herausgestellt, daß z.B. der Zilpzalp in verschiedenen, weit auseinanderliegenden Gebieten seines großen Brutareals unterschiedlich singt. Zilpzalp-♂ aus Mitteleuropa verhalten sich z.B. gegenüber den Gesängen der Br. Spaniens fast so, als gehörten diese zu einer anderen Art. Umgekehrt reagieren spanische Zilpzalpe nicht ganz so abweisend auf den Gesang der Mitteleuropäer,

doch kann man immerhin vermuten, daß offenbar weit auseinander lebende Zilpzalp-Populationen trotz des einheitlichen Aussehens so verschiedene Gesänge haben, daß sie von ihren eigenen Artgenossen in anderen Gebieten nicht mehr erkannt werden. Dies gilt auch für viele asiatische Zilpzalp-Populationen. Das würde bedeuten, daß die Zilpzalpe, die man häufig als Unterarten voneinander trennt, sich trotz ihrer großen äußeren Ähnlichkeit bereits in einem verschieden weit fortgeschrittenen Stadium der Aufspaltung in verschiedene zilpzalpähnliche Laubsängerarten befinden. Der Gesang würde also hier Schrittmacherdienste der Evolution leisten, weil er Verpaarungen verhindert.

Zilpzalp

Fitis

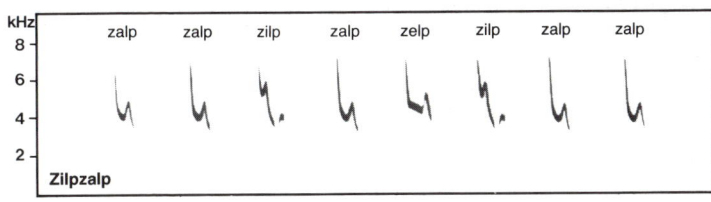

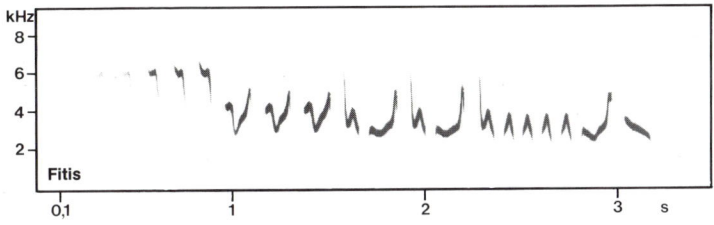

Fitis

Phylloscopus trochilus

[K] Wie Zilpzalp, Gefieder meist etwas gelblicher; gelblicher Überaugenstreif. Beine häufig hellbraun, nicht dunkel wie beim Zilpzalp. Dies ist jedoch kein ganz verläßliches Kennzeichen, da auch Fitisse dunkle Beine haben können. ■ Der allgemeine Erregungsruf wirkt weicher und deutlicher zweisilbig als beim Zilpzalp, etwa »huid«. Gesang besteht aus einer weichen, etwas schwermütig klingenden abfallenden Flötenstrophe, etwa »didi die düe dea dea deida da ...«. ■ Bewegungen weniger unruhig als beim Zilpzalp.

[V] Br. von Westeuropa bis Ostsibirien, doch nördlicher als der Zilpzalp. So brüten Fitisse bis an den Nordküsten Europas und Westsibiriens, erreichen ihre Südgrenze aber bereits im Süden Mittelfrankreichs und in den Alpen, fehlen also im ganzen Mittelmeergebiet und in Südosteuropa. ■ Bei uns häufiger und verbreiteter Br. vom Tiefland bis ins Hochgebirge; Langstreckenzieher (April bis September/Oktober), Winterquartiere Afrika südlich der Sahara. ■ Br. in buschreichen Wäldern, gerne nahe am Wasser (z.B. in Auwäldern), aber auch in Parks, Gärten, Feldgehölzen; im Norden in der Birkentundra.

[F] Backofennest wie Zilpzalp, meist dicht am Boden. ■ Legebeginn ab Anf. Mai, 1 oder 2 Jahresbruten. ■ 5–7 Eier, weißlich mit feiner rötlicher Fleckung. ■ Das ♀ brütet 12–15 Tage; beide Partner füttern die Jungen etwa 13–18 Tage im Nest.

[N] Insekten; im Herbst auch Beeren.

Eingehende Beobachtungen machen wahrscheinlich, daß sich beim Fitis Reviernachbarn vermutlich individuell am Gesang erkennen. Auch der aufmerksame menschliche Zuhörer stellt individuelle Unterschiede im Gesang fest, die sich übrigens auch bei vielen anderen Singvögeln ergeben.

Wie kann man feststellen, ob ein Gesang überhaupt als arteigen von einem Vogel erkannt wird? Als sehr wichtiges Hilfsmittel, dies zu testen, haben sich Klangattrappen erwiesen. Darunter versteht man Tonbandaufnahmen des Gesangs oder einer Kombination von Lauten, die man Versuchsvögeln vorspielt. Wird z.B. ein revierbesitzendes Fitis-♂ in einem Tonbandvorspiel, seinen arteigenen Gesang erkennen, kann man davon ausgehen, daß es auf diesen künstlichen »Eindringling« oder Nebenbuhler reagiert. So konnten in einer mittelfränkischen Fitispopulation auf Vorspiel arteigenen Gesangs z.B. 28 verschiedene Reaktionen von revierbesitzenden Fitis-♂ beobachtet werden. Einzelne ♂ reagieren mit besonders lauten, hastigen oder kräftigen, aber auch mit leisen oder zaghaften Strophen. Der Lautsprecher wird entweder angeflogen oder das ♂ bewegt sich zumindest in Richtung auf die Schallquelle zu. Manche aber fliegen auch auf eine Singwarte im Revier oder auf einen hohen Baum; von dort aus sind die Gesänge besonders weit zu hören. Unruhe bei Abspielen eines Gesanges zeigt sich im rastlosen Umherhüpfen, Scheinpicken oder Umhersuchen. Man hat desweiteren herausgefunden, daß Fitisse tages- und jahreszeitlich verschieden reagieren und auch das Wetter einen Einfluß hat. All dies muß man genau wissen, bevor man die Wirkung von Klangattrappen, die mehr oder minder stark vom typischen Gesang abweichen, bewerten will.

Man fand Klangattrappen, die stärkere Reaktion auslösen als normaler Fitisgesang. Doppelstrophen haben z.B. zunächst eine sehr starke reak-

Fitis an seinem backofenförmigen Bodennest.

tionsauslösende Wirkung, die aber dann rasch abklingt. Grundsätzlich lösen alle arteigenen Gesangsteile Reaktionen bei den revierbesitzenden Fitis-♂ aus, auch wenn sie durcheinander gebracht werden. So reagieren Fitisse auch, wenn man ihnen die isolierte erste Hälfte der Strophe vorspielt. Hängt man jedoch statt der zweiten Hälfte z. B. Bruchstücke des Zilpzalp-Gesangs an, geht die Reaktion sehr rasch zurück. Der fremdartige Gesang wirkt wie eine Löschung. Wieder höhere Reaktion trat in den Versuchen ein, wenn die beiden Strophenhälften des Fitis-Gesanges einfach vertauscht wurden. Auch einzelne, monoton aneinander gereihte gleichartige Gesangsteile erkennen Fitisse als arteigen an. Sie reagieren auch auf eine Verkürzung der Strophendauer durch Herausschneiden von einzelnen Gesangselementen. Doch meist ist die Langzeitwirkung solcher stark veränderten Fitisstrophen gegenüber dem Original geringer. 30%ige Erniedrigung der Tonhöhe verstärkt die Kurzzeitwirkung, eine 30%ige Erhöhung vergrößert die Langzeitwirkung. Die Dinge liegen also recht kompliziert. Auch auf Imitationen ihrer Gesänge und Rufe durch andere Vogelarten reagieren Fitisse; sie lassen sich also wie wir täuschen, aber oft nur vorübergehend. Denn solche Imitationen sind nicht immer perfekt oder zumindest nicht vollständig, so daß sich die Versuchsvögel z. T. bald wieder beruhigen.

Mißt man die physikalischen Eigenschaften der Fitisstrophe und der Klangattrappen, so stellt sich heraus, daß der Frequenzbereich um 5 kHz besondere Bedeutung hat. Er liegt, wie das Sonagramm auf S. 435 zeigt, etwa in der Mitte der Tonhöhe des Gesangs. Parallelversuche mit ausgestopften Fitissen ergeben, daß die optische Orientierung weniger wichtig ist als die akustische.

Wintergoldhähnchen

Regulus regulus

K Oberseite olivgrün, Unterseite grauweiß (dunkler als bei Sommergoldhähnchen). Beim ♂ Scheitelstreif gelb mit Orange in der Mitte, das aber oft verdeckt ist; ♀ schmaler gelber Scheitelstreif. Kein dunkler Strich durchs Auge. Beide Arten haben 2 weiße Binden in den Flügeln. Juv. ohne Kopfzeichnung. ▪ Rufe hoch und fein »sri«, auch in Reihen. Gesang ein leises Wispern, das nicht wie beim Sommergoldhähnchen mehr oder minder auf einer Tonhöhe bleibt bzw. ansteigt, sondern sich auf und ab bewegt und meist mit einem Schlußschnörkel endet.

V Br. in Europa, Vorderasien und in Gebirgen Mittel- und Zentralasiens mit einigen größeren Verbreitungslücken. Fehlt z. B. in großen Teilen Spaniens und Osteuropas. ▪ Bei uns verbreiteter Br., Teilzieher, überwintert innerhalb des Brutareals mit Ausnahme des äußersten Nordens, zieht aber auch bis Nordwestafrika. ▪ Br. in Nadel- und Mischwäldern, auch in Gärten und Parks bei Vorhandensein von Nadelbäumen. Auf dem Durchzug auch in Büschen und Laubbäumen.

F Nest an ähnlichen Standorten wie Sommergoldhähnchen. ▪ Legebeginn ab Ende April; 2 Jahresbruten. ▪ 8–11 Eier; sehr ähnlich Sommergoldhähnchen gefärbt. ▪ Brutdauer und -pflege ähnlich Sommergoldhähnchen.

N Wie Sommergoldhähnchen.

Auch bei den Goldhähnchen sind Probleme der Lautäußerungen von großem Interesse. Allerdings ist hier das Tonband und Sonagramm ein unentbehrliches Hilfsmittel, da sich nur wenige der sehr hohen Rufe nach dem Gehör unterscheiden lassen. Bei beiden Arten gleichen sich z. B. all jene Rufe sehr, die außerhalb der Brutzeit geäußert werden und die den Zusammenhalt gemischter Schwärme begünstigen. Dagegen sind alle Rufe, die dem Partner gelten oder auch dem Rivalen während der Brutzeit sehr verschieden. Sie werden in der Regel nur innerhalb der Art verstanden. Die Reviere beider Arten können sich überlagern. Trotzdem scheint Konkurrenz vermieden zu werden: Wintergoldhähnchen bevorzugen winzige Beute und suchen häufiger auf der Astunterseite nach Nahrung, Sommergoldhähnchen wählen größere Beutetiere und suchen häufiger auf der Astoberseite.

Wintergoldhähnchen im Brutrevier.

Sommergoldhähnchen

Regulus ignicapillus

♀

[K] Goldhähnchen sind die kleinsten einheimischen Vögel; rundliche Gestalt. Oberseite olivgrün, Unterseite hell (heller als bei Wintergoldhähnchen); auffallend weißer Überaugenstreif und dunkler Strich durchs Auge, auch unter dem Auge kurzer heller Strich. Halsseiten goldgelblich getönt. ♂ mit gelb und viel Orange auf dem Scheitel; ♀ nur gelb. Auch bei Juv. ist der dunkle Strich durchs Auge erkennbar. ▪ Rufe sehr hoch »sisisi«; Gesang aus etwa gleichhohen etwas ansteigenden und anschwellenden Elementen, etwa »sisisi … sirrr«, am Ende also mit einem kleinen Triller. Die Stimmen der Goldhähnchen sind sehr hoch, so daß sie manche Menschen nicht mehr oder nur aus der Nähe hören können. ▪ Turnen geschickt durchs Gezweig, rütteln auch kurz. Schwer zu beobachten.

[V] Br. in Europa, Nordwestafrika, Kleinasien; fehlt in weiten Teilen Großbritanniens, Skandinaviens und in Osteuropa. ▪ Bei uns verbreiteter Br., Kurzstreckenzieher, in milden Gebieten nur einzeln im Winter (sonst März bis Oktober); Winterquartier in Westeuropa und Mittelmeerländern. ▪ Br. in Nadel- und Mischwäldern, aber auch in einzeln stehenden Fichtengruppen, in Friedhöfen, Gärten usw. Auf dem Durchzug auch in Laubwäldern und Büschen.

[F] Das Nest ist ein tiefer, dickwandiger Napf, der nicht auf einer Unterlage steht, sondern in einer Astgabel oder zwischen kleineren Ästen, die z. T. eingewoben sind, aufgehängt ist (s. unten). ▪ Legebeginn Mai; wohl in der Regel 2 Jahresbruten. ▪ 8–10 Eier, weiß mit bräunlichen Flecken; Zeichnung sehr fein. ▪ Das ♀ brütet 14–17 Tage; die Jungen werden von beiden Partnern etwa 18–21 Tage gefüttert.

[N] Kleine Insekten.

Das Hängenest ist ein besonders stabiles Gebilde, in dem selbst bei starkem Regen die Jungen nicht gefährdet sind, da die Nestmulde auch dann trocken bleibt. Bei großen Wassermengen kann sich die Nestwand so vollsaugen, daß das Gewicht des Nestes das Fünffache des Trockengewichtes erreicht. Selbst bei anhaltendem Regen rutschen die Nester nicht aus ihrer Aufhängung. Die Wärmeisolation ist hervorragend, so daß das ♀ bei jeder Witterung bis zu 25 Minuten fernbleiben kann, ohne daß der Nestinhalt auskühlt. Die Robustheit der Nester beruht vor allem auf dem hohen Anteil an Spinnstoff, den die Goldhähnchen von den Eierkokons von Spinnen und den Gespinsten mancher Raupen entnehmen. Die Außenschicht der Nester setzt sich daneben aus Moosen und Flechten zusammen; sie kann 0,3–3,5 cm dick sein. Die Mittelschicht besteht aus lockerem Moos, beim Wintergoldhähnchen auch aus Flechten; Tierhaare und Federn bilden die Polsterschicht. Etwa 20 Tage dauert der Bau; 14–15 verschiedene Verhaltensweisen sind dazu nötig.

Grauschnäpper

Muscicapa striata

K Kleiner als Sperling, doch ähnlich gefärbt. Aufrechte Sitzhaltung. Oberseite dunkel graubraun ohne auffallende Abzeichen, Unterseite heller, fast weißlich. Oberkopf, Kehle und Brust fein dunkelgrau gestrichelt. Juv. gefleckt. ■ Rufe kurz »zek« oder »tek«, auch »zi-tk-tk«. Gesang unauffällig, ohne abgesetzte Strophen, Einzelelemente in Pausen vorgetragen etwa »zi zi sri zrü tsr« o.ä. ■ Zuckt oft mit Schwanz und Flügeln; unternimmt von einer Sitzwarte aus kurze Jagdflüge auf vorüberfliegende Insekten und kehrt meist wieder zum Ausgangspunkt zurück.

V Br. in ganz Europa (fehlt in Island) und Nordwestafrika, ostwärts bis Mittelsibirien. ■ Bei uns verbreiteter Br. im Tiefland und Mittelgebirge; Langstreckenzieher (April bis September), Winterquartier in Afrika, von den Tropen bis zur Südspitze. ■ Br.

Grauschnäpper auf seiner Fangwarte.

an Waldrändern und -lichtungen, auch in Gärten und Parks und häufig an Häusern.

F Nest in Halbhöhle oder Nische, z.B. Baumhöhle, unter toter Rinde, unter Dachvorsprung im Gebälk, in Mauerlöchern und -ecken, in dichten Kletterpflanzen usw. ■ Legebeginn Mai; häufig 1, selten auch 2 Jahresbruten. ■ 4–6 Eier, weißliche Grundfarbe mit veränderlicher Tönung, lebhaft bräunlich gefleckt. ■ ♀ brütet meist 12–15 Tage; beide Partner füttern die Jungen 12–15 Tage im Nest, betreuen die Jungen aber auch noch mehrere Tage nach dem Verlassen des Nestes.

N Fliegende Insekten.

Auch der Grauschnäpper ist ein Zugvogel, der in Mittel- und Westeuropa in verschiedenen Richtungen von den Brutplätzen abzieht und eine Zugscheide (s. S. 425) bildet. Die Brutvögel der Britischen Inseln ziehen zunächst in südlicher Richtung und vermeiden dadurch, die äußere Biskaya überfliegen zu müssen. Um nach Spanien und Portugal zu gelangen, ist aber in Südfrankreich ein Abschwenken nach Südwesten nötig. Die Brutvögel aus den Beneluxländern, Westdeutschland und der Schweiz halten sich dagegen von vornherein ziemlich genau in Südwest-Richtung. Über der Iberischen

Halbinsel müssen sie allerdings ihre Richtung ändern, und zwar nach Süden, um ihr tropisches Winterquartier in Afrika zu erreichen und nicht auf den Atlantik hinaus zu geraten. Von Brutvögeln östlich 12° östl. Länge gibt es nur noch ganz wenige Funde in Spanien. Die Hauptrichtung des Wegzuges aus einem Herkunftsgebiet zwischen 12° und 15° östl. Länge ist Südsüdwest. Damit gelangen diese Vögel vor allem nach Italien. Weiter östlich beheimatete bevorzugen als Wegzugsrichtung Südsüdwest bis Südsüdost, ziehen also über Österreich, Kroatien und Griechenland ab.

Auf dem Frühjahrszug werden offenbar im wesentlichen die selben Routen beflogen; jedenfalls finden sich im Bereich des Mittelmeers die Ringfunde in all jenen Gebieten, die auch im Herbst überflogen werden. Nur in Portugal, also dem westlichsten Gebiet, gibt es keine Ringfunde. Offenbar halten also die Rückkehrer gleich mehr in Südsüdost-Richtung.

Die Wiederfundraten des kleinen unscheinbaren Vogels sind übrigens sehr gering. Von 32 132 in Großbritannien beringten Grauschnäppern wurden nur 229 wiedergefunden, also 0,71%; von 8 935 niederländischen Ringvögeln nur 48 (= 0,54%) und von 10 198 mit Ringen aus Radolfzell markierten (vor allem aus Süddeutschland und Österreich) nur 41 (= 0,38%). Insgesamt gibt es 490 Ringfunde über größere Entfernungen; nur 46 (also etwa 9%) von ihnen fallen in das riesige Gebiet Afrikas südlich der Sahara. Von insgesamt Zehntausenden beringten Grauschnäppern ein verschwindend geringer Anteil.

Die Zahl der Wiederfunde hängt natürlich auch von der Dichte der menschlichen Bevölkerung eines Landes ab ebenso wie vom Stand der Allgemeinbildung und dem Umfang der wissenschaftlichen Tätigkeit. So ist erklärlich, daß in vielen Gebieten Afrikas, vor allem in Wüsten und tropischen Wäldern, die Wiederfunde spärlich sind.

Grauschnäpperbrut in einem alten, halbzerstörten Mehlschwalbennest.

Trauerschnäpper

Ficedula hypoleuca

K Kleiner als Sperling. ♂ im Brutkleid Kopf und Oberseite dunkel
graubraun bis tiefschwarz; Stirn, Unterseite sowie Flügelfleck und
Schwanzaußenkanten weiß. ♀ oberseits graubraun, unterseits gelblich-
bis bräunlichweiß, ebenfalls weiße
Flügelabzeichen. ♂ und ♀ im Ruhekleid (Herbst) gleich. ■ Rufe sehr
charakteristisch kurz »bit«, oft in längeren Reihen. Gesang im wesentlichen eine Reihe auf- und ablaufen-
der Elemente, wie »psi-tschu-psi-
tschu« usw. oder »witu witu …«. ■
Flügelzucken und Jagdflüge nach
fliegenden Insekten.

V Br. in großen Teilen Mittel-, West-
und Nordeuropas bis in den europäischen Teil Rußlands sowie in Nordwestafrika; fehlt in Italien, Griechenland, Kleinasien. ■ Bei uns im
Tiefland und in den unteren Gebirgslagen teilweise verbreiteter Br.;
Langstreckenzieher (April bis September), Winterquartier tropisches
Afrika. ■ Br. im Laub- und Nadelwald, auch in Feldgehölzen, Parks
und Gärten.

F Höhlenbrüter, der bei uns in vielen Gebieten fast ganz auf das Angebot von Nistkästen angewiesen
ist. ■ Legebeginn Mai; 1 Jahresbrut. ■ 4–7 zart bläulich grüne
Eier. ■ ♀ brütet 12–15 Tage, dabei
auch vom ♂ gefüttert; beide Eltern
füttern die Jungen etwa 13–16 Tage
im Nest.

N Fliegende Insekten.

In den meisten Wäldern Mitteleuropas dürften unter den heutigen Bedingungen für Höhlenbrüter das Angebot an geeigneten Nistplätzen geringer sein als das Nahrungsangebot. Durch das Anbringen von Nistkästen kann man eine Zunahme der
Siedlungsdichte, z.B. bei Meisen
und beim Trauerschnäpper erreichen, aber auch eine Besiedlung
bisher nicht von solchen Arten be-
wohnter Wälder.

So verdankt der Trauerschnäpper
seine heutige Verbreitung bei uns
z.T. dem Ausbringen von Nistkästen;
in vielen Teilen Mitteleuropas hat
sein Bestand daher zugenommen, in
früher nicht besiedelten Flächen treffen wir ihn heute z.T. als verbreiteten Brutvogel. Für die Wissenschaft
ist der Trauerschnäpper zu einem
wichtigen Versuchsvogel geworden.
Über Fragen des Aufbaus und des
Verhaltens von Populationen sowie
des Schicksals von Einzelvögeln
wissen wir bei dieser Art und bei den
Meisen viel mehr als bei den meisten anderen Singvögeln.

Gerade bei einer Art, die sich in den
letzten Jahrzehnten an vielen Plätzen
neu angesiedelt hat, ist die Frage interessant, wie stark bei den Jungvögeln die Bindung zum Geburtsort
ausgeprägt ist und welche Faktoren
eine solche Geburtsortstreue regulieren. Zahlreiche Ringfunde beweisen, daß auch beim Fernzieher
Trauerschnäpper (vgl. Mehlschwalbe, S. 365) Ortstreue nachzuweisen
ist; allerdings sind Altvögel, die an
einem Ort schon einmal gebrütet haben, ortstreuer als Jungvögel. Auch
scheinen die ♂ stärker als die ♀

442

dazu zu neigen, sich exakt am Brutort des Vorjahres wieder einzustellen. Sinnvolle Experimente können zeigen, wie bei jungen Trauerschnäppern die Ortstreue reguliert wird. Eier und Nestlinge hat man zwischen verschiedenen Brutgebieten ausgetauscht, ferner Nestlinge handaufgezogen und sie erst lange nach dem normalen Ausfliegetermin an einem anderen Ort freigelassen. Von den als Eier oder Nestling verfrachteten Vögeln wurden nun alle am Aufzuchtsort, keiner am eigentlichen Geburtsort, im nächsten Jahr wieder gefangen. Dieses eindeutige Ergebnis zeigt, daß die Kenntnis des Geburtsortes nicht angeboren sein kann; sie muß vielmehr erworben sein. Dies entspricht übrigens den Ergebnissen bei anderen Zugvögeln, z. B. beim Halsbandschnäpper. Die handaufgezogenen Nestlinge wurden bis zu einem Alter von 36 Tagen, also 3 Wochen nach dem normalen Ausfliegetermin, in Gefangenschaft gehalten und dann erst an einen Auslassungsort verfrachtet. Auch diese Jungvögel kehrten alle an ihren Auflassungsort, nicht an ihren Geburts-(=Aufzuchts-)ort zurück. Also war die Einprägung des »Heimatortes« 3 Wochen nach dem normalen Ausfliegen immer noch möglich und die Zeitspanne bis zum herbstlichen Wegzug ins afrikanische Winterquartier reichte noch aus, um eine vollständige Heimatbindung zu erzielen. Es gibt also eine Phase in der Entwicklung junger Trauerschnäpper nach dem Ausfliegen, in der sie ihre Heimat so »kennenlernen«, daß eine sichere Rückkehr möglich ist. Die Fixierung erfolgt offenbar dauerhaft.

Genauere Beobachtungen haben neuerdings – wie übrigens auch bei einigen anderen Singvögeln – gezeigt, daß die Partnerschaften mitunter etwas komplizierter sind als bisher angenommen. Ein Teil der Männchen hat

nämlich 2, in manchen Populationen sogar 3 Weibchen. Vor allem besonders früh ankommende Männchen besetzen zunächst mehr als ein Revier oder mehrere Nistkästen. Gelingt es ihnen, diesen Besitzstand auch dann noch zu halten, wenn die Weibchen etwa eine Woche später zurückkehren, können solche Männchen noch ein zweites oder gar ein drittes Weib-

Weibchen fliegt mit Futter an.

chen an sich binden. Allerdings sind dann die Weibchen nicht alle gleichgut vom Männchen betreut und bewacht. So kommen wohl nicht selten Begattungen mit fremden Männchen zustande, so daß der Revierbesitzer mit zwei oder mehr Weibchen nicht immer auch der leibliche Vater aller Nachkommen in »seinen« Nestern ist. Durch Nestplatztreue finden andererseits auch alte Partner wieder zusammen.

Halsbandschnäpper

Ficedula albicollis

K Kleiner als Sperling. ♂ Oberseite tiefschwarz wie dunkle ♂ des
Trauerschnäppers, doch auffallendes weißes Halsband und weißlicher
Bürzel; weißes Flügelabzeichen größer als bei Trauerschnäpper. Im Ruhekleid ähnlich ♀, dieses wiederum
sehr ähnlich dem Trauerschnäpper-
♀ und in Freiheit nicht sicher davon
zu unterscheiden. ■ Rufe anders als
beim Trauerschnäpper, gedehnte
hohe »fiet« oder »sieb«; diese Laute
spielen auch im Gesang eine Rolle,
der meist höher ist als jener des
Trauerschnäppers. ■ Verhalten wie
Trauerschnäpper.

V Br. in kleinen Gebieten Nordwestfrankreichs, Mittel- und Süd-
deutschlands; ferner Br. in Italien
und Südosteuropa (in Griechenland
durch den nahe verwandten Halbring-
schnäpper, *F. semitorquata,* vertreten),
im südlichen Rußland sowie im
Kaukasusgebiet und im Nordiran. ■
Bei uns nur in Süddeutschland verbreiteter und in manchen Gebieten
r. Br.; gelegentlich als Frühjahrsdurch-
zügler überall in Mitteleuropa zu
beobachten. Langstreckenzieher (Ende April bis August/September), Win-

terquartier noch weitgehend unbekannt, wahrscheinlich im tropischen
und südlichen Afrika. ■ Br. vor allem in
Laubwäldern und Parkanlagen.

F Baumhöhlenbrüter, der auch gerne Nistkästen besiedelt. ■ Legebeginn meist 2. Maihälfte, 1 Jahresbrut. ■ 4–6 Eier weißlich blau. ■ Das
♀ brütet etwa 12–15 Tage; etwa
ebensolange werden die Jungen im
Nest von beiden Partnern gefüttert.

N Fliegende Insekten.

Auch der Halsbandschnäpper hat in
den letzten Jahrzehnten seine Verbreitung in Mitteleuropa verändert.
Allerdings ist das Bild nicht ganz eindeutig, da in manchen Gebieten eine
Zunahme, in anderen jedoch sein
Verschwinden festgestellt wird. Sein
Schicksal ist offenbar sehr eng mit
jenem des nah verwandten Trauerschnäppers verbunden. Meist gehen
sich die beiden Arten aus dem Weg
und brüten in getrennten Gebieten.
Manchmal verdrängt auch die eine
Art die andere an schon lange besiedelten Plätzen. Im allgemeinen besitzt der Halsbandschnäpper ein viel
kleineres Brutgebiet als der Trauerschnäpper. Doch kann man auch bei
ihm Versuche feststellen, sein Areal
zu vergrößern. Gelegentlich kommen
Mischpaare zwischen beiden Arten
vor, die erfolgreich brüten.

Halsbandschnäpper-Weibchen.

Zwergschnäpper

Ficedula parva

K Viel kleiner als Sperling, kleinster heimischer Fliegenschnäpper. Oberseite graubraun, Unterseite weißlichgelb bis rahmgelb; Schwanz schwärzlich mit je einem auffallend weißen Fleck an der Schwanzseite; kein weißes Abzeichen im Flügel. Alte ♂ haben im Prachtkleid bleigrauen Kopf und orangefarbene Kehle (einjährige noch nicht!) und ähneln daher etwas den Rotkehlchen. ▪ Rufe wohlklingende »tüli« oder »ziwü«, kurze Erregungsrufe wie »zit« oder auch »zrrr« (erinnert an Zaunkönig). Gesang mit gleichartigen hohen Elementen eingeleitet, etwa »tvi tvi tvi tvi«, dann leicht abfallend, wie »didle didle aida aida« (erinnert manchmal an Fitis). ▪ Zuckt oft mit dem Schwanz und stellt ihn auch gerne in die Höhe, wobei Flügel leicht herabhängen.

V Br. in Ost- und Südosteuropa sowie in einer anderen Unterart von Mittel- und Ostasien bis an den Pazifik. ▪ Bei uns nicht häufiger, aber r. Br. in den Alpen und in Mittelgebirgen sowie im Nordosten (z. B. Mecklenburg-Vorpommern), einzelne Brutpaare auch weiter westlich (z. B. Berlin, Hamburg, Teutoburger Wald). Langstreckenzieher (Ende April bis August/September), Winterquartier in Pakistan und Indien, also normalerweise Abzug nach Südosten. Neuerdings auch viele Herbstdurchzügler im Westen, deren Schicksal aber noch unbekannt ist. ▪ Br. in dichtem schattigem Laubwald oder auch in dichten Busch- und Baumgruppen in Parks (vor allem in Norddeutschland), oft in Wassernähe.

F Nest in Halbhöhlen oder Nischen an Baumstämmen oder auch Mauern, meist nicht sehr hoch über dem Boden. ▪ Legebeginn Mai; 1 Jahresbrut. ▪ 4–6 weißliche Eier mit zahlreichen feinen bräunlichen Flecken. ▪ ♀ brütet wahrscheinlich etwa 2 Wochen, Junge werden von beiden Partnern 11–15 Tage im Nest gefüttert.

N Insekten.

Der Zwergschnäpper gibt uns manche Rätsel auf. Die bisher bekannten Winterquartiere (s. oben) fordern, daß die kleine mitteleuropäische Population nach Südosten abzieht (Ringfunde fehlen). Doch zahlreiche Herbstnachweise in Europa westlich des Verbreitungsgebietes sind wohl nicht alle damit zu erklären, daß manche Vögel über das Ziel hinausschießen oder im Herbst eine »falsche« Zugroute wählen bzw. sich einen neuen Südwestkurs suchen. Die Zahl der Herbstvögel in Nordwesteuropa hat in den letzten Jahren stark zugenommen; allein in Großbritannien und Irland waren es in den 10 Jahren von 1958–1967 477 Nachweise. Die große Zahl der nun jährlich in Nordwesteuropa nachgewiesenen Herbstvögel kann wohl nicht aus den kleinen Vorkommen in Mitteleuropa stammen. Kommen sie also von weiter östlich gelegenen Gebieten? Diese Frage und auch die nach dem weiteren Schicksal der Herbstvögel in Nordwesteuropa kann bisher noch nicht befriedigend beantwortet werden.

Beutelmeise

Remiz pendulinus

K Kleiner als Sperling. ♂ hellgrauer Kopf mit breiter schwarzer
Gesichtsmaske, Rücken lebhaft kastanienbraun, Unterseite rahmfarben. ♀ ähnlich, doch Oberkopf
mehr graubraun, Gesichtsmaske
etwas kleiner und mattschwarz (da
mit braunen Federchen durchsetzt);
Rücken heller kastanienbraun. Juv.
ohne Gesichtsmaske, insgesamt
hell aschbraun ohne kastanienbraun
abgesetzten Rücken. ▪ Sehr typischer Ruf ist ein hohes, reines und
etwas herabgezogenes »zieh« oder
»siiüü«; klingt viel reiner als z. B. das
»zieh« der Rohrammer. Gesang mit
Elementen, die den Rufen sehr ähnlich sind, dazwischen kürzere Elemente wie »tlü«. ▪ Klettern meisen-
artig geschickt im Schilf und in Büschen und Bäumen.

V Br. in küstennahen Gebieten
Südeuropas und weit verbreitet von
Osteuropa über Südsibirien und
Zentralasien bis in die Mandschurei;
nordwärts bis an die Ostseeküste,
im Süden Br. in Griechenland, Klein-

Beutelmeisennest im Henkelkorbstadium.

asien und im Iran bis an den Persi-
schen Golf. ▪ Bei uns nirgends häufiger und r. Br., doch in neuer Zeit Ausbreitung nach Westen und Norden,
so daß um 1990 die Westgrenze
Deutschlands, Ostfrankreich, die Niederlande und die Nordschweiz, im
Norden aber auch Dänemark und
Südschweden erreicht wurden.
Überwiegend Kurzstreckenzieher, im
Winter nördlich 50 ° nördl. Breite
nur ausnahmsweise. Hauptüberwin-
terungsgebiet der mitteleuropäischen Br. ist der nördliche Teil des
westlichen Mittelmeergebietes. ▪ Br.
und auch außerbrutzeitlicher Aufenthalt in Schilf- und Weidendickichten,
Erlen, Pappeln und Tamarisken,
meist in der Nähe von Fluß- und Seeufern.

F Das Nest hängt an der Spitze eines Zweiges, meist über dem Wasser oder in Wassernähe. Kunstvolles, fest geflochtenes, weißliches
Beutelnest mit seitlicher Eingangs-
röhre; wird zunächst als Schleife angelegt und dann zu einem Henkel-
korb (s. Abb. links). Baumaterial sind
vor allem Weiden- und Pappelsa-
men. Einzelne ♂ beginnen oft mehrere Nester. ▪ Legebeginn Mai;
1 Jahresbrut. ▪ 5–8 weiße Eier. ▪ ♀
brütet 12–15 Tage, Junge werden
15–20 Tage lang von beiden Partnern gefüttert.

N Vor allem kleine Insekten.

Bartmeise

Panurus biarmicus

[K] Kleiner als Sperling, doch langer Schwanz. ♂ mit hellgrauem Kopf und einem breiten schwarzen Bartstreifen, Rücken zimtbraun, Unterseite rötlichweiß, Kehle weiß; Unterschwanzdecken schwarz. ♀ ohne Backenstreifen, Kopf bräunlich bis bräunlichweiß, ebenso die Unterschwanzdecken. Schnabel des ♂ leuchtet orangegelb; bei ♀ Schnabel schwärzlich bis hornfarben. Juv. mit schwarzem Rücken, ebenso gefärbten Flügeldecken und Schwanzseiten. ■ Im Flug nasaler Ruf wie »dschwing«, oft gereiht; ferner auch kürzer »tik« usw. Gesang vergleichsweise selten zu hören, etwa wie »tschi pit pit tschräd it tschri drüii«. ■ Klettert geschickt im Röhricht, fliegt mit gefächertem Schwanz meist niedrig über die Schilfhalme. Oft gesellig.

[V] Br. in West- und Mitteleuropa mit großen Lücken, so in Südengland, Nord- und Mittelfrankreich, in den Niederlanden, in Südeuropa und weit verbreitet in Kleinasien sowie von Südostmitteleuropa über Südrußland, Südsibirien, Zentralasien bis Ostasien. ■ Bei uns neuere Ansiedlungen vor allem in Niedersachsen, Schleswig-Holstein und Mecklenburg-Vorpommern, einzeln auch im Süden; Bestand schwankt sehr stark. In West- und Mitteleuropa fanden mehrfach große Invasionen statt. Im Norden teilweise wohl Kurzstreckenzieher, doch Wanderbewegungen sind im Zusammenhang mit Invasionsbewegungen schwer zu deuten. Verbringt in West- und Mitteleuropa vor allem regelmäßig den Winter. ■ Lebt in großen Schilfwäldern.

[F] Nest ein tiefer nach oben zusammengezogener Napf aus Schilf- und Seggenhalmen, meist dicht über dem Boden in dichten Schilf- und

Bartmeisen-Männchen.

Seggenbeständen. ■ Legebeginn Ende April/Anf. Mai; wohl regelmäßig 2, mitunter auch 3 Jahresbruten. ■ 5–7 Eier mit dunklerer dünner Zeichnung. ■ Beide Partner brüten 11–13 Tage. Juv. werden 10–13 Tage im Nest gefüttert.

[N] Kleine Insekten, im Winter Schilfsamen.

Dieses Bartmeisen-Männchen am gut versteckten Nest trägt einen Ring der Vogelwarte.

447

Schwanzmeise

Aegithalos caudatus

K Viel kleiner als Sperling, doch extrem langer Schwanz. Unterseite weiß, Flanke und Bauch rosarot überhaucht; Oberseite rötlich, schwarz und etwas weiß gemischt; Flügel und Schwanz überwiegend schwarz, Außenfedern des langen gestuften Schwanzes weiß. Kopf bei mitteleuropäischen Schwanzmeisen in der Regel weiß mit breitem, schwärzlichem Streifen über den Augen. Vögel mit reinweißem Kopf und weißer Unterseite, wie sie für Nordeuropa und den Nordosten Mitteleuropas typisch sind, kommen bei uns seltener vor. Juv. mit dunklen Kopfseiten ohne rötliche Oberseitenfärbung. ■ Rufe sind sehr hohe »sri« oder »zieh« sowie hölzerne knurrende »tserr« oder »tsrrr«; Flugruf leise »pt«. Gesang ist ein unbedeutendes Zwitschern, wenig auffallend. ■ Turnt geschickt im Gezweig; außerhalb der Brutzeit meist in artreinen kleinen Trupps bzw. Familienverbänden.

V Br. in ganz Europa (fehlt in Island und im Norden Fennoskandiens), ferner Kleinasien, Iran und quer durch Asien bis nach China, Kamtschatka und Japan. ■ Bei uns verbreiteter Br. im Tiefland, doch nirgends sehr häufig. Stand- und Strichvogel, scheint aber in manchen Jahren invasionsartige Wanderungen zu unternehmen. ■ Br. in unterholzreichen Laub- und Mischwäldern, auch in Flußauen und Parks, weniger in Gärten; dort jedoch mitunter im Winter umherstreifend.

F Nest meist hoch im Gebüsch oder in Astgabeln von Bäumen; kugeliger Bau mit seitlichem Eingang aus Haaren, Moos und Spinnweben fest verflochten, mit Rindenstückchen und Flechten oft bedeckt, innen mit Federn ausgepolstert. ■ Legebeginn Ende März/April; normalerweise 1, gelegentlich auch 2 Jahresbruten. ■ 8–12 weißliche, meist ungefleckte Eier. ■ ♀ brütet 12–14 Tage, wird dabei vom ♂ gefüttert; beide Partner füttern die Jungen 14–18 Tage.

N Kleine Insekten und Spinnen.

In vieler Hinsicht ist die Schwanzmeise ein auffallender Vogel, der von anderen heimischen Singvögeln abweicht. Zwei Dinge sind jedoch besonders bemerkenswert, nämlich das außerordentlich stabile und sorgfältig gebaute Nest – eigentlich nur noch mit der Beutelmeise vergleichbar – und der extrem lange Schwanz.

Das Nest wird aus Spinnfäden, Flechten, Moos und dürren Grashalmen, Wolle und anderen feinen Materialien errichtet. Innen ist die Nestkugel mit einer dicken, mehrschichtigen Federtapete ausgekleidet. Über 1 500 einzelne Federn hat man im Durchschnitt in Schwanzmeisennestern gezählt, im Maximum können es über 2 000 sein. Dabei werden bevorzugt kleine Federn eingetragen (etwa 2–4 cm). Meist handelt es sich dabei um Kleingefieder, das besonders gute Isolationseigenschaften hat. Die Auspolsterung und die fast geschlossene Nestkugel verleihen dem Nest ein ausgezeichnetes Wärmespeichervermögen. Die Innentemperatur sinkt dadurch auch bei Brutpausen von 15–30 Minuten nicht wesentlich ab. So kühlte z. B. bei einer Außentemperatur von 10 °C eine auf 40 °C erwärmte Plastikkugel nach 20 Minuten in einer Naturhöhle der Weidenmeise auf 17,3 °C ab, in einem Schwanzmeisennest dagegen nur auf 22,9 °C. Freilich ist der Bau eines so ausgezeichnet isolierten Nestes sehr aufwendig. Bis zu 3 Wochen Nestbauzeit wurde schon beobachtet. Muß bei fortgeschrittener Jahreszeit ein Zweitnest gebaut werden, ist die Zeit oft knapp. In solchen Zweitnestern wurden z. B. nur 170–290 Federn gezählt. Allerdings ist dann wohl auch wegen der fortgeschrittenen Jahreszeit die Isolationswirkung nicht mehr so wichtig.

Wenn Nahrung knapp geworden ist, dürfte die zarte Schwanzmeise in der Auseinandersetzung mit Vogelarten, die auf ähnliche Weise Nahrung suchen, vor allem Meisen, unterliegen. Doch ist die Schwanzmeise an ihre spezielle <u>ökologische Nische</u> sehr gut angepaßt. Schwanzmeisen suchen nämlich zu 80% an äußersten Zweigspitzen Nahrung. Diese Region bleibt anderen Zweigsuchern weitgehend verschlossen. Geringes Körpergewicht, relativ lange Beine und vor allem der lange Schwanz als »Balancierstange« erleichtert das Hängen und Herumturnen an solchen dünnen Zweigen. Der im Vergleich zu den Meisen sehr lange Lauf schafft eine günstige Hebelwirkung; Schwanzmeisen können z. B. auch an einem Bein hängend »aus der Faust« Nahrung aufnehmen. Sie müssen also ihre Nahrungssuche nicht immer wieder unterbrechen, um einen festen Stand auf einem tragfähigen Ast aufzusuchen. So hangeln die Schwanzmeisen während der Nahrungssuche sehr viel mehr als z. B. Blaumeisen, die auch als gute Turner gelten. Experimentatoren haben einer Schwanzmeise die Schwanzfedern abgeschnitten. Daraufhin mußte die Technik der Nahrungssuche sofort geändert werden. Turnen, Hangeln und Drehen war nicht mehr möglich.

Schwanzmeisen bauen im Unterschied zu echten Meisen ein kunstvolles Kugelnest.

Sumpfmeise
Parus palustris

K Kleiner als Sperling. Oberseite graubraun, Backen hell, Unterseite weißlich mit gelblich bräunlicher Flankentönung. Glänzend schwarze Kopfplatte und ebenso gefärbter Nacken, kleiner schwarzer Kehllatz. Juv. matter und nicht von der Weidenmeise zu unterscheiden. ■ Wichtigste Unterscheidungsmerkmale gegenüber der Weidenmeise sind Rufe und Gesang. Häufiger Ruf ist ein kurzes »zidjä« oder »pistjü« (kann aber auch von Kohlmeise sehr ähnlich gebracht werden!); bei großer Erregung dann auch »zitjüdädädä«. Die einzelnen Laute werden im Stakkato angeschlagen und sind besser getrennt als bei Kohl- und Blaumeise. Der Gesang entweder schnelle Klapperstrophe wie »tji tji …« oder eine Gruppe von unterschiedlichen Elementen, wie »ziwüd-zi-wüd …« o. ä. (s. unten).

V Br. in Europa, von Südskandinavien bis Nordspanien, Italien und Mittelgriechenland, ferner im Kaukasusgebiet und im Norden Kleinasiens. Das europäische Brutareal reicht über Rußland bis zum Ural; davon getrennt ein großes Brutgebiet in Ostasien. ■ Bei uns verbreiteter Br. des Tieflandes; in den Gebirgen meist nur auf die Täler beschränkt (vgl. Weidenmeise!). Stand- und Strichvogel, der kaum größere Strecken wandert. ■ Ganzjährig in Laubwald, Parks, Gärten, Feldgehölzen usw.; kommt im Winter an Futterstellen.

F Höhlenbrüter, vor allem in natürlichen Baumhöhlen, ausgefaulten Astlöchern und Spechthöhlen, aber auch in morschen Baumstrünken und zwischen Wurzeln von Laubbäumen nahe am Boden. Kleine Löcher im morschen Holz werden gelegentlich zu geräumigeren Höhlen erweitert. Brütet auch in Nistkästen, aber seltener als Kohl-, Blau- und Tannenmeise. ■ Legebeginn April bis Mai, Beginn des Nestbaus oft schon viel früher; 1 Jahresbrut, wohl nur ausnahmsweise auch 2. ■ 6–10 Eier, weißlich mit rötlichen Tupfen, die sich am stumpfen Pol verdichten können. ■ ♀ brütet 13–17 Tage, wird dabei vom ♂ gefüttert; Junge werden 16–21 Tage von beiden Partnern im Nest gefüttert.

N Insekten und andere Kleintiere; im Winterhalbjahr auch kleine Sämereien.

Wenn im Winter 2 Sumpfmeisen zusammenhalten, muß es sich keineswegs immer um ein Paar handeln. Die Geschlechter erkennen sich nämlich erst im Frühjahr: Wer singt, ist ein ♂ .

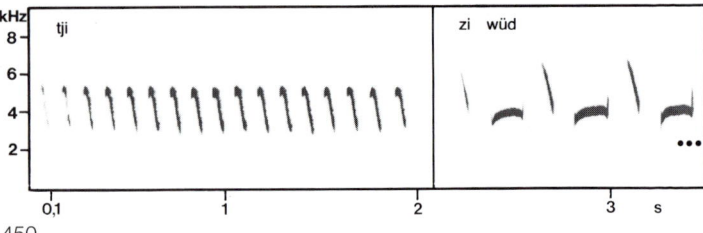

Weidenmeise

Parus montanus

K̲ Kleiner als Sperling. Der Sumpfmeise außerordentlich ähnlich und in Freiheit optisch nicht immer sicher von dieser zu unterscheiden. Kopfplatte mattschwarz, schwarzer Kehlfleck meist etwas größer. Durch die lichten Säume der Armschwingen entsteht am geschlossenen Flügel eine helle Stelle, vor allem im Winter und Frühjahr gut sichtbar. Flanken dunkler rahmfarben als bei Sumpfmeise. Juv. wie Sumpfmeise.

■ Häufigster Ruf länger und gedehnter als bei Sumpfmeise, nasal »däh«, oft in langsamer Folge wiederholt oder mit hohen »zi« eingeleitet. Hohe »zi« können auch für sich gebracht werden. Gesang ist eine Serie von reinen »ziü ziü ziü«, die einzelnen Elemente sinken etwas ab. Bei der in den Alpen brütenden Rasse sind die Töne etwas dünner und höher und sinken nicht ab, etwa »zie zie …«.

V̲ Br. in mehreren Rassen der mittleren und höheren Breiten von Westeuropa (England) bis Ostasien. Fehlt in Europa in Irland, Spanien, Westfrankreich, im tiefer gelegenen Italien und in Griechenland. Bei uns verbreiteter, aber meist nicht häufiger Br. des Tieflandes und der Bergwälder bis an die Baumgrenze (vgl. Sumpfmeise, S. 440). Stand- und Strichvogel. ■ Br. in Wäldern, vor allem Auwäldern und Baumbeständen in der Nähe des Wassers oder auf feuchtem Untergrund (Rasse *P.m. salicarius* und *rhenanus*); ferner Br.

in Misch- und Nadelwäldern der Gebirge bis zur Baumgrenze *(P.m. montanus)*. Viel weniger häufig in Gärten anzutreffen als Sumpfmeisen.

F̲ Zimmert sich die Bruthöhle in morschen Strünken und abgestorbenen Bäumen selbst; oft werden auch vorhandene ausgefaulte Astlöcher oder Spechtlöcher erweitert. Auch künstliche Nisthöhlen werden angenommen. ■ Legebeginn April/Mai; offenbar regelmäßiger und häufiger 2 Jahresbruten als bei Sumpfmeise. ■ 6–9 Eier; weiß mit sehr feinen rötlichen Punkten. ■ Das ♀ brütet 13–15 Tage, wird vom ♂ dabei gefüttert; Jungen werden 17–19 Tage von beiden Partnern gefüttert.

N̲ Insekten und Kleintiere; auch kleine und weiche Sämereien.

Wie bei anderen Zwillingsarten spielen auch bei den beiden »Graumeisen« die Lautäußerungen für die Unterscheidung der Arten eine wichtige Rolle. Unser Sonagramm zeigt je eine Strophe der Tiefland- (links) und der Bergwaldform (rechts).

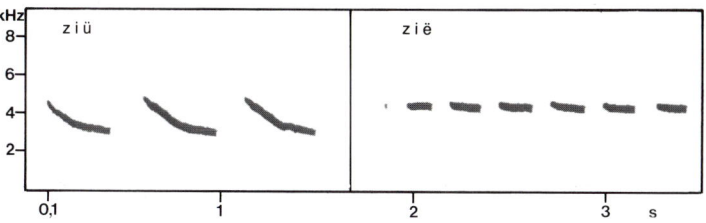

Haubenmeise

Parus cristatus

K Kleiner als Sperling. Oberseite braun, Unterseite weißlich und mit lehmfarbenen Flanken. Auffallende, schwarzweiß geschuppte Haube, helle Kopfseiten mit dunklem Strich durch das Auge, der hinter dem Auge einen Haken nach unten bildet. Schwarzer Kehlfleck, der sich in einem schmalen schwarzen Band nach hinten an den Kopfseiten entlang fortsetzt und auch die hintere Begrenzung der hellen Backen bildet. ■ Rufe sehr typisch »zi gürrr« oder einfach »gürrr« allein oder mehrfach wiederholt. Klingt etwas kehlig. Gesang ist nichts anderes als eine lebhaft wiederholte Folge dieser Rufe. ■ Weniger gesellig als andere Meisen, fast nur im Nadelwald anzutreffen.

V Br. von Spanien und Frankreich ostwärts bis an den Ural; fehlt in Italien, Südgriechenland, Kleinasien und den Britischen Inseln (Ausnahme Schottland). ■ Bei uns im Nadelwald verbreiteter Br. bis an die Baumgrenze. Standvogel. ■ Br. im Nadelwald und in nadelholzreichen Mischwäldern, seltener in Gärten und Parks, sofern Nadelbäume vorhanden. Kommt seltener als andere Meisen an Futterstellen.

F Höhlenbrüter, der vor allem in Höhlen und Spalten von Bäumen brütet und sich in vermoderten Baumstrünken und abgestorbenen Bäumen seine Höhle selbst zimmert; nimmt aber auch Nistkästen an. ■ Eiablage ab Mitte März; häufig nur 1 Jahresbrut, in manchen Tieflandbiotopen kommen wohl regelmäßig auch Zweitbruten vor. ■ 5–9 Eier, weißlich mit feiner rötlicher Zeichnung. ■ Das ♀ brütet 15–18 Tage, wird vom ♂ gefüttert. 18–21 Tage werden die Jungen von beiden Partnern im Nest gefüttert.

N Insekten und andere Kleintiere; kleine Sämereien.

Neben einigen Finkenvögeln zählen Meisen zu denjenigen Arten, die am häufigsten und intensivsten im Winter gefüttert werden. Bisher hat man jedoch noch kaum die Frage experimentell zu beantworten versucht, welche Bedeutung zusätzliche Fütterung eigentlich für die Erhaltung der Art hat. Hierzu ist es notwendig, eine Fütterung in Verbindung mit der Brutzeit zu untersuchen und gefütterte mit ungefütterten Artgenossen zu vergleichen. Dies ist z.B. mit Weiden- und Haubenmeisen in einem Nadelwaldgebiet im südwestlichen Schweden geschehen. Beide Arten bilden im Versuchsgebiet gemischte Winterschwärme. Die Areale solcher Trupps hat man genau kartiert und dann entsprechende Futterstellen eingerichtet. Man fütterte mit Sonnenblumenkernen sowie einem komplizierten Fettfuttergemisch, das auch genügend Mineralsalze und Vitamine enthielt. Dieses Futtergemisch war vorher an gekäfigten Vögeln als ausreichende Winternahrung erprobt worden. Gefüttert wurde von Ende Februar bis Juni, so daß also auch während der Jungenaufzucht Zusatznahrung zur Verfügung stand.

Erstes Ergebnis: Bei beiden Arten begannen die gefütterten ♀ etwas eher mit der Eiablage als nicht gefütterte Kontrollvögel. Gelegegröße und Zahl der Nestlinge pro Brut war jedoch nicht von Kontrollvögeln verschieden. Bei der Haubenmeise allerdings ließ sich nachweisen, daß die Nestlinge höheres Gewicht hatten. Bei beiden Arten konnte eine erhöhte Bereitschaft zu Zweitbruten festgestellt werden.

Wie sind diese Befunde zu werten? Offenbar ist es unter den Lebensbedingungen im Versuchsgebiet sinnvoller mit einem frühen Start der Brutzeit zu reagieren als mit einer Vergrößerung des Geleges. Die Haubenmeise zeitigt unter unseren heimischen Meisen das kleinste Gelege; und auch im Versuchsgebiet betrug die Gelegegröße im Mittel nur etwas über 5 Eier. Die Kohlmeise, mit der Möglichkeit, wesentlich größere Gelege zu zeitigen, reagiert offenbar auf gutes Nahrungsangebot dadurch, daß sie mehr Eier legt (s. S. 458). Möglicherweise ist die Gelegegröße bei Hauben- und Weidenmeise sehr viel stärker erblich festgelegt und daher kaum durch äußere Einwirkungen zu beeinflussen. Sicher hat auch der frühe Beginn der

Eiablage einen Vorteil: Wer eher beginnt ist eher fertig. Da bleibt dann z. B. für die Altvögel ausreichend Zeit zur Mauser und für die Erholung als Vorbereitung für den harten Winter. Auch können die Jungen, die früher ausgeflogen und selbständig geworden sind, mehr Erfahrungen für den Winter sammeln und dadurch möglicherweise mit den schwierigen Bedingungen besser fertig werden. Erfahrung scheint hier besonders nötig zu sein, denn unmittelbar nach dem Ausfliegen und Selbständigwerden der Nestlinge im Gebiet ist die Konkurrenz besonders hoch und dadurch auch die Sterblichkeit. Wer eher dran ist, hat hier einen Überlebensvorteil. Wenn allerdings besonders günstige Bedingungen herrschen, dann ist es vielleicht noch sinnvoller, eine zweite Brut anzuhängen, um mehr Nachkommen zu haben. In unserem Fall war z. B. die Zahl der Zweitbruten auch mit der Intensität der Fichtenmast verbunden, so daß für erhöhte Nachkommenschaft später auch genügend Nahrung zu erwarten war. Gut ernährte Junge haben nachgewiesenermaßen eine bessere Chance.

Haubenmeisen sind Nadelwaldvögel; ihre Bruthöhlen zimmern sie oft selbst.

453

Tannenmeise

Parus ater

K Deutlich kleiner als Sperling, kleinste heimische Meise. Kopfzeichnung ähnlich Kohlmeise, doch außer den weißen Kopfseiten noch ein großer weißer Nackenfleck; Kehlfleck breit trapezförmig, Unterseite weißlich mit rahmfarbenen Flanken; kein schwarzer Mittelstreif. Oberseite bläulich- bis olivgrau; doppelte weiße Flügelbinde. Juv. matter, Nackenfleck, Wangen und Unterseite gelblich. ■ Hohe, meist etwas nasale Rufe, wie »zji« oder »tji«, auch hohe »si« (ähnliche Goldhähnchen). Gesang besteht aus Elementen abwechselnder Tonhöhe, wie »wize wize wize«, schneller und feiner als Kohlmeise; dieser feine Gesang ist oft der einzige Laut in einem stillen Fichtenforst. ■ Turnt sehr geschickt im Gezweig herum; außerhalb der Brutzeit gesellig und oft in gemischten Meisenschwärmen.

V Br. Europas und Nordafrikas; ostwärts in der Waldzone Asiens bis Ostasien, ferner in Kleinasien, im Kaukasusgebiet, im Nordiran und in

Tannenmeise am Brutplatz.

Teilen Zentralasiens. Fehlt in Nordskandinavien und Island. ■ Bei uns verbreiteter und teilweise häufiger Br. vom Tiefland bis an die Waldgrenze im Gebirge; Stand- und Strichvogel, doch auch ausgesprochener Invasionsvogel; nördliche und östliche Populationen ziehen manchmal mit Vorzugsrichtung Süd und Südwest. ■ Br. in Nadel- und Mischwald, auch in großen Parks und Gärten. Außerhalb der Brutzeit häufig in Gärten.

F Höhlenbrüter, der nicht nur in Baumhöhlen sein Nest anlegt, sondern auch in ausgefaulten Wurzelstubben sowie in Bodenlöchern; nimmt Nistkästen an (Fluglochweite 27–28 mm). ■ Legebeginn ab Ende März/Anfang April; 2 Jahresbruten, doch ist ihr Anteil von Jahr zu Jahr und auch von Gegend zu Gegend sehr verschieden. Gelegentlich kommen auch Drittbruten vor. ■ 6–10 Eier, weißlich mit feiner rötlicher Tüpfelung. ■ Das ♀, das vom ♂ gefüttert wird, brütet 14–18 Tage; die Jungen werden etwa 18–20 Tage von beiden Partnern gefüttert.

N Vielseitige Insektennahrung; kleine Sämereien.

Die Aufzucht einer kopfstarken Brut ist nur bei einem leicht erreichbaren Angebot geeigneter Nahrung möglich. Die meisten Singvögel benötigen verschiedene Nahrungsquellen, um bei wechselndem Wetter, unterschiedlichem Entwicklungszustand der Jungen oder in unterschiedlichen Biotopen sich und die Brut ausreichend ernähren zu können. Bei der Tannenmeise sieht der Speisezettel für die Nestlingsnahrung etwa so aus: Die Hauptnahrung bilden Schmetterlingsraupen kleinerer Arten. Weitere bedeutende Bestandteile der Nahrung können Zweiflügler (also Schnaken, Fliegen usw.), Larven von Blattwespen, Blattläuse und vor allem kleine Spinnen ausmachen. Doch damit ist die Liste der Beutetiere nicht erschöpft; zumindest als Gelegenheitsnahrung treten z. B. Köcherfliegen, kleine Käfer, verschiedene Wanzen, Zikaden, Schildläuse, Rindenläuse usw. auf.

Solche Nahrungslisten können aber nur den allgemeinen Rahmen abstecken. Die einzelnen Paare müssen sich aus dem jeweiligen Angebot das Richtige heraussuchen. Das gilt nicht nur für die Beutetierart, sondern vor allem für die Größe und sicher auch den Nährstoffgehalt. Unter dem Angebot an Raupen suchen sich z. B. die Tannenmeisen durchschnittlich solche von etwa 14 mm Länge heraus. Von den Spinnen werden offenbar in der Regel nur die größeren ab etwa 3–5 mm ausgesucht. Sehr kleine Beutetiere sind sicher sehr schwer zu finden, lohnen aber auch den Aufwand nicht. Die Beutesuche wird also auf die günstigsten ökonomischen Voraussetzungen abgestimmt. Der Energiegewinn der erworbenen Beute muß größer sein als der Energieaufwand bei der Nahrungssuche (vgl. auch Revierverteidigung S. 391). Man hat beobachtet, daß auch bei hohem Angebot kleine Objekte von den Tannenmeisen kaum beachtet werden. Dies gilt auch für solche Beutetiere, die zwar der Größe nach geeignet wären, aber offenbar als Nestlings-

nahrung nicht in Frage kommen, z. B. hart gepanzerte Rüsselkäfer.

Mit fortschreitender Jahreszeit ändert sich auch die Nahrungszusammensetzung. So werden für gewöhnlich an die Jungen der ersten Brut mehr Raupen verfüttert; in der Nahrung der zweiten Brut machen dagegen häufig Blattwespenlarven einen größeren Anteil aus. Sämereien spielen übrigens im Gegensatz zur Winternahrung der Altvögel bei der Jungenernährung so gut wie keine

Fütternde Tannenmeise im Anflug.

Rolle. Auch von Jahr zu Jahr kann sich die Zusammensetzung des Speisezettels ändern, vor allem, wenn bestimmte Insektenarten in Massen auftreten oder aber wichtige Nahrungstiere ausfallen und die Vögel ausweichen müssen.

Etwa 3–5 g Nahrung werden pro Tag an einen Nestling bei Meisen verfüttert. Bei Bruten mit kleinen Jungen fliegen die Altvögel 1–3mal, bei mittleren Jungen 3–10mal und bei größeren 5–14mal pro Viertelstunde mit Futter an. Alle diese Zahlen sind nur ungefähre Mittelwerte, sie weichen je nach den Umständen sehr stark voneinander ab.

Blaumeise

Parus caeruleus

K Kleiner als Sperling. Oberkopf, Flügel (mit schmalem weißen Band) und Schwanz hellblau; Rücken dunkelgrün; Unterseite gelb. Die blaue Kopfplatte ist weiß umrandet, durch das Auge läuft vom Schnabel her ein schwarzer Strich; Wangen und Stirn weiß; schwarzer Kehlfleck, der in ein dunkles schmales Band übergeht zwischen den weißen Wangen und der hellen Unterseite. Hinten an den Halsseiten breites dunkles Band; heller Nackenfleck. Juv. viel matter mit grünlich brauner Oberseite und gelblichen, statt weißen Wangen. ■ Ruf bei Erregung »tscherretetet«, aber auch hohe »zii zi zi«. Gesang besteht aus 2–3 verschliffenen hohen Einleitungslauten und einem etwas tieferen Triller, wie »zii-zii-tütütü« oder »tii-ti-trirrrr«. Daneben auch andere Strophenformen. ■ Turnt geschickt in den Zweigen und hängt häufig auch kopfunter; im Winter oft in gemischten Meisenschwärmen.

Eben ausgeflogener Jungvogel.

V Br. in Europa, nordwärts bis Mittelskandinavien, Südfinnland und entsprechende Breiten in Rußland; ostwärts bis Ural; ferner Nordafrika, Kleinasien und im Iran. ■ Bei uns verbreiteter und teilweise sehr häufiger Br. des Tieflandes; im Bergland nur in den untersten Stufen. Stand- und Strichvogel; nordische Populationen wandern auch größere Strecken (Invasionsvogel). ■ Das ganze Jahr über im Laub- und Mischwald anzutreffen, in Nadelwäldern nur ausnahmsweise, ferner in Parks, Gärten, Feldgehölzen; im Winter auch im Schilf nahrungssuchend.

F Höhlenbrüter, der häufig auch künstliche Nistkästen bezieht (Fluglochgrößen 27–28 mm, um die größeren Kohlmeisen abzuhalten). ■ Legebeginn ab Mitte April; normalerweise 1 Jahresbrut, selten auch 2. ■ 7–13 Eier; weiß mit rötlichen Tupfen. ■ ♀ brütet 12–16 Tage, wird vom ♂ dabei gefüttert. Die Jungen werden von beiden Partnern etwa 15–20 Tage im Nest gefüttert.

N Insekten, Spinnen und andere Kleintiere; auch kleine Sämereien.

Wenn ein Platz nicht im reinen Nadelwald liegt, erscheinen von unseren Meisen neben der überall häufigen Kohlmeise wohl Blaumeisen am häufigsten an der winterlichen Futterstelle. Große Körner, wie Sonnenblumenkerne oder Hanfsamen lieben sie allerdings weniger. Als sehr gewandte Zweigturner ziehen sie es vor, hängende Futtergeräte, wie z. B. Meisenringe oder Meisenknödel, anzufliegen. An einer Futterstelle lassen sich aber zwischen den Vogelarten häufig regelrechte Rangordnungen feststellen; übrigens auch zwischen den Individuen ein und derselben Art. In der Regel behält eine bestimmte Art die Oberhand und vertreibt die anderen. Meist kommt es dabei aber nicht zu ausgesprochenen Kämpfen; häufig ist die Auseinandersetzung durch eine unmißverständliche Drohhaltung bereits entschieden. Mitunter aber kommt es auch zu kurzen Raufereien. Dabei kann allerdings ein falscher Eindruck entstehen. Normalerweise sind Streitereien um Nahrung in der Natur nicht so häufig wie am Futterhaus, denn die Nahrung ist viel sorgfältiger verteilt. So entstehen für die einzelnen Arten unterschiedliche Bereiche der Nahrungssuche (ökologische Nischen; s. z. B. S. 449). Am Futterhaus ist jedoch die Nahrung auf engstem Raum angehäuft; das kommt in der Natur normalerweise nicht vor. Große Futterstellen mit Ausweichmöglichkeiten für den Schwächeren oder die Verteilung des Futters auf mehrere kleine mit verschiedener Art des Nahrungsangebotes können solche Streitereien sehr stark verringern.

Blaumeisen ziehen in der Regel gegenüber den größeren Kohlmeisen den kürzeren, wehren sich aber auch durchaus mitunter erfolgreich gegen den großen Gattungsverwandten, vor allem an hängenden Futtergeräten. Die kleinen Blaumeisen können mit ihrem winzigen Schnabel empfindlich zwicken. Gegenüber den etwa gleichgroßen Sumpf- oder Tannenmeisen sind sie daher meist

Fütterung im Holznistkasten.

überlegen. Sie haben außerdem eine besondere Technik entwickelt, große und hartschalige Samen zu öffnen. Normalerweise hämmern Meisen auf das Samenkorn ein, das sie oft mit den Füßen festhalten. Die Blaumeise versucht dagegen mit regelrechten Bissen die Schale aufzuzwicken. Sie kann sie auch mit schabenden Bewegungen des geöffneten Schnabels anritzen.

Männchen an einer ehemaligen Spechthöhle.

Kohlmeise

Parus major

K Etwas kleiner als Sperling; größte der heimischen Meisen. Kopf glänzend schwarz mit weißen Kopfseiten; Unterseite gelb mit schwarzem Längsstrich in der Mitte, der beim ♂ breiter ist und sich bis zum Unterschwanz fortsetzt. Beim ♀ schwarzer Mittelstreifen schmaler, reicht nur bis zum Bauch. Rücken grünlich, gegen den Nacken zu gelblich. Flügel, Schwanz und Bürzel blaugrau; Schwanz mit weißer Außenkante; weißes Flügelband. Juv. matter, Oberkopf mehr bräunlich, Kopfseiten gelblich. ■ Repertoire an Rufen und Gesangsstrophen ist sehr vielseitig. Häufig bei Störung »zi pink dädädä«; oft auch nur einzelne oder wiederholte »pink« (vom Buchfinken manchmal kaum zu unterscheiden!), ferner »si tüi« (ansteigend) u. a. mehr. Gesang aus abwechselnden höheren und tieferen Elementen (»Läuten«), wie »zi zi bebe«, »zü titi« usw. Gesang im Vorfrühling oft schon

Männchen im Nistkasten

beim ersten Sonnenschein zu hören. ■ Ein gewandter Zweigturner, kommt von den Meisen am häufigsten auf den Boden zur Nahrungssuche; im Winter regelmäßig in gemischten Meisenschwärmen und Besucher von Futterstellen.

V Br. in Eurasien vom Atlantik bis zum Pazifik. Südgrenze Nordafrika, Israel, Iran, Ceylon und Insulinde; fehlt in der Tundrenzone im Norden. ■ Bei uns sehr verbreiteter und sehr häufiger Br. vom Tiefland bis in mittlere Gebirgshöhen; meist häufigste Meise. Stand- und Strichvogel; nördliche und östliche Populationen wandern manchmal weit (Invasionen). ■ Br. überall, wo Bäume stehen, bei geeignetem Nistkastenangebot auch in reinem Nadelwald. Das ganze Jahr über in der Nähe des Menschen, kommt regelmäßig an Futterstellen und ist im Siedlungsbereich manchmal ausgesprochen futterzahm.

F Vielseitiger Höhlenbrüter, der regelmäßig in künstlichen Nistkästen brütet (Einflugloch 32–34 mm Durchmesser). ■ Legebeginn ab Ende März/Anf. April; 1 Jahresbrut, Häufigkeit von Zweitbruten nach Biotop und Gegend verschieden. ■ 6–12 Eier; weißlich mit zarter roter Tüpfelung. ■ ♀, das vom ♂ gefüttert wird, brütet 10–14 Tage; beide Partner füttern die Jungen 15–22 Tage im Nest.

N Insekten und andere Kleintiere; daneben auch Sämereien das ganze Jahr über. Bevorzugt an Futterstellen fetthaltiges Futter (Meisenringe).

Die Gelegegröße innerhalb einer Vogelart wird durch verschiedene Umstände beeinflußt (s. S. 369). Bei der Kohlmeise sind zu diesem Thema viele Untersuchungen durchgeführt worden. Innerhalb eines Biotops, z.B. Laubwald, sinkt die Gelegegröße mit fortschreitender Jahreszeit, wahrscheinlich deshalb, weil die Masse der zur Verfügung stehenden Raupen als wichtiges Nestlingsfutter abnimmt. Merkwürdigerweise wurde aber auch nachgewiesen, daß die Gelegegröße in Jahren mit spätem Frühjahrseinzug und demzufolge spätem Legebeginn ebenfalls abnimmt. Auch das hängt wahrscheinlich mit dem Nahrungsangebot zusammen: In Jahren mit spätem Frühjahrseinzug und rascherer Erwärmung bis zum Frühsommer entwickeln sich die meisten Raupen schneller und stehen den Meisen also kürzere Zeit zur Verfügung. In ungünstigen Biotopen (z.B. Nadelwäldern, aber auch Gärten) werden ebenfalls kleinere Gelege gezeitigt als in günstigen (z.B. Laubwäldern). Auch das ist letztlich mit dem Nahrungsangebot zu erklären. Die Gelegegröße paßt sich also der für die Aufzucht der Jungen erreichbaren Nahrung an. Daher verwundert es auch nicht, wenn im allgemeinen bei hoher Dichte der Brutpaare die Gelege ebenfalls abnehmen. Große Gelege würden in diesem Fall sicherlich die Überlebenschance der Jungen schwächen. Somit müssen also Mechanismen wirksam sein, die die Gelegegröße in Anpassung an dem Aufzuchterfolg regulieren. Die Unterschiede können dabei nicht unerheblich sein und bereits in einer Gegend im Durchschnitt 3–4 Eier pro Gelege ausmachen. Aber auch das

Kohl- (oben) und Tannenmeise (unten).

Alter der ♀ spielt eine Rolle; erstmals brütende ♀ haben kleinere Gelege.

Überraschend ist aber nun das Ergebnis, das auch von der Größe der Höhle, also auch des Nistkastens, die Gelegegröße beeinflußt wird. Man fand in Holzbetonkästen mit 20 cm Innendurchmesser in 2 Jahren 11,9 bzw. 11,4 Eier pro Gelege, in solchen mit nur 9 cm Innendurchmesser dagegen 10,6 bzw. 9,1, also 1–2 Eier weniger. Damit wurde zum ersten Mal der Nachweis erbracht, daß auch Faktoren, die nicht mit dem späteren Nahrungsangebot zusammenhängen, die Gelegegröße beeinflussen können. Übrigens flogen in den größeren Kästen auch mehr Junge aus. Wodurch die Kohlmeisen veranlaßt werden, in großen Höhlen den Raum durch mehr Eier sinnvoll zu nutzen, ist nicht klar.

Kleiber

Sitta europaea

K Etwa sperlingsgroß. Untersetzt, kurzer Schwanz, großer spitzer Schnabel. Oberseite blaugrau, Unterseite mehr oder minder gelblich, Kehle weiß. Vom Schnabelgrund läuft ein schwarzer Streifen durch das Auge. Flanken beim ♂ auffallend kastanienbraun, ebenso Unterschwanzdecken. Beim ♀ sind entsprechende Gefiederpartien heller bräunlich und weniger deutlich mit der sonstigen Unterseitenfärbung kontrastierend. ■ Ruf hart »titi tirr« oder »twit«, langsam gereiht; auch hohe durchdringende »zit«. Mehrere Gesangsformen, z.B. schnelle Triller »wiwiwiwi …«, aber auch langsame, pfeifende, abwärts gezogene »tiu tiu« oder auch entsprechend aufwärts gezogene Laute, die man nachpfeifen kann. Gesang relativ laut und weit zu hören. ■ Klettert am Stamm auf- und abwärts, kann auch auf der Unterseite waagerechter Äste klettern; der Schwanz wird dabei nicht eingesetzt. Ähnlich den Spechten ist auch oft ein Schnabelklopfen zu hören. Ungesellig.

Nur Kleiber können kopfunter klettern.

V Br. von Europa (fehlt in Irland, Schottland, Island und im Norden Fennoskandiens), über den Waldgürtel Asiens bis an die Pazifikküste einschließlich der ostasiatischen Inselgruppen, ferner in Marokko, Kleinasien, Iran und Kaukasusgebiet. ■ Bei uns verbreiteter Br. im Tiefland und Gebirge; Stand- und Strichvogel, doch kommen auch in Mitteleuropa gelegentlich Wanderungen über größere Entfernungen vor, die den Charakter von Invasionen tragen. ■ Br. im Laub- und Mischwald, auch in Parks und Gärten. Kommt im Winter an Futterstellen.

F Höhlenbrüter, der auch Nistkästen annimmt, aber häufig vor allem alte Spechtlöcher bezieht; Höhleneingänge werden verklebt (s. unten); Nest besteht meist aus Rindenstückchen (vor allem Spiegelrinde der Kiefer). ■ Legebeginn April, 1 Jahresbrut. ■ 5–9 Eier weiß mit rötlichen und bräunlichen Flecken und Punkten. ■ ♀ brütet 14–18 Tage; die Nestlinge werden 23–25 Tage von beiden Partnern gefüttert.

N Insekten und andere Kleintiere, die auch aus Rinden, Spalten und unter abstehenden Rinden hervorgeholt werden; Sämereien.

Kleiber klettern im Unterschied zu Spechten und Baumläufern ohne Hilfe eines kräftigen Stützschwanzes. Die ganze Kletterarbeit wird damit von den Beinen getragen. Kleiber müssen ihre beiden Füße so aufsetzen, daß stets einer oben und einer unten sitzt. Mit parallel gestellten Füßen, wie Spechte und Baumläufer, können sie nicht klettern. So führt der Weg, den sie am Stamm nach oben nehmen, meist schräg aufwärts, wobei öfters die Richtung gewechselt wird. Die Körperachse eines kletternden Kleibers steht also schräg zur Kletterrichtung. Auf diese Weise kann ein Kleiber auch stammabwärts klettern; ein Fuß greift dabei immer voraus, der obere, der in der Rinde festgekrallt ist, sichert den Vogel. Der Körper hängt also jeweils am oberen Fuß für einen kurzen Moment. Im Vergleich zu seiner Größe besitzt der Kleiber eine gewaltige Spannweite der Zehen. Auf dem Boden oder an einem horizontalen Ast hüpfen Kleiber dagegen mit parallel gestellten Füßen.

Der Name Kleiber kommt von »kleben«. Im Inneren einer einmal erwählten Höhle beginnt über dem Flugloch diese Klebearbeit, die fast ausschließlich Aufgabe des ♀ ist. Im Schnabel wird ein Klumpen feuchter Erde eingetragen, an die Höhlenwand angedrückt und dann mit kräftigen Schnabelhieben breitgehämmert, so daß alle Fugen ausgefüllt werden. Dieses Festklopfen wird oft wiederholt, auch wenn die Kleiber nur mit Baumaterial einfliegen. Dadurch verbäckt das Material schließlich ganz fest mit der Unterlage. Durch das Kleben wird aber nicht nur ein zu großer Höhleneingang eingeengt. Vielmehr werden von innen in der Bruthöhle alle scharfen Kanten, Ritzen oder auch Spalten verklebt, im Nistkasten auch rechtwinkelige Ecken zwischen aufeinanderstoßenden Seiten. Nistkästen

Kleiber mit Futter am Eingang zu seiner Nesthöhle. Hier hat das Paar ein ausgefaultes Astloch gewählt. Deutlich ist zu erkennen, daß die Höhlung mit Lehm und Erde bis auf ein kleines Einflugloch zugemauert ist, das an der Körpergröße des Altvogels genau entspricht. So werden größere und stärkere Höhlenkonkurrenten und Nestfeinde abgehalten. Auch die Eingänge künstlicher Nistkästen werden verklebt.

lassen sich durch das Verkleben meist nicht mehr öffnen. Das ♂ beteiligt sich höchstens durch gelegentliches Herumklopfen an der Arbeit. Die biologische Bedeutung des Klebens liegt sicher z. T. darin, durch Verengung des Höhleneingangs größere Konkurrenten abzuhalten. Ein besonders wichtiger Höhlenkonkurrent ist der Star. Er ist gegenüber einer Kleibermauer, die etwa nach einem Tag getrocknet ist, bereits machtlos. Gegen den Buntspecht allerdings nützt die Vorsorge nichts; er meißelt ohne Probleme das verkleinerte Flugloch auf; Buntspechte zählen damit zu potentiellen Feinden einer Kleiberbrut, denn sie nehmen auch Junge heraus. Die Klebearbeit kann auch für größere Arten manchmal recht gefährlich werden. Einmal wurde sogar beobachtet, daß ein Kleiber das brütende ♀ eines Rauhfußkauzes in einer Schwarzspechthöhle regelrecht einmauerte.

Gartenbaumläufer

Certhia brachydactyla

K Kleiner als Sperling, relativ langer Schwanz, feiner gebogener Schnabel. Oberseite braun mit helleren Flecken und Streifen, sehr gute Tarnfarbe gegenüber der Baumrinde. Unterseite weißlich mit bräunlichen Flanken; weißer Überaugenstreif, vor allem am Vorderende weniger deutlich ausgeprägt als beim Waldbaumläufer. Da die optische Unterscheidung der beiden Baumläuferarten oft nicht sicher möglich ist, bilden die wichtigsten Bestimmungsmerkmale im Freiland die Lautäußerungen. ▪ Ruf im Vergleich zum Waldbaumläufer recht laute und kräftige »tüt«, einzeln und gereiht; daneben aber auch hohe »sri«, die dem Waldbaumläufer ähneln, jedoch etwas tiefer sind und stärker schwingen. Gesang kürzer und im allgemeinen kräftiger und lauter als Waldbaumläufer, gepfiffene Strophe etwa wie »tü ti tüti roiti«. ▪ Beide Baumläufer klettern am Stamm in kleinen Sprüngen aufwärts und stützen sich mit dem langen Schwanz ab, ähnlich den Spechten. Mittlere Schwanzfedern daher besonders steif und widerstandsfähig.

V Br. in West- und Mitteleuropa (fehlt in Großbritannien und auch im Norden Dänemarks); die Ostgrenze liegt etwas östlich der Ostgrenze Polens und an der westlichen Schwarzmeerküste; Br. ferner in Südeuropa und im Westen Kleinasiens sowie in Nordafrika. ▪ Bei uns verbreiteter Br. im Tiefland; fehlt in den höheren Ge-

birgslagen. Stand- und Strichvogel. ▪ Br. in Laubwäldern, Parks und Gärten, klettert bevorzugt an Laubbäumen mit tiefer Rinde (z. B. Eichen, Eschen, Ulmen usw.); brütet aber gebietsweise auch im Nadelwald. Gelegentlich kann man Gartenbaumläufer auch an einer Hauswand klettern sehen.

F Nest hinter lockerer Rinde in Baumspalten, aber auch Mauerspalten, sowie in Nistkästen (typische Baumläuferkästen haben schlitzförmigen seitlichen Eingang). ▪ Legebeginn ab Mitte April; normalerweise 1 Jahresbrut, vielleicht mitunter auch 2. ▪ 5–7 Eier, weiß mit braunen und roten Flecken. ▪ Das ♀ brütet etwa 15 Tage; 15–17 Tage werden die Jungen im Nest von beiden Partnern gefüttert.

N Kleine Insekten, Spinnen und andere Wirbellose, aber auch kleine Samen (vor allem im Winter).

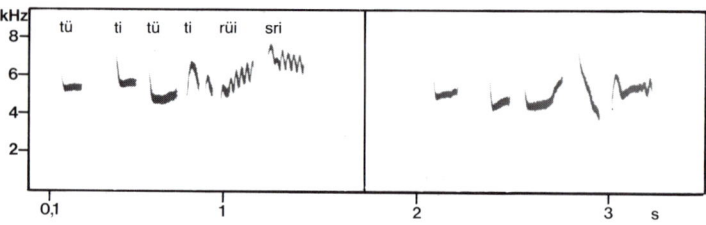

Waldbaumläufer

Certhia familiaris

K Kleiner als Sperling, sehr ähnlich Gartenbaumläufer, gebogener Schnabel meist (nicht immer!) etwas kürzer. Oberseite braun und rahmfarben gezeichnet; Bürzel rostfarben getönt. Weißgrauer Überaugenstreif reicht bis zum Schnabel vor und ist deutlicher als bei Gartenbaumläufer; Oberkopf deutlicher (vor allem im Bereich der Stirn) hell längsgestreift. Unterseite weiß ohne bräunliche Flanken (vgl. Gartenbaumläufer). ▪ Der normale Ruf ist ein hohes und scharfes »srii«, oft gereiht; im Flug häufig kurze gereihte »tit«; bei höherer Erregung längere Rufreihen wie »srii – tsitsitsi …«. Gesang nicht sehr laut, Strophen länger als bei Gartenbaumläufer, bestehen aus 2 Trillern, von denen der erste langsam etwas absinkt, der zweite wieder höher anfängt und rascher abfällt und schließlich in einem Endschnörkel endet. ▪ Klettert und bewegt sich wie Gartenbaumläufer.

V Viel größeres Verbreitungsgebiet als Gartenbaumläufer; Br. in Europa, über den Waldgürtel Asiens bis nach Ostasien einschließlich der japanischen Inseln und großer Teile Zentralasiens; ein isoliertes Areal im Kaukasus. Fehlt in Europa in Teilen Westfrankreichs und in Spanien außerhalb der Pyrenäen, auf manchen Mittelmeerinseln, in Südgriechenland sowie im Norden Fennoskandiens. ▪ Bei uns verbreiteter Br. vom Tiefland bis an die Waldgrenze im Hochgebirge. Stand- und Strichvo-

gel; nördliche und östliche Populationen führen gelegentlich Invasionen aus. ▪ Br. in Wäldern aller Art, auch in reinen Nadelwäldern und in höheren Gebirgslagen. Meist im Unterschied zum Gartenbaumläufer in größeren und geschlossenen Baumbeständen, auch in reinen Fichtenforsten. In Gärten und in der Nähe von Häusern dagegen viel seltener als die Zwillingsart.

F Nest ähnlich Gartenbaumläufer in Baum- und Rindenspalten; nimmt auch künstliche Nistkästen mit schlitzförmigem Einflugloch an. ▪ Legebeginn im April; 1 Jahresbrut, vielleicht regelmäßig auch 2. ▪

Kletternder Waldbaumläufer.

5–7 Eier; weiß mit bräunlicher und roter Sprenkelung und Punktierung. ▪ ♀ brütet etwa 14–15 Tage; beide Partner füttern die Jungen im Nest 14–16 Tage.

N Insekten und andere Kleintiere; auch pflanzliches Material, wie Flechten und kleine Sämereien.

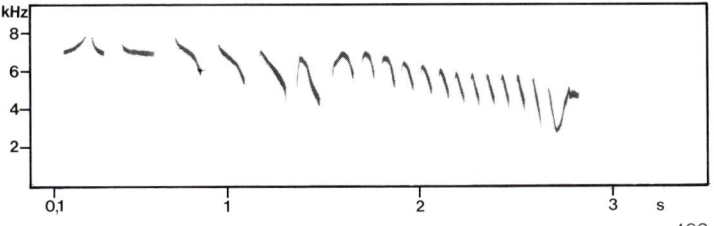

Mauerläufer

Tichodroma muraria

K Etwas größer als Sperling. Mit großen runden Flügeln und kurzem Schwanz (ähnlich Kleiber); Schnabel ähnlich Baumläufer lang, dünn und gebogen. ♂ im Brutkleid mit aschgrauer Oberseite, rosenroten, kleinen und mittleren Flügeldecken, große Flügeldecken und Handdecken schwarzbraun mit rotem Außenrand. An der Innenfahne der äußeren Handschwinge jeweils 2 große weiße Flecke. Schwanz schwarz mit grauen Spitzen; äußerste Schwanzfedern mit weißem Fleck. Unterseite grau, Kehle, Wangen und Kropfgegend schwarz. ♂ im Ruhekleid Wange, Kehle und Kopf weißlich, Oberkopf mehr braungrau. ♀ hat im Brutkleid entweder ganz weiße Kehle oder einen mehr oder minder ausgedehnten schwarzen Kehlfleck. Juv. dunkler aschgrau als ad., ohne hellere oder dunklere Kehle. ■ Rufe sind nicht oft zu hören; Gesang besteht aus einer aufsteigenden Reihe von Pfeiftönen (etwa 4–5), denen ein tiefer Pfiff folgt. Oft wird der Gesang allerdings nur bruchstückhaft vorgetragen. ■ Beim Klettern an der Felswand ist dauerndes Flügelzucken charakteristisch, dabei blitzen die weißen Flecken auf und auch das Rot im Flügel wird deutlicher sichtbar.

V Br. der Hochgebirge Europas und Asiens, z. B. Kantabrisches Gebirge, Pyrenäen, Alpen, Apennin, Karpaten, Balkan, Taurus, Kaukasus, ferner die asiatischen Hochgebirge bis Ostasien. ■ Bei uns verbreiteter, aber sehr dünn siedelnder Br. der Alpen, in Deutschland etwa 100 Paare. Stand- und Strichvogel, kommt im Winter in die Täler und auch in das Alpenvorland; er wird gelegentlich auch in größerer Entfernung von den Brutplätzen im Tiefland festge-stellt. ■ Br. steiler Felswände, ausnahmsweise auch an Gebäuden. Im Winter öfters an Gebäuden und in Steinbrüchen.

F Nest in Felshöhlen und Spalten meist recht tief; Brutwände meist steil aufragend, Nest häufig über dem Wasser. ■ Legebeginn Mai; 1 Jahresbrut. ■ 3–5 Eier; weiß mit feiner dunklerer Zeichnung. ■ Das ♀ brütet 18–19 Tage; beide Partner füttern die Jungen etwa 28–30 Tage im Nest, wobei die Jungen in den letzten Tagen das Nest jeweils schon verlassen, um den Altvögeln entgegenzulaufen. Nach der Fütterung kehren sie aber wieder ins Nest zurück.

N Insekten, Spinnen.

Als Hochgebirgsvogel steht dem Insektenfresser Mauerläufer nur eine kurze Brutperiode zur Verfügung, denn die Vegetationsperiode beginnt sehr spät. Da er nur einmal pro Jahr maximal 5 Junge großziehen kann, müssen die Nester sehr geschützt angelegt sein. Als Nestfeinde kommen vor allem Wiesel und Steinmarder in Frage. Die Eier sind im Vergleich zu gleichgroßen Singvögeln auffallend groß; sie enthalten viele Nährstoffe. Die Jungen werden sehr lang im Nest betreut. Zur Ernährung der Brut sind sehr große Reviere notwendig.

Rotkopfwürger

Lanius senator

K Größer als Sperling. Wie alle Würger relativ langschwänzig und kräftiger Schnabel; die Spitze des Oberschnabels ist hakenförmig über den Unterschenkel gekrümmt. Oberkopf und Nacken rostrot bis rostbraun; Rücken und Flügel schwarz bis braunschwarz. Davon stechen ein großer weißer Schulterfleck, eine kurze weiße Flügelbinde (die Mittelmeervögeln fehlt) und der weiße Bürzel (letzterer vor allem im Flug) ab. Der relativ lange Schwanz ist schwarz mit weißen Seiten. Stirn- und Kopfseiten breit schwarz, Unterseite einschließlich Kehle und vordere Seitenpartien von Kopf und Hals weiß bis gelblichweiß. ♀ ähnlich ♂, doch insgesamt blasser gefärbt. Juv. sehr ähnlich Neuntöter mit brauner Oberseite, schmutzig weißer Unterseite, die mit wellenförmigem Quermuster besetzt ist; Bürzel und Schultern jedoch im Unterschied zu jungen Neuntötern aufgehellt. ■ Rauhe, mehr oder minder hart klingende Rufe, wie etwa »dscherrt« oder »dsched – dsched …« o.ä., nicht selten längere Reihen bei hoher Erregung. Gesang ein mittellautes Schwätzen ohne Strophengliederung, gelegentlich mit Imitationen anderer Vogellaute. ■ Sitzt wie andere Würger gern an der Spitze eines Busches.

V Br. in Südeuropa, Nordafrika und Teilen Vorderasiens sowie im südlichen West-, Mittel- und Osteuropa (fehlt aber in Rußland so gut wie ganz). ■ Bei uns seltener Br.; in Deutschland nur noch im Südwesten mit etwa 50 Brutpaaren um 1985 und daher unmittelbar vom Aussterben bedroht. In der Schweiz um 1990 etwa 30 Paare. Langstreckenzieher (Ende April/Anfang Mai bis September); Winterquartiere in Afrika süd-

lich der Sahara. ■ Br. vor allem in Obstgärten, die an offenes Land angrenzen, Streuobstwiesen, seltener in Parkanlagen, Alleen usw, bevorzugt in warmen Gegenden.

F Nestern auf Bäumen, 3–6 m hoch, meist auf horizontalem Ast über 1 m vom Stamm entfernt. ■ Legebeginn im Mai; 1 Jahresbrut. ■ 4–6 Eier, Grundfarbe blaßgrünlich, rahm- oder rostfarben mit dicht sitzenden, dunkleren Punkten und Klecksen um den stumpfen Pol. ■ Brutdauer 14–16 Tage, hauptsächlich das ♀ brütet. Junge werden von beiden Partnern 16–18 Tage im Nest gefüttert, nach dem Ausfliegen aber mind. noch 4 Wochen betreut.

N Vor allem Großinsekten.

Folgende Ursachen der negativen Bestandsentwicklung des Rotkopfwürgers sind wahrscheinlich: Gefährdung des Lebensraums durch Rodung von Obstgärten und Streuobstflächen im Rahmen der Flurbereinigung und Rodungsaktionen, die mit EU-Mitteln finanziert wurden. Manche ortsnahen Obstgärtenbiotope sind mittlerweile auch überbaut worden. Die Nutzungsintensivierung schafft große Flächen mit einheitlicher Bewirtschaftung; dadurch fallen viele Brutplätze weg.

Neuntöter

Lanius collurio

K Größer als Sperling; typische Würgermerkmale (s. Rotkopfwürger). ♂ mit hellblaugrauem Oberkopf und Nacken sowie ebenso gefärbtem Bürzel; Rücken und Flügel kastanienbraun. Eine breite schwarze Gesichtsmaske läuft von der Ohrgegend durch das Auge zur Schnabelbasis; Kehle weiß. Unterseite weißlich mit rötlichem Anflug. Schwanz schwarz mit einem weißen Außenrand, der am inneren Ende des äußersten Drittels beginnt und bis zur Basis läuft. ♀ oberseits matt rostbraun, unterseits bräunlich weiß mit braunen, halbmondförmigen Querflecken; Gesichtsmaske mehr oder minder deutlich dunkelbraun durch eine schmale hellere Trennungslinie vom braunen Oberkopf abgesetzt. Bei juv. ist die braune Unterseitenfleckung gröber und damit deutlicher ausgeprägt als bei ♀; von jungen Rotkopfwürgern durch einheitlich rostbraune Oberseitenfärbung und durch das Fehlen hellerer Schultern bzw. Andeutung eines hellen Flügelbandes unterschieden. ▪ Rufe wie »dschrää, dschädä«; juv. betteln durchdringend »qäi« oder »quää«.

Neuntöter-Weibchen.

Gesang ist nicht häufig zu hören und meist ein nicht sehr lautes Schwätzen mit zahlreichen Imitationen anderer Vogelrufe. ▪ Sitzt häufig auf erhöhter Warte, z. B. auf Spitzen von Büschen und kleinen Bäumen; der relativ lange Schwanz wird oft von einer Seite zur anderen geschlagen.

V Br. von Westeuropa bis Zentralasien; fehlt in Irland und in großen Teilen Großbritanniens, im mittleren und nördlichen Skandinavien, in Nordfinnland sowie auf einigen Mittelmeerinseln und in Teilen Spaniens. ▪ Bei uns im Tiefland noch verbreiteter, aber im allgemeinen nicht mehr häufiger Br. Langstreckenzieher (Ende April/Anf. Mai bis September), der im Unterschied zu den meisten Zugvögeln aus allen Teilen Europas nach Südosten abzieht und über das östliche Mittelmeer nach Ost- und Südafrika gelangt. ▪ Br. offener Buschlandschaften, an Waldrändern, in Schonungen; bevorzugt Dornbüsche und -hecken.

F Nest ein tiefer Napf in Büschen 1–3 mm hoch. ▪ Legebeginn Mai/Juni; 1 Jahresbrut. ▪ 4–6 Eier, Grundfarbe grünlich rosa oder rahmfarben bzw. fast weiß; am stumpfen Pol für gewöhnlich eine dunklere Fleckenzone, die wie ein Ring das Ei umgibt. ▪ Überwiegend das ♀ brü-

Dornbuschhecken in der freien Landschaft bieten dem Neuntöter Nistplätze.

tet 14–16 Tage; die Jungen werden von beiden Partnern 12–16 Tage im Nest gefüttert, nach dem Ausfliegen aber noch 3–4 Wochen betreut.

Ⓝ Vor allem Großinsekten, aber auch kleine Reptilien, Vogeljunge und ausnahmsweise Kleinsäuger.

Würger spießen Beutetiere auf Stacheln oder Dornen auf bzw. klemmen sie ein. Eine solche »Schlacht-bank« (auf die sich wohl auch der Name der Vogelgruppe bezieht) hat zwei Aufgaben: Futterspeicher für Notzeiten bzw. für die Fütterung der Jungen und Hilfe bei der Bearbeitung. Größere Beutetiere können nämlich beim Zerkleinern nicht mehr fest genug mit den Füßen gehalten werden. Kleinere Beutetiere, z.B. Insekten, werden erst dann aufgespießt, wenn der Vogel satt ist. Sie stehen dann bei Regentagen oder in frühen Morgenstunden, wenn noch keine Insekten fliegen, als Nahrung zur Verfügung.

Frühestens ab dem 2. Tag des Ausfliegens sind die ersten Tupfbewegungen des Schnabels auf einer Unterlage zu sehen. Diese Bewegungen werden mit der Zeit ausdauernder und häufiger, allmählich auch als ausgesprochene Ab/Auf-Bewegungen und als lange Wischer ausgeführt. Frühestens 8 Tage nach dem Ausfliegen sind eindeutige Ortsbevorzugungen dieser Bewegungen zu erkennen, Dornen oder Spitzen werden aber auch dann noch nicht besonders beachtet. Erst einige Tage später interessieren sich die Jungen für solche Strukturen. Doch auch dann ist das Aufspießverhalten noch nicht perfekt; es fehlt nämlich noch die Zielgenauigkeit und der nötige Abwärtsdruck, um die Beute wirklich aufzuspießen. Es kann vorkommen, daß die jungen Neuntöter zunächst unliebsame Bekanntschaft mit Dornen und Spitzen machen, weil sie durch ihre Zielungenauigkeit den Schnabel zu weit vorschieben und sich in den Boden der Mundhöhle stechen. Auch kann der Abwärtsdruck so heftig werden, daß weichhäutige Insekten auseinanderreißen. Durch Übung verbessert sich aber Zielgenauigkeit und Druckstärke. Zwischen dem 13. und 19. Tag nach dem Verlassen des Nestes funktioniert das Aufspießen dann. Wegen des schwierigen Nahrungserwerbs werden junge Würger auffallend lang betreut.

Raubwürger

Lanius excubitor

K Etwas kleiner als Amsel, doch schlanker. Größter einheimischer Würger (Schwarzstirnwürger ist allerdings nur unwesentlich kleiner). Auffallend schwarzweiß gefärbt. Oberseite grau, an Bürzel und Schultern aufgehellt, Schulterfedern weiß. Schwarze Gesichtsmaske, die als breites Band von der Ohrgegend durch das Auge bis zur Schnabelbasis verläuft und gegenüber dem grauen Oberkopf durch eine schmale weiße Linie abgegrenzt ist. Stirn grau, Unterseite weiß bis hellgrau, bei Mittelmeervögeln, die gleichzeitig dunkler graue Oberseite aufweisen, rötlich überhaucht. Schwanz mit schmal weiß abgesetzter Außenkante, die sich im Spitzendrittel stark verbreitert. ♀ ähnlich gefärbt mit zarter grauer Wellung auf der Brust. Juv. graubraun, mit braunen Wellen auf der Unterseite. Im Alterskleid folgende wichtige Unterschiede gegenüber Schwarzstirnwürger (s. unten): Gesichtsmaske (s. unten), relativ län-

»Schlachtbank« im Winter.

gerer Schwanz und kürzere Flügel (die im angelegten Zustand nur bis zur Schwanzwurzel reichen), an den Seiten schwach, gegen die Spitze zu aber breit weiß abgesetzter Schwanz, der auch stärker gestuft ist; Flügel mit einfachem oder doppeltem, weißem Spiegel, der jedoch schmal ist; Unterseite in der Regel bei uns nicht rosa überhaucht; der oft betonte Größenunterschied ist kein zuverlässiges Feldmerkmal. ■ Ruf hart »wäd wäd« oder auch schäckernd ähnlich Elster; Gesang besteht aus kurzen, meist etwas rauh klingenden lauten Strophen auf »ü«, etwa wie »üü – tschrli, trüi« usw., doch daneben auch schwätzender Gesang ohne Strophengliederung mit Imitationen. ■ Einzelgänger, sitzt meist auf erhöhter Warte, bogenförmiger Flug, rüttelt auch.

V Weit verbreiteter Br. in Europa, Asien (bis Ostasien) und im nördlichen Afrika, einschließlich der Sahara und auch im Norden Amerikas (Nordkanada, Alaska); fehlt in Island, Irland, Großbritannien, Südschweden, Italien, Griechenland und Kleinasien. ■ Bei uns im Tiefland verbreiteter, aber meist selten gewordener Br. (in Deutschland um 1985 etwa 2000 Brutpaare geschätzt); vor allem im Süden bedroht. Teilzieher, als einziger Würger auch im Winter bei uns anzutreffen. ■ Br. in offener, weich strukturierter Landschaft mit Einzelbäumen, Strauchgruppen, Feldgehölzen, Hecken usw., gern auch in Moor- und Riedgebieten bzw. extensiv genutzten Flächen. Da die Brutreviere sehr groß sind (bis über 40 ha) nirgends häufig.

F Nest meist hoch in Einzelbäumen. ■ Legebeginn April, 1 Jahresbrut. ■ 5–7 Eier, weiß mit grünlicher oder bräunlicher Tönung, dunkler braun oder grau mit mehr oder minder gleichmäßig verteilten Punkten und Flecken gezeichnet. ■ Brutdauer 14–16 Tage, überwiegend brütet das ♀. Beide Partner füttern die Jungen etwa 19–20 Tage im Nest, betreuen sie aber nach dem Ausfliegen noch mind. 4 Wochen.

N Großinsekten, kleine Jung- und Altvögel, kleine Reptilien (Eidechsen) und vor allem im Winterhalbjahr Mäuse.

Beim winterharten Raubwürger sind wohl keine klimatischen Ursachen für den Rückgang verantwortlich zu machen, sondern lediglich Landschaftsveränderungen. Hauptverursacher ist vermutlich die Landwirtschaft durch Entwässerung von Mooren und Heiden, Intensivierung der Grünlandnutzung, Umwandlung von Wiesen in Ackerland, Ausräumung der Landschaft. Auch die Ausweitung der Verbauung, Torfabbau in großen Moorlandschaften und die Wiederaufforstung offener Heidelandschaften spielen gebietsweise eine Rolle. Eine Vielzahl menschlicher Aktivitäten schmälert also das Brutgebiet und auch das Nahrungsangebot.

Schwarzstirnwürger
Lanius minor

K Viel größer als Sperling; nur unwesentlich kleiner als Raubwürger; Schwanz relativ kürzer, zusammengelegte Flügel reichen über die Schwanzwurzel hinaus. Oberseite grau, Flügel und Schwanz schwarz. Im Flügel breiter weißer Streif, der Schwanzaußenrand breiter weiß abgesetzt als beim Raubwürger, Schwanzende weniger stark gestuft. Gesichtsmaske breit schwarz, nicht durch einen schmalen weißen Streifen von der grauen Kopfoberseite abgesetzt; Stirn beim ♂ breit schwarz, beim ♀ Ausdehnung des Schwarz schmaler. Unterseite weiß, rosa überhaucht. Juv. wirken insgesamt mehr bräunlichgelb, dunklere Gefiederpartien dunkelbraun statt schwarz; die Gesichtsmaske ist schmaler als bei ad. und reicht nicht auf die Stirne. ■ Gesang leise

Schwarzstirnwürger-Männchen.

schwätzend, auch mit Imitationen; die lauten Strophen auf »ü« (s. Raubwürger) fehlen.

V Br. in Süd- und Osteuropa, im Westen bis Frankreich; ferner Italien, Südosteuropa, Vorder- und Zentralasien; im Norden bis vor kurzem noch in Südwestdeutschland; ferner Österreich, Tschechien, Slowakei, Mittelpolen und -rußland. ■ In Deutschland als r. Br. Ende der 70er Jahre ausgestorben, nur noch Einzelpaare. Fernzieher (Mai bis September), Winterquartier im tropischen Afrika. ■ Bei uns ehemals Br. offener Landschaften.

Pirol

Oriolus oriolus

♀

K Etwa amselgroß. ♂ leuchtend gelb, Flügel schwarz mit gelbem Fleck am Ansatz der Handschwingen; Schwanz schwarz mit breitem gelbem Außenrand im Spitzendrittel. ♀ Oberseite gelbgrün, Flügel und Schwanz dunkler olivgrün, Unterseite weißgrau mit feinen dunklen Längsstreifen, Unterschwanzdecken und äußerste Schwanzspitzen gelb. Juv. ähnlich ♀. ■ Ruf rauh »räh«, nicht so geräuschhaft wie Eichelhäher; daneben auch spechtähnliche scharfe »jik jik«. Gesang ist ein rein flötendes »düdlio« (»Vogel Bülow«). ■ Meist im Laub der Baumwipfel verborgen und daher zumindest zur Brutzeit nicht leicht zu sehen. Fliegt in langen Wellen und schießt mit angelegten Flügeln von unten in das schützende Dickicht.

Das Pirolnest hängt in der Astgabel.

V Br. in Europa nordwärts bis ins südlichste Fennoskandien und zur Südostecke Englands; fehlt in Südgriechenland und auf einigen Mittelmeerinseln; ferner Br. in Nordafrika, Vorderasien, ostwärts bis Mittelsibirien und Zentralasien sowie in Teilen Indiens. ■ Bei uns im Tiefland verbreiteter, aber nur im Osten großflächig als häufig anzutreffender Br.; Langstreckenzieher (Mai bis Anf. September), Winterquartier im äquatorialen Afrika. ■ Br. im Laubwald, vor allem in Auwaldbeständen, aber auch in Parks mit altem Baumbestand; seltener in großen Gärten.

F Nest hoch im Baum in eine waagerechte Astgabel oder zwischen 2 waagerecht stehende Zweige aufgehängt; kunstvoller Napf, dessen Ränder um die Zweige geschlungen sind. ■ Legebeginn ab Mitte Mai; 1 Jahresbrut (vielleicht manchmal auch 2). ■ 3–4 Eier; weiß, rahmfarben oder rosa mit wenigen kleinen braunen und schwarzen Flecken. ■ Brutdauer 14–16 Tage, fast ausschließlich brütet das ♀. Die Jungen werden 14–17 Tage von beiden Partnern gefüttert.

N Vor allem Insekten; im Sommer auch manche Früchte.

In einem süddeutschen Beobachtungsgebiet, in dem jahreland systematisch Pirole beobachtet wurden, trafen die ersten ♂ in 12 Jahren meist erst zwischen dem 3. und

8. Mai ein. Nur einmal war ein ♂ schon am 25. April angekommen, in einem besonders warmen Jahr. Also kann auch beim <u>spät heimkehrenden Langstreckenzieher</u> die Witterung einen gewissen Einfluß auf die Erstankunft haben. Die ersten ♀ trafen 3–4 Tage nach den ♂ ein. Ein Pirolpaar beansprucht eine relativ große Fläche als Revier, nämlich 10–25 ha. Allerdings sind in solchen Revieren auch Flächen enthalten, die vom Pirol nicht genutzt, sondern nur überflogen werden. 4–7 Tage dauert es in der Regel, bis sich die Paare gebildet haben. <u>Der Bau des</u> kunstvoll aufgehängten <u>Nestes</u> ist wohl ausschließlich Angelegenheit des ♀. Am Morgen und in den Vormittagsstunden wird am eifrigsten gebaut. 7–10 Tage dauert es, bis das Nest fertig ist, manchmal auch erheblich länger. Das Nestmaterial wird aus Entfernungen bis zu 2 km herbeigetragen. Regenfälle können einen Nestanfang nicht selten unterbrechen. Die ersten Fäden der Nestanlage werden an einer geeigneten Astgabel mit Speichel angeklebt. Ihre Verankerung ist wichtig, da sie das Nest tragen. Das Außennest besteht meist aus Bastfasern, Schnüren, Schafwolle, Gespinste aller Art, auch Stoffetzen, Grashalme, dürre Blattstückchen, Birkenrinde oder Moos wird eingetragen.

Mitte Juni <u>schlüpfen</u> normalerweise <u>die Jungen.</u> Bis mind. zum 5. Lebenstag werden sie noch gehudert (s. S. 433). Auch später schützt das ♀ die Jungen vor Regen und Kälte, aber auch vor allzu starker Sonnenbestrahlung. Vor allem nachts werden die Jungen vom ♀ überdeckt und dadurch warmgehalten. Am Anfang übergibt das ♂ das mitgebrachte Futter dem hudernden ♀, das dann seinerseits das Futter an die Jungen weiterreicht. Später beteiligen sich beide Partner an der Fütterung, mitunter auch noch lange

Ein Junges hat soeben das Nest verlassen.

nach dem Ausfliegen der Jungen. Wenn sie dann das Nest verlassen, klettern die Jungen zunächst in der Nestumgebung umher, ziehen aber dann bald flatternd und kletternd umher.

Die ersten Ortsveränderungen außerhalb des Nestes sind bei den meisten Singvögeln nicht ganz unproblematisch. Das Flugvermögen ist noch nicht ausgereift. Oft fallen Junge dabei herunter oder geraten im hilflos wirkenden Flatterflug zu Boden. Dort können sie sich nicht gleich erheben, da die Flügel noch nicht tragen, bei manchen Arten auch die Schwungfedern noch nicht voll ausgewachsen sind. Man findet daher zur Brutzeit bei vielen Singvogelarten scheinbar hilflose, von den Eltern <u>verlassene Jungvögel</u> auf dem Boden. Sie mit nach Hause zu nehmen, um sie zu pflegen und großzuziehen, ist meist nicht sinnvoll. Man kann sie allerdings an einen geschützteren Ort setzen, z. B. wenn Jungvögel mitten auf eine Straße geraten sind. Selbst Pirole stürzen nicht selten zunächst aus luftiger Höhe zu Boden, ohne sich dabei zu verletzen.

Eichelhäher

Garrulus glandarius

K Kleiner als Krähe. Körper rötlich-braun, Unterseite etwas heller. Schwanz schwarz; davon abstechend weißer Bürzel. Flügel schwarz mit auffallendem weißem Fleck; Flügeldecken hellblau und schwarz gebändert (beliebte Hutzier). Scheitelfedern schwarz-weiß (können aufgerichtet werden); auffallender schwarzer Bartstreif. Augen hellblau. ▪ Häufigster Ruf ist ein lautes und aufdringliches Rätschen (»schräit«). Daneben sind noch weitere Rufe zu hören, z.B. harte »krrr« und häufig auch ein »hiiäh«, das an den Ruf des Mäusebussards erinnert. Der Gesang ist ein z.T. bauchrednerisches Schwätzen, nicht sehr laut und auffallend; hat wahrscheinlich nicht die Funktion der Reviermarkierung. ▪ Flug wirkt etwas schwerfällig.

V Br. in mehreren Rassen, deren Kopf- und Körpergefieder z.T. verschieden gefärbt ist, von Westeuropa bis Ost- und Südostasien. Fehlt als Br. in Island, im Norden Schottlands und in Teilen Skandinaviens sowie in Asien nördlich der Taigazone und in den Steppengebieten Zentralasiens. Brütet auch in Nordafrika und Kleinasien. ▪ Bei uns verbreiteter Br. der Wälder im Tiefland und Gebirge; während der Brutzeit oft sehr heimlich und versteckt; fällt außerhalb der Brutzeit mehr auf. Bei uns Stand- und Strichvogel und wohl vielfach auch Teilzieher. Wintergäste und gelegentlich Invasionen nördlicher und östlicher Populationen. ▪ Br. in Wäldern aller Art, aber auch im ausgesprochenen Kulturland, in größeren Gehölzen und größeren Parkanlagen und Gärten.

F Nest meist gut versteckt in jungen oder alten Bäumen oder im Buschwerk. Meist deutlich mehr als 1 m über dem Boden. ▪ Legebeginn April; normalerweise nur 1 Jahresbrut. ▪ Meist 5–6 Eier, von blaßgrünlicher Grundfarbe; fein bräunlich oder rötlich gezeichnet. ▪ Beide Partner brüten etwa 16–17 Tage; die Jungen werden 19–20 Tage von beiden Eltern im Nest gefüttert.

N Sehr vielseitig, doch überwiegend pflanzlich, vor allem Samen und Früchte; aber auch Insekten und ihre Entwicklungsstadien, kleine Wirbeltiere, zur Brutzeit auch Eier und Nestlinge von Singvögeln.

Bei reichem Angebot werden im Herbst und Spätsommer von den Eichelhähern Eicheln, Haselnüsse oder Bucheckern gesammelt und im Kehlsack transportiert. Bis zu 12 Eicheln können darin aufgenommen werden. Die Früchte werden dann zwischen Wurzeln, in Rindenspalten, unter Laub oder in der Erde versteckt als »Wintervorrat«. Einen großen Teil der Verstecke dürfte aber der Eichelhäher nicht mehr finden, so daß dann neue Pflanzen auskeimen können und der Eichelhäher damit die Verbreitung vor allem der Eiche fördert.

Auch ist anzunehmen, daß einige Eicheln während des Transport verloren werden. Im Einzelfall ist tatsächlich wahrscheinlich gemacht worden, daß der Eichelhäher für das Aufkommen von Eichenunterwuchs auf solchen Waldflächen verantwortlich zu machen ist, auf denen die Eiche vorher verschwunden war.

Das Beispiel zeigt, wie einseitig Einstellungen sind, die sich ausschließlich am Nutzen oder Schaden einer Vogelart orientieren. Der Eichelhäher ist traditionell bei uns als schädlich gebrandmarkt. Erst in allerneuester Zeit gingen wieder längst überholte Milchmädchenrechnungen über den verheerenden Einfluß eines einzigen Eichelhäherpaares sowie seines Nachwuchses auf die Singvogelwelt des Waldes selbst durch die Fachpresse. Und immer wieder wird mit der Flinte versucht, den Bestand zu dezimieren und einer angeblichen Übervermehrung zum Schaden der Singvögel des Waldes Einhalt zu gebieten. Es gibt keine ernstzunehmenden Hinweise, daß sich Eichelhäher stark oder gar im Übermaß vermehrt haben. Auch die Tatsache, daß sie für eine Verarmung der Singvogelwelt in den Wäldern verantwortlich sind, ist nicht schlüssig bewiesen. Keine einzige Vogelart ist bekannt, die durch den Eichelhäher auf längere Sicht tatsächlich irgend eine Bestandsminderung zu erleiden hatte.

Vom Standpunkt des Artenschutzes sind also Vernichtungskampagnen gegen den Eichelhäher nicht erforderlich. Vom Standpunkt der biologischen Schädlingsbekämpfung ist seine Rolle sehr viel differenzierter zu sehen als dies gemeinhin geschieht: In Einzelfällen hat sich herausgestellt, daß Eichelhäher sich zwar negativ auf die künstliche Ansiedlung von Meisen auswirken, doch bei Massenvermehrungen von forstschädlichen Insekten insgesamt mehr vertilgen als die von ihnen dezimierten Meisenbruten. Allerdings ist die Rolle der Vögel in solchen Fällen noch nicht eindeutig geklärt.

Eichelhäher sammelt im Herbst Eicheln, um sie als Wintervorrat zu vergraben.

Elster

Pica pica

K Kleiner als Krähe; durch ihren langen Schwanz und kontrastreiches schwarz-weißes Gefieder unverkennbar. Schultern, Flanken und Bauch weiß; das übrige Gefieder wirkt auf die Entfernung schwarz; aus der Nähe ist ein blauer, grüner oder purpurfarbener Glanz zu sehen. Der lange Schwanz ist gestuft. Juv. fehlt der Metallglanz auf den dunklen Gefiederpartien. ■ Häufigster Ruf sind schackernde Rufreihen wie »schack-schack-schack«, daneben auch nasale und gedehnte »gräh«, hohe »kik« und ähnliche Laute. Der Gesang ist auch wie bei anderen Rabenvögeln nicht bedeutend und meist ein gurgelndes, bauchrednerisches Schwätzen mit Pfeiflauten. ■ Etwas unbeholfen wirkender Flatterflug; läuft oft auch am Boden und bewegt sich geschickt im Gezweig.

V Br. in ganz Europa und Nordafrika (fehlt auf einigen Mittelmeerinseln). Ferner in weiten Teilen Asiens bis Ostasien und in Nordamerika. ■ Bei uns häufiger und verbreiteter Br. des Tieflandes; in höheren Berglagen fehlend, ebenso auch innerhalb geschlossener Wälder. Stand- und möglicherweise auch Strichvogel. ■ Br. der offenen Kulturlandschaft mit einzelnen Baumgruppen, Hecken, Alleen, Büschen, aber auch an Waldrändern. Wandert teilweise in Städte und Dörfer ein. Fehlt in geschlossenen Waldungen, aber auch in engen Bergtälern.

F Nest umfangreicher Bau aus Zweigen mit Überdachung; wirkt daher kugelförmig. Nestmulde aus feinerem Material teilweise mit Erde ausgestrichen und verfestigt. Standort in Büschen und niedrigen Bäumen; Elsternnester sind vor allem nach dem Laubfall oft weithin zu sehen. ■ Legebeginn ab Anf. April; 1 Jahresbrut. ■ 5–8 Eier; blaßbläulicher oder grünlicher Grund; mit feinen olivbraunen oder grauen Sprenkeln und Klecksen dicht besetzt. ■ Nur das ♀ brütet 17–18 Tage; beide Partner füttern die Jungen etwa 24–27 Tage im Nest.

N Sehr vielseitig, offenbar tierische Nahrung überwiegend; Insekten und deren Larven, Würmer, Spinnen Schnecken, auch Amphibien und Kleinsäuger. Plündert während der Brutzeit Nester von Kleinvögeln; daneben Aas, Abfälle und Früchte; auch Sämereien.

Auch die Elster gilt herkömmlicherweise als Schädling, vor allem gegenüber Singvögeln und Niederwild.

474

Eine Folge davon ist, daß sie wie Krähe und Eichelhäher keinen besonderen gesetzlichen Schutz genießt. Elster- und Krähennester auszuschießen wird z.B. immer noch als »Hegemaßnahme« von der Jagd empfohlen. Doch ist dieses Verfahren schon deshalb sehr problematisch, weil alte Krähen- und Elsternnester nicht selten von Waldohreule, Turm- oder Baumfalke bezogen werden, die selbst keine eigenen Nester bauen. Vor allem in baumarmen und in ausgeräumten Landschaften kommt damit der Elster eine nicht zu unterschätzende vogelschützerische Bedeutung zu. Auf der anderen Seite ist es freilich keine Frage, daß Eichelhäher, Elster und Rabenkrähe als typische Nesträuber gelten müssen. Ob damit allerdings wirklich Bestandsminderungen der betreffenden Singvogelarten eintreten, ist kaum je schlüssig bewiesen. Dies ist auch von vornherein unwahrscheinlich, denn als »Allesfresser« ist die Ernährung wie auch bei Eichelhäher und Rabenkrähe ganz davon abhängig, welches Nahrungsangebot zu den einzelnen Jahreszeiten gerade häufig und leicht zu erreichen ist. Das bedeutet, daß solche Arten als »Allesfresser« eine sehr vielseitige Rolle spielen und daher auch kaum eine einzige Tierart empfindlich schädigen können. Ganz allgemein wird die Wirkung sog. natürlicher Feinde auf die Populationen potentieller Beutetiere oft übertrieben. Krähen und Elstern sind daher kaum deswegen so häufig in unserer Kulturlandschaft, weil etwa der Habicht in vielen Gebieten selten geworden ist.

Die »diebische Elster«, die Schmuck und glitzernde Gegenstände stiehlt, erfreut sich eines fast sprichwörtlichen Bekanntheitsgrades. Der berühmte britische Ornithologe D. Goodwin schreibt hierzu: »Ich kenne keinen Beweis dafür bei wild-

Elster am Luderplatz.

lebenden Rabenvögeln«. Neugierverhalten von Rabenvögeln ist allbekannt, auch daß sie gerne zahm und »frech« werden. Vielleicht haben entsprechende Beobachtungen zu diesem zweifelhaften Ruhm der Elster geführt. Ein Foto, das Sonnenbrille und Silberlöffel in einem Elsternnest zeigt und verschiedentlich an Zeitschriften verkauft und auch gedruckt wurde, erwies sich als Fälschung.

Elster an ihrem Nest.

Tannenhäher

Nucifraga
caryocatactes

K Deutlich kleiner als Krähe; relativ kürzerer Schwanz als Eichelhäher. Grundfarbe dunkel schokoladenfarben, Flügel und Schwanz schwarz, letzterer mit breiter weißer Endbinde. Körper mit Ausnahme von Oberkopf und Nacken mit vielen weißen Tropfenflecken übersät. Unterschwanzdecken weiß. Schnabel dunkel und relativ lang. Im Winter gelegentlich invasionsartig auftretende Sibirische T. *(N. c. macrorhynchos)* haben schlankeren Schnabel und schmalere weiße Schwanzendbinde. ▪ Häufigster Ruf ein hartes schnarrendes »krärr-krärr« (auch wie »chrääh« zu hören), das mitunter in langen Reihen gebracht werden kann. Daneben auch leisere Laute, wie »wäk, djuk« u. ä. Gesang ein leises Schwätzen.

V Br. in Gebirgen Mittel- und Südosteuropas; ferner in Wäldern von Südskandinavien ostwärts bis an die Pazifikküste, auch im Himalaja und in den nordchinesischen Gebirgen. ▪ Bei uns vor allem auf die Alpen und einige waldreiche Mittelgebirge beschränkt; Stand- und Strichvogel; zur Brutzeit recht heimlich, im Herbst r. auch in Bergtäler und in Gärten kommend sowie an der Baumgrenze; im Winter r. im gebirgsnahen Tiefland. Im Tiefland in unregelmäßigen Abständen invasionsartiges Auftreten vertrauter Sibirischer T. ▪ Br. dichter Nadelwälder; in den Zentralalpen von der Arve abhängig.

F Nester in der Regel gut versteckt in Nadelbäumen. ▪ Legebeginn ab März; wahrscheinlich nur 1 Jahresbrut. ▪ 3–5 Eier; auf weißlichem oder grünlich-blauem Grund fein olivbraun und grau gezeichnet. ▪ Das ♀ brütet etwa 17–19 Tage; Nestlingszeit 23–25 Tage; die Jungen halten sich aber noch wochenlang bei den Altvögeln auf.

N Vor allem Sämereien, bevorzugt Arve, Bergkiefer, Haselnüsse, ferner Walnuß, Eiche, Buche Kastanie; weiche Früchte und Beeren; im Sommer auch Insekten und andere Kleintiere.

Sibirischer Tannenhäher an der Futterstelle.

In den Kalkalpen sieht man Tannenhäher im Spätsommer und Herbst regelmäßig mit vollem Kropf von den Tälern in die Wälder hinauf fliegen. Die Vögel sammeln Haselnüsse, um sie in ein Versteck zu tragen (vgl. Eichelhäher, S. 472). Besonders wichtig ist diese Sammeltätigkeit aber für die Arve (Zirbe). Dort, wo sie vorkommt, leben den ganzen Winter hindurch Tannenhäher von versteckten Arvennüßchen. Die Verstecke sind entweder im Boden oder in der Baumkrone (einzelne Nüßchen in Flechtenpolstern) angelegt. Der Vogel findet die Bodenverstecke auch bei geschlossener Schneedecke mit 80%iger Sicherheit. Wie er das macht, ist noch weitgehend ungeklärt. In der Schweiz wurde in einem Jahr mit mittlerer Ernte festgestellt, daß jeder Tannenhäher etwa 100 000 Nüßchen versteckte; in einem Jahr mit schlechter Ernte waren es immerhin 47 000. Selbst wenn man annimmt, daß nur ein verschwindend geringer Bruchteil der vorhandenen Arvennüßchen vom Tannenhäher versteckt sein sollte, ergibt sich immerhin, daß etwa 0,2–0,8% der Samen als Verjüngungspotential des Waldes vorhanden sind. Das ist ein recht günstiger Wert. Abseits der Standorte fruchtender Altbäume geht wahrscheinlich der gesamte Jungwuchs auf die Verstecktätigkeit des Tannenhäher zurück; innerhalb eines Arvenwaldes sind es immerhin noch 80%. Damit hat der Tannenhäher für die alpine Forstwirtschaft eine nicht zu unterschätzende Bedeutung.

Die Einflüge Sibirischer Tannenhäher nach Mitteleuropa waren zumindest lange Zeit sehr viel unregelmäßiger als z.B. die Invasionen des Seidenschwanzes. Immerhin registrierte man z.B. in Brandenburg in 141 Jahren 35 Einflüge, also 2,5 in 10 Jahren. In neuester Zeit gab es aber auch einmal in 4 aufeinander folgenden Jahren Sibirische Tannenhäher in Mitteleuropa. Wohl die größte bisher registrierte Invasion fand 1968/69 statt. Meist beginnen die Einflüge im August/September. Ein Rückzug ist oft kaum nachweisbar; die Vögel verschwinden allmählich. Gelegentlich (auch im Zusammenhang mit der großen Invasion 1968/69) kommt es vor, daß einzelne Sibirier bei uns übersommern, ja sogar auch eine Brut zeitigen.

Dort, wo keine Arven vorkommen, sammeln Tannenhäher im Herbst Haselnüsse. Sie transportieren die Früchte im Kehlsack vom Talboden bis in die Bergwälder hinauf und vergraben sie dort als Wintervorrat. Auf dem unteren Bild wird die mit dem Schnabel gepackte Nuß gerade transportgerecht im Kehlsack verstaut.

Alpendohle

Pyrrhocorax graculus

K Kleiner als Krähe. Glänzend schwarzes Gefieder; kaum gebogener gelber Schnabel; Beine rot. Juv. mit grauem Schnabel und dunklen Beinen. ■ Laute, weit hörbare Rufe, wie »dschirr« oder »dschri«; ferner ein scharfes abfallendes »pijä« oder »psijü«. Gesang ist ein unbedeutendes Schwätzen. ■ Geschickte Aufwindsegler; oft ganz futterzahm und in großen Schwärmen.

V Br. in Hochgebirgen Nordafrikas, Spaniens, Italiens, Mittel- und Südosteuropas; ferner vom Osten Kleinasiens über das Kaukasusgebiet und Nordiran sowie über die Südumrandung des zentralasiatischen Hochlandes bis Ostasien. ■ Bei uns verbreiteter und lokal häufiger Br. in den Alpen oberhalb der Baumgrenze; an vielen Touristengipfeln sehr vertraut und bei ganzjähriger Bewirtschaftung auch im Winter in Gipfelhöhe (zumindest tagsüber). Sonst im Winter in Schwärmen in den Ortschaften der Alpentäler, jedoch nicht außerhalb des Gebirges. ■ Br. der Felszone, wobei wind- und kältegeschützte Lagen von großer Bedeutung sind. Vor allem im Süden auch in tieferen Lagen des Hochgebirges brütend.

F Nest in Felshöhlen und Spalten, auch gelegentlich an Gebäuden. ■ Legebeginn April/Mai; 1 Jahresbrut. ■ 3–6 Eier; Grundfarbe hell bräunlich oder grünlich; dicht grau bzw. bräunlich gefleckt. ■ ♀ brütet 21 Tage; Junge bleiben über 35 Tage im Nest.

N Vielseitig; im Sommer vor allem Insekten und deren Larven; Vegetabilien (z. B. weiche Früchte); Abfall von Berggasthöfen u. ä.

Kein anderer Hochgebirgsvogel hat sich so eng an den Menschen angeschlossen wie die Alpendohle. So ist sie auch bei einem kurzen Besuch in den Alpen für den Vogelkundler aus dem Tiefland meist die erste neue Art, die er entdecken kann. Viele heute von Alpendohlen regelmäßig besuchten Plätze verdanken ihre Existenz wohl der Ansiedlung des Menschen oder der landschaftlichen Erschließung. Insbesondere die für viele Alpenvögel so gefährliche Entwicklung von Tourismus und Fremdenverkehr hat die Alpendohle für sich zu nutzen gewußt. Zumindest in manchen Gebieten, so z. B. in der Schweiz, hat daher der Bestand vor allem in den Zentren des Wintersports zugenommen. Allerdings sind Einzelbruten an Kunstbauten oder Neuansiedlungen auch in Talnähe, über die vor allem in letzter Zeit viele Meldungen vorliegen, wohl kaum von besonderer Bedeutung für die Bestandsentwicklung, zumindest bis jetzt nicht. Die harten Lebensbedingungen im Hochgebirge haben trotz touristischer Erschließung bisher keine Bestandsexplosion bewirkt.

Wie bei den meisten Rabenvögeln spielt offenbar auch bei der Alpendohle ein kompliziertes Sozialverhalten, das bis jetzt aber bei dieser Art noch wenig untersucht ist, und erstaunliches Lernvermögen eine wichtige Rolle. So kann man hervorragende Anpassungen an lokale Verhältnisse beobachten. Im Winterhalbjahr oder auch bei sehr ungünstigem Wetter im Sommer tritt mitunter ein regelrechter täglicher Pendelverkehr zwischen Berg und Tal ein. Große Schwärme besuchen ab frühem Vormittag von den Bergen kommend einzelne, ergiebige Nahrungsquellen in den Ortschaften. So finden sie sich z.B. pünktlich nach der großen Pause auf Schulhöfen ein, um Nachschau zu halten, oder richten sich nach den Ankunftszeiten der Bergbahnen im Gipfelbereich. Bei durchlaufendem Winterbetrieb im Gipfelbereich haben die Vögel häufig das Überwintern in Talgegenden aufgegeben.

Auch bei der Alpendohle halten viele (vielleicht die meisten) Paare offenbar ein Leben lang zusammen (vgl. Dohle, S. 480). Das ganze Jahr über kann man beobachten, wie das Männchen sein Weibchen füttert und damit ganz offensichtlich die Paarbindung verstärkt. Für das Weibchen bedeutet dieses Paarfüttern eine Versorgung mit zusätzlichem Futter. Für das Männchen scheint die Möglichkeit, ein Weibchen füttern zu können, aber auch Vorteile mit sich zu bringen, weil es damit im Sozialver-

band Ansehen gewinnen kann. Wie bei Dohlen herrscht nämlich auch unter den Alpendohlen eine soziale Rangordnung. In ihr nehmen verpaarte Männchen die höchsten, unverpaarte Weibchen die niedrigsten Positionen ein. Bei Verpaarung steigt das Männchen in der Rangordnung auf, nicht aber das Weibchen (anders bei Dohle, S. 480), das aber jetzt einen Beschützer hat.

Ein Flugkünstler über den Berggipfeln ist die Alpendohle. Wo Bergwanderer ihre Gipfelrast abhalten, stellen sich die lebhaften Vögel rasch ein.

Die Alpenkrähe (Pyrrhocorax pyrrhocorax) ist langschwänziger als die Alpendohle; ihr schwarzes Gefieder glänzt intensiv. Der lange und gebogene Schnabel ist rot; Beine rot. Ein sehr wichtiges Unterscheidungsmerkmal gegenüber der Alpendohle ist auch der Ruf, der gedämpfter klingt, etwa wie »kijar«. Sehr seltener Br. der Alpen (nicht auf bundesdeutschem Gebiet!); ferner Br. lokal an den Küsten Großbritanniens und Irlands sowie in Nordafrika, Südeuropa und von Kleinasien bis Ostasien.

Dohle

Corvus monedula

K Kleiner als Krähe. Überwiegend schwarz; Nacken und Ohrdecken grau; Unterseite dunkelgrau. Kürzerer Schnabel als Krähe; Auge hellgrau. ■ Rufe sehr bezeichnend hell und weithin hörbar »kja«, auch gedehnter und schnärrend wie »kjarr« bzw. »kjerr«. Am Nest auch tiefe »kaah«. Gesang leises und variables Schwätzen. ■ Fast immer gesellig. Flugbild taubenähnlich. Schnellerer Flügelschlag als Krähen.

V Br. von Europa und Nordwestafrika bis Mittelsibirien; fehlt in Island, im nördlichen Fennoskandien und in Nordrußland. ■ Bei uns verbreiteter Br. vor allem des Tieflandes; im Hochgebirge fehlend, auch in vielen Alpentälern. Stand- und Strichvogel; bei uns jedoch Populationen aus Nord- und Osteuropa, Wintergäste in großer Zahl. ■ Br. in Städten auf Türmen, Wallanlagen und Burgen, ferner in Steinbrüchen, einzelstehenden Burgen, auch an Steilküsten und in Baumhöhlen (z.B. in lockerem Buchen- oder Eichenwald). Im Winter oft mit Saatkrähen vergesellschaftet in großen Trupps auf Feldern und Müllhalden.

F Höhlen- und Nischenbrüter, vor allem in Felshöhlen, Felsspalten, Baumhöhlen, auch in Nistkästen und in Mauerlöchern; brütet meist in Kolonien. ■ Legebeginn April; 1 Jahresbrut. ■ 3–6 Eier; blaß hellblauer Schalengrund mit dunkleren Flek-ken. ■ Das ♀, das vom ♂ gefüttert wird, brütet 17–18 Tage; Nestlingszeit 30–35 Tage.

N Allesfresser; im Sommer vor allem Insekten und deren Larven, Würmer, Schnecken; zur Brutzeit auch Eier und Singvogeljunge; Körner und weiche Früchte; Abfall.

Das faszinierende Sozialleben der Dohle hat schon vor über 50 Jahren den späteren Nobelpreisträger Konrad Lorenz zu wegweisenden Verhaltensuntersuchungen angeregt. Bisher ist z.B. noch von wenigen Singvögeln sicher nachgewiesen, daß die Paare wie bei der Dohle ein Leben lang zusammenbleiben können. Wenn ein Paar einmal 6 Monate zusammen ist, geht es nur noch selten auseinander. Die Paarbindung hört dann meist nur mit dem Tod eines Partners auf. Auch nach mehreren erfolglosen Bruten bleiben die Partner beisammen. Auflösung von Paaren ist nur unter den einjährigen Dohlen häufiger. Unter 52 solchen Paaren bildeten sich 22 neu, davon nur 5 nach dem Tod eines Partners. Von den 17 sonstigen Scheidungen traten 7 vor und 10 nach einem Brutversuch ein. Bei Dohlen scheint (oft?) ein Überschuß an ledigen ♀ zu bestehen. Sie suchen dann ein verpaartes ♂ für sich zu gewinnen. Doch meist bleiben solche Versuche erfolglos. Bis jetzt ist noch nicht ganz klar, welchen Vorteil diese lebenslange Paarbindung hat, die ganz offensichtlich auch vielen Gefahren standhalten muß.

An Dohlen ist auch das bei sozialen Vögeln so wichtige und interessante Problem der Rangordnung bereits von K. Lorenz untersucht worden. Die Rangordnung regelt »Rechte und Pflichten« innerhalb einer sozialen Gruppe. Voraussetzung, daß eine solche Verteilung funktioniert, ist, daß sich die Gruppenmitglieder individuell kennen. Deutliche Rangordnungsverhältnisse verhindern beispielsweise, daß bei begrenztem Zugang zu einer Nahrungsquelle jedes Mal von neuem Streitereien auftreten und ganz allgemein tägliche Auseinandersetzungen auf ein sinnvolles Maß reduziert werden. Ranghohe Individuen haben nicht nur Vorteile; sie müssen auch Pflichten wahrnehmen, z. B. als Wächter oder Verteidiger. Allerdings sind Rangordnungsverhältnisse oft recht kompliziert, da sie nicht starr bzw. für alle Fälle gleichermaßen gelten. Bei Dohlen rückt z. B. ein ♀ nach Verpaarung in den Rang des ♂ auf; Verpaarungen rangniederer ♂ mit ranghöheren ♀ scheinen dagegen so gut wie nie vorzukommen.

Rangordnungen bzw. Dominanzverhältnisse herrschen nicht nur innerhalb einer Art, sondern auch zwischen verschiedenen Arten. Dies läßt sich z. B. am Futterhaus beobachten (s. S. 447).

Dohlen spielten auch eine wichtige Rolle in Experimenten, die das Zählvermögen von Tieren untersuchen. Im Wahlversuch konnten Dohlen Deckel von Futterschälchen entfernen, auf denen unterschiedliche Zahlen in Punkten aufgetragen waren. Auf einer Anweisungstafel war angegeben, welcher Deckel entfernt werden mußte, um zu Futter zu gelangen. Ergebnis: Dohlen können bis 7 zählen. Natürlich stehen ihnen keine Zahlbegriffe zur Verfügung. Daher spricht man vom »unbenannten« oder vorsprachlichen Zählen.

Wie fast alle handaufgezogenen Rabenvögel können auch Dohlen sehr zahm werden und sind daher für das Entlassen in die Freiheit nicht mehr geeignet. Dies sollte man bedenken, wenn man Junge mitnimmt.

Ein Dohlenpaar im Gleichklang des Verhaltens.

Saatkrähe

Corvus frugilegus

K Größe wie Rabenkrähe. Schwarzes Gefieder mit deutlicherem Blauschiller als Rabenkrähe. Schnabel schlanker und spitzer als bei Rabenkrähe. Altvögel mit nacktem weißlichgrauen Gesicht. Juv. wie bei Rabenkrähe voll befiedertes schwarzes Gesicht, aber schlanker Schnabel wichtiges Kennzeichen. ▪ Ruf tiefer und rauher als Rabenkrähe »korr« bzw. »kah«; daneben auch hohe »kirr« und »kja«, die manchmal et-

Alte Saatkrähe im Winter.

was an Dohlen erinnern. In den Brutkolonien großer Lärm vor allem der Jungvögel. Gesang unbedeutendes Schwätzen. ▪ Fast stets gesellig.

V Br. von Westeuropa bis Ostasien; fehlt in Südeuropa, in weiten Teilen Fennoskandiens; besonders häufig in Osteuropa. ▪ Bei uns Br. des Tieflandes, doch nicht überall, da viele Kolonien vor allem in menschlichen Siedlungen stark verfolgt wurden; fehlt in den Alpen und in waldreichen Mittelgebirgslandschaften; bei uns Stand- und Strichvogel, doch im Winter starker Einflug von Wintergästen aus Osten und Norden, die zusammen mit Dohlen oft riesige Schwärme bilden. ▪ Lebensraum ist die offene Feldlandschaft; Nahrung wird vorzugsweise am Boden gesucht; die Brutkolonien stehen meistens in kleinen Baumgruppen. Im Winter auf abgeernteten Feldern, Ödland und Müllkippen.

F Brütet in Kolonien; Nester meist in einzelnen Baumgruppen hoch oben im Geäst, oft mitten in Städten. ▪ Legebeginn April; die Kolonien werden häufig schon im März bezogen. 1 Jahresbrut. ▪ 3–6 Eier; Grundfarbe hellblau bis mattgrün; dichte Fleckung rotbraun bis oliv. ▪ Das ♀ büter 17–20 Tage. Die Jungen bleiben meistens mehr als 30 Tage im Nest.

 Mehr Vegetabilien als die Rabenkrähe; besonders keimende Körner, pflanzliche Abfälle usw. Daneben aber auch Insekten, Würmer, Schnecken und andere Kleintiere, im Winter Abfall.

Die meist mit Dohlen untermischten riesigen Winterschwärme der Saatkrähe täuschen eine viel größere Häufigkeit vor. Der mitteleuropäische Brutbestand ist nämlich z. T. rückläufig. Er umfaßte um 1985 in Deutschland etwa 35 000 Paare, doch ist die Art nur in Schleswig-Holstein und in Mecklenburg-Vorpommern flächig verbreitet. Wegen Lärmbelästigung werden immer mehr Kolonien zerstört. Auch Schäden in der Landwirtschaft können durch große Schwärme verursacht werden. Die auf den Feldern durch Herausziehen von Keimlingen ohne Zweifel verursachten Schäden sind großenteils nie exakt erhoben worden und werden auch wohl meist nicht durch einheimische Brutvögel verursacht, sondern durch die riesigen Winterschwärme aus Osteuropa. Die meist wenigen Brutkolonien sind heute vielfach besser geschützt, so daß der Rückgang wenigstens in manchen Gebieten aufgehalten werden konnte und sogar Neuansiedlungen stattfanden.
Besonders eindrucksvoll sind die Schlafplatzversammlungen der Saatkrähen, die sich allabendlich an günstigen Plätzen formieren und Zehntausende von Vögeln umfassen können. In dieser riesigen Masse herrscht eine soziale Organisation. Man hat beobachtet, daß z. B. in besonders kalten Nächten dominante Vögel die am besten geschützten Plätze in den Schlafbäumen einnehmen und die anderen abdrängen. So ist deren Energieverlust pro Winternacht größer.
Krähenschlafplätze, die oft über viele Jahre tradionell beibehalten werden, nehmen mitunter allabendlich Vögel

aus einem großen Einzugsgebiet auf. So besteht ein berühmter Schlafplatz in Westberlin seit mindestens 80 Jahren und nimmt bis zu 80 000 Saatkrähen, Dohlen und Nebelkrähen auf, die bis über 10 km anfliegen aus einem Einzugsbereich von ca. 600 km².
Die Rangordnungen spielen auch auf den Nahrungsplätzen eine entscheidende Rolle. Ranghöhere Indi-

Ausschnitt einer Saatkrähenkolonie im Vorfrühling.

viduen haben vor allem in Zeiten knapper Nahrung unbestreitbare Vorteile. Vögel niederer Rangstufe weisen daher höhere Winterverluste auf. Dies betrifft in erster Linie Jungvögel, die meist in der Rangfolge unten stehen, während die Mehrzahl der erfahrenen Altvögel gut über den Winter kommt.

Aaskrähe

Corvus corone

K Die Aaskrähe kommt in 2 verschiedenen Unterarten vor. <u>Rabenkrähen</u> *(C. c. corone)* tragen schwarzes Gefieder, das etwas weniger glänzt als jenes der Saatkrähe. Der kräftige schwarze Schnabel ist höher und nicht so spitz wie bei der Saatkrähe (vgl. auch Kolkrabe). Die <u>Nebelkrähe</u> *(C. c. cornix)* unterscheidet sich durch grauen Rücken und ebenso gefärbte Unterseite; ist also deutlich zweifarbig. Dort, wo die Brutgebiete von Raben- und Nebelkrähe aneinandergrenzen, treten Mischlinge auf. ■ Der bekannteste Ruf ist ein etwas heiseres »kräh« oder »krah« usw. Gesang ein variables Schwätzen; oft bauchrednerisch mit Imitationen. ■ Außerhalb der Brutzeit häufig in Trupps; die Revierpaare in der Brutzeit jedoch einzeln und recht heimlich.

V Rabenkrähen brüten in Westeuropa mit Ausnahme von Island, Irland und Nordwestschottland ostwärts bis Dänemark und in Mitteleuropa bis ins westliche Ostdeutschland sowie an die Westgrenze Tschechiens und ins westliche Österreich. In Irland, Schottland, Fennoskandien und von Dänemark, Ostdeutschland, Tschechien sowie Tirol an ostwärts brüten Nebelkrähen, ebenso von den Südalpen an südwärts. Das Gebiet der Nebelkrähen reicht von Osteuropa und Kleinasien an ostwärts bis Japan und bis an das Beringmeer; in Nordafrika nur in Ägypten Br. ■ Im westlichen Mitteleuropa (Beneluxländer, Bundesrepublik Deutschland, Schweiz) sind Rabenkrähen häufige Br. des Tieflandes und der Mittelgebirge. Stand- und Strichvogel. Ostwärts werden sie durch Nebelkrähen ersetzt (Stand- und Strichvogel, auch Teilzieher). ■ Br. vor allem in offener Kulturlandschaft, an Waldrändern, aber auch in Parks und mitten in Städten. Im Winter häufig in größeren Trupps; abends vor allem Schlafplatzgesellschaften, deren Mitglieder manchmal von weit her anfliegen.

F Nest in der Regel hoch auf Bäumen; ziemlich große Bauten aus Zweigen. ■ Legebeginn Ende März/ Anf. April; 1 Jahresbrut. ■ 4–6 Eier; Grundfarbe hellblau oder grünlich mit braunen oder grauen Flecken und Sprenkeln. ■ Das ♀ brütet allein 17–21 Tage; die Jungen werden mind. 30 Tage im Nest von beiden Partnern gefüttert.

N Allesfresser. Tierische Nahrung besteht aus Würmern, Schnecken, Insekten und deren Larven, aber auch Fischen, Kaulquappen, Amphibien, Nestlingen und Eiern von Vögeln und vor allem Aas, auch Kleinsäugern. Daneben Früchte, Sämereien, Pflanzenteile, besonders gerne Abfälle aller Art.

Einzelne Untersuchungen haben ergeben, daß es Rabenkrähen nicht so
leicht haben, wie man meinen möchte. Sie machen sich selbst das Leben schwer, oder anders ausge-
drückt: Hier wirken starke innerartliche Regulationsmechanismen. Eine Rabenkrähen-Population ist normalerweise in 2 Gruppen gespalten,
nämlich in einzelne territoriale Brutpaare und in Schwärme von Nichtbrütern. Letztere sind vor allem in
Gebieten mit intensiver landwirt-
schaftlicher Nutzung begünstigt. Sie
können nämlich die besten Nahrungsplätze gegen einzelne Brutpaare erfolgreich verteidigen. Abgesehen davon sind häufig die zur Verfügung stehenden optimalen Brutbiotope relativ rasch unter die potentiellen Brutpaare aufgeteilt, so daß ein
Teil der Paare mit weniger günstigen
Revieren vorlieb nehmen muß und
schlechten Bruterfolg hat. Die Vögel
nichtbrütender Schwärme sind arge
Nesträuber, auch bei der eigenen
Art! In einem norddeutschen Untersuchungsgebiet brachten z. B. in
16 Jahren 377 Paare nur 512 flügge
Jungen hoch, also nur 1,36 Junge
pro Paar und Jahr. Hauptursache
des geringen Bruterfolges war Raub
von Eiern und Jungvögeln durch
nichtbrütende Krähen! Diese erstaunliche Tatsache ist mittlerweile
an verschiedenen europäischen
Krähenpopulationen bestätigt worden. Dabei spielt das Nahrungsangebot eine nicht zu unterschätzende,
indirekte Rolle. Ist es nämlich für die
brütenden und fütternden Altkrähen
knapp oder weit verteilt in der Landschaft, dann bleiben die Nester längere Zeit von den Altvögeln unbe-
wacht, die auf Nahrungssuche sind.
Die Nesträubereien nehmen zu.
Normalerweise bestehen die nicht-
brütenden Krähenschwärme aus Vögeln im 1.–3. Lebensjahr; die meisten Krähen kommen erst im 4. Lebensjahr zur Brut, auch wenn sie

Rabenkrähe am Luderplatz.

physiologisch dazu schon Ende des
2. Lebensjahres in der Lage wären.
Die Möglichkeiten der Fortpflanzung
werden also durch die Dichte der
Population sehr begrenzt. Abschuß-
oder Dezimierungsaktionen sind daher meist völlig sinnlos, wie an Einzelfällen gezeigt werden konnte.

Nebelkrähe.

Kolkrabe

Corvus corax

K Wesentlich größer als Rabenkrähe; Gefieder schwarz, mächtiger schwarzer Schnabel. Im Flugbild keilförmiges Schwanzende. Kehlfedern oft zottig gesträubt. ■ Im Flug tiefe »grog« oder »kark«; daneben metallische »klong«, aber auch höhere Rufe. Gesang gutturales Schwätzen. ■ Flügelschlag langsamer als bei Krähen; segelt ver-

Flugbild des Kolkraben.

gleichsweise häufig im Aufwind. Bei der Balz akrobatische Flugspiele.
V Weit verbreiteter Br. auf der Nordhalbkugel von Island, Westeuropa und Nordafrika bis Ostasien; auch in Nordamerika von Grönland bzw. Alaska südwärts bis Mittelamerika. Fehlt in Europa vor allem in Tieflandgegenden Frankreichs und Mitteleuropas. ■ Bei uns heute auf zwei Schwerpunkte beschränkt: Alpen und ihr Vorland sowie Ostdeutschland, vor allem im Norden (Mecklenburg-Vorpommern, Brandenburg); insgesamt um 1985 6000 Paare. Standvogel. ■ Br. in verschiedenen Lebensräumen von der Küste bis zum Hochgebirge, bei uns vor allem auf die Alpentäler und im Tiefland auf zusammenhängende Wälder beschränkt; sucht aber außerhalb geschlossener Baumbestände vorzugsweise Nahrung, so z. B. an großen Müllkippen.
F Nester auf Felswänden, aber auch Baumbrüter. ■ Legebeginn März, manchmal auch schon Februar; 1 Jahresbrut. ■ 4–6 Eier; Grundfarbe grünlichblau oder hellgrün, viele graue, braune oder olivfarbene Flecken und Spritzer. Das ♀ brütet etwa 3 Wochen; von beiden werden die Jungen mind. 40 Tage gefüttert, d.h. die Familie bleibt nach dem Ausfliegen noch zusammen.

Allesfresser, besonders Aas und Abfälle, ist in den Alpen vor allem an verendetem Wild zu finden. Schlägt auch schwaches oder verlassenes Jungwild; holt sich gelegentlich Lämmer von Schafherden und frißt gerne die Nachgeburt der Schafe; daneben Kleinsäuger und Insekten, aber auch durchaus vegetabilische Nahrung.

Die Geschichte des Kolkraben in Mitteleuropa ist sehr wechselvoll. Wahrscheinlich in erster Linie durch Verfolgung ist im 19. Jh. der Bestand fast überall sehr dezimiert worden. In weiten Gebieten verschwand der Rabe als Brutvogel. In den Alpen hat sich etwa seit den vierziger Jahren wieder eine Erholung des Bestandes bemerkbar gemacht, die wohl auf Schutz und nicht zuletzt auf neue Nahrungsquellen durch den Tourismus und die zunehmende Besiedlung der Alpentäler zurückzuführen ist. Diese Bestandserholung führte auch zu Wiederbesiedlungen aufgegebener Gebiete, z. B. im bayerischen Alpenvorland, im Schweizer Mittelland oder im Schweizer Jura, neuerdings auch im Bodenseegebiet und im Schwarzwald. Desgleichen kam es in Norddeutschland (z. B. Schleswig-Holstein, Niedersachsen, Mecklenburg) zu einer Zunahme. Teilweise ist jedoch diese Entwicklung, die nur relativ kleine Populationen betraf, im norddeutschen Tiefland neuerdings wieder rückläufig, so vor allem in Schleswig-Holstein. Man konnte dafür u. a. Giftteieraktionen verantwortlich machen, mit denen Kolkraben und Rabenkrähen illegal verfolgt wurden.
Die Vermehrung in den Alpen und alpennahen Gebieten scheint in letzter Zeit zu einem gewissen Stillstand gekommen zu sein. Möglicherweise wird sie in nächster Zeit wieder rückläufiger, da beispielsweise durch das Schließen der freien Müllkippen im Winter den Raben eine wichtige Nahrungsgrundlage geschmälert wird.
Ähnlich wie bei der Rabenkrähe ist auch beim Kolkraben die Population in Paare aufgeteilt und daneben in Schwärme und Trupps von Nichtbrütern (»Junggesellen«). Die Paare halten das ganze Jahr über (vielleicht auch ein Leben lang) zusammen. Nichtbrüter bilden häufig sehr große Schwärme, die z. B. an Müllkippen über 100 Vögel umfassen können.

Kolkrabe am Luder.

Fast flügge Junge im Horst.

Star

Sturnus vulgaris

[K] Kleiner als Amsel, untersetzte Gestalt, langer, spitzer Schnabel, kurzer Schwanz; im Flug spitze, dreieckige Flügel; sitzt aufrecht. Im Frühjahr ad. schwarz, grün- bis purpurschillernd; oberseits helle Flecken, unterseits einfarbig; Schnabel zitronengelb. Im Herbst und Frühwinter sind ad. mit vielen weißen Tupfen übersät; Schnabel dunkelbraun. Die hellen Federsäume reiben sich bis zum Frühjahr größtenteils ab. Juv. stumpfbraun mit weißlicher Kehle und dunklem Schnabel; keine hellen Flecken. ■ Viele, z.T. schwer zu beschreibende Rufe, z.B. »wät« oder »wet wet«, gedämpfte »ärr«, nasale »spreen« o.ä. Junge rufen kurz vor und nach dem Ausfliegen durchdringend »tschirr«. Der Gesang ist ein vielfältiges Schwätzen, das mit schnurrenden und schnalzenden Lauten, aber auch mit reinen Pfiffen unterbrochen wird. Viele Imitationen von Geräuschen und Vogelstimmen. Gesang wird mit gesträubtem Gefieder vorgetragen; die hängenden Flügel werden etwas vom Körper abgestellt und heftig geschlagen. ■ Flug geradlinig und schnell, oft werden Gleitstrecken eingeschaltet. Schon ab Frühsommer häufig in großen Schwärmen, die im Herbst Zehntausende von Vögeln umfassen können.

[V] Br. in Europa (fehlt in Spanien, auf einigen Mittelmeerinseln – hier aber meist der nahe verwandte Einfarbstar, *St. unicolor* – sowie in Griechenland), Vorderasien bis an den Westrand Zentralasiens und ins westliche Mittelsibirien; wurde in Nordamerika, Südafrika, Australien und Neuseeland ausgesetzt und hat sich dort erfolgreich eingebürgert. In Nordamerika konnte er sich seit 1890/91 von New York aus fast über den ganzen Teilkontinent ausbreiten und sich zu gewaltigen Populationen vermehren. ■ Bei uns verbreiteter Br. vor allem im Kulturland; in höheren Gebirgslagen fehlend. Teil- und Kurzstreckenzieher, der vor allem aus kälteren und höher gelegenen Gebieten vollständig abwandert und dort im Winter (November bis Februar) fehlt. Winterquartiere der Zugvögel in Mittel-, West- und Südeuropa. ■ Br. in Laubwäldern, aber auch in Gärten, Parks, Alleen, Feldgehölzen usw. Oft in großen Schwärmen auf kurzrasigen Wiesen oder Äckern, im Sommer und Herbst auch in Obstgärten und Weinbergen. Übernachtet oft in großen Schwärmen im Zentrum von Großstädten an lärmenden Plätzen, aber auch in großen Schilfbeständen.

[F] Höhlenbrüter; Nest in Baum-, Mauer- und Felshöhlen; vielerorts r. und häufiger Nistkastenbewohner. ■ Legebeginn ab Mitte April; 1 Jahresbrut, ein bestimmter Anteil, der möglicherweise von Jahr zu Jahr und von Gegend zu Gegend wechselt, unternimmt 2 Jahresbruten. ■ 4–6 Eier; einheitlich blaßgrünlich hellbau gefärbt. ■ Beide Partner brüten 13–15 Tage; die Jungen werden 18–22 Tage von ♂ und ♀ gefüttert.

[N] Insekten und deren Larven, vor allem solche Arten, die am Boden und in den obersten Bodenschichten leben; Würmer. Im Spätsommer und Herbst verschiedene Früchte; kann in Obstplantagen und Weinbaugebieten großen wirtschaftlichen Schaden anrichten.

Der Star zählt heute zu den erfolgreichsten und damit häufigsten Vögeln der Kulturlandschaft mittlerer Breiten. Sein Bestand wird in einzelnen Ländern Europas in die Hunderttausende von Paaren geschätzt, so z. B. in Großbritannien und Irland über 1,4 Mio. und in Deutschland 4 Mio. Brutpaare. Das bedeutet, daß am Ende der Brutzeit vorübergehend Millionen von Staren in manchen Gebieten zu erwarten sind. Für Großbritannien ist bekannt, daß der Star noch Anfang des 19. Jh. recht selten war und sich erst ab 1930 kontinuierlich ausbreitete und vermehrte. Aber noch um die Jahrhundertwende war er in Irland, England und Schottland bei weitem nicht überall verbreitet. Heute ist er mit Ausnahme abgelegener Gebirgszüge überall anzutreffen. Ähnlich ist die Entwicklung wohl auch in anderen Ländern Europas vor sich gegangen.

Der Star gilt inzwischen als ein großes Problem für Obst- und Weinbau, und in manchen Teilen Europas und Nordafrikas werden immer noch Vernichtungsfeldzüge gegen ihn geführt. Neuerdings aber wird aus Skandinavien und Finnland Rückgang gemeldet. Einige Gebiete Nordeuropas wurden vom Star allerdings erst vor wenigen Jahrzehnten besiedelt.

Für die gewaltige Vermehrung macht man die Entwicklung der Landwirtschaft verantwortlich, darüber hinaus vor allem im Norden und Nordwesten Europas auch Klimaänderungen bzw. -schwankungen. Es wird sich zeigen müssen, ob die weitere Entwicklung unserer modernen Kulturlandschaft mit neuen Techniken der Landbewirtschaftung und damit verbunden mit großen Änderungen in der Struktur der Agrarlandschaft dem Star weiterhin entgegen kommt. Eindrucksvoll ist die Geschichte des Stars in Nordamerika. Versuche der Einbürgerungen in New York 1872/73 hatten zunächst keinen Erfolg, ebenso auch nicht Aussetzungsversuche 1890 in Portland/Oregon. Von einigen Leuten, die alle von Shake-

Manche Starenkästen sind über viele Jahre hinweg regelmäßig besetzt.

Singender Star im Frühjahr.

speare erwähnten Vögel in Amerika einbürgern wollten, wurden 1890 dann noch einmal 60–80 Stare im Central Park in New York freigelassen, eine weitere Schar von etwa 40 ein Jahr später. Von da an trat der Star seinen Siegeszug über die Staaten an. In den 30er Jahren war der Mississippi bereits überschritten, 1942 Kalifornien erreicht. Um 1940 hatte der Star ein Gebiet von 7 Mill km² besiedelt; dies entspricht rund 70% der Fläche Europas bis

»Perlstar« im Herbst.

zum Ural. Heute reicht das Verbreitungsgebiet des Stars in Amerika vom Süden Alaskas und dem südlichen Kanada bis über Mexiko hinaus.

Kein Vogel bildet regelmäßig so große Schwärme bei uns wie der Star. Schon ab Frühsommer streifen größere Trupps, fast ausschließlich Junge der ersten Brut, umher. Sie wachsen bis in den Herbst zu riesigen Verbänden an, die sich vor allem vor Sonnenuntergang an gemeinsamen Schlafplätzen sammeln. Viele seit langem bekannte Starenschlafplätze befinden sich inmitten größerer Städte. In den sechziger Jahren zählte man z. B. 69 solcher Übernachtungsplätze in 39 Städten Großbritanniens. Aber auch Hamburg, Berlin, Amsterdam, München, Rom, Köln, Brüssel, Paris, Lyon oder Antwerpen haben ihre Starenschlafplätze im Weichbild der Stadt. Wahrscheinlich sind die meisten von ihnen erst in diesem Jahrhundert im Zuge der Vermehrung des Stars in der Kulturlandschaft entstanden. Die Stare übernachten entweder auf Parkbäumen oder auch an Gemäuern, oft an den belebtesten Plätzen. Von weit her (häufig über 20 km) strömen sie zusammen; die ersten treffen meist etwa eine halbe Stunde vor Sonnenuntergang ein und nach Sonnenuntergang dann die letzten. Über 10 000 können an einem Platz zusammenkommen; die Starenwolken, die abends im Schilf größerer Gewässer oder Feuchtgebiete einfallen, sind meistens noch viel größer als die städtischen Ansammlungen, obwohl man z. B. in Lyon schon über 100 000 Stare am Schlafplatz zählte. Das Geschwätz der Stare hört man oft noch bis nach Mitternacht; ob sie bei der Beleuchtung und dem Lärm der Großstadt überhaupt richtig schlafen, ist unbekannt.

Der Schaden, den Stare insbesondere in Gebieten mit Erwerbsobst-

Herbstlicher Starenschwarm vor dem Einfallen an seinem Schlafplatz.

bau und Weinbau anrichten können, ist in der Tat beträchtlich. Man hat daher versucht, Starenschwärme zu vertreiben, z. B. durch die Aussendung von Angstschreien mittels Lautsprechern. Man erreicht dadurch aber nur einen »St. Florians-Effekt«: Die Stare werden von einem Grundstück zum anderen vertrieben. Der Schaden wird dadurch zwar gleichmäßig verteilt, aber insgesamt kaum geringer. Obwohl man dies erkannt hat, fliegen z. B. heute noch im Neusiedler See-Gebiet über den riesigen Weinbauflächen kleine Sportflugzeuge tief über den Boden, um eingefallene Starenschwärme zu verscheuchen.

Sicher wirkungsvoller als solche »Starfighter«, aber eben auch teurer, ist das Zudecken von Kulturen mit bunten Netzen, wie man es in manchen Obst- und Weinbaugebieten regelmäßig sieht. Auch die massive Vertreibung der Stare von Massenschlafplätzen kann bestenfalls nur dazu führen, sie weiterzutreiben und andere Gebiete damit zu beglücken. Finden solche massiven Störungen

in Schilfgebieten statt, werden natürlich auch andere Tiere dieses Lebensraums davon betroffen.

In Nordafrika werden Stare an Sammelplätzen in Massen vernichtet, aber auch an einigen Stellen Europas, doch erhält man hierüber kaum zuverlässige Auskunft.

Stare sind auch wichtige Forschungsobjekte. An ihnen entdeckte schon in den 40er Jahren der deutsche Forscher Gustav Kramer das Phänomen der Zugunruhe (s. S. 428). Durch Ablenkung des Sonnenlichts mit Hilfe vorgesetzter Spiegel konnte bei gekäfigten Staren auch der Sonnenkompaß der Vögel nachgewiesen werden (Magnetkompaß s. S. 389). Die in einem Rundkäfig untergebrachten zugunruhigen Stare ließen sich von den durch die Spiegel reflektierten und umgelenkten Sonnenstrahlen genau um den Betrag in ihrer Richtungswahl ablenken, der dem Winkel der Ablenkung der Sonnenstrahlen entsprach. Damit war der Anfang der modernen experimentellen Orientierungsforschung gemacht.

Haussperling

Passer domesticus

K ♂ mit dunkelgrauem Oberkopf; Nacken, Ohrgegend und Kopfseiten kastanienbraun; Backen hellgrau bis weißlich; Kinn, Kehle und obere Brust schwarz, übrige Unterseite grauweiß. Oberseite braun mit dunklen Längsstreifen; Flügel ebenso, mit deutlicher weißer Flügelbinde (eine zweite ist angedeutet). Im Winter Kehlfleck durch graue Federränder weniger deutlich. ♀ und juv. unscheinbar graubraun, ohne auffallende Kopfzeichnung, jedoch heller Überaugenstreif, der vor allem hinter dem Auge deutlich ist; Rücken dunkelstreifig, Unterseite heller grau. In Italien (ab Südtirol) Haussperlinge mit braunem Oberkopf und stärker ausgedehntem schwarzen Kehllatz; Backen heben sich heller von der dunklen Kopfzeichnung ab, Oberseite (insbesondere an den Schultern) auffälliger gestreift. ■ Bekannt ist das Schilpen, das recht schwer wiederzugeben ist, etwa mit »dschuip«,

Weibchen füttert fast flügge Junge.

»dschlue« usw.; ferner ein weiches »wäd« oder laute »tetetet« bzw. »tschet – tschet«; mitunter sind auch reine »dü dü dü ...« zu hören. Gesang eine lange Reihe von Tschilp-Lauten; daneben auch andere Laute. ■ Meist in Trupps und auch während der Brutzeit gesellig.

V Br. in fast ganz Europa (fehlt in Island, in Teilen Nordskandinaviens; wird z.B. auf Sardinien durch den Weidensperling ersetzt; in Italien der braunköpfige Italiensperling, *P. d. italiae*); brütet ferner in Asien bis an die Westgrenze Ostasiens, in Südasien ostwärts bis Burma, in Nordafrika und im Niltal. Wurde in vielen Teilen der Welt eingebürgert, so in Nordamerika (seit 1850; heute dort sehr häufig), in Mittel- und Südamerika, in Südafrika, Australien und Neuseeland. ■ Bei uns fast überall, wo Menschen leben, häufiger Br.; fehlt abseits von Siedlungen und Häusern, aber auch in manchen isolierten Dörfern. Standvogel. ■ Das ganze Jahr über in und an menschlichen Siedlungen.

F Nest in Löchern aller Art, vorzugsweise in und an Gebäuden, aber auch in Baumhöhlen und mehr oder weniger freistehend in Kletterpflanzen an Mauern, sogar gelegentlich als Kugelnester in Bäumen. Nest in Mauerspalten wird meistens nicht sehr sorgfältig gebaut. ■ Legebeginn Mitte bis Ende April; 2–3 Jahresbruten. ■ 4–6 helle Eier, die sehr unterschiedlich dicht grau bzw. dunkel gezeichnet sind. ■ Beide Partner brüten 11–13 Tage und füttern die Jungen im Nest 13–16 Tage.

Sehr vielseitig; im Sommer vor allem größere Insekten und deren Larven; das ganze Jahr über Sämereien, ferner auch Früchte, Knospen und grüne Pflanzenteile.

Die Geschichte des Haussperlings als Begleiter des Menschen ist einmalig. Sobald Menschen seßhaft wurden und die ersten bescheidenen Anfänge des Ackerbaus entwickelten, waren auch bereits Haussperlinge zur Stelle. Ihre Spuren lassen sich etwa 10 000–15 000 Jahre zurückverfolgen. Bei uns zählen Haussperlinge zu den besonders seßhaften Vögeln. Trotzdem können sie innerhalb kurzer Zeit riesige Gebiete erobern, wie die Ausbreitungsgeschichte eingeführter Vögel in Nordamerika beweist. Wahrscheinlich spielt hierbei die Schwarmphase nach der Brutzeit eine Rolle. Im Spätsommer nach der Brutzeit bilden sich meist Sperlingsschwärme, die vor allem in ländlichen Gebieten in die Umgebung der Brutplätze ausstrahlen, um das Nahrungsangebot der Umgebung zu nutzen (reifende Gräser und Getreide!). Etwa im September/Oktober kehren die Sperlinge aber wieder an ihre Nistplätze zurück und beginnen teilweise schon im Herbst wieder mit Nestbau und Balz.

Auch die Jungvögel des Jahres sammeln sich in wachsenden Schwärmen; sie werden wohl z.T. von den Altvögeln aus dem Nestbereich vertrieben. Vermutlich gehen viele von ihnen bis zum Ende des Winters zugrunde. Zur Zeit der Schwarmbildung, vor allem der Jungvogelschwärme, sammeln sich abends häufig riesige Schlafplatzgesellschaften, im Herbst meist in dichten Bäumen und Büschen in Gärten oder am Rande der Siedlungen, im Winter oft in kahlen Laubbäumen mitten in den Städten. Von allen Seiten strömen die Sperlinge auch noch nach Sonnenuntergang herbei.

Beim Haussperling lassen sich Männchen (links) und Weibchen (rechts) leicht unterscheiden.

Feldsperling

Passer montanus

K Etwas kleiner und schlanker als Haussperling; Geschlechter gleich gefärbt. Oberkopf und Nacken braun, kleiner schwarzer Kehllatz, weiße Backen mit einem schwarzen Fleck in der Ohrengegend. Ein weißes Halsband ist im Rücken fast geschlossen. Oberseite bräunlich mit dunkleren Längsstreifen, vor allem an Rücken und Schultern; Bürzel gelbbräunlich; 2 weiße Flügelbinden. Juv. mit dunkelgrauer Kehle, Oberkopf mehr graubraun. ■ Rufe leiser und vielfach auch weicher als bei Haussperling, hölzerne »tek tek tek« und helle »zwit«, vom Haussperling bei Übung gut zu unterscheiden; daneben viele weitere Rufe. Gesang rhythmisches Tschilpen, das kürzer als beim Haussperling etwa wie »tsche tsche« klingt, auch weichere »tschja« sind zu hören. ■ Wie Haussperling meist gesellig.

V Br. in Europa mit Ausnahme Islands, Teilen Schottlands und Irlands, fast ganz Skandinaviens sowie Finnlands; fehlt auch in Griechenland und in Teilen Kleinasiens. Fast in ganz Asien verbreitet mit Ausnahme des Südwestens und Indiens. ■ Bei uns verbreiteter und häufiger Br. im Tiefland. Strich- und Standvogel; Angehörige der Populationen am Nordrand der Verbreitung ziehen. ■ Bei uns nicht so eng an den Menschen gebunden wie Haussperling; Br. in Dörfern, Hecken und Feldgehölzen, Obstgärten und an Waldrändern. In Süd- und Osteuropa teilweise aber auch ausgesprochener Stadtvogel.

F Höhlenbrüter; Nest in Mauer-, Fels- und Baumlöchern, aber auch gern in Nistkästen. ■ Legebeginn Ende April; 2, seltener 3 Jahresbruten. ■ 4–6 Eier auf hellem Grund meist sehr dicht dunkel gezeichnet und gefärbt. ■ Beide Partner brüten 11–14 Tage und füttern die Jungen 13–15 Tage im Nest.

N Insekten und andere Kleintiere; Sämereien, Knospen, kleine Früchte, grüne Pflanzenteile.

Feldsperlinge sind nicht ganz so eng an den Brutplatz gebunden wie Haussperlinge. Schwärme finden sich zu jeder Zeit außerhalb der Brutperiode auf Feldern und in Hecken und Buschlandschaften. Einzelne Vögel ziehen sogar regelrecht. In Mitteleuropa fehlen Feldsperlinge normalerweise im Inneren von Dörfern und Städten als Brutvögel; hier liegt die Domäne des Haussperlings. Doch das muß nicht so sein: In manchen Gebieten der Mittelmeerländer oder Asiens ist der Feldsperling ausgesprochener Stadtvogel. Meist fehlt dort der Haussperling oder eine andere ihm entsprechende Sperlingsform. So ist also anzunehmen, daß bei uns der Haussperling gegenüber dem Feldsperling als überlegener Konkurrent in geschlossenen Siedlungen auftritt, der kleine Feldsperling jedoch in ländlichen Gebieten oder in Kleingehölzen außerhalb der Siedlungen oder am Waldrand besser zurecht kommt, vor allem bei geeignetem Höhlenangebot (Nistkästen). Einfache Untersuchungen können die Beziehungen zwischen den beiden Sperlingsarten deutlich machen. So fand man in Hamburg in der Wohnblockzone in der Innenstadt ca. 37 Haussperlingspaare auf 10 ha und keinen Feldsperling. In der Gartenstadt trafen auf 10 ha noch 30 Haussperlingspaare und bereits 1 Feldsperlingspaar. In städtischen Grünanlagen sank die Dichte des Haussperlings pro 10 ha auf 8, die ihren Lebensraum mit 2 Feldsperlingspaaren pro 10 ha teilten. In umliegenden Wäldern war für beide Sperlinge der Lebensraum offenbar nicht günstig. Je 1 Paar beider Arten trafen auf 10 ha. In der Feldmark schließlich war die Dichte des Feldsperlings fünfmal so hoch wie

Beide Sperlinge sind auch Nistkastenbewohner, manchmal zum Ärger von Singvogelschützern, die Meisen oder Trauerschnäpper ansiedeln wollen. Haussperlinge kann man jedoch relativ leicht abhalten. Fluglöcher von 30 mm Durchmesser, die z. B. Kohlmeisen noch ohne Schwierigkeiten passieren, halten sie fern. Außerdem kommen sie meist nur in Hausnähe als potentielle Nistkastenbewohner in Betracht. Feldsperlinge aber schlüpfen noch durch Fluglöcher von 27 mm Durchmesser, besiedeln also Meisenkästen, und zwar auch in Laubwäldern. Gegen ein paar Feldsperlinge wird man allerdings nichts einzuwenden haben.

Feldsperlingspärchen an seiner Bruthöhle, eine ehemalige Spechtwohnung.

jene des Haussperlings, nämlich 0,5 Feldsperlings- auf 0,1 Haussperlingspaare. In dieser Landschaft, in der kleine Dörfer und Gehöfte gleichermaßen wie große Wiesen und Ackenflächen mit einbezogen sind, gibt es viele Großflächen, die für beide Arten nicht zu besiedeln sind. Daher die geringen Dichtewerte.

Doch hat eine Besiedlung oft Folgen: Die Geselligkeit des Feldsperlings kann dazu führen, daß innerhalb von 2–3 Jahren die Besiedlung der Nistkästen lawinenartig zunimmt und andere Arten verdrängt werden. Allerdings haben in manchen Gebieten Feldsperlinge neuerdings stark abgenommen.

Buchfink

Fringilla coelebs

♀

K Sperlingsgröße. Wichtige Kennzeichen in allen Kleidern sind auffallender weißer Schulterfleck, weiße Flügelbinde und weiße äußere Steuerfedern. ♂ Unter- und Kopfseite sind bräunlichrosa bis rotbraun, Oberkopf graublau (im Winter mehr bräunlichgrau), ebenso Halsseiten und Nacken; Stirn schwarz; Rücken kastanienbraun, Bürzel grün. Schnabel im Frühjahr blau, im Herbst hornfarben. ♀ oberseits olivgrau, unterseits etwas heller. ■ Häufigster Ruf ein kurzes einsilbiges »pink« (auch von Kohlmeise häufig gebracht). Als »Regenruf« wird ein einsilbiges »wrüt« bezeichnet; dieser Ruf kann regional variieren (Rufdialekte). Sehr charakteristisch ist ein kurzes »djüb«, das beim Abflug und im Fliegen zu hören ist. Sperlingsartig schilpende »tschrr« (mit Haussperling durchaus zu verwechseln) lassen Jungvögel hören. Der Gesang (»Schlag«) ist eine schmetternde Strophe, die in Abständen von einigen Sekunden immer wiederholt wird. Sie besteht aus einer abfallenden Tonreihe und einem mehr oder minder komplizierten Endschnörkel, in Buchstaben etwa anzugeben »zizizizi teroiti«. Manchmal wird an den Gesang noch ein kleines »kit« angehängt, das offenbar eine Imitation des Buntspechtrufes ist. ■ Wel-

lenförmiger Flug; außerhalb der Brutzeit oft gesellig.
V Br. in ganz Europa (mit Ausnahme Islands und des nördlichsten Skandinaviens), ostwärts bis Mittelsibirien, ferner in Nordafrika und Vorderasien bis Iran. ■ Bei uns einer der verbreitetsten Br. von der Küste bis zur Baumgrenze im Gebirge. In Nord- und Osteuropa Zugvogel, bei uns Teilzieher, vor allem die ♀ ziehen ab. Winterquartier West- und Südeuropa. ■ Überall anzutreffen, wo es Bäume gibt.
F Nest meist ziemlich hoch im Baum, kunstvoll gefügter, tiefer Napf aus Moos, Flechten, Grashalmen oder Federn. ■ Legebeginn April; 1 Jahresbrut, offenbar häufig auch 2. ■ 4–6 Eier, Grundfärbung zart hellblau, meist sehr dicht rosa und braun gefleckt. ■ Das ♀ brütet etwa 12–13 Tage; beide Partner füttern die Jungen 12–15 Tage im Nest.
N Überwiegend Sämereien und Früchte von Bodenpflanzen, aber auch Bäumen (z.B. Ackerunkräuter, Grassamen, Getreidekörner, Bucheckern, Koniferensamen usw.); ferner auch Beeren. Im Frühjahr Knospen und während der Brutzeit überwiegend Spinnen und Insekten.

Beim Buchfinken sind Lautäußerungen besonders eingehend untersucht. Sowohl für den Gesang als auch für den »Regenruf« lassen sich Dialekte unterscheiden. Darunter versteht man, ähnlich wie beim Menschen, Lautäußerungen, die sich von Gegend zu Gegend unterscheiden. Beim Buchfink wurde sogar festgestellt, daß unterschiedliche Dialekte mit unterschiedlichen Biotopen zusammenhängen können. Dialekte entstehen offenbar durch Lernvorgänge bzw. entsprechende Erfahrungen und dadurch entstehende Traditionen. Dem Buchfink ist die Dauer des Gesangs angeboren sowie die Klangfarbe und die Anordnung der Elemente in einer fallenden Tonhöhenreihe. Die Gliederung des Schlages und vor allem den Endschnörkel lernt das junge ♂ z. B. erst im Frühjahr von seinen Reviernachbarn. So spielt gerade der Endschnörkel bei den Gesangsdialekten eine besondere Rolle. Allerdings sind die Dinge insofern recht kompliziert, als fast alle Buchfinken über mehrere Strophentypen verfügen und damit Abwandlungen nicht nur in einem Gebiet nebeneinander auftreten, sondern einzelne Formen auch in weit auseinanderliegenden Gebieten. Regionale Unterschiede sind also oft nur in der unterschiedlichen Häufigkeit der Strophenformen zu erkennen. Zu den Dialekten zählt auch das kurze »kit« des Buntspechtes, das in manchen Gegenden angehängt wird, in manchen Gegenden dem Buchfinken fehlt. Dialekte müssen nicht regional verschieden sein, sie können sich auch auf eng begrenzte, lokale Populationen beschränken und treten dann oft mosaikartig auf. Dies ist z. B. beim »Regenruf« der Fall, der einmal mit »wrrüt« oder das andere Mal als ein gepfiffenes »huit« auftritt. Von Südwestdeutschland bis Jugoslawien wurden 8–9 verschiedene Ruftypen registriert. Dialekte kommen auch bei vielen anderen Singvögeln vor,

Singendes Buchfinken-Männchen.

so z. B. Goldammer, Ortolan, Gartenbaumläufer.

Der Buchfink ist nicht nur wegen seiner Häufigkeit allbekannt. Er kommt auch am häufigsten von allen Finkenvögeln auf den Boden, denn nur dort kann er Samen aufnehmen. Er bevorzugt runde Samenkörner bis etwa 25 mg. Man hat herausgefunden, daß der Buchfink etwa 7 g Nahrung pro Tag aufnimmt, in 20 Minuten

Weibchen brütet.

schafft er etwa 1 g. Im Sommer machen Insekten bis zu 90% der Nahrung aus. Es ist also nicht ganz richtig, Finkenvögel einfach als Körnerfresser abzustempeln.

Bergfink

Fringilla montifringilla

K Etwa sperlingsgroß. In allen Kleidern weißer Bürzel (im Abflug gut zu sehen). ♂ im Winter bräunlichgrau geschuppter Kopf, Nacken und Vorderrücken; diese Federpartien werden gegen das Frühjahr zu durch das Abreiben heller Federsäume schwarz; Brust und Schulterfleck orange; 2 weiße Flügelbinden, aber keine weiße Schwanzaußenkante wie der Buchfink; Unterschwanz, Bauch und Hinterbrust weiß. ♀ schlichter gefärbt mit braunem Kopf und dunklen Streifen auf dem Oberkopf sowie braun geflecktem Rükken; Halsseiten aschgrau, Brust matter orange als ♂, ebenso Schulterfärbung. ■ Sehr charakteristischer Ruf ist ein gequetscht klingendes »dschäe« oder stärker nach oben gezogen »quäig«; Flugruf härter und kürzer als Buchfink, etwa wie »tjek« oder »jeg«, im Abflug gereiht. Den Gesang hört man bei uns selten; er besteht aus gedehnten Einzelelementen wie »dsää«, erinnert etwas an das »Schwunsch« des Grünlings. ■ Oft in Schwärmen, nicht selten zusammen mit Buchfinken. V Br. der nördlichen Waldzone von Norwegen bis Ostasien (Kamtschat-ka); in Europa Südgrenze Norwegen, Mittelschweden, Südfinnland, nördliches und mittleres Rußland. Einzelbruten aus Dänemark, Schottland und Mitteleuropa sind bekannt. Bei uns r. und meist häufiger Wintergast (Anf. Oktober bis Ende April), gelegentlich übersommern einzelne. Die Stärke des Bergfinkeneinfluges kann von Jahr zu Jahr sehr stark schwanken, offenbar in Abhängigkeit des Nahrungsangebots in Brut-, Durchzugs- und Überwinterungsgebieten. In manchen Jahren bilden sich riesige Schwärme. ■ Bei uns im Winterhalbjahr in den verschiedensten Lebensräumen anzutreffen, in Wäldern (vor allem in Buchenbeständen), Gärten, Parks, aber auch an Schuttplätzen und große Schwärme auf Wiesen und Äckern. Kommt auch an

Bergfinken-Weibchen; Bild oben Männchen im Winter.

Futterstellen. Im Mittwinter oft geringere Bestände als im Herbst und Frühjahr.

 Im Sommer wie Buchfink Insekten und Wirbellose; bei uns im Winter Sämereien, vor allem Bucheckern und im Frühjahr auch Knospen.

Bergfinken vertreten den Buchfinken im Norden der Alten Welt und sind in den nordischen Birkenwäldern neben dem Fitis die häufigsten Br. Das gesamte Verbreitungsgebiet umfaßt etwa 23 Mill. km^2 und ist damit etwa 1,3mal so groß wie das Areal des bei uns so häufigen Buchfinken. Die Bestände schwanken jedoch stark, da im Norden die Verhältnisse von Jahr zu Jahr oft sehr unterschiedlich sind. In Jahren mit spätem Frühjahrseinzug kürzen manche Bergfinken ihren Heimzug ab und brüten etwas südlicher als normal (s. oben). Im Norden kann die Brut oft erst im Juni beginnen; da ist natürlich nur eine Jahresbrut möglich.

An das hochnordische Verbreitungsgebiet angepaßt ist der Bergfink der ausgeprägteste Zugvogel unter den Finken, der sein Brutgebiet so gut wie ganz räumt und großenteils auch nachts zieht. Viele Ringfunde deuten übrigens an, daß Bergfinken nicht jedes Jahr ins gleiche Winterquartier wandern. Vögel, die einen Winter in Großbritannien verbrachten, wurden in folgenden Wintern z. B. in Italien, Deutschland oder in Tschechien und der Slowakei beobachtet. Dagegen fehlen Nachweise einzelner Vögel an ein und demselben Platz in aufeinanderfolgenden Jahren so gut wie ganz. Dieses unstete Winterverhalten hängt sicher damit zusammen, daß Bergfinken vor allem dort auftauchen, wo eine günstige Buchenmast ist.

Ein hohes Angebot an Bucheckern kann riesige Scharen konzentrieren. Die berühmtesten Einflüge wurden 1946/47 und 1951/52 in der Schweiz registriert. Schlafplatzkonzentrationen von 11 bzw. 70 Mill. Vögel konnten geschätzt werden. Den Bergfinkenbestand im ganzen Land schätzte man damals auf rd. 100 Mill., eine unvorstellbare Vogelmasse.

Schneefink
Montifringilla nivalis

Dieser das ganze Jahr über in der Felsstufe der Alpen lebende, über sperlingsgroße Singvogel gehört ungeachtet seines deutschen und lateinischen Namens nicht zu den Finken, sondern zu den Sperlingen; wird aber wegen seines Namens mitunter mit dem Bergfinken verwechselt.

K Kopf grau, davon abgesetzt schwarzer kleiner Kehllatz, Unterseite grauweiß, Rücken braun, Bürzel und Schwanz schwarz, letzterer mit

Schneefink.

breiten weißen Außenkanten. Flügel weiß bis auf die schwarzen Spitzen (fällt vor allem im Flug sehr stark auf).

V Im Hochgebirge oft in der Nähe von Gipfelstationen und Berggasthöfen zu beobachten; Nest in Mauer- und Felsspalten. In Europa nur in der Alpinstufe (z. B. Pyrenäen, Alpen, Apenninen, Hochgebirge Griechenlands). Im Tiefland bei uns so gut wie nie.

Girlitz

Serinus serinus

K Viel kleiner als Sperling; kleinster einheimischer Finkenvogel. Leuchtend gelber Bürzel und winziger Kegelschnabel. ♂ auffallend gelbe Stirn, Kehle und Brust; ebenso gefärbt ist ein breiter Überaugenstreif. Übriges Gefieder gelb, doch mehr oder minder intensiv gestreift, Schwanz dunkelbraun; im dunklen Flügel 2 gelbe Flügelbinden. ♀ mehr grünlichgelb und teilweise grau (unterseits) bzw. bräunlich (oberseits). Brust und Bauch sowie Rücken kräftig gestreift. Juv. braun gestreift, ohne Gelb am Bürzel. Vom manchmal ähnlichen Zeisig durch folgende Merkmale zu unterscheiden: Kleiner; stumpfer und kürzerer Kegelschna-

Girlitz-Weibchen am Nest.

bel; einheitlich dunkler Schwanz; rundliche Gestalt. ■ Flugruf, der der Art auch den Namen gegeben hat, ein kurzes hohes Trillern, wie »trri« oder »girr«; bei Störung »dschäi«; flügge Jungvögel rufen in hohen Reihen »tsi«. Der Gesang ist ein sehr schnelles, hohes und quietschendes Zwitschern mit auffallend langen Strophen. Man vergleicht ihn mit dem Quietschen eines nicht geölten Rades. ■ Gesang wird entweder von einer hohen Warte aus vorgetragen oder im fledermausartigen Singflug, dabei fliegt der Vogel mit langsamen und weit ausholenden Flügelschlägen und wirft sich dabei öfters hin und her.

V Heute Br. in Nordafrika und Kontinentaleuropa einschließlich Kleinasiens, nordwärts bis an die Kanal- und Ostseeküste einschließlich Teile Dänemarks, des südlichsten Schwedens und der baltischen Länder, ostwärts bis Weißrußland und Ukraine bzw. Westküste des Schwarzen Meeres. Hat sein Brutgebiet in Europa nach Norden und Westen ausgeweitet. ■ Bei uns verbreiteter, aber meist nicht sehr häufiger Br. des Tieflandes. Hauptsächlich Kurzstreckenzieher (März bis Oktober) mit Winterquartieren in West- und Südeuropa sowie Nordafrika; einzelne überwintern auch in Mitteleuropa. ■ Br. in Parks, Gärten und Friedhöfen und anderen Teilen überwiegend offener Kulturlandschaft.

F Nest sorgfältig gebauter Napf in Büschen, Mauerpflanzen und Bäumen. ■ Legebeginn April/Mai; wohl normalerweise 2 Jahresbruten. ■ 3–5 Eier, grünliche oder bläuliche Grundfarbe, braunrot und hell lila gefleckt. ■ ♀ brütet etwa 12–14 Tage; die Jungen werden etwa 14–16 Tage von ♂ und ♀ im Nest gefüttert und dann noch 1 Woche betreut.

N Hauptsächlich weiche und kleine Sämereien verschiedener Pflanzen; im Sommer auch kleine Insekten.

Zitronengirlitz

Serinus citrinella

Zitronengirlitz, Weibchen.

K Viel kleiner als Sperling; Grundfarbe gelblichgrün. ♂ mit gelblichgrüner bis zitronengelber Unterseite und etwa ebenso gefärbter Stirn. Oberkopf, Nacken und teilweise Halsseiten grau; Rücken olivgrünlich, heller gelbgrüner Bürzel; im dunklen Flügel 2 gelblich grüne Flügelbinden. Unterseite ungestreift. ♀ sehr ähnlich, doch weniger gelblich. Juv. mehr bräunlich grau und deutlich gestreift. ■ Rufe sehr fein und hoch, meist etwas nasal, so z.B. der Flugruf »dit-dit«, ferner zweisilbige »zi-ä« (nicht so durchdringend wie beim Zeisig) und andere sehr feine Laute, z.B. auch gedehnte »ziet«. Gesang ist ein munteres Zwitschern mit kleinen Quetschlauten; er hat gewisse Ähnlichkeit mit dem Stieglitzgesang, in Aufbau und Tonfolge auch mit dem Girlitz (klingt aber nicht so kratzend). ■ Gesang von hoher Warte aus oder im girlitzähnlichen Singflug vorgetragen.

V Br. in Gebirgen Mittel- und Südeuropas, vor allem in den Alpen und den vorgelagerten Mittelgebirgen, Pyrenäen und einigen weiteren Hochgebirgslandschaften Spaniens; ferner in Korsika, Sardinien. Hat für einen Singvogel ein extrem kleines Verbreitungsgebiet. ■ Bei uns häufiger Br. der Alpen, meist erst ab 1 200–1 400 m, selten darunter; ferner Br. im Schweizer Jura, in den Vogesen und im Schwarzwald (hier aber nur kleine Populationen); wurde auch in anderen Mittelgebirgen, wie Bayerischer und Böhmer Wald, Harz usw. beobachtet. Überwiegend Kurzstreckenzieher (März bis Oktober), Winterquartier in Südwesteuropa; einzelne auch in Mitteleuropa (regelmäßig?) überwinternd. ■ Br. in locker stehenden Baumbeständen, an Waldrändern mit sehr viel Wiesen-

anteilen. Vor allem im Frühjahr Winterfluchtbewegungen ins Tal und dort oft in großen Schwärmen in Gärten und auf schneefreien Wiesen.

F Nest meist hoch in Bäumen. ■ Legebeginn ganz unterschiedlich je nach Schneelage, oft schon im März, meist jedoch deutlich später; Zahl der Jahresbruten? ■ Viele Details der Brutbiologie noch immer unbekannt.

N Vorwiegend Sämereien, im Sommer auch Insekten.

Das Schicksal des Zitronengirlitzes ist offenbar sehr eng mit jenem der Nadelwälder in den Bergen verknüpft. In manchen Gebieten scheint zunächst mit der Auflockerung und dem Zerteilen der Wälder durch Forststraßen, Skipisten und Lifttrassen eine Zunahme stattgefunden zu haben. Doch erweisen sich auf Dauer die vom Skibetrieb zerstörten Rasenflächen und der verfestigte Boden offenbar als wenig nahrungsreich für die am Boden Nahrung suchenden Vögel, so daß viele dieser Flächen nicht mehr besiedelt werden. In einigen Teilen der Alpen scheinen sich Anzeichen für einen Rückgang zu ergeben, möglicherweise als Folge der viel strikteren Trennung von Wald und Weide.

Grünling

Carduelis chloris

[K] Spatzengroß, untersetzt, kräftiger Kegelschnabel. ♂ Rücken olivgrün, Bürzel heller gelblich grün, ebenso der größte Teil der Unterseite. Flügel mit gelbem Spiegel, der im Flug besonders auffällt, im angelegten Zustand des Flügels als breiter gelber Flügelrand sichtbar ist; Schwanz in der Mitte und an der Spitze dunkel, breit gelb gesäumt. ♀ mehr graugrün vor allem an Kopf und Brust; gelbe Partien an Flügel und Schwanz kleiner, nicht so stark leuchtend. Juv. bräunlich gestreift, doch an den auffallend gelben Seiten der Schwanzwurzel zu kennen. Nach dem Kernbeißer besitzt der Grünling den kräftigsten Kegelschnabel unserer Finken. ■ Flugrufe hartklingende Triller wie »gigigi«; ferner nasale gezogene »diu« oder »dschwüit«; flügge juv. betteln langanhaltend unermüdlich »djüj djüj«. Der Gesang ist eine Folge von Trillern und im Stakkato vorgetragenen Lauten, die entfernt an den Schlag des Kanarienvogels erinnern können. Dazwischen ein gedehntes »dejäieh« oder »tschoih« eingeschaltet, das lauter und daher weiter zu hören ist als der übrige Gesang. ■ Der Gesang wird von einer Warte, aber auch im fledermausartigen, gaukelnden Singflug vorgetragen.

[V] Br. in Europa und Nordafrika; fehlt im Norden Fennoskandiens; ostwärts etwa bis an den Ural, ferner in Kleinasien, im Kaukasusgebiet, Nordiran, an der Ostküste des Mittelmeers. ■ Bei uns verbreiteter und sehr häufiger Br. im Tiefland und in Gebirgstälern, in Städten oft neben Amseln der häufigste Vogel. Strich- und Standvogel, einige auch Kurzstreckenzieher. ■ Br. an Waldrändern, in Hecken, Parks und Gärten, auch mitten in der Stadt. Kommt gerne an die Futterstellen.

[F] Nest meist nicht sehr hoch in Büschen und Bäumen, aber auch in Kletterpflanzen; umfangreicher Bau. ■ Legebeginn April; normalerweise 2, mitunter auch 3 Jahresbruten. ■ 4–6 Eier; auf weißlichem Grund mit bräunlichen und schwärzlichen Flecken gezeichnet. ■ Das ♀ brütet 12–15 Tage; die Jungen werden 14–17 Tage von beiden Partnern im Nest gefüttert.

[N] Sämereien aller Art, auch Knospen und Blüten; während der Brutzeit auch Insekten (z. B. Blattläuse).

Neben der Kohlmeise ist der Grünling wohl der häufigste Gast an den

Grünling-Weibchen.

Futterstellen in Parks, Gärten oder am Fenster. Grünlinge haben für den Vogelfreund allerdings die unangenehme Eigenschaft, gegenüber anderen Vögeln recht unverträglich aufzutreten. Sie fliegen auch nicht lebhaft hin und her, sondern verhalten sich im allgemeinen recht ruhig. Ein Futterhaus wird besetzt, so lange bis die Vögel gesättigt sind. Andere Besucher werden abgewehrt durch eine typische Drohhaltung. Der drohende Grünling wendet sich mit geöffnetem Schnabel, abgestellten und leicht erhobenen Flügeln sowie gespreiztem Schwanz gegen den Ankömmling in allzu großer Nähe. In dieser Drohhaltung wird das Gelb des Schwanzes und der Flügel besonders gut sichtbar; es unterstreicht als Farbsignal wohl die Drohwirkung. Den meisten Singvogelarten ist der Grünling an der Futterstelle überlegen (s. S. 447). Aggressivität richtet sich auch gegen eigene Artgenossen, obwohl Grünlinge ja in der kalten Jahreszeit häufig in Trupps oder Schwärmen auftreten bzw. sich auch an andere Finkenvögel anschließen. Gegen Artgenossen wird aber meist nur die unmittelbare Nachbarschaft freigehalten, so daß unter Wahrung der erforderlichen Individualdistanz sich viele Grünlinge an einer Futterstelle gütlich tun können. Die Einhaltung eines Abstandes garantiert dem einzelnen Vogel eine ungestörte Nahrungsaufnahme. Ähnlich läßt sich auch an anderen Vogelschwärmen eine artgemäße Individualdistanz feststellen, die je nach Tages- und Jahreszeit oder Futterangebot wechseln kann. Auch Stare und Schwalben sitzen nicht in »Tuchfühlung« auf einem Draht.

Grünlinge sind das ganze Jahr über in der Nähe des Menschen. Sie profitieren von allerlei Sämereien und natürlich auch im Winter von den zahlreichen Futterstellen. Viele Grünlinge, vor allem Großstadtvögel, halten sich das ganze Jahr über in einem engen Umkreis auf, so daß die Charakterisierung der Art als Stand- oder höchstens Strichvogel sicher richtig ist. Doch die Beringung hat bei Grünlingen manche Überraschung gebracht. So wanderten einige in Nordwestdeutschland geborene Grünlinge bis fast 1000 km nach Frankreich. Möglicherweise ist bei west- und mitteleuropäischen Grünlingen im ersten Jahr das Zugverhal-

Grünling im Streit mit Bergfink.

ten ausgeprägter als in späteren Jahren (vgl. Amsel S. 405). Deutsche Winterfänglinge stammen teilweise aus Schweden, Dänemark, Norwegen oder aus der Tschechoslowakei, was nahelegt, daß nord- und osteuropäische Grünlinge stärkere Zugneigung haben als Mitteleuropäer. Ein im Oktober in Essen gefangenes ♂ war im selben Monat in Malta 1820 km ostsüdwestlich und ein Aprilfängling von Frankfurt im November desselben Jahres in Jaén/Südspanien 1650 km Südwest. Damit ist die Liste der Funde aus Entfernung von über 1000 km noch keineswegs erschöpft.

Stieglitz

Carduelis carduelis

K Kleiner als Sperling. Altvögel mit roter Gesichtsmaske, Kopf und Halsseiten weiß, Oberkopf und Nakken schwarz abgesetzt; Rücken braun, Bürzel weiß, Schwanz schwarz mit weißen Flecken im spitzen Drittel. Schwarze Flügel mit auffallender breiter gelber Binde; weiße Tupfen am Ende der Schwungfedern. Unterseite bräunlich an Brust und Flanken, sonst weiß. Juv. ohne auffallende Kopffärbung; Oberseite gräulich und gelbbraun, gestreift und gefleckt. Gelb im Flügel ist jedoch deutliches Merkmal auch im Jugendkleid. ■ Häufigster Ruf ein aus mehreren Elementen bestehendes Gebilde wie »dudidelet« oder »didudid«, das dem Vogel seinen Namen gegeben hat. Ferner scharfe »zidi« und bei aggressiven Auseinandersetzungen harte schnarrende »tschrr«. Flügge Jungvögel betteln mit »di-wet-wet di-wet-wet«. Der Gesang ist eine sehr hastig vorgetragene Strophe, die oft mit Stieglitzrufen eingeleitet wird und dann verschiedene Triller und Schnörkel aufweist, dazwischen auch nasale Elemente; im einzelnen schwer zu beschreiben. ■ Außerhalb der Brutzeit häufig in kleinen Trupps; hängt und klettert geschickt an Staudenpflanzen (vor allem Disteln, daher auch sein Name Distelfink).

V Br. von Westeuropa bis Mittelsibirien und in Nordafrika; fehlt in Island und dem mittleren und nördlichen Fennoskandien. ■ Bei uns verbreiteter Br. des Tieflandes; Teilzieher, der in Westeuropa überwintert. ■ Br. an Waldrändern, in Obstgärten und in Heckenlandschaften, auch Parks. Im Herbst und Winter vor allem in offenen Landschaften mit stehengebliebenen Stauden, wie Straßenränder, Schuttplätze usw.

F Nest hoch in Bäumen oder in hohen Sträuchern; sorgfältig gebauter dickwandiger Napf. ■ Legebeginn meist ab Anf. Mai; 1 Jahresbrut, vielfach auch 2. ■ 4–6 Eier, die auf weißlichem Grund braunschwarz oder rot gezeichnet sind; die dunklere Zeichnung häuft sich vor allem am stumpfen Pol. ■ Das ♀ brütet 12–14 Tage; die Jungen werden von beiden Partnern etwa 14–15 Tage im Nest gefüttert, aber dann noch mind. 1 Woche außerhalb des Nestes.

N Vor allem Sämereien von Stauden und Wiesenpflanzen, aber auch Samen von Bäumen; während der Brutzeit auch kleine Insekten.

Nicht nur das Fangen von Insekten, sondern auch der Nahrungserwerb beim Samenfressen erfordert komplizierte Bewegungen und Anpassung an besondere Verhältnisse. Beim Stieglitz konnten beispielsweise 7 verschiedene Bewegungsweisen beim Sammeln festgestellt werden. Nahrung wird z. B. vom Boden aufgepickt oder auf einem Ast sitzend, wobei sich der Vogel mitunter weit vorbeugen muß. Stieglitze können aber auch kopfunterhängend picken oder seitlich hängend mit dem Kopf nach unten. An senkrechten dünnen Pflanzenstengeln gelingt ihnen das allerdings nicht so ohne weiteres. Hier ist eine andere Technik erfolgreich: Stieglitze fliegen den Stengel unten an und klettern unter seitlicher Körperhaltung langsam Schritt für Schritt nach oben, bis der Stengel unter dem Gewicht des Körpers sich soweit herabbiegt, daß er waagerecht steht oder sich zum Boden neigt. Dann kann der Stieglitz leicht zu den Samen gelangen. Sind diese Stengel sehr dünn, werden sie zu mehreren umklammert, so daß sie den Körper tragen können. Oft werden von einem Stengel aus noch weitere mit dem Schnabel herangezogen. An kräftigen Stengeln können Stieglitze auch hochklettern und sitzen, schließlich auch mit dem Rücken nach unten an einer Nahrungsquelle hängen, ähnlich wie Meisen. Schnabel und Fuß müssen jeweils gut zusammenarbeiten. Ein Fuß hält z.B. die Nahrung fest, damit der Schnabel die Bearbeitung der Samen vornehmen kann. Weiche, noch nicht reife Samen, werden vom Stieglitz ohne weiteres zerquetscht; sie brauchen nicht geschält zu werden. Reife Samen jedoch müssen zuerst von den Hüllspelzen befreit werden. Eine gewisse Auswahl an Technik ist nötig, denn Samen von nicht weniger als 152 Pflanzenarten wurden als Stieglitznahrung nachgewiesen. Die meisten Samen werden direkt aus den Samenständen der Pflanze herausgeholt.

In offenen Fruchtständen kann der Stieglitz Samen einfach herauspikken, so z.B. bei Mädesüß, Ampferarten und Wegerich. Liegen einzelne Körner etwas tiefer, werden sie mit dem Schnabel gepackt und herausgezupft. Bei fester sitzenden Samen wird zunächst einmal das Samenbett durch Hin- und Herbewegen des Schnabels erweitert (z.B. bei Kiefernzapfen, an Fruchtständen der Karde oder bei Sonnenblumen). Versteckte Samen, die ganz umhüllt sind, werden aufgemeißelt. Dieses Aufmeißeln müssen die Jungen aber

Altvogel im Herbst.

erst von den Altvögeln lernen. Stieglitze suchen meist eine Pflanze mit vielen Samen sorgfältig ab und kehren, wenn sie gestört werden, oft wieder darauf zurück. Eine genaue Nachsuche zeigt aber, daß meistens einige Samen zurückbleiben. Wahrscheinlich ist das Herausklauben auch der letzten einzelnen Samen für den Stieglitz nicht mehr lohnend genug; andererseits bleiben hier dann für die Pflanze noch Samen zur Vermehrung übrig. Der Stieglitz rottet auf diese Weise seine Futterpflanzen nicht aus. Dies besorgt vielmehr der Mensch, der Ackerkräutern und Disteln keine Chance mehr läßt.

Stieglitz im Jugendkleid.

Erlenzeisig

Carduelis spinus

K Viel kleiner als Sperling. Grundfarbe ähnlich Girlitz, aber längerer Kegelschnabel. Das ♂ mit schwarzer Kopfplatte und kleinem schwarzen Kinnfleck; Rücken olivgrün mit dunklen Streifen; Bürzel und Schwanzseiten in der Basalhälfte gelb. Schwanzmitte und Schwanzspitze schwarz, ebenso Flügel, jedoch 2 gelbliche Querbänder und gelbliche Außensäume der Handschwingen. Hals und Brust gelblich, Bauch weißlich; an den Flanken kräftige dunkle Längsstriche. ♀ oberseits olivgrünlich, ohne schwarze Kopfplatte; Bürzel und Schwanz sowie Flügelzeichnung ähnlich ♂. Unterseite überwiegend weißlich, kräftiger und ausgedehnter längsgestreift als beim ♂. Juv. bräunlich, gestreift. ■ Bezeichnender Ruf ist ein nasaler etwas weinerlich klingendes »dsäi«, auch einsilbig »tsi«. Im Flug kurze »tet«, auch als »tetetet«, also gereiht. Der Gesang wird schnell und hastig vorgetragen und erinnert etwas an Stieglitz, wobei allerdings die typischen Rufe eingeflochten werden. Gegen Ende des Gesangs ein nasales und gedehnten Knätschen. ■ Tritt häufig in Trupps und sogar größeren Schwärmen auf; Gesang von der Spitze eines Baumes oder im schmetterlingsartigen Singflug vorgetragen.

V Br. von Westeuropa bis Zentralasien, fehlt in weiten Teilen Spaniens und des westlichen Frankreichs sowie in Griechenland. Im Süden fast nur auf Hochgebirge beschränkt (Pyrenäen, Apenninen, Kleinasien, Kaukasus, Nordiran). ■ Bei uns Br. in Nadelwäldern, vor allem im Mittel-

Erlenzeisig-Weibchen, offenbar durch den Fotografen etwas verängstigt.

und Hochgebirge. Das ganze Jahr über anwesend, im Tiefland außerhalb der Bergwälder meist nur als Wintergast. Zahl und Häufigkeit auch im Brutgebiet von Jahr zu Jahr sehr unterschiedlich. ■ Br. in Nadel- und Mischwäldern, besonders auch im Bergland; im Winterhalbjahr vor allem an Birken und Erlen, auch in Parks und Gärten; kommt dann auch ans Futterhaus.

F Nester bei uns vorzugsweise wohl auf Fichten hoch im Baum. ■ Legebeginn sehr unterschiedlich, mitunter schon im Spätwinter; Zahl der Jahresbruten unbekannt, aber sicher z. T. 2. ■ 4–6 Eier; hell mit feinen violetten oder rötlichen Punkten und Tupfen. ■ Das ♀ brütet 12–14 Tage allein; beide Partner füttern die Jungen etwa 13–15 Tage im Nest und führen sie auch noch nach dem Ausfliegen eine zeitlang.

N Verschiedenste Sämereien von Bäumen und krautigen Pflanzen; zur Brutzeit auch kleine Insekten.

Wie der Stieglitz besitzt auch der Zeisig einen besonders langen und schmalen Finkenschnabel. Er ist vor allem dazu geeignet, die Samen von Korbblütlern (z. B. Disteln) herauszuholen, aber auch für die Samen zwischen den kleinen Schuppen der Erlenzäpfchen oder der Zapfen von Nadelbäumen. Wie Stieglitze sieht man im Spätsommer auch Zeisige z. B. auf hohen Distelstauden bei der Nahrungssuche, doch ihr eigentlicher Stammplatz im Winter ist die Erle. Im einzelnen ist der Jahreslauf in der Ernährung sehr vielseitig. Im Brutgebiet sind vom Winterausgang bis Frühsommer vor allem Fichtensamen die wichtigste Nahrung. Auch beim Zeisig sind daher Bestandschwankungen in Abhängigkeit von der Produktion an Fichtensamen zu beobachten (vgl. Fichtenkreuzschnabel, S. 512). In vielen Gegenden ist sein Auftreten ähnlich unregelmäßig und unstet wie das des Fichtenkreuzschnabels.

Die ersten Bruten fallen mit dem Öffnen der Fichtenzapfen zusammen; spätere Bruten werden vor allem mit Kiefernsamen gefüttert. Kiefernzapfen öffnen sich nämlich meist später im Jahr. Natürlich spielen auch Insekten und deren Larven bei der Jungenaufzucht als Zusatzfutter eine nicht zu unterschätzende Rolle. Man hat aber auch beobachtet, daß Zeisige bei schlechtem Angebot an Fichtensamen auf Wiesenblumen wie Löwenzahn, Ampfer, Flockenblumen oder Mädesüß ausweichen können. Nach der Aufzucht der Jungen im Hochsommer spielen solche Pflanzen mitunter sogar eine sehr wichtige Rolle, gewissermaßen als Überbrückung. Bei gutem Angebot an Fichtensamen können bei uns Zeisige schon ab Februar mit der Brut beginnen; in höheren Lagen der Alpen setzt die Brutzeit aber meist erst im April ein.

Wenn im Hochsommer die Kiefernzapfen dann nicht mehr viel hergeben, schalten Zeisige auf Birkensamen um und leben in Nordeuropa davon bis zum Beginn des Herbstzuges, der sie nach Mittel- oder gar nach Südeuropa bringt. Im Winter spielen bei uns Erlen eine wichtige Rolle; Zeisige können geschickt auch kopfunter an den kleinen Zapfen hängen und die Samen herauspicken. Später im Winter lesen sie häufig auch die herausgefallenen Samen vom Boden auf. Im Frühjahr steht dann wieder das Angebot der sich öffnenden Koniferenzapfen zur Verfügung.

Für viele Insektenfresser wird die Armut an Insekten in Teilen unserer Kulturlandschaft zum Verhängnis. Den Körnerfressern (die ja zumindest im Sommer auch von Insekten leben) scheint es – bis jetzt jedenfalls – im allgemeinen besser zu ergehen (vgl. jedoch S. 505 unten!).

Bluthänfling

Carduelis cannabina

K Kleiner als Sperling. ♂ im Prachtkleid mit grauem Kopf, leuchtend roter Stirn und ebenso gefärbter Brust; Kehle weißlich mit braunen Streifen; Rücken rotbraun; die Schwingen schwarz mit weißen Säumen, ebenso Schwanzfedern. Unterseite gelbbräunlich, mehr oder minder deutlich dunkler längsgestreift. Außerhalb der Brutzeit ist das Rot viel matter. ♀ ohne rot, oberseits mehr dunkelbraun, oben und unten deutlich längsgestreift. Juv. sehr ähnlich, doch noch kräftiger gestreift und ohne Ruf von anderen jungen Finkenvögeln (wie z.B. Birkenzeisigen) kaum zu unterscheiden. ▪ Typischer Flugruf ein kurzes »gigigi«, härter als beim Berghänfling (s.unten); auch nasale Rufe auf »ü«, wie »glü« oder »düje«. Der Gesang wird durch harte Stakkatoelemente, die dem Flugruf ähneln, eingeleitet, wie »gigigi«. Sie beschleunigen sich und dann folgen oft rasche Triller und nasale Laute. V Br. in Europa und Nordafrika mit Ausnahme des nördlichen Fennoskandiens; ostwärts bis Ural; ferner in Vorderasien und im westlichen Zentralasien. ▪ Bei uns verbreiteter Br. im Tiefland; in der Talregion von Berggebieten seltener und ur. Teilzieher, der in West- und Südeuropa überwintert. ▪ Br. in Busch- und Heckenlandschaften, auch in Gärten, Friedhöfen u.ä. und am Waldrand. Außerhalb der Brutzeit oft in Schwärmen auf Öd- und Ruderalflächen, Stoppeläckern u.ä. F Nester in Büschen oder Hecken, oft zu mehreren benachbart. ▪ Legebeginn Ende April/Anf. Mai; normalerweise wohl 2 Jahresbruten. ▪ 4–6 Eier, auf hellem Grund rosa oder violett gefleckt, vorzugsweise am stumpfen Pol. ▪ Meist brütet nur das ♀ 12–14 Tage; die Jungen werden von beiden Partnern 13–15 Tage im Nest gefüttert. N Verschiedenste Sämereien, vorzugsweise von krautigen Pflanzen, aber auch Baumsamen; zur Brutzeit kleine Insekten.

Bluthänfling, Birkenzeisig und Grünling haben ähnlich geformte Schnäbel. Sie sind kurz und relativ breit. Allerdings sind die Größenunterschiede in Anpassung an verschieden große Sämereien sehr auffallend (s. S. 515).

Von den Finken ist der Bluthänfling am meisten von den Sämereien der Ackerkräuter, die man immer noch verächtlich als »Unkräuter« bezeichnet, abhängig. Wichtige Nahrungspflanzen sind für ihn z. B. Ackersenf, Sternmiere, Ampfer, Knöterich, Gänsefuß, Beifuß, Hahnenfußarten, Löwenzahn, Disteln, Mädesüß usw. Er ist also ein typischer Kulturlandvogel und nur im offenen Land anzutreffen. Sämereien von Bäumen werden zwar nicht verschmäht (besonders die der Ulme), doch sieht man Hänflinge selten hoch auf dem Baum sitzend und schon gar nicht im Wald. Beeren und fleischige Früchte, von vielen Finkenarten durchaus geschätzt, werden vom Bluthänfling gemieden. Es ist durchaus möglich, daß Hänflinge durch die starke Anwendung von Herbiziden, also Vernichtungsmitteln, die »Unkräuter« beseitigen, auf Dauer in Mitleidenschaft gezogen werden, da ihre Ernährungsbasis schmäler wird. Viele Acker- und Feldkräuter sind ja bereits sehr stark zurückgegangen. Auch Beseitigung dichter Hecken als Brutplätze wirkt sich negativ aus. Wie einige andere Finkenvögel, z. B. Bergfink oder Birkenzeisig, erhält auch der Bluthänfling ein eigenes Brutkleid ohne einen Gefiederwechsel (Mauser). Im Herbst nach der Vollmauser des Prachtkleides haben die Federn an Brust und Kopf oft graue oder hellbräunliche Säume und Spitzen. Während des Winters stoßen sich diese Spitzen ab und die auf die Spitzensäume folgenden roten Federabschnitte (oder beim Bergfinken-♂ schwarze Partien am Kopf) treten zutage. So erhält das ♂ dann im Frühjahr eine leuchtend rote Brust und rote Stirn. Im allgemeinen nützen sich weniger pigmentierte Federteile rascher ab als die mit eingelagerten Farbstoffkörnchen (Pigmenten).

Berghänfling
Carduelis flavirostris

K Kleiner als Sperling; sehr ähnlich Hänfling. Wichtigste Unterscheidungsmerkmale: insgesamt viel mehr braun, vor allem Kehle gelblichbraun (nicht weißlich und gestreift, wie beim Hänfling); Schnabel im Schlichtkleid gelb. Bürzel beim ♂ mit rosafarbenem Anflug, beim ♀ lehmbraun mit dunkelbraunen Streifen. Oberseite insgesamt dunkler als bei Hänfling, Flügel und Schwanz mit weniger Weiß. ■ Flugruf weicher als Hänfling, meist dreisilbig »tjep-ep-ep«. Dann auch nasale, nach oben gezogene »gjä« usw.

V Br. in Irland, Schottland und England, sowie in Norwegen; ein Brutgebiet im Osten Kleinasiens, Kaukasus und Nordiran und schließlich in weiten Teilen Zentralasiens. ■ Bei uns regelmäßiger Wintergast in den Küstengebieten mit abnehmender Häufigkeit von der Norddeutschen Tiefebene bis zum Mittelgebirgsrand; im Süden Mitteleuropas selten.

Hänfling: Männchen übergibt dem hudernden Weibchen Futter.

Birkenzeisig
Carduelis flammea

K Deutlich kleiner als Sperling. Oberseite bräunlich mit schwarzen bzw. dunkelbraunen Längsstreifen; Bürzel etwas heller; Schwanz dunkel; im dunklen Flügel 2 schmale helle Binden. Stirn und Vorderscheitel leuchtend rot; kleiner schwarzer Kinnfleck. Unterseite weißlich, an den Flanken kräftig gestreift. Beim ♂ im Prachtkleid Brust rosarot überflogen. Juv. ohne rot und schwarzen Kehlfleck. ■ Ein sehr wichtiges Merkmal ist der typische Flugruf, ein mehrsilbiges, etwas metallisch klingendes »dsched-dsched-dsched«; daneben hört man nasale hochgezogene »wäid« oder ähnliche Laute. Der Gesang besteht aus einer Folge von Elementen, die teilweise an die Flugrufe erinnern, aber auch sehr unreine schwirrende »tschrrr« sein können. ■ Gesang wird im Flug oder auch im Sitzen von einer hohen Warte aus vorgetragen; vor allem außerhalb der Brutzeit meist gesellig.

V Br. in mehreren Rassen in den nördlichen Breiten der Nordhalbkugel und in Hochgebirgen, z.B. in Island, Irland, Großbritannien, von Skandinavien über das nördliche Eurasien bis zum Beringmeer und im arktischen Nordamerika sowie in Grönland. ■ Bei uns hat sich in neuerer Zeit das Brutgebiet erweitert. Ursprünglich Br. an der oberen Baumgrenze der Alpen und einiger höherer bewaldeter Mittelgebirge. Neuerdings nicht nur Br. in Alpentälern und im alpennahen Vorland, sondern auch in Gärten einiger süd- und mitteldeutschen Städte sowie auf den friesischen Inseln, in den Niederlanden, in Belgien und in Dänemark. Mit weiterer Ausbreitung ist sicher zu rechnen (s. unten). Kurzstreckenzieher und Teilzieher; nördliche Populationen Zugvögel, daher auch Wintergast in vielen Gegenden, in denen er nicht brütet. ■ In Hoch- und Mittelgebirgen bei uns vor allem Br. der Nadelwaldgebiete, besonders in lichten Beständen oder an Waldrändern; neuerdings auch in Fichtenschonungen im Tiefland, Kleingehölzen aus Erle, Birke und in Gärten mit einzelstehenden Nadelbäumen. Im Winterhalbjahr vor allem an Erlen und Birken auf der Nahrungssuche zu beobachten.

F Nest meist hoch in Bäumen, aber auch (vor allem im Norden) im Gesträuch und niedrig über dem Boden. ■ Legebeginn Mai; 2 Jahresbruten scheinen bei uns nicht selten zu sein. ■ 4–6 Eier, Grundfarbe hellblau mit vielen rötlichen oder bräunlichen Flecken und Kritzeln gezeichnet. ■ ♀ brütet 12–15 Tage; beide Partner füttern die Jungen 12–15 Tage im Nest.

N Kleine Sämereien von Laubbäumen, aber auch krautigen Pflanzen; zur Brutzeit kleine Insekten.

Als Wintergäste erscheinen Birkenzeisige im Tiefland. Zu uns nach Mitteleuropa kommen einmal die etwas größeren und helleren Vögel der Unterart aus Nordeuropa. Im Westen Deutschlands sind aber als Fänglinge auch schon britische Brutvögel nachgewiesen worden, die kleiner und bräunlicher sind und damit mehr der Unterart unserer Alpen ähneln. In manchen Jahren erscheinen Birkenzeisige sehr viel häufiger als normal, so daß man wie bei einigen anderen Finkenvögeln auch von regelrechten Invasionen spricht. Solche Fluktuationen sind auch beim Birkenzeisig wohl in erster Linie auf Unterschiede im Nahrungsangebot zurückzuführen.

In den letzten Jahrzehnten hat der Birkenzeisig in Mittel- und Westeuropa an ganz verschiedenen Stellen sein Brutgebiet erweitert und neue Lebensräume besiedelt. In Großbritannien hat nach vorausgegangenen Vermehrungswellen anfangs des 20. Jh. offenbar seit etwa 1950 eine Vermehrung und Ausbreitung in großem Stil stattgefunden, so daß heute der Birkenzeisig fast alle Teile Irlands, Schottlands und Englands bewohnt und zu den verbreitetsten Brutvögeln des Inselreiches zählt. Möglicherweise wurde seine Vermehrung durch groß angelegte Aufforstungsmaßnahmen unterstützt. 1942 wurde in den Niederlanden der erste brütende Birkenzeisig festgestellt. Vor 1961 waren aber nur 2–4 Paare bekannt, 1961–1966 stellte man bereits um 200 und 1973–1978 etwa 430–620, 1983 bis 1000 Paare fest. Die meisten von ihnen brüten heute auf den Westfriesischen Inseln und an der holländischen Dünenküste. Sicher ist die Herkunft dieser Brutvögel in der britischen Population zu suchen; jedenfalls läuft die niederländische Ansiedlung mit der Vermehrung auf den Britischen Inseln etwa parallel. Auch die seit etwa 1947 an der deutschen Nordseeküste, vor allem auf den vorgelagerten Inseln ansässigen Birkenzeisige hängen sicher mit der Ausbreitung in Großbritannien und mit der Ansiedlung in den Niederlanden zusammen.

Getrennt davon hat sich die Art auch im Süden Mitteleuropas ausgebreitet, und zwar einmal in Bayern von der Baumgrenze der Alpen hinunter

Birkenzeisig im Winter.

in die Täler und teilweise ins Vorland, offenbar erst nach 1950. In manchen Dörfern und Städten ist der Birkenzeisig neuerdings zum Gartenvogel geworden. Ähnliches beobachtet man auch in den deutschen Mittelge-

Männchen im Brutkleid am Nest.

birgen. Auch in der Schweiz traf man den Birkenzeisig Anfang der siebziger Jahre an einigen Stellen in Obstgärten bis 450 m herunter als Brutvogel an. Im Schweizer Jura wurden ab 1972 neue Brutplätze entdeckt und schließlich seit 1978 auch im westlich angrenzenden französischen Jura. Die Ausbreitung ist also noch in vollem Gang.

Fichtenkreuzschnabel

Loxia curvirostra

K Etwas größer als Sperling. Kräftiger Kopf und Schnabel; kurzer, tief gegabelter Schwanz. Alte ♂ ziegelrot mit leuchtend rotem Bürzel; Flügel und Schwanz dunkelbraun. Junge ♂ orange bis grünlichgelb, ♀ olivgrün mit gelblichem Bürzel. Juv. bräunlich und kräftig längsgestreift. Ober- und Unterschnabel sind übereinander gekreuzt (auf die Entfernung ist aber dieses charakteristische Kennzeichen schlecht zu sehen). ■ Typisch und wichtige Erkennungsmerkmale im dichten Nadelwald sind die harten Flugrufe wie »gip gip gip«, die auch wie »klip-klip« klingen. Daneben auch Rufe mehr auf »ö« oder »ü«, »tjök« oder »tjük«. Der Gesang ist recht vielseitig und enthält Elemente, die an die Flugrufe anklingen, daneben auch nasale Laute und harte Schnurrer (»tret«). ■ Gesang ist fast zu allen Jahreszeiten zu hören; oft gesellig in größeren oder kleineren Trupps; turnen an Fichtenzapfen.

Altes Männchen holt Fichtensamen.

V Weit verbreiteter Br. auf der Nordhalbkugel in Nadelwaldgebieten; manche Teile des Brutgebietes werden nur gelegentlich aufgesucht (Invasionen). Br. von Westeuropa (Spanien, Frankreich, Großbritannien) über Eurasien bis nach Ostasien, im Süden vor allem auf Gebirgslandschaften beschränkt (z. B. Nordafrika, manche Mittelmeerinseln); Br. auch in Nord- und Mittelamerika. ■ Bei uns verbreiteter Br. der Nadelwaldgebiete bis hinauf zur Baumgrenze in den Alpen; das Auftreten ist jedoch oft unregelmäßig und etwas unbeständig. Zigeunervogel, der in seinem Brutgebiet herumstreift und je nach Nahrungsangebot und in manchen Jahren auch invasionsartig außerhalb des Brutgebietes auftritt. ■ Typischer Nadelwaldbewohner, vor allem in Fichten- und Tannenbeständen, jedoch auch in Mischwäldern, Parks und großen Gärten mit einzelstehenden Nadelbäumen.

F Nest meist hoch in Nadelbäumen. ■ Fast in allen Monaten können Bruten angetroffen werden, hauptsächlicher Legebeginn jedoch wohl Dezember bis Mai; in günstigen Jahren sicher 2 Jahresbruten. ■ Gelegegröße offenbar 2–4 Eier; Grundfarbe grünlich oder bläulichweiß mit braunen oder lilafarbenen

Flecken besetzt. ■ Nur das ♀ brütet 14–16 Tage, die Jungen werden ebenso lange von beiden Partnern gefüttert und auch nach dem Ausfliegen noch betreut.

$\boxed{\text{N}}$ Vor allem Samen der Fichte, aber auch von anderen Nadelbäumen, z.B. Tanne, Föhre, Lärche; sicher auch kleine Insekten während des Sommerhalbjahres.

Auch dort, wo Fichtenkreuzschnäbel regelmäßig leben, kann man starke Bestandsschwankungen beobachten, so z.B. in den Alpen oder in waldreichen Mittelgebirgen. Sie laufen meist mit dem Angebot an Fichtensamen parallel, das nicht jedes Jahr gleich hoch ist. Vielmehr liegen einzelne Jahre besonders hoher Samenproduktion der Fichten meist zwischen jeweils mehreren Jahren geringeren Angebotes. Nun fallen aber in den meisten Fällen die guten Samenjahre über große Flächen hinweg nicht zusammen; häufiger produzieren Fichten in verschiedenen Gebieten auch in unterschiedlichen Jahren viel Samen. So laufen Bestandsschwankungen beim Fichtenkreuzschnabel nicht parallel; die Vögel verlagern z.T. ihre Brutplätze bzw. Aufenthaltsgebiete je nach Angebot, wandern vorübergehend aus einem Gebiet ab und treten dann anderswo besonders häufig auf. Sie zigeunern herum und können fast zu jeder Jahreszeit günstiges Nahrungsangebot zur Brut nutzen. Dazwischen werden auch über große Gebiete hinweg starke Invasionen beobachtet, die Kreuzschnäbel oft in Gegenden bringen, in denen sie sonst nicht regelmäßig oder nur in größeren Abständen erscheinen. Wie solche Invasionen zustande kommen, die z.B. Vögel von Nordrußland und Skandinavien bis ins südliche Mitteleuropa, ja sogar bis an die Mittelmeerküste und nach Portugal führen, ist noch nicht ganz klar. Einige Einflüge nach Südwesteuropa (z.B. 1909, 1930, 1935) treffen mit großräumigem Ausfall von Fichtensamen in Fennoskandien und Nordrußland zusammen. Andererseits führen nicht alle Mangeljahre zu solchen weiten Wanderungen und oft können auch Wanderungen in guten Samenjahren im Herkunftsgebiet beobachtet werden. Manchmal ziehen die Kreuzschnäbel bereits bevor die Ernte reif ist, sich also noch gar nicht abschätzen läßt, wie gut die Ernährung wird.

Fichtenkreuzschnabel-Weibchen.

So nimmt man heute an, daß häufig einfach die Größe der Population die Wanderung stimuliert, um einer Übervölkerung der Gebiete vorzubeugen. Verstärkt wird dann die Wanderneigung durch ein geringes Samenangebot. Die Einfälle nordischer Kreuzschnäbel in Mitteleuropa finden meist von Juni bis August statt, doch lassen sich von April bis Dezember fast in allen Monaten Kreuzschnäbel auf der Wanderung beobachten. Viele der umherstreifenden Kreuzschnäbel stammen jedoch gar nicht aus nordischen Brutgebieten, sondern sind einheimische herumzigeunernde Populationen (s. oben), die dann bei günstigen Bedingungen auch brüten.

Kernbeißer

Coccothraustes coccothraustes

K Viel größer als Sperling. Gedrungene Gestalt, kräftiger runder Kopf und mächtiger Schnabel; kurzer Schwanz. ♂ mit zimtbraunem Kopf, breitem grauen Nackenband; Rükken dunkelbraun, Bürzel heller braun, ebenso die Unterseite. Brauner Schwanz mit breiter weißer Endbinde. Flügel mit breitem weißen Schulterband, das im Flug eine halbmondförmige Zeichnung ergibt (daneben weißes Band im Bereich der Handschwingen). Schwingen blauschwarz. Schwarze Schnabelumrandung mit schwarzem Kehlfleck und

Jungvogel beim Baden.

feinem schwarzen Strich durchs Auge; in der Brutzeit Schnabel blaugrau, sonst hornfarben. ♀ heller gefärbt, weniger intensiv braun am Oberkopf; Außenfahnen der Handschwingen grau statt stahlblau. Juv. gelbliche Kehle, unterseits drosselartig gefleckt. ■ Rufe durchdringend »zieht« und »ziek« bzw. hart »ziks« (von weitem mit dem Schnickern des Rotkehlchens zu verwechseln). Ge-

sang wenig entwickelt, besteht im wesentlichen aus einer Folge von Einzelrufen verschiedener Länge. ■ Sitzt meist hoch oben in Bäumen; kommt im Winter aber gelegentlich auch an Futterstellen.

V Br. in Europa und Nordafrika (fehlt in Island, Irland, in weiten Teilen Fennoskandiens, auf einigen Mittelmeerinseln). Ostwärts bis Ostasien und Japan. ■ Bei uns verbreiteter, aber meist nicht häufiger Br. im Tiefland, Standvogel und Teilzieher mit Winterquartier in Westeuropa. ■ Br. in hochstämmigen alten Laubwäldern, auch Parks und Obstplantagen, Gärten und Friedhöfen. Hält sich meist in den Baumkronen auf und ist abgesehen von seinen scharfen durchdringenden Rufen relativ schwer zu entdecken.

F Nest meist hoch in Bäumen. ■ Legebeginn Ende April/Anf. Mai; 1 Jahresbrut, selten 2. ■ 4–6 Eier; mit blasser bräunlicher oder grauer Grundfarbe und kräftigen schwarzbraunen Punkten und Kritzeln sparsam besetzt. ■ ♀ brütet 12–14 Tage; von beiden Partnern werden die Jungen 10–14 Tage im Nest gefüttert.

N Samen, auch die der Steinobstfrüchte (wie Kirschen, Pflaumen, Zwetschgen), die mit dem harten Schnabel geknackt werden, ferner Knospen und Triebe.

Der ungewöhnlich mächtige Schnabel des Kernbeißers ist bei den Jungen im ersten Herbst noch nicht voll ausgewachsen; daher haben sie zu dieser Zeit noch erhebliche Schwierigkeiten, harte Kerne zu spalten. Die Spitzenhälfte des Oberschnabels ist ein unter unseren Finkenvögeln einmaliges Schneidewerkzeug, denn im Inneren verläuft in der Mitte eine Schneide, die von 2 parallelen Schneiden gesäumt ist. Zusammen mit den 2 Außenkanten besitzt der Schnabel also 5 Schneidekanten. Das entsprechende Gegenstück des Unterschnabels ist ausgehöhlt, so daß das Korn eine Führung hat. In der hinteren Schnabelhälfte findet sich oben ein mit vielen Rillen besetztes Brett, gegen das von unten her 2 kräftige Hornballen arbeiten. Das Ganze wirkt also wie ein Schraubstock. Dieser kräftige und sinnreich konstruierte Schnabel kann in Zusammenarbeit mit einer entsprechend kräftigen Muskulatur erheblichen Druck auf kleine Gegenstände, die er gefaßt hat, ausüben. Dies muß er auch, denn man hat ausprobiert, daß zum Knacken eines Kirschsteines 27–43 kg und eines Olivenkerns 48–73 kg aufgewendet werden müssen. Mit dem Schnabel werden die Kirschsteine meist mit der Naht nach unten gepackt, weil hier der niedrigste Druck zum Spalten benötigt wird. Die flachen Zwetschgen- oder Olivensteine dagegen werden mit der Naht seitwärts im Schnabel gehalten.

Kernbeißer können also unter den samenverzehrenden Vögeln Mitteleuropas auf die größten und härtesten Körner ausweichen. In einigen Versuchen mit Wahlmöglichkeiten verschiedener Samengrößen wählten sie Sonnenblumen an erster Stelle und Hanfsamen an zweiter. Grünlinge, die ebenfalls über einen kräftigen Schnabel verfügen, wählten dagegen Hanf an erster und Son-nenblumenkerne an zweiter Stelle. Auch Kreuzschnäbel und Gimpel entschieden sich in dieser Reihenfolge, während z. B. Stieglitze kleine Korbblütlersamen, Leinsamen usw. bevorzugten, ähnlich auch der Zeisig. Aus der Schnabelgröße ist also auf eine bevorzugte Nahrungsgröße ohne weiteres zu schließen.

Kraft bedeutet allerdings noch nicht alles. Kernbeißer benötigen im Testversuch z. B. 5 Sekunden, um einen Kirschstein zu öffnen, 3 für einen Sonnenblumenkern und 4 für einen Hanfsamen. Der Stieglitz braucht für letztere die doppelte Zeit, Zeisig und Hänflinge benötigen sogar mehr als das Zehnfache. Doch die kleinen Rübsensamen beschäftigen einen Stieglitz, Zeisig oder Hänfling nur 1–1,5 Sekunden; Kernbeißer benötigen dazu 3. Auch Mohnkörner oder Leinsamen öffnen kleine Finken sehr viel schneller als Kernbeißer. Man kann davon ausgehen, daß 4–5 mm Durchmesser des Samenkorns für den Kernbeißer, 2 mm für kleine Finkenarten die günstigste Größe ist. In freier Natur muß natürlich mehr Zeit aufgewendet werden als im Wahlversuch.

Männchen im Winter.

Gimpel
Pyrrhula pyrrhula

♀

K Etwa sperlingsgroß. Wirkt aber plumper. Schnabel dick und kurz. ♂ recht auffällig gefärbt mit schwarzer Kopfplatte und leuchtend roter Unterseite; Bauch grauweiß. Rükken grau, Bürzel leuchtend weiß, Schwanz schwarz. Flügel schwarz mit breiter weißer Flügelbinde. Schnabel schwarz. ♀ mit bräunlichgrauer Unterseite, sonst wie ♂ gefärbt. Die Jungvögel haben keine schwarze Kopfplatte. Kopf und Unterseite braun; Schwanz, Bürzel und Flügel jedoch wie Altvögel. ■ Am häufigsten hört man einen kurzen herabgezogenen Pfeiflaut, wie »düe«, den man leicht nachpfeifen und damit die Vögel heranlocken kann. Beim Abflug kurze »düt« oder »büt«, oft wiederholt. Der Gesang ist unauffällig und besteht aus einigen aneinandergereihten Pfeifelementen, die manchmal etwas nasal gequetscht oder doppeltönig klingen. ■ Das ganze Jahr über in fest zusammenhaltenden Paaren zu beobachten.
V Br. in Europa mit Ausnahme der Mittelmeerländer (Südgrenze etwa Nordspanien, Apenninen, Nordgriechenland, nördliches Kleinasien), ostwärts bis Ostasien einschließlich Kamtschatka und Japan; fehlt in baumarmen Steppengegenden sowie nördlich der Waldzone; bei uns verbreiteter und auch häufiger Br.

vom Tiefland bis in die Bergwälder; zur Brutzeit meist heimlich und nicht leicht zu sehen, außerhalb aber häufiger Besucher von Gärten, Parks und Friedhöfen; kommt auch an die Futterstelle. Stand- und Strichvogel; etliche Populationen ziehen südwärts und können bei uns als Wintergäste erscheinen. ■ Br. in Buschdickichten von Wäldern, Parks, Friedhöfen, Gärten und Obstbaugebieten, aber auch in dichten Nadelholzbeständen.
F Nest meist gut versteckt im dichten Gebüsch und jungen Nadelbäumen. ■ Legebeginn April/Mai; wahrscheinlich nicht allzu selten 2 Jahresbruten. ■ 4–6 Eier; Grundfarbe hellblau mit schwarzen, braunen und violetten Punkten und Kritzeln besetzt. ■ ♀, das vom ♂ gefüttert wird, brütet allein 12–14 Tage; die Jungen bleiben 14–18 Tage im Nest und werden von beiden Partnern gefüttert.
N Vor allem Sämereien; im Spätwinter und Frühjahr häufig Knospen (mitunter wirtschaftlicher Schaden durch Verbeißen von Obstbäumen); zur Brutzeit auch Insekten.

Gimpel, oft auch Dompfaff genannt, sind besonders interessante Finkenvögel, da sie in vielfacher Hinsicht von ihren Verwandten abweichen. Sie sind außerdem meist recht gut zu beobachten und man kann ihre Verhaltensweisen in Ruhe studieren.

Das ganze Jahr über lassen sich Paare zusammen beobachten, was aber noch nicht heißen muß, daß die Paare für ein Leben lang zusammenhalten. In freier Natur fehlen noch Beweise. Doch mit Ausnahme der Zeit der Mauser kann man zu allen Jahreszeiten Verhalten der Balz und der Paarbildung beobachten, so daß möglicherweise die Paare sich bereits sehr früh, z. B. vor Einbruch des Winters bilden. Es sieht dann so aus, als ob die Paare dauernd zusammenbleiben. So auffällig Gimpel vor allem im Winter sind, so versteckt und unauffällig verhalten sie sich während der Brutzeit. Sie sind dann leicht zu übersehen. Gimpel brüten einzeln, also nie zu mehreren zusammen oder gar in Kolonien, doch verteidigen sie auch kein Revier. Sicher damit im Zusammenhang fehlt ihnen ein lauter Reviergesang oder gar ein Singflug, wie er für viele Finkenvögel typisch ist. Der meist leise vorgetragene, sehr variable Gesang gilt offensichtlich nur dem Partner und ist ebenfalls schon im Herbst und Winter zu hören. Im Unterschied zu diesem unauffälligen Gesang lernen zumindest einige ♂ in Gefangenschaft nach langem Üben, Teile von Volksliedern klangrein nachzupfeifen.

Während der Brutzeit halten sich Paare oder Familien einzeln; jedes soziale Verhalten fehlt. Größere Schwärme bilden sich erst im Spätherbst. Das ruhige Temperament des Gimpels, der auch oft recht zutraulich ist (daher wohl der Name für gewisse Einfalt; Gimpel ließen sich am Vogelherd früher leicht fangen), äußert sich auch darin, daß bei der Balz und Paarbildung kaum aggressive Auseinandersetzungen vorkommen. Bei jungen Gimpeln in Gefangenschaft hat man beobachtet, daß hier oft 2 sich wie ein Paar verhalten. Da im Jugendkleid noch kein Geschlechtsunterschied in der Gefiederfärbung vorhanden ist, kann es vorkommen, daß auch 2 gleichgeschlechtliche »Paare« zusammenfinden. Sie können sogar im Herbst und Winter noch zusammenhalten, lösen sich aber dann im nächsten Frühjahr und bilden mit einem anderen Geschlecht jeweils ein normales

Gimpel-Gelege.

Paar. Hier äußert sich vielleicht schon in der Jugend ein Verhalten, das auch für alte Gimpel typisch ist: Sie ziehen die traute Zweisamkeit der Schwarmbildung meistens vor. Offenbar bietet der paarweise Zusammenschluß zweier Vögel fast das ganze Jahr über für den Gimpel einen großen Vorteil.

Gimpel-Pärchen am gut versteckten Nest.

Karmingimpel

Carpodacus erythrinus

K Etwa sperlingsgroß. Alte ♂ Kopf, Kehle und Brust karminrot, Hals, Kopfseiten an der Ohrgegend und Rücken rötlichbraun; Flügel und Schwanz braun, Federn jedoch mit rötlich braunen Außensäumen. Auf der Unterseite blaßt die rote Färbung gegen Bauch und Schwanzdecken allmählich aus; Unterschwanzdecken sind grauweiß mit (manchmal) rötlichem Schimmer. Dieses rote Federkleid tragen die ♂ erst nach 2 Jahren. Einjährige ♂ wie ♀, doch unterseits stärker gestrichelt; manchmal singen auch ♀, deren Rotfärbung noch nicht voll entwickelt ist. ♀ oberseits graubraun, Bürzel und Schwanz olivbraun. Oberkopf und Rücken dunkel gestrichelt; Kehle und Brust weißlich bis ockerfarben, gegen die Körperseiten zu kräftig braun längsgestrichelt. Im Herbst sind Schlichtkleidvögel mehr oder minder einfarbig graubraun, da sich die hellen Federsäume abreiben. Juv. sind stark gestrichelt. ▪ Kurzer kehliger ansteigender Ruf wie »düi«

Karmingimpel-Weibchen am Nest.

oder »düdi«; daneben auch unauffällig kurz »zit«. Der Gesang ist eine kurze gepfiffene Strophe mit steil ansteigenden und abfallenden Tönen, die stereotyp wiederholt werden, etwa wie »ti-tü-tehüt-ja« o. ä. Der Gesangsaufbau erinnert an die Strophe des Pirols, klingt aber nicht gurgelnd oder jodelnd, sondern rein gepfiffen.

V Br. von Mitteleuropa bis Ostasien, in der Waldzone südlich bis Kleinasien, Iran, Nordindien. In den letzten 200 Jahren in Europa Veränderungen der Verbreitungsgrenze. In Finnland Ausbreitung von 1930 bis in die siebziger Jahre bis nach Schweden, Norwegen und Dänemark. ▪ Im östlichen Mitteleuropa in der 2. Hälfte des 19. Jh. Rückgang, dann aber wieder Ausbreitung in Polen, in Tschechien und Ostdeutschland. In Österreich seit 1963 Ausbreitung bis in die westlichsten Landesteile; neuerdings auch in der Schweiz. Im Süden der Bundesrepublik Ausbreitung nach Westen über Bayern ab den 60er/70er Jahren. Trifft meist erst im Mai bei uns ein und zieht im August wieder ab. ▪ Bevorzugtes Aufenthalts- und Brutgebiet sind Dickichte, Weiden, Erlen, entlang von Flüssen, in feuchten Wäldern, aber gelegentlich auch in Gärten oder plantagenartigen Anpflanzungen.

N Knospen und Triebe, ebenso Sämereien; im Sommer Insekten.

♂ Schlichtkleid

♀

Schneeammer
Plectrophenax nivalis

K Größer als Sperling. ♂ mit weißer Unterseite und weißem Kopf; im Prachtkleid (bei uns normalerweise nicht zu sehen) schwarzer Rücken, schwarze Handschwingen und ebenso gefärbte Schwanzmitte. Im Herbst und Winter ist der Rücken bräunlich mit dunklen Längsstricheln; Oberkopf, Nacken und Ohrgegend orangebraun gefärbt. Hand- und Armschwingen z. T. schwarz; im Flug ist der Flügel schneeweiß mit abgesetztem einheitlich schwarzem Spitzendrittel. ♀ im Prachtkleid ähnlich ♂ jedoch Rücken graubraun; im Schlichtkleid brauner als ♂ am Kopf und an der Unterseite (vor allem an der Brust); Rücken stärker gestrichelt. Juv. ähnlich, aber noch mehr braun. ■ Flugruf ist ein kurzer Triller »tirr«, daneben hört man auch »djü« oder »dju« und scharfe »tsrr«. Der Gesang im Brutgebiet ist eine helle trillernde Strophe, die in Abständen wiederholt wird mit raschem Tonhöhenwechsel; wird in einem kleinen Singflug vorgetragen. ■ Bei uns im Winter meist gesellig in kleinen Trupps am Boden.

V Br. der Arktis, in Europa in Island, Spitzbergen, Südschottland, nördliches Skandinavien, südwärts bis Südnorwegen. ■ Bei uns r. Wintergast im Bereich der Norddeutschen Tiefebene bis an den Mittelgebirgsrand; erreicht nur ur. in kleiner Zahl Süddeutschland bis an den Alpenrand und die Schweiz bzw. Österreich (bei »Schneefinken« im Winter im Tiefland handelte es sich in der Regel um Schneeammern). ■ Bei uns im Winter entlang den Meeresküsten in offener, küstennaher, meist kurzrasiger Landschaft; im Binnenland vor allem auf Öd-, Kies- und Ruderalflächen.

N Im Winter vor allem Sämereien; im Sommer Wirbellose (Insekten, Spinnen).

Die Schneeammer ist der am weitesten nördlich brütende Landvogel. Die Ausläufer ihres arktischen Brutgebietes nähern sich dem Nordpol auf weniger als 1 000 km. Der an die Nahrungssuche auf dem Boden angepaßte Singvogel kann die kurzen arktischen Sommer mit ihrem Dauertag noch nutzen. Die Eiablage findet in hochnordischen Gebieten erst im Juni oder Anfang Juli statt. Wenn die Altvögel im April/Mai an ihre noch mit Eis bedeckten Brutplätze zurückkommen, müssen sie zunächst von den alten Samen des Vorjahres leben. Zur Jungenaufzucht wird dann das intensive, aber sehr kurze Insektenleben der Arktis genutzt.

519

Goldammer

Emberiza citrinella

K Gut sperlingsgroß. ♂ Kopf und Unterseite leuchtend zitronengelb; am Kopf schwarzgrünliche Streifenzeichnung; auf der Brust undeutliches dunkles Band, leichte Flankenstreifung. Oberseite braun mit dunkleren Längsstrichen, Bürzel zimtbraun. Schwanz dunkel; im Flug fällt weißer Außenrand auf. ♀ stumpf gelblichgrün, auch an Kopf und Kehle gestreift; juv. noch stärker gestreift. Gegenüber Zaunammer in allen Kleidern der zimtbraune Bürzel ein gutes Unterscheidungsmerkmal. ■ Häufig zu hörende Rufe etwa »tsr«, »zik« oder »zrk«, im Abflug oft trillerartige Rufe. Gesang besteht aus einer Serie von kurzen Einleitungstönen, die manchmal in der Lautstärke etwas anschwellen und einem gedehnten Schlußelement. Meist bleiben die Töne auf einer Höhe, etwa wie »ziziizizizi – zidüü«. Das Schlußelement des Gesanges kann variieren, mitunter gebietsweise. ■ Goldammern singen oft noch im Hochsommer an warmen Tagen als einzige Vögel. Gesang wird von einer Warte (z.B. Draht, Buschspitze) vorgetragen. **V** Br. von Europa bis Mittelsibirien;

Goldammer-Weibchen.

Südgrenze Nordspanien, Süditalien, Griechenland, Ukraine; fehlt in weiten Teilen der Mittelmeergebiete. ■ Bei uns verbreiteter und häufiger Br. im Tiefland, verbreitetste Ammer; scheint aber als Folge von Intensivierung der landwirtschaftlichen Nutzung gebietsweise neuerdings abzunehmen. Teilzieher; Winterquartier reicht bis ins Mittelmeergebiet. ■ Br. in der Kulturlandschaft, braucht jedoch Hecken und Büsche. Brütet auch an Waldrändern und in Schonungen. Im Winterhalbjahr vor allem auf Ackerland, aber auch in Dörfern; oft vermischt mit anderen Finkenvögeln.
F Nest in Bodennähe in Stauden oder Gebüsch. ■ Legebeginn April; 2 Jahresbruten, vielleicht aber auch manchmal 3. ■ 3–5 weißliche Eier mit grauen oder rötlichen Flecken und dünnen Kritzeln sehr unregelmäßig gezeichnet. ■ ♀ brütet überwiegend allein 12–14 Tage; die Jungen werden von beiden Partnern etwa ebenso lange im Nest betreut; sie verlassen das Nest, bevor sie voll flugfähig sind.
N Sämereien, Knospen und andere Pflanzenteile; im Sommer viel Insekten.

Die Goldammer war und ist teilweise auch heute noch einer der besonders charakteristischen Brutvögel der Feldmark. Allerdings wird in vielen Gegenden neuerdings ein Rückgang festgestellt. Sicher ist hieran die Intensivierung der Landnutzung schuld, die auch bei anderen Ammerarten (Grauammer, Ortolan) und einigen weiteren Bewohnern der Feldmark eine entscheidende Rolle spielt. Einige Befunde deuten an, daß man gerade auf das Vorkommen und die Bestandssituation der Goldammer nun besonderes Augenmerk richten muß.

Außerhalb der Brutzeit, vor allem im Winter, bilden sich aus Jung- und Altvögeln mehr oder minder große Gemeinschaften, die sich vor allem an günstige Nahrungsplätze am Rand der Dörfer oder auch an den von Jägern angelegten Fasanen- sowie Rebhuhnschütten halten. Dreschplätze, die früher beliebte Wintereinstände der Goldammern waren, sind heute so gut wie verschwunden. Während der Brutzeit sind Goldammern streng territorial. Der Übergang vom Schwarm zum Einzelleben vollzieht sich im Vorfrühling ganz allmählich, meist abhängig von der Temperatur. Zunächst sondern sich meist einzelne ♂ von den Schwärmen ab und verteilen sich auf die Brutbiotope, doch Kälterückschläge führen dann wieder zu Schwarmbildungen. Allmählich werden dann auch die ersten Reviere abgegrenzt und durch den typischen Gesang markiert. Etwas später als die ♂ verlassen die ♀ die Gemeinschaft und folgen den ♂ in ihre Reviere. Allerdings sind am Anfang die Reviere oft nur vorübergehend besetzt. Mitunter müssen auch bereits gebildete Paare potentielle Reviere wieder räumen und sich den Schwärmen anschließen. Man kann aber dann unter Umständen schon das Zusammenhalten von Paaren im Schwarm beobachten.

Paare bilden sich allmählich. Ein revierbesitzendes ♂ fliegt z. B. vor einem ♀ auf den Boden und beginnt, kleine Pflanzenteilchen oder Stein-chen aufzunehmen, die meist bald wieder fallengelassen werden. Dieses merkwürdige Verhalten, das auch vom ♀ gezeigt wird, nennt man »Scheinpicken«. Auch Halme werden aufgenommen (Halmbalz), doch ist damit der Nestbau noch nicht begonnen. Ähnlich einigen anderen Singvögeln (z. B. Buchfink, s. S. 497) sind auch vom Gesang der Goldammer verschiedene Dialekte bekannt, die sich vor allem im Schlußteil unterscheiden.

Reviere werden sehr intensiv verteidigt, doch ist bei der Goldammer wie bei vielen streng territorialen Vögeln zu beobachten, daß die Grenzen der Reviere nicht einfach eine scharfe Linie darstellen. Die Intensität der Revierverteidigung ist in der Nähe des

Nest und Gelege der Goldammer.

Revierzentrums, also in Nestnähe, am stärksten und wird zu den Grenzen hin schwächer. Offenbar bilden einzelne Bäume, Sträucher, Hecken usw. häufig Reviergrenzen. Die Reviergrößen schwanken etwa zwischen 2500 und 4000 m². Die Verteidigung der Reviere ist fast ausschließlich die Aufgabe der ♂. Die Nester sind gut versteckt, meist in der Bodenvegetation. Ausreichende Nestverstecke fehlen häufig in ausgeräumten Monokulturflächen.

Zaunammer

Emberiza cirlus

$\boxed{K}$ Größer als Sperling. ♂ mit gelber Unterseite und grünlichem Brustband; schwarze Gesichtszeichnung mit schwarzem Kehlfleck und schmalem Band an den Kopfseiten bis zur Ohrgegend; brauner Strich durchs Auge. Oberkopf und Nacken olivgrün, Scheitel dunkel; Rücken kastanienbraun, Bürzel olivbraun; Schwanz dunkel, äußerste Federn weiß. Unterseite an den Flanken kastanienbraun. Im Herbst viel matter, schwarze Gesichtszeichnung durch braune Federn verdeckt. ♀ und juv. matter gefärbt, Ober- und Unterseite fein gestreift; olivbrauner Bürzel gutes Unterscheidungsmerkmal gegenüber Goldammer. ■ Rufe unauffällig und hoch, gedehnt »zieh«, sehr ähnlich Goldammer, und kürzeres »zip« bzw. »tsi«. Der Gesang besteht aus einer monotonen Klangstrophe, die etwas an Klappergrasmücke bzw. auch Berglaubsänger erinnert. ■ Singende ♂ sitzen meist hoch auf einem Baum, heben den Kopf und öffnen den Schnabel weit, so daß der schwarze Kehlfleck und die Brustzeichnung gut zu sehen ist.

$\boxed{V}$ Br. in West- und Südeuropa einschließlich Nordafrika und Kleinasien. ■ Bei uns seltener Br. mit meist kleinen Beständen im Westen und Süden z. B. Baden-Württemberg, Rheinland-Pfalz, Österreich und Schweiz; in Deutschland nur etwa 250 Paare (um 1985); vom Aussterben bedroht. Im Süden Standvogel; zumindest in den Alpen auch Teil-, und Kurzstreckenzieher, der in den eigentlichen Wintermonaten fehlt. ■ Br. in buschreichem, grasbewachsenem Gelände; vor allem an warmen und trockenen Hängen, etwa an Weinbergterrassen, mit Hecken und Büschen bestandenen Geländeein-

schnitten, mit einzelnen Bäumen bestandenen, sonnenbeschienenen Grashängen der Alpen. Gründe für den Rückgang liegen einmal in der zu starken Verbuschung geeigneter Biotope durch Aufgabe der Bewirtschaftung (Schafhaltung), zum anderen genau im Gegenteil, nämlich in der Ausräumung der Landschaft durch intensive Nutzung, Flurbereinigung und schließlich Zersiedlung. Niederschlagsreiche und kalte Winter führen zumindest zu vorübergehenden Bestandsrückgängen.

$\boxed{F}$ Nest im Gebüsch dicht über dem Boden. ■ Legebeginn Ende April/ Anf. Mai; 2 Jahresbruten, vielleicht auch manchmal 3. ■ 3–5 Eier, grauweiß mit grünlichem oder rötlichem Anflug und feinen Flecken und auffälligen Kritzeln besetzt. ■ ♀ brütet 11–13 Tage allein; die Jungen werden auch vom ♀ in der Regel allein betreut etwa 11–15 Tage; das ♂ hilft nur selten bei der Aufzucht.

$\boxed{N}$ Sämereien; im Sommer Insekten.

In Mitteleuropa deckt sich vielerorts die Verbreitung der Zaunammer mit dem heutigen oder ehemaligen Vorkommen der Weinrebe. Weinberge allerdings dürften unter den heutigen Bedingungen häufig kaum mehr geeignete Lebensgrundlagen bieten. Immerhin ist damit angedeutet, daß die Art hier ihre Klimagrenze erreicht.

Zippammer
Emberiza cia

K Größer als Sperling. ♂ grauer Kopf mit schwarzer Scheitelumrandung und schwarzem Strich durchs Auge (darüber heller Überaugenstreif) sowie mit schwarzem Backenstreif, der sich zum Nacken als untere Kopfumrandung fortsetzt; Kinn hell; Kehle und Oberbrust silbergrau; Unterseite zimtbraun; Oberseite dunkelbraun; Rücken schwarz längsgestreift, Bürzel zimtbraun; Flügel mit 2 feinen hellen Binden; Schwanz dunkel, äußerste Schwanzfedern weiß. ♀ matter, Kopf nicht so deutlich abgesetzt grau, dunkle Kopfzeichnung mehr schwarzbraun; Kehle grau, Unterseite mehr gestreift. Juv. braun gestreift. ■ Ruf sehr hohes kurzes »zip«; auch kurzer Triller wie »trr«. Gesang ist eine rasch gesungene Strophe, die etwas an Heckenbraunelle und Zaunkönig erinnert und meist mit kurzem »zip« eingeleitet wird. ■ Sitzt oft im Gebüsch niedrig über dem Boden und läßt sich bei Gefahr in Deckung fallen.

V Br. in Südeuropa und Nordafrika sowie Vorderasien bis in das zentralasiatische Hochland. Nordgrenze der Verbreitung ist Mittelfrankreich, Südwest- und Westdeutschland, Karpatenbogen. ■ Bei uns spärlicher bis seltener Br. in sonnigen Hügelländern bzw. Alpentälern; der Bestand Deutschlands wird auf etwa 1500 Brutpaare geschätzt; im Süden Standvogel, mitteleuropäische Br. Kurzstreckenzieher (März bis Oktober; einzelne überwintern auch an günstigen Stellen). ■ Br. an trockenen, sonnigen Steilhängen mit Felsen und Blockhalden; Felsbewohner. Rückgangsursachen sind außerhalb des alpinen Bereichs vor allem in der Lebensraumzerstörung durch Aufgabe der Bewirtschaftung von Grenzertragsböden mit Verbuschung und andererseits Ausräumung der Landschaft zu suchen; Klimaschwankungen spielen eine Rolle, dürften aber nicht allein für den Rückgang verantwortlich sein; der Biotopveränderung kommt große Bedeutung zu.

F Nest zwischen Felsen und Gestein am Boden oder in Spalten, auch niedrigen Büschen. ■ Legebeginn April; 1, auch 2 Jahresbruten. ■ 4–6 Eier, weißliche Grundfarbe mit schwarzen Kritzeln und verwischten Linien gezeichnet. ■ ♀ brütet überwiegend allein 12–13 Tage; Junge werden 10–13 Tage nur vom ♀ im Nest gefüttert; ausgeflogene Junge werden von beiden Partnern betreut.

N Sämereien; zur Brutzeit Insekten.

Auch die Zippammer ist bei uns ein in hohem Maße vom Klima in seiner Verbreitung beeinflußter Brutvogel. Das fällt vor allem auf, sobald man von Norden kommend den Hauptkamm der Alpen hinter sich gelassen hat. In der Schweiz liegen z. B. die Verbreitungsschwerpunkte im Wallis und im Tessin. Südhanglage wird bevorzugt. An den günstigsten Brutgebieten kann man die Art auch im Winter antreffen.
Beim Nachweis von Brutvorkommen der Zaun- und Zippammer kann das Tonband eine große Hilfe sein. Revierbesitzende ♂ reagieren auf vorgespielten Gesang und lassen sich an den Lautsprecher heranlocken.

Rohrammer

Emberiza schoeniclus

K Sperlingsgroß. ♂ im Frühjahr und Sommer Kopf und Kehle schwarz, auffallend breites weißes Halsband; Oberseite dunkelbraun mit kräftigen schwarzen Längsstreifen, Bürzel grau. Schwanz schwarz mit breit weiß abgesetzten Außenkanten; Unterseite weiß mit schwarzer Flankenfleckung. Im Herbst ist der weiße Halskragen teilweise durch braune Federsäume verdeckt. ♀ mit braunem Kopf, hellem Überaugenstreif und mit auffallendem schwarzweißen Bartstreif. Oberseite wie ♂, Bürzel jedoch bräunlich; Kehle und Brust gelblichbraun mit schwarzen Streifen an Brust und Flanken. Kann in der Färbung mit Zwergammer verwechselt werden, die in Mitteleuropa jedoch Ausnahmeerscheinung ist. Juv. wie ♀. ▪ Am häufigsten hört man ein gedehntes »zieh« oder »züü«, kräftiger und kürzer als der entsprechende Ruf der ebenfalls im Schilf lebenden Beutelmeise. Daneben noch schil-

Rohrammer-Weibchen im Brutrevier.

pende Rufe wie »tschö« oder »psä« u. ä. Gesang besteht aus etwas abgehackt vorgetragenen schilpenden Strophen, etwa wie »djip djip djip tiö tetet«. Die Strophen einzelner ♂ unterscheiden sich zuweilen sehr stark. ▪ ♂ singen meist von einem Schilfhalm aus.

V Br. in verschiedenen Rassen in ganz Europa bis Ostasien; fehlt auf einigen Mittelmeerinseln. ▪ Bei uns verbreiteter und wohl häufigster Br. in Schilf- und Seggengebieten; Teilzieher; die meisten ziehen wohl aus Mitteleuropa ab (Februar/März bis Oktober/November); das Winterquartier reicht bis Nordafrika. ▪ Br. im sumpfigen Gelände, das mit Schilf, Großseggenbüschen bestanden ist, gelegentlich auch auf Feuchtwiesen.

F Nest am Boden häufig in Gras- oder Seggenbüscheln versteckt, auch etwas erhöht in Stauden und Büschen. ▪ Legebeginn April/Mai; meist 2 Jahresbruten. ▪ 4–6 Eier, Grundfarbe violett oder bräunlich, mit schwarzen oder violetten Kritzeln und Klecksen dicht besetzt, die häufig etwas verwaschen sind. ▪ Vorzugsweise das ♀ brütet 12–14 Tage; etwa ebenso lang werden die Jungen von beiden Partnern im Nest gefüttert.

N Sämereien (bevorzugt Grasarten); im Sommer kleine Insekten.

Der Gefiederwechsel, die Mauser, fordert vom Vogelkörper viel Energie. Einmal müssen für den Neuaufbau von Federn Stoffe und Energie bereitgestellt werden. Zum anderen ist die durch Lücken im Federkleid verminderte Isolation auszugleichen. Bei der Mauser des Großgefieders, also vor allem der Flügel- und Schwanzfedern, ist auch zu bedenken, daß die Flugfähigkeit vorübergehend etwas beeinträchtigt ist bzw. das Fliegen größere Anstrengungen erfordert. Um Doppelbelastungen zu vermeiden, findet die Großgefiedermauser nur ausnahmsweise schon während der Brutzeit statt und kann auch nicht während des Zuges durchgemacht werden, zumindest nicht bei Langstreckenziehern. Normalerweise muß also die Mauser in der nach Beendigung des Brutgeschäftes bis zum Beginn des Herbstzuges zur Verfügung stehenden Zeit ablaufen. Ist für eine Vogelart dieser Zeitraum zu kurz, wird die Mauser unterbrochen. Vor allem von einigen Langstreckenziehern ist bekannt, daß sie erst nach teilweise beendeter Mauser abziehen, also mit alten und neuen Federn, und dann im Winterquartier oder auf einer Zwischenstation zu Ende führen. Bei erwachsenen Singvögeln findet in der Regel nach der Brutzeit eine Vollmauser statt, in der sowohl das Großgefieder als auch das den Körper bedeckende Kleingefieder ausgewechselt wird. Die alten Federn fallen nach und nach aus, neue wachsen heran.

Bei der Rohrammer wurde die nachbrutzeitliche Mauser besonders intensiv untersucht. Sie ist ganz offenbar in Anpassung an den kurzen Sommer in Skandinavien früher beendet als in Mitteleuropa. Das Mausertempo ist bei den Mitteleuropäern am langsamsten, bei den Brutvögeln in Großbritannien am größten; die Skandinavier nehmen eine Mittelstellung ein. Dies ist folgendermaßen zu erklären: Die günstige Jahreszeit in Großbritannien ist etwas kürzer als in Mitteleuropa, doch werden dort regelmäßig 2 Bruten gezeitigt. Daher ist also die für die Mauser zur Verfügung stehende Zeit noch kürzer als in Skandinavien, wo zwar die günstige Jahreszeit sehr kurz ist, aber überwiegend nur 1 Jahresbrut unternommen wird. In Mitteleuropa mit überwiegend 2 Jahresbruten ist die günstige Zeit länger.

Rohrammer-Weibchen am Nest in einer Feuchtwiese.

Ortolan
Emberiza hortulana

K Gut sperlingsgroß. ♂ Kopf und Brust graugrün, Kehle und Augenring gelb; Bartstreif graugrün. Unterseite zimtfarben, Oberseite dunkler braun mit schwarzer Längsstreifung; Schwanz dunkel, äußerste Kanten weiß; im Flügel 2 schmale helle Binden. Schnabel rötlich. ♀ ähnlich gefärbt, doch matter, Kopf weniger deutlich grünlich; auf der Brust fein gestreift. Juv. braun, auf der Unterseite deutlich gestreift. ■ Häufiger Ruf »psie« (auf dem Zug regelmäßig zu hören). Der Gesang erinnert im Aufbau etwas an Goldammer, ist aber melodischer und reiner geflötet. Auf 3–5 gleichartige Elemente folgt meist ein tiefer liegender Laut, etwa »zri zri zri zier di jüh.« ■ Singt oft von höherer Warte, Baumspitze, Draht, seltener kurzer Singflug.

V Br. in Europa (fehlt in Island, Großbritannien, im mittleren und nördlichen Norwegen, nördlichsten Finnland und Schweden, in Teilen Rußlands). Ostwärts bis Mittelsibirien; Südgrenze Südspanien, Italien, Griechenland, Kleinasien. ■ Bei uns seltener Br. milder Tieflandsgebiete, vor allem Franken und Ostdeutschland. Kurz- und Langstreckenzieher (April bis Oktober), Winterquartiere im Mittelmeergebiet und im Savannengürtel südlich der Sahara. ■ Br. in offenen Landschaften mit Büschen und Bäumen, auch in Alleebäumen, Weingärten usw., also in abwechslungsreicher Kulturlandschaft.

F Bodennest unter Büschen im Gras oder zwischen hochragenden Stauden. ■ Legebeginn Mai; bei uns wohl nur 1 Jahresbrut. ■ 4–6 Eier, blaßbläulich rosafarben oder grau mit dunklen Punkten, Linien und Flecken. ■ ♀ brütet 12–14 Tage allein; juv. werden 10–15 Tage von beiden Partnern im Nest gefüttert.

N Sämereien und Pflanzenteile; im Sommer auch Insekten (z.B. Raupen).

Verschiedene Ursachen sind am Rückgang in Mitteleuropa schuld. Möglicherweise sind Klimaänderungen neben Lebensraumzerstörungen von besonderer Bedeutung. Doch muß man feststellen, daß heute auch bei günstigem Klima ein großer Teil der früher besiedelten Flächen durch Zerstörung des Lebensraums für die Art unbewohnbar ist. Eine wesentliche Ursache liegt vor allem in der großräumigen Ausräumung der Landschaft durch Flurbereinigung und der intensiven Ackernutzung.

Ortolan-Männchen mit Futter.

Grauammer

Emberiza calandra

K Viel größer als Sperling; größte einheimische Ammer; wirkt etwas plump. Bräunlich graue Oberseite mit kräftiger Längsstreifung an Kopf und Rücken; Unterseite etwas heller, doch ist sie ebenfalls größtenteils kräftig längsgestreift. Kein Weiß am Schwanz, keine auffälligen Farbabzeichen. Schnabel und Beine gelblich. ■ Flugruf ist ein kurzes »tick«, das auch in lockeren Reihen zu hören ist. Der Gesang ist ein mißtönendes schrilles Klirren, das gelegentlich mit einem geschüttelten Schlüsselbund oder ähnlichen Geräuschen verglichen wird. Einleitungselemente sind kurze »bit bit bit«, der Schlußschnörkel ist ein laut klirrendes »schnirrrps«. ■ Der Gesang wird von der Spitze eines Busches oder von Drähten herunter vorgetragen; Flug wirkt etwas schwerfällig, oft hängen dabei die Beine herunter.

V Br. in ganz Europa bis Südschweden, baltische Staaten und Ukraine; ferner Br. in Nordafrika,

Kleinasien, Iran und von Israel bis Südwestasien. ■ Bei uns lückenhaft verbreitet im Tiefland. In Mitteleuropa wohl überwiegend Kurzstreckenzieher (März bis Oktober), Winterquartier reicht bis Nordafrika. ■ Br. der Agrarlandschaft (»Kultursteppe«), also an Feldern, Wiesen, Trockenhängen, auf Ödland und Steppe.

F Nest am Boden oder in der Krautschicht, gelegentlich auch höher über dem Boden. ■ Legebeginn Mai; 1 Jahresbrut, wohl nicht selten auch 2. ■ 4–6 Eier, weiß oder hellweiß, gelblich oder bläulich; mit kräftigen braunen oder schwarzen Klecksen und Schnörkeln besetzt. ■ Nur das ♀ brütet 12–14 Tage; die Jungen sind beim Verlassen des Nestes noch nicht flugfähig.

N Sämereien, aber auch Insekten.

Nach eingehenden Untersuchungen liegen die Reviergrößen der Grauammer zwischen 3 und 5 ha. Im April/Mai besetzen die ♂ ihre Reviere und grenzen sie gegeneinander ab. Die ♀ halten sich aber nicht an die Reviere der ♂ und sind während der Brutzeit in Gesellschaft verschiedener ♂ zu beobachten. Aus dem Verhalten der ♀ ist zu schließen, daß häufig überhaupt keine eheliche Bindung besteht. Intensivierung der Landwirtschaft schadet dieser Art sehr.

Singende Grauammer.

Seltene Vogelarten

Die folgenden Vogelarten sind in Mitteleuropa entweder nur an wenigen Stellen als Gäste oder Brutvögel anzutreffen oder im ganzen Gebiet als Ausnahmegäste zu betrachten. Ihr eigentliches Verbreitungsgebiet liegt in anderen Gebieten Europas oder in Asien. Zur sicheren Bestimmung sind meist sehr gute und ausführliche Bestimmungsbücher nötig.

Sichler
Plegadis falcinellus

Etwa hühnergroßer, relativ langbeiniger Vogel mit kräftigem, langem Bogenschnabel und einfarbigem, aus der Entfernung schwarzbraun wirkendem Gefieder, das aus der Nähe einen bronzefarbenen Schimmer zeigt. Fliegt mit ausgestrecktem Hals in flachen, raschen Flügelschlägen. ■ Brutvogel an einigen Stellen Südosteuropas. In Mitteleuropa Ausnahmegast im Sommer an flachgründigen Gewässern.

Rötelfalke
Falco naumanni

Sehr ähnlich Turmfalke. ♂ unterscheiden sich jedoch durch blaugraues Feld im hinteren Oberflügel, ungefleckten rostroten Rücken und blaugraue Kopfkappe. ♀ sind nur schwer von Turmfalken zu unterscheiden. Ruft meist heiserer als Turmfalke »tsche tsche tsche«. ■ Brutvogel in Südeuropa; in Österreich als Brutvogel nach 1980 ausgestorben; heute nur noch Ausnahmegast im Süden Mitteleuropas.

Würgfalke
Falco cherrug

Sehr großer, oberseits brauner Falke mit hellem, fein dunkler gestreiften Oberkopf und Nacken; Bartstreifen sehr undeutlich; Flügel breiter als beim Wander-, doch schlanker als beim Gerfalken. Unterseite gefleckt, nicht gebändert. ■ Brutvogel in Ost- und Südosteuropa, in wenigen Paaren auch im Osten Österreichs. Ausnahmegast am ehesten in Süddeutschland. Bei Großfalken ist jedoch immer mit entkommenen Vögeln aus Greifvogelhaltungen zu rechnen.

Gerfalke
Falco rusticolus

Größer als Wanderfalke, mit breitem Flügelansatz und breitem Schwanz. Färbung oberseits meist grau, unterseits heller mit feiner schwarzer Fleckung und bei Altvögeln mit deutlich gestreiften Flanken. Nur schwach erkennbarer dunkler Bartstreif (vgl. Wanderfalke). ■ Brutvogel in Nordeuropa; bei uns seltener Wintergast vor allem im Küstenbereich. Tiefer im Binnenland nur ganz ausnahmsweise. Seit neuestem ist bei Großfalken auch auf in Gefangenschaft gezüchtete Bastarde zu achten, die gelegentlich entkommen.

Rotflügel-Brachschwalbe
Glareola pratincola

Kurzbeinig, am Boden mehr an Regenpfeifer erinnernd, in der Luft eher seeschwalbenähnliches Flugbild mit schnellem, grazilem Flug. Gegabelter Schwanz mit weißer Wurzel. Oberseite olivbraun, Unterseite heller, Bauch weißlich. Fein schwarz begrenzter rahmfarbener Kehlfleck. Achseln und Unterflügeldecken rostrot (schwer zu sehen beim Abfliegen). Sehr ähnlich ist die bei uns noch seltenere Schwarzflügel-Brachschwalbe *(Glareola nordmanni)*. ■ Brutvogel in Südeuropa auf trockenen Überschwemmungsflächen oder Steppenböden nahe am Wasser. In Mitteleuropa Ausnahmegast im Sommerhalbjahr auf Feuchtwiesen oder Schlammflächen.

Doppelschnepfe
Gallinago media

Sehr ähnlich Bekassine, doch etwas kurzschnäbeliger und massiger, Unterseite ausgedehnter und lebhafter quergebändert. Beim Abflug weiße Schwanzseiten zu erkennen. Fliegt in der Regel im Unterschied zur Bekassine stumm auf. ■ Brutvogel in Nord- und Nordosteuropa. Im Norden Mitteleuropas vielleicht r. seltener Gast, im Süden anscheinend nur ausnahmsweise. Da die Art sehr schwer zu bestimmen ist, ist das Bild des Vorkommens bei uns noch etwas unklar.

Teichwasserläufer
Tringa stagnatilis

Hochbeiniger, grazil wirkender Wasserläufer mit feinem schwarzen Schnabel; etwas größer als Bruchwasserläufer. Im Schlichtkleid oberseits hellgrau mit dunklerem Flügelbug, unterseits weiß. Im Prachtkleid oberseits unregelmäßig dunkel gefleckt und feine Brustfleckung. Juv. unterseits weiß, oberseits lebhafter braun gemustert. Beine olivfarben. Wirkt im Flug wie ein kleiner Grünschenkel. Kurze, hell flötende Flugrufe. ■ Brutvogel in Südrußland, in der Ukraine und in Kasachstan; im Süden Mitteleuropas fast alljährlicher einzelner Gast an Schlammflächen und Flachufern.

Schwalbenmöwe
Larus sabini

Etwas kleiner als Lachmöwe, mit schwach gegabeltem Schwanz. Im Prachtkleid schwarze Kapuze, im Schlichtkleid mit weißem Gesicht und dunkler Kappe im Nacken. Rücken und Flügeldecken grau, Flügelhinterrand und Basis des Außendrittels weiß, Flügelaußenrand breit schwarz abgesetzt. Juv. mit brauner Oberseite, schwarzbraunem äußerem Flügeldrittel und breit weiß wie ein langschenkeliges Dreieck abgesetztem Fügelhinterrand. Flügelzeichnung da-her in allen Kleidern recht auffällig. ■ Brutvogel der Arktis; zieht r. durch die Nordsee, wird aber nur nach Weststürmen im Herbst in Küstennähe gesehen.

Eismöwe
Larus hyperboreus

Größer als Silbermöwe. Fügel ohne schwarze Abzeichen, Rücken hellgrau, Flügelspitzen rein weiß. Fleischfarbene Beine und kräftiger gelber Schnabel mit rotem Fleck an der Spitze des Unterschnabels. Ad. im Winter an Kopf und Brust kräftig braungrau gefleckt. Vögel im 1. Winter wirken aus der Entfernung hell sandfarben; das Gefieder ist fein graubeige gezeichnet, die Flügelspitzen wirken schmutzigweiß. Auch im 2. Winter noch fleckig. Sehr ähnlich ist die etwas kleinere Polarmöwe *(L. glaucoides)* mit kürzerem und schwächerem Schnabel sowie längeren Flügeln, die im Sitzen den Schwanz überragen. Man muß auch auf abweichend gefärbte Silbermöwen achten. ■ Brutvogel auf Island und im nördlichsten Atlantik. Seltener Wintergast an der Nordseeküste, im Binnenland nur ausnahmsweise.

Tordalk
Alca torda

Erinnert in Gestalt und Farbverteilung an die Trottellumme, doch ziemlich dicker Kopf und Hals und seitlich zusammengedrückter Schnabel mit feiner weißer Querlinie. Im Schwimmen wird der kurze Schwanz für gewöhnlich aufgestellt. ■ Meeresvogel, der an Küsten und auf Inseln des Nordatlantik brütet. Am einzigen deutschen Brutplatz auf Helgoland brüteten 1990 etwa 11 Paare.

Gryllteiste
Cepphus grylle

Kleiner als Trottellumme. Im Prachtkleid einfarbig schwarzes Gefieder mit großem weißem Flügelschild und auffallend roten Beinen und Füßen. Im Schlichtkleid Unterseite weiß, Oberseite schwarz mit dichter weißer Fleckung; Gesicht weiß, dunkler Strich durchs Auge. ■ Meeresvogel, der an den Küsten des Nordatlantik brütet. Ausnahmegast an der deutschen Nordseeküste, etwas regelmäßiger in der Ostsee.

Papageitaucher
Fratercula arctica

Gedrungene Gestalt, schwarze Oberseite, Unterseite weiß. Im sommer mit breitem, seitlich abgeflachten rotblau-gelbem Schnabel. Im Winter ist der Schnabel kleiner und dunkel, aber immer noch auffällig dreieckig. ■ Meeresvogel; Brutvogel auf Inseln und an Küsten des Nordatlantik. Sehr seltener Gast vor der Nordseeküste.

Halsbandsittich
Psittacula krameri

Langschwänziger hellgrüner Sittich mit rotem Oberschnabel und einem feinen schwarzen Halsband. Durchdringend kreischende Rufe. ■ Brutvogel der Tropen; in einigen Stadtparks im Westen Deutschlands (z. B. Köln, Wiesbaden) sowie in Wien und Innsbruck kleine freibrütende Populationen aus Volierenflüchtlingen (oder auch absichtlich freigelassenen Vögeln).

Zwergohreule
Otus scops

Sehr kleine, schlanke Eule mit Federohren, die allerdings nicht immer sichtbar sind. Gefieder graubraun marmoriert und gesprenkelt und daher gut getarnt. Nachtaktiv. Besonders charakteristisch ist nachts der lange Pausengesang aus monotonen, in größeren Abständen vorgetragenen melodischen Pfiffen, die wie »kju« klingen. ■ Verbreiteter Brutvogel in Südeuropa in großen Gärten und lockeren Baumbeständen. Kleine Brutpopulationen im Süden Österreichs und der Schweiz. In Deutschland nur ausnahmsweise Brutvogel in Süddeutschland.

Habichtskauz
Strix uralensis

Große, relativ langschwänzige Eule mit einem dem Waldkauz ähnlichem Kopf. Gefieder hellgrau mit dunkelbraunen Längsstreifen auf der Unterseite; Schwanz breit braun quergebändert. Augen schwärzlich. Rufe bellend »hau«, in größeren Abständen vorgetragen. ■ Seltener Brutvogel in Mischwäldern Nord- und Osteuropas. In Ostbayern Aussetzungen aus Gefangenschaftszucht und seit neuestem einige Paare freibrütend. Ob sich der Bestand halten kann?

Alpensegler
Apus melba

Wesentlich größer als Mauersegler, heller und brauner, mit weißer Unterseite und schmalem braunem Brustband. Flugweise ähnlich Mauersegler. Laute, ansteigende trillernde Flugrufe, oft im Chor ausgestoßen. ■ Brutvogel in felsigen Gebirgen und an Gebäuden in der Schweiz und in den österreichischen Alpen. In Deutschland nur im Südwesten Brut- und Sommervogel in wenigen Paaren (z. B. Freiburg i. Br.).

Kurzzehenlerche
Calandrella brachydactyla

Kleine Lerche, heller und viel kleiner als Feldlerche; Oberseite gelblichbraun, Unterseite einheitlich rahmweiß. Je ein kleiner dunkler Fleck an den Seiten des Kropfes. Rufe sind normalerweise kurz zirpend; der einfache Gesang wird in einem auf- und abführenden Singflug vorgetragen. ■ Verbreiteter Brutvogel auf trockenen Steppen oder auf Ödland in Südeuropa; hat in der Schweiz und in Süddeutschland bereits einzeln gebrütet; in Mitteleuropa jedoch Ausnahmegast.

Spornpieper
Anthus richardi

Großer, langschwänziger und langbeiniger Pieper von der Größe einer Feldlerche; ähnlich Brachpieper, aber auf der Brust dunkel gestrichelt und auf dem Rücken stärker gestreift. Heller Überaugenstreif hinter dem Auge deutlicher als vor dem Auge (Brachpieper umgekehrt). Charakteristischer Ruf im Flug ist ein lautes »pschirrp«, das etwas an das Schilpen des Haussperlings erinnert. ■ Brutvogel in Sibirien. In Mitteleuropa sehr seltener Gast an den Küsten, im Binnenland nur ausnahmsweise.

Steinrötel
Monticola saxatilis

Kleine, kurzschwänzige Drossel mit relativ langem Schnabel; in allen Kleidern kurzer rotbrauner Schwanz. ♂ mit hell schieferblauem Kopf, Hals und Rücken, schwärzlichen Flügeln, weißem Hinterrücken und rostroter Unterseite; im Herbst sind die Farben durch rahmfarbene Federränder etwas verdeckt. ♀ oberseits lebhaft braun gefleckt, unterseits mit gelblichbrauner Schuppenzeichnung. Rufe kurz »tack«; der flötende Gesang wird von einer erhöhten Warte oder im kurzen senkrechten Singflug vorgetragen. ■ Brutvogel sonnenbeschienener Felsen in den Süd- und Zentralalpen der Schweiz und Österreichs. Ausnahmsweie Brutvogel in den Nordalpen und Ausnahmegast in Deutschland.

Grünlaubsänger
Phylloscopus trochiloides

Sehr kleiner, großköpfiger Laubsänger mit lebhaften Bewegungen und langem, bis weit hinter das Auge reichendem hellen Überaugenstreif; kurze, grauweiße Flügelbinde und dunkle Beine. Kurze Gesangsstrophe aus hellen Tönen. ■ Brutvogel unterholzreicher Wälder in Osteuropa. Zur Brutzeit in manchen Jahren im Osten Deutschlands (Mecklenburg, Bayerischer Wald) beobachtet und einmal Brut auf Helgoland; sonst Ausnahmegast.

Kiefernkreuzschnabel
Loxia pytyopsittacus

Sehr ähnlich Fichtenkreuzschnabel, doch dickerer Kopf und höherer Schnabel. Die Spitze des Unterschnabels reicht bei seitlicher Ansicht nicht über den Oberschnabel hinaus. Der Flugruf ist für gewöhnlich tiefer als jener des Fichtenkreuzschnabels. ■ Brutvogel von Nadelwaldgebieten Nord- und Osteuropas in stark wechselnder Häufigkeit. Erscheint nur ausnahmsweise als Invasionsgast in Mitteleuropa, wird aber wohl auch manchmal übersehen.

Spornammer
Calcarius lapponicus

Große, gedrungen wirkende Ammer, die man in Mitteleuropa so gut wie nur im Schlichtkleid sieht. Kopf braungelb, beim Männchen in der braun und weiß gestreiften Oberseite ein rotbraunes Flügelfeld. Unterseite weißlich, Beine schwarz. Bezeichnender Flugruf ist ein kurzes, rollendes »prrrt«. ■ Brutvogel auf Tundren- und Fjällflächen Nordeuropas. In Mitteleuropa seltener, aber so gut wie r. Herbst- und Wintergast an der Küste, im Binnenland nur ausnahmsweise.

Literatur

Vögel bestimmen, Einführung in das Vogelbeobachten

Baker, K. (1993): Identification guide to European Non-Passerines. BTO, Thetford.

Bezzel, E. (1992): Vögel. BLV-Verlag, München.

Bezzel, E. (1991): Vögel beobachten. BLV-Verlag, München.

Bruun, B., H. Delin & L. Svensson (1991): Der Kosmos-Vogelführer. 9. neu bearbeitete Auflage. Franckh-Kosmos, Stuttgart.

Delin, H., & L. Svensson (1989): Der Kosmos-Vogelatlas. Franckh-Kosmos, Stuttgart.

Ferguson-Lees, J., & I. Willis (1991): Vögel Mitteleuropas. BLV-Verlag, München.

Harris, A., L. Tucker & K. Vinicombe (1991): Vogelbestimmung für Fortgeschrittene. Franckh-Kosmos, Stuttgart.

Hollom, P. A. D., R. F. Porter, S. Christensen & I. Willis (1988): Birds of the Middle East and North Africa. T & AD Poyser, London.

Jonsson, L. (1992): Die Vögel Europas und des Mittelmeerraums. Franckh-Kosmos, Stuttgart.

Lewington, I., P. Alström & P. Colston (1991): A field guide to the rare birds of Britain and Europe. Harper Collins, London.

Svensson, L. (1992): Identification guide to European Passerines. Stockholm (BTO, Thetford).

Übersichten und Handbücher

Barthel, P. H. (1993): Artenliste der Vögel Deutschlands. Deutsche Ornithologen-Gesellschaft.

Berthold, P. (1992): Vogelzug. Wiss. Buchgesellschaft, Darmstadt.

Bezzel, E. (1985, 1993): Kompendium der Vögel Mitteleuropas. 2 Bände. Aula-Verlag, Wiesbaden.

Bezzel, E., & R. Prinzinger (1990): Ornithologie. Ulmer Verlag, Stuttgart.

Campbell, B., & E. Lack (1985): A dictionary of birds. T & AD Poyser, London.

Cramp, S. (1977–1994): The birds of the Western Palaearctic. 8 Bände. Oxford University Press, Oxford.

Dvorak, M., A. Ranner & H.-M. Berg (1993): Atlas der Brutvögel Österreichs. Bundesministerium für Umwelt, Jugend und Familie, Wien.

Glutz v. Blotzheim, N. N., & K. M. Bauer (1966–1993): Handbuch der Vögel Mitteleuropas. 13 Bände. Aula-Verlag, Wiesbaden.

Grimmett, R. F. A., & T. A. Jones (1989): Important bird areas in Europe. ICBP Tec. publ., Cambridge.

Nicolai, B. (1993): Atlas der Brutvögel Ostdeutschlands. Gustav Fischer, Jena.

Rheinwald, G. (1993): Atlas der Verbreitung und Häufigkeit der Brutvögel Deutschlands. Dachverband Deutscher Avifaunisten, Berlin.

Perrins, C. M. (1992): Die große Enzyklopädie der Vögel. Mosaik Verlag, München.

Sovon (1987): Atlas van de Nederlandse Vogels. Arnhem.

Einzelne Vogelarten und -gruppen

Bergmann, H.-H. (1993): Der Buchfink. Aula-Verlag, Wiesbaden.

Bezzel, E. (1992): Das Rotkehlchen. Naturbuch Verlag, Augsburg.

Bezzel, E. (1994): Greifvögel. BLV-Verlag, München.

Bijlsma, R. G. (1993): Ecologische atlas van de Nederlandse roofvogels. Schuyt & Co., Haarlem.

Clement, P., A. Harris & J. Davis (1993): Finches & Sparrows. An identification guide. Christopher Helm, London.

Epple, W. (1993): Eulen. Gräfe und Unzer, München.

Epple, W. (1993): Schleiereulen. G. Braun, Karlsruhe.

Fry, H. C. & K., A. Harris (1992): Kingfishers, Bee-eaters & Rollers. A handbook. Christopher Helm, London.

Gensböl, B. (1991): Greifvögel. 2. Aufl. BLV-Verlag, München.

Grant, P. J. (1986): Gulls, a guide to identification. 2. Aufl. T & AD Poyser, London.

Harrison, P. (1985): Seabirds, an identification guide. 2. Aufl. Christopher Helm, London.

Harrison, P. (1987): Seabirds of the world. A photographic guide. Christopher Helm, London.

Hayman, P., J. Marchant & T. Prater (1987): Shorebirds, an identification guide to the waders of the world. Croom Helm, London.

Kostrzewa, R. & A. (1993): Der Turmfalke. Aula-Verlag, Wiesbaden.

Madge, S. C., & H. Burn (1989): Wassergeflügel. Parey, Hamburg.

Madge, S. C., & H. Burn (1994): Crows and jays. A guide to the crows, jays and magpies of the world. Christopher Helm, London.

Nicolai, J. (1991): Singvögel. Gräfe und Unzer, München.

Nicolai, J. (1993): Greifvögel und Eulen. Gräfe und Unzer, München.

Porter, R. F., I. Willis, S. Christensen & B. P. Nielsen (1981): Flight identification for raptors. 3. Aufl. T & AD Poyser, London.

Schulz, H. (1993): Der Weißstorch. Naturbuch Verlag, Augsburg.

Voisin, C. (1991): The herons of Europe. T & AD Poyser, London.

Zeitschriften und Periodika

Berichte zum Vogelschutz. Deutscher Rat für Vogelschutz, Bonn.

Birding World. Cley-nest-the Sea, Holt, Norfolk, England.

Dutch Birding. NL-2080 C Santpoort-Zuid, Niederlande.

Egretta. Österreichische Gesellschaft für Vogelkunde, Wien.

Limicola. Zeitschrift für Feldornithologie. D-37574 Einbeck, OT Drüber.

Limosa. Nederlandse Ornithologische Unie, NL-8307 Ens, Niederlande.

Journal für Ornithologie. Deutsche Ornithologen-Gesellschaft.

Naturschutz heute. Naturschutzbund Deutschland, Bonn.

Ökologie der Vögel. Auf der Schanz 23/2, D-71640 Ludwigsburg.

Ornis. Zeitschrift des Schweizer Vogelschutzes SVS, Zürich.

Der Ornithologische Beobachter. Ala, Schweizerische Gesellschaft für Vogelkunde und Vogelschutz, CH-4313 Möhlin.

Ornithologen-Kalender. Aula-Verlag, Wiesbaden (erscheint jährlich).

Die Vogelwarte. Deutsche Ornithologen-Gesellschaft.

Die Vogelwelt. Aula-Verlag, Wiesbaden.

Vogelschutz. Zeitschrift des Landesbundes für Vogelschutz in Bayern, Hilpoltstein.

Register

Fettgedruckte Seitenzahlen verweisen darauf, auf welcher Seite die betreffende Art ausführlich vorgestellt wird.

Deutsche Namen und Fachbegriffe

Wissenschaftliche Namen

Die Deutsche Bibliothek – CIP-Einheitsaufnahme

BLV-Handbuch Vögel /
Einhard Bezzel. – 2., durchges. Aufl. –
München; Wien; Zürich: BLV, 1996
   ISBN 3-405-14736-0
NE: Bezzel, Einhard; Vögel

BLV Verlagsgesellschaft mbH
München Wien Zürich
80797 München

Zweite, durchgesehene Auflage

© 1996 BLV Verlagsgesellschaft mbH,
München

Lektorat: Dr. Friedrich Kögel
Herstellung: Ernst Großkopf
Druck und Bindung:
Offizin Andersen Nexö, Leipzig
ein Betrieb der INTERDRUCK
Graphischer Großbetrieb GmbH

Printed in Germany
ISBN 3-405-14736-0

Einbändige Neuausgabe der
BLV Intensivführer Vögel 1, 2 und 3

Einbandentwurf:
Studio Schübel, München
Fotos: Vorderseite: Zeininger
          Rückseite: Limbrunner (2)
          Wothe, Weigel (Grafik)
          Buchrücken: Zeininger

Vögel bestimmen und beobachten

Bestimmen auf einen Blick
mit Faltplan
Michael Lohmann
Vögel
Heimische Vogelarten: Männchen,
Weibchen, Jungvögel, Nester, Eier;
Merkmale, Vorkommen, Verbreitung,
Lebensraum, Brut.

BLV Bestimmungsbuch
mit Schnellbestimm-System
Einhard Bezzel
Vögel
Schnellbestimm-System für
150 heimische Arten; Gliederung
nach Körpergröße, Körperstrukturen,
Gefiederkontrasten; Farbfotos und
alle wichtigen Kennzeichen.

James Ferguson-Lees / Ian Willis
Vögel Mitteleuropas
Erstklassige Farbillustrationen; alle
Gefiederunterschiede innerhalb einer
Art in bis zu 14 Einzeldarstellungen;
Flugbilder und / oder Darstellung des
sitzenden Vogels; Gefiedermerkmale,
Stimme, Nest, Nahrung, Vorkommen.

Einhard Bezzel
Greifvögel
Die faszinierenden Greifvögel –
eindrucksvoll und prägnant
charakterisiert in großformatigen,
brillanten Farbfotos und unter-
haltsamen Texten.

Einhard Bezzel
Vögel beobachten
Praxisbuch für Vogelfreunde: heimi-
sche Arten beobachten und schützen
– mit vielen Farbfotos, fundierten
Informationen und praktischen Tips.

Vogelstimmen-Edition
Das Hörerlebnis auf CD und MC:
Gesänge und Rufe heimischer Vögel,
geordnet nach Lebensräumen, mit
Informationen zu den Arten in
Druck- und Sprechtext, Bild und Ton.

Robert Burton
Unsere gefiederten Nachbarn
Einzigartiger Ratgeber mit über
500 brillanten Farbfotos: heimische
Vögel in Gärten und Parks erkennen,
beobachten und schützen.